中华人民共和国海船船员适任考试同步辅导教材

船舶电气与自动化
（船舶自动化）

主 编 李世臣 韩学胜 曾 鸿 姜瑞政

大连海事大学出版社

© 李世臣等 2013

图书在版编目(CIP)数据

船舶电气与自动化. 船舶自动化/李世臣等主编. — 大连：大连海事大学出版社，2013.9
(2015.1 重印)
中华人民共和国海船船员适任考试同步辅导教材
ISBN 978-7-5632-2904-8

Ⅰ.①船⋯　Ⅱ.①李⋯　Ⅲ.①船用电气设备—资格考试—教材②船舶—自动化系统—资格考试—教材　Ⅳ.①U665②U664.82

中国版本图书馆 CIP 数据核字(2013)第 214294 号

大连海事大学出版社出版

地址：大连市凌海路1号　邮编：116026　电话：0411-84728394　传真：0411-84727996
http://www.dmupress.com　　E-mail:cbs@dmupress.com

大连住友彩色印刷有限公司印装	大连海事大学出版社发行
2013 年 9 月第 1 版	2015 年 1 月第 3 次印刷
幅面尺寸：185 mm×260 mm	印张：28
字数：690 千	印数：6001~8000 册

出版人：徐华东

责任编辑：沈荣欣　华云鹏　　　　　　版式设计：海　大
封面设计：王　艳　　　　　　　　　　　责任校对：刘长影

ISBN 978-7-5632-2904-8　　　定价：62.00 元

内容提要

本书为《中华人民共和国海船船员适任考试培训教材》的同步辅导教材,内容和结构严格按照《中华人民共和国海船船员适任考试大纲》编写。全书分七章,分别为船舶反馈控制系统基础、船舶计算机及船舶网络基础、船舶机舱辅助控制系统、船舶蒸汽锅炉的自动控制、船舶主机遥控系统、船舶机舱监测与报警系统、船舶火灾自动报警系统。本书可作为750 kW及以上海船船舶大管轮、二/三管轮适任考试培训用书,也可供相关院校轮机专业师生教学参考使用。

编者的话

STCW 公约 2010 年马尼拉修正案已于 2012 年 1 月 1 日生效。为满足履约的需要，中华人民共和国海事局重新修订了《中华人民共和国海船船员适任考试和发证规则》（后简称"11 规则"），并修订了《中华人民共和国海船船员适任考试大纲》（以下简称"新大纲"）。为满足供职于无限航区和沿海航区 750 kW 及以上船舶高级船员参加适任考试的需要，大连海事大学出版社组织相关领域的专家和教师编写了本套《中华人民共和国海船船员适任考试同步辅导教材》。

《船舶电气与自动化》是《中华人民共和国海船船员适任考试同步辅导教材》之一，本书是依据 STCW 公约 2010 年马尼拉修正案和中华人民共和国海事局 2012 年 7 月 1 日起实施的"新大纲"编写。本科目分为"船舶电气"和"船舶自动化"两册，本书为"船舶自动化"分册。编者结合"新大纲"，将教材中的各知识点的适用对象做了标注，其中 8401 适用于 3 000 kW 及以上船舶大管轮，8402 适用于 750～3 000 kW 船舶大管轮，8403 适用于 3 000 kW 及以上船舶二/三管轮，8404 适用于 750～3 000 kW 船舶二/三管轮。本书共分七章，包括船舶反馈控制系统基础、船舶计算机及船舶网络基础、船舶机舱辅助控制系统、船舶蒸汽锅炉的自动控制、船舶主机遥控系统、船舶机舱监测与报警系统、船舶火灾自动报警系统，内容全部覆盖了"新大纲"中对轮机部高级船员"船舶自动化"考试所要求掌握的知识，深度和广度也与"新大纲"的要求相适应。书中共收集和编写了 4 000 余道练习题，题型与考试真题完全一致，即均为四选一的单选题，练习题采用各节连续编号，每节后附有习题参考答案。为了便于培训和学员的学习，章节的编排完全遵照"新大纲"的顺序。

本书可以作为海船船员适任考试培训用辅导教材，也可作为轮机工程本科、高职、中职学生学习"船舶自动化"的参考资料。

本书由李世臣、韩学胜、曾鸿和姜瑞政共同主编（主编排名不分先后），王占吉、滕君华、贾宝柱、冯金红、曹辉、甘辉兵、何治斌、鲁道毅、马南岐、李精明等同志参加了编写工作。

在本书编写过程中，得到了中国远洋运输（集团）总公司、中国海运（集团）总公司、大连海事大学及兄弟院校等相关单位的领导和众多专家的支持和指导，同时也得到了大连海事大学轮机工程学院任光、王冬捷、聂延生、陈健、王吉喆、刘宇东等同仁的帮助，在此一并表示感谢。

由于编者水平有限、时间仓促，书中错误和不当之处在所难免，恳请读者批评指正。

编　者
2013 年 6 月

目 录

第5章　船舶反馈控制系统基础 1
　第1节　反馈控制系统的基本概念 1
　第2节　自动化仪表的基本知识 17
　第3节　调节器及其调节作用规律 37
　第4节　传感器与变送器 86
　第5节　执行机构 114
　第6节　反馈控制系统的参数调整 118

第6章　船舶计算机及船舶网络基础 124
　第1节　微型计算机的基本概念 124
　第2节　单片微型计算机基础知识 131
　第3节　可编程控制器（PLC）的基础知识 140
　第4节　船舶计算机网络基础知识 155

第7章　船舶机舱辅助控制系统 162
　第1节　冷却水温度控制系统 162
　第2节　燃油供油单元自动控制系统 173
　第3节　燃油净油单元自动控制系统 191
　第4节　自清洗滤器的自动控制 206
　第5节　阀门遥控及液舱遥测系统 210

第8章　船舶蒸汽锅炉的自动控制 214
　第1节　船舶蒸汽锅炉自动控制的基本内容 214
　第2节　锅炉水位的自动控制 214
　第3节　蒸汽压力的自动控制 219
　第4节　燃烧时序控制 226
　第5节　船舶蒸汽锅炉的安全保护装置 231

第9章　船舶主机遥控系统 232
　第1节　主机遥控系统的组成、功能及其主要类型 232

第2节 主机遥控系统的气源及主要气动元部件 ………………………………………… 235
第3节 车钟系统及操纵部位的转换 …………………………………………………… 243
第4节 主机遥控系统的逻辑控制 ……………………………………………………… 249
第5节 主机遥控系统的电/气转换装置及执行机构 …………………………………… 301
第6节 主机典型气动操纵系统 ………………………………………………………… 305
第7节 微机控制的主机遥控系统 ……………………………………………………… 319
第8节 现场总线型主机遥控系统 ……………………………………………………… 345
第9节 电喷柴油机控制系统 …………………………………………………………… 363

第10章 船舶机舱监测与报警系统 ………………………………………………………… 377
第1节 船舶机舱监测与报警系统基础知识 …………………………………………… 377
第2节 单元组合式监测与报警系统 …………………………………………………… 383
第3节 网络型监测与报警系统 ………………………………………………………… 392
第4节 曲轴箱油雾浓度监视报警系统 ………………………………………………… 410

第11章 船舶火灾自动报警系统 …………………………………………………………… 420
第1节 火灾自动报警系统的基本类别及基本功能 …………………………………… 420
第2节 火灾探测方法及探测器 ………………………………………………………… 425
第3节 火灾探测器的故障分析 ………………………………………………………… 430
第4节 干货舱自动探火及报警系统 …………………………………………………… 432
第5节 易燃气体探测系统 ……………………………………………………………… 434

参考文献 …………………………………………………………………………………………… 437

第 5 章 船舶反馈控制系统基础

第 1 节 反馈控制系统的基本概念

5.1.1 反馈控制系统的组成（适用对象：8403，8404）

1. 不可作为气动或电动控制系统标准信号的有_____。
   A. 0.02～0.1 MPa　　　B. 0.02～0.1 Pa　　　C. 0～10 mA　　　D. 4～20 mA
2. 反馈控制系统中，为使控制对象正常运行而要加以控制的工况参数是_____。
   A. 给定值　　　B. 被控量　　　C. 扰动量　　　D. 反馈量
3. 气动控制系统中，仪表之间的统一标准气压信号是_____。
   A. 0.02～0.1 MPa　　　B. 0.2～1.0 MPa　　　C. 0.02～0.14 MPa　　　D. 0.2～1.4 MPa
4. 在柴油机冷却水温度控制系统中，其控制对象是_____。
   A. 淡水泵　　　B. 柴油机　　　C. 淡水冷却器　　　D. 三通调节阀
5. 在燃油黏度控制系统中，其控制对象是_____。
   A. 燃油加热器　　　B. 蒸汽调节阀　　　C. 燃油泵　　　D. 柴油机
6. 在反馈控制系统中，被控量是指_____。
   A. 设定值
   B. 调节器的输出
   C. 被控对象的输入
   D. 被控对象的输出
7. 在气动控制系统中，对于正常工作的调节器，其最小和最大输出分别是_____和_____。
   A. 0.02 MPa/0.14 MPa
   B. 0.2 MPa/1.0 MPa
   C. 0.02 MPa/0.1 MPa
   D. 0 MPa/0.1 MPa
8. 在反馈控制系统中，r 是给定值，y 是被控量，z 是测量值，d 是扰动量，则偏差 e 是_____。
   A. $e=r-z$　　　B. $e=r-d$　　　C. $e=r-y$　　　D. $e=y-d$
9. 在燃油温度自动控制系统中，实际测量加热器出口温度比所要控制的最佳温度高 10 ℃，这 10 ℃值是_____。
   A. 被控量　　　B. 偏差值　　　C. 给定值　　　D. 测量值
10. 船用压力测量显示仪表的作用是_____。

A. 显示给定压力值　　　　　　　　　　　B. 显示偏差值
C. 显示被控量的实际值　　　　　　　　　D. 显示调节器输出的气压信号

11. 船上压力变送器的作用是_____。
    A. 把电信号变为气压信号输出
    B. 把压力信号变为标准的气压信号或电流信号输出
    C. 将气压信号变为电信号输出
    D. 将气压信号转变为空气流量输出

12. 在柴油机转速控制系统中,其控制对象是_____。
    A. 电子调速器　　B. 磁脉冲传感器　　C. 柴油机　　D. 电/液伺服器

13. 在锅炉水位自动控制系统中,其控制对象是_____。
    A. 给水泵　　　　B. 热水井　　　　　C. 给水调节阀　　D. 锅炉

14. 在启动空气压力自动控制系统中,其控制对象是_____。
    A. 空气压缩机　　B. 空气瓶　　　　　C. 空气出口阀　　D. 空气进口阀

15. 在锅炉燃烧自动控制系统中,其控制对象和被控量分别为_____。
    A. 锅炉和蒸汽压力　　　　　　　　　　B. 给水泵和水位
    C. 燃油加热器和蒸汽压力　　　　　　　D. 热水井和水位

16. 电动控制系统中,仪表之间的统一标准电流信号是_____。
    A. 0～4 mA　　B. 0～10 mA　　C. 4～20 mA　　D. B+C

17. 可作为气动或电动控制系统标准信号的有_____。
    ①0.02～0.1 MPa；②0.02～0.1 Pa；③0～10 mA；④0.1～1 A；⑤0.4～2 mA；⑥4～20 mA。
    A. ①②⑤　　　B. ①③⑥　　　C. ②③⑤　　　D. ②④⑥

5.1.2 反馈控制系统的结构框图(适用对象:8403,8404)

18. 一个环节的输出量变化取决于_____。
    A. 输入量的变化　　B. 反馈量　　　C. 环节特性　　　D. A+C

19. 在定值控制系统中为确保其精度,常采用_____。
    A. 开环控制系统　　　　　　　　　　　B. 闭环正反馈控制系统
    C. 闭环负反馈控制系统　　　　　　　　D. 手动控制系统

20. 在反馈控制系统中,若测量单元发生故障而无信号输出,这时被控量将_____。
    A. 保持不变　　B. 达到最大值　　C. 达到最小值　　D. 不能自动控制

21. 在反馈控制系统中,调节单元根据_____的大小和方向,输出一个控制信号。
    A. 给定值　　　B. 偏差　　　　　C. 测量值　　　　D. 扰动量

22. 按偏差控制运行参数的控制系统是一个_____系统。
    A. 正反馈　　　B. 负反馈　　　　C. 逻辑控制　　　D. 随动控制

23. 在反馈控制系统中,为了达到消除静态偏差的目的,必须_____。
    A. 选用正反馈　　　　　　　　　　　　B. 在偏差大时用正反馈
    C. 选用负反馈　　　　　　　　　　　　D. 在偏差小时用负反馈

第5章 船舶反馈控制系统基础

24. 在反馈控制系统中,执行机构的输入是_____。
    A. 被控参数的实际信号　　　　　　　　B. 调节器的输出信号
    C. 被控参数的偏差信号　　　　　　　　D. 被控参数的给定信号

25. 闭环系统的方框图中,输入量为偏差,输出量为控制信号,则该环节是_____。
    A. 调节单元　　　　B. 测量单元　　　　C. 执行机构　　　　D. 控制对象

26. 在以下系统中,不属于反馈控制系统的是_____。
    A. 主机遥控换向逻辑回路　　　　　　　B. 燃油黏度自动控制系统
    C. 主机冷却水温度自动控制系统　　　　D. 船舶自动舵控制系统

27. 一个环节的输入量变化取决于_____。
    A. 上一环节的输出量　　B. 反馈量　　　C. 环节特性　　　　D. A + C

28. 在反馈控制系统中,若执行机构发生故障而卡死在某一位置,这时被控量将_____。
    A. 保持不变　　　　B. 达到最大值　　　C. 达到最小值　　　D. 不能自动控制

29. 在反馈控制系统中,正、负反馈分别使闭环输入效应_____。
    A. 增强、减弱　　　B. 增强、增强　　　C. 减弱、增强　　　D. 减弱、减弱

30. 在反馈控制系统中,调节器的输入和输出分别是_____。
    A. 被控量和控制量　　B. 偏差和控制量　　C. 设定值和测量值　　D. 偏差和被控量

31. 在反馈控制系统中,被控对象的输入和输出分别是_____。
    A. 被控量和控制量　　　　　　　　　　B. 偏差和控制量
    C. 设定值和测量值　　　　　　　　　　D. 控制量和被控量

32. 下列关于自动化基本概念的论述,错误的是_____。
    A. 按偏差进行控制的系统必定是负反馈控制系统
    B. 各个环节输出量的变化不仅取决于输入量的变化,而且与环节特性有关
    C. 控制系统一般由控制对象、测量单元、调节单元、执行机构以及比较单元等组成
    D. 引起被控量变化的一切因素统称为扰动,包括基本扰动和外部扰动

33. 输入量是被调量,输出量为反馈信号的是_____。
    A. 放大环节　　　　B. 测量变送环节　　C. 调节器　　　　　D. 执行机构

34. 在控制系统方框图中,各环节输入量与输出量的关系是_____。
    A. 前者影响后者　　B. 后者影响前者　　C. 互相影响　　　　D. 互无影响

35. 与闭环系统相比较,开环系统主要是没有_____。
    A. 执行机构　　　　B. 反馈环节　　　　C. 调节单元　　　　D. 显示单元

36. 在反馈控制系统中,其反馈环节是_____。
    A. 显示单元　　　　B. 调节单元　　　　C. 测量单元　　　　D. 执行机构

37. 属于闭环控制系统的是_____。
    A. 自动锅炉点火系统　　　　　　　　　B. 分油机的自动控制系统
    C. 主机遥控系统换向过程　　　　　　　D. 运行中的燃油黏度控制系统

38. 闭环系统的方框图中,若输入量是扰动信号,输出为被控量,则该环节是_____。
    A. 调节单元　　　　B. 测量单元　　　　C. 执行机构　　　　D. 控制对象

39. 在主机遥控系统中,_____系统属于参数闭环控制系统。

A. 启动   B. 换向   C. 调速   D. 制动

40. 在以下系统中，属于开环系统的是_____。
   A. 主机气缸平均指示压力的自动检测系统   B. 燃油黏度自动调节系统
   C. 主机冷却水温度自动调节系统   D. 船舶自动舵控制系统

41. 下列_____是开环控制系统。
   A. 主机滑油控制系统   B. 发电机可控相复励自动调压系统
   C. 柴油机制动控制系统   D. 柴油机调速控制系统

42. 在反馈控制系统中，_____单元有故障，系统变成开环系统，这时被控量_____。
   A. 显示/保持不变   B. 测量/不可控
   C. 调节/达到最大值   D. 执行/达到最小值

43. 反馈控制系统是属于_____。
   A. 开环系统   B. 闭环系统   C. 逻辑控制系统   D. A + B

44. 在运行参数的自动控制系统中，为能正常地控制运行参数，该系统必须是_____。
   A. 负反馈控制系统   B. 正反馈控制系统   C. 开环控制系统   D. 逻辑控制系统

45. 在运行参数的自动控制系统中，若测量单元发生故障而无信号输出，则该控制系统是_____。
   A. 负反馈控制系统   B. 正反馈控制系统
   C. 闭环控制系统   D. 开环控制系统

46. 在控制系统的结构传递方框图中，置于反馈通道的单元是_____。
   A. 调节单元   B. 测量单元   C. 控制对象   D. 执行机构

47. 反馈控制系统传递方框图如图 5-1 所示，其中 $d(t)$ 是_____。
   A. 给定值   B. 偏差值   C. 扰动量   D. 被控量

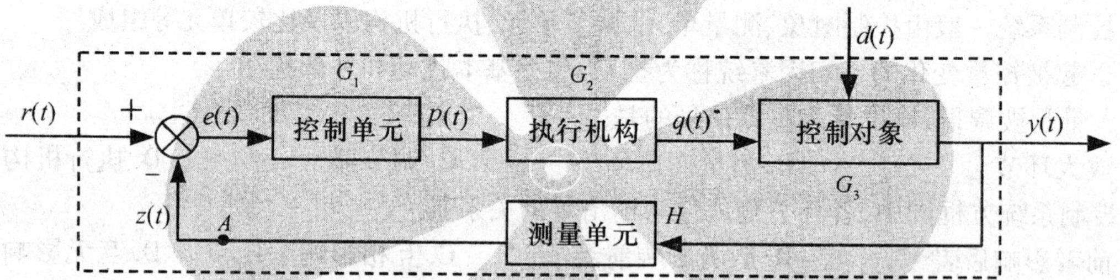

图 5-1

48. 反馈控制系统传递方框图如图 5-1 所示，其中 $e(t)$ 是_____。
   A. 给定值   B. 偏差值   C. 被控量   D. 扰动量

49. 反馈控制系统传递方框图如图 5-1 所示，其中 $z(t)$ 是_____。
   A. 给定值   B. 测量值   C. 被控量   D. 扰动量

50. 反馈控制系统传递方框图如图 5-1 所示，其中 $y(t)$ 是_____。
   A. 给定值   B. 测量值   C. 被控量   D. 扰动量

51. 反馈控制系统传递方框图如图 5-1 所示，其中 $r(t)$ 是_____。
   A. 设定值   B. 测量值   C. 被控量   D. 扰动量

52. 反馈控制系统传递方框图如图 5-1 所示,其中 G_1 是_____。
    A. 测量单元　　　　B. 调节单元　　　　C. 执行机构　　　　D. 控制对象
53. 反馈控制系统传递方框图如图 5-1 所示,其中 G_2 是_____。
    A. 测量单元　　　　B. 调节单元　　　　C. 执行机构　　　　D. 控制对象
54. 反馈控制系统传递方框图如图 5-1 所示,其中 G_3 是_____。
    A. 测量单元　　　　B. 调节单元　　　　C. 执行机构　　　　D. 控制对象
55. 反馈控制系统传递方框图如图 5-1 所示,其中 H 是_____。
    A. 测量单元　　　　B. 调节单元　　　　C. 执行机构　　　　D. 控制对象
56. 反馈控制系统传递方框图如图 5-1 所示,若 $e(t)>0$,则_____。
    A. $z(t)>r(t)$,为正偏差　　　　　　B. $z(t)<r(t)$,为正偏差
    C. $z(t)>r(t)$,为无偏差　　　　　　D. $z(t)<r(t)$,为负偏差
57. 反馈控制系统传递方框图如图 5-1 所示,其中若信号线从 A 点断开,则该系统是_____。
    A. 正反馈控制系统　　　　　　　　B. 遥测系统
    C. 开环系统　　　　　　　　　　　D. 负反馈控制系统
58. 反馈控制系统传递方框图如图 5-1 所示,其中基本扰动是_____。
    A. 设定值 $r(t)$　　B. 测量值 $z(t)$　　C. 扰动量 $d(t)$　　D. 偏差值 $e(t)$
59. 反馈控制系统传递方框图如图 5-1 所示,其中外部扰动是_____。
    A. $r(t)$　　　　　B. $z(t)$　　　　　C. $e(t)$　　　　　D. $d(t)$
60. 反馈控制系统传递方框图如图 5-1 所示,若测量单元有故障无信号输出,这时被控量将_____。
    A. 保持不变　　　　B. 达到最大值　　　C. 已达到最小值　　D. 不能控制
61. 在运行参数的自动控制系统中,控制对象的输出量是_____。
    A. 给定值的变化量　　　　　　　　B. 负荷的改变
    C. 被控量的变化量　　　　　　　　D. 调节阀开度的变化量
62. 在燃油黏度自动控制系统中,测黏计是属于_____。
    A. 调节单元　　　　B. 测量单元　　　　C. 控制对象　　　　D. 执行机构
63. 在燃油黏度自动控制系统中,差压变送器是属于_____。
    A. 测量单元　　　　B. 显示单元　　　　C. 调节单元　　　　D. 执行机构
64. 在柴油机转速自动控制系统中,磁脉冲传感器属于_____。
    A. 显示单元　　　　B. 调节单元　　　　C. 测量单元　　　　D. 执行机构
65. 在反馈控制系统中,执行机构的输入信号是_____。
    A. 被控量的实际值　B. 被控量的偏差值　C. 被控量的给定量　D. 调节的输出值
66. 在一个控制系统中,闭环系统区别于开环系统是由于存在_____。
    A. 控制单元　　　　B. 反馈单元　　　　C. 显示单元　　　　D. 执行机构
67. 在反馈控制系统中,输入信号是被控量的偏差值,输出信号决定调节阀开度的单元是_____。
    A. 显示单元　　　　B. 调节单元　　　　C. 执行机构　　　　D. 测量单元
68. 在反馈控制系统中,调节阀开度的变化是直接由_____决定的。

A. 被控量的变化量 B. 给定值的变化量
C. 负荷的变化量 D. 偏差的大小

69. 不属于组成反馈控制系统基本单元的设备是_____。
A. 控制对象 B. 显示单元 C. 测量单元 D. 执行机构

70. 主机遥控系统的自动回避临界转速的回路是属于_____。
A. 负反馈控制系统 B. 正反馈控制系统
C. 开环控制系统 D. 闭环控制系统

71. 在燃油黏度自动控制系统中,其测量单元是_____。
A. 燃油加热器和测黏计 B. 测黏计和差压变送器
C. 差压变送器和显示单元 D. 显示单元和调节器

72. 在柴油机气缸冷却水温度自动控制系统中,淡水冷却器的输入量和输出量分别是_____。
A. 冷却水温度的给定值,测量值 B. 水温的偏差值,测量值
C. 三通调节阀的开度,柴油机进口水温 D. 柴油机出口水温,三通调节阀的开度

73. 在反馈控制系统稳定运行期间,其调节阀的开度为_____。
A. 全开 B. 全关 C. 全开的一半 D. 不定

74. 反馈控制系统在额定负荷下稳定运行期间,其调节阀的开度为_____。
A. 全开 B. 全关 C. 全开的一半 D. 不定

75. 在自动控制系统中,负反馈是用来_____。
A. 提高系统的稳定性 B. 提高系统的灵敏度
C. 降低系统的振荡频率 D. 减少系统的反应时间

76. 在运行参数自动控制系统中,故障与否不影响对被控量控制的环节是_____。
A. 气源装置 B. 执行机构 C. 显示单元 D. 变送器

77. 控制器只按给定值变化的系统是_____。
A. 定值控制系统 B. 随动控制系统 C. 开环系统 D. 程序控制系统

78. 在自动化仪表中,为实现某种作用规律,常采用较复杂的_____。
A. 正反馈回路 B. 负反馈回路 C. 正、负反馈回路 D. A或B

79. 在锅炉水位自动控制系统中,色带指示仪是_____。
A. 显示单元 B. 测量单元 C. 调节单元 D. 执行机构

80. 锅炉水位遥测系统是一个_____。
A. 程控系统 B. 随动系统 C. 闭环系统 D. 开环系统

81. 在反馈控制系统中,为了达到消除静态偏差的目的,必须_____。
A. 选用正反馈 B. 选用负反馈
C. 在偏差大时用正反馈 D. 在偏差值小时用负反馈

82. 在反馈控制系统中,构成反馈通道的单元是_____。
A. 调节器 B. 控制对象 C. 测量仪表 D. 执行机构

83. 调节器的输入量与输出量分别为_____。
A. 给定值,测量值 B. 给定值,显示值
C. 测量值,调节阀开度 D. 偏差值,调节阀开度

84. 在燃油黏度控制系统中,其控制对象和执行机构分别为_____。
    A. 燃油加热器,蒸汽调节阀　　　　　　　　B. 柴油机主机,燃油泵
    C. 燃油加热器,燃油泵　　　　　　　　　　D. 柴油机主机,蒸汽调节阀
85. 在柴油机气缸冷却水温度控制系统中,其执行机构是_____。
    A. 淡水泵　　　　B. 海水泵　　　　C. 淡水冷却器　　　　D. 三通调节阀
86. 控制器输出只按给定值变化的系统是_____。
    A. 定值控制系统　　B. 随动控制系统　　C. 开环系统　　D. 程序控制系统

5.1.3　反馈控制系统的控制过程（适用对象：8401,8402,8403,8404）

87. 反馈控制系统的特点是_____。
    ①反馈控制系统具有负反馈;②反馈控制系统是一个控制偏差的系统;③信号在各个单元之间的传递是单向性的;④各单元的输出信号影响输入信号;⑤调节器输出的信号是由偏差信号决定的;⑥信号的传递在系统中形成一个闭合回路。
    A. ①②③⑤　　　B. ①③⑤⑥　　　C. ①②④⑤　　　D. ②④⑤⑥
88. 在大型柴油机油轮机舱的常用控制系统中,属于反馈控制系统的有_____。
    ①辅锅炉的水位;②辅锅炉的点火;③主机转速;④主机的换向与制动;⑤分油机的自动排渣;⑥气缸冷却水温度。
    A. ①④⑤　　　B. ②③⑥　　　C. ②④⑤　　　D. ①③⑥
89. 反馈系统不包括_____。
    ①遥测系统;②定值控制系统;③程序控制系统;④逻辑控制系统;⑤随动控制系统;⑥自动切换和报警系统。
    A. ①②④⑤　　　B. ①③④⑥　　　C. ②③④⑤　　　D. ②④⑤⑥
90. 反馈控制系统的工作过程中,调节器依据某种调节作用规律输出一个控制信号,通过执行机构改变_____。
    A. 调节器的作用规律　　　　　　　　B. 调节器的作用强弱
    C. 流出控制对象的物质或能量流量　　D. 流入控制对象的物质或能量流量
91. 对反馈控制系统的工作过程正确的认识是_____。
    ①动态是暂时的,绝对的;②稳态是普遍的,相对的;③在动态过程中,各个环节的输入和输出都在变化中;④动态过程结束后即回到原态;⑤动态是普遍的,无条件的;⑥稳态是暂时的,相对的。
    A. ①③⑤　　　B. ②④⑥　　　C. ②④⑤　　　D. ③⑤⑥

5.1.4　评价反馈控制系统的品质指标（适用对象：8401,8402）

92. 对于反馈控制系统,最不利的扰动形式是_____。
    A. 阶跃输入　　　B. 速度输入　　　C. 加速度输入　　　D. 脉冲输入
93. 一个控制系统比较理想的动态过程应该是_____。

A. 衰减振荡　　　　　B. 等幅振荡　　　　　C. 发散振荡　　　　　D. 非周期过程

94. 在对自动控制系统进行分析时最常采用的扰动形式是_____。
　　A. 阶跃输入　　　　B. 斜坡输入　　　　　C. 加速度输入　　　　D. 脉冲输入

95. 有一定值控制系统,受到扰动后,其被控量的变化规律是非周期过程,这说明_____。
　　A. 控制对象惯性太大　　　　　　　　　B. 调节器控制作用太弱
　　C. 调节器控制作用太强　　　　　　　　D. 扰动太猛烈

96. 在反馈控制系统中,改变给定值后,其动态过程超调量偏大,应采取的措施是_____。
　　A. 增大调节器的比例带　　　　　　　　B. 减少调节器的比例带
　　C. 减少给定值的变化量　　　　　　　　D. 减少控制对象的放大系数 K

97. 反馈控制系统衰减率 φ 从 0 变到 1,则系统的振荡情况为_____。
　　A. 发散→振荡→非周期　　　　　　　　B. 惯性→衰减振荡→发散
　　C. 等幅振荡→衰减振荡→非周期　　　　D. 发散→衰减振荡→惯性

98. 当衰减率为_____时,系统的稳定性最好。
　　A. 0　　　　　　　　B. 0.5　　　　　　　C. 0.75　　　　　　　D. 1

99. 下列_____不属于反馈控制系统的动态过程品质指标。
　　A. 衰减率　　　　　B. 静态偏差　　　　　C. 最终稳态值　　　　D. 超调量

100. 用来描述自动控制系统精确性的两项指标是_____。
　　A. 衰减率和静差　　　　　　　　　　　B. 超调量和静差
　　C. 最大动态偏差和静态偏差　　　　　　D. 超调量和过渡过程时间

101. 有一控制系统,其阶跃响应曲线如图 5-2 所示,其超调量 σ_P 为_____。
　　A. 5%　　　　　　　B. 10%　　　　　　　C. 25%　　　　　　　D. 50%

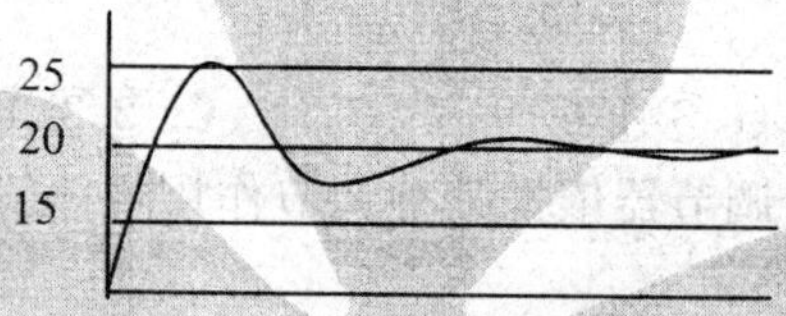

图 5-2

102. 在反馈控制系统的衰减振荡中,若超调量等于 0,则动态过程是_____。
　　A. 衰减振荡　　　　B. 非周期过程　　　　C. 等幅振荡　　　　　D. 发散振荡

103. 在保证一定的衰减率的条件下,控制系统的振荡周期短,说明其_____。
　　A. 稳定性好　　　　B. 稳定性差　　　　　C. 快速性好　　　　　D. 快速性差

104. 超调量是反馈控制系统的_____指标。
　　A. 静态　　　　　　B. 快速性　　　　　　C. 误差　　　　　　　D. 精确性

105. 在系统过渡过程曲线上,第一个波峰到第二个波峰之间的时间,称为_____。
　　A. 过渡过程时间　　B. 振荡周期　　　　　C. 上升时间　　　　　D. 峰值时间

106. 定值控制系统,其动态过程的最佳衰减比应是_____。
　　A. 2:1　　　　　　B. 4:1　　　　　　　C. 1:4　　　　　　　D. 1:2

107. 衰减率大的控制系统,说明控制系统的_____。
　　A. 稳定性差　　　　B. 稳定性好　　　　　C. 动态精度高　　　　D. 稳态精度高

108. 反馈控制系统衰减率 $\varphi=0$ 的过渡过程是_____。
    A. 散振荡过程　　　　　B. 非周期过程　　　　　C. 等幅振荡过程　　　　　D. 衰减振荡过程
109. 若控制系统的动态过程 $\varphi=1$，则该系统的特点是_____。
    A. 是个理想的控制系统　　　　　　　　　　　B. 精确度高，但稳定性差，过渡时间长
    C. 过渡时间最短，但稳定性和精确度都差　　　D. 稳定性最好，过渡时间长
110. 衡量控制系统精确性的指标是_____。
    A. 衰减率　　　　　　　　　　　　　　　　　B. 振荡次数
    C. 最大动态偏差和静态偏差　　　　　　　　　D. 过渡过程时间
111. 最大动态偏差用来衡量反馈控制系统的_____。
    A. 稳定性　　　　　　B. 精确性　　　　　　C. 快速性　　　　　　D. A+C
112. 用来衡量反馈控制系统稳定性的指标是_____。
    A. 动态偏差　　　　　B. 静态偏差　　　　　C. 振荡周期　　　　　D. 衰减率
113. 在改变给定值的控制系统中，若超调量上升，则控制系统_____。
    A. 稳定性好　　　　　B. 稳定性差　　　　　C. 静态偏差大　　　　D. 动态精度高
114. 衡量自动控制系统快速性的指标是_____。
    A. 衰减率　　　　　　B. 最大动态偏差　　　C. 过渡过程时间　　　D. 超调量
115. 反馈控制系统处于临界状态的衰减率为_____。
    A. 1　　　　　　　　　B. 4　　　　　　　　　C. 2　　　　　　　　　D. 0
116. 在定值控制系统中，符合动态过程品质要求的衰减率 φ 应是_____。
    A. $\varphi=0$　　　　　B. $\varphi=0.5\sim0.7$　　　C. $\varphi=0.75\sim0.9$　　D. $\varphi=1$
117. 在定值控制系统中，若动态过程第一个波峰值为 A，第二个波峰值为 B，最终稳态值为 ε，则衰减率等于_____。
    A. $(A-\varepsilon)/A$　　B. $(A-B)/A$　　　　C. $(B-\varepsilon)/B$　　D. $(A-B)-\varepsilon/A$
118. 在PID温度控制系统中，若系统衰减率偏小，错误的认识是_____。
    A. 积分时间整定值太小　　　　　　　　　　　B. 微分时间整定值太大
    C. 比例带整定值太小　　　　　　　　　　　　D. 比例带整定值太大
119. 由比例调节器组成的定值控制系统受到扰动后，其控制过程衰减率随比例带增大而_____。
    A. 增大　　　　　　　B. 减小　　　　　　　C. 无影响　　　　　　D. 波动变化
120. 一般认为，能使输出信号波动_____次即趋于稳定的比例带可近似地看作衰减率为0.75时的比例带。
    A. 1　　　　　　　　　B. 2　　　　　　　　　C. 3　　　　　　　　　D. 4
121. 反馈控制系统的衰减率等于0.8时的过渡过程是_____。
    A. 等幅振荡过程　　　B. 非周期过程　　　　C. 衰减振荡过程　　　D. 发散振荡过程
122. 反馈控制系统在使用和管理过程中首先应注意的问题是_____。
    A. 准确性　　　　　　B. 快速性　　　　　　C. 稳定性　　　　　　D. 动态特性
123. 采用比例调节器的定值控制系统，当比例带减小时，对控制过程和结果的影响是_____。
    A. 衰减率减小　　　　　　　　　　　　　　　B. 静态偏差增大

C. 最大动态偏差增大　　　　　　　　　　D. 振荡次数减少

124. 控制系统受到阶跃扰动时，其输出的动态特征为下列_____情况最好。
    A. 稳定振荡　　　B. 等幅振荡　　　C. 衰减振荡　　　D. 临界振荡

125. 评价不同控制系统调节过程的好坏，通常是在相同的_____信号作用下，比较它们的被调量变化过程。
    A. 正弦输入　　　B. 阶跃输入　　　C. 速度输入　　　D. 加速输入

126. 定值控制系统中，阶跃相应曲线如图5-3所示，则其衰减率应是_____。
    A. 1.2　　　　　B. 0.75　　　　　C. 0.6　　　　　D. 0.5

图 5-3

127. 船舶单参数定值调节系统所出现的过渡过程多属_____。
    A. 非周期过程　　B. 临界振荡　　　C. 衰减振荡过程　D. 发散振荡

128. 在主机冷却水温度自动控制系统中，当主机负荷突然变化时，系统的控制过程是_____。
    A. 动态→稳定过程→新动态　　　　　B. 稳态→过渡过程→新稳态
    C. 状态→动态过程→新状态　　　　　D. 扰动→克服扰动→新扰动

129. 在定值控制系统中，随着衰减率的减小，系统的最大动态偏差 e_{max} 和静态偏差 ε 的变化是_____。
    A. $e_{max}\uparrow,\varepsilon\downarrow$　　B. $e_{max}\uparrow,\varepsilon\uparrow$　　C. $e_{max}\downarrow,\varepsilon\uparrow$　　D. $e_{max}\downarrow,\varepsilon\downarrow$

130. 在纯比例控制系统中，若调节器的比例带 PB 调得太小，控制系统的品质指标将会发生变化的是_____。
    A. 衰减率增加　　　　　　　　　　　B. 振荡周期增加
    C. 过渡过程时间减少　　　　　　　　D. 最大动态偏差减小

131. 在纯比例控制系统中，若调节器的比例带 PB 调得太大，控制系统的品质指标将会发生变化的是_____。
    A. 静态偏差减小　　　　　　　　　　B. 最大动态偏差减小
    C. 衰减率增加　　　　　　　　　　　D. 振荡周期减小

132. 理想的定值控制系统过渡过程是_____。

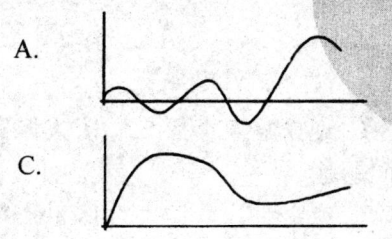
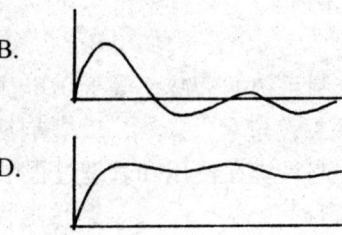

133. 有一反馈控制系统,其阶跃响应曲线如图5-4所示,其超调量为_____。
   A. 等于0   B. 等于50%   C. 大于0   D. 等于100%

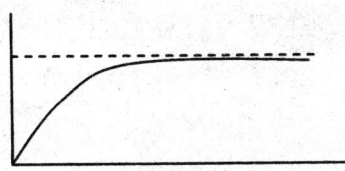

图 5-4

134. 有一反馈控制系统,其阶跃响应曲线如图5-5所示,其超调量为_____。
   A. 5%   B. 15%   C. 10%   D. 50%

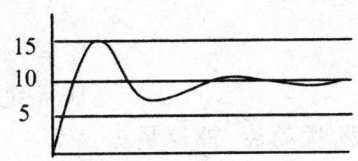

图 5-5

135. 有一反馈控制系统,其阶跃响应曲线如图5-6所示,其衰减率为_____。
   A. 0   B. 1   C. 无穷大   D. -1

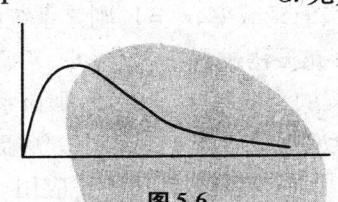

图 5-6

136. 有一反馈控制系统,其阶跃响应曲线如图5-7所示,其衰减率和过渡过程时间为_____。
   A. 0和∞   B. 1和∞   C. 0.5和∞   D. ∞和∞

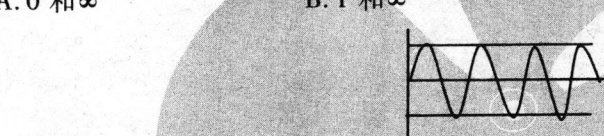

图 5-7

137. 在定值控制系统中,在满足稳定性要求的情况下,被控量的振荡周期短,说明_____。
   A. 稳定性差
   B. 系统反应速度快
   C. 系统反应速度慢
   D. 过渡过程时间 t_s 长

138. 定值控制系统受到扰动后,第一个波峰值与给定值的差值称为_____。
   A. 最大动态偏差   B. 静态偏差   C. 超调量   D. 衰减率

139. 在定值控制系统中,其动态过程稳定性最好的衰减率 φ 为_____。
   A. $\varphi = 0$ B. $\varphi = 0.5$ C. $\varphi = 0.75$ D. $\varphi = 1$

140. 在定值控制系统中,若衰减率 $\varphi = 0.5$,说明_____,其原因是_____。
   A. 稳定性差,调节器 PB 太小
   B. 稳定性差,调节器 PB 太大
   C. 稳定性好,调节器 PB 大小适中
   D. 过渡过程时间短,调节器控制作用弱

141. 在控制系统动态过程结束后,被控量的稳态值与给定值之差称为_____。
    A. 静态偏差   B. 最大动态偏差   C. 超调量   D. 衰减率

142. 在反馈控制系统中,给定值为 r,被控量为 y,对无差控制系统,其超调量 σ_p 为_____。
    A. $\sigma_p = 0$
    B. $\sigma_p = 1$
    C. σ_p 为余差
    D. $\sigma_p = \dfrac{y_{max} - r}{r} \times 100\%$

143. 反馈控制系统从扰动发生到系统达到新稳态这段时间称为_____。
    A. 上升时间   B. 峰值时间   C. 过渡过程时间   D. 振荡周期

144. 有一反馈控制系统,受到阶跃扰动后,被控量振荡 5～6 次后稳定在给定值上,这说明_____。
    A. 调节器控制作用太弱   B. 控制对象惯性太大
    C. 系统稳定性差   D. 系统稳定性好

145. 有一反馈控制系统,受到阶跃扰动后,被控量振荡 2～3 次就稳定在给定值上,这说明_____。
    A. 系统稳定性好   B. 系统稳定性差
    C. 调节器控制作用太弱   D. 调节器控制作用太强

146. 在定值控制系统中,其动态过程的衰减率 $\sigma_p = 1$,则该系统的动态过程是_____。
    A. 非周期过程   B. 衰减振荡过程   C. 等幅振荡过程   D. 发散振荡过程

147. 在定值控制系统中,其动态过程的衰减率 $\sigma_p = 0.75$,则该系统的动态过程是_____。
    A. 非周期过程   B. 衰减振荡过程   C. 等幅振荡过程   D. 发散振荡过程

148. 反馈控制系统在_____条件下,才能在实际运行中应用。
    A. 衰减率 $\varphi < 0$ B. 衰减率 $\varphi = 1$
    C. 衰减率 $\varphi = 0$ D. $0 < $ 衰减率 $\varphi < 1$

149. 最大动态偏差小的反馈控制系统,说明该系统_____。
    A. 控制对象放大系数小   B. 系统稳定性好
    C. 调节器控制作用强   D. 动态精度低

150. 在定值控制系统中,其动态过程的衰减比为 2:1,则动态过程是_____。
    A. 非周期过程   B. 衰减振荡过程   C. 等幅振荡过程   D. 发散振荡过程

151. 在定值控制系统中,其动态过程的衰减比为 1:1,则动态过程为_____。
    A. 非周期过程   B. 衰减振荡过程   C. 等幅振荡过程   D. 发散振荡过程

152. 在反馈控制系统中,其动态过程的衰减比为 1:2,则动态过程为_____。
    A. 非周期过程   B. 衰减振荡过程   C. 等幅振荡过程   D. 发散振荡过程

153. 在反馈控制系统中,若调节器控制作用太强,则该系统的动态过程为_____。
    A. 稳定性好   B. 波动次数少
    C. 过渡过程时间短   D. 最大动态偏差小

154. 反馈控制系统的过渡过程时间为 t_s,被控量的最终稳态值为 $y(\infty)$,则 t_s 是当 $t \geq t_s$ 时满足_____。
    A. $|y(t) - y(\infty)| = 0$
    B. $|y(t) - y(\infty)| \geq 2\% y(\infty)$

C. $|y(t) - y(\infty)| \leq 2\% \, y(\infty)$ D. $|y(t) - y(\infty)| \leq 0.2\% \, y(\infty)$

155. 有一定值控制系统,其动态过程如图5-8所示,其衰减率 φ 为_____。
 A. $\varphi = 0.67$ B. $\varphi = 0.6$ C. $\varphi = 0.33$ D. $\varphi = 0.4$

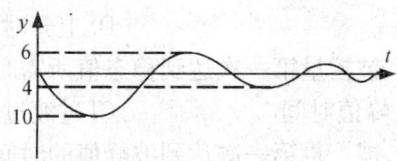

图 5-8

156. 有一定值控制系统,其动态过程如图5-9所示,其衰减率 φ 为_____。
 A. $\varphi = -0.5$ B. $\varphi = -0.25$ C. $\varphi = 0.5$ D. $\varphi = 0.25$

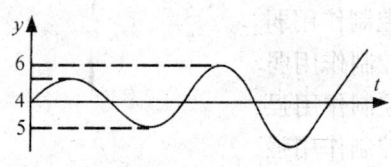

图 5-9

157. 在定值控制系统中,系统受到扰动后,最大动态偏差 $e_{max} = 8$,第二个同相波峰值为5,则该系统_____。
 A. 调节器控制作用太弱 B. 控制系统稳定性好
 C. 控制系统稳定性差 D. 最大动态偏差太大

158. 在反馈控制系统中,系统受到扰动后,最大动态偏差 $e_{max} = 10$,系统波动一次到第二个同相波已达到稳态 $\varepsilon = 1$,则该系统_____。
 A. 系统稳定性好 B. 系统稳定性差
 C. 过渡过程时间短 D. 调节器控制作用强

159. 反馈控制系统在衰减振荡中,若超调量大,则控制系统_____。
 A. 稳定性好 B. 稳定性差 C. 静态偏差大 D. 动态精度高

160. 反馈控制系统在衰减振荡中,若动态过程波动较大,这说明_____。
 A. 设定的给定值太高 B. 外部扰动太猛烈
 C. 超调量偏大 D. 超调量偏小

161. 反馈控制系统在衰减振荡中,若超调量 $\sigma_P = 0$,则系统的动态过程为_____。
 A. 非周期过程 B. 衰减振荡过程 C. 等幅振荡过程 D. 发散振荡过程

162. 反馈控制系统在衰减振荡中,其动态过程的第一个波峰值为 A,第二个同相波峰值为 B,新稳态值为 C,则超调量为_____。
 A. $\sigma_P = \dfrac{A-C}{C} \times 100\%$ B. $\sigma_P = \dfrac{A-B}{A} \times 100\%$
 C. $\sigma_P = \dfrac{B-C}{B} \times 100\%$ D. $\sigma_P = \dfrac{A-C}{B} \times 100\%$

163. 反馈控制系统在衰减振荡中,系统受到阶跃扰动后,符合动态过程品质的超调 σ_P 为_____。

A. $\sigma_P > 20\%$ B. $\sigma_P < 30\%$ C. $\sigma_P > 60\%$ D. $\sigma_P < 60\%$

164. 反馈控制系统在衰减振荡中,表征控制系统反应速度的指标是_____。
    A. 超调量和过渡过程时间　　　　　　　B. 振荡次数和静态偏差
    C. 超调量和振荡次数　　　　　　　　　D. 上升时间和峰值时间

165. 反馈控制系统在衰减振荡中,被控量第一次达到稳态值所需时间 t_r 是_____。
    A. 上升时间　　　B. 峰值时间　　　C. 过渡过程时间　　　D. 振荡周期

166. 反馈控制系统在衰减振荡中,被控量第一次达到波峰值的时间 t_p 是_____。
    A. 上升时间　　　B. 峰值时间　　　C. 过渡过程时间　　　D. 振荡周期

167. 反馈控制系统在衰减振荡中,若被控量达到第一个波峰值需要很长时间,且超调量 σ_P 较大,这说明_____。
    A. 控制对象惯性小,调节器控制作用弱
    B. 控制对象惯性大,调节器控制作用弱
    C. 控制对象惯性小,调节器控制作用强
    D. 控制对象惯性大,调节器控制作用强

168. 反馈控制系统在衰减振荡中,若被控量第一次达到稳态值所需时间很短,且超调量 σ_P 很小,这说明_____。
    A. 控制对象惯性小,调节器控制作用弱
    B. 控制对象惯性大,调节器控制作用弱
    C. 控制对象惯性小,调节器控制作用强
    D. 控制对象惯性大,调节器控制作用强

169. 反馈控制系统在衰减振荡中,系统给定值阶跃改变后,系统动态过程的第一个波峰值很大,这说明_____。
    A. 控制对象惯性太小　　　　　　　　　B. 控制对象放大系数太大
    C. 系统稳定性好　　　　　　　　　　　D. 调节器控制作用太强

170. 有一反馈控制系统,在衰减振荡过程中,其动态过程如图 5-10 所示,它的超调量 σ_p 为_____。
    A. $\sigma_p = 6.25\%$　　B. $\sigma_p = 12.5\%$　　C. $\sigma_p = 5\%$　　D. $\sigma_p = 18.75\%$

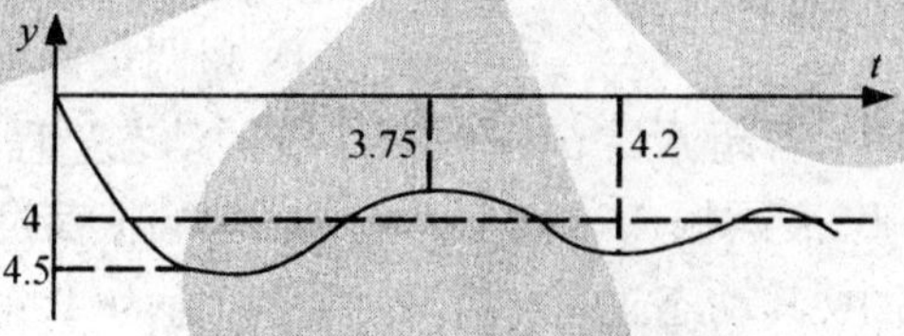

图 5-10

171. 反馈控制系统在衰减振荡结束后,静态偏差小说明系统_____。
    A. 稳定性好　　　B. 稳定性差　　　C. 稳态精度高　　　D. 稳态精度低

172. 在反馈控制系统中,其动态过程是由发散振荡、等幅振荡、衰减振荡到非周期过程,其衰减率 φ 的变化过程是_____。
    A. φ 由 1,0.5,0 到负值　　　　　　　B. φ 由 0,0.5,1 到负值

C. φ 由负值,0,0<φ<1 到 1   D. φ 由 0,0.2,0.5 到 1

173. 在反馈控制系统中,将超调量 σ_p 由 0 逐渐增大,其动态过程的变化是_____。
   A. 由非周期过程向振荡变化   B. 由等幅振荡向发散振荡变化
   C. 由振荡向非周期过程变化   D. 由等幅振荡向衰减振荡变化

174. 反馈控制系统受到阶跃扰动后,被控量振荡 4~5 次稳定下来,这说明_____。
   A. 控制对象 $K\uparrow,T\downarrow$ B. 控制对象 $K\downarrow,T\uparrow$
   C. 调节器控制作用较弱   D. 调节器控制作用偏强

175. 反馈控制系统受到阶跃扰动后,被控量振荡 2~3 次稳定下来,这说明_____。
   A. 稳定性好,调节器调节作用强弱最佳   B. 稳定性好,调节作用较强
   C. 稳定性较差,调节作用较强   D. 稳定性较差,调节作用较弱

176. 在反馈控制系统中,符合动态过程品质要求的衰减比和超调量分别应为_____。
   A. 1:4, $\sigma_p \geq 1$ B. 1:2, $\sigma_p > 0$
   C. 4:1, $\sigma_p < 1$ D. 4:1, 0 < σ_p < 30%

177. 在反馈控制系统中,被控量经调节后最理想的情况是_____。
   A. 始终稳定在给定值   B. 波动 1~2 次后稳定在给定值上
   C. 波动 2~3 次后稳定在给定值上   D. 衰减振荡后稳定在给定值上

178. 在反馈控制系统中,评价动态过程精确性的指标是_____。
   A. 超调量   B. 衰减率   C. 过渡过程   D. 振动幅值

179. 最大动态偏差小的反馈控制系统,说明控制系统_____。
   A. 过渡过程时间长   B. 稳定性好   C. 动态精度高   D. 动态精度低

180. 在反馈控制系统中,动态过程指标首先考虑_____。
   A. 最大动态偏差 e_{max} B. 过渡过程时间 t_s C. 衰减率 φ D. 振荡次数 N

181. 在反馈控制系统中,过渡过程时间是指受扰动后,被控量重新稳定所需的时间,通常规定被控量的波动值为_____时,过渡过程时间结束。
   A. ≤1%   B. ≤5%   C. <12%   D. ≤15%

182. 反馈控制系统在衰减振荡中,若动态过程波动较大,则_____。
   A. 设定值太高   B. 超调量 σ_p 偏小   C. 超调量 σ_p 偏大   D. A+C

183. 在反馈控制系统中,符合动态过程品质要求的衰减比应该是_____。
   A. 1:2   B. 2:1   C. 3:1   D. 4:1

184. 评价定值反馈控制系统动态过程稳定性品质的指标有_____。
   A. 超调量   B. 振荡次数   C. 过渡时间   D. 放大系数

185. 对于反馈控制系统,其衰减率 φ 为_____最为合适。
   A. 0   B. 0.5   C. 0.75   D. 1

186. 超调量和过渡过程时间分别是反馈控制系统的_____。
   A. 静态指标和快速性指标   B. 快速性指标和准确性指标
   C. 准确性指标和快速性指标   D. 精确性指标和快速性指标

187. 在反馈控制系统中,若控制系统的静态偏差小,则说明系统的_____。
   A. 稳定性好   B. 稳态精度高   C. 稳定性差   D. 稳态精度低

188. 在反馈控制系统中,若动态过程超调量太大,则说明系统的_____。
　　A. 稳定性好　　　　B. 稳定性差　　　　C. 动态精度高　　　　D. 稳态偏差大
189. 反馈控制系统的衰减率等于0.5时的过渡过程是_____。
　　A. 等幅振荡过程　　B. 非周期过程　　　C. 衰减振荡过程　　　D. 发散振荡过程
190. 反馈控制系统的衰减率等于0.1时的过渡过程是_____。
　　A. 等幅振荡过程　　B. 非周期过程　　　C. 衰减振荡过程　　　D. 发散振荡过程
191. 在反馈控制系统中,超调量和衰减率分别用于描述控制系统的_____。
　　A. 动态特性和静态特性　　　　　　　　B. 静态特性和动态特性
　　C. 静态特性和静态特性　　　　　　　　D. 精确性和稳定性
192. 在反馈控制系统中,过渡过程时间和静态偏差分别用于描述系统的_____。
　　A. 快速性和精确性　　　　　　　　　　B. 静态和动态特性
　　C. 静态和静态特性　　　　　　　　　　D. 动态和动态特性
193. 在反馈控制系统中,若系统的超调量过小,则_____。
　　A. 稳定性好,调节时间长　　　　　　　B. 稳定性差,调节时间长
　　C. 稳定性好,调节时间短　　　　　　　D. 稳定性差,调节时间短
194. 在反馈控制系统中,若超调量过大,则_____。
　　A. 稳定性好,调节时间长　　　　　　　B. 稳定性差,调节时间长
　　C. 稳定性好,调节时间短　　　　　　　D. 稳定性差,调节时间短
195. 对于反馈控制系统的过渡过程,正确的说法是_____。
　　A. 动态偏差衡量系统的稳定性　　　　　B. 衰减率衡量系统的稳定性
　　C. 偏差值衡量系统的快速性　　　　　　D. 衰减比衡量系统的精确性
196. 有一稳定的PI反馈控制系统,当给定值增加一个单位阶跃值时,其被控量在整个过渡过程中出现的最大偏差为_____。
　　A. 1　　　　　　　B. 0　　　　　　　　C. ε　　　　　　　D. e_{max}
197. 衰减率小的反馈控制系统,说明系统的_____。
　　A. 稳定性差　　　　B. 稳定性好　　　　C. 动态精度高　　　　D. 静态精度高
198. 反馈控制系统在超调量减小时,则系统的_____。
　　A. 稳定性↑, t_s↑　　B. 稳定性↓, t_s↓　　C. 稳定性↑, t_s↓　　D. 稳定性↓, t_s↑
199. 在反馈控制系统中,评定动态过程品质的精确性指标有_____。
　　①超调量σ_P;②衰减率φ;③最大动态偏差e_{max};④上升时间t_r;⑤振荡次数N;⑥静态偏差ε。
　　A. ①④⑤　　　　　B. ①③⑥　　　　　C. ②③④　　　　　　D. ②⑤⑥
200. 在反馈控制系统中,评定动态过程品质的稳定性指标有_____。
　　①超调量σ_P;②衰减率φ;③最大动态偏差e_{max};④上升时间t_r;⑤振荡次数N;⑥静态偏差ε。
　　A. ①⑤　　　　　　B. ②⑥　　　　　　C. ②⑤　　　　　　　D. ③④
201. 在反馈控制系统中,评价动态品质的快速性指标包括_____。
　　①超调量σ_P;②衰减率φ;③上升时间t_r;④过渡过程时间t_s;⑤振荡次数N;⑥峰值时间t_p。

A.③④⑥ B.②④⑤ C.④⑤⑥ D.①②③

202. 定值控制系统在动态过程中,若使其衰减率 φ 自1逐渐减小,说明控制过程_____。
   A. 自发散向无波动变化
   B. 自无波动向发散变化
   C. 自等幅振荡向无波动变化
   D. 自等幅振荡向发散变化

参考答案

1. B	2. B	3. A	4. B	5. A	6. D	7. C	8. A	9. B	10. C
11. B	12. C	13. D	14. B	15. A	16. D	17. B	18. D	19. C	20. D
21. B	22. B	23. C	24. B	25. A	26. A	27. B	28. D	29. C	30. B
31. D	32. C	33. B	34. A	35. B	36. C	37. D	38. D	39. C	40. A
41. C	42. B	43. B	44. A	45. D	46. B	47. D	48. B	49. D	50. A
51. A	52. B	53. C	54. D	55. B	56. A	57. D	58. A	59. D	60. D
61. C	62. B	63. A	64. C	65. D	66. A	67. D	68. D	69. B	70. C
71. B	72. C	73. D	74. C	75. D	76. C	77. D	78. C	79. A	80. C
81. B	82. C	83. D	84. A	85. D	86. C	87. D	88. D	89. D	90. D
91. D	92. A	93. A	94. A	95. B	96. A	97. D	98. D	99. C	100. C
101. C	102. B	103. C	104. D	105. D	106. D	107. D	108. D	109. D	110. D
111. B	112. D	113. C	114. C	115. D	116. D	117. D	118. D	119. D	120. B
121. C	122. D	123. C	124. C	125. D	126. B	127. D	128. D	129. D	130. D
131. C	132. C	133. D	134. D	135. B	136. D	137. D	138. D	139. D	140. A
141. A	142. D	143. C	144. D	145. A	146. A	147. D	148. D	149. C	150. D
151. C	152. D	153. D	154. C	155. D	156. D	157. D	158. D	159. D	160. D
161. A	162. A	163. B	164. D	165. D	166. A	167. D	168. D	169. D	170. D
171. C	172. C	173. D	174. D	175. D	176. D	177. D	178. A	179. D	180. D
181. B	182. D	183. D	184. B	185. C	186. D	187. D	188. D	189. D	190. D
191. D	192. D	193. D	194. B	195. B	196. D	197. A	198. A	199. B	200. C
201. C	202. B								

第2节 自动化仪表的基本知识

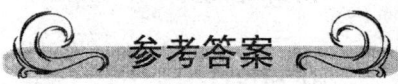

5.2.1 自动化仪表的主要品质指标(适用对象:8401,8402,8403,8404)

1. 某仪表标称精度为1级,其量程为500 mmH$_2$O,它的最大指示误差为_____。
   A. 50 mmH$_2$O
   B. 10 mmH$_2$O
   C. 5 mmH$_2$O
   D. 100 mmH$_2$O

2. 某量程为500 mmH$_2$O的2级精度气动压差变送器,其最大绝对误差是_____。

A. 5   B. 8   C. 6   D. 10
3. 某压力表量程为0～2.0 MPa,其最大绝对误差是0.04 MPa,则其精度为_____。
   A. 1级   B. 2级   C. 3级   D. 4级
4. 2级精度的压力表量程为0～2.0 MPa,其最大绝对误差为_____。
   A. 0.08 MPa   B. 0.06 MPa   C. 0.04 MPa   D. 0.02 MPa
5. 仪表的绝对误差与该仪表指示值之比的百分数定义为_____。
   A. 基本误差   B. 相对误差   C. 回差   D. 精度
6. 一台1级精度的控制仪表,它的基本误差是_____。
   A. 1   B. 1%   C. 1/10   D. 10%
7. 用来衡量仪表好坏的误差指标是_____。
   A. 绝对误差   B. 相对误差   C. 回差   D. 基本误差
8. 一般量程小的与量程大的仪表相比,其灵敏度_____。
   A. 前者高   B. 前者低   C. 一样   D. 差不多
9. 可以反映仪表的基本误差的是_____。
   A. 附加误差   B. 不灵敏区   C. 精度   D. 变差
10. 不能造成仪表基本误差的原因是_____。
    A. 间隙   B. 摩擦   C. 振动   D. 分度不准
11. 仪表指示的被测参数值与真实值之差定义为_____。
    A. 绝对误差   B. 不灵敏区   C. 变差   D. 精度
12. 仪表的最大绝对误差与仪表的测量范围之比的百分数称为_____。
    A. 基本误差   B. 绝对误差   C. 相对误差   D. 回差,变差
13. 自动化仪表中,由于本身的缺陷(如间隙、摩擦等)所造成的误差称为_____。
    A. 基本误差   B. 附加误差   C. 绝对误差   D. 相对误差
14. 在自动化仪表中,由于外界条件的影响(如温度、振动等)所产生的误差称为_____。
    A. 基本误差   B. 附加误差   C. 绝对误差   D. 相对误差
15. 在自动化仪表中,参数测量值与其真值之间差值占仪表指示值的百分数称为_____。
    A. 附加误差   B. 基本误差   C. 仪表的精度   D. 相对误差
16. 在自动化仪表中,测量的最大指示误差占仪表最大测量范围(量程)的百分数称为_____。
    A. 仪表精度   B. 基本误差   C. 相对误差   D. 附加误差
17. 仪表启动所需的输入信号的大小定义为_____。
    A. 灵敏限   B. 不灵敏区   C. 变差   D. 精度
18. 有一台量程为0～10 MPa,精度为0.5级仪表,其最大绝对误差为_____。
    A. 0.1 MPa   B. 0.05 MPa   C. 0.5 MPa   D. 0.2 MPa
19. 有一台量程为0～100 ℃,0.2级的标准温度表,其最大绝对误差为_____。
    A. 2 ℃   B. 1 ℃   C. 0.2 ℃   D. 0.02 ℃
20. 有一台测量水位的仪表,水位最大变化范围为－300～＋300 mmH$_2$O,采用1.5级精度的仪表,其最大绝对误差为_____。
    A. 3 mmH$_2$O   B. 6 mmH$_2$O   C. 9 mmH$_2$O   D. 12 mmH$_2$O

21. 有一台量程为 0～100 ℃ 的温度仪表，其最大绝对误差为 1.5 ℃，其仪表精度为_____。
   A. 1.5 级   B. 1.5%   C. 1 级   D. 1%

22. 有一台 2 级精度的仪表，其最大绝对误差为 0.008 MPa，则该仪表的量程为_____。
   A. 0～0.4 MPa   B. 0～0.8 MPa   C. 0～4 MPa   D. 0～8 MPa

23. 有一台 0.5 级精度的仪表，其最大绝对误差为 1 ℃，则该仪表的量程为_____。
   A. 0～100 ℃   B. 0～200 ℃   C. 0～400 ℃   D. 0～1 000 ℃

24. 在仪表中，$S = \Delta y/\Delta x$，其中 Δx 是输入的变化量，Δy 是相应的输出变化量，则把 S 叫做_____。
   A. 精度   B. 灵敏度   C. 相对误差   D. 不灵敏区

25. 一台仪表的灵敏度高，它表示_____。
   A. 精度高   B. 相对误差小   C. 附加误差小   D. 不灵敏区小

26. 仪表的不灵敏区是用_____来表示的。
   A. 输入变化量   B. 输出变化量   C. 相对误差   D. 绝对误差

27. 某压差变送器测量范围为 0～10 bar，标定精度为 1 级，当差压变送器输出为 0.044 MPa 时，实测值应为_____。
   A. 3 ± 0.1 bar   B. 4.4 ± 0.1 bar   C. 3 ± 0.051 bar   D. 4.4 ± 0.05 bar

28. 用两台量程不同、精度一样的仪表测量同一参数，则测得的值更准确的仪表为_____。
   A. 量程最小的   B. 量程最大的   C. 一样   D. 不能确定

29. 在差压变送器的说明书中，规定使用条件为 -10～150 ℃，现环境温度为 -20 ℃，则会引起仪表的_____。
   A. 基本误差增大   B. 附加误差增大   C. 绝对误差增大   D. 相对误差增大

30. 有一台温度变送器量程为 0～100 ℃，当变送器输出 0.06 MPa 时，其真值为 51 ℃，则该仪表的绝对误差为_____。
   A. 0.5 ℃   B. 1 ℃   C. 0.01 ℃   D. 0.05 ℃

31. 现有两台压力变送器，其量程分别为 0～1.0 MPa，0～0.1 MPa，其指示值分别为 0.5 MPa 和 0.05 MPa，测得的绝对误差为 0.1 MPa，0.05 MPa，则两台变送器绝对误差和相对误差的大小分别为_____。
   A. 量程为 0～1.0 MPa 的变送器绝对误差和相对误差都比量程为 0～0.1 MPa 的变送器的大
   B. 量程为 0～1.0 MPa 的变送器绝对误差和相对误差均比 0～0.1 MPa 量程的变送器小
   C. 绝对误差，量程为 0～1.0 MPa 的变送器大，相对误差则小
   D. 绝对误差，量程为 0～1.0 MPa 的变送器小，相对误差则大

32. 用单杠杆差压变送器测锅炉水位时，若 ΔP 为 -400～0 mmH$_2$O，其对应输出应为 $P_{出}$ 为 0.02～0.1 MPa，现当输入指示值为 -255 mmH$_2$O，$P_{出} = 0.05$ MPa，其相对误差 δ 为_____。
   A. 10%   B. 20%   C. 1%   D. 2%

33. 有一台量程为 0～100 ℃ 的温度变送器，在稳态时，当温度变化 5 ℃，其输出变化了 0.01 MPa，则该变送器的灵敏度 S 为_____。
   A. 0.5%   B. 0.05   C. 500 ℃/MPa   D. 0.002 MPa/℃

34. 有一量程为 0~1 000 mmH$_2$O 的差压变送器,稳态时,输入的 ΔP 变化 6 mmH$_2$O,变送器的输出才开始有变化,则该仪表的不灵敏区和灵敏限分别为_____。
    A. 6 mmH$_2$O,3 mmH$_2$O   B. 3 mmH$_2$O,6 mmH$_2$O
    C. 0.6%,0.3%   D. 0.3%,0.6%

35. 有一台量程为 0~100 ℃ 的温度变送器,其最大误差是 0.5 ℃,在 50 ℃ 时,绝对误差为 0.2 ℃,则仪表精度及相对误差为_____。
    A. 1 级,4%   B. 0.5 级,0.4%   C. 0.5 级,4%   D. 1 级,0.4%

36. 在气动仪表中,标准仪表的精度等级有_____。
    ①0.1 级;②0.2 级;③0.35 级;④1.0 级;⑤1.5 级;⑥2.0 级。
    A. ①③⑤   B. ④⑤⑥   C. ②④⑥   D. ①②③

37. 在气动仪表中,不能反映仪表本身结构缺陷的品质指标包括_____。
    ①基本误差;②附加误差;③仪表的精度;④变差;⑤绝对误差;⑥相对误差。
    A. ①②③⑤   B. ②③⑤⑥   C. ②④⑤⑥   D. ③④⑤⑥

38. 在闭环系统中,整个仪表的灵敏度和误差是由_____决定的。
    A. 比较环节   B. 放大环节   C. 反馈环节   D. 给定环节

39. 气动仪表的气源压力为_____,是由_____部件来调整的。
    A. 0.1 MPa/节流分压器   B. 0.14 MPa/滤清减压阀
    C. 0.20 MPa/节流盲室   D. 0.24 MPa/辅空气瓶压力

40. 耗气型二级气动功率放大器,如果起步压力调整得合适,则能使气动仪表获得较高的_____。
    A. 灵敏度   B. 精度   C. 稳定性   D. A+B+C

41. 用气动仪表组成的控制系统,其统一的标准信号是_____。
    A. 0.002~0.01 MPa   B. 0~0.01 MPa   C. 0.02~0.1 MPa   D. 0.2~1.0 MPa

5.2.2 气动仪表的气动元部件及组成原理(适用对象:8401,8402,8403,8404)

42. 波纹管属于_____,其作用是_____。
    A. 弹性支承元件/用于提高弹性敏感元件的刚度
    B. 弹性支承元件/用于调整系统的零点
    C. 弹性敏感元件/用于产生与输入的压力信号成比例的位移
    D. 弹性敏感元件/用于对输入的气压信号进行延时

43. 片簧属于_____,其作用是_____。
    A. 弹性支承元件/用于调整弹性敏感元件的初始位置
    B. 弹性支承元件/用于调整仪表的量程
    C. 弹性敏感元件/用于产生与轴向推力成比例的位移
    D. 弹性敏感元件/用于对作用力信号产生延时

44. 由于安装不慎使波纹管并圈,将可能使_____。

A. 波纹管的有效面积增大　　　　　　B. 波纹管的有效面积减小
C. 波纹管动作的灵敏度提高　　　　　D. 波纹管线性的位移量增大

45. 置于反馈回路的波纹管,其有效面积越大,则仪表的_____。
   A. 灵敏度越高　　　　　　　　　　B. 基本误差越小
   C. 放大系数越大　　　　　　　　　D. 放大系数越小

46. 金属膜片在弹性变形范围内,其变形量很小。为增加它的线性范围,常制成_____,且与水平面成一定角度。
   A. 波纹状　　　B. 比例型　　　C. 波浪形　　　D. 积分型

47. 波纹管的有效面积为 F,刚度为 E,输入的气压信号为 P,其位移量为_____。
   A. $S = EF$　　　B. $S = PE/F$　　　C. $S = PF/E$　　　D. $S = E/PF$

48. 金属膜片属于_____,其作用是_____。
   A. 弹性敏感元件/用于产生与轴向推力成比例的位移
   B. 弹性支承元件/用于调整弹性敏感元件的初始位置
   C. 弹性支承元件/用于增大弹性敏感元件的刚度
   D. 弹性敏感元件/用于调整仪表的零点

49. 金属膜片的有效面积为 F,输入的压力信号为 P,其变形量为 S,则刚度 E 为_____。
   A. $E = PFS$　　　B. $E = S/PF$　　　C. $E = PF/S$　　　D. $E = SF/P$

50. 螺旋弹簧属于_____,其作用是_____。
   A. 弹性支承元件/用于调整弹性敏感元件的初始位置
   B. 弹性支承元件/用于保护弹性敏感元件不被压坏
   C. 弹性敏感元件/用于产生与轴向推力成比例的位移
   D. 弹性敏感元件/用于调整仪表的量程

51. 弹性敏感元件的特点是_____。
   A. 刚度大,在受到相同作用力的情况下变形量小
   B. 刚度大,在受到相同作用力的情况下变形量大
   C. 刚度小,在受到相同作用力的情况下变形量小
   D. 刚度小,在受到相同作用力的情况下变形量大

52. 在弹性元件中,弹簧管属于_____,其作用是_____。
   A. 弹性支承元件/用于调整仪表的零点
   B. 弹性支承元件/用于产生与输入压力成比例的位移
   C. 弹性敏感元件/用于调整仪表的量程
   D. 弹性敏感元件/用于产生与输入压力成比例的位移

53. 在仪表中,弹簧管的作用是_____。
   A. 把被控量的测量值转变成位移信号　　B. 把被控量的给定值转变成位移信号
   C. 调整仪表的零点　　　　　　　　　　D. 调整仪表的量程

54. 在气动仪表中,对弹性元件的要求是_____。
   A. 刚度大一些　　　　　　　　　　　　B. 刚度应尽量小
   C. 强度应尽量小　　　　　　　　　　　D. 线性变形范围要尽量小

55. 在弹性元件中,橡胶膜片属于_____,其作用是_____。
   A. 弹性敏感元件/用于有、无气压信号的瞬间动作
   B. 弹性敏感元件/用于产生与轴向推力成比例的位移
   C. 弹性支承元件/用于提高弹性敏感元件的刚度
   D. 弹性支承元件/用于调整仪表的零点

56. 橡胶膜片的刚度可近似地看作为_____,在实际使用中,中间要加_____。
   A. 零/硬芯   B. 无穷大/硬芯
   C. 零/弹性敏感元件   D. 无穷大/弹性敏感元件

57. 在节流元件中,恒节流孔的直径范围为_____。
   A. 0.18~0.3 mm   B. 1.8~3.0 mm   C. 0.25~0.5 mm   D. 2.5~5.0 mm

58. 在节流元件中,用 R 表示气阻,ΔP 表示在气阻两端产生的压降,G 表示流过节流元件气体的流量,则表达式 $R = \Delta P/G$ 成立的条件是_____。
   A. 输入的气压信号应尽量小   B. 节流元件两端产生压差应尽量大
   C. 流过节流元件气体流量应尽量小   D. 气体做层流运动

59. 在气动仪表中,变节流阀的作用是_____。
   A. 提高仪表工作的稳定性   B. 整定调节器的比例带
   C. 调整仪表的零点   D. 调整仪表的量程

60. 在节流元件中,毛细管式节流孔的特点是_____。
   A. 内径为 0.18 mm 不变   B. 内径为 0.18 mm 固定不变
   C. 内径固定在 0.18~0.3 mm 内不变   D. 内径可在 0.18~0.3 mm 范围内调整

61. 在节流元件中,小孔式节流孔的特点是_____。
   A. 内径有几个固定规格的恒节流孔   B. 内径为 0.18 mm 的恒节流孔
   C. 内径为 0.3 mm 的恒节流孔   D. 内径可在 0.25~0.5 mm 范围内调整

62. 在节流元件中,变节流孔不包括_____。
   A. 圆锥—圆锥形   B. 小孔式恒节流孔   C. 圆柱—圆锥形   D. 圆球—圆锥形

63. 在节流元件中,令气阻为 R,流过节流元件的气体流量为 G,则节流元件两端产生的压降 ΔP 为_____。
   A. $\Delta P = G \times R$ B. $\Delta P = G/R$ C. $\Delta P = 1/GR$ D. $\Delta P = R/G$

64. 在喷嘴挡板机构中,气源至背压室之间的节流元件属于_____。
   A. 圆锥—圆锥式节流孔   B. 圆柱—圆锥式节流孔
   C. 圆球—圆锥式节流孔   D. 恒节流孔

65. 组成气动仪表放大环节的元部件是_____。
   A. 节流阀和气容   B. 波纹管和气容
   C. 膜片和功率放大器   D. 喷嘴挡板机构和功率放大器

66. 使用盘形弹簧管的目的是_____。
   A. 增大线性变形范围   B. 增大刚度
   C. 增大强度   D. 减小仪表的附加误差

67. 在气体容室中,把气体流量 G 作为输入量,把气室中压力作为输出量,则气体容室属于

A. 比例环节　　　　B. 积分环节　　　　C. 微分环节　　　　D. 惯性环节
68. 在定容气体容室中,若输入的气体流量 G 阶跃变化,则气室中压力 p_0 的变化规律为_____。

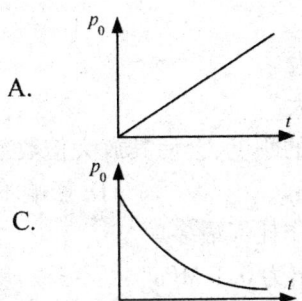
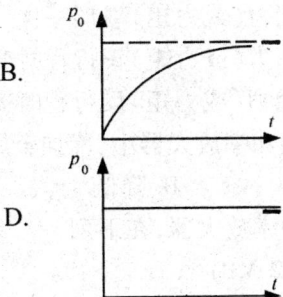

69. 有一节流盲室如图 5-11 所示,其输出量 P_0 的表达式为_____。

　　A. $P_0 = RC \dfrac{\mathrm{d}P_\mathrm{i}}{\mathrm{d}t}$　　　　　　　　B. $P_0 = RC \cdot P_\mathrm{i}$

　　C. $P_0 = P_\mathrm{i}(1 - \mathrm{e}^{\frac{1}{RC}})$　　　　　　D. $P_0 = \dfrac{1}{RC}\int P_\mathrm{i}\mathrm{d}t$

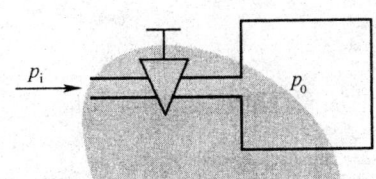

图 5-11

70. 在图 5-11 中,p_i 阶跃增大时,p_0 的变化规律为_____。

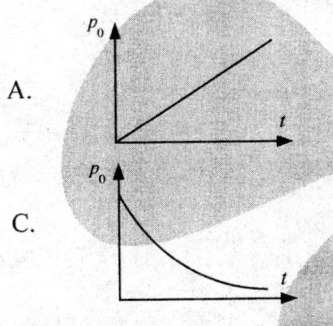
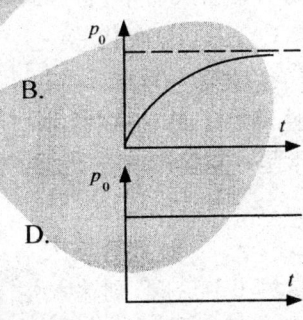

71. 对于只放大流量的气动功率放大器,其输入信号和输出信号的最大变化量为_____。
　　A. 0.008 MPa,0.08 MPa　　　　　B. 0.08 MPa,0.008 MPa
　　C. 0.08 MPa,0.08 MPa　　　　　　D. 0.1 MPa,0.1 MPa
72. 喷嘴挡板机构的开度变化在正常工作时仅为_____。
　　A. 几微米　　　B. 10 μm　　　C. 20 μm　　　D. 50 μm
73. 关于气动功率放大器,错误的认识是_____。
　　A. 压力或流量放大即可实现功率放大
　　B. I 型放大器由于仅实现流量放大而输入与输出压力是相等的

C. I型放大器不存在调整起步压力的问题
D. II型放大器可实现气动调节器的二级放大

74. 弹性元件的滞后表现为_____。
   A. 对同一作用力(或力矩)变形不一样
   B. 对同一作用力(或力矩)变形一样
   C. 对同一作用力(或力矩)正行程时变形比反行程大
   D. 对同一作用力(或力矩)反行程时变形比正行程大

75. 在耗气型气动功率放大器中,增加金属膜片和簧片的刚度,会使其放大倍数_____。
   A. 增大 B. 降低 C. 不变 D. 影响不大

76. 耗气型气动功率放大器,在下列_____工况下工作耗气最多。
   A. 输出为 0.02 MPa B. 输出为 0.1 MPa
   C. 输出为 0.05 MPa D. 输出为 0.06 MPa

77. 为提高喷嘴挡板机构的灵敏度,应采取的结构措施是_____。
   A. 恒节流孔直径尽量小,h 变化量大 B. 喷嘴直径尽量大,h 变化量小
   C. 背压室容积尽量大,h 变化量小 D. 背压室容积尽量大,h 变化量大

78. 若喷嘴挡板机构正常工作压力变化范围是 0.005 5 MPa,则其后串联的气动功率放大器的放大倍数应选为_____。
   A. 5倍 B. 10倍 C. 15倍 D. 20倍

79. 在耗气型气动功率放大器中,增加阀杆的长度,则耗气量_____。
   A. 不变 B. 变化 C. 增加 D. 减少

80. 在耗气型气动功率放大器中,增加阀杆的长度,则放大倍数_____。
   A. 不变 B. 变化 C. 增大 D. 减小

81. 在耗气型气动功率放大器中,若锥阀的锥度增大,则放大倍数_____。
   A. 不变 B. 变化 C. 增大 D. 减小

82. 定容气室的气容是_____。
   A. 时间的线性函数 B. 指数函数 C. 常数 D. 阶跃函数

83. 弹性气室通常是在定容气室中加装一个波纹管,若输入的气压信号直接接在波纹管中,随着输入压力的增大,则_____。
   A. 气容不变 B. 气容增大 C. 气容减小 D. 气容先减小后增大

84. 对于节流盲室关小节流阀,则输入相同的阶跃 P_i 后,会使输出 P_0 _____。
   A. 达到稳态值时 P_0 小 B. 达到稳态值时 P_0 大
   C. P_0 变化慢 D. P_0 变化快

85. 在气动仪表中,喷嘴挡板机构的作用是_____。
   A. 把输入的气压信号转换成挡板位移 B. 把输入的气压信号放大 K 倍输出
   C. 对输入的气压信号延时输出 D. 把挡板位移变化转换成气压信号输出

86. 在喷嘴挡板机构中,当挡板对喷嘴全开和全关时,其背压室内的压力分别为_____。
   A. 0.02 MPa, 0.1 MPa B. 0.02 MPa, 0.14 MPa
   C. 0 MPa, 0.1 MPa D. 0 MPa, 0.14 MPa

87. 在喷嘴挡板机构中,把背压室容积制作得很小的原因是为了_____。
   A. 减少气体流动的损失 B. 增强抗干扰能力
   C. 使输出压力立即随挡板开度变化 D. 增大输出信号的变化范围
88. 喷嘴挡板机构静特性曲线的变化规律为_____。
   A. 曲线上段变化快,下段变化慢 B. 曲线上段变化慢,下段变化快
   C. 两端变化快,中间变化慢 D. 两端变化慢,中间变化快
89. 喷嘴挡板机构静特性曲线如图 5-12 所示,a、b、c 各点所对应的气压信号分别为_____。
   A. 0.1 MPa, 0.02 MPa, 0.14 MPa B. 0.14 MPa, 0 MPa, 0.20 MPa
   C. 0.08 MPa, 0.02 MPa, 0.10 MPa D. 0.1 MPa, 0.06 MPa, 0.14 MPa

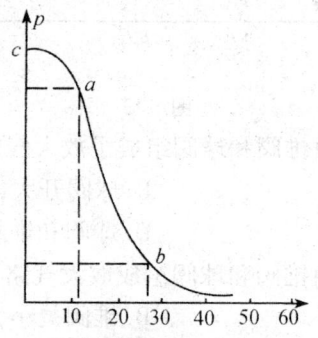

图 5-12

90. 为使喷嘴挡板机构能工作在静特性曲线的最佳工作段上,可通过_____来实现。
   A. 调整挡板的初始开度 B. 调整恒节流孔孔径
   C. 调整气动功率放大器的放大系数 D. 调整气动功率放大器的起步压力
91. 对于能把压力信号放大 10 倍的气动功率放大器,其输入信号和输出信号的最大变化量为_____。
   A. 0.008 MPa, 0.08 MPa B. 0.08 MPa, 0.008 MPa
   C. 0.08 MPa, 0.08 MPa D. 0.1 MPa, 0.1 MPa
92. 气动功率放大器的起步压力是指_____。
   A. 输入信号为 0.02 MPa 的输出信号 B. 输入信号为 0 的输出信号
   C. 输出信号为 0 的输入信号 D. 输出信号为 0.02 MPa 的输入信号
93. 耗气型气动功率放大器金属膜片的运动规律如图 5-13 所示,其工作段为_____。
   A. Ⅰ,Ⅱ B. Ⅰ,Ⅲ C. Ⅲ D. Ⅱ,Ⅲ
94. 耗气型气动功率放大器金属膜片的运动规律如图 5-13 所示,Ⅰ、Ⅱ线段的转折点取决于_____。
   A. 弹簧片的刚度和输入信号的大小
   B. 弹簧片的刚度和金属膜片的刚度
   C. 金属膜片的刚度和金属膜片与阀杆之间初始间隙大小
   D. 金属膜片的刚度和放大气量的大小
95. 耗气型气动功率放大器金属膜片的运动规律如图 5-13 所示,其起步压力和工作段分别为

A. p_0, Ⅰ B. p_0, Ⅱ C. p_a, Ⅱ D. p_a, Ⅲ

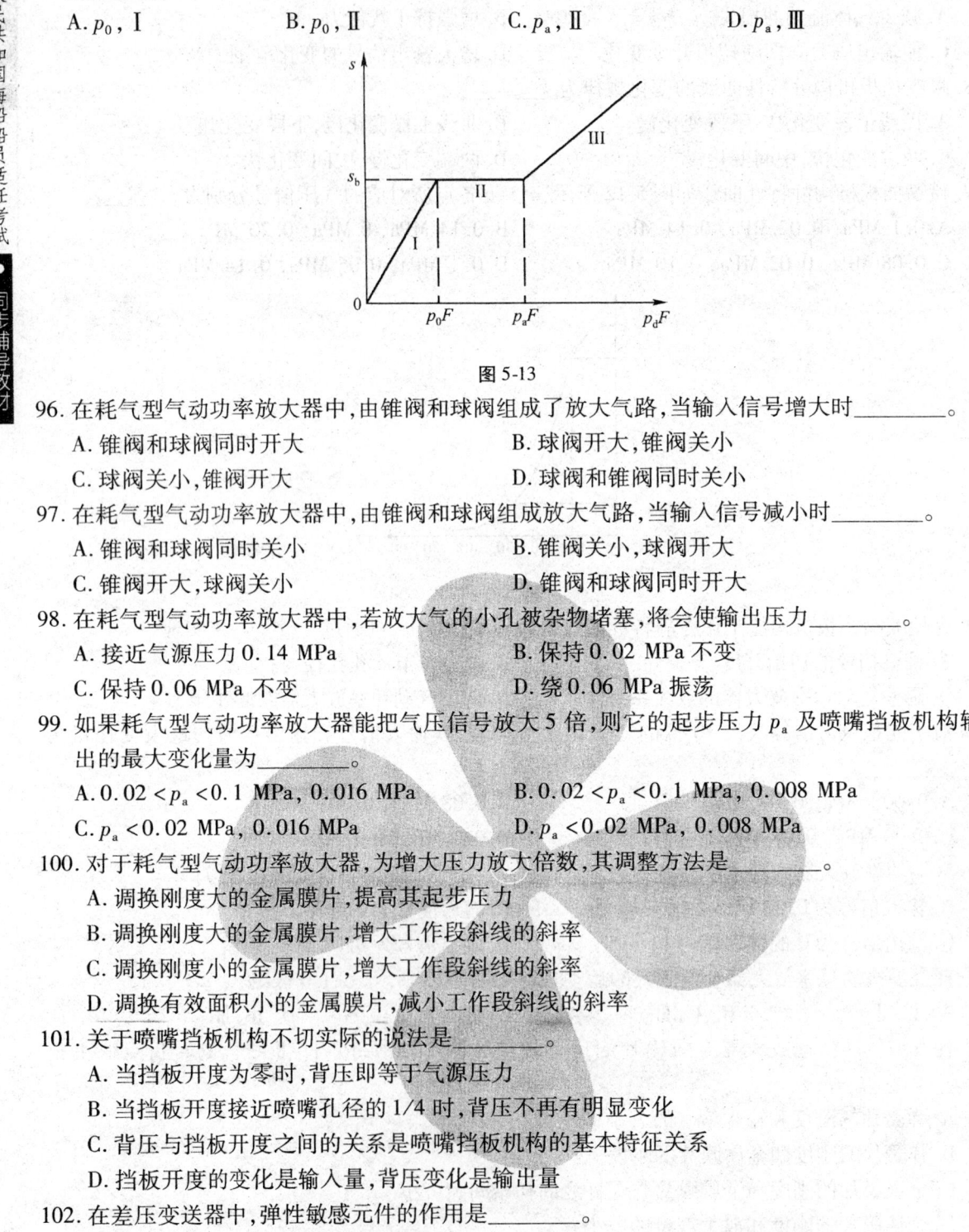

图 5-13

96. 在耗气型气动功率放大器中,由锥阀和球阀组成了放大气路,当输入信号增大时_____。
   A. 锥阀和球阀同时开大   B. 球阀开大,锥阀关小
   C. 球阀关小,锥阀开大   D. 球阀和锥阀同时关小

97. 在耗气型气动功率放大器中,由锥阀和球阀组成放大气路,当输入信号减小时_____。
   A. 锥阀和球阀同时关小   B. 锥阀关小,球阀开大
   C. 锥阀开大,球阀关小   D. 锥阀和球阀同时开大

98. 在耗气型气动功率放大器中,若放大气的小孔被杂物堵塞,将会使输出压力_____。
   A. 接近气源压力 0.14 MPa   B. 保持 0.02 MPa 不变
   C. 保持 0.06 MPa 不变   D. 绕 0.06 MPa 振荡

99. 如果耗气型气动功率放大器能把气压信号放大 5 倍,则它的起步压力 p_a 及喷嘴挡板机构输出的最大变化量为_____。
   A. $0.02 < p_a < 0.1$ MPa, 0.016 MPa   B. $0.02 < p_a < 0.1$ MPa, 0.008 MPa
   C. $p_a < 0.02$ MPa, 0.016 MPa   D. $p_a < 0.02$ MPa, 0.008 MPa

100. 对于耗气型气动功率放大器,为增大压力放大倍数,其调整方法是_____。
    A. 调换刚度大的金属膜片,提高其起步压力
    B. 调换刚度大的金属膜片,增大工作段斜线的斜率
    C. 调换刚度小的金属膜片,增大工作段斜线的斜率
    D. 调换有效面积小的金属膜片,减小工作段斜线的斜率

101. 关于喷嘴挡板机构不切实际的说法是_____。
    A. 当挡板开度为零时,背压即等于气源压力
    B. 当挡板开度接近喷嘴孔径的 1/4 时,背压不再有明显变化
    C. 背压与挡板开度之间的关系是喷嘴挡板机构的基本特征关系
    D. 挡板开度的变化是输入量,背压变化是输出量

102. 在差压变送器中,弹性敏感元件的作用是_____。
    A. 把位移信号转变成气压信号输出   B. 把压力信号转变成位移信号
    C. 把压力信号转变成推力信号   D. B + C

103. 波纹管在安装到仪表上时，往往采取预压缩的措施，其目的是_____。
   A. 提高线性度和线性范围   B. 增加波纹管的强度
   C. 减小波纹管的滞后性   D. 降低波纹管的刚度
104. 在安装波纹管时，采用预压缩的办法是为了得到满意的_____。
   A. 弹性   B. 刚度   C. 精度   D. 线性关系
105. 安装使用波纹管时，为了得到满意的线性关系，常采用的办法是_____。
   A. 串联弹簧   B. 预压缩   C. 预拉伸   D. 热处理
106. 耗气型气动功率放大器的弹性元件如果刚度增大，则使_____。
   A. 放大倍数增大   B. 起步压力大   C. 耗气量大   D. 灵敏度提高
107. 调整气动功率放大器起步压力的主要目的是_____。
   A. 提高放大器与调节单元的匹配性   B. 保证喷嘴挡板机构有满意的线性工作段
   C. 减少放大器的耗气   D. 提高放大器的功率
108. 在采用耗气型气动放大器时，若它能把压力信号放大10倍，则喷嘴挡板机构输出的压力变化范围是_____。
   A. 0.008 MPa   B. 0.02 MPa   C. 0.08 MPa   D. 0.1 MPa
109. 耗气型气动功率放大器是以_____放大来实现功率放大的。
   A. 流量   B. 压力   C. 压差   D. A + B
110. 下列各种说法不正确的是_____。
   A. 气动功率放大器是一个比例环节   B. 节流元件的作用是将压力信号转变成位移
   C. 节流盲室对压力变化起惯性作用   D. 节流元件能产生压降
111. 下列各种说法正确的是_____。
   A. 节流元件的作用是将压力信号转变成位移
   B. 所有气动仪表在喷嘴挡板后均需串联一个气动功率放大器
   C. 喷嘴挡板机构中，喷嘴堵塞时输出压力 $p_{出} \approx 0$
   D. 节流盲室对压力变化起惯性作用
112. 节流元件的主要作用是_____。
   A. 将压力转换成位移   B. 产生压力降和滤清
   C. 改变气体流量   D. 对气压变化起惯性作用
113. 气阻元件的主要作用是_____。
   A. 将压力转换成位移   B. 产生压力降
   C. 改变气体流量   D. B + C
114. 在稳定工况下，喷嘴背压与挡板开度有对应的关系，此关系被称为喷嘴挡板机构的_____。
   A. 动特性   B. 静特性   C. 线性关系   D. 比例放大关系
115. 在弹性元件中，弹簧管圈数越多，则_____。
   A. 强度越大   B. 要求输入的气压信号越高
   C. 变形量越大   D. 变形量越小
116. 在弹性元件中，金属膜片常制成波纹状，且边缘与平面成一定的角度，其目的是_____。

A. 提高膜片的刚度　　　　　　　　　B. 提高膜片的强度
C. 增大膜片变形的线性范围　　　　　D. 减小膜片的线性范围

117. 在喷嘴挡板机构中,当挡板的开度达到喷嘴孔径_____以上时,背压不再有明显变化。
　　A.1/3　　　　　B.1/2　　　　　C.1/4　　　　　D.2/3

118. 在喷嘴挡板机构中,喷嘴的孔径约为恒定气阻孔径的_____。
　　A.4倍　　　　　B.1/4倍　　　　C.2倍　　　　　D.1/2倍

119. 喷嘴背压随挡板开度增加而下降的过程是_____。
　　A. 先快后慢　　　　　　　　　　　B. 先慢后快
　　C. 开始快,中间慢,最后又快　　　D. 开始慢,中间快,最后又慢

120. 在喷嘴挡板机构中,若喷嘴严重脏堵,其背压室压力 p_0 应该是_____。
　　A. $p_0 \approx 0$ MPa　　　　　　　　B. $p_0 = 0.02$ MPa
　　C. $p_0 = 0.06$ MPa　　　　　　　　D. $p_0 \geq 0.1$ MPa

121. 使用中导致喷嘴挡板机构故障概率最高的原因往往是_____。
　　A. 恒节流孔脏堵　　　　　　　　　B. 喷嘴脏堵
　　C. 喷嘴轴线与挡板平面不垂直　　　D. 喷嘴端面加工粗糙

122. 在喷嘴挡板机构中,若恒节流孔堵塞,则背压室压力 p_0 为_____。
　　A. $p_0 \approx 0$ MPa　　　　　　　　B. $p_0 = 0.02$ MPa
　　C. $p_0 = 0.06$ MPa　　　　　　　　D. $p_0 \geq 0.1$ MPa

123. 波纹管的有效面积_____。
　　A. 小于端面几何面积　　　　　　　B. 等于端面几何面积
　　C. 大于端面几何面积　　　　　　　D. 是一个固定的常数

124. 若想使放大器工作在喷嘴挡板机构静特性曲线的陡直部分,首先应使_____。
　　A. 起步压力调整合适　　　　　　　B. 输出压力变化范围合适
　　C. 放大倍数合适　　　　　　　　　D. 反馈环节选定的合适

125. 气动耗气型功率放大器,在膜片破裂时,其输出值为_____。
　　A. 接近气源压力　　B. 不定　　　C.0.02 MPa　　　D.0 MPa

126. 导致气动仪表喷嘴挡板机构变形最可能的原因是_____。
　　A. 材质老化　　　　B. 剧烈振动　　C. 疲劳过度　　　D. 外力作用

127. 喷嘴挡板机构静特性曲线上的各点斜率_____。
　　A. 部分相同　　　　B. 不变　　　　C. 相同　　　　　D. 不同

128. 气动耗气型功率放大器,在片簧断损时,其输出值应为_____。
　　A. 接近气源压力　　B. 不定　　　C.0.02 MPa　　　D.0 MPa

129. 喷嘴挡板实质上是_____。
　　A. 变气阻　　B. 节流通室(C很小)　　C. 节流盲室　　D. 节流通室(C很大)

130. 喷嘴挡板机构中喷嘴孔径为D,恒节流孔径为d,正常工作时喷嘴挡板间隙变化范围为h,则这三参数相互关系应满足_____。
　　A.$h>D>d$　　B.$h<D<d$　　C.$D>d>h$　　D.$d>h>D$

131. 波纹管常和圆柱螺旋弹簧配合使用的目的是_____。

A. 增加波纹管的刚度　　　　　　　　B. 改善波纹管的特性
C. 增加波纹管的弹性　　　　　　　　D. A + C

132. 在气动仪表中,输入信号使挡板的位移量与反馈信号使挡板的位移量基本相等的平衡原理是属于_____。
    A. 位移平衡原理　　B. 力平衡原理　　C. 力矩平衡原理　　D. 功率平衡原理

133. 在气动仪表中,输入信号对挡板的作用力基本等于反馈信号的作用力,其平衡原理是属于_____。
    A. 位移平衡原理　　B. 力平衡原理　　C. 力矩平衡原理　　D. 功率平衡原理

134. 调整 PB、T_i 和 T_d 的节流阀通常采用_____。
    A. 针阀结构　　　B. 球阀结构　　　C. 蝶阀结构　　　D. A + B

135. 气动调节器中放大器可调校起步压力的主要目的是提高放大器的_____。
    A. 互换性　　　　B. 线性度　　　　C. 准确度　　　　D. 放大倍数

136. 对耗气型气动功率放大器的技术要求之一是:挡板盖住喷嘴时,输出压力应该迅速增大到_____。
    A. 0.12 MPa　　B. 0.14 MPa　　C. 接近 0.14 MPa　　D. 0 MPa

137. 喷嘴挡板机构包括_____部分。
    ①喷嘴;②挡板;③放大器;④背压室;⑤恒节流孔;⑥滤器。
    A. ①③④⑥　　B. ②③④⑤　　C. ①②④⑤　　D. ②④⑤⑥

138. 属于弹性敏感元件的有_____。
    ①螺旋弹簧;②波纹管;③金属膜片;④节流盲室;⑤弹簧管;⑥橡胶膜片。
    A. ①③④⑤　　B. ①②⑤⑥　　C. ②③④⑤　　D. ②③⑤⑥

139. 不属于弹性支撑元件的有_____。
    ①弹簧;②片簧;③金属膜片;④弹簧管;⑤波纹管;⑥橡胶膜片。
    A. ①②③④　　B. ③④⑤⑥　　C. ②③④⑤　　D. ①②⑤⑥

140. 在节流元件中,属于变节流孔的有_____。
    ①毛细管式;②小孔式;③圆锥—圆锥形;④圆柱—圆锥形;⑤圆球—圆锥形;⑥圆球—圆柱形。
    A. ①②③④　　B. ①②⑤⑥　　C. ②③④⑤　　D. ③④⑤⑥

141. 在节流元件中,不属于恒节流孔的有_____。
    ①毛细管式;②小孔式;③圆锥—圆锥形;④圆柱—圆锥形;⑤圆球—圆锥形;⑥圆球—圆柱形。
    A. ①②③④　　B. ②③④⑤　　C. ③④⑤⑥　　D. ①②⑤⑥

142. 可用来制造波纹管的材料有_____。
    ①磷青铜;②合金铝;③黄铜;④铍青铜;⑤不锈钢;⑥紫铜。
    A. ①②③　　　B. ②③⑤　　　C. ③④⑤　　　D. ④⑤⑥

143. 节流元件的作用不包括_____。
    ①将压力转换成位移;②产生压力降;③改变气体流量;④对气压变化起惯性作用;⑤把位移转换成气压信号;⑥对气压进行放大或减小。

A. ①③④⑤　　B. ①④⑤⑥　　C. ②③④⑤　　D. ②④⑤⑥

144. 对于定气容气室,把气体流量 G 作为输入量,把气室中的压力 P 作为输出量,其正确的说法是(C 是气室的气容)_____。

①是比例环节 $P = KG$；②是微分环节 $P = C \cdot \dfrac{dG}{dt}$；③是积分环节 $P = \dfrac{1}{C}\int G \cdot dt$；④气容 $C = \dfrac{dP}{dm}$；⑤气容 $C = \dfrac{dm}{dP}$；⑥气容是常数。

A. ③⑤⑥　　B. ②③④　　C. ①②③　　D. ④⑤⑥

145. 对喷嘴挡板机构,其正确的说法是_____。

①一个惯性环节；②其作用是把位移转变成气压信号；③实际上是一个节流通室；④喷嘴挡板是一个变气阻；⑤背压室压力与挡板开度之间保持斜率不变的线性关系；⑥恒节流孔堵塞,输出压力信号保持原状态不变。

A. ①②③　　B. ④⑤⑥　　C. ②③④　　D. ③⑤⑥

146. 在喷嘴挡板机构的静特性曲线上_____。

①两端变化快,中间变化慢；②两端变化慢,中间变化快；③上端变化快,下端变化慢；④上端变化慢,下端变化快；⑤中间段背压与挡板开度成比例关系；⑥工作段由放大器起步压力决定。

A. ①②③　　B. ④⑤⑥　　C. ②⑤⑥　　D. ②③④

147. 在耗气型气动功率放大器中,为提高放大器的放大系数,应使_____。

①金属膜片有效面积增大；②金属膜片有效面积减小；③金属膜片的刚度增大；④金属膜片的刚度减小；⑤放大气小孔孔径减小；⑥调低起步压力。

A. ①③⑤　　B. ②④⑥　　C. ②⑤⑥　　D. ①④⑤

148. 耗气型气动功率放大器的放大系数与下列_____因素有关。

①膜片的有效面积；②膜片的刚度；③弹簧片的刚度；④输入信号大小；⑤起步压力；⑥放大器结构。

A. ①②③⑥　　B. ①③④⑤　　C. ②③④⑤　　D. ②④⑤⑥

149. 气动功率放大器的放大倍数与下列因素有关_____。

①金属膜片刚度；②阀杆长度；③锥阀锥度；④膜片与阀杆间隙；⑤簧片刚度；⑥球阀刚度。

A. ①②④⑥　　B. ①②③⑤　　C. ②③④⑤　　D. ②④⑤⑥

150. 气动喷嘴挡板放大机构的优点是_____。

①尺寸合适；②结构简单；③没有运动的摩擦零件；④工作可排；⑤牢固耐用；⑥重量轻便。

A. ①②④⑤　　B. ①③⑤⑥　　C. ②④⑤⑥　　D. ②③④⑤

151. 气动喷嘴挡板放大机构的缺点是_____。

①尺寸太小；②易堵塞；③结构复杂；④对气源要求质量高；⑤有移动部件；⑥特性曲线线性度不好。

A. ①③⑤　　B. ①④⑥　　C. ②④⑤　　D. ②④⑥

152. 喷嘴挡板机构包括_____。

①喷嘴；②挡板；③放大器；④背压室；⑤恒节流孔；⑥滤器。

A. ①③④⑥　　B. ②③④⑤　　C. ①②④⑤　　D. ②④⑤⑥

153. 若气动功率放大器的放大系数 $K=10$，则_____。
①输入最大变化量为 0.08 MPa；②输出的最大变化量为 0.08 MPa；③输入最大变化量为 0.008 MPa；④输入为 0.002 MPa 时，输出为 0.02 MPa；⑤输出为 0.1 MPa 时，输入为 0.01 MPa；⑥输出为 0.02 MPa 是由起步压力决定的。
A. ②③⑥　　B. ①③⑤　　C. ②④⑥　　D. ①④⑤

154. 在气动仪表中，节流元件的作用是_____。
①把位移转换成气压信号；②把气压信号转换成位移；③产生压降；④改变气体流量；⑤可调整积分时间；⑥可调整微分时间。
A. ①②④⑤　　B. ①③④⑤　　C. ①③⑤⑥　　D. ③④⑤⑥

155. 在气动仪表中，其正确的说法是_____。
①喷嘴挡板机构后面都要并联一个气动功率放大器；②喷嘴挡板机构特性实质是非线性曲线；③气动功率放大器是一个比例环节；④气体容室主要是对气体压力起惯性作用；⑤喷嘴挡板机构在工作段上工作可看成是比例环节；⑥弹性气室的负反馈能实现积分作用。
A. ②③④⑤　　B. ③④⑤⑥　　C. ①②④⑤　　D. ①②③⑤

156. 在节流元件中，恒节流孔和变节流孔的气阻 R 分别为_____。
A. 固定，固定　　B. 可调，可调　　C. 固定，可调　　D. 可调，固定

157. 在气动 PI 调节器中，为获得积分作用，应采用_____。
A. 弹性气室的反馈　　　　B. 节流分压器的正反馈
C. 节流盲室的正反馈　　　D. 节流盲室的负反馈

158. 在自动控制系统中，惯性环节也属于_____。
A. 非周期性环节　　B. 比例环节　　C. 积分环节　　D. 微分环节

159. 给某一环节施加一个阶跃输入信号后，其输出量按指数曲线变化到新稳态值，这是_____。
A. 比例环节　　B. 积分环节　　C. 微分环节　　D. 惯性环节

160. 在气动调节器中采用一弹性气容构成的比例惯性环节，利用该环节可以整定气动调节器的_____。
A. PB　　B. T_i　　C. t_s　　D. T_d

161. 有一前向通道为放大倍数足够大的比例环节，而负反馈通道是一个惯性环节，则可得到_____。
A. 积分环节　　B. 比例积分环节　　C. 微分环节　　D. 比例微分环节

162. 气动仪表的特性主要是由_____决定的。
A. 比较环节　　B. 放大环节　　C. 反馈环节　　D. A+B

163. 气动放大环节的输入信号是_____。
A. 喷嘴背压　　　　　　B. 挡板开度
C. 比较环节的输入　　　D. 反馈环节的输出

164. 置于反馈回路的波纹管，其刚度越大，将可能使_____。
A. 仪表的灵敏度降低　　　B. 仪表的放大系数增大

C. 仪表的放大系数减小　　　　　　　　D. 仪表的误差增大

165. 在气动仪表中，喷嘴挡板机构的输出属于_____。
    A. 放大环节　　B. 反馈环节　　C. 控制环节　　D. 比较环节

166. 在气动仪表中，位移平衡原理的机构属于_____。
    A. 放大环节　　B. 比较环节　　C. 控制环节　　D. 反馈环节

167. 在气动仪表中，反馈力矩平衡测量力矩的机构属于_____。
    A. 控制环节　　B. 反馈环节　　C. 比较环节　　D. 放大环节

168. 在气动仪表中，反馈力平衡测量力的机构属于_____。
    A. 反馈环节　　B. 放大环节　　C. 控制环节　　D. 比较环节

169. 在气动仪表中，放大环节是由_____组成的。
    A. 喷嘴挡板机构　　　　　　　B. 气动功率放大器
    C. 二级气动放大器　　　　　　D. 节流分压器

170. 在气动仪表中，节流分压器属于_____。
    A. 反馈环节　　B. 比较环节　　C. 放大环节　　D. 控制环节

171. 在气动仪表中，属于反馈环节的是_____。
    A. 节流盲室　　B. 喷嘴挡板机构　　C. 气动功率放大器　　D. 比较杠杆

172. 在气动仪表中，对放大环节的基本要求是_____。
    A. 有足够大的功率输出　　　　　　B. 使喷嘴挡板机构中挡板开度基本不变
    C. 使反馈信号正好平衡输入信号　　D. 对输入信号进行精确的运算

173. 在气动仪表中，若放大环节放大倍数足够大，则_____。
    A. 比较环节动作灵敏　　　　　　　B. 喷嘴挡板机构中，挡板开度变化量大
    C. 信号传递关系只取决于反馈环节特性　D. 仪表输出的变化量大

174. 节流分压器结构如图 5-14 所示，令 $p_2=0$（通大气），则输出信号 p_1 为_____。
    A. $p_1=\dfrac{R_F}{R_F+R}p_0$　　B. $p_1=\dfrac{R}{R_F+R}p_0$　　C. $p_1=\dfrac{R_F+R}{R}p_0$　　D. $p_1=\dfrac{R_F+R}{R_F}p_0$

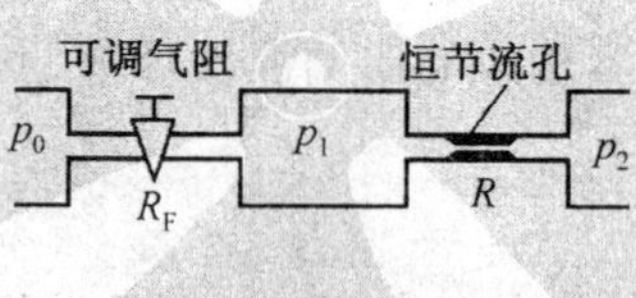

图 5-14

175. 如图 5-14 所示，令 $p_2=0$（通大气），当可调气阻全关时，p_1/p_0 及 p_1 分别为_____。
    A. 0,0　　B. 0,p_0　　C. ∞,0　　D. ∞,p_0

176. 如图 5-14 所示，令 $p_2=0$（通大气），当变节流阀全开时，其 p_1/p_0 及 p_1 分别为_____。
    A. 0,0　　B. 1,p_0　　C. ∞,0　　D. 1,0

177. 有一气路如图 5-15 所示，其中 p_i 是输入量，p_o 是输出量，这是_____。
    A. 比例环节　　B. 积分环节　　C. 微分环节　　D. 比例惯性环节

178. 如图 5-15 所示，p_i 是输入量，p_o 是输出量，当 p_i 阶跃增大时，其输出量 p_o 的变化过程为_____。

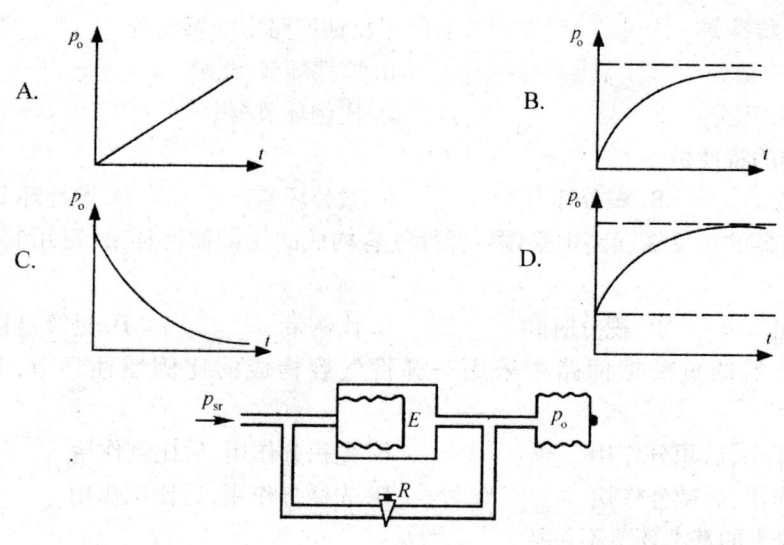

图 5-15

179. 如图 5-15 所示,为增大比例系数和减小时间常数,其调整方法是_____。
    A. 调大波纹管 E 的刚度,开大变节流阀
    B. 调大波纹管 E 的刚度,关小变节流阀
    C. 调小波纹管 E 的刚度,关小变节流阀
    D. 调小波纹管 E 的刚度,开大变节流阀

180. 如图 5-15 所示,当 p_i 阶跃增大的瞬间 p_o 增加量是取决于_____。
    A. 波纹管 E 刚度越小,p_o 的增加量越大
    B. 波纹管 E 刚度越大,p_o 的增加量越大
    C. 变节流阀开度越大,p_o 的增加量越小
    D. 变节流阀开度越小,p_o 的增加量越小

181. 如图 5-15 所示,当 p_i 有一个阶跃增大后,为使 p_o 较快地增加,其调节方法是_____。
    A. 关小变节流阀
    B. 开大变节流阀
    C. 调小波纹管 E 的刚度
    D. 调大波纹管 E 的刚度

182. 在气动仪表中,比较环节的作用是_____。
    A. 使反馈信号始终等于输入值
    B. 使仪表有一个稳定的输出
    C. 使挡板开度与输入信号成比例
    D. 使挡板开度与输出信号成比例

183. 在喷嘴挡板机构后面串联一个气动功率放大器主要目的是_____。
    A. 增大喷嘴挡板机构输出的压力范围
    B. 用于对仪表进行调零和调量程
    C. 稳定喷嘴挡板机构输出的压力
    D. 增大喷嘴挡板机构输出压力信号的流量

184. 喷嘴挡板机构与气动功率放大器配合使用的原因是_____。
    A. 喷嘴直径太小
    B. 挡板开度与背压之间是非线性关系
    C. 背压过低
    D. 恒节流孔径太小

185. 构成闭环自动化仪表的三个主要环节是_____。
    A. 输入、比较和反馈
    B. 比较、执行和反馈
    C. 比较、放大和反馈
    D. 比较、指示和反馈

186. 力矩平衡式比较环节的比例系数取决于_____。
    A. 波纹管的有效面积比
    B. 刚度比
    C. 力臂长度比
    D. A + C

187. 节流盲室的特性是_____,用在调节器的正反馈回路中能够实现_____调节。
    A. 比例环节/微分   B. 惯性环节/微分
    C. 惯性环节/积分   D. 比例环节/积分

188. 节流分压器的特性是_____。
    A. 比例环节   B. 积分环节   C. 微分环节   D. 惯性环节

189. 在气动调节器的负反馈回路中采用一弹性气容构成的比例惯性环节,可用其整定调节器的_____。
    A. 微分时间   B. 积分时间   C. 比例带   D. 过渡过程时间

190. 在气动调节器的负反馈回路中采用一弹性气容构成的比例惯性环节,其作用顺序是_____。
    A. 先比例作用,后积分作用   B. 先积分作用,后比例作用
    C. 先比例作用,后微分作用   D. 先微分作用,后比例作用

191. 构成气动仪表的基本环节不包括_____。
    A. 比较环节   B. 输入环节   C. 反馈环节   D. 放大环节

192. 节流盲室的节流阀 R,常用来调整调节器的_____。
    A. 积分时间 T_i B. 微分时间 T_d C. 比例带 PB D. 幅差

193. 节流盲室的特性是_____。
    A. 比例环节   B. 积分环节   C. 微分环节   D. 惯性环节

194. 调整向气室充气或放气过程的气路是_____。
    A. 节流分压室   B. 节流盲室   C. 气动放大器   D. 喷嘴挡板机构

195. 气容在气路中的主要作用是_____。
    A. 起惯性作用   B. 调整 PB C. 节流分压   D. 提高仪表稳定性

196. 节流分压器可用来调整调节器的_____。
    A. 比例带 PB B. 积分时间 T_i C. 微分时间 T_d D. 幅差

197. 有一个环节,当输入信号为阶跃气压变化时,输出气压先有一个比例阶跃变化,之后输出按指数规律变化,这是一个_____环节。
    A. 比例微分   B. 比例积分   C. 比例惯性   D. 微分积分

198. 喷嘴挡板机构在使用中属于_____环节。
    A. 惯性   B. 比例   C. 非周期   D. 积分

199. 气动功率放大器是一个_____环节。
    A. 比例   B. 惯性   C. 积分   D. 微分

200. 气动仪表的比例惯性环节可整定调节器的_____。
    A. 比例带   B. 积分时间   C. 微分时间   D. B + C

201. 节流盲室加一个阶跃输入压力信号,则输出气压变化是一条_____。
    A. 阶跃直线   B. 等速变化直线   C. 指数曲线   D. 双指数曲线

202. 气动仪表的比较环节所用的平衡原理不包括_____。
    A. 位移平衡原理   B. 力矩平衡原理   C. 力平衡原理   D. 杠杆平衡原理

203. 气动仪表的比较环节是对_____求代数和。

A. 输入信号和反馈信号 B. 输出信号和反馈信号
C. 放大信号和反馈信号 D. 设定值和反馈信号

204. 有两个气容,若 $C_1 > C_2$,则_____。
A. C_1 惯性比 C_2 小 B. C_1 充放气比 C_2 慢
C. C_1 的时间常数比 C_2 小 D. C_1 和 C_2 的容积相同

205. 在气动二级放大器中,喷嘴挡板机构工作段位置的选择主要取决于_____。
A. 喷嘴挡板机构静特性 B. 放大器起步压力的调整
C. 喷嘴挡板机构静特性曲线的斜率 D. 放大器工作段位置的调整

206. 节流通室是一个_____。
A. P 环节 B. I 环节 C. D 环节 D. 惯性环节

207. 不能用来作为气动仪表反馈元件的环节是_____。
A. 节流分压环节 B. 一阶惯性环节
C. 比例惯性环节 D. 比较环节

208. 若功率放大器的起步压力调整得合适,则放大器将工作在特性曲线的_____部分。
A. 直而平 B. 直而陡 C. 精度 D. 刚度

209. 在气动仪表中,输入信号对杠杆支点作用力矩基本等于反馈信号的作用力矩,其平衡原理属于_____。
A. 位移平衡原理 B. 力平衡原理 C. 力矩平衡原理 D. 功率平衡原理

210. 在气动仪表中,输入信号使挡板的位移量与反馈信号使挡板的位移量基本相等的平衡原理属于_____。
A. 位移平衡原理 B. 力平衡原理 C. 力矩平衡原理 D. 功率平衡原理

211. 组成气动仪表放大环节的元部件是_____。
A. 节流阀和气容 B. 波纹管和气容
C. 膜片和功率放大器 D. 喷嘴挡板机构和功率放大器

212. 在气动仪表中,节流分压器常置于_____中,其作用是_____。
A. 输入回路,减弱输入强度 B. 放大回路,减小放大倍数
C. 反馈回路,调整放大倍数 D. 输出回路,使输入输出信号匹配

213. 在组成仪表的基本环节中,不包括的环节为_____。
A. 比较环节 B. 放大环节 C. 反馈环节 D. 给定环节

214. 在 PID 调节器中,节流盲室和弹性气室分别在_____、_____气路中。
A. 正反馈/正反馈 B. 正反馈/负反馈
C. 负反馈/正反馈 D. 负反馈/负反馈

215. 在气动调节器中,为获得微分作用,应采用_____。
A. 节流盲室的正反馈 B. 节流盲室的负反馈
C. 节流分压器的正反馈 D. 比例惯性环节的负反馈

216. 在气动调节器中,为获得比例作用,应采用_____。
A. 比例环节的正反馈 B. 比例环节的负反馈
C. 节流盲室的正反馈 D. 节流盲室的负反馈

217. 在气动调节器中,引入一个节流分压器作为反馈气路,这节流分压器能获得_____。
   A. PI 调节作用规律   B. P 调节作用规律
   C. PID 调节作用规律   D. PD 调节作用规律
218. 在自动调节器系统中,无惯性环节是指_____。
   A. 比例环节   B. 积分环节   C. 微分环节   D. 非周期环节
219. 在对气动仪表的管理中,经常要进行的工作是_____。
   A. 清洁喷嘴   B. 放掉滤清减压阀的残水、污物
   C. 清洁恒节流孔   D. 更换密封圈
220. 仪表在运行过程中,有输入而没有输出,且气源正常,首先考虑的原因是_____。
   A. 功率放大器排大气小孔堵塞   B. 喷嘴脏堵
   C. 恒节流孔脏堵   D. 测量管接头严重漏泄
221. 构成仪表的基本环节有_____。
   ①输入环节;②输出环节;③比较环节;④放大环节;⑤反馈环节;⑥比例环节。
   A. ①③⑤   B. ②④⑥   C. ③④⑤   D. ④⑤⑥
222. 在气动仪表中,对节流盲室的正确说法是_____。
   ①是一个积分环节;②是一个惯性环节;③其表达式为 $T\dfrac{dp_0}{dt}+p_0=p_1$;④其表达式为 $p_0=T\dfrac{dp_0}{dt}$;⑤用其负反馈可实现积分作用;⑥用其正反馈可实现积分作用。
   A. ①③⑤   B. ②③⑥   C. ②④⑥   D. ①④⑤
223. 在气动仪表的比较环节中,其平衡原理包括_____。
   ①动量平衡原理;②动能平衡原理;③力平衡原理;④位移平衡原理;⑤力矩平衡原理;⑥势能平衡原理。
   A. ①②④   B. ①③⑤   C. ③④⑤   D. ④⑤⑥
224. 在气动仪表的反馈环节中,应包括_____。
   ①测量单元;②给定单元;③执行机构;④节流分压器;⑤节流盲室;⑥比例惯性环节。
   A. ①②③   B. ①③⑤   C. ④⑤⑥   D. ②④⑥
225. 在气动仪表的放大环节中,不应包括_____。
   ①喷嘴挡板机构;②气动功率放大器;③节流分压器;④调节单元;⑤节流盲室;⑥测量单元。
   A. ③④⑤⑥   B. ①②④⑤   C. ①②③⑤   D. ②④⑤⑥
226. 在气动仪表中,其比例元件包括_____。
   ①节流盲室;②节流分压器;③喷嘴挡板机构;④气动功率放大器;⑤定容气室;⑥弹性气室。
   A. ②③④   B. ②③⑤   C. ①②③   D. ④⑤⑥
227. 在气动仪表中,不正确的说法是_____。
   ①在比例作用的仪表中,其反馈环节必定是惯性环节;②节流盲室的正反馈能实现积分作用;③弹性气室的正反馈能实现微分作用;④喷嘴挡板机构后面都串联一个节流分压器;⑤只放大气体流量的功率放大器,其输入信号最大变化范围是 0.08 MPa;⑥测量信号与反馈信号使挡板开度变化方向相反,大小基本相等。

A. ①②③ B. ①③④ C. ②③⑤ D. ②③⑥

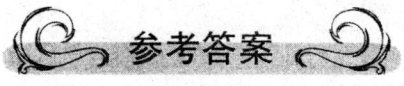

1. C	2. D	3. B	4. C	5. B	6. B	7. D	8. A	9. C	10. C
11. A	12. A	13. A	14. B	15. D	16. A	17. A	18. B	19. C	20. C
21. A	22. A	23. B	24. D	25. D	26. A	27. C	28. A	29. B	30. B
31. C	32. D	33. D	34. A	35. B	36. D	37. B	38. C	39. B	40. D
41. C	42. C	43. A	44. B	45. D	46. A	47. C	48. B	49. C	50. A
51. D	52. B	53. C	54. A	55. B	56. D	57. C	58. B	59. B	60. C
61. A	62. B	63. C	64. D	65. D	66. A	67. B	68. B	69. D	70. B
71. C	72. A	73. D	74. A	75. D	76. D	77. C	78. C	79. D	80. C
81. C	82. C	83. D	84. C	85. D	86. D	87. C	88. D	89. A	90. C
91. A	92. D	93. C	94. C	95. D	96. B	97. C	98. A	99. B	100. C
101. A	102. D	103. A	104. D	105. D	106. C	107. D	108. C	109. D	110. D
111. D	112. C	113. D	114. B	115. C	116. C	117. D	118. A	119. C	120. D
121. A	122. A	123. C	124. D	125. D	126. D	127. C	128. A	129. C	130. C
131. A	132. A	133. D	134. C	135. D	136. D	137. C	138. C	139. D	140. C
141. C	142. C	143. D	144. A	145. D	146. D	147. C	148. A	149. C	150. D
151. D	152. C	153. A	154. C	155. A	156. C	157. C	158. A	159. D	160. D
161. D	162. C	163. D	164. B	165. D	166. B	167. C	168. D	169. D	170. A
171. A	172. B	173. C	174. D	175. A	176. B	177. D	178. D	179. D	180. C
181. B	182. D	183. D	184. D	185. D	186. B	187. B	188. D	189. A	190. D
191. B	192. A	193. D	194. B	195. A	196. A	197. C	198. B	199. D	200. C
201. C	202. B	203. A	204. D	205. B	206. D	207. D	208. D	209. D	210. C
211. D	212. C	213. D	214. C	215. D	216. B	217. B	218. A	219. C	220. C
221. C	222. B	223. C	224. C	225. A	226. B	227. B			

第3节 调节器及其调节作用规律

5.3.1 位式调节器（适用对象：8401，8402，8403，8404）

1. 用浮子式双位调节器控制锅炉水位时,如果水位到上限不停泵或到下限不起泵,那么可能的原因是_____。
   A. 调节板上下螺钉距离太近 B. 调节板上下螺钉距离太远
   C. 永久磁铁磁性降低 D. 锅炉气压变动频繁

2. 在浮子式辅锅炉水位控制系统中,两个永久磁铁是_____的。当水位在允许的上、下限内波动时,调节板_____。

A. 同极性,动作　　　　　　　　　　B. 异极性,动作

C. 同极性,不动　　　　　　　　　　D. 异极性,不动

3. 辅锅炉水位双位控制系统中,被控量的波动周期取决于_____。

A. 电机启动周期　　　　　　　　　　B. 扰动量变化量

C. 水泵给水量　　　　　　　　　　　D. 锅炉蒸发量

4. 在双位式压力控制系统中,若控制精度太低,其原因是_____。

A. 压力设定值太大　　　　　　　　　B. 压力设定值太小

C. 幅差太大　　　　　　　　　　　　D. 幅差太小

5. 在浮子式锅炉水位双位控制系统中,当把调节板上的上下销钉均插在离浮子杆最近的孔中时,控制系统会使_____。

A. 升高允许的上限水位　　　　　　　B. 降低允许的下限水位

C. 给水泵电机起停频繁　　　　　　　D. 允许的上、下限水位差增大

6. 在浮子式锅炉水位双位控制系统中,当水位从上限水位下降时,给水泵电机通断电的状态是_____。

A. 一直通电到下限水位　　　　　　　B. 中间水位后,断电到下限水位

C. 一直断电到下限水位　　　　　　　D. 断电到中间水位后,通电到下限水位

7. 输入信号任意变化,而调节器输出只有两个状态或输出为 0 或 1,则这是_____。

A. 比例作用规律　　　　　　　　　　B. 积分作用规律

C. 微分作用规律　　　　　　　　　　D. 双位作用规律

8. 在锅炉水位控制系统中,若水位保持在两个水位之间上下波动,则系统采用的调节器是_____。

A. 比例调节器　　　　　　　　　　　B. 比例微分调节器

C. 双位式调节器　　　　　　　　　　D. 比例积分微分调节器

9. 在用浮子式锅炉水位双位控制系统中,把调节板上的上、下销钉均插在离浮子杆最远的孔中时,其系统会_____。

A. 给水泵电机起停频繁　　　　　　　B. 上、下限水位均上移

C. 上、下限水位均下移　　　　　　　D. 上限水位上移,下限水位下移

10. 在用浮子式锅炉水位双位控制系统中,把调节板上的上面销钉从离浮子杆最近的孔插在离浮子杆最远的孔中,下面销钉位置不变,则系统会_____。

A. 给水泵电机起停频繁　　　　　　　B. 上、下限水位均上移

C. 上限水位上移,下限水位不变　　　D. 下限水位上移,上限水位不变

11. 在用浮子式锅炉水位双位控制系统中,把调节板上的下面销钉从最上面的孔插在最下面的孔中,上面销钉位置不变,则系统会_____。

A. 给水泵电机起停频繁　　　　　　　B. 下限水位下移,上限水位不变

C. 上、下限水位一起下移　　　　　　D. 下限水位上移,上限水位不变

12. 在用浮子式锅炉水位双位控制系统中,给水泵电机开始通电时刻为_____。

A. 水位达到上限水位　　　　　　　　B. 水位下降到中间水位

C. 水位达到下限水位　　　　　　D. 水位上升到中间水位

13. 在用浮子式锅炉水位双位控制系统中,给水泵电机开始断电停转的时刻为_____。
   A. 水位达到上限水位　　　　　　B. 水位下降到中间水位
   C. 水位达到下限水位　　　　　　D. 水位上升到中间水位

14. 在用浮子式锅炉水位双位控制系统中,当水位下降到危险低水位时,给水泵电机仍未通电,其可能的原因是_____。
   A. 调节板上的上面销钉离浮子杆太远　　B. 调节板上的上面销钉离浮子杆太近
   C. 调节板上的下面销钉脱落　　　　　　D. 调节板上的上面销钉脱落

15. 在用浮子式锅炉水位双位控制系统中,若给水泵电机启动频繁,应做的工作是_____。
   A. 把调节板上的上、下销钉一起上移　　B. 把调节板上的上、下销钉一起下移
   C. 调节板上的上销钉下移,下销钉上移　　D. 调节板上的上销钉上移,下销钉下移

16. 在油水分离器采用双电极自动排油控制系统中所采用调节器的作用规律是_____。
   A. 比例作用　　B. PD 作用　　C. PI 作用　　D. 双位控制作用

17. 在采用双位作用规律调节器的控制系统中,其控制特点是_____。
   A. 对被控量进行连续控制　　　　B. 稳态时静态偏差较大
   C. 按偏差的大小和方向控制　　　D. 按被控量的上、下限值控制

18. 采用双位作用规律调节器的控制系统,其动态过程是_____。
   A. 非周期过程　　B. 衰减振荡过程　　C. 等幅振荡过程　　D. 发散振荡过程

19. 在浮子式水位控制中,若把上、下销钉之间的距离调整得很小,则会出现_____。
   A. 水位波动范围增大　　　　　B. 电机启动频繁
   C. 电机启动次数减少　　　　　D. 电机每次启动的持续时间加长

20. 双位式控制系统的上、下限触头频繁发生电火花,可能的原因是_____。
   A. 被控量的变化范围太大　　　B. 上限值太大
   C. 被控量的变化范围太小　　　D. 上限值太小

21. 浮子式辅助锅炉水位控制系统属于_____。
   A. 比例控制　　B. 比例积分控制　　C. 双位控制　　D. 比例微分控制

22. 浮子式辅助锅炉水位控制系统的水位设定值通过_____设定。
   A. 浮子大小　　B. 调节块位置　　C. 浮子杆长度　　D. 销钉位置

23. 浮子式辅助锅炉水位控制系统中,浮子属于_____。
   A. 测量单元　　B. 比较单元　　C. 调节单元　　D. 执行机构

24. 在采用浮子式锅炉水位控制系统中,水位不可控制得超过最高水位,其可能的原因是_____。
   ①气源中断;②电源中断;③调节板的上面销钉脱落;④调节板上的下面销钉脱落;⑤浮球破裂;⑥在下限水位时,枢轴卡阻。
   A. ①③⑤　　B. ①②⑤　　C. ②④⑥　　D. ③⑤⑥

25. 在采用浮子式锅炉水位控制系统中,水位不可控制得低于最低水位,其可能的原因是_____。
   ①气源中断;②电源中断;③调节板的上面销钉脱落;④调节板的下面销钉脱落;⑤浮球破裂;

⑥在上限水位时,枢轴卡阻。
A.②④⑥ B.①③⑤ C.①③⑥ D.②④⑤

26. 在采用浮子式锅炉水位控制系统中,水位绕中间水位只做很小范围内的波动,其可能的原因是_____。
①浮球太重;②永久磁铁去磁现象严重;③调节板转动的枢轴卡阻;④调节板的上、下锁钉均远离浮子杆;⑤调节板的上面锁钉离浮子杆太近;⑥调节板的下面锁钉离浮子杆太近。
A.①② B.③④ C.⑤⑥ D.③⑥

27. 在机舱中,适合用位式调节器控制的系统有_____。
①空气瓶内的空气压力自动控制;②伙食冷库的温度自动控制;③分油机高置水箱的水位自动控制;④柴油机转速的自动控制;⑤大型油船辅锅炉的蒸汽压力控制;⑥大型油船辅锅炉水位控制。
A.①③⑤ B.②④⑥ C.①②③ D.④⑤⑥

28. 在采用浮子式辅锅炉水位双位控制系统中,运行中发现水位不可控地升高到上限水位以上,其可能的原因是_____。
①气源中断;②控制电路有故障;③调节板上面的销钉脱落;④调节板下面的销钉脱落;⑤浮球破裂进水;⑥给水泵因故障停转。
A.②③⑤ B.①④⑥ C.②④⑥ D.①⑤⑥

29. 锅炉蒸汽压力控制系统YT-1226型压力调节器,由于年久失修,为保证安全需降压使用,为此应_____。
A.降低给定值 B.升高给定值 C.减小幅差 D.增大幅差

30. 温度或压力开关能实现_____作用规律。
A.双位 B.比例 C.积分 D.微分

31. 在YT-1226型压力调节器中,若要提高压力的上限值,应_____。
A.增大给定弹簧的预紧力 B.减小给定弹簧的预紧力
C.增大幅差弹簧的预紧力 D.减小幅差弹簧的预紧力

32. 在双位控制系统中,用YT-1226压力调节器检测压力信号,若压力下限调在0.45 MPa,幅差旋钮调在7格上,则压力上限值是(幅差范围0.07~0.25 MPa)_____。
A.0.55 MPa B.0.60 MPa C.0.65 MPa D.0.74 MPa

33. 在双位控制系统,用YT-1226压力开关检测压力信号,若压力上限调在0.76 MPa,幅差旋钮调在5格,此时,压力的下限值应是(幅差范围0.07~0.25 MPa)_____。
A.0.6 MPa B.0.65 MPa C.0.7 MPa D.0.5 MPa

34. YT-1226型压力调节器的幅差弹簧与主杠杆上的作用螺钉间有一间隙,若调整该螺钉使其间隙减小,则_____。
A.上限值减小 B.上限值增大 C.幅差不变 D.B+C

35. 在使用YT-1226压力开关检测压力信号时,若压力下限值调定为0.49 MPa,要求上限值为0.68 MPa,已知幅差调整范围是0.07~0.25 MPa,则幅差调整旋钮应设定的格数是_____。
A.5 B.6.7 C.7.3 D.8.5

36. 在YT-1226型压力调节器中,若要提高压力的上限值,应_____。
    A. 增大给定弹簧的预紧力   B. 减小给定弹簧的预紧力
    C. 增大幅差弹簧的预紧力   D. 减小幅差弹簧的预紧力

37. 在双位式压力控制系统中,若压力的上限值与下限值相差较大,则其原因是_____。
    A. 压力设定值太大   B. 压力设定值太小
    C. 幅差太大   D. 幅差太小

38. 在双位控制系统中,用YT-1226压力调节器检测压力信号,若压力下限调在0.45 MPa,幅差旋钮调在10格上,则压力上限值是(幅差范围0.05~0.25 MPa)_____。
    A. 0.55 MPa   B. 0.60 MPa   C. 0.65 MPa   D. 0.70 MPa

39. 在双位控制系统中,用YT-1226压力调节器检测压力信号,若压力下限调在0.45 MPa,幅差旋钮调在5格上,则压力上限值是(幅差范围0.07~0.25 MPa)_____。
    A. 0.55 MPa   B. 0.60 MPa   C. 0.65 MPa   D. 0.70 MPa

40. 在双位控制系统中,用YT-1226压力调节器检测压力信号,若压力下限调在0.45 MPa,幅差旋钮调在3格上,则压力上限值是(幅差范围0.07~0.25 MPa)_____。
    A. 0.56 MPa   B. 0.60 MPa   C. 0.65 MPa   D. 0.70 MPa

41. 在双位控制系统中,用YT-1226压力调节器检测压力信号,若压力下限调在0.25 MPa,幅差旋钮调在10格上,则压力上限值是(幅差范围0.07~0.25 MPa)_____。
    A. 0.55 MPa   B. 0.60 MPa   C. 0.65 MPa   D. 0.50 MPa

42. 在双位控制系统,用YT-1226压力开关检测压力信号,若压力上限调在0.76 MPa,幅差钮调在10格,此时,压力的下限值应是(幅差范围0.07~0.25 MPa)_____。
    A. 0.6 MPa   B. 0.65 MPa   C. 0.7 MPa   D. 0.51 MPa

43. 在双位控制系统,用YT-1226压力开关检测压力信号,若压力上限调在0.70 MPa,幅差钮调在10格,此时,压力的下限值应是(幅差范围0.07~0.25 MPa)_____。
    A. 0.6 MPa   B. 0.45 MPa   C. 0.7 MPa   D. 0.51 MPa

44. 在双位控制系统,用YT-1226压力开关检测压力信号,若压力上限调在0.70 MPa,幅差钮调在5格,此时,压力的下限值应是(幅差范围0.07~0.25 MPa)_____。
    A. 0.6 MPa   B. 0.45 MPa   C. 0.55 MPa   D. 0.51 MPa

45. YT-1226型压力调节器属于_____。
    A. 双位式压力调节器   B. 比例调节器
    C. PI调节器   D. PD调节器

46. 在YT-1226型压力调节器中,其输入和输出信号分别是_____。
    A. 给定弹簧预紧力,幅差弹簧预紧力
    B. 压力信号,给定弹簧预紧力
    C. 幅差弹簧预紧力,触头左、右开关状态
    D. 压力信号,触头左、右开关状态

47. 在用YT-1226型压力调节器检测压力信号并用于报警控制时,若出现频繁报警则应_____。
    A. 调整幅差值   B. 调整下限值   C. 调整上限值   D. 调整报警延时时间

48. 在YT-1226型压力调节器中,比较杠杆处于水平位置的条件是_____。
    A. 输入信号在上、下限值之间   B. 输入信号小于下限值
    C. 输入信号大于上限值   D. 输入信号等于下限值

49. 在用YT-1226型压力调节器对被控量进行双位控制的系统中,该调节器上、下限触头频繁发生电火花,其可能的原因是_____。
    A. 被控量允许变化范围太小   B. 上限值太大
    C. 被控量允许变化范围太大   D. 上限值太小

50. 在采用YT-1226型压力调节器对锅炉蒸汽压力进行双位控制的系统时,因锅炉使用年限较长需降压运行,应_____。
    A. 使给定弹簧预紧力减小   B. 使给定弹簧预紧力增大
    C. 使幅差弹簧预紧力增大   D. 使幅差弹簧预紧力减小

51. 在用YT-1226压力调节器检测压力信号时,其最小幅差和最大幅差分别为_____。
    A. 0 MPa, 0.07 MPa   B. 0 MPa, 0.25 MPa
    C. 0.07 MPa, 0.25 MPa   D. 0.25 MPa, 0.5 MPa

52. 设YT-1226压力调节器的上限值为P_Z,下限值为P_X,幅差旋钮设定的格数为X,则幅差ΔP为_____。

    A. $\Delta P = (P_Z - P_X) \times \dfrac{10}{X}$ B. $\Delta P = P_X + P_Z \times \dfrac{10}{X}$

    C. $\Delta P = 0.07 + (P_Z - P_X) \times X$ D. $\Delta P = 0.07 + (0.25 - 0.07) \times \dfrac{X}{10}$

53. 在用YT-1226压力调节器中,若压力的下限值调定为0.5 MPa,现要求上限值为0.68 MPa,其幅差弹簧应设定的格数为_____。
    A. 5格   B. 6格   C. 7格   D. 8格

54. 在用YT-1226压力调节器对锅炉蒸汽压力进行双位控制时,若停炉和起炉压差过大,其可能的原因是_____。
    A. 蒸汽压力设定值太高   B. 蒸汽压力设定值太低
    C. 幅差调整得太大   D. 幅差调整得太小

55. 在用YT-1226压力调节器对锅炉蒸汽压力进行双位控制时,若锅炉启、停频繁,其可能的原因是_____。
    A. 蒸汽压力的上限值太低   B. 蒸汽压力的下限值太高
    C. 幅差调整得太大   D. 幅差调整得太小

56. 在用YT-1226型压力调节器对锅炉蒸汽压力进行双位控制时,原压力上限值为0.76 MPa,下限值为0.6 MPa,现要把上限值调到0.7 MPa,下限值调到0.5 MPa,其调整方法是_____。
    A. 调给定弹簧使指针指在0.7 MPa,把幅差旋钮设定在7.2格上
    B. 调给定弹簧使指针指在0.5 MPa,把幅差旋钮设定在7.2格上
    C. 调给定弹簧使指针指在0.7 MPa,把幅差旋钮设定在5格上
    D. 调给定弹簧使指针指在0.6 MPa,把幅差旋钮设定在5格上

57. 在用 YT-1226 压力调节器对锅炉蒸汽压力进行双位控制时,原压力上限值为保持 0.6 MPa,幅差旋钮设定在 7 格上,现要求下限值不变,要求上限值为 0.65 MPa,其下限值及幅差旋钮设定的格数为_____。
    A. 0.4 MPa,10 格   B. 0.45 MPa,7 格
    C. 0.4 MPa,7 格   D. 0.45 MPa,8 格

58. 在用 YT-1226 型压力调节器对锅炉蒸汽压力进行双位控制时,原蒸汽压力下限值为 0.54 MPa,幅差旋钮设定在 5 格,现要保持上限值不变,把下限值调到 0.49 MPa,则蒸汽压力上限值及幅差旋钮设定的格数分别为_____。
    A. 0.65 MPa,5 格   B. 0.7 MPa,8 格
    C. 0.65 MPa,8 格   D. 0.7 MPa,5 格

59. 在 YT-1226 压力调节器中,不能调节的量是_____。
    A. 上限值   B. 下限值
    C. 幅差弹簧的预紧力   D. 在上限时比较杠杆转过的角度

60. YT-1226 型调节器中用来双位控制作用的核心部件是_____。
    A. 给定弹簧   B. 幅差弹簧   C. 波纹管   D. 跳簧和舌簧

61. 在锅炉蒸汽压力的双位式控制系统中,若停炉或起炉压差过大,则原因是_____。
    A. 压力设定值太大   B. 压力设定值太小
    C. 幅差值太大   D. 幅差值太小

62. 在采用 YT-1226 压力调节器的控制系统中,若实际动作的上、下限压力值均偏高,则应_____。
    ①扭紧给定弹簧;②扭松给定弹簧;③调整舌簧的刚度;④调整跳簧的刚度;⑤调幅差旋钮,减少设定格数;⑥增大锁钉与幅差弹簧盘间隙。
    A. ①③⑤   B. ②⑤⑥   C. ②④⑥   D. ①③④

63. 在采用 YT-1226 压力调节器的控制系统中,为提高上限压力,减小下限压力,则应_____。
    ①减小输入波纹管的刚度;②左移杠杆支点;③扭松给定弹簧减小张力;④扭紧给定弹簧增大张力;⑤调幅差旋钮增加设定格数;⑥调螺钉与幅差弹簧盘间隙使之减小。
    A. ②④⑥   B. ①②④   C. ①③⑤   D. ③⑤⑥

64. 在采用 YT-1226 压力调节器控制锅炉蒸汽压力的系统中,蒸汽压力将不可控制地超过最高压力,其可能的原因是_____。
    ①幅差旋钮设定的格数太大;②给定弹簧旋钮扭得太紧;③动触头烧蚀不能闭合;④幅差弹簧折断;⑤输入波纹管破裂;⑥与锁钉相接触的幅差弹簧盘卡住。
    A. ③⑤⑥   B. ②④⑥   C. ①②④   D. ①③⑤

5.3.2 比例调节器(适用对象:8401,8402,8403,8404)

65. 在定值控制系统中,受到扰动后,若第一个波峰值很大,则说明_____。
    A. 控制对象惯性太大   B. 控制对象放大系数太小

C. 调节器控制作用太强 D. 调节器控制作用太弱

66. 在比例控制系统中,被控量的静态偏差与_____。
   A. 输入量成反比 B. 输出量成正比
   C. 扰动量成正比 D. 放大倍数成正比

67. 在采用比例调节器的控制系统中,受到扰动后,系统达到新的平衡状态时,调节器的输入为_____。
   A. 0 B. 静差 ε C. 给定值 D. 测量值

68. 一个调节器当输入阶跃偏差信号时,输出也是阶跃变化信号,该调节器是_____。
   A. P 调节器 B. PI 调节器 C. I 调节器 D. PD 调节器

69. 比例调节器的优点、缺点分别是_____。
   A. 调节超前,消除静差不可能 B. 调节及时,消除静差不可能
   C. 消除静差,调节不及时 D. 消除静差,调节不能超前

70. 比例作用规律无法消除静态偏差的根本原因是由于调节器的_____。
   A. 输出与偏差无关 B. 输出变化量不依赖于偏差的存在而存在
   C. 输出变化量依赖于偏差的存在而存在 D. 输出与偏差成反比

71. 若调节器的输出量为 y,输入量为 e,则比例调节器的作用规律应该是_____。
   A. $y = ke$
   B. $y = k(e + \frac{1}{T_i}\int e dt)$
   C. $y = k(e + T_d \frac{de}{dt})$
   D. $y = k(e + S_0 \int e dt + S_d \frac{de}{dt})$

72. 有一控制系统如图 5-16 所示,其调节阀开度变化量 P 为_____。
   A. $P = \frac{a}{b}X$ B. $P = \frac{b}{a}X$ C. $P = \frac{a}{b}e$ D. $P = \frac{b}{a}e$

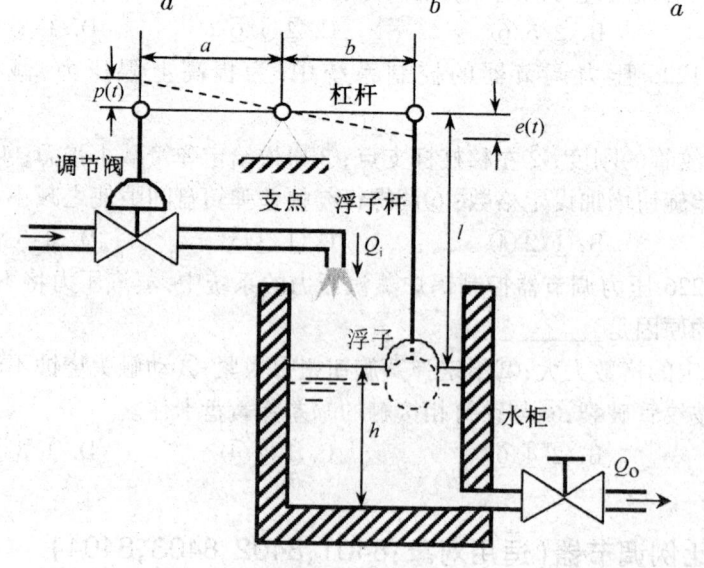

图 5-16

73. 有一比例控制系统如图 5-16 所示,左移支点,则比例作用放大倍数 K 和比例带 PB 的变化为

A. $K\uparrow, PB\uparrow$　　　　B. $K\downarrow, PB\uparrow$　　　　C. $K\uparrow, PB\downarrow$　　　　D. $K\downarrow, PB\downarrow$

74. 有一比例控制系统如图5-16所示,水位变化全量程为 X_{max},调节阀开度的全行程为 P_{max},其比例带 PB 和量程系数 R 分别为_____。

A. $PB = R \cdot \dfrac{a}{b} \times 100\%, R = \dfrac{P_{max}}{X_{max}}$　　　　B. $PB = R \cdot \dfrac{b}{a} \times 100\%, R = \dfrac{P_{max}}{X_{max}}$

C. $PB = R \cdot \dfrac{a}{b} \times 100\%, R = \dfrac{X_{max}}{P_{max}}$　　　　D. $PB = R \cdot \dfrac{b}{a} \times 100\%, R = \dfrac{X_{max}}{P_{max}}$

75. 用比例调节器组成的控制系统,由于比例调节器存在的不可克服的缺点,则系统受到扰动后,会使系统_____。

A. 受扰动后,开始控制很不及时　　　　B. 控制后期调节阀会开过头
C. 最大动态偏差大　　　　D. 存在静态偏差

76. 在采用比例调节器组成的控制系统受到扰动后,系统达到新的平衡状态时,调节器的输入为_____。

A. 0　　　　B. 给定值 r　　　　C. 静态偏差 ε　　　　D. 测量值 z

77. 在用比例调节器组成的控制系统中,系统受到扰动后,调节器输出稳定不再变化的条件是_____。

A. 偏差 $e = 0$　　　　B. 调节阀开度适应负荷要求
C. A 或 B　　　　D. 调节阀开度适应负荷要求且 $e = 0$

78. 比例调节器的输出变化量是与_____成正比。

A. 偏差大小　　　　B. 给定值大小
C. 偏差的变化速度　　　　D. 被控量的大小

79. 采用比例调节器的定制控制系统,要减少稳态误差,不可行的措施是_____。
①减少时间常数;②增大放大系数;③减小放大系数;④增大比例带;⑤减小比例带。

A. ①③⑤　　　　B. ①③④　　　　C. ②④⑤　　　　D. ②③⑤

80. 有一台调节器,当输入一个线性偏差信号时,它立即按线性规律输出,这是一台_____。

A. 比例调节器　　　　B. 积分调节器
C. 比例积分调节器　　　　D. 微分器

81. 采用比例调节器的定值控制系统,欲要减小稳态误差,则应_____。

A. 减小时间常数　　　　B. 减小放大系数
C. 减小比例带　　　　D. 减小偏差

82. 在纯比例控制系统中,若调节器 PB 调得太小,控制系统的品质指标中将不会发生的变化是_____。

A. 静态偏差 $\varepsilon\downarrow$　　　　B. 最大动态偏差 $e_{max}\downarrow$
C. 过渡过程时间 $T_s\downarrow$　　　　D. 振荡次数 $N\uparrow$

83. 比例作用规律中,若 PB 调为 125%,此时比例带的物理意义是_____。

A. 被控量变化全程的 62.5%,调节阀开度变化 125%
B. 被控量变化全程的 100%,调节阀开度变化 62.5%

C. 被控量变化全程的 100%,调节阀开度变化 80%
D. 被控量变化全程的 125%,调节阀开度变化 100%

84. 在采用比例调节器的控制系统中,若 PB 调大,则控制系统_____。
   A. 稳定性提高,静态偏差大
   B. 稳定性提高,静态偏差小
   C. 稳定性降低,静态偏差大
   D. 稳定性降低,静态偏差小

85. 比例作用规律中,若 PB 调为 125%,此时比例带的物理意义是_____。
   A. 被控量变化全程的 62.5%,调节阀开度变化 125%
   B. 被控量变化全程的 100%,调节阀开度变化 62.5%
   C. 被控量变化全程的 100%,调节阀开度变化 80%
   D. 被控量变化全程的 125%,调节阀开度变化 100%

86. 在用比例调节器调节的温度系统中,温度变化到量程最大范围时,调节阀开度只变化了 40%,则此比例带为_____。
   A. 250%
   B. 40%
   C. 400%
   D. 60%

87. 采用比例调节器的控制系统,当 PB 整定值过小时,导致的结果是_____。
   A. 系统的稳定性好
   B. 系统的稳定性差
   C. 稳态精度高
   D. e_{max} 大

88. 一个比例调节器其 PB = 200%,当输入的偏差信号变化 10% 时,调节器输出的变化是_____。
   A. 5%
   B. 10%
   C. 20%
   D. 100%

89. 一个比例控制系统,调节器的 PB = 50%,系统受扰动后偏差信号变化 10%,调节器指挥调节阀的开度变化是_____。
   A. 10%
   B. 20%
   C. 50%
   D. 100%

90. 某温度调节器 PB = 20%,测量范围为 20 ~ 100 ℃,输出电流为 0 ~ 10 mA,若温度为 50 ℃,输出为 8 mA,则温度为 48 ℃ 时,输出为_____。(设为反作用式调节)
   A. 2 mA
   B. 4 mA
   C. 5.5 mA
   D. 9.25 mA

91. 一个气动单元组合仪表的调节器,当被控量变化了全量程的 10%,输出量变化了 0.02,则调节器的比例带为_____。
   A. 20%
   B. 40%
   C. 80%
   D. 200%

92. 在采用气动纯比例调节器的控制系统中,当被控量的变化量为 0.04 MPa 时,其调节器输出量的变化量为 0.025 MPa,此调节器的比例带为_____。
   A. 62.5%
   B. 160%
   C. 200%
   D. 180%

93. 在采用比例调节器的控制系统中,被控量变化为全量程的一半,调节阀开度变化全行程,调节器的 PB 为_____。
   A. PB = 50%
   B. PB = 100%
   C. PB = 150%
   D. PB = 200%

94. 当_____时,比例带与放大系数成倒数关系。
   A. 输入信号与输出信号相同
   B. 输入信号与输出信号的变化范围相同
   C. 输入信号与输出信号不同
   D. 输入信号与输出信号的变化范围不同

95. 一个比例控制系统调节的结果 φ = 0,这是由于_____。

A. 没加积分的原因　　　　　　　　B. 没加微分的原因
C. 比例带调得过大　　　　　　　　D. 比例带调得过小

96. 比例调节器在调节终了时静态偏差大,说明_____。
   A. PB 小,扰动量小　　　　　　　B. PB 小,扰动量大
   C. PB 大,扰动量大　　　　　　　D. PB 大,扰动量小

97. 对于比例带 PB 的错误认识是_____。
   A. 对象迟延小,时间常数大,PB 宜大
   B. 从控制系统的稳定性出发,PB 宜大
   C. 从控制系统的准确性出发,PB 宜小
   D. 当 PB 小于临界比例带 PB_K,系统将发生发散振荡

98. 采用比例调节器的定值调节系统若要减少静态偏差,则需要_____。
   A. 增大比例带　　　　　　　　　B. 减少放大系数
   C. 减小比例带　　　　　　　　　D. 减少时间系数

99. 采用 PI 的系统,当加进积分作用时的比例带要比纯比例调节时_____。
   A. 略大　　　B. 略小　　　C. 不变　　　D. 依调节对象而定

100. 在采用 PD 调节器的控制系统中,受到扰动后,达到新平衡态时,静态精度偏低,则应_____。
    A. 减小 T_d　　B. 增大 T_i　　C. 减小 PB　　D. 增大 PB

101. 比例调节器在调节终了时静态偏差大,说明_____。
    A. PB 小,扰动量小　　　　　　　B. PB 小,扰动量大
    C. PB 大,扰动量小　　　　　　　D. PB 大,扰动量大

102. 在用比例调节器调节的温度系统中,温度变化到量程最大范围时,调节阀开度也变化了 100%,则此比例带为_____。
    A. 250%　　　B. 200%　　　C. 400%　　　D. 100%

103. 在用比例调节器调节的温度系统中,温度变化到量程最大范围的 50% 时,调节阀开度变化了 100%,则此比例带为_____。
    A. 250%　　　B. 40%　　　C. 50%　　　D. 60%

104. 在用比例调节器调节的温度系统中,温度变化到量程最大范围的 25% 时,调节阀开度变化了 100%,则此比例带为_____。
    A. 250%　　　B. 25%　　　C. 200%　　　D. 60%

105. 一个比例调节器其 PB = 100%,当输入的偏差信号变化 10% 时,调节器输出的变化是_____。
    A. 5%　　　B. 10%　　　C. 20%　　　D. 100%

106. 一个比例调节器其 PB = 20%,当输入的偏差信号变化 10% 时,调节器输出的变化是_____。
    A. 50%　　　B. 10%　　　C. 20%　　　D. 100%

107. 一个比例控制系统,调节器的 PB = 25%,系统受扰动后偏差信号变化 10%,调节器指挥调节阀的开度变化是_____。

A. 10% B. 20% C. 40% D. 100%

108. 一个比例控制系统调节的结果 $\varphi=1$，这是由于_____。
 A. 没加积分的原因 B. 没加微分的原因
 C. 比例带调得过大 D. 比例带调得过小

109. 在改变给定值的控制系统中，当系统给定值阶跃改变时，系统动态过程超调量偏大，应调整_____。
 A. 控制对象惯性使 $T \downarrow$ B. 控制对象放大系数使 $K \uparrow$
 C. 调节器比例带使 $PB \downarrow$ D. 调节器比例带使 $PB \uparrow$

110. 某一比例控制系统在临界比例带下运行，其过渡过程的衰减率应为_____。
 A. -1 B. 0 C. 1 D. 无穷大

111. 在比例调节器中，若负反馈作用减弱，则_____。
 A. 比例作用增强，比例带减小 B. 比例作用减弱，比例带增大
 C. 比例作用增强，比例带增大 D. 比例作用减弱，比例带减小

112. 减小调节器的比例带对反馈控制系统动态过程的影响是_____。
 A. 稳定性提高，静态偏差增大 B. 稳定性降低，静态偏差减小
 C. 稳定性提高，静态偏差减小 D. 稳定性降低，静态偏差增大

113. 在锅炉水位自动控制系统中，在额定负荷情况下，调节器的输出应使调节阀的开度为_____。
 A. 全开 B. 全关 C. 全开的一半 D. 不定

114. 在比例调节器上有一个调整旋钮，它可调整调节器的_____。
 A. 时间常数 B. 调节作用规律
 C. 比例带 PB D. 调量程

115. 在用比例调节器组成的控制系统中，若把比例带整定很大，其系统动态过程是_____。
 A. 振荡激烈 B. 静态精度高
 C. 过渡过程时间短 D. 容易受到外部干扰的影响

116. 在用比例调节器组成的控制系统中，若比例带 $PB=50\%$，被控量经 2~3 次波动就稳定下来，现把 PB 调到 80%，则动态过程_____。
 A. 波动次数增加 B. 最大动态偏差减小
 C. 稳定性下降 D. 静态偏差增大

117. 在用比例调节器组成的控制系统中，原系统在 $PB=70\%$ 下运行，现把 PB 调整到 40%，则控制系统动态过程_____。
 A. 稳定性更好 B. 静态偏差增大
 C. 最大动态偏差减小 D. 波动次数减少

118. 有一用比例调节器组成的温度控制系统，量程是 20~100 ℃，实测中，在 80 ℃时，调节器输出为 0.04 MPa，在 70 ℃时，调节器输出为 0.06 MPa，其调节器的比例带 PB 为_____。
 A. $PB=100\%$ B. $PB=80\%$ C. $PB=50\%$ D. $PB=40\%$

119. 有一用比例调节器组成的控制系统，实测中，给定值变化 10%，调节器输出从 0.06 MPa 变化到 0.04 MPa，其调节器的比例带 PB 为_____。

A. $PB = 40\%$ B. $PB = 50\%$ C. $PB = 80\%$ D. $PB = 100\%$

120. 在用比例调节器组成的控制系统受到扰动后,被控量振荡激烈,需很长时间才能稳定下来,应该做的工作是_____。
   A. 把控制对象的放大系数调小   B. 把控制对象的时间常数调大
   C. 把比例带 PB 调大   D. 把比例带 PB 调小

121. 在用比例调节器组成的控制系统中,稳态时静态偏差偏大,应做的工作是_____。
   A. 减小扰动量   B. 及时调整给定值
   C. 适当减小比例带 PB D. 适当增加比例带 PB

122. 在用比例调节器组成的控制系统中,若被控量变化了全量程的一半,调节器使调节阀开度变化了全行程的1/4,则调节器的比例带 PB 为_____。
   A. $PB = 50\%$ B. $PB = 100\%$ C. $PB = 150\%$ D. $PB = 200\%$

123. 在用比例调节器组成的控制系统中,若被控量变化了全量程的1/4,调节器使调节阀开度变化了全行程的1/2,则调节器比例带 PB 为_____。
   A. $PB = 40\%$ B. $PB = 50\%$ C. $PB = 100\%$ D. $PB = 200\%$

124. 在用比例调节器组成的控制系统中,若被控量变化了全量程,调节器使调节阀开度变化了全行程,其调节器比例带 PB 为_____。
   A. $PB = 50\%$ B. $PB = 100\%$ C. $PB = 150\%$ D. $PB = 200\%$

125. 在用比例调节器组成的控制系统中,若被控量变化了全量程的1/8,调节器使调节阀开度变化了全行程的1/2,则其调节器比例带 PB 为_____。
   A. $PB = 100\%$ B. $PB = 400\%$ C. $PB = 40\%$ D. $PB = 25\%$

126. 在用比例调节器组成的控制系统中,若比例带 $PB = 40\%$,被控量变化了全量程的10%,调节器使调节阀开度变化了全行程的_____。
   A. 1/10   B. 1/5   C. 1/4   D. 1/2

127. 在用比例调节器组成的控制系统中,若 $PB = 60\%$,调节器使调节阀开度变化了全行程的一半,其被控量变化了全量程的_____。
   A. 100%   B. 60%   C. 50%   D. 30%

128. 在用比例调节器组成的控制系统中,若 $PB = 120\%$,调节器输出使调节阀开度变化了全行程的一半,则被控量变化了全量程的_____。
   A. 100%   B. 120%   C. 60%   D. 30%

129. 在用比例调节器组成的控制系统中,若 $PB = 80\%$,其被控量变化了全量程的一半,调节器输出使调节阀开度变化了全行程的_____。
   A. 100%   B. 80%   C. 62.5%   D. 55%

130. 在用比例调节器组成的控制系统中,若把比例带 PB 调整为10%,则系统的动态过程会_____。
   A. 超调量减小   B. 振荡次数增多
   C. 过渡过程时间缩短   D. 静态偏差增大

131. 在用比例调节器组成的控制系统中,若把比例带调大,则在相同的扰动情况下,系统的动态过程_____。

A. 反应更快,稳定性更好 B. 反应更快,稳定性更差
C. 反应更慢,稳定性更好 D. 反应更慢,稳定性更差

132. 在用比例调节器组成的控制系统中,若把比例带调小,则在相同扰动下,系统的动态过程会_____。

A. 反应更快,稳定性更好 B. 反应更快,稳定性更差
C. 反应更慢,稳定性更好 D. 反应更慢,稳定性更差

133. 在用比例调节器组成的控制系统中,系统受到扰动后,被控量无波动地慢慢向给定值恢复,这是因为_____。

A. 调节器比例带 PB 太大 B. 调节器比例带太小
C. 控制对象的时间常数太大 D. 控制对象的迟延太大

134. 在用比例调节器组成的温度控制系统中,其量程为 0~100 ℃,在测试中当温度为 80 ℃时,调节器输出为 0.04 MPa,在 60 ℃时,调节器输出为 0.06 MPa,此调节器为_____调节器,其比例带 PB 为_____。

A. 正作用式/-80% B. 反作用式/80%
C. 正作用式/40% D. 反作用式/-80%

135. 在用比例调节器组成的压力控制系统中,其量程为 0~1 MPa,当压力为 0.6 MPa 时,调节器输出为 0.06 MPa,当压力为 0.4 MPa 时,调节器输出为 0.04 MPa,此调节器为_____调节器,其比例带 PB 为_____。

A. 正作用式/PB=80% B. 正作用式/PB=-100%
C. 反作用式/PB=80% D. 反作用式/PB=100%

136. 在比例控制系统中,当输入的偏差变化了 20%,而调节器输出变化了 5%,则比例带 PB 为_____。

A. PB=4% B. PB=25% C. PB=100% D. PB=400%

137. 在用比例调节器组成的控制系统中,系统受到扰动后,稳态时其静态偏差较大,其可能的原因是_____。

A. 扰动量大,PB 大 B. 扰动量小,PB 大
C. 扰动量小,PB 小 D. 扰动量大,PB 小

138. 在一个比例控制系统中,选取比例带大小的错误理解是_____。

A. 若控制对象迟延小,惯性小,PB 宜大 B. 从系统稳定性出发,PB 宜大
C. 从系统的精度要求出发,PB 宜小 D. PB 小于临界比例带,系统为发散振荡

139. 有一控制系统采用正作用式比例调节器,选用 PB=50%,稳态时调节器输出为 0.06 MPa,现将给定值突然增大 10%,则调节器的输出为_____。

A. 0.001 6 MPa B. 0.076 MPa C. 0.044 MPa D. 0.06 MPa

140. 有一控制系统采用反作用式比例调节器,选用 PB=50%,稳态时调节器输出为 0.04 MPa,现将给定值突然增大 15%,则调节器的输出为_____。

A. 0.06 MPa B. 0.04 MPa C. 0.016 MPa D. 0.064 MPa

141. 在用比例调节器组成的控制系统中,被控量的量程是 30~100 ℃,当比例带 PB=20%时,则给定值的可调整范围是_____。

A. 30～100 ℃　　　B. 37～93 ℃　　　C. 44～86 ℃　　　D. 58～72 ℃

142. 在用比例调节器组成的控制系统中，比例带 PB、放大倍数 K_p 与量程系数 R 之间的关系是 _____。

　　A. $PB = \dfrac{1}{K_p} \times 100\%$ 　　　　　　B. $PB = \dfrac{1}{R} \times 100\%$

　　C. $PB = \dfrac{R}{K_p} \times 100\%$ 　　　　　　D. $PB = \dfrac{K_p}{R} \times 100\%$

143. 在用比例调节器组成的控制系统中，比例带大小对动态过程影响很大，其错误的提法是 _____。

　　A. 控制对象迟延小，惯性小 PB 宜大　　B. 从稳定性出发 PB 宜大

　　C. 从精度出发 PB 宜大　　D. PB 小于临界比例带，系统将发散振荡

144. 由比例调节器组成的定值控制系统，在保证正常工作的前提下，PB 越大，其给定值的可调范围 _____。

　　A. 不受影响　　B. 在量程范围内均可

　　C. 变大　　D. 变小

145. 一个比例调节器，当比例带减小时，其调节阀开度可调范围 _____。

　　A. 增大　　B. 减小　　C. 不变　　D. 任意

146. 由比例调节器组成的定值控制系统，在保证正常控制的前提下，PB 越小，其给定值可调范围 _____。

　　A. 不受影响　　B. 在量程范围内均可

　　C. 变大　　D. 变小

147. 关于比例放大系数 K 的错误认识是 _____。

　　A. 比例放大系数 K 与比例带 PB 成正比

　　B. 由于 K 有量纲，无法根据其大小来比较不同调节器比例调节作用的强弱

　　C. K 越大，系数的比例调节作用越强

　　D. K 的大小是通过调节比例带实现的

148. 气动比例调节器如图 5-17 所示，其输出与测量值之间的关系是 _____。

　　A. 测量值增加，输出增加　　B. 测量值增加，输出减小

　　C. 测量值增加，输出不变　　D. 与测量值的大小没有关系

149. 如图 5-17 所示，调整气动比例调节器的比例带是通过 _____ 实现的。

　　A. 移动反馈波纹管　　B. 移动测量波纹管

　　C. 移动铰接支点　　D. 移动喷嘴位置

150. 如图 5-17 所示，下列的论述正确的是 _____。

　　A. 正作用式调节器配气开式调节阀　　B. 正作用式调节器配气关式调节阀

　　C. 反作用式调节器配气开式调节阀　　D. 反作用式调节器配气关式调节阀

151. 如图 5-17 所示，向左移动反馈波纹管，则 _____。

　　A. 负反馈作用增强，比例作用减弱　　B. 负反馈作用增强，比例作用增强

　　C. 负反馈作用减弱，比例作用增强　　D. 负反馈作用减弱，比例作用减弱

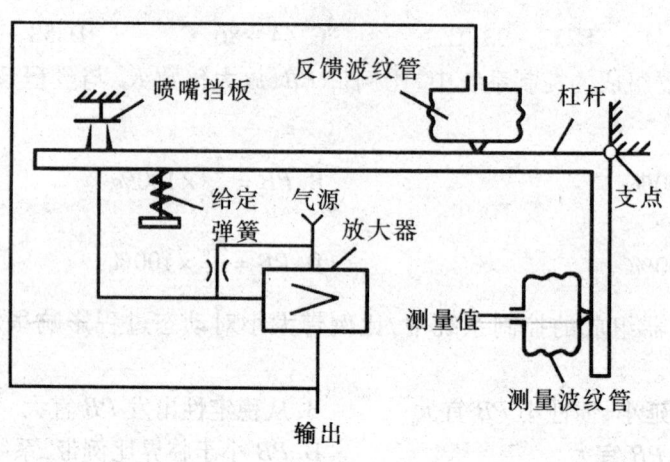

图 5-17

152. 如图 5-17 所示,向右移动反馈波纹管,则_____。
    A. 负反馈作用增强,比例作用减弱   B. 负反馈作用增强,比例作用增强
    C. 负反馈作用减弱,比例作用增强   D. 负反馈作用减弱,比例作用减弱

153. 如图 5-17 所示,向右移动反馈波纹管,则_____。
    A. 负反馈作用增强,比例带增加   B. 负反馈作用增强,比例带减小
    C. 负反馈作用减弱,比例带减小   D. 负反馈作用减弱,比例带增加

154. 如图 5-17 所示,向左移动反馈波纹管,则_____。
    A. 负反馈作用增强,比例带增加   B. 负反馈作用增强,比例带减小
    C. 负反馈作用减弱,比例带减小   D. 负反馈作用减弱,比例带增加

155. 如图 5-17 所示,增加气动比例调节器给定弹簧的弹力,则_____。
    A. 给定值增加   B. 给定值减小
    C. 给定值不变   D. 给定值可能增加也可能减小

156. 如图 5-17 所示,减小气动比例调节器给定弹簧的弹力,则_____。
    A. 给定值增加   B. 给定值减小
    C. 给定值不变   D. 给定值可能增加也可能减小

157. 在采用比例调节器组成的控制系统中,当减小比例带时,对系统动态过程的影响是_____。
    ①超调量减小;②上升时间 t_r 短;③波动次数 N 增多;④峰值时间 t_P;⑤静态偏差 ε 大;⑥过渡过程时间 t_s 缩短。
    A. ②③   B. ①④   C. ⑤⑥   D. ①③

158. 在采用比例调节器组成的控制系统中,当增大比例带时,对系统动态过程的影响是_____。
    ①最大动态偏差 e_{max}↑;②衰减率 φ↑;③最大动态偏差 e_{max}↓;④振荡次数 N↑;⑤衰减率 φ↓;⑥静态偏差 ε↓。
    A. ①②   B. ③④   C. ⑤⑥   D. ①③

159. 在用比例调节器组成的温度控制系统中,若把调节器的比例带 PB 调整得太小,则对控制系

统动态过程的影响是_____。
①静态偏差 $\varepsilon\downarrow$；②最大动态偏差 $e_{max}\downarrow$；③衰减率 $\varphi\downarrow$；④振荡次数 $N\downarrow$；⑤过渡过程时间 $t_s\downarrow$；⑥温度表指针激烈振荡。
A. ①③⑤⑥　　　B. ②③④⑤　　　C. ①②③⑥　　　D. ①②④⑤

160. 在纯比例温度系统中，若调节器的比例带 PB 调得太大，控制系统的品质指标将发生_____变化。
①静态偏差 $\varepsilon\uparrow$；②最大动态偏差 $e_{max}\downarrow$；③衰减率 $\varphi\uparrow$；④振动周期 $T_W\uparrow$；⑤过渡过程时间 $T_s\uparrow$；⑥振动次数 $N\uparrow$。
A. ①③④⑤　　　B. ①②⑤⑥　　　C. ②③④⑤　　　D. ②③⑤⑥

161. 采用比例调节器的定值控制系统，欲要减少稳态误差，不可行的措施是_____。
①减少时间常数；②增大放大系数；③减少放大系数；④增大比例带；⑤减少比例带；⑥减少扰动量。
A. ①②⑤⑥　　　B. ①③④⑥　　　C. ②③④⑤　　　D. ②④⑤⑥

162. 采用比例调节器的定值控制系统，当比例带减小时，对控制过程和结果的影响是_____。
①最大动态偏差减小；②静态误差减小；③最大动态偏差增大；④稳态偏差增大；⑤衰减率减小；⑥振荡周期缩短。
A. ①②④⑥　　　B. ①③⑤⑥　　　C. ①②⑤⑥　　　D. ②④⑤⑥

163. 采用纯比例调节器定值控制系统，若调节器的比例带减小，对系统动态过程的影响为_____。
①稳定性降低；②稳定性提高；③静态偏差增大；④静态偏差减小；⑤最大动态偏差减小；⑥最大动态偏差增大。
A. ①③⑥　　　　B. ①④⑤　　　　C. ②③⑤　　　　D. ②⑤⑥

5.3.3　比例微分调节器（适用对象：8401,8402,8403,8404）

164. 某一调节规律其特点是调节阀开度的大小与被控参数偏差变化速度成比例，这种调节规律属于_____。
A. 比例调节规律　B. 积分调节规律　C. 微分调节规律　D. 断续调节规律

165. 在控制对象时间常数较大的控制系统中，为了改善其动态性能，应采取_____调节规律。
A. 比例　　　　　B. 比例微分　　　C. 比例积分　　　D. 双位

166. 当输入为阶跃信号时，调节器输出开始阶跃变化很大值以后逐渐回零，这是_____。
A. 积分作用规律　B. 微分作用规律　C. 比例作用规律　D. 双位作用规律

167. 液位控制系统不能采用的调节器是_____。
A. P　　　　　　B. PI　　　　　　C. 双位　　　　　D. PD

168. PD 调节器输入阶跃信号，其输出特性是_____。

A. 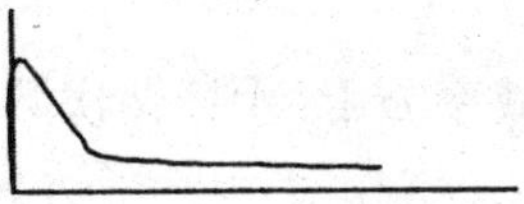   B.

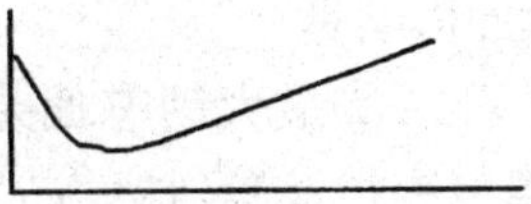

C. 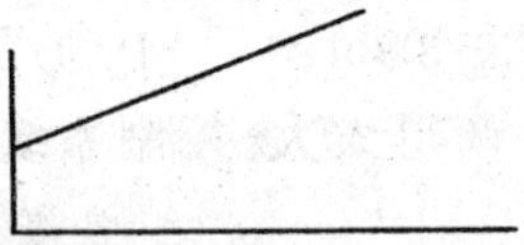   D.

169. 在采用PD调节器的控制系统中,微分的作用是使系统_____。
    A. 受到扰动后不会出现偏差   B. 能消除静态偏差
    C. 实现超前控制   D. B + C

170. 有一调节器施加一个阶跃输入信号后,它立即有一个较大的下降的阶跃输出,之后随时间其输出不断增加,最后稳定在某值上,这是一台_____调节器。
    A. P   B. PI   C. PD   D. PID

171. 采用PD调节器的控制系统,应当是_____。
    A. 系统稳态时不能有静差   B. 控制对象放大系数大
    C. 控制对象惯性小   D. 控制对象惯性大

172. PD调节器的作用规律是_____。
    A. $\Delta p = K_p \Delta e$ B. $\Delta p = K_p \left(\Delta e + \frac{1}{T_i} \int \Delta e dt \right)$
    C. $\Delta p = K_p \left(\Delta e + T_d \frac{d\Delta e}{dt} \right)$ D. $\Delta p = \frac{1}{T_i} \int \Delta e dt$

173. 微分作用在下列_____情况下才有实用价值。
    A. 理想微分环节   B. 实际微分环节   C. 比例微分环节   D. 积分微分环节

174. 在对象时间常数较大的系统中,为了改善系统的动态性能,可增加_____控制。
    A. 双位   B. 比例   C. 积分   D. 微分

175. 有一只调节器,当输入一个阶跃信号时,它首先有一个较大的阶跃输出,然后该输出值逐渐减小,最后稳定在某一值上,则这是_____。
    A. 比例调节器   B. 比例积分调节器
    C. 比例微分调节器   D. 比例积分微分调节器

176. 微分作用规律具有超前控制的能力,其根本原因是由于调节器的_____。
    A. 输出与偏差随时间的积分成比例   B. 输出变化速度与偏差成正比
    C. 输出与偏差变化速度成比例   D. 输出变化速度与偏差成反比

177. 关于微分调节规律中错误的说法是_____。
    A. 微分调节不能单独使用   B. 具有超前调节作用
    C. 不能消除静态偏差   D. 适用于惯性小、迟延小的系统

178. 调节器中加上适当的微分作用,则反馈控制系统的_____。
    A. 稳定性提高,动态偏差增大   B. 稳定性降低,动态偏差减小
    C. 稳定性提高,动态偏差减小   D. 稳定性降低,动态偏差增大

179. 惯性环节与理想微分环节串联,可得到_____。

A. 比例微分作用规律 B. 比例积分作用规律
C. 实际微分作用规律 D. 理想微分作用规律

180. 比例环节与实际微分环节并联,可得到_____。
A. 比例微分作用 B. 比例积分作用
C. 实际微分作用 D. 比例积分微分作用

181. 有一环节给它输入一个阶跃信号后首先有一个较大的阶跃输出,然后随时间逐渐消失,最后消失到零,这是_____。
A. 理想微分环节 B. 实际微分环节 C. 积分环节 D. 惯性环节

182. 有一台调节器施加阶跃输入信号后,先有一个较大的阶跃输出,然后输出逐渐减小,最后稳定在某个值上,这是_____。
A. 比例调节器 B. PI 调节器 C. PD 调节器 D. PID 调节器

183. 有一台 PD 调节器,其输入信号为 e,输出信号为 P,该调节器的作用规律是_____。
A. $P = K_e\left(1 + T_d \dfrac{de}{dt}\right)$ B. $P = K\left(1 + T_d \dfrac{de}{dt}\right)$
C. $P = K_e\left(1 + \dfrac{1}{T_d} \cdot \dfrac{de}{dt}\right)$ D. $P = K\left(e + 1 + \dfrac{1}{T_d} \cdot \dfrac{de}{dt}\right)$

184. 有一环节,其输出量与输入量的变化速度相关,该环节是_____。
A. 比例环节 B. 积分环节 C. 微分环节 D. 惯性环节

185. 在用 PD 调节器组成的控制系统中,给定值阶跃改变 10%,调节器的稳态输出 P 为_____。
A. $P = 0$ B. P 为比例作用输出
C. P 等于测量值 D. P 等于新的给定值

186. 在控制系统所采用的调节器中,加进微分作用可以使_____。
A. 静态偏差增大 B. 最大动态偏差减小
C. 增大被控量的振荡周期 D. 最大动态偏差增大

187. 动态偏差最小的调节是_____。
A. P B. PI C. PD D. PID

188. 在用 PD 调节器组成的控制系统中,其正确的说法是_____。
①可比纯比例作用比例带小一些;②用于控制对象惯性较大的控制系统;③控制对象惯性越大,其微分时间 T_d 应调整得越小;④微分作用可以消除静态偏差;⑤微分作用强表示微分作用保留的时间短;⑥微分作用具有抵制偏差出现的能力。
A. ③④⑤ B. ①②⑥ C. ①③⑤ D. ②④⑥

189. 有一台 PD 调节器,其输入信号为 e,输出为 P,其作用规律为_____。
①$P = K_e\left(1 + \dfrac{de}{dt}\right)$;②$P = K\left(e + T_d \dfrac{de}{dt}\right)$;③$P = K\left(e + \dfrac{1}{T_d}\dfrac{de}{dt}\right)$;④$P = K\left(e + T_d \int e \cdot dt\right)$;⑤$P = \dfrac{1}{PB}\left(e + T_d \dfrac{de}{dt}\right)$;⑥$P = K\left(e + T_i \dfrac{de}{dt}\right)$。
A. ③④ B. ①② C. ②⑤ D. ⑤⑥

190. 采用比例微分调节器是考虑它有以下的优点_____。

①能消除静态偏差;②能实现超前控制,及时克服扰动;③能抑制动态过程的振荡;④过渡过程时间缩短;⑤被控量不会出现较大的偏差;⑥可使振荡周期加长。

A. ①③⑤⑥　　　　B. ②③④⑤　　　　C. ①②③⑤　　　　D. ②③④⑥

191. 理想微分调节器输出的变化与_____成正比。

　　A. 偏差的大小　　　　　　　　　　B. 给定值的大小
　　C. 偏差的变化速度　　　　　　　　D. 偏差对时间的积分

192. 调节器采用微分作用,是考虑它有如下作用_____。

　　A. 可以减小振动次数　　　　　　　B. 存在静态偏差
　　C. 被控量不会出现较大偏差　　　　D. 调节器输出变化速度与偏差成正比

193. 调节器采用微分作用,下列_____不是它的优点。

　　A. 超前的控制能力,及时克服扰动　　B. 能抑制动态过程的振荡
　　C. 过渡过程时间缩短　　　　　　　D. 可以减少振荡次数

194. 调节器采用微分作用,下列_____不是它的优点。

　　A. 存在静态偏差　　　　　　　　　B. 被控量不会出现较大偏差
　　C. 能抑制动态过程的振荡　　　　　D. 过渡过程时间缩短

195. 在用 PD 调节器组成的控制系统中,通过调整调节器参数使 $PB\downarrow$,$T_d\uparrow$,则_____。

　　A. 比例作用弱,微分作用弱　　　　B. 比例作用弱,微分作用强
　　C. 比例作用强,微分作用弱　　　　D. 比例作用强,微分作用强

196. 在采用 PD 调节器组成的控制系统中,当改变给定值时,超调量即偏大,则应该使_____。

　　A. $PB\downarrow$,$T_d\uparrow$　　B. $PB\uparrow$,$T_d\uparrow$　　C. $PB\downarrow$,$T_d\downarrow$　　D. $PB\uparrow$,$T_d\downarrow$

197. 在采用 PD 调节器组成的控制系统中,加进微分作用后,其比例带比纯比例作用的比例带_____。

　　A. 略小一点　　　　　　　　　　　B. 略大一点
　　C. 不变　　　　　　　　　　　　　D. 随控制对象特性而定

198. 在采用 PD 调节器组成的控制系统受到扰动后,动态过程振荡激烈,但稳态时静态偏差较小,其可能原因是_____。

　　A. PB 太大,T_d 太长　　　　　　B. PB 太大,T_d 太短
　　C. PB 太小,T_d 适中　　　　　　D. PB 太小,T_d 太短

199. 有两台 PD 调节器,对它们施加相同的阶跃输入信号,其输出规律如图 5-18 所示,经比较可以看出_____。

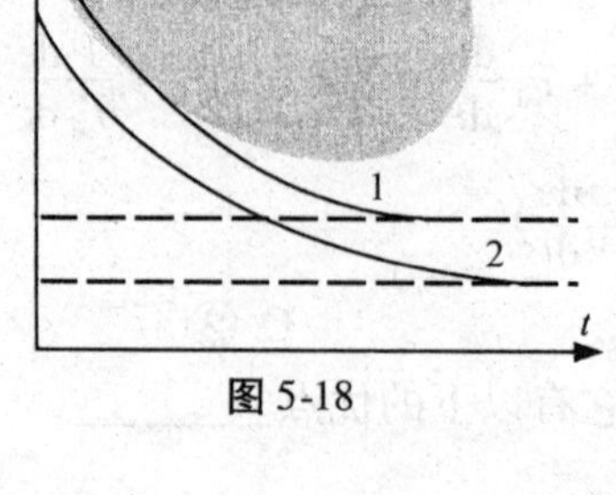

图 5-18

A. $PB_1 > PB_2, T_{d1} > T_{d2}$　　　　　　　　B. $PB_1 > PB_2, T_{d1} < T_{d2}$
C. $PB_1 < PB_2, T_{d1} > T_{d2}$　　　　　　　　D. $PB_1 < PB_2, T_{d1} < T_{d2}$

200. 有两台 PD 调节器,对它们施加相同的阶跃输入信号后,其输出规律如图 5-19 所示,经比较可以看出_____。

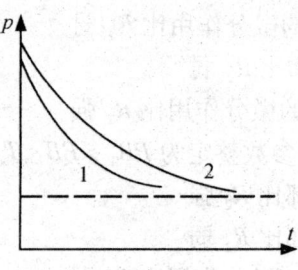

图 5-19

A. $PB_1 = PB_2, T_{d1} < T_{d2}$　　　　　　　　B. $PB_1 = PB_2, T_{d1} > T_{d2}$
C. $PB_1 > PB_2, T_{d1} = T_{d2}$　　　　　　　　D. $PB_1 < PB_2, T_{d1} = T_{d2}$

201. 有两台 PD 调节器,对它们施加相同的阶跃输入信号后,其输出规律如图 5-20 所示,经比较可以看出_____。

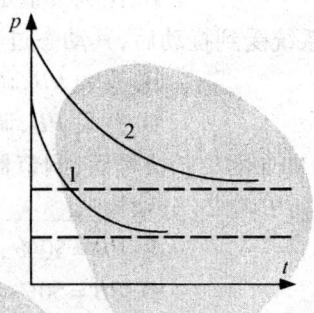

图 5-20

A. $PB_1 < PB_2, T_{d1} > T_{d2}$　　　　　　　　B. $PB_1 < PB_2, T_{d1} < T_{d2}$
C. $PB_1 > PB_2, T_{d1} < T_{d2}$　　　　　　　　D. $PB_1 > PB_2, T_{d1} > T_{d2}$

202. 在 PD 调节器中,施加阶跃输入信号后,微分时间 T_d 长表示_____。
　　A. 调节器输出最大值需要时间长　　　　　　B. 微分作用弱
　　C. 微分输出消失得快　　　　　　　　　　　D. 微分作用保留的时间长

203. 有两台 PD 调节器 R_1 和 R_2,其参数整定为 $PB_1 > PB_1, T_{d1} > T_{d2}$,这表示_____。
　　A. R_1 的比例作用和微分作用都比 R_2 弱
　　B. R_1 的比例作用和微分作用都比 R_2 强
　　C. R_1 的比例作用比 R_2 弱, R_1 的微分作用比 R_2 强
　　D. R_1 的比例作用比 R_2 强, R_1 的微分作用比 R_2 弱

204. 有两台 PD 调节器 R_1 和 R_2,其参数整定为 $PB_1 < PB_2, T_{d1} > T_{d2}$,这表示_____。
　　A. R_1 的比例作用和微分作用都比 R_2 强
　　B. R_1 的比例作用和微分作用都比 R_2 弱

C. R_1 的比例作用比 R_2 弱，R_1 的微分作用比 R_2 强

D. R_1 的比例作用比 R_2 强，R_1 的微分作用比 R_2 弱

205. 有两台 PD 调节器 R_1 和 R_2，其参数整定为 $PB_1 < PB_2$，$T_{d1} < T_{d2}$，这表示_____。

A. R_1 的比例作用和微分作用都比 R_2 强

B. R_1 的比例作用比 R_2 强，R_1 的微分作用比 R_2 弱

C. R_1 的比例作用和微分作用都比 R_2 弱

D. R_1 的比例作用比 R_2 弱，R_1 的微分作用比 R_2 强

206. 有两台 PD 调节器 R_1 和 R_2，其参数整定为 $PB_1 > PB_2$，$T_{d1} < T_{d2}$，这表示_____。

A. R_1 的比例作用和微分作用都比 R_2 强

B. R_1 的比例作用和微分作用都比 R_2 弱

C. R_1 的比例作用比 R_2 强，R_1 的微分作用比 R_2 弱

D. R_1 的比例作用比 R_2 弱，R_1 的微分作用比 R_2 强

207. 在采用 PD 调节器组成的控制系统受到扰动后，动态过程的衰减率 $\varphi = 0.95$，可能的原因是_____。

A. PB 和 T_d 调整得合适
B. 微分时间整定得太短
C. 比例带 PB 整定得太大
D. 比例带整定得太小

208. 在采用 PD 调节器组成的控制系统受到扰动后，其动态过程的衰减比为 2:1，则应_____。

A. 调小 PB，调小 T_d
B. 调大 PB，调小 T_d
C. 调小 PB，调大 T_d
D. 调大 PB，调大 T_d

209. 对一台 PD 调节器加上个 0.01 MPa 的阶跃信号后，调节器的输出立即增加了 0.02 MPa，且长时间不再变化，则该调节器的 PB 和 T_d 分别为_____。

A. $PB = 200\%$，$T_d = 0$
B. $PB = 50\%$，$T_d = 0$
C. $PB = 200\%$，$T_d \to \infty$
D. $PB = 50\%$，$T_d \to \infty$

210. 有一台 PD 调节器比例带 $PB = 200\%$，给它加一个 0.01 MPa 的阶跃输入信号后，其输出从 0.02 MPa 立即增加到 0.09 MPa，以后不再变化，则比例输出量和微分时间 T_d 分别为_____。

A. 0.025 MPa，$T_d \to \infty$
B. 0.025 MPa，$T_d = 0$
C. 0.02 MPa，$T_d \to \infty$
D. 0.02 MPa，$T_d = 0$

211. 在用 PD 调节器组成的改变给定值的控制系统中，若超调量较大，应_____。
①增大控制对象的放大系数 K；②减小控制对象的时间常数 T；③减小控制对象的迟延 τ；④减小调节器比例带 PB；⑤适当增大调节器微分时间 T_d；⑥增大调节器的比例带 PB。

A. ③④
B. ⑤⑥
C. ①②
D. ①⑤

212. 当微分时间为零时，比例微分调节器则成为_____。

A. 积分调节器
B. 双位调节器
C. 微分调节器
D. 比例调节器

213. 气动比例微分调节器如图 5-21 所示。当系统处在平衡状态时，测量波纹管与给定波纹管内的压力是_____。

A. 测量值大于给定值
B. 测量值小于给定值
C. 测量值等于给定值
D. 测量值有时大于给定值，有时小于给定值

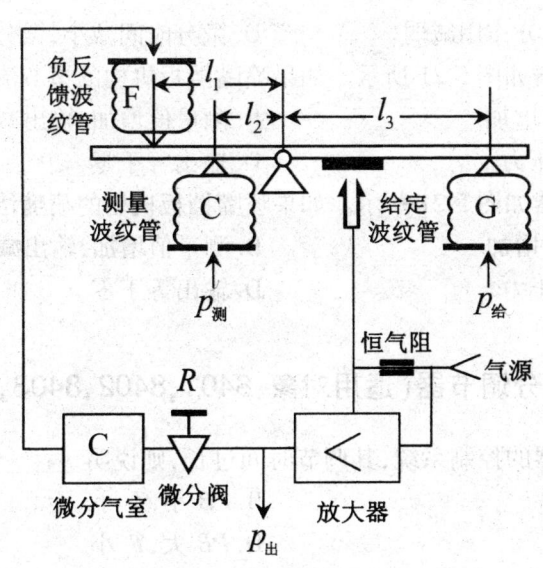

图 5-21

214. 气动比例微分调节器如图 5-21 所示。当系统处在平衡状态时,闭环控制系统的偏差_____。
    A. $e>0$
    B. $e<0$
    C. $e=0$
    D. 有时 $e>0$,有时 $e<0$

215. 气动比例微分调节器如图 5-21 所示。如向左移动负反馈波纹管,则_____。
    A. 负反馈作用增强,比例带增大
    B. 负反馈作用增强,比例带减小
    C. 负反馈作用减弱,比例带增大
    D. 负反馈作用减弱,比例带减小

216. 气动比例微分调节器如图 5-21 所示。如向右移动负反馈波纹管,则_____。
    A. 负反馈作用增强,比例带增大
    B. 负反馈作用增强,比例带减小
    C. 负反馈作用减弱,比例带增大
    D. 负反馈作用减弱,比例带减小

217. 气动比例微分调节器如图 5-21 所示。微分作用是通过_____实现的。
    A. 惯性环节正反馈
    B. 惯性环节负反馈
    C. 微分环节正反馈
    D. 微分环节负反馈

218. 气动比例微分调节器如图 5-21 所示。关小针阀 R_d,_____。
    A. 惯性增大,微分时间增大
    B. 惯性增大,微分时间减小
    C. 惯性减小,微分时间增大
    D. 惯性减小,微分时间减小

219. 气动比例微分调节器如图 5-21 所示。开大针阀 R_d,_____。
    A. 惯性增大,微分时间增大
    B. 惯性增大,微分时间减小
    C. 惯性减小,微分时间增大
    D. 惯性减小,微分时间减小

220. 气动比例微分调节器如图 5-21 所示。关小针阀 R_d,_____。
    A. 微分时间增大,微分作用减弱
    B. 微分时间增大,微分作用增强
    C. 微分时间减小,微分作用减弱
    D. 微分时间减小,微分作用增强

221. 气动比例微分调节器如图 5-21 所示。开大针阀 R_d,_____。
    A. 微分时间增大,微分作用减弱
    B. 微分时间增大,微分作用增强

C. 微分时间减小,微分作用减弱　　　　　D. 微分时间减小,微分作用增强

222. 气动比例微分调节器如图 5-21 所示。如果喷嘴挡板机构的恒节流孔堵塞,则_____。
　　A. 测量值增加,输出增加　　　　　　　B. 测量值增加,输出减小
　　C. 输出接近于气源压力　　　　　　　　D. 输出等于零

223. 气动比例微分调节器如图 5-21 所示。如果喷嘴挡板机构的喷嘴堵塞,则_____。
　　A. 测量值增加,输出增加　　　　　　　B. 测量值增加,输出减小
　　C. 输出接近于气源压力　　　　　　　　D. 输出等于零

5.3.4　比例积分调节器(适用对象:8401,8402,8403,8404)

224. 采用比例积分调节器的控制系统,其调节时间过长,则说明_____。
　　A. PB 小,T_i 大　　　　　　　　　B. PB 小,T_i 小
　　C. PB 大,T_i 大　　　　　　　　　D. PB 大,T_i 小

225. 有一控制系统受到扰动后,被控量振荡七八次后稳定在给定值上,这说明_____。
　　A. 扰动太猛烈　　　　　　　　　　　　B. 控制对象惯性太大
　　C. 调节器比例太弱　　　　　　　　　　D. 调节器积分作用太强

226. 有一调节器,其输出不仅取决于偏差的大小,同时与偏差存在的长短有关,这是一台_____调节器。
　　A. P　　　　　B. PD　　　　　C. PI　　　　　D. PID

227. 理论上可消除静态误差的调节器是_____。
　　A. PD 型　　　B. PI 型　　　C. P 型　　　　D. 两位式

228. 一个 PI 调节器,$PB=100\%$ 时,P 和 I 的飞升曲线如图 5-22 所示,则积分时间 T_i 应为_____。

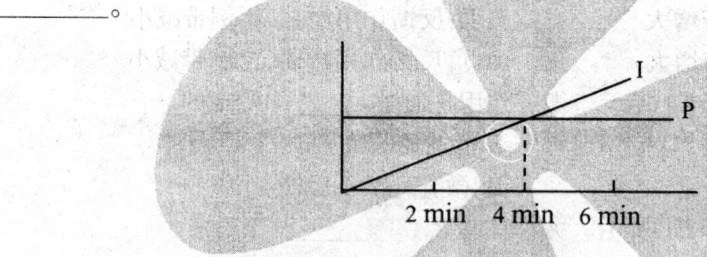

图 5-22

　　A. $T_i=1$ min　　B. $T_i=2$ min　　C. $T_i=4$ min　　D. $T_i=6$ min

229. 为了消除由扰动所引起的系统误差,可用以下_____来代替比例调节器。
　　A. 微分调节器　　B. 比例积分调节器　　C. 双位调节器　　D. 比例微分调节器

230. PI 调节器的作用规律是_____。
　　A. $\Delta P = K_P \Delta e$　　　　　　　　　　B. $\Delta P = \dfrac{1}{\delta}\left(\Delta e + \dfrac{1}{T_i}\int \Delta e\, dt\right)$
　　C. $\Delta P = \dfrac{1}{\delta}\left(\Delta e + T_d \dfrac{\Delta e}{dt}\right)$　　　　D. $\Delta P = \dfrac{1}{T_i}\int \Delta e\, dt$

231. 在采用 PI 调节器所组成的控制系统中,积分环节的作用是_____。

A. 消除静态偏差 B. 提高系统稳定性
C. 提高系统动态精度 D. 实现超前控制

232. 当输入为阶跃信号时,调节器输出以恒定不变的速率变化,这是_____。
A. 双位作用规律 B. 比例作用规律
C. 积分作用规律 D. 微分作用规律

233. 在锅炉水位自动控制系统中,当锅炉负荷突然变化后,为使水位能最终稳定在给定值上,控制系统应采用_____。
A. 比例调节器 B. PD 调节器 C. PI 调节器 D. PID 调节器

234. 积分调节在实践中极少被单独采用的主要原因是_____。
A. 在起始阶段调节太灵敏 B. 容易引起超调和振荡
C. 积分时间难以调整 D. 衰减率大,过渡过程时间长

235. 在用 PI 调节器组成的控制系统中,通过调整调节器的参数使 PB 增大,T_i 减小,则_____。
A. 比例作用强,积分作用强 B. 比例作用弱,积分作用强
C. 比例作用强,积分作用弱 D. 比例作用弱,积分作用弱

236. 当积分时间为_____分时,比例积分调节器就成为比例调节器。
A. 0 B. 1 C. 100 D. ∞

237. 能消除静态偏差的调节器是_____。
A. P 和 PI B. P 和 PD C. PD 和 PID D. PI 和 PID

238. 锅炉水位控制系统 PI 调节器,在某一负荷情况下达到平衡,则调节器此时的输入为_____。
A. 0 B. ε C. 给定值 D. 测量值

239. PI 调节器的作用规律应该是_____。
A. $P = K_e$ B. $P = K_e + S_e \int e \, dt$
C. $P = K_e + S_d \dfrac{de}{dt}$ D. $P = S_d \dfrac{de}{dt}$

240. 被调参数是压力或流量无差调节系统,一般采用_____调节器进行控制。
A. P B. PI C. PID D. 双位

241. 在 PI 控制系统中,当偏差为零时,调节器的输出值为_____。
A. 零 B. 常量 C. 时间的函数 D. 变量

242. 积分作用规律是调节器输出的变化速度与_____。
A. 偏差积分成比例 B. 偏差成比例
C. 偏差微分成比例 D. 偏差方向成比例

243. 锅炉水位调节系统用 PI 调节规律,在实际水位与给定水位达到平衡后,调节器输出控制给水调节阀开度为_____。
A. 全开 B. 全关
C. 与蒸汽压力有关 D. 不能确定

244. 在实际控制系统中极少采用纯积分作用调节器的原因是_____。
    A. 能消除静差　　　　　　　　　　B. 输出与偏差大小有关
    C. 会出现正反向偏差　　　　　　　D. 控制作用不及时

245. 在采用 PI 调节器组成的控制系统中,给定值突然增大 10% 时,调节器的输出立即增大 20%,3 min 后,调节器的输出又增大 10%,则调节器的 PB 和 T_i 分别为_____。
    A. 50%,6 min　　B. 0%,3 min　　C. 50%,7 min　　D. 100%,6 min

246. 有一台调节器给它加一个阶跃信号后,它立即有一定值的阶跃输出,后随时间其输出不断增加,这是_____。
    A. 比例积分调节器　　　　　　　　B. 比例微分调节器
    C. 比例积分微分调节器　　　　　　D. 比例调节器

247. PI 调节器输入阶跃信号,其输出特性是_____。

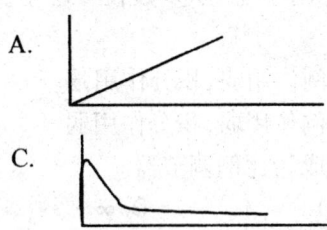
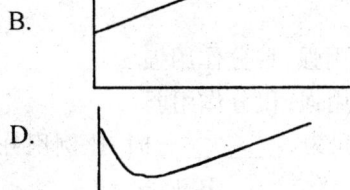

248. 有一台 PI 电动调节器,其动特性如图 5-23 所示,该调节器目前整定的积分时间是_____。
    A. 0 min　　　　B. 1 min　　　　C. 2 min　　　　D. 3 min

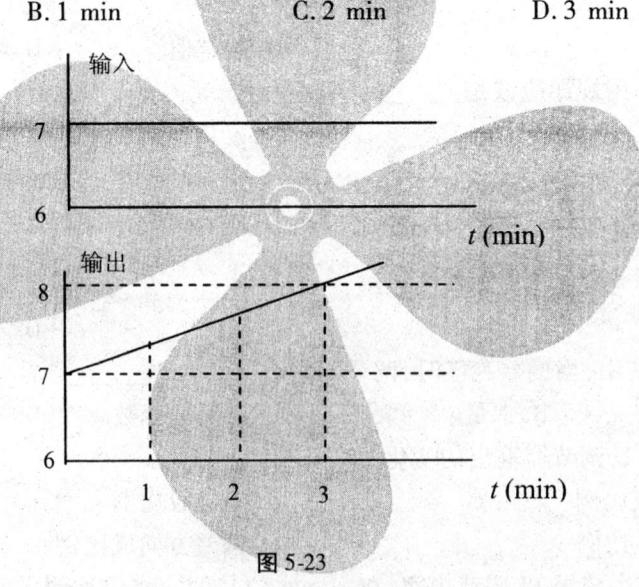

图 5-23

249. 积分调节器的基本作用规律是_____。
    A. 输出量与偏差成比例　　　　　　B. 输出量是偏差随时间的积累
    C. 输出量与偏差的变化速度成比例　D. 输出量大于输入量

250. 有一 PI 调节器,对其施加 0.01 MPa 的阶跃输入后,其输出先立即从 0.08 MPa 减小到 0.07 MPa,而后线性降低,8 min 后降低到 0.05 MPa,则调节器的 PB 和 T_i 分别为_____。
   A. $PB=50\%$, $T_i=8$ min
   B. $PB=100\%$, $T_i=8$ min
   C. $PB=100\%$, $T_i=4$ min
   D. $PB=50\%$, $T_i=4$ min

251. 有一 PI 调节器,对其施加 0.01 MPa 的阶跃输入后,其输出先立即从 0.08 MPa 减小到 0.07 MPa,而后线性降低,8 min 后降低到 0.06 MPa,则调节器的 PB 和 T_i 分别为_____。
   A. $PB=50\%$, $T_i=8$ min
   B. $PB=100\%$, $T_i=8$ min
   C. $PB=100\%$, $T_i=4$ min
   D. $PB=50\%$, $T_i=4$ min

252. 有一 PI 调节器,对其施加 0.01 MPa 的阶跃输入后,其输出先立即从 0.05 MPa 增加到 0.06 MPa,而后线性增加,5 min 后增加到 0.08 MPa,则调节器的 PB 和 T_i 分别为_____。
   A. $PB=50\%$, $T_i=5$ min
   B. $PB=100\%$, $T_i=2.5$ min
   C. $PB=100\%$, $T_i=5$ min
   D. $PB=50\%$, $T_i=2.5$ min

253. 有一 PI 调节器,对其施加 0.01 MPa 的阶跃输入后,其输出先立即从 0.05 MPa 增加到 0.06 MPa,而后线性增加,5 min 后增加到 0.07 MPa,则调节器的 PB 和 T_i 分别为_____。
   A. $PB=50\%$, $T_i=5$ min
   B. $PB=100\%$, $T_i=2.5$ min
   C. $PB=100\%$, $T_i=5$ min
   D. $PB=50\%$, $T_i=2.5$ min

254. 积分作用规律之所以能够消除静态偏差的根本原因是由于调节器的_____。
   A. 输出变化量与偏差随时间的积分成比例
   B. 输出变化速度与偏差成正比
   C. 输出变化量依赖于偏差的存在而存在
   D. 输出变化速度与偏差成反比

255. 积分调节规律的缺点是_____。
   A. 输出与输入无对应关系
   B. 不能消除静态偏差
   C. 自适应控制能力弱
   D. 调节不及时且能产生调节过头

256. 有一单元组合式 PI 调节器 $PB=100\%$, $T_i=2$ min,现输入一个阶跃量为 a 的阶跃信号,经 4 min 后阶跃信号突然消失。这时 PI 调节器的输出为_____。
   A. $1a$ B. $2a$ C. $3a$ D. $4a$

257. 有一反馈环节,前向通道是放大倍数为足够大的比例环节,其负反馈通道是实际微分环节,则可得到_____。
   A. 惯性作用   B. 比例微分作用   C. 积分作用   D. 比例积分作用

258. 比例环节与积分环节并联,可得到_____。
   A. 积分作用
   B. 比例积分作用
   C. 比例微分作用
   D. 实际微分作用

259. 有一环节,加阶跃输入信号后,按线性规律输出,这是_____。
   A. 比例环节
   B. 积分环节
   C. 实际微分环节
   D. 理想微分环节

260. 比例积分调节器输出为 P,输入为 e,其作用规律是_____。

A. $P = K_e\left(1 + \dfrac{1}{T_i}\int e \cdot dt\right)$ B. $P = K_e(1 + T_i\int e \cdot dt)$

C. $P = K\left(1 + \dfrac{1}{T_i}\int e \cdot dt\right)$ D. $P = \dfrac{K_e}{T_i}\int e \cdot dt$

261. 比例积分调节器输出量为 P，输入量为 e，若 e 为阶跃输入形式，则 P 的变化规律为 _____。

A. $P = K_e\left(1 + \dfrac{1}{T_i}\int e \cdot dt\right)$ B. $P = K_e\left(1 + \dfrac{1}{T_i}t\right)$

C. $P = K_e \dfrac{t}{T_i}$ D. $P = K_e(1 + T_i t)$

262. 在比例积分调节器中，积分时间 T_i 是指给调节器施加一个阶跃的输入信号后，其积分输出等于比例输出的 _____ 所需时间。
A. 4 倍   B. 3 倍   C. 2 倍   D. 1 倍

263. 有一台调节器，其输出不仅与偏差大小有关，还与偏差存在的时间有关，这是一台 _____。
A. 比例调节器   B. PI 调节器   C. PD 调节器   D. 位式调节器

264. 在用 PI 调节器组成的控制系统中，给定值突变 15%，调节器输出从 0.04 MPa 立即增加到 0.06 MPa，3 min 后增加到 0.07 MPa，其比例带 PB 和积分时间 T_i 分别为 _____。
A. $PB = 20\%$，$T_i = 3$ min   B. $PB = 60\%$，$T_i = 6$ min
C. $PB = 60\%$，$T_i = 3$ min   D. $PB = 20\%$，$T_i = 6$ min

265. 在用 PI 调节器组成的控制系统中，当给定值阶跃改变 3% 时，调节器输出立即从 0.08 MPa 减小到 0.068 MPa，8 min 后调节器输出降至 0.044 MPa，则该调节器的 PB 和 T_i 分别是 _____。
A. $PB = 500\%$，$T_i = 8$ min   B. $PB = 200\%$，$T_i = 4$ min
C. $PB = 20\%$，$T_i = 4$ min   D. $PB = 20\%$，$T_i = 8$ min

266. 在控制系统中，系统受到扰动后，要求被控量最终稳定在给定值上，应采用 _____。
A. 比例调节器   B. 双位调节器   C. 比例微分调节器   D. 比例积分调节器

267. 在用 PI 调节器组成的控制系统中，系统受到扰动后，调节器输出稳定不变的条件是 _____。
A. 偏差为零   B. 偏差为零且调节阀开度适应负荷要求
C. A 或 D   D. 调节阀开度适应负荷要求

268. 有一台调节器施加一个阶跃输入信号后，先有一个阶跃的下降输出，以后随时间其输出不断降低，这是一台 _____。
A. 比例调节器   B. PD 调节器   C. PI 调节器   D. PID 调节器

269. 有一台 PI 调节器，对它施加一个阶跃的偏差信号后，其表达式为 _____。
① $P = K\left(e + \dfrac{1}{T_i}\int e \cdot dt\right)$；② $P = K_e\left(1 + \dfrac{t}{T_i}\right)$；③ $P = K_e\left(1 + \dfrac{1}{T_i}\int e \cdot dt\right)$；④ $P = K_e(1 + T_i t)$；
⑤ $P = K\left(e + T_i \int e \cdot dt\right)$；⑥ $P = K\left(e + T_d \int e \cdot dt\right)$。

A. ①②   B. ③④   C. ⑤⑥   D. ②⑤

270. 在船舶液位控制系统中,可选用的调节器有_____。
① PD 调节器;② 双位调节器;③ PID 调节器;④ PI 调节器;⑤ P 调节器;⑥ I 调节器。
A. ①②④　　　B. ①⑤⑥　　　C. ②③⑥　　　D. ②④⑤

271. 在调节器作用规律中,积分作用的缺点是_____。
① 控制作用不及时;② 能减少静差;③ 稳定性低;④ 输出变化太慢;⑤ 调节器会饱和;⑥ 输出特性是直线。
A. ①③⑤　　　B. ②④⑥　　　C. ①③⑥　　　D. ②③⑤

272. 在锅炉水位自动控制系统中,如时间常数 $T \gg 1$,则其相当于_____。
A. 比例环节　　B. 一阶惯性环节　　C. 微分环节　　D. 积分环节

273. 在 PI 调节器参数整定时,欲使控制过程更加稳定,应_____。
A. 增大 PB,减小 T_i
B. 减小 PB
C. 增大 PB 和 T_i
D. 减小 PB 和 T_i

274. 在用 PI 调节器组成的控制系统中,通过调整调节器的参数使 PB 增大,T_i 减小,则_____。
A. 比例作用强,积分作用强
B. 比例作用弱,积分作用强
C. 比例作用强,积分作用弱
D. 比例作用弱,积分作用弱

275. 当积分时间为_____分钟时,比例积分调节器就成为比例调节器。
A. 0　　　B. 1　　　C. 100　　　D. ∞

276. 具有比例积分作用的控制系统,若积分时间 T_i 选得太小,则_____。
A. 积分作用太强,准确性降低
B. 积分作用太强,稳定性降低
C. 积分作用太弱,稳定性降低
D. 积分作用太弱,准确性降低

277. 采用 PI 调节器的控制系统中,为提高运行中控制系统的稳定性,应采取的措施是_____。
A. 增加 PB,减小 T_i
B. 增加 PB,增加 T_i
C. 减小 PB,增加 T_i
D. 减小 PB,减小 T_i

278. 在采用 PI 调节器组成的控制系统中,其 PB 和 T_i 所整定的最佳值为 PB_0 和 T_{i0},其动态过程如图 5-24(a)所示,现调节器参数变化到 PB_1 和 T_{i1},所对应的动态过程如图 5-24(b)所示,比较这两个图可看出_____。
A. $PB_1 > PB_0$,$T_{i1} < T_{i0}$
B. $PB_1 > PB_0$,$T_{i1} > T_{i0}$
C. $PB_1 < PB_0$,$T_{i1} < T_{i0}$
D. $PB_1 < PB_0$,$T_{i1} > T_{i0}$

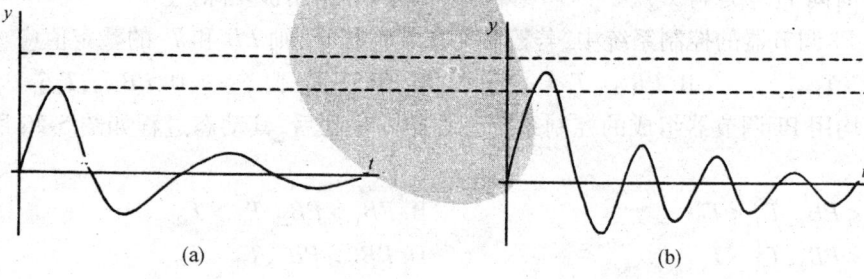

图 5-24

279. 在采用 PI 调节器组成的控制系统中，调节器最佳 PB_0 和 T_{i0} 与改变的参数 PB_1 和 T_{i1} 的动态过程区别对应图 5-25 中(a)和(b)，比较这两个图可看出_____。

   A. $PB_1 < PB_0, T_{i1} = T_{i0}$ B. $PB_1 > PB_0, T_{i1} = T_{i0}$
   C. $PB_1 = PB_0, T_{i1} > T_{i0}$ D. $PB_1 = PB_0, T_{i1} < T_{i0}$

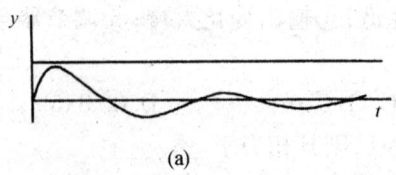
(a)
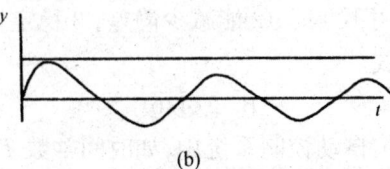
(b)

图 5-25

280. 在采用 PI 调节器的气缸冷却水温度控制系统中，设温度给定值是 74 ℃，当主机运行稳定后，若温度表指针在 74 ℃左右不停地摆动，则首先应_____。

   A. 减小 PB B. 增大 PB C. 增大 T_i D. 减小 T_i

281. PI 调节的过渡过程振荡较剧烈，但消除静差很困难，很可能是_____。

   A. PB 太大，T_i 太小   B. PB 太小，T_i 太大
   C. PB 和 T_i 都太大   D. PB 和 T_i 都太小

282. 在用 PI 调节器组成的控制系统中，若把积分时间 T_i 调小，则系统动态过程_____。

   A. 稳定性差   B. 稳定性好
   C. 过渡过程时间短   D. 最大动态偏差明显减小

283. 在用 PI 调节器组成的控制系统中，若把积分时间调到无穷大，则系统动态过程_____。

   A. 振动倾向明显增大   B. 最大动态偏差明显减小
   C. 过渡过程时间会增长   D. 存在静态偏差

284. 在用 PI 调节器组成的控制系统中，若把 PB 调得较大，而把 T_i 整定得很小，则系统的动态过程_____。

   A. $e_{max}\downarrow$，稳定性好   B. $e_{max}\downarrow$，稳定性差
   C. $e_{max}\uparrow$，稳定性好   D. $e_{max}\uparrow$，稳定性差

285. 在采用 PI 调节器组成的气缸冷却水温度控制系统中，温度给定值是 74 ℃，系统受到扰动后达到稳态时温度表指针指在 72 ℃上，其原因是_____。

   A. 比例带 PB 调得太小   B. 比例带 PB 调得过大
   C. 积分时间 T_i 整定得太短   D. 积分作用被切除

286. 在采用 PI 调节器的控制系统中，若控制对象惯性很小，则 PB 和 T_i 的整定值应_____。

   A. $PB\downarrow, T_i\downarrow$ B. $PB\downarrow, T_i\uparrow$ C. $PB\uparrow, T_i\downarrow$ D. $PB\uparrow, T_i\uparrow$

287. 有两个均用 PI 调节器组成的控制系统受到相同扰动后，其动态过程如图 5-26 所示，这说明_____。

   A. $PB_1 < PB_2, T_{i1} < T_{i2}$ B. $PB_1 > PB_2, T_{i1} > T_{i2}$
   C. $PB_1 < PB_2, T_{i1} > T_{i2}$ D. $PB_1 > PB_2, T_{i1} < T_{i2}$

288. 有两个均用 PI 调节器组成的控制系统受到相同扰动后，其动态过程如图 5-27 所示，这说明_____。

A. $PB_1 > PB_2, T_{i1} > T_{i2}$ B. $PB_1 > PB_2, T_{i1} < T_{i2}$
C. $PB_1 < PB_2, T_{i1} > T_{i2}$ D. $PB_1 < PB_2, T_{i1} < T_{i2}$

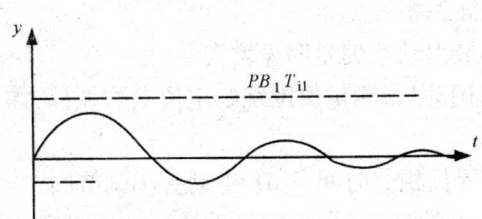
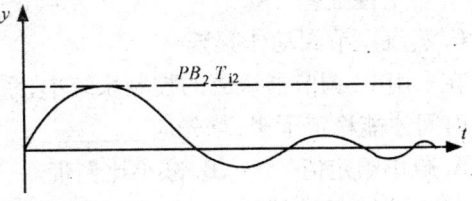

图 5-26

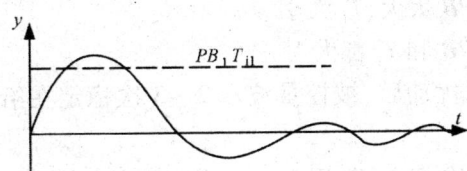
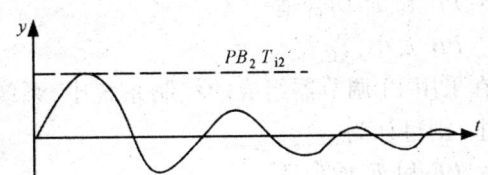

图 5-27

289. 有两个均采用 PI 调节器所组成的控制系统中，其给定值改变量相同，则动态过程如图 5-28 所示，这说明_____。

    A. $PB_1 > PB_2, T_{i1} > T_{i2}$ B. $PB_1 < PB_2, T_{i1} > T_{i2}$
    C. $PB_1 > PB_2, T_{i1} < T_{i2}$ D. $PB_1 < PB_2, T_{i1} < T_{i2}$

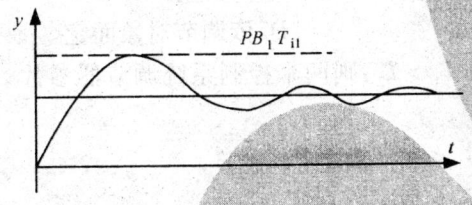
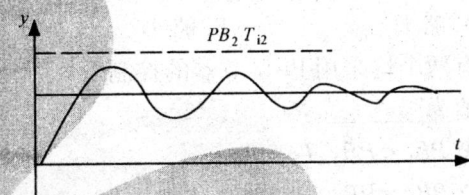

图 5-28

290. 有两个均用 PI 调节器组成的控制系统，其给定值改变量相同时，动态过程如图 5-29 所示，这说明_____。

    A. $PB_1 > PB_2, T_{i1} > T_{i2}$ B. $PB_1 > PB_2, T_{i1} < T_{i2}$
    C. $PB_1 < PB_2, T_{i1} > T_{i2}$ D. $PB_1 < PB_2, T_{i1} < T_{i2}$

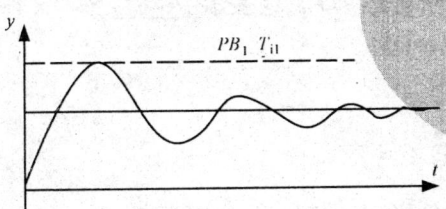
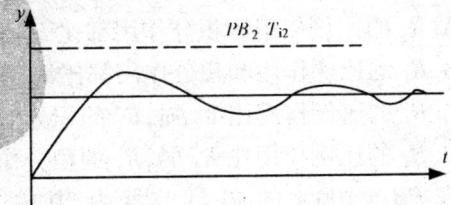

图 5-29

291. 在采用 PI 调节器的燃油黏度自动控制系统中,当把调节器 T_i 整定为 $T_i \to \infty$ 时,则_____。
   A. 稳定性变差　　　　　　　　　　B. 静态精度变差
   C. 蒸汽调节阀动作频繁　　　　　　D. 最大动态偏差明显增大

292. 在采用 PI 调节器组成的控制系统中,系统受到扰动后,测量值围绕给定值激烈振荡,需很长时间才能稳定下来,首先应_____。
   A. 减小给定值　　B. 减小比例带　　C. 延长积分时间　　D. 手动关小调节阀

293. 在采用 PI 调节器组成的控制系统中,系统受到大的扰动后,被控量无波动地逐渐稳定在给定值上,则可认为_____。
   A. PB 和 T_i 均合适　　　　　　B. PB 太大,T_i 太小
   C. PB 太小,T_i 太大　　　　　　D. PB 和 T_i 都太大

294. 在采用 PI 调节器组成的控制系统中,系统受到扰动后,被控量波动 2~3 次稳定在给定值上,则可认为_____。
   A. PB 和 T_i 均合适　　　　　　B. PB 偏大,T_i 偏小
   C. PB 偏小,T_i 偏大　　　　　　D. PB 和 T_i 均偏小

295. 在用 PI 调节器组成的控制系统受到扰动后,被控量振荡 7~8 次后稳定在给定值上,则应_____。
   A. 适当减小 PB　　　　　　　　　B. 适当减小 T_i
   C. 适当增大 T_i　　　　　　　　　D. 增大 PB,减小 T_i

296. 采用 PI 的系统,当加进积分作用时的比例带要比纯比例调节时_____。
   A. 略大　　　　B. 略小　　　　C. 不变　　　　D. 依调节对象而定

297. 有两个均采用 PI 调节器的控制系统,且控制对象 $T_1 > T_2$,则两个控制系统调节器参数整定值为_____。
   A. $PB_1 < PB_2, T_{i1} > T_{i2}$　　　　B. $PB_1 < PB_2, T_{i1} < T_{i2}$
   C. $PB_1 > PB_2, T_{i1} > T_{i2}$　　　　D. $PB_1 > PB_2, T_{i1} < T_{i2}$

298. 有两台 PI 调节器 R_1 和 R_2,其参数整定为 $PB_1 > PB_2, T_{i1} > T_{i2}$,这表示_____。
   A. R_1 的比例作用和积分作用都比 R_2 强
   B. R_1 的比例作用和积分作用都比 R_2 弱
   C. R_1 的比例作用比 R_2 弱,R_1 的积分作用比 R_2 强
   D. R_1 的比例作用比 R_2 强,R_1 的积分作用比 R_2 弱

299. 有两台 PI 调节器 R_1 和 R_2,其参数整定为 $PB_1 < PB_2, T_{i1} < T_{i2}$,这表示_____。
   A. R_1 的比例作用和积分作用都比 R_2 强
   B. R_1 的比例作用和积分作用都比 R_2 弱
   C. R_1 的比例作用比 R_2 强,R_1 的积分作用比 R_2 弱
   D. R_1 的比例作用比 R_2 弱,R_1 的积分作用比 R_2 强

300. 在 $PB = 100\%$ 的 PI 调节器中,其输入为单位阶跃信号时,积分时间为积分输出达到_____的时候所需的时间。
   A. 2　　　　　　B. 1　　　　　　C. 3　　　　　　D. 4

301. 气动比例积分调节器如图 5-30 所示。气动比例积分调节器,波纹管 Z 的功能是_____。
    A. 正反馈作用　　　B. 负反馈作用　　　C. 比例作用　　　D. 积分作用

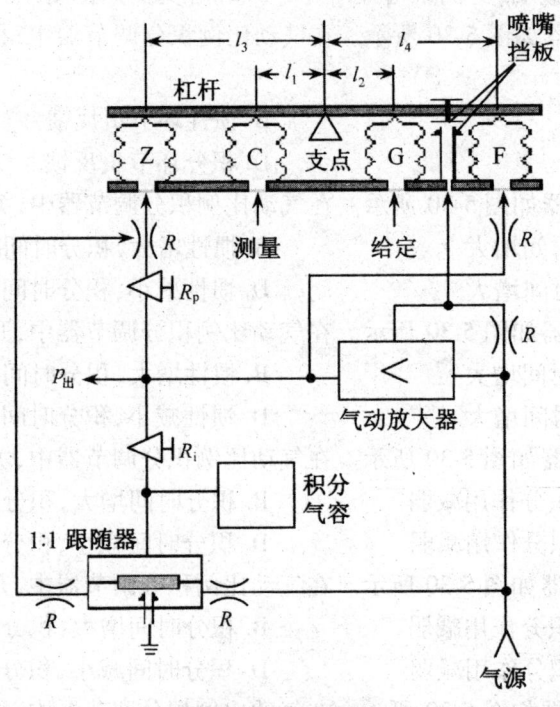

图 5-30

302. 气动比例积分调节器如图 5-30 所示。气动比例积分调节器,波纹管 F 的功能是_____。
    A. 正反馈作用　　　B. 负反馈作用　　　C. 比例作用　　　D. 积分作用

303. 气动比例积分调节器如图 5-30 所示。在气动比例积分调节器中,1∶1 跟踪器在气路中的作用是_____。
    A. 信号隔离　　　　　　　　　　　B. 抗干扰
    C. 信号传递　　　　　　　　　　　D. 防止输入信号振动

304. 气动比例积分调节器如图 5-30 所示。当气动比例积分调节器处在平衡状态时,测量波纹管与给定波纹管内的压力是_____。
    A. 测量值大于给定值　　　　　　　B. 测量值小于给定值
    C. 测量值等于给定值　　　　　　　D. 测量值有时大于给定值,有时小于给定值

305. 气动比例积分调节器如图 5-30 所示。当气动比例积分调节器处在平衡状态时,闭环控制系统的偏差_____。
    A. $e > 0$　　　　　　　　　　　　B. $e < 0$
    C. $e = 0$　　　　　　　　　　　　D. 有时 $e > 0$,有时 $e < 0$

306. 气动比例积分调节器如图 5-30 所示。在气动比例积分调节器中,关小针阀 R_p 则_____。
    A. 综合负反馈作用增强,比例带增大　　B. 综合负反馈作用增强,比例带减小
    C. 综合负反馈作用减弱,比例带增大　　D. 综合负反馈作用减弱,比例带减小

307. 气动比例积分调节器如图 5-30 所示。在气动比例积分调节器中,开大针阀 R_p 则_____。

A. 综合负反馈作用增强,比例带增大　　　　B. 综合负反馈作用增强,比例带减小
C. 综合负反馈作用减弱,比例带增大　　　　D. 综合负反馈作用减弱,比例带减小

308. 气动比例积分调节器如图 5-30 所示。在气动比例积分调节器中,积分作用是通过_____实现的。
    A. 惯性环节正反馈　　　　　　　　　　　B. 惯性环节负反馈
    C. 积分环节正反馈　　　　　　　　　　　D. 积分环节负反馈

309. 气动比例积分调节器如图 5-30 所示。在气动比例积分调节器中,关小针阀 R_i 则_____。
    A. 惯性增大,积分时间增大　　　　　　　B. 惯性增大,积分时间减小
    C. 惯性减小,积分时间增大　　　　　　　D. 惯性减小,积分时间减小

310. 气动比例积分调节器如图 5-30 所示。在气动比例积分调节器中,开大针阀 R_i 则_____。
    A. 惯性增大,积分时间增大　　　　　　　B. 惯性增大,积分时间减小
    C. 惯性减小,积分时间增大　　　　　　　D. 惯性减小,积分时间减小

311. 气动比例积分调节器如图 5-30 所示。在气动比例积分调节器中,关小针阀 R_i 则_____。
    A. 积分时间增大,积分作用减弱　　　　　B. 积分时间增大,积分作用增强
    C. 积分时间减小,积分作用减弱　　　　　D. 积分时间减小,积分作用增强

312. 气动比例积分调节器如图 5-30 所示。在气动比例积分调节器中,开大针阀 R_i 则_____。
    A. 积分时间增大,积分作用减弱　　　　　B. 积分时间增大,积分作用增强
    C. 积分时间减小,积分作用减弱　　　　　D. 积分时间减小,积分作用增强

313. 气动比例积分调节器如图 5-30 所示。在气动比例积分调节器中,如果喷嘴挡板机构的恒节流孔堵塞,则_____。
    A. 测量值增加输出增加　　　　　　　　　B. 测量值增加输出减小
    C. 输出接近于气源压力　　　　　　　　　D. 输出等于零

314. 气动比例积分调节器如图 5-30 所示。在气动比例积分调节器中,如果喷嘴挡板机构的喷嘴堵塞,则_____。
    A. 测量值增加输出增加　　　　　　　　　B. 测量值增加输出减小
    C. 输出接近于气源压力　　　　　　　　　D. 输出等于零

315. 气动比例积分调节器如图 5-30 所示。其中节流分压器和节流盲室的反馈性质分别是_____。
    A. 正反馈,负反馈　　　　　　　　　　　B. 负反馈,正反馈
    C. 负反馈,负反馈　　　　　　　　　　　D. 正反馈,正反馈

316. 气动比例积分调节器如图 5-30 所示。其工作原理及作用方式分别为_____。
    A. 力平衡原理,正作用方式　　　　　　　B. 位移平衡原理,反作用方式
    C. 力矩平衡原理,正作用方式　　　　　　D. 位移平衡原理,正作用方式

317. 气动比例积分调节器如图 5-30 所示。其 1:1 跟踪器的主要作用是_____。
    A. 1:1 放大　　　B. 1:1 跟踪　　　C. 阻尼　　　D. 隔离

318. 气动比例积分调节器如图 5-30 所示。其 1:1 跟踪器错误的理解是_____。
    A. 起信号隔离作用　　　　　　　　　　　B. 提供节流分压器分压通道
    C. 输出始终等于输入　　　　　　　　　　D. 为积分提供负反馈通道

319. 气动比例积分调节器如图 5-30 所示。它是根据_____平衡原理工作的。
    A. 力矩   B. 杠杆   C. 平衡力   D. 直线位移

320. 气动比例积分调节器如图 5-30 所示。其实现积分作用的方法是_____。
    A. 节流分压器的负反馈   B. 节流盲室的正反馈
    C. 弹性气室的负反馈   D. 1∶1 跟踪器的负反馈

321. 气动比例积分调节器如图 5-30 所示。若全开积分阀,则系统_____。
    A. 存在静差   B. 系统稳定性好
    C. 过渡过程时间短   D. 系统振荡不息

322. 气动比例积分调节器如图 5-30 所示。若突然减小给定值,而实际值保持不变,则调节器的输出为_____。
    A. 先阶跃增大,然后随时间增加
    B. 先有一个较大的阶跃增大,再随时间逐渐减小
    C. 先阶跃减小,然后随时间减小
    D. 先有一个较大的阶跃减小,再随时间逐渐增大

323. 气动比例积分调节器如图 5-30 所示。当静态偏差为零时,正、负反馈波纹管内压力 P_Z 和 P_F 应为_____。
    A. $P_Z > P_F$ B. $P_Z < P_F$ C. $P_Z = P_F$ D. $P_Z - P_F = 0.1$ MPa

324. 气动比例积分调节器如图 5-30 所示。若积分调节阀堵塞,此时调节器的功能为_____。
    A. P   B. PI   C. PD   D. PID

325. 气动比例积分调节器如图 5-30 所示。若关小积分阀,则调节器的_____。
    A. 积分作用增强,积分时间增长   B. 积分作用增强,积分时间减短
    C. 积分作用减弱,积分时间增长   D. 积分作用减弱,积分时间减短

326. 气动比例积分调节器如图 5-30 所示。若关小比例阀,则_____。
    A. 负反馈作用强,比例作用弱   B. 负反馈作用弱,比例作用强
    C. 负反馈作用强,比例作用强   D. 负反馈作用弱,比例作用弱

327. 气动比例积分调节器如图 5-30 所示。当开度增大时,调节器的负反馈作用和比例带分别_____。
    A. 增强,增大   B. 减弱,减小   C. 减弱,增大   D. 增强,减小

328. 气动比例积分调节器如图 5-30 所示。若突然增大给定值,而实际值保持不变,则调节器的输出为_____。
    A. 先阶跃增大,然后随着时间增加
    B. 先有一个较大的阶跃增大,再随时间逐渐减小
    C. 先阶跃减小,然后随着时间减小
    D. 先有一个较大的阶跃减小,再随时间逐渐增大

329. 气动比例积分调节器如图 5-30 所示,气动放大器的输出共分_____。
    A. 1 路   B. 2 路   C. 3 路   D. 4 路

330. 在采用气动比例积分调节器(如图 5-30 所示)的控制系统中,当静态偏差为零时,正、负反馈波纹管内压力 P_Z、P_F 以及给定、测量波纹管压力 P_G、P_C 应为_____。

A. $P_Z > P_F, P_G > P_C$ B. $P_Z < P_F, P_G > P_C$ C. $P_Z = P_F, P_G > P_C$ D. $P_Z = P_F, P_G = P_C$

331. 气动比例积分调节器如图 5-30 所示。在其工作时_____。
   A. 正反馈使挡板靠近喷嘴,负反馈使挡板离开喷嘴
   B. 正反馈使挡板靠近喷嘴,负反馈使挡板靠近喷嘴
   C. 正反馈使挡板离开喷嘴,负反馈使挡板靠近喷嘴
   D. 正反馈使挡板离开喷嘴,负反馈使挡板离开喷嘴

332. 在气动比例积分调节器(如图 5-30 所示)中,若开大积分阀,则调节器的_____。
   A. 积分作用增强,积分时间增长   B. 积分作用增强,积分时间减短
   C. 积分作用减弱,积分时间增长   D. 积分作用减弱,积分时间减短

333. 在气动比例积分调节器(如图 5-30 所示)中,若开大比例阀,则调节器的_____。
   A. 负反馈作用强,比例作用弱   B. 负反馈作用弱,比例作用强
   C. 负反馈作用强,比例作用强   D. 负反馈作用弱,比例作用弱

334. 气动比例积分调节器(如图 5-30 所示)的比例阀,当开度减小时,调节器的负反馈作用和比例带分别_____。
   A. 增强,增大   B. 减弱,减小   C. 减弱,增大   D. 增强,减小

335. 气动比例积分调节器(如图 5-30 所示)属于_____。
   A. 比例调节器   B. 比例积分调节器
   C. 比例微分调节器   D. 比例积分微分调节器

336. 在气动比例积分调节器(如图 5-30 所示)中,若开大积分阀 R_i,则_____。
   A. 正反馈作用强,积分作用强,$T_i \downarrow$ B. 正反馈作用强,积分作用弱,$T_i \uparrow$
   C. 正反馈作用弱,积分作用强,$T_i \downarrow$ D. 正反馈作用弱,积分作用弱,$T_i \uparrow$

337. 在气动比例积分调节器(如图 5-30 所示)中,现要切除积分作用,且增强比例作用,其调整的方法是_____。
   A. 全开积分阀,开大比例阀   B. 全开积分阀,关小比例阀
   C. 全关积分阀,开大比例阀   D. 全关积分阀,关小比例阀

338. 在气动比例积分调节器(如图 5-30 所示)中,1:1 跟踪器的作用是_____。
   A. 对信号进行流量放大   B. 作为积分气室
   C. 提供分压通道   D. 便于调零

339. 把气动比例积分调节器(如图 5-30 所示)上的积分阀和比例阀都关小,积分时间和比例带的大小会发生下列变化_____。
   A. T_i 和 PB 都增大   B. T_i 和 PB 都减小
   C. T_i 增大,PB 减小   D. T_i 减小,PB 增大

340. 在气动比例积分调节器(如图 5-30 所示)中,若喷嘴挡板机构恒节流孔堵塞,则调节器的输出 $P_{出}$ 为_____。
   A. $P_{出} \cong 0$ MPa   B. $P_{出} = 0.02$ MPa
   C. $P_{出} = 0.06$ MPa   D. $P_{出} \geq 1.0$ MPa

341. 在气动比例积分调节器(如图 5-30 所示)中,若喷嘴堵塞,则调节器的输出 $P_{出}$_____。
   A. $P_{出} \cong 0$ MPa   B. $P_{出} = 0.02$ MPa

C. $P_{出}=0.06$ MPa D. $P_{出}\geq 0.1$ MPa

342. 在用气动比例积分调节器(如图 5-30 所示)组成的温度控制系统中,若温度给定值为 65 ℃,系统受到扰动后,温度表测量指针经多次振荡最终稳定在 68 ℃,其可能的原因是_____。
    A. 比例阀、积分阀均开得太大 B. 比例阀、积分阀均开得太小
    C. 比例阀开得太大,积分阀已全关 D. 比例阀开得太小,积分阀已全开

343. 在用气动比例积分调节器(如图 5-30 所示)组成的温度控制系统中,系统受到扰动后,其测量指针无波动地向给定指针靠近,最后稳定在给定值上,首先应调整_____。
    A. 关小积分阀使 $T_i\uparrow$ B. 开大比例阀使 $PB\downarrow$
    C. 开大积分阀使 $T_i\downarrow$ D. 关小比例阀使 $PB\uparrow$

344. 在气动比例积分调节器(如图 5-30 所示)组成的温度控制系统中,系统受到扰动后,测量指针经多次振荡后,最终稳定在给定值上,首先应调整_____。
    A. 关小积分阀使 $T_i\uparrow$ B. 开大比例阀使 $PB\downarrow$
    C. 开大积分阀使 $T_i\downarrow$ D. 关小比例阀使 $PB\uparrow$

345. 气动比例积分调节器(如图 5-30 所示)是属于_____,当测量信号增大时,挡板喷嘴_____。
    A. 正作用式,离开 B. 正作用式,靠近
    C. 反作用式,离开 D. 反作用式,靠近

346. 在用气动比例积分调节器(如图 5-30 所示)组成的控制系统中,若比例阀堵塞,则系统可能出现的现象是_____。
    A. 存在静态偏差 B. 系统稳定性会变差
    C. 最大动态偏差明显增大 D. 最大动态偏差明显减小

347. 在用气动比例积分调节器(如图 5-30 所示)组成的控制系统中,若积分阀堵塞,系统可能会出现_____。
    A. 存在静态偏差 B. 最大动态偏差明显增大
    C. 最大动态偏差明显减小 D. 系统稳定性会变坏

348. 在气动比例积分调节器(如图 5-30 所示)中,若比例阀堵塞,则调节器_____。
    A. 切除比例作用 B. 比例带 PB 保持原整定值不变
    C. 比例作用最弱,PB 最大 D. 比例作用最强,PB 最小

349. 在用气动比例积分调节器(如图 5-30 所示)组成燃油黏度控制系统中,所采用的调节阀应该是_____。
    A. 正作用式的 B. 反作用式的 C. 气关式调节阀 D. 气开式调节阀

350. 在气动比例积分调节器(如图 5-30 所示)组成的锅炉水位控制系统中,当水位升高时,调节器输出将_____,给水调节阀是_____,其调节阀开度_____。
    A. 增大/气关式/减小 B. 减小/气关式/减小
    C. 增大/气开式/开大 D. 减小/气开式/开大

351. 在气动比例积分调节器(如图 5-30 所示)中,其比例积分作用实现方法是_____。
    A. 节流通室的正反馈,节流盲室的正反馈
    B. 节流通室的正反馈,节流盲室的负反馈

C. 节流通室的负反馈,节流盲室的负反馈
D. 比例环节的负反馈,节流盲室的正反馈

352. 在气动比例积分调节器(如图 5-30 所示)组成的控制系统中,若积分阀堵塞,则系统_____。
   A. 动态过程振荡激烈   B. 最大动态偏差明显增大
   C. 受到扰动后,稳态时存在静态偏差 D. 振荡次数会增加

353. 在气动比例积分调节器(如图 5-30 所示)中,若负反馈波纹管接头漏气,则调节器将_____。
   A. 切除比例作用   B. 比例带 PB 会大大增大
   C. 比例带 PB 会大大减小   D. 积分作用会大大加强

354. 气动比例积分调节器(如图 5-30 所示)设置 1:1 跟踪器的目的是_____。
   A. 功率放大   B. 提高 PB 和 T_i 的范围
   C. 为节流盲室提供负反馈   D. 防止调节器产生振荡

355. 气动比例积分调节器(如图 5-30 所示)设置 1:1 跟踪器的目的不在于_____。
   A. 信号隔离   B. 功率放大
   C. 提供分压通道   D. 防止调节器产生振荡

356. 气动比例积分调节器(如图 5-30 所示)构成的反馈控制系统中,受扰动后测量指针绕给定指针长时间波动,应当_____。
   A. $PB\uparrow, T_i\uparrow$ B. $PB\downarrow, T_i\downarrow$ C. $PB\uparrow, T_i\downarrow$ D. $PB\downarrow, T_i\uparrow$

357. 在气动比例积分调节器(如图 5-30 所示)中,节流分压的分压系数为_____。
   A. $R_p/(R_p+R)$ B. $R/(R_p+R)$
   C. $R \cdot R_p/(R_p+R)$ D. $R_p/(R_p \cdot R)$

358. 对 PID 调节器,为切除积分和微分作用成为纯比例调节器,应进行的操作是_____。
   A. 全关积分阀,全开微分阀   B. 全关积分阀,全关微分阀
   C. 全开积分阀,全开微分阀   D. 全开积分阀,全关微分阀

359. 在 PID 调节器中,要使其成为 PI,PD 或 P 调节器,则分别应使_____。
   A. $T_d=0; T_i=\infty; T_d=0, T_i=\infty$ B. $T_d=0; T_i=\infty; T_d=0, T_i=0$
   C. $T_d=0; T_i=0; T_d=0, T_i=\infty$ D. $T_d=\infty; T_i=\infty; T_d=0, T_i=0$

360. 在 $PB=100\%$ 的 PI 调节器中,其输入为单位阶跃信号时,积分时间为积分输出达到_____的时候所需的时间。
   A. 2   B. 1   C. 3   D. 4

361. 理想微分调节器输出的变化与_____成正比。
   A. 偏差的大小   B. 给定值的大小
   C. 偏差的变化速度   D. 偏差对时间的积分

362. PID 调节器,当 T_i 和 T_d 增加时,说明_____。
   A. 积分作用强,微分作用弱   B. 积分作用弱,微分作用弱
   C. 积分作用强,微分作用强   D. 积分作用弱,微分作用强

363. 在充有硅油的膜盒中,发生单方向过载时,则过大的作用力由_____部分承担。

A. 高压侧膜片 B. 硬芯 C. 膜盒基座 D. 低压侧膜片

364. 在气动调节器中,引入一个节流分压器作为反馈气路,这一结构能获得_____。
    A. PI 调节作用规律 B. P 调节作用规律
    C. PID 调节作用规律 D. PD 调节作用规律

365. 单杠杆差压变送器,当输入信号已经很大时依然没有输出,其原因可能是_____。
    A. 恒节流 ΔL 堵塞 B. 喷嘴堵塞
    C. 调压阀脏堵 D. 气源管漏气

366. 采用 PID 调节器的温度控制系统,选用的 T_i 和 T_d 时间范围是_____。
    A. 0.1~1 min 和 0.5~3 min B. 3~10 min 和 0.5~3 min
    C. 0.4~2 min 和 0.5~3 min D. 1~3 min 和 0.1~0.5 min

367. 整定调节器的 PB 和 T_i,错误的认识是_____。
    A. PB 和 T_i 增大都意味着控制作用减弱
    B. PB 和 T_i 减小都意味着控制作用增强
    C. PB 影响比 T_i 大,PB 整定准确一些
    D. T_i 影响比 PB 大,T_i 整定准确一些

368. 增大调节器的 PB 和 T_i 对控制过程的影响,错误的认识是_____。
    A. 控制作用增强 B. 控制过程稳定
    C. 控制作用减弱 D. 最大动态偏差增大

369. 减小调节器的 PB 和 T_i,错误的理解是_____。
    A. 控制作用增强 B. 过程稳定性下降
    C. 最大动态偏差减小 D. 控制作用减弱

370. 调节器的参数鉴定应根据被控对象特性而定,一般的选择是_____。
    A. 对象时间常数小,比例带宜小,积分时间宜大,需加微分作用
    B. 对象时间常数大,比例带宜大,积分时间宜小,不需加微分作用
    C. 对象时间常数小,比例带宜大,积分时间宜小,不需加微分作用
    D. 对象时间常数大,比例带宜小,积分时间宜大,不需加微分作用

371. 气动仪表中整定 PB、T_i、T_d 的节流阀采用非刚性连接的目的不是_____。
    A. 自动对中 B. 保持阀特性
    C. 防止压坏阀面、阀座 D. 便于拆装

372. 气动仪表中整定 PB、T_i、T_d 的节流阀采用非刚性连接的目的是_____。
    A. 保持阀特性 B. 便于拆装 C. 使用方便 D. 动作灵活

373. 在柴油机冷却水温度控制系统中,调节器为 PID 型,通常比例带为_____。
    A. 20%~60% B. 30%~70% C. 40%~100% D. 20%~80%

374. 由比例调节器组成的定值控制系统,在保证正常工作的前提下,PB 越大,其给定值的可调范围_____。
    A. 不受影响 B. 在量程范围内均可
    C. 变大 D. 变小

375. 一个比例调节器,当比例带减小时,其调节阀开度可调范围_____。

A. 增大　　　　　B. 减小　　　　　C. 不变　　　　　D. 任意

376. 在 PID 控制系统中,不能克服的变化量为_____。

A. 干扰量　　　　B. 输出量　　　　C. 输入量　　　　D. 扰动量

377. 用 PI 调节其组成的控制系统中,多容控制对象比单容控制对象的控制系统其 PB 和 T_i 整定在_____。

A. $PB\uparrow, T_i\uparrow$　　B. $PB\downarrow, T_i\downarrow$　　C. $PB\downarrow, T_i\uparrow$　　D. $PB\uparrow, T_i\downarrow$

378. 由比例调节器组成的定值控制系统,在保证正常控制的前提下,PB 其给定值可调范围_____。

A. 不受影响　　　　　　　　　　　B. 在量程范围内均可
C. 变大　　　　　　　　　　　　　D. 变小

379. 当电动调节器中,前向通道是放大倍数很高的放大器,未得到 PI 作用规律,其反馈通道应是_____。

A. 比例环节　　B. 一阶惯性环节　　C. 比例积分环节　　D. 比例微分环节

380. 某电动调节器组成原理如图 5-31 所示,这是一台_____。

A. 双位调节器　　B. PI 调节器　　C. PD 调节器　　D. 比例调节器

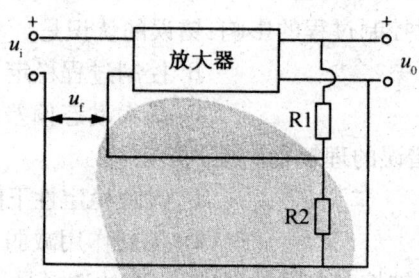

图 5-31

381. 在采用比例积分调节器组成的控制系统中,其正确的说法是_____。
①比纯比例控制的比例带要大一些;②比纯比例控制的比例带要小一些;③控制对象惯性越大,其积分时间和比例带都应小一些;④控制对象惯性小,比例带应大一些,积分时间应短一些;⑤系统受到扰动后,比例积分控制能消除静态偏差;⑥所整定的积分时间越短,系统稳定性越好。

A. ①②⑤　　　　B. ①④⑤　　　　C. ②③⑥　　　　D. ②④⑥

382. 在用 PI 调节器组成的燃油黏度控制系统中,若把积分时间调短,其动态过程发生的变化是_____。
①黏度表指针激烈振荡;②黏度的最大动态偏差明显减小;③静态偏差增大;④振荡次数减少;⑤稳定性降低;⑥过渡过程时间 $T_s\downarrow$。

A. ②④　　　　　B. ③⑥　　　　　C. ①⑤　　　　　D. ④⑥

383. 在用比例积分调节器组成的控制系统中,若把比例带和积分时间均增大,其动态过程的变化是_____。
①系统反应加快;②系统反应迟缓;③最大动态偏差 $e_{max}\uparrow$;④衰减率 $\varphi\uparrow$;⑤系统稳定性下降;⑥静态偏差 ε 增大。

A.①⑤⑥　　　B.①③⑤　　　C.②③④　　　D.②④⑥

384. 在用 PI 调节器组成的控制系统中,为提高控制系统的稳定性,应采取的措施是_____。①增大控制对象的时间常数 T;②增大控制对象的放大系数 K;③减小控制对象的时间迟延 τ;④把比例带 PB 调大;⑤把积分时间 T_i 调短;⑥把积分时间 T_i 调长。

A.①⑤　　　B.②④　　　C.③⑥　　　D.④⑥

385. 在控制对象的惯性较大,并存在迟延的情况下,控制系统应采用_____调节规律的调节器,其比例带和积分时间分别取_____和_____。

A. PI/较大值/较小值　　　　B. PID/较小值/较大值

C. PI/较小值/较大值　　　　D. PID/较大值/较小值

5.3.5 比例积分微分调节器(适用对象:8401,8402,8403,8404)

386. 对控制系统中调节器选型原则的正确认识是_____。

A. 无迟延的被控对象应采用比例调节器

B. 迟延不大的被控对象应采用比例微分调节器

C. 具有积分特性的被控对象采用比例微分调节器即可

D. 迟延较大的被控对象应采用比例积分微分调节器

387. 在船上_____控制系统不适合采用 PID 调节器。

A. 气缸冷却水温度　　　　B. 燃油黏度

C. 锅炉蒸汽压力　　　　　D. 日用油柜的油位

388. PID 调节器的作用规律应该是_____。

A. $P = K e$

B. $P = K(e + \dfrac{1}{T_i}\int e dt)$

C. $P = K(e + T_d \dfrac{de}{dt})$

D. $P = K(e + S_0 \int e dt + S_d \dfrac{de}{dt})$

389. PID 作用规律最适用于_____的控制对象。

A. 惯性大,迟延大　　　　B. 惯性小,迟延小

C. 惯性小,迟延大　　　　D. 惯性大,迟延小

390. 令调节器输出量为 P,输入量为 e,输出量随时间的变化规律如图 5-32 所示,则这是_____。

A. PID 调节器　　B. PI 调节器　　C. PD 调节器　　D. P 调节器

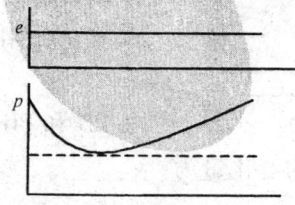

图 5-32

391. 被控量是温度的无差调节系统,一般采用_____调节。

A. P   B. PID   C. PD   D. 双位

392. 在 PID 三作用调节器中,首先起作用的是_____。
   A. 积分和微分环节　　　　　　　　B. 比例和微分环节
   C. 比例和积分环节　　　　　　　　D. 比例环节

393. 给一台调节器加一个阶跃的输入信号后,先有一个较大的阶跃输出,然后输出逐渐减小,到达某值后,又随时间其输出不断增大,这是_____。
   A. 比例调节器　　B. PI 调节器　　C. PD 调节器　　D. PID 调节器

394. 由 PID 调节器组成的定值控制系统,当该系统达到动态平衡时,调节器输入信号为_____。
   A. 0　　　　B. 给定值　　　　C. ε　　　　D. 测定值

395. 在 PID 调节规律中,_____是基本的调节规律。
   A. 比例作用　　B. 积分作用　　C. 微分作用　　D. 三种都是

396. 在实际应用中不能采用的是_____调节器。
   A. PI　　　　B. PD　　　　C. ID　　　　D. PID

397. 对一台 PID 调节器施加一个阶跃的输入信号后,其输出的先后顺序是_____。
   A. 比例 + 积分→微分　　　　　　B. 积分→比例 + 微分
   C. 比例 + 微分→积分　　　　　　D. 微分→积分 - 比例

398. 在油水分离器自动排油装置中,不能采用的调节器是_____。
   A. 双位式调节器　B. 比例调节器　C. PI 调节器　D. PID 调节器

399. 在控制对象惯性很大,且存在迟延的控制系统中,为实现无差调节,控制系统应采用_____调节器。
   A. 比例　　B. 比例积分　　C. 比例微分　　D. 比例积分微分

400. 在控制系统中,若控制对象的惯性大,且存在迟延的情况下,则控制系统宜采用_____调节器,其 PB 和 T_i 应分别取_____。
   A. PI/较大,较小　　　　　　　B. PID/较小,较大
   C. PI/较小,较大　　　　　　　D. PID/较大,较小

401. 采用 PID 调节器最适用对_____、_____的控制对象进行_____控制。
   A. 惯性大/迟延大/无差　　　　　B. 惯性小/迟延大/无差
   C. 惯性大/迟延大/有差　　　　　D. 惯性小/迟延小/有差

402. 有些控制系统不采用 PID 调节器的原因是_____。
   A. 价格太高　　　　　　　　　　B. 管理麻烦
   C. 对干扰信号太敏感　　　　　　D. 微分作用对动态过程影响不大

403. 能消除静态偏差的调节是_____。
   A. P 和 PI　　B. P 和 PD　　C. PD 和 PID　　D. PI 和 PID

404. 在 PID 控制系统中,不能克服的变化量为_____。
   A. 干扰量　　B. 输出量　　C. 输入量　　D. 扰动量

405. 在机舱常用控制系统中,不宜用 PID 调节器的控制系统有_____。
   ①燃油黏度控制系统;②主机转速控制系统;③气缸冷却水温度控制系统;④锅炉水位控制

系统；⑤锅炉蒸汽压力控制系统；⑥分油机高置水箱水位控制系统。

A.①③⑥　　　　B.②④⑤　　　　C.①③⑤　　　　D.②④⑥

406. 有一环节施加一个阶跃的输入信号后,其阶跃输出量及随后的输出变化速度都与输入信号成比例,这是_____。

①惯性环节；②积分环节；③微分环节；④比例环节；⑤PI 环节；⑥PID 环节。

A.①②　　　　B.⑤⑥　　　　C.③④　　　　D.②⑤

407. 在机舱中,适合用 PID 调节器组成的控制系统是_____。

①存在周期性干扰信号的系统；②控制对象惯性小且对被控量要求严格的系统；③控制对象惯性较大的系统；④不允许存在静态偏差的系统；⑤对干扰信号不敏感的系统；⑥所有的液位控制系统。

A.①②⑥　　　　B.①③⑤　　　　C.③④⑤　　　　D.②④⑥

408. 在迟延较大的控制对象上,最宜采用的调节器是_____。

A. P　　　　B. PI　　　　C. PD　　　　D. PID

409. 在 NAKAKITA 型 PID 调节器中,若将积分阀和微分阀开大,则会出现下列_____效果。

①积分作用增强；②积分作用减弱；③微分作用增强；④微分作用减弱；⑤积分时间缩短；⑥微分时间缩短。

A.①②③⑤　　　　B.①④⑤⑥　　　　C.②③④⑥　　　　D.②④⑤⑥

410. NAKAKITA 型气动调节器通常是_____。

A. P 调节器　　　　B. PI 调节器　　　　C. PD 调节器　　　　D. PID 调节器

411. 对 NAKAKITA 型 PID 调节器,下列_____说法是正确的。

A. 比较环节是按力矩平衡原理工作的　　　　B. PB 调整靠节流分压器

C. 全开微分阀可实现 PI 作用规律　　　　D. 全开积分阀可实现 PD 作用规律

412. NAKAKITA 型调节器包括_____。

A. 惯性环节的正反馈　　　　B. 惯性环节的负反馈

C. 弹性气室的正反馈　　　　D. 比例环节的正反馈

413. NAKAKITA 型调节器中,微分作用是通过_____实现的。

A. 节流盲室正反馈　　　　B. 节流盲室负反馈

C. 弹性气室正反馈　　　　D. 弹性气室负反馈

414. NAKAKITA 型调节器是按_____平衡原理工作的。

A. 杠杆　　　　B. 力　　　　C. 力矩　　　　D. 位移

415. NAKAKITA 型气动调节器积分作用和微分作用的反馈性质是_____。

A. 正反馈,正反馈　　　　B. 负反馈,负反馈

C. 正反馈,负反馈　　　　D. 负反馈,正反馈

416. 在 NAKAKITA 型气动调节器中,若顺时针转动给定值旋钮,则调节器的_____。

A. 给定值上升,输出压力减小　　　　B. 给定值上升,输出压力上升

C. 给定值减小,输出压力上升　　　　D. 给定值减小,输出压力减小

417. NAKAKITA 型气动调节器用于锅炉水位自控系统中,应当_____。

A. 关死积分阀　　　　B. 全开积分阀　　　　C. 关死微分阀　　　　D. 全开微分阀

418. 在NAKAKITA型气动调节器中,若关小微分阀,则_____。
    A. T_d 长,微分作用强　　　　　　　B. T_d 短,微分作用强
    C. T_d 短,微分作用弱　　　　　　　D. T_d 长,微分作用弱

419. NAKAKITA燃油黏度调节器中,设比例波纹管、积分波纹管、微分气室及调节器输出分别为 P_P、P_i、P_d 及 $P_{出}$,当燃油黏度增大时,则在动态过程中_____。
    A. $P_{出} = P_P = P_i = P_d$　　　　　B. $P_{出} < P_i,P_P = P_d$
    C. $P_{出} = P_d,P_P > P_i$　　　　　　D. $P_{出} = P_d,P_i > P_P$

420. 在NAKAKITA型燃油黏度调节器中,当燃油黏度降低时,其微分气室、比例波纹管和积分作用分别使挡板_____喷嘴。
    A. 离开,离开,离开　　　　　　　　B. 靠近,靠近,离开
    C. 离开,靠近,靠近　　　　　　　　D. 离开,离开,靠近

421. 若NANAKITA型燃油黏度调节器设为反作用式,并且在进行开环测试时,若突然顺时针转动给定值旋钮,其调节器输出的规律为_____。

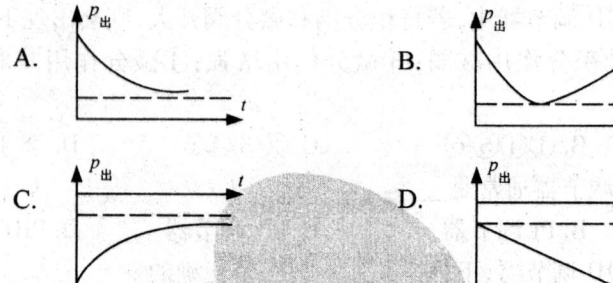

422. 若NANAKITA型燃油黏度调节器设为反作用式,并且在进行开环测试时,若突然逆时针转动给定值旋钮,其调节器输出的变化规律为_____。

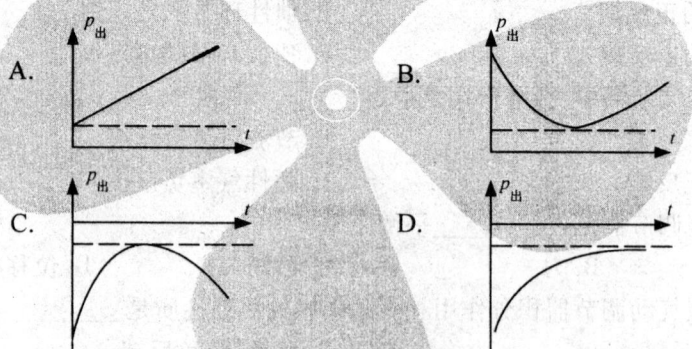

423. 在NAKAKITA型燃油黏度调节器中,积分作用是通过_____实现的。
    A. 节流分压器的负反馈　　　　　　B. 节流盲室的正反馈
    C. 弹性气室的负反馈　　　　　　　D. 弹性气室的正反馈

424. 在NAKAKITA型燃油黏度调节器中,为实现纯比例的控制作用应_____。
    A. 全开积分阀,全开微分阀　　　　B. 全开积分阀,全关微分阀
    C. 全关积分阀,全开微分阀　　　　D. 全关积分阀,全关微分阀

425. 在NAKAKITA型燃油黏度控制系统中,若逆时针转动黏度调节器上的给定旋钮,则调节器输出_____,弹簧管_____。
   A. 减小/收缩   B. 增大/收缩   C. 减小/张开   D. 增大/张开

426. 在NAKAKITA型调节器中,若调节器为反作用式,当测量值减小时,则_____。
   A. 弹簧管收缩,调节器输出减小   B. 弹簧管收缩,调节器输出增大
   C. 弹簧管张开,调节器输出减小   D. 弹簧管张开,调节器输出增大

427. 在PID温度控制系统中,若系统的衰减率偏小,错误的认识是_____。
   A. 积分时间整定值太小   B. 微分时间整定值太大
   C. 比例带整定值太小   D. 比例带整定值太大

428. 在PID调节器中,为仅实现PI作用,应_____。
   A. 关闭积分阀   B. 全开积分阀   C. 关闭微分阀   D. 全开微分阀

429. 在PID调节器的控制系统中,当调节器的积分阀堵塞时,系统会出现_____。
   A. 振荡激烈   B. E_{max}明显增大
   C. 超调量增大   D. 稳态时存在静态偏差

430. 在采用PID调节器的定值控制系统中,当T_i、T_d均减小时,系统可能出现_____。
   A. 非周期过程   B. 振荡趋势增强   C. 较大静差   D. 稳定性增强

431. 在比例、积分、微分三作用调节器中,若积分时间常数和微分时间常数同时增大,则_____。
   A. 积分作用和微分作用同时增强   B. 积分作用和微分作用同时减弱
   C. 积分作用增强,微分作用减弱   D. 积分作用减弱,微分作用增强

432. 为了让某一PID调节器获得纯比例作用,其积分时间和微分时间的取值应该是_____。
   A. T_i=最大值,T_d=最小值   B. T_i=最小值,T_d=最大值
   C. T_i=最大值,T_d=最大值   D. T_i=最小值,T_d=最小值

433. 调节器参数(PB,T_i,T_d)的取值与控制对象的特性参数(T,K,τ)之间有内在联系,下列说法正确的是_____。
   A. T越大,PB越大   B. K越大,PB越小
   C. τ越大,T_i越大   D. τ越大,T_d越小

434. 在用PID调节器组成的控制系统受到扰动后,达到稳态时存在静态偏差的原因是_____。
   A. 比例带调整过大   B. 微分阀堵塞   C. 积分阀堵塞   D. 比例带调得过小

435. 在用PID调节器组成的控制系统受到扰动后,如果动态过程振荡激烈,其可能的原因是_____。
   A. 比例带整定得过大   B. 积分时间过长
   C. 微分时间太短   D. 微分时间太长

436. 在用PID调节器组成的控制系统中,为实现比例微分作用,应_____。
   A. 全关积分阀   B. 全开积分阀   C. 全开微分阀   D. 全关微分阀

437. 在用PID调节器组成的控制系统中,为实现纯比例控制作用,应_____。
   A. 全关积分阀和微分阀   B. 全开积分阀和微分阀
   C. 全开积分阀和全关微分阀   D. 全关积分阀和全开微分阀

438. 在用PID调节器组成的气缸冷却水温度控制系统中,其积分时间一般整定为_____。
   A. $T_i = 0.1 \sim 1$ min
   B. $T_i = 0.4 \sim 2$ min
   C. $T_i = 0.5 \sim 3$ min
   D. $T_i = 3 \sim 10$ min

439. 在采用PID调节器组成的控制系统中,当把 T_i 和 T_d 均减小时,系统动态过程可能会_____。
   A. 非周期过程
   B. 衰减率 φ 增大
   C. 最大动态偏差增大
   D. 静态偏差增大

440. 在采用PID调节器组成的控制系统中,若控制对象的惯性很大,则调节器参数 PB、T_i 和 T_d 的整定值应_____。
   A. $PB \downarrow, T_i \uparrow, T_d \uparrow$
   B. $PB \downarrow, T_i \downarrow, T_d \uparrow$
   C. $PB \uparrow, T_i \downarrow, T_d \uparrow$
   D. $PB \uparrow, T_i \uparrow, T_d \downarrow$

441. 有两台PID调节器,给它们施加相同的阶跃输入信号后,其输出规律如图5-33所示,经比较可看出_____。
   A. $PB_1 = PB_2, T_{i1} < T_{i2}, T_{d1} < T_{d2}$
   B. $PB_1 = PB_2, T_{i1} > T_{i2}, T_{d1} > T_{d2}$
   C. $PB_1 > PB_2, T_{i1} < T_{i2}, T_{d1} = T_{d2}$
   D. $PB_1 < PB_2, T_{i1} = T_{i2}, T_{d1} < T_{d2}$

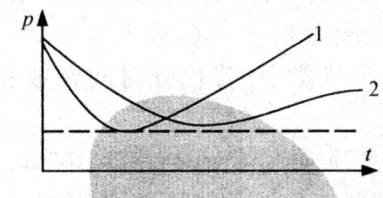

图 5-33

442. 有两台PID调节器,给它们施加相同的阶跃输入信号后,其输出规律如图5-34所示,经比较可看出_____。
   A. $PB_1 = PB_2, T_{i1} > T_{i2}, T_{d1} > T_{d2}$
   B. $PB_1 = PB_2, T_{i1} < T_{i2}, T_{d1} > T_{d2}$
   C. $PB_1 > PB_2, T_{i1} = T_{i2}, T_{d1} > T_{d2}$
   D. $PB_1 < PB_2, T_{i1} < T_{i2}, T_{d1} = T_{d2}$

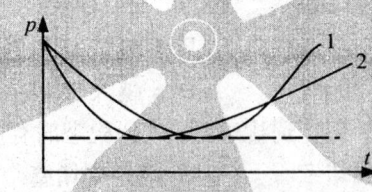

图 5-34

443. 有两台PID调节器,给它们施加相同的阶跃输入信号后,其输出规律如图5-35所示,经比较可看出_____。
   A. $PB_1 = PB_2, T_{i1} > T_{i2}, T_{d1} > T_{d2}$
   B. $PB_1 = PB_2, T_{i1} < T_{i2}, T_{d1} < T_{d2}$
   C. $PB_1 < PB_2, T_{i1} > T_{i2}, T_{d1} > T_{d2}$
   D. $PB_1 > PB_2, T_{i1} < T_{i2}, T_{d1} < T_{d2}$

444. 有两台PID调节器,给它们施加相同的阶跃输入信号后,其输出规律如图5-36所示,经比较可看出_____。
   A. $PB_1 < PB_2, T_{i1} > T_{i2}, T_{d1} < T_{d2}$
   B. $PB_1 < PB_2, T_{i1} < T_{i2}, T_{d1} < T_{d2}$

C. $PB_1 > PB_2, T_{i1} < T_{i2}, T_{d1} < T_{d2}$ D. $PB_1 > PB_2, T_{i1} > T_{i2}, T_{d1} < T_{d2}$

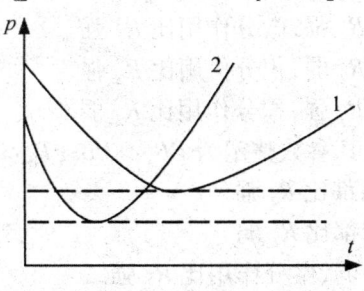

图 5-35

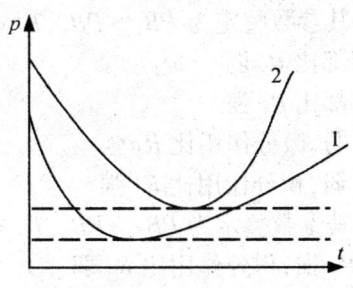

图 5-36

445. 有两台 PID 调节器 R_1 和 R_2，其参数整定为 $PB_1 > PB_2, T_{i1} > T_{i2}, T_{d1} > T_{d2}$，这表示_____。
   A. R_1 的比例、积分、微分作用都比 R_2 强
   B. R_1 的比例、积分、微分作用都比 R_2 弱
   C. R_1 的比例、积分作用比 R_2 弱，微分作用比 R_2 强
   D. R_1 的比例、积分作用比 R_2 强，微分作用比 R_2 弱

446. 有两台 PID 调节器 R_1 和 R_2，其参数整定为 $PB_1 < PB_2, T_{i1} < T_{i2}, T_{d1} < T_{d2}$，这表示_____。
   A. R_1 的比例、积分、微分作用都比 R_2 强
   B. R_1 的比例、积分、微分作用都比 R_2 弱
   C. R_1 的比例、积分作用比 R_2 弱，微分作用比 R_2 强
   D. R_1 的比例、积分作用比 R_2 强，微分作用比 R_2 弱

447. 有两台 PID 调节器 R_1 和 R_2，其参数整定为 $PB_1 < PB_2, T_{i1} > T_{i2}, T_{d1} > T_{d2}$，这表示_____。
   A. R_1 的比例作用比 R_2 强，R_1 的积分和微分作用比 R_2 弱
   B. R_1 的比例作用比 R_2 弱，R_1 的积分和微分作用比 R_2 强
   C. R_1 的比例、微分作用比 R_2 强，积分作用比 R_2 弱
   D. R_1 的比例、微分作用比 R_2 弱，积分作用比 R_2 强

448. 有两台 PID 调节器 R_1 和 R_2，其参数整定为 $PB_1 < PB_2, T_{i1} > T_{i2}, T_{d1} < T_{d2}$，这表示_____。
   A. R_1 的比例、微分作用比 R_2 强，积分作用比 R_2 弱
   B. R_1 的比例、微分作用比 R_2 弱，积分作用比 R_2 强
   C. R_1 的比例作用比 R_2 强，积分作用比 R_2 强，微分作用比 R_2 弱
   D. R_1 的比例作用比 R_2 强，积分作用比 R_2 弱，微分作用比 R_2 弱

449. 有两台 PID 调节器 R_1 和 R_2，其参数整定为 $PB_1 < PB_2, T_{i1} < T_{i2}, T_{d1} > T_{d2}$，这表示_____。

A. R_1 的比例、积分作用都比 R_2 弱,微分作用比 R_2 强
B. R_1 的比例、积分作用都比 R_2 强,微分作用比 R_2 强
C. R_1 的比例、微分作用都比 R_2 弱,积分作用比 R_2 强
D. R_1 的比例、微分作用都比 R_2 强,积分作用比 R_2 弱

450. 有两台 PID 调节器 R_1 和 R_2,其参数整定为 $PB_1 > PB_2, T_{i1} > T_{i2}, T_{d1} < T_{d2}$,这表示_____。
    A. R_1 的比例、积分、微分作用都比 R_2 强
    B. R_1 的比例、积分、微分作用都比 R_2 弱
    C. R_1 的比例、积分作用比 R_2 弱,微分作用比 R_2 强
    D. R_1 的比例、积分作用比 R_2 强,微分作用比 R_2 弱

451. 有两台 PID 调节器 R_1 和 R_2,其参数整定为 $PB_1 > PB_2, T_{i1} < T_{i2}, T_{d1} < T_{d2}$,这表示_____。
    A. R_1 的比例、积分、微分作用都比 R_2 弱
    B. R_1 的比例、积分、微分作用都比 R_2 强
    C. R_1 的比例、积分作用比 R_2 弱,微分作用比 R_2 强
    D. R_1 的比例、微分作用比 R_2 弱,积分作用比 R_2 弱

452. 有两台 PID 调节器 R_1 和 R_2,其参数整定为 $PB_1 > PB_2, T_{i1} < T_{i2}, T_{d1} > T_{d2}$,这表示_____。
    A. R_1 的比例、微分作用都比 R_2 强,积分作用比 R_2 弱
    B. R_1 的比例作用比 R_2 弱,积分和微分作用都比 R_2 强
    C. R_1 的比例作用比 R_2 强,积分和微分作用都比 R_2 弱
    D. R_1 的比例、微分作用都比 R_2 弱,积分作用比 R_2 强

453. 在用 PID 调节器组成的控制系统中,系统受到扰动后,被控量做等幅振荡,且振荡周期短,其可能的原因是_____。
    A. 积分阀堵塞   B. 微分阀堵塞
    C. 微分阀全开   D. 比例带 PB 太大

454. 在下列有关控制系统的说法中,正确的说法是_____。
    ①比例带选得过大,过渡过程时间长;②原为纯比例作用规律调节器,加进积分作用时比例带应适当减小;③原则上任何控制对象都能用 PID 调节器;④在使用中,调整积分时间应遵循宁大勿小的原则;⑤控制对象受扰动后,反应越慢,则 PID 中 T_d 应增大;⑥测量环节一旦从闭环断开,则 PID 调节器输出将发生激烈振荡。
    A. ①③⑤   B. ②③⑥   C. ②④⑥   D. ①④⑤

455. 衡量一个控制系统控制作用强弱的参数有_____。
    ①控制对象的放大系数 K;②控制对象的时间常数 T;③控制对象的时间迟延 τ;④调节器的比例带 PB;⑤调节器的积分时间 T_i;⑥调节器的微分时间 T_d。
    A. ①③⑤   B. ①②③   C. ②④⑥   D. ④⑤⑥

456. 采用 PID 调节器的定值控制系统,当被控对象 T 较大时,应使_____。
    A. $T_i \uparrow, T_d \uparrow$ B. $T_i \downarrow, T_d \downarrow$ C. $T_i \uparrow, T_d \downarrow$ D. $T_i \downarrow, T_d \uparrow$

参考答案

1. C   2. C   3. B   4. C   5. C   6. C   7. D   8. C   9. D   10. C

11. B	12. C	13. A	14. C	15. D	16. D	17. D	18. C	19. B	20. C
21. C	22. D	23. A	24. D	25. A	26. C	27. C	28. A	29. A	30. A
31. C	32. C	33. A	34. B	35. B	36. C	37. C	38. D	39. B	40. A
41. D	42. D	43. B	44. C	45. A	46. D	47. A	48. D	49. A	50. A
51. C	52. D	53. B	54. C	55. D	56. B	57. A	58. D	59. D	60. D
61. C	62. B	63. D	64. A	65. D	66. C	67. B	68. A	69. B	70. A
71. A	72. C	73. D	74. B	75. D	76. C	77. B	78. A	79. B	80. A
81. C	82. C	83. C	84. A	85. C	86. A	87. B	88. C	89. B	90. D
91. B	92. B	93. A	94. B	95. D	96. C	97. A	98. C	99. A	100. C
101. D	102. D	103. C	104. B	105. B	106. A	107. C	108. C	109. D	110. B
111. A	112. B	113. C	114. C	115. D	116. D	117. C	118. C	119. A	120. C
121. C	122. D	123. B	124. B	125. D	126. D	127. D	128. C	129. C	130. D
131. C	132. B	133. A	134. C	135. A	136. D	137. D	138. A	139. D	140. C
141. D	142. C	143. C	144. C	145. C	146. D	147. A	148. C	149. C	150. D
151. A	152. C	153. C	154. A	155. A	156. B	157. A	158. A	159. C	160. C
161. B	162. C	163. B	164. C	165. B	166. C	167. D	168. A	169. C	170. C
171. D	172. C	173. C	174. D	175. C	176. C	177. D	178. C	179. C	180. A
181. B	182. B	183. B	184. C	185. B	186. D	187. C	188. C	189. C	190. B
191. C	192. C	193. D	194. A	195. D	196. B	197. A	198. D	199. D	200. A
201. C	202. D	203. C	204. A	205. B	206. B	207. C	208. B	209. B	210. A
211. B	212. D	213. A	214. B	215. A	216. D	217. B	218. A	219. C	220. B
221. C	222. D	223. C	224. C	225. D	226. C	227. D	228. C	229. B	230. B
231. A	232. C	233. C	234. B	235. B	236. D	237. D	238. A	239. B	240. B
241. B	242. B	243. C	244. D	245. A	246. A	247. B	248. D	249. B	250. C
251. B	252. B	253. C	254. A	255. D	256. C	257. D	258. B	259. B	260. C
261. B	262. D	263. B	264. B	265. C	266. D	267. B	268. C	269. A	270. D
271. A	272. D	273. C	274. B	275. D	276. B	277. B	278. A	279. D	280. C
281. B	282. A	283. C	284. D	285. D	286. C	287. A	288. A	289. B	290. D
291. C	292. C	293. D	294. A	295. C	296. A	297. A	298. B	299. C	300. B
301. A	302. B	303. B	304. C	305. C	306. A	307. D	308. C	309. A	310. D
311. A	312. D	313. D	314. C	315. D	316. C	317. D	318. D	319. A	320. B
321. D	322. A	323. C	324. A	325. C	326. A	327. B	328. C	329. D	330. D
331. A	332. B	333. B	334. C	335. B	336. A	337. C	338. C	339. C	340. A
341. D	342. C	343. B	344. A	345. A	346. C	347. A	348. C	349. D	350. A
351. D	352. C	353. C	354. D	355. D	356. C	357. B	358. A	359. C	360. B
361. C	362. D	363. C	364. B	365. A	366. B	367. B	368. B	369. D	370. C
371. D	372. A	373. A	374. C	375. C	376. A	377. C	378. D	379. C	380. D
381. B	382. C	383. C	384. D	385. B	386. D	387. D	388. D	389. A	390. A

391. B	392. B	393. D	394. A	395. A	396. C	397. C	398. D	399. D	400. B
401. A	402. C	403. D	404. A	405. D	406. B	407. C	408. D	409. B	410. D
411. C	412. A	413. D	414. D	415. C	416. B	417. D	418. A	419. D	420. D
421. D	422. C	423. D	424. C	425. A	426. C	427. C	428. D	429. D	430. D
431. D	432. A	433. C	434. C	435. D	436. A	437. D	438. D	439. C	440. A
441. A	442. C	443. D	444. A	445. C	446. D	447. C	448. D	449. B	450. B
451. D	452. B	453. B	454. D	455. D	456. A				

第4节 传感器与变送器

5.4.1 船舶机舱常用传感器（适用对象：8401,8402,8403,8404）

1. 用热电偶检测温度的基本原理是当冷端温度保持恒定,则热端与冷端之间_____。
   A. 热电势随温度升高而升高   B. 热电势随温度升高而降低
   C. 电阻值随温度升高而增大   D. 电阻值随温度升高而减小

2. 热电偶输出的电势差正比于_____。
   A. 热端温度   B. 冷端温度
   C. 热端与冷端温度之和   D. 热端与冷端温度之差

3. 船舶检测主机排烟温度的传感器一般是_____式。
   A. 热电偶   B. 热敏电阻   C. 热电阻   D. 光敏电阻

4. 在温度传感器中,船上常采用热电阻和热敏电阻,当检测温度升高时,它们的阻值将分别_____。
   A. 增大,增大   B. 减小,减小   C. 增大,减小   D. 减小,增大

5. 在温度传感器中,船上常采用热电阻和热敏电阻,当检测温度降低时,它们的阻值将分别_____。
   A. 增大,增大   B. 减小,减小   C. 增大,减小   D. 减小,增大

6. 对于热电阻传感器,消除环境温度影响的方法是采用_____。
   A. 二线制接法   B. 三线制接法   C. 四线制接法   D. 都不是

7. 主轴承温度检测常采用_____。
   A. 热电偶   B. 热电阻   C. 水银温度计   D. 金属应变片

8. 热电偶可以用于检测_____信号,使用中须采用_____电路。
   A. 温度/三线制   B. 温度/补偿   C. 温差/三线制   D. 温差/补偿

9. 热电偶检测温度电路中设置补偿电路的作用是_____。
   A. 提高线性范围   B. 提高稳定性
   C. 便于调零和调量程   D. 提高测量精度

10. 对热电偶的不正确认识是_____。
    A. 热电偶冷热两端温度相同时,冷端两接线点之间总热电势为零

B. 组成热电偶回路的两种导体材料相同,回路总电势为零

C. 总电势仅仅与冷、热两端的温差有关

D. 总电势仅仅与冷、热两端的温度成正比

11. 热电阻式三线制测温电桥,若热电阻连接电源正端的导线断裂,则表头指针应指_____。
    A. 最大　　　　　B. 最小　　　　　C. 中间值　　　　　D. 二线制精度差些

12. 在温度传感器中,热电阻温度传感器与热敏电阻传感器的特点分别为_____。
    A. 正的温度系数,正的温度系数　　　　　B. 正的温度系数,负的温度系数
    C. 负的温度系数,正的温度系数　　　　　D. 负的温度系数,负的温度系数

13. 在采用热电阻检测某一系统温度值时,常需要温度补偿,其作用是_____。
    A. 使热电阻值随温度变化,特性稳定　　　B. 克服外部干扰信号的影响
    C. 克服环境温度变化对检测精度的影响　　D. 保证传感器输出与温度呈线性关系

14. 在用热电阻检测某监视点温度的电路中,所谓三线制是指_____。
    A. 测温电桥有三根输出线
    B. 电源增加一根接地线
    C. 将热电阻两根导线接在同一个桥臂上
    D. 将热电阻两根导线分别接在两个相邻桥臂上

15. 测温电桥中,与热电阻相邻的一个桥臂通常有一可调电阻,其作用是_____。
    A. 使电桥平衡输出 U_{ab} 稳定　　　　　B. 调量程,当温度为 100 ℃时,U_{ab} 达到最大值
    C. 调零,当温度为 0 ℃时,U_{ab} = 0.02 V　　D. 调零,当温度为 0 ℃时,U_{ab} = 0 V

16. 在测温电桥中,电源正极端经一电位器 W 接在电桥上,其作用是_____。
    A. 使电桥平衡,输出 U_{ab} 稳定
    B. 调量程,使得当温度为 100 ℃时,电桥输出 U_{ab} 达到最大值
    C. 调零,使得当温度为 0 ℃时,电桥输出 U_{ab} = 0.02 V
    D. 调零,当温度为 0 ℃时,电桥输出 U_{ab} = 0 V

17. 在测温电桥中,电桥的输出 U_{ab} 是随监视点的温度变化而变化的,当检测温度升高,热电阻值 R_t 增大时,则_____。
    A. U_a 增大,U_b 基本不变,U_{ab} 增大　　B. U_a 增大,U_b 减小,U_{ab} 增大
    C. U_a 基本不变,U_b 减小,U_{ab} 增大　　D. U_a 增大,U_b 增大得较小,U_{ab} 增大

18. 在三线制测温电桥电路中,若热电阻连接电源"-"极性端断路,则表头指针应指在_____。
    A. 最大值　　　　B. 最小值　　　　C. 中间值　　　　D. 任意值

19. 检测主机气缸冷却水温度一般不采用_____。
    A. 热电偶　　　　B. 热电阻　　　　C. 热敏电阻　　　　D. 温包

20. 在测温电桥中,其输出为 U_{ab},若电桥电源"-"极端接地,而输出端 b 直接与壳体相碰,则 U_{ab} 为_____。
    A. 最大值　　　　B. 最小值　　　　C. 中间值　　　　D. 任意值

21. 在检测主机排烟温度中,一般采用_____热电偶。
    A. 铜铬—铜　　　B. 锡镍—锡　　　C. 镍铬—镍　　　D. 铂镍—铂

22. 在热电偶中,两根不同金属导线焊接点称为热端,插在需要测温的地点;两根导线的接线端称为冷端,感受的是现场室温,则热电偶的基本工作原理是_____。
   A. 若冷、热两端温度不同,热端与冷端之间的极间电流不同
   B. 若冷、热两端温度不同,两个金属导线的电阻值不同
   C. 若冷、热两端温度不同,热端与冷端间的电容值不同
   D. 若冷、热两端温度不同,冷端两根导线之间产生的热电势不同

23. 在热电偶中,为保证所检测的温度值不受环境温度的影响,应采取的措施是_____。
   A. 加装隔离放大器   B. 加装光电隔离器
   C. 加装冷端补偿电路   D. 加装抗干扰电路

24. 在用热电偶检测温度参数时,为使测量值不受环境温度的影响,常采用冷端补偿电桥电路,当环境温度升高时,热电偶产生的热电势 e 的变化为_____,补偿电桥输出 U_{ab} 的变化为_____,测量回路的输出 U_0 为_____。
   A. 增大/减小/增大   B. 减小/增大/不变
   C. 减小/增大/减小   D. 增大/增大/不变

25. 在采用冷端温度补偿电桥的热电偶测温电路中,其电桥有三个桥臂电阻不随环境温度变化,它们是用_____制成的,而另一桥臂电阻将随环境温度变化,它是用_____制成的。
   A. 铜丝绕制/铝线绕制   B. 镍丝绕制/铝线绕制
   C. 铂铑丝绕制/铜丝绕制   D. 锰铜丝绕制/铜丝绕制

26. 在采用冷端温度补偿电桥的热电偶检测温度的电路中,电源负极端与电桥 a 端之间的桥臂是由铜丝绕制的电阻 RCU,其他三个桥臂是由锰铜丝绕制的电阻,则热电偶与补偿电桥的连接方式是_____,其输出 U_0 为_____。
   A. 串联/$U_0 = e - U_{ba}$ B. 串联/$U_0 = U_{ab} - e$
   C. 并联/$U_0 = e + U_{ba}$ D. 并联/$U_0 = U_{ab} - e$

27. 在采用冷端温度补偿电桥的热电偶检测温度的电路中,若环境温度不变,随着检测点温度升高,其热电势 e,补偿电桥输出 U_{ba} 及 U_0 的变化分别为_____。
   A. 增大,减小,增大   B. 增大,增大,基本不变
   C. 增大,基本不变,增大   D. 减小,增大,减小

28. 在采用冷端温度补偿电桥的热电偶检测温度的电路中,若检测点温度和环境温度同时降低时,热电势 e,补偿电桥的输出 U_{ba} 及 U_0 的变化分别为_____。
   A. 降低,增大,降低   B. 降低,降低,降低
   C. 降低,降低,不确定   D. 增大,增大,增大

29. 在热电偶冷端温度补偿电桥中,电源"-"极与输出端 b 之间桥臂是用锰铜丝绕制的电阻 R_0,并制成可调电阻,其作用是_____。
   A. 调量程,当温度达满量程时,U_0 达最大值
   B. 调量程,当温度达满量程时,U_0 达最小值
   C. 调零,当温度为 0 ℃时,U_0 等于 0
   D. 调零,当温度为 0 ℃时,U_0 达最大值

30. 在集中监视与报警系统中,检测温度参数常用的传感器包括_____。

①光敏电阻；②光电池；③金属丝电阻；④热敏电阻；⑤热电偶；⑥金属应变片。
A. ①③⑤　　　　　B. ②④⑥　　　　　C. ③④⑤　　　　　D. ④⑤⑥

31. 在采用冷端补偿电桥的热电偶检测温度的传感器中，其正确的说法是＿＿＿＿＿。
①热电偶是由两根电子密度不同的金属焊接而成的；②冷端温度不变，热电偶产生的热电势与热端温度呈线性关系；③热电偶与冷端补偿电桥电路并联；④冷端补偿电桥中有三个桥臂用铜丝绕制的电阻，另一桥臂用锰铜丝绕制的电阻；⑤冷端补偿电桥中，有三个桥臂用锰铜丝绕制的电阻，另一桥臂用铜丝绕制的电阻；⑥热端温度不变冷端温度升高时，热电势减小，传感器输出的电压值基本不变。
A. ①②⑤⑥　　　B. ①②③④　　　C. ②③④⑤　　　D. ③④⑤⑥

32. 在机舱中，可用在温度传感器上的元件有＿＿＿＿＿。
①光电池；②热电阻；③光敏电阻；④热敏电阻；⑤热电偶；⑥感温包。
A. ②④⑤⑥　　　B. ①②④⑤　　　C. ③④⑤⑥　　　D. ①②③④⑤⑥

33. 热敏电阻具有其阻值能随温度的升高而减小的特性，这是利用了它的＿＿＿＿＿。
A. 热敏效应　　　B. 负阻特性　　　C. 阻容特性　　　D. 电阻效应

34. 热敏电阻的阻值是＿＿＿＿＿。
A. 随温度的升高而不变　　　　　　B. 随温度的升高而增大
C. 温度的常数　　　　　　　　　　D. 随温度的升高而减小

35. 热敏电阻的测温优势包括＿＿＿＿＿。
A. 灵敏度稳定　　B. 温度性能好　　C. 灵敏度高　　　D. 具有负温度系数

36. 热敏电阻的测温优势包括＿＿＿＿＿。
A. 性能比较稳定　B. 温度性能好　　C. 灵敏度稳定　　D. 具有负温度系数

37. 热敏电阻的测温优势包括＿＿＿＿＿。
A. 具有负温度系数　B. 温度性能好　C. 灵敏度稳定　　D. 使用寿命长

38. 热敏电阻的测温优势包括＿＿＿＿＿。
A. 具有负温度系数　　　　　　　　B. 体积小、结构简单
C. 灵敏度稳定　　　　　　　　　　D. 温度性能好

39. 热敏电阻具有灵敏度高和性能比较稳定等优点，常用于＿＿＿＿＿。
A. 排烟的温度检测　　　　　　　　B. 燃烧的温度检测
C. 轴承的温度检测　　　　　　　　D. 海水的温度检测

40. 用热敏电阻温度传感器检测某介质温度时，它与介质之间＿＿＿＿＿。
A. 为防止氧化，要求加以封闭　　　B. 为提高灵敏度，直接接触即可
C. 直接或间接接触均可　　　　　　D. 没有要求

41. 机舱中检测排烟温度最常用的是镍铬—镍硅型热电偶，这种热电偶化学稳定性较高，其中优点还包括＿＿＿＿＿。
A. 复制性好　　　B. 灵敏度高　　　C. 稳升性好　　　D. 测量精度高

42. 机舱中检测排烟温度最常用的是镍铬—镍硅型热电偶，这种热电偶化学稳定性较高，其中优点还包括＿＿＿＿＿。
A. 稳升性好　　　B. 灵敏度高　　　C. 产生热电势大　D. 测量精度高

43. 机舱中检测排烟温度最常用的是镍铬—镍硅型热电偶,这种热电偶化学稳定性较高,其中优点还包括_____。
    A. 稳升性好   B. 线性好   C. 灵敏度高   D. 测量精度高

44. 机舱中检测排烟温度最常用的是镍铬—镍硅型热电偶,这种热电偶化学稳定性较高,其中优点还包括_____。
    A. 稳升性好   B. 价格便宜   C. 灵敏度高   D. 测量精度高

45. 机舱中检测排烟温度最常用的是镍铬—镍硅型热电偶,这种热电偶化学稳定性较高,它的缺点是_____。
    A. 稳升性偏低   B. 价格昂贵   C. 测量精度偏低   D. 测量精度不稳定

46. 热电偶热电动势的大小只与结点温度的高低有关,而与线材其他部分的温度无关。这一结论的实用意义是_____。
    A. 可以在回路中接入各种电容
    B. 可以在回路中接入各种电阻
    C. 不可以在回路中接入各种仪表及连接线
    D. 可以在回路中接入各种仪表及连接线

47. 热电偶热电动势的大小只与结点温度的高低有关,而与线材其他部分的温度无关。这一结论的实用意义是_____。
    A. 可以在回路中接入各种电容
    B. 允许用任意方法来获得热电偶的烧结点
    C. 不可以在回路中接入各种仪表及连接线
    D. 可以在回路中接入各种电阻

48. 热电偶热电动势的大小只与结点温度的高低有关,而与线材其他部分的温度无关。这一结论的实用意义是在热电偶回路中可以接入第三种材料的导体,但条件是_____。
    A. 第三种导体两端与热电偶连接处的温度应相同
    B. 第三种导体两端与热电偶连接处的温度应不同
    C. 第三种导体材料与热电偶材料相同
    D. 第三种导体材料与热电偶材料不同

49. 金属应变片常用作_____传感器,它根据_____的原理工作。
    A. 压力/压力不同输出电压不同   B. 温度/温度不同输出电压不同
    C. 温度/温度不同输出电阻不同   D. 压力/压力不同输出电阻不同

50. 电阻式和金属应变片式压力传感器分别采用_____和_____电路进行信号转换。
    A. 电桥/电桥   B. 运算放大器/电桥
    C. 电桥/运算放大器   D. 运算放大器/运算放大器

51. 金属应变片式压力传感器可以用来测量_____。
    A. 静态压力   B. 动态压力   C. 容器壁压力   D. A+B

52. 金属应变片式压力传感器中,当压力增加,应变片长度_____,电阻_____。
    A. 缩短/变大   B. 伸长/变小   C. 缩短/变小   D. 伸长/变大

53. 金属应变片式压力传感器中,如果测压管破裂,则压力指示值是_____。

A. 最大值　　　B. 最小值　　　C. 中间值　　　D. 任意值

54. 在金属应变片式压力传感器的测量电路中,随着输入压力信号的增大_____。
    A. 输出的电阻值增大　　　　　　B. 输出的电阻值减小
    C. 分压后的电压值增大　　　　　D. 测量电桥输出电压值增大

55. 在金属应变片式压力传感器的测量电桥中,有一个桥臂的电阻是可调的,其作用是(桥路的输出为 U_0)_____。
    A. 调零,当压力为 0 时, U_0 达到最小值　　B. 调零,当压力为 0 时, U_0 达到最大值
    C. 调量程为压力满量程时, U_0 达到最大值　D. 当压力不变时,稳定电路输出

56. 在电阻式压力传感器中,压力感受元件一般采用_____。
    A. 金属膜片　　B. 橡胶膜片　　C. 小气缸加弹簧　　D. 弹簧管

57. 在电阻式压力传感器中,输入的压力信号不同,则_____。
    A. 输出的电阻值不同　　　　　　B. 分压后,输出的电压不同
    C. 经运算放大器输出电压不同　　D. 测量电桥输出的电压不同

58. 在如图 5-37 所示的电阻式压力传感器中,当输入的压力信号增大时,滑针在变阻器上的滑动方向为_____,测量电桥输出的电压值变化为_____。
    A. 顺时针/增大　B. 逆时针/增大　C. 顺时针/减小　D. 逆时针/减小

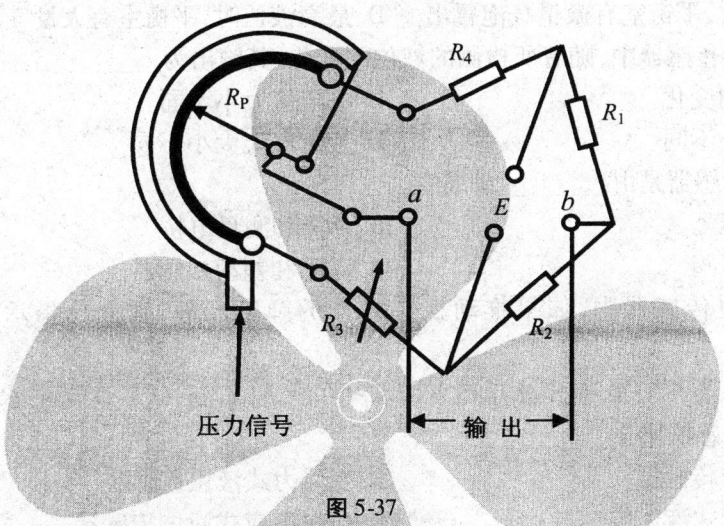

图 5-37

59. 下列_____元件可用于构成压力传感器。
    ①滑变电阻;②光电池;③热电偶;④金属应变片。
    A. ①②　　　B. ②③　　　C. ③④　　　D. ①④

60. 电磁感应式压力检测器,其中波纹管适用的测量范围为_____。
    A. 0~0.1 MPa　B. 0~0.3 MPa　C. 0~0.4 MPa　D. 0~0.6 MPa

61. 电磁感应式压力检测器,其中弹簧管适用的测量范围为_____。
    A. 0~0.1 MPa　B. 0~0.3 MPa　C. 0~0.4 MPa　D. 0.6 MPa 以上

62. 电磁感应式压力检测器中差动变压器的初级与次级之间的互感系数_____。
    A. 是一个常数　　　　　　B. 相等

C. 随铁芯的位置改变而变化　　　　D. 与检测的压力成积分关系

63. 在电磁感应式压力检测器中,被检测的压力的变化将使_____和_____。
    A. 弹性元件产生大小变化/电流输出信号改变
    B. 弹性元件产生刚度变化/电压输出信号改变
    C. 弹性元件产生位移变化/电压输出信号改变
    D. 弹性元件产生弹性变化/电流输出信号改变

64. 变浮力式液位传感器的作用原理是,随着液位的变化_____。
    A. 浮筒的浮力变化,差动变压器铁芯产生位移变化
    B. 浮筒的浮力变化,差动变压器线圈产生位移变化
    C. 浮筒的重力变化,差动变压器铁芯产生位移变化
    D. 浮筒的重力变化,平衡弹簧的张力产生变化

65. 变浮力式液位传感器的测量原理是_____。
    A. 被测液位越高,输出的脉冲频率越高　　B. 被测液位越高,输出的电流越大
    C. 被测液位越高,输出的电压越大　　　　D. 被测液位越高,输出的电压越小

66. 吹气式液位传感器的量程范围调整是通过节流阀实现的,要求是_____。
    A. 最低液位时,平衡室有微量气泡冒出　　B. 最低液位时,平衡室有大量气泡冒出
    C. 最高液位时,平衡室有微量气泡冒出　　D. 最高液位时,平衡室有大量气泡冒出

67. 在变浮力液位传感器中,随着所检测的液位的变化,其输出为_____。
    A. 气压信号的变化　　　　　　　　　　B. 电阻值大小不同
    C. 电压值大小不同　　　　　　　　　　D. 直流电流大小不同

68. 变浮力液位传感器是由_____组成的。
    A. 浮筒和分压器　　　　　　　　　　　B. 浮筒和测量电桥
    C. 浮筒和调压阀　　　　　　　　　　　D. 浮筒和差动变压器

69. 在变浮力液位传感器中,如果推动铁芯移动的弹簧断裂,则液位指示仪表的指示值为_____。
    A. 最高水位以上　　B. 最低水位以下　　C. 中间水位不变　　D. 任意水位

70. 吹气式液位传感器属于_____。
    A. 静压式液位传感器　　　　　　　　　B. 变浮力式液位传感器
    C. 超声波探测式液位传感器　　　　　　D. 电磁感应式液位传感器

71. 吹气式液位传感器常用于检测_____。
    A. 锅炉水位　　B. 舱底水水位　　C. 沉淀油柜油位　　D. 压载舱水位

72. 在吹气式液位传感器中,随液位的升高,平衡气室逸出的气泡量及导管压力的变化分别为_____。
    A. 增多,增大　　B. 减少,增大　　C. 增多,减小　　D. 减少,减少

73. 在吹气式液位传感器中,设平衡室压力为P_1,导管压力为P_2,变送器输出压力为P_0,当液位升高时,这三者之间的关系是_____。
    A. $P_2 > P_1$, P_0 增大　　　　　　　B. $P_2 < P_1$, P_0 减小
    C. $P_2 = P_1$, P_0 增大　　　　　　　D. $P_2 = P_1$, 减小

74. 在吹气式液位传感器中，如果节流阀中的节流孔堵塞，则平衡室逸出的气泡量、导管的压力、液位仪表的指示值分别为_____。
   A. 没有，为零，最低液位以下
   B. 没有，最大，最高液位以上
   C. 最多，为零，最低液位以下
   D. 最多，最大，最高液位以上

75. 在吹气式液位传感器中，常用_____式模拟量仪表来指示液位值。
   A. 电流表   B. 电压表   C. 电阻式压力表   D. 色带指示仪

76. 船上常用的液位测量方法有_____。
   ①磁脉冲装置；②浮子式；③电极式；④静压吹气式；⑤电磁式；⑥参考水位罐式。
   A. ①③⑤   B. ②③⑤   C. ①②⑤⑥   D. ②③④⑥

77. 变浮力式液位传感器主要由_____组成。
   ①浮筒；②平衡弹簧；③差动变压器；④节流阀；⑤导压管；⑥差压变送器。
   A. ①②⑥   B. ②③④   C. ①②③   D. ④⑤⑥

78. 关于吹气式液位传感器，下列说法正确的是_____。
   ①减压阀用来提供稳定的工作气压；②节流阀用来控制冲洗导压管；③浮子流量计用来观察吹气流量；④导压管用来将液体的静压变成气压后传递至差压变送器；⑤安全阀用来保证输入差压变送器气压不会超压；⑥液位的静压与液位的高低、液体重量有关。
   A. ①③⑤⑥   B. ①②④⑤   C. ①③④⑤   D. ①②④⑥

79. 电磁式流量传感器的测量特点是_____。
   A. 适用于测量各种流体
   B. 适用于测量导电流体
   C. 流体的体积流量越大，感应电势越大
   D. B + C

80. 容积式流量传感器的测量原理是_____。
   A. 被测介质流量越大，输出的电脉冲频率越高
   B. 被测介质流量越大，输出的电脉冲频率越低
   C. 被测介质流量越大，输出的电压越高
   D. 被测介质流量越大，输出的电压越低

81. 容积式流量传感器的基本工作原理是_____。
   A. 孔板前后压差与流量成反比
   B. 孔板前后压差与流量成正比
   C. 齿轮的转速与流量成反比
   D. 齿轮的转速与流量成正比

82. 电磁式流量传感器可测量_____的流量。
   A. 柴油   B. 滑油   C. 水   D. $F12$

83. 在容积式流量传感器中，反映流量大小的输出信号是_____。
   A. 直流电压信号的大小
   B. 直流电流信号的大小
   C. 气压信号的大小
   D. 脉冲信号频率的高低

84. 容积式流量计不能检测的流量是_____。
   A. 辅锅炉的蒸汽流量
   B. 辅锅炉的燃用油流量
   C. 主机燃用油流量
   D. 造水机造水流量

85. 在容积式流量传感器中，进口流体压力为 P_1，出口流体压力为 P_2，则传感器输出量将与_____。

A. $P_1 - P_2$ 大小成反比　　　　　　　B. $P_1 - P_2$ 压差成正比
C. P_1 大小成正比　　　　　　　　　　D. P_1 大小成反比

86. 检测流量的方法,可利用_____。
①电容式的;②容积式的;③电磁式的;④压差式的;⑤磁脉冲式的;⑥静压吹气式的。
　　A. ①②③　　　B. ②③④　　　C. ③④⑤　　　D. ④⑤⑥

87. 在用磁脉冲传感器检测主机转向中,两个磁头布置的位置要相差_____。
　　A. 1/4 个齿　　B. 1/2 个齿　　C. 1 个齿　　D. 2 个齿

88. 交流测速发电机设置相敏整流的目的是_____。
　　A. 判断电流方向　　　　　　　　B. 判断主机转向
　　C. 判断发电机的转速　　　　　　D. 判断发电机的转向

89. 采用磁脉冲传感器检测主机转速时,如果大齿轮共有 60 个齿,且在 60 r/min,频率电压转换器输出的电压为 5 V,那么在 90 r/min,磁感应电势的频率是_____,频率电压转换器输出的电压值是_____。
　　A. 90 Hz/7.5 V　　B. 60 Hz/7.5 V　　C. 60 Hz/9 V　　D. 90 Hz/9 V

90. 在用脉冲传感器检测主机转速时,若主机在高速时测量准确,在低速时测量值不稳定,其原因可能是_____。
　　A. 磁头与齿顶之间间隙过小　　　　B. 磁头与齿顶之间间隙过大
　　C. 由于船舶振荡引起　　　　　　　D. 外界干扰信号引起

91. 测量主机转速时,在下列选项中通常采用的有_____测速计。
　　A. 离心式　　　B. 磁力式　　　C. 磁脉冲式　　　D. 机械式

92. 磁脉冲测速装置用以表示转速大小和转向的信号分别是_____。
　　A. 脉冲幅值和极性　　　　　　　B. 脉冲幅值和相位
　　C. 脉冲频率和相位　　　　　　　D. 脉冲频率和极性

93. 用脉冲式转速传感器检测主机转速时,若将两个传感器位置颠倒,则_____。
　　A. 转速表指示转速偏低,转向与主机相反
　　B. 转速表指示转速偏低,转向与主机相同
　　C. 转速表指示与主机相同,转向与主机相同
　　D. 转速表指示与主机相同,转向与主机相反

94. 下列设备中,不适用于测量转速的是_____。
　　A. 直流测速发电机　　　　　　　B. 交流测速发电机
　　C. 步进电机　　　　　　　　　　D. 磁脉冲传感器

95. 在机舱中,能用来检测主机废气透平增压器转速的传感器是_____。
　　A. 直流测速发电机　　　　　　　B. 交流测速发电机
　　C. 码盘式测速装置　　　　　　　D. 磁脉冲传感器

96. 磁脉冲传感器检测转速的特点是_____。
　　A. 非接触式,无相对摩擦部件,检测精度高
　　B. 非接触式,有相对摩擦部件,检测精度高
　　C. 接触式,无相对摩擦部件,检测精度不高

D. 接触式,有相对摩擦部件,检测精度不高

97. 在磁脉冲传感器中,磁头输出的信号近似于_____,经整形放大后输出近似于_____信号。
   A. 三角波/直流电压　　　　　　　　B. 矩形波/直流电流
   C. 锯齿波/三角波　　　　　　　　　D. 正弦波/幅值放大的矩形波

98. 用磁脉冲传感器测量主机转速,当主机转速降低时,磁头所产生感应电势的幅值及其波形图中波动频率的变化是_____。
   A. 减小,降低　　　B. 减小,提高　　　C. 增大,降低　　　D. 增大,提高

99. 在磁脉冲传感器的转换电路中,微分电路的作用是_____。
   A. 把三角形波转换成同频率矩形波　　B. 把矩形波转换成同频率的尖峰脉冲
   C. 把矩形波转换成同频率的三角形波　D. 把锯齿形波转换成同频率的尖峰脉冲

100. 在磁脉冲传感器的转换电路中,单稳态触发电路的作用是_____。
   A. 输出幅值与宽度均与转速成比例的矩形波
   B. 输出宽度不变,幅值与转速成比例的矩形波
   C. 输出幅值不变,宽度与转速成比例的矩形波
   D. 输出幅值与宽度均为恒定的矩形波,单位时间矩形波密度与转速成比例

101. 用两个磁脉冲传感器检测主机转速与转向时,若将两个磁头相距为1/4周期改为3/4周期,则检测结果为_____。
   A. 转速相同,转向相同　　　　　　B. 转速相同,转向相反
   C. 转速不同,转向相同　　　　　　D. 转速不同,转向相反

102. 在用磁脉冲传感器检测主机转速中,其正确的说法是_____。
   ①用感应电势的幅值指示转速的高低;②用感应电势的频率反映转速的高低;③磁头与齿顶之间间隙大于5 mm,不能检测转速;④磁脉冲传感器输出的脉冲近似三角波;⑤属于非接触式的没有相对磨损部件;⑥用输出电压极性反映转向。
   A. ①③⑤　　　B. ②④⑥　　　C. ②③⑤　　　D. ①④⑥

103. 在船上,用磁脉冲传感器可检测的参数有_____。
   ①流量;②转速;③液位;④活塞环工作状态;⑤扭矩;⑥二氧化碳含量。
   A. ①③⑤　　　B. ②④⑤　　　C. ①④⑥　　　D. ②④⑥

104. 在磁脉冲传感器的转换电路中,微分电路的作用是_____。
   A. 把三角形波转换成同频率矩形波
   B. 把矩形波转换成同频率的三角形波
   C. 把矩形波转换成同频率的尖峰脉冲
   D. 把锯齿形波转换成同频率的尖峰脉冲

105. 用脉冲式转速传感器检测主机转速时,若将两个传感器位置颠倒,则_____。
   A. 转速表指示与主机相同,转向与主机相反
   B. 转速表指示转速偏低,转向与主机相同
   C. 转速表指示与主机相同,转向与主机相同
   D. 转速表指示转速偏低,转向与主机相反

106. 不用脉冲传感器检测主机转速时,若主机在高速时测量准确,在低速时测量值不稳定,其原因可能是_____。
    A. 磁头与齿顶之间间隙过小   B. 由于船舶振荡引起
    C. 磁头与齿顶之间间隙过大   D. 外界干扰信号引起

5.4.2 变送器

5.4.2.1 气动差压变送器（适用对象：8401,8402,8403,8404）

107. 气动差压变送器是由_____和_____两部分组成的。
    A. 测量波纹管/反馈波纹管   B. 喷嘴挡板机构/气动功率放大器
    C. 反馈波纹管/二级放大环节   D. 测量部分/气动转换部分

108. 在单杠杆气动差压变送器中,测量膜盒的作用是_____。
    A. 把压差信号转换成轴向推力
    B. 把压差信号转换成挡板开度
    C. 把压差信号转换成 0.02～0.1 MPa 气压信号
    D. 把压差信号转换成主杠杆的转角

109. 在单杠杆气动差压变送器的金属膜盒中,充注低凝点液体的作用是_____。
    A. 增大金属膜盒的轴向推力   B. 使金属膜片位移与压差信号成比例
    C. 保证变送器工作稳定   D. 提高变送器工作的灵敏度

110. 在单杠杆气动差压变送器的测量膜盒中,对所充注液体的要求是_____。
    A. 体积膨胀系数应尽量的小   B. 凝固点应尽量的高
    C. 沸点应尽量的低   D. 导电性应尽量的好

111. 在单杠杆气动差压变送器的测量膜盒中,为防止单向受力而被压坏,在结构上应采取的措施为_____。
    A. 金属膜片加装硬芯   B. 加装密封圈和充注液体
    C. 金属膜片滚焊在基座上   D. 金属膜片刚度要尽量大

112. 在单杠杆气动差压变送器中,对弹性支点的要求是_____。
    A. 应有足够大的刚度   B. 机械强度要低
    C. 应有较高的耐热性   D. 应有较好的耐腐蚀性

113. 在单杠杆气动差压变送器中,为增大其测量范围(量程),应_____。
    A. 增大放大器的放大倍数   B. 提高弹性元件的刚度
    C. 减小反馈波纹管有效面积   D. 使主杠杆制造得尽量的长

114. 在单杠杆气动差压变送器中,当输出压力不变时,作为其放大环节的耗气式气动功率放大器上的球阀和锥阀应处于_____。
    A. 球阀关闭,锥阀打开   B. 球阀、锥阀都关闭
    C. 球阀、锥阀都打开   D. 球阀打开,锥阀关闭

115. 单杠杆气动差压变送器是以_____平衡原理工作的。
    A. 力   B. 力矩   C. 位移   D. A + B

116. 单杠杆气动差压变送器测量膜盒的两膜片之间是_____。
   A. 丙酮   B. 大气   C. 酒精   D. 硅油

117. 导致气动差压变送器单向过载原因的确切说法是_____。
   A. 作用于膜盒一侧的静压太大   B. 差压作用于膜盒正压室一侧
   C. 差压作用于膜盒负压室一侧   D. 静压操作存在的本身

118. 关于单杠杆气动差压变送器,微差压变送器同高差压变送器的主要区别在于_____。
   A. 输出信号的范围大   B. 放大器放大倍数大
   C. 测量膜盒有效面积大   D. 弹性支点刚度小

119. 在单杠杆气动差压变送器测量膜盒内充硅油的目的是_____。
   A. 防止膜片和变送器振荡   B. 增强膜片的弹性和强度
   C. 使放大器的放大倍数稳定   D. 防止双向过载

120. 在单杠杆气动差压变送器测量膜盒内充硅油的目的不包括_____。
   A. 传递压力信号   B. 对膜片运动产生阻尼
   C. 防止膜片和变送器振荡   D. 增强膜片的弹性和强度

121. 在单杠杆气动差压变送器中,波纹管作为_____元件。
   A. 检测   B. 反馈   C. 放大   D. 比较

122. 在单杠杆气动差压变送器中,若因维修使其功率放大器中的膜片更换,尽管放大器的特性通过调整符合要求,但放大倍数由原来的20倍变为15倍,则差压变送器的量程_____。
   A. 缩小了1/4倍   B. 扩大了1/4倍
   C. 扩大了1/4倍以上   D. 基本不变

123. 单杠杆气动差压变送器里测量膜盒的作用是_____。
   A. 将压差信号转换成位移信号   B. 将压力信号转换成压差信号
   C. 将压差信号转换成压力信号   D. 只起正负压室的隔离作用

124. 单杠杆气动差压变送器的压力输出范围是_____。
   A. 0~0.02 MPa   B. 0.02~0.1 MPa   C. 0~0.1 MPa   D. 0.02~0.14 MPa

125. 单杠杆气动差压变送器如图5-38所示,若测量信号 $p_2 > p_1$,则变送器的输出为_____。
   A. $P_出 > 0.1$ MPa   B. $P_出 > 0.06$ MPa
   C. $P_出$ 稳定输出 0.02 MPa   D. $P_出 < 0.02$ MPa

126. 单杠杆气动差压变送器简图如图5-38所示,其中 $P_出 = K_单 \cdot \Delta P$,则 $K_单$ 为_____。
   A. $K_单 = \dfrac{F_反 \cdot l_2}{F_膜 \cdot l_1}$ B. $K_单 = \dfrac{F_反 \cdot l_1}{F_膜 \cdot l_2}$ C. $K_单 = \dfrac{F_膜 \cdot l_1}{F_反 \cdot l_2}$ D. $K_单 = \dfrac{F_膜 \cdot l_2}{F_反 \cdot l_1}$

127. 在单杠杆气动差压变送器中,为保证其良好的工作性能,对其要求是_____。
   A. 喷嘴挡板机构和放大器放大倍数要尽量的小
   B. 反馈波纹管的有效面积要尽量的小
   C. 测量膜盒的有效面积要尽量的大
   D. 所采用的弹性元件的刚度要尽量的小

128. 在单杠杆气动差压变送器中,为使 $p_出$ 与 Δp 之间具有良好的线性关系,应使_____。
   A. 反馈波纹管有效面积不变   B. 量程支点不能移得太高

C. 量程支点不能移得太低　　　　　　D. 所用弹性元件刚度应尽量大一些

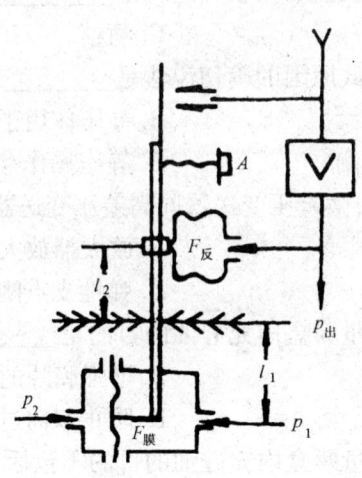

图 5-38

129. 为适应测量压差信号 Δp 变化很大的场合,应采用_____。
　　A. 主杠杆很长的单杠杆差压变送器　　B. 双杠杆差压变送器
　　C. 测量膜盒有效面积尽量大　　　　　D. 反馈波纹管有效面积尽量小

130. 单杠杆气动差压变送器是按_____原理工作的。
　　A. 位移平衡　　B. 力平衡　　C. 力矩平衡　　D. 功率平衡

131. 在单杠杆气动差压变送器中,要尽量增大量程,在结构上采取的措施是_____。
　　A. 反馈波纹管的有效面积尽量大　　B. 主杠杆的长度尽量长
　　C. 弹性支点的刚度尽量小　　　　　D. 测量膜盒的有效面积尽量大

132. 在充有硅油的膜盒中,发生单方向过载时,则过大的作用力由_____承担。
　　A. 高压侧膜片　　B. 硬芯　　C. 膜盒基座　　D. 低压侧膜片

133. 在单杠杆气动差压变送器的测量膜盒中充注的液体,应当满足_____。
　　①凝固点低;②沸点高;③无腐蚀;④黏度大;⑤体积膨胀系数小;⑥比重小。
　　A. ①②⑤⑥　　B. ①③④⑤　　C. ②③⑤⑥　　D. ②④⑤⑥

134. 在单杠杆气动差压变送器中,测量膜盒内充注硅油的作用是_____。
　　①传递压力信号;②增强膜片的刚度;③防止变送器振荡;④对膜片运动产生阻尼;⑤提高变送器的放大倍数;⑥提高测量信号的范围。
　　A. ②③⑤　　B. ①②⑥　　C. ①③④　　D. ③④⑤

135. 在单杠杆气动差压变送器中,对主杠杆弹性支点的要求包括_____。
　　①刚度大;②具有足够的机械强度;③密封性好;④耐腐蚀性好;⑤耐高温性好;⑥具有良好的弹性。
　　A. ①②④⑤　　B. ②③④⑥　　C. ③④⑤⑥　　D. ②③⑤⑥

136. 在单杠杆气动差压变送器中,应包括_____。
　　①节流盲室的正反馈;②节流盲室的负反馈;③节流分压器的负反馈;④1:1 的负反馈;⑤测量部分;⑥气动转换部分。

A.①③⑤　　　　　B.②④⑥　　　　　C.④⑤⑥　　　　　D.①②③

137. 在燃油黏度控制系统中,对所采用的变送器,其不正确说法是_____。
①用压力变送器;②黏度为零时变送器输出为0.00 MPa;③用温度变送器;④黏度为零时变送器输出为0.02 MPa;⑤用差压变送器;⑥额定负荷时变送器稳定输出为0.1 MPa。
A.②③④⑤　　　B.③④⑤⑥　　　C.①②④⑤　　　D.①②③⑥

138. 单杠杆气动差压变送器可直接或间接地用于测量_____。
①压差;②压力;③温度;④位移;⑤水位;⑥黏度。
A.①②③　　　　B.①②⑤⑥　　　C.①②③④　　　D.①②③⑤⑥

139. 单杠杆气动差压变送器主杠杆的作用是_____。
①信号放大作用;②信号比较作用;③信号转换作用;④信号测量作用;⑤反馈作用。
A.①②③④　　　B.①②③⑤　　　C.①②③　　　　D.②③⑤

140. 气动差压变送器中与变送器放大系数有关的因素是_____。
①测量膜盒的面积;②反馈波纹管的面积;③反馈波纹管的位置;④气动放大器的放大倍数。
A.①②③　　　　B.①②③④　　　C.②③④　　　　D.①②④

141. 对单杠杆气动差压变送器,若将正压室接在高压端,负压室接在低压端,则_____。
①随着压差增大,其输出减小;②随着压差减小,其输出增大;③随着压差减小,其输出减小;④随着压差增大,其输出增大。
A.③④　　　　　B.①②　　　　　C.①③　　　　　D.②④

142. 对单杠杆气动差压变送器,若将正压室接在低压端,负压室接在高压端,则_____。
①随着压差增大,其输出减小;②随着压差减小,其输出增大;③随着压差减小,其输出减小;④随着压差增大,其输出增大。
A.③④　　　　　B.①②　　　　　C.①③　　　　　D.②④

143. 在单杠杆气动差压变送器中,放大系数$K_\text{单}$和量程的关系为_____。
A.$K_\text{单}\uparrow$,量程$\uparrow$　　　　　　B.$K_\text{单}\downarrow$,量程$\downarrow$
C.$K_\text{单}\uparrow$,量程$\downarrow$　　　　　　D.$K_\text{单}\downarrow$,量程不变

144. 若减小单杠杆气动差压变送器的量程,则应_____。
A.上移波纹管　　B.正迁移　　　　C.下移波纹管　　D.负迁移

145. 有一量程为0~1.0 MPa的单杠杆气动差压变送器,零点调好后,增大输入压力,当$P_\text{入}$=0.9 MPa时,$P_\text{出}$=0.1 MPa,为使量程符合要求,应当_____。
A.下移反馈波纹管　　　　　　　　B.扭动调零弹簧使挡板离开喷嘴一点
C.上移反馈波纹管　　　　　　　　D.扭动调零弹簧使挡板靠近喷嘴一点

146. 单杠杆气动差压变送器的零点需要增加,则应_____。
A.调零弹簧调整使挡板靠近喷嘴
B.调零弹簧调整使挡板离开喷嘴
C.需增加反馈波纹管到支点的力臂长度
D.需减小反馈波纹管到支点的力臂长度

147. 变送器调零的目的是_____。
A.校准量程起点　　　　　　　　　B.校准量程终点

C. 校准量程范围 D. 校准被控量在给定值上

148. 单杠杆气动差压变送器,若反馈波纹管对主杠杆的支撑位置不变,而调换一有效面积较大的波纹管,则_____。
    A. 零点不变,量程变大 B. 零点不变,量程变小
    C. 零点改变,量程变大 D. 零点改变,量程变小

149. 在压力变送器调零和调量程时,错误的做法是_____。
    A. 输入为零时,应使输出为 0.02 MPa B. 先调零点再调量程,并反复多次
    C. 扩大量程时应上移波纹管 D. 先调量程再调零点,并反复多次

150. 单杠杆气动差压变送器零点调好后,沿杠杆向下移动反馈波纹管,则_____。
    A. 反馈力矩减小,量程减小 B. 反馈力矩减小,量程增大
    C. 反馈力矩增大,量程减小 D. 反馈力矩增大,量程增大

151. 单杠杆气动差压变送器零点调好后,沿杠杆向上移动反馈波纹管,则_____。
    A. 反馈力矩减小,量程减小 B. 反馈力矩减小,量程增大
    C. 反馈力矩增大,量程减小 D. 反馈力矩增大,量程增大

152. 对主机冷却水温度控制系统进行适应性调整时,应调整变送单元的_____。
    A. 量程范围 B. 零点 C. 输出压气 D. A + B

153. 在单杠杆气动差压变送器中,为增大量程,其调整方法是_____。
    A. 扭动迁移弹簧使挡板离开一点喷嘴 B. 扭动调零弹簧使挡板离开一点喷嘴
    C. 下移反馈波纹管 D. 上移反馈波纹管

154. 有一台量程为 20~100 ℃ 的单杠杆气动温度变送器,在测试时得到的数据为输入 20 ℃ 时,$P_{出}=0.02$ MPa,100 ℃ 时 $P_{出}=0.09$ MPa 应当首先调节_____。
    A. 上移反馈波纹管 B. 下移反馈波纹管
    C. 扭调零弹簧,使挡板离开喷嘴 D. 扭调零弹簧,使挡板靠近喷嘴

155. 单杠杆气动差压变送器在使用中发现量程不准,则最佳调节方法为调整_____。
    A. 调零弹簧 B. 反馈波纹管上下移动
    C. 放大器的放大倍数 D. 反复 A、B 步骤

156. 单杠杆气动差压变送器调零的表述中,下列_____说法是错误的。
    A. 当量程漂移不大时,常用量程的中点调零
    B. 借助迁移弹簧可进行粗调
    C. 零点变化太大时,使用调零螺钉调零即可
    D. A + B

157. 单杠杆气动差压变送器的零点需要减小,则应_____。
    A. 调零弹簧调整使挡板靠近喷嘴 B. 调零弹簧调整使挡板离开喷嘴
    C. 需增加反馈波纹管到支点的力臂长度 D. 需减小反馈波纹管到支点的力臂长度

158. 在单杠杆气动差压变送器中,若放大系数 $K_{单}\uparrow$,则_____。
    A. 零点↑,量程↑ B. 零点不变,量程↓
    C. 零点↑,量程↓ D. 零点不变,量程↑

159. 在单杠杆气动差压变送器中,若放大系数 $K_{单}\downarrow$,则_____。

A. 零点↑,量程↑ B. 零点不变,量程↓
C. 零点↑,量程↓ D. 零点不变,量程↑

160. 有一量程为 0～1.0 MPa 的单杠杆气动差压变送器,零点调好后,增大输入压力,当 $P_{出}$ = 0.1 MPa 时,$P_{入}$ = 1.01 MPa,为使量程符合要求,应当_____。
    A. 下移反馈波纹管
    B. 扭动调零弹簧使挡板离开喷嘴一点
    C. 上移反馈波纹管
    D. 扭动调零弹簧使挡板靠近喷嘴一点

161. 差压变送器的零点是指_____。
    A. 变送器输出为 0 时的输入值
    B. 变送器输入为 0.02 MPa 时的输出值
    C. 变送器输出为 0.02 MPa 时的输入值
    D. 变送器输入为 0 时的输出值

162. 若单杠杆气动差压变送器反馈波纹管对主杠杆的支撑位置不变,而调换一有效面积较小的波纹管,则_____。
    A. 零点不变,量程变大
    B. 零点不变,量程变小
    C. 零点改变,量程变大
    D. 零点改变,量程变小

163. 有一台量程为 20～100 ℃ 的单杠杆气动温度变送器,在测试时得到的数据为 $P_{出}$ = 0.02 MPa 时输入为 10 ℃,100 ℃ 时 $P_{出}$ = 0.09 MPa 应当首先调节_____。
    A. 上移反馈波纹管
    B. 使输入为 20 ℃,并使挡板离开喷嘴
    C. 下移反馈波纹管
    D. 使输入为 20 ℃,并使挡板靠近喷嘴

164. 在量程为 0～100 ℃ 的在杠杆气动差压变送器中,零点调整后,当输入温度为 100 ℃ 时,变送器输出为 0.09 MPa,为使量程符合要求,必须_____。
    A. 扭动调零弹簧,使挡板靠近一点喷嘴
    B. 上移反馈波纹管
    C. 扭动调零弹簧,使挡板离开一点喷嘴
    D. 下移反馈波纹管

165. 在单杠杆气动差压变送器中,上移反馈波纹管,则_____。
    A. $K_{单}$ 增大,量程增大
    B. $K_{单}$ 减小,量程增大
    C. $K_{单}$ 增大,量程减小
    D. $K_{单}$ 减小,量程减小

166. 在单杠杆气动差压变送器中,若 $\Delta P = 0$,其输出 $P_{出} = 0$,这说明_____。
    A. 零点准确,不用调整
    B. 量程不准,应上移反馈波纹管
    C. 量程不准,应下移反馈波纹管
    D. 零点不准,应扭动调零弹簧,使挡板靠近喷嘴

167. 有一温度变送器,其测量范围是 20～100 ℃,当温度为 20 ℃ 时,$P_{出}$ = 0.22 MPa,当温度为 100 ℃ 时,$P_{出}$ = 0.09 MPa,其调整方法是_____。
    A. 扭动调零弹簧使挡板离开喷嘴,且上移反馈波纹管
    B. 扭动调零弹簧使挡板离开喷嘴,且下移反馈波纹管
    C. 扭动调零弹簧使挡板靠近喷嘴,且上移反馈波纹管
    D. 扭动调零弹簧使挡板靠近喷嘴,且下移反馈波纹管

168. 在一压力变送器中,其量程为 0～1.0 MPa,测试中当输入压力为 0 时,变送器输出 $P_{出}$ = 0.01 MPa,输入压力为 1.0 MPa 时,$P_{出}$ = 0.1 MPa,这说明_____。
    A. 只需调零,不需调量程
    B. 只需调量程,不需调零

C. 零点和量程都不需调 D. 零点和量程都需要调

169. 在量程为 0~1.0 MPa 的压力变送器中,当输入压力为 0 时,其输出 $P_{出}=0.02$ MPa,当 $P_{出}=0.1$ MPa 时,输入的压力信号为 0.9 MPa,首先应调整_____。
   A. 上移反馈波纹管 B. 扭动调零弹簧,使挡板离开喷嘴
   C. 下移反馈波纹管 D. 扭动调零弹簧,使挡板靠近喷嘴

170. 在量程为 0.4~1.0 MPa 的压力变送器中,当输入压力为 0.3 MPa 时,变送器输出 $P_{出}=0.02$ MPa,输入压力为 1.0 MPa 时,$P_{出}=0.09$ MPa,首先应调整_____。
   A. 扭动调零弹簧,使挡板离开喷嘴 B. 上移反馈波纹管
   C. 扭动调零弹簧,使挡板靠近喷嘴 D. 下移反馈波纹管

171. 在单杠杆气动差压变送器中,输入压差信号 $\Delta P=0$ 时,变送器输出 $P_{出}=0.02$ MPa,当输入为满量程时,$P_{出}=0.08$ MPa,首先应调整_____。
   A. 扭动调零弹簧,使挡板靠近喷嘴 B. 下移反馈波纹管
   C. 扭动调零弹簧,使挡板离开喷嘴 D. 上移反馈波纹管

172. 在用单杠杆气动差压变送器测量锅炉水位时,若最高和最低水位相差 600 mmH$_2$O,且参考水位比最高水位高出 100 mmH$_2$O,在一次测试中得到,$\Delta P=-600$ mmH$_2$O 时,$P_{出}=0.02$ MPa,$\Delta P=0$ 时,$P_{出}=0.1$ MPa,这说明_____。
   A. 零点高了,量程未变 B. 零点高了,量程小了
   C. 零点低了,量程大了 D. 零点低了,量程小了

173. 可用来改变单杠杆气动差压变送器量程的方法是_____。
   ①改变反馈波纹管上、下位置;②改变反馈波纹管的有效面积;③改变功率放大器的放大倍数;④改变喷嘴挡板机构初始位置;⑤改变测量膜盒膜片的有效面积。
   A. ①③ B. ①②⑤ C. ②④ D. ③⑤

174. 不可用来改变单杠杆气动差压变送器的方法是_____。
   ①改变反馈波纹管上、下位置;②改变反馈波纹管的有效面积;③改变功率放大器的放大倍数;④改变喷嘴挡板机构初始位置;⑤改变测量膜盒膜片的有效面积。
   A. ③④ B. ①③⑤ C. ②④⑤ D. ②③④

175. 对于单杠杆气动差压变送器_____。
   ①其零点为输入 $\Delta P=0$,其输出 $P_{出}=0.02$ MPa;②沿主杠杆上、下移动反馈波纹管可调零点;③沿主杠杆上、下移动反馈波纹管可调量程;④当测量信号达到满量程时,输入的压差信号 ΔP 最大;⑤高差压变送器的测量膜盒有效面积大;⑥微差压变送器测量膜盒有效面积大。
   A. ③④⑤⑥ B. ①③④⑥ C. ②③④⑤ D. ①②③⑤

176. 在单杠杆气动差压变送器中与量程有关的因素是_____。
   ①测量膜盒的面积;②反馈波纹管的面积;③反馈波纹管的位置;④气动放大器的放大倍数。
   A. ①②③ B. ①②③④ C. ②③④ D. ①②④

177. 假定参考水位罐的参考水位与锅炉最高水位相等,而最高、最低水位相差 300 mmH$_2$O,经迁移后变送器的输出 $P_{出}=0.02$ MPa 时,ΔP 为_____。
   A. -300 mmH$_2$O B. 0

C. 200 mmH₂O D. 300 mmH₂O

178. 现要测量的温度范围是 40～100 ℃,选用的温度变送器的量程是 0～100 ℃,这时需要对变送器进行迁移,迁移后的零点是_____。
 A. 100 ℃　　B. 40 ℃　　C. 0 ℃　　D. -40 ℃

179. 假定锅炉最高和最低水位相差 400 mmH₂O,经迁移,差压变送器的输出 $P_{出} = 0.1$ MPa,这时它的输入信号为_____。
 A. $\Delta P = -400$ mmH₂O B. $\Delta P = 0$ mmH₂O
 C. $\Delta P = 200$ mmH₂O D. $\Delta P = 400$ mmH₂O

180. 现有一台 0～1.0 MPa 量程的差压变送器,打算测量 0.6～1.0 MPa 的差压信号,其调节方法是_____。
 A. 减小其量程为 0～0.6 MPa,再正迁移 1.0 MPa
 B. 减小其量程为 0～0.4 MPa,再正迁移 0.6 MPa
 C. 减小其量程为 0～0.6 MPa,再负迁移 1.0 MPa
 D. 减小其量程为 0～0.4 MPa,再负迁移 0.6 MPa

181. 若测量压力 P 的范围是 0.6～1.0 MPa,而选用的压力变送器的量程为 0～1.0 MPa,这需要对变送器进行迁移,迁移后的零点为_____。
 A. $P = -0.6$ MPa B. $P = 0$ MPa
 C. $P = 0.6$ MPa D. $P = 1.0$ MPa

182. 关于单杠杆气动差压变送器检测锅炉水位必须进行迁移的说法中,错误的选项是_____。
 A. 为使变送器输出信号的变化方向与水位变化方向一致
 B. 迁移后量程并不改变
 C. 迁移时须将参考水位接正压室,测量水位接负压室
 D. 迁移时参考水位接负压室,测量水位接正压室

183. 对变送器迁移的错误理解是_____。
 A. 迁移后量程起点改变 B. 迁移后量程终点不变
 C. 迁移后量程终点改变 D. 迁移后量程不变

184. 对变送器迁移的正确理解是_____。
 A. 迁移后量程起点改变 B. 迁移后量程起点不变
 C. 迁移后量程改变 D. 迁移后量程终点不变

185. 对单杠杆气动差压变送器进行迁移调整,错误的认识是_____。
 A. 迁移后量程不变 B. 迁移后量程改变
 C. 迁移后零点改变 D. A + C

186. 用差压变送器测锅炉水位时,常采用参考水位罐。为使水位上升时,变送器输出也随之增大,则测量水位管应接_____,参水位管应接_____,同时进行负迁移。
 A. 正压室/负压室 B. 正压室/正压室
 C. 负压室/正压室 D. 负压室/负压室

187. 某锅炉最高和最低水位相差 600 mmH₂O,参考水位比最高水位高 300 mmH₂O,当变送器输出为 0.1 MPa 时,输入差压信号为_____。

A. -900 mmH₂O B. -60 mmH₂O
C. -300 mmH₂O D. 0 mmH₂O

188. 如果有一差压变送器,其测量范围为0~1.6 MPa,打算检测-0.4 MPa到0.4 MPa压力,应_____。
   A. 先把量程压缩到0~0.8 MPa,再正迁移0.4 MPa
   B. 先把量程压缩到0~0.8 MPa,再负迁移0.4 MPa
   C. 先把量程压缩到0~0.4 MPa,再正迁移0.4 MPa
   D. 先把量程压缩到0~0.4 MPa,再负迁移0.4 MPa

189. 现有一台0~10 MPa量程的差压变送器,打算测量0.2 MPa到1.0 MPa的压力信号,其调节方法是_____。
   A. 减小其量程为0~0.8 MPa,再进行正迁移0.2 MPa
   B. 减小其量程为0~0.4 MPa,再进行正迁移0.6 MPa
   C. 减小其量程为0~0.8 MPa,再进行负迁移0.2 MPa
   D. 减小其量程为0~0.4 MPa,再进行负迁移0.6 MPa

190. 变送器进行量程的平行迁移的实质是_____。
   A. 改变变送器的零点 B. 改变变送器的放大系数
   C. 改变变送器的量程大小 D. A + C

191. 通过对变送器进行量程迁移可获得的好处是_____。
   A. 测量精度提高 B. 适用于不同的场合
   C. 仪表灵敏度提高 D. A + B + C

192. 某锅炉最高和最低水位相差600 mmH₂O,参考水位比最高水位高200 mmH₂O,经迁移后,差压变送器的零点是_____。
   A. -600 mmH₂O B. -800 mmH₂O
   C. 0 mmH₂O D. 800 mmH₂O

193. 对差压变送器进行迁移调整的正确认识为_____。
   A. 迁移后零点不变 B. 迁移后量程终点不变
   C. 迁移后量程不变 D. 迁移后量程起点不变

194. 用单杠杆差压变送器测量锅炉水位时,若锅炉允许上、下限水位相差400 mmH₂O,则迁移量及迁移方向为_____。
   A. 400 mmH₂O,正迁移 B. -400 mmH₂O,负迁移
   C. 200 mmH₂O,正迁移 D. -200 mmH₂O,负迁移

195. 用单杠杆气动差压变送器测量水位时,若锅炉允许的最高和最低水位差是600 mmH₂O,迁移后当水位达到最高水位时,测量信号ΔP及变送器的输出$P_{出}$分别为_____。
   A. 600 mmH₂O,0.1 MPa B. 0,0.1 MPa
   C. 0,0.02 MPa D. 600 mmH₂O,0.02 MPa

196. 用单杠杆气动差压变送器测量量程为600 mmH₂O的锅炉水位时,迁移后当水位达到下限水位时,其测量信号ΔP及变送器输出$P_{出}$分别为_____。
   A. -600 mmH₂O,0.02 MPa B. 0,0.02 MPa

C. 600 mmH₂O, 0.1 MPa D. 0, 0.1 MPa

197. 假定锅炉最高和最低水位相差 400 mmH₂O,迁移后,变送器输出 $P_{出}=0.1$ MPa,其 ΔP 为 _____。
   A. $\Delta P = -400$ mmH₂O B. $\Delta P = 0$
   C. $\Delta P = 200$ mmH₂O D. $\Delta P = 400$ mmH₂O

198. 有一台量程为 0~0.6 MPa 的压力变送器,现要测量 0.4~1.0 MPa 的压力信号,需对变送器进行迁移,其迁移量为 _____ 及迁移方向为 _____。
   A. 1.0 MPa/负迁移 B. -0.4 MPa/正迁移
   C. 0.4 MPa/正迁移 D. -1.0 MPa/负迁移

199. 有一台量程为 0~100 ℃ 的温度变送器,现要测量 -20~80 ℃ 的温度,需对变送器进行迁移,其迁移量及迁移方向为 _____。
   A. -20 ℃,负迁移 B. -20 ℃,正迁移
   C. 20 ℃,负迁移 D. 20 ℃,正迁移

200. 在用单杠杆气动差压变送器测量锅炉水位时,当零点、量程及迁移调整好投入运行后经过一段时间水位表指示水位一直降低,最后变送器无输出,只有当水位上升到最高水位时 $P_{出}=0.02$ MPa,其产生该故障的可能原因是 _____。
   A. 量程支点下滑 B. 迁移弹簧旋钮松脱
   C. 恒节流孔堵塞 D. 喷嘴堵塞

201. 现有一台量程为 0~120 ℃ 的温度变送器,现要测量 -20~80 ℃ 的信号,其调整方法是 _____。
   A. 下移反馈波纹管,把量程减小到 0~100 ℃,再负迁移,迁移量为 -20 ℃
   B. 上移反馈波纹管,把量程减小到 0~100 ℃,再正迁移,迁移量为 20 ℃
   C. 下移反馈波纹管,把量程减小到 0~60 ℃,再负迁移,迁移量为 -10 ℃
   D. 上移反馈波纹管,把量程减小到 0~60 ℃,再正迁移,迁移量为 10 ℃

202. 有一台量程为 0~100 ℃ 的单杠杆温度变送器,现要测量的温度范围是 -20~100 ℃,其调整方法是 _____。
   A. 下移反馈波纹管,把量程增大到 0~120 ℃,再正迁移,迁移量为 20 ℃
   B. 上移反馈波纹管,把量程增大到 0~120 ℃,再负迁移,迁移量为 -20 ℃
   C. 下移反馈波纹管,把量程减小到 0~80 ℃,再正迁移,迁移量为 20 ℃
   D. 上移反馈波纹管,把量程减小到 0~80 ℃,再负迁移,迁移量为 -20 ℃

203. 在用单杠杆气动差压变送器检测锅炉水位时,若最高和最低水位之间为 600 mmH₂O,且参考水位比最高水位高出 300 mmH₂O,迁移后,变送器输出 $P_{出}=0.1$ MPa 的 ΔP 为 _____。
   A. $\Delta P = -900$ mmH₂O B. $\Delta P = -600$ mmH₂O
   C. $\Delta P = -300$ mmH₂O D. $\Delta P = 0$

204. 在用单杠杆气动差压变送器测量锅炉水位时,其参考水位罐中的参考水位可设置得 _____。
   A. 高于锅炉允许的高水位 B. 等于锅炉允许的高水位
   C. 低于锅炉允许的高水位 D. A 或 B

205. 在用单杠杆气动差压变送器测量锅炉水位时,若最高和最低水位相差 400 mmH₂O,其参考水位比最高水位高出 200 mmH₂O,则使变送器输出 0.02 MPa 和 0.1 MPa 的 ΔP 值分别应为_____。

   A. $\Delta P = 0$, $\Delta P = 500$ mmH₂O B. $\Delta P = -400$ mmH₂O, $\Delta P = 0$
   C. $\Delta P = -500$ mmH₂O, $\Delta P = 0$ D. $\Delta P = -600$ mmH₂O, $\Delta P = -200$ mmH₂O

206. 在用单杠杆气动差压变送器测量锅炉水位时,若最高和最低水位相差 400 mmH₂O,其参考水位罐中的参考水位比锅炉最高水位高了 400 mmH₂O,在测试中得到 $\Delta P = -700$ mmH₂O 时,$P_出 = 0.02$ MPa,$\Delta P = -500$ mmH₂O 时,$P_出 = 0.1$ MPa,其调整方法是_____。

   A. 扭动调零螺钉使挡板离开喷嘴,上移反馈波纹管
   B. 扭动调零螺钉使挡板离开喷嘴,下移反馈波纹管
   C. 扭动调零螺钉使挡板靠近喷嘴,上移反馈波纹管
   D. 扭动调零螺钉使挡板靠近喷嘴,下移反馈波纹管

207. 采用迁移的差压变送器的特点是_____。
   A. 量程的起点不变,终点改变
   B. 量程的起点改变,终点不变
   C. 量程的起点和终点都改变,量程不变
   D. 量程的起点和终点都不变,量程改变

208. 对迁移的正确理解是_____。
   ①迁移后量程起点不变;②迁移后量程终点不变;③迁移后量程起点改变;④迁移后量程终点改变;⑤迁移后量程改变;⑥迁移后量程不变。
   A.①③⑤ B.③④⑥ C.①②⑤ D.②③④

209. 用参考水位罐和差压变送器测量锅炉水位时,若最高最低水位相差 400 mmH₂O,且参考水位与最高水位相同,其正确说法是_____。
   ①测量水位管接负压室,参考水位管接正压室;②测量水位管接正压室,参考水位管接负压室;③对变送器要进行负迁移,迁移量是 -400 mmH₂O;④对变送器要进行正迁移,迁移量是 +400 mmH₂O;⑤迁移后,变送器的零点为 $\Delta P = -400$ mmH₂O,其输出 $P_出 = 0.02$ MPa;⑥迁移后,变送器输入 $\Delta P = 0$ 时,其输出 $P_出 = 0.1$ MPa。
   A.①②④⑥ B.②③④⑤ C.③④⑤⑥ D.②③⑤⑥

210. 现用量程为 0~1 000 mmH₂O 的差压变送器,测量最大变化范围为 600 mmH₂O 的锅炉水位,且参考水位比锅炉的最高水位高 400 mmH₂O,对变送器的正确调整方法是_____。
   ①正迁移,迁移量为 600 mmH₂O;②负迁移,迁移量为 -1 000 mmH₂O;③$\Delta P = 1 000$ mmH₂O 时,$P_出 = 0.02$;④$\Delta P = 0$ 时,$P_出 = 0.02$ MPa;⑤$\Delta P = 0$ 时,$P_出 = 0.1$ MPa;⑥$\Delta P = -400$ mmH₂O 时,$P_出 = 0.1$ MPa。
   A.②③⑥ B.①④⑤ C.①②③ D.④⑤⑥

211. 单杠杆气动差压变送器,当输入信号已经很大时依然没有输出,原因可能是_____。
   A. 恒节流 ΔL 堵塞 B. 喷嘴堵塞 C. 调压阀脏堵 D. 气源管漏气

212. 在锅炉运行过程中,发现检测水位的气动差压变送器输出为零,可能的原因是_____。
   A. 喷嘴堵塞 B. 锅炉满水 C. 锅炉失水 D. 平衡阀堵塞

213. 在锅炉运行过程中,发现检测水位的气动差压变送器输出为零,不可能的原因是_____。
    A. 气源中断　　　　B. 毛细管堵塞　　　C. 锅炉失水　　　D. 锅炉满水

214. 为防止单杠杆气动差压变送器发生单向过载,投入运行时正确的操作顺序是_____。
    A. 开平衡阀,开炉水阀和参考水位阀,再关平衡阀
    B. 关平衡阀,开炉水阀和参考水位阀
    C. 开炉水阀和平衡阀,关闭参考水位阀
    D. 开炉水阀,关平衡阀,开参考水位阀

215. 对于 QBC 型单杠杆气动差压变送器测量管上的三个阀(截止阀、平衡阀和冲洗阀),接入信号时应_____。
    A. 先开截止阀,后开平衡阀　　　　B. 先开平衡阀,后开截止阀
    C. 先开平衡阀,后开冲洗阀　　　　D. 先开冲洗阀,后开平衡阀

216. 若单杠杆气动差压变送器出现输出压力波动,其故障原因可能是_____。
    A. 迁移量没调好　　B. 喷嘴沾污　　　C. 顶针螺钉松动　　D. 测量膜盒漏油

217. 当单杠杆气动差压变送器没有输入却有输出时,其故障原因是_____。
    A. 恒节流孔堵塞　　B. 喷嘴堵塞　　　C. 气源管路漏气　　D. 减压阀过滤器堵塞

218. 在单杠杆气动差压变送器的工作过程中,其输出气压信号自行降低,最后输出 $P_出 = 0$,可能原因是_____。
    A. 喷嘴挡板机构中恒节流孔堵塞　　B. 喷嘴挡板机构中喷嘴堵塞
    C. 输入的压差信号 $\Delta P = 0$　　　　D. 反馈波纹管有轻微破漏

219. 在单杠杆气动差压变送器安装地点的环境温度改变时,在同一输入信号的条件下,其输出压力将_____。
    A. 变化　　　　　　B. 不变　　　　　C. 上升　　　　　D. 下降

220. 在单杠杆气动差压变送器检测锅炉水位的系统中,对其管理应经常做的工作是_____。
    A. 放气放残　　　　B. 管路冲洗　　　C. 滤器清洗　　　D. 量程调整

221. 单杠杆气动差压变送器在使用中,恒节流孔堵塞,将会使_____。
    A. 挡板更靠近喷嘴　　　　　　　　B. 挡板更远离喷嘴
    C. 挡板激烈振荡　　　　　　　　　D. 挡板保持原位不动

222. 在单杠杆气动差压变送器工作过程中,不能造成其零点漂移的原因是_____。
    A. 输出或反馈管路漏气　　　　　　B. 测量膜盒漏油
    C. 喷嘴挡板沾污　　　　　　　　　D. 恒节流孔堵塞

223. 若压力变送器没有输入而输出却大于 0.02 MPa 时,其原因可能是_____。
    A. 恒节流孔脏堵　　　　　　　　　B. 反馈波纹管漏气
    C. 喷嘴脏堵　　　　　　　　　　　D. 反馈波纹管刚性大

224. 在用单杠杆气动差压变送器检测锅炉水位时,发现锅炉水位总是处于最高位,在下列选项中,可能的原因是_____。
    A. 喷嘴堵塞　　　B. 工作气源中断　　C. 锅炉失水　　　D. 平衡阀堵塞

225. 当单杠杆气动差压变送器有输入却没有输出时,经检查发现气源工作正常,则故障的可能原因是_____。

A. 恒节流孔堵塞 B. 喷嘴堵塞
C. 气源管路漏气 D. 减压阀过滤器堵塞

226. 在单杠杆气动差压变送器中,如果输出或反馈管路漏气,则将导致_____。
   A. 输出振荡 B. 量程减小 C. 零点漂移 D. 量程增大

227. 在用单杠杆气动差压变送器检测燃油黏度的控制系统中,燃油黏度未变,但指示仪表已指示到满量程以上,其可能的故障原因是_____。
   A. 喷嘴堵塞 B. 恒节流孔堵塞 C. 调压阀堵塞 D. 输出管漏泄

228. 在用单杠杆气动差压变送器测量燃油黏度时,在正常运行期间,指示仪表指针指示零秒以下,其产生该故障的原因可能是_____。
   A. 量程支点锁紧螺母未锁紧 B. 恒节流孔堵塞
   C. 喷嘴堵塞 D. 测黏计毛细管堵塞

229. 用单杠杆气动差压变送器测量某个参数量时,在正常运行期间,指示仪表指针激烈振荡,其可能的故障原因是_____。
   A. 恒节流孔堵塞 B. 喷嘴堵塞
   C. 减压阀堵塞 D. 测量膜盒中液体漏泄

230. 单杠杆气动差压变送器调好零点和量程投入运行后,零点降低,且被测参数增加较小的值输出就达到 0.1 MPa,其故障的可能原因是_____。
   A. 恒节流孔堵塞,但还未全堵死
   B. 喷嘴脏堵,但还未全堵死
   C. 反馈波纹管出现微小的裂缝
   D. 量程支点锁紧螺母未锁紧,反馈波纹管自动下滑

231. 在单杠杆气动差压变送器中,如果测量膜盒中金属膜片破裂,可能产生的故障现象是_____。
   A. $P_{出} = 0.02$ MPa 不变 B. $P_{出} \geq 0.1$ MPa
   C. $P_{出} = 0.06$ MPa 不变 D. $P_{出}$ 激烈振荡

232. 在单杠杆气动差压变送器中,量程调好后忘记把反馈波纹管锁紧、螺母锁紧,则变送器投入工作后,会出现的现象是_____。
   A. 输出压力信号激烈振荡
   B. 在测量信号不变的情况下,输出信号逐渐增大
   C. 在测量信号不变的情况下,输出信号逐渐减小
   D. 输出信号将不随测量信号而变化

233. 在单杠杆气动差压变送器中,若主杠杆下端与测量膜盒连接的金属簧片折断,则变送器在运行中,其输出 $P_{出}$ 将会_____。
   A. $P_{出} > 0.1$ MPa B. $P_{出}$ 绕 0.06 MPa 激烈振荡
   C. $P_{出} = 0.02$ MPa D. $P_{出} < 0.02$ MPa

234. 有一台单杠杆气动差压变送器,当输出压力 $P_{出}$ 较小时,其反馈波纹管进气口堵塞,这时,其输出应为_____。
   A. $P_{出} = 0$ MPa B. $P_{出} = 0.02$ MPa

C. $P_{出}<0.02$ MPa   D. $P_{出}>0.1$ MPa

235. 在单杠杆气动差压变送器中,反馈波纹管对主杠杆支点不变,由于波纹管并圈使其有效面积减小了,则_____。
    A. 零点和量程都增大了   B. 零点和量程都减小了
    C. 零点减小了,量程增大了   D. 零点增大了,量程减小了

236. 在单杠杆气动差压变送器投入工作时,其截止阀、平衡阀、冲洗阀的开关顺序为_____。
    A. 先开截止阀—开冲洗阀—开平衡阀—关冲洗阀
    B. 先开冲洗阀—开截止阀—开平衡阀—关冲洗阀
    C. 关冲洗阀—开平衡阀—开截止阀—关平衡阀
    D. 关冲洗阀—开截止阀—开平衡阀—关截止阀

237. 有一台单杠杆气动差压变送器投入运行后,其输出会不断降低,经较长时间其输出产出0.02 MPa,其原因可能是_____。
    A. 对变送器迁移不正确   B. 放大器起步压力调整不准
    C. 挡板粘在喷嘴上不能打开   D. 恒节流孔逐渐被堵塞

238. 若压力变送器无输入,输出却大于0.02 MPa时,其原因可能是_____。
    A. 喷嘴脏污   B. 恒节流孔脏堵
    C. 气源管路漏气   D. A 或 C

239. 造成差压变送器有输入而没有输出故障的原因可能是_____。
    A. 喷嘴堵死   B. 反馈波纹管漏气
    C. 迁移不正确   D. 膜盒上的弹簧拉片变形

240. 造成差压变送器有输入而没有输出故障不可能的原因是_____。
    A. 输出管接头堵塞   B. 恒节流孔堵塞
    C. 迁移不正确   D. 反馈波纹管漏气

241. 单杠杆气动差压变送器若发生零位漂移,其原因可能是_____。
    A. 迁移量没调好   B. 喷嘴堵塞   C. 输出管路漏气   D. 过滤器堵塞

242. 保持差压变送器长期、可靠、稳定地工作的首要条件是_____。
    A. 零点、量程调整正确   B. 环境温度基本不变
    C. 气源干净   D. 迁移调整正确

243. 单杠杆差压变送器,当输入信号已经很大时依然没有输出,其原因可能是_____。
    A. 恒节流孔堵塞   B. 喷嘴堵塞   C. 调压阀脏堵   D. 气源管漏气

244. 单杠杆气动差压变送器的故障可能有_____。
    ①仪表有输入但无输出或达不到0.1 MPa;②仪表无输入但有输出;③零点漂移;④输出压力波动。
    A. ①②③   B. ①③④   C. ②③④   D. ①②④

245. 能造成单杠杆气动差压变送器输出压力波动的原因可能是_____。
    ①恒节流孔堵塞;②喷嘴挡板沾污;③放大器特性不好;④测量信号本身是脉动的;⑤输出管道漏气;⑥反馈回路漏气。
    A. ①②④⑤   B. ①②③⑥   C. ②③⑤⑥   D. ②④⑤⑥

246. 某一压力变送器在开始运行时,输出压力正常,过一两天后输出压力越来越小或越来越大的原因可能是_____。
①减压阀过滤件堵塞;②被测介质结焦;③被测介质黏度下降;④喷嘴沾污;⑤喷嘴堵塞;⑥被测介质温度不太正常。
A.①②⑥　　　　B.①②④⑤　　　　C.②③④⑤　　　　D.②④⑤⑥

247. 造成差压变送器有输入而没有输出的故障的原因可能是_____。
①输出管接头堵塞;②喷嘴堵死;③反馈波纹管漏气;④恒节流孔堵塞;⑤迁移不正确;⑥减压阀过滤器堵塞。
A.①③④⑤　　　　B.①④⑤⑥　　　　C.①②③⑥　　　　D.②③④⑥

248. 在锅炉运行过程中,发现检测水位的气动差压变送器输出为零,可能的原因是_____。
①喷嘴堵塞;②气源中断;③平衡阀堵塞;④毛细管堵塞;⑤锅炉失水;⑥锅炉满水。
A.①③⑥　　　　B.②④⑤　　　　C.①④⑥　　　　D.③④⑤

249. 单杠杆气动差压变送器输出压力不能稳定在一点上,一碰就降到零,再一碰就降过满刻度的原因可能是_____。
①反馈回路堵塞;②反馈回路严重漏气;③膜盒漏油;④弹簧并圈或碰到挡板;⑤喷嘴挡板沾污;⑥波纹管并圈。
A.①②⑥　　　　B.①②④⑤　　　　C.②③④⑥　　　　D.②④⑤⑥

250. 压力变送气所测压力达到最大值时,输出压力达不到0.1 MPa的原因可能有_____。
①气源压力不足;②气源压力太高;③放大器节流孔堵塞;④输入管路漏泄;⑤喷嘴挡板位置不当;⑥限位螺钉碰到杠杆。
A.①②④⑥　　　　B.②③⑤⑥　　　　C.①③⑤⑥　　　　D.②③④⑤

251. 在单杠杆气动差压变送器的测量信号变化时,输出信号变化很迟钝的原因可能是_____。
①输出管路漏泄;②膜盒漏油;③膜盒上弹簧片损坏;④负载容积太小;⑤减压阀流量不足;⑥膜盒膜片刚度不同。
A.①②③⑤　　　　B.①②⑤⑥　　　　C.②③④⑤　　　　D.②④⑤⑥

252. 单杠杆气动差压变送器输出特性不好,变差大的原因可能是_____。
①喷嘴挡板沾污;②气源流量不足;③恒节流孔堵塞;④膜盒上弹簧片变形;⑤膜盒内充满硅油;⑥放大器特性不好。
A.①②③⑤　　　　B.①②④⑥　　　　C.②③⑤⑥　　　　D.②④⑤⑥

253. 单杠杆气动差压变送器输入特性不好,灵敏限大的原因可能是_____。
①气源流量不足,压力不稳;②恒节流孔堵塞;③放大器反馈或背压回路漏气;④膜盒漏油;⑤喷嘴挡板沾污;⑥调零弹簧刚度不足。
A.①②④⑥　　　　B.①③④⑤　　　　C.②③④⑤　　　　D.②④⑤⑥

254. 差压变量器在使用与维护过程中要注意_____问题。
①移动或调换波纹管后必须重调量程;②气源压力应保持在0.14 MPa;③测量范围不应超过铭牌的规定;④当差压信号导入测量元件时,应最后关闭平衡网;⑤应经常注意管路的气密性;⑥差压变送器最大量程必须与使用量程相符。
A.①③⑤⑥　　　　B.②④⑤⑥　　　　C.①②③⑤　　　　D.②③④⑤

第5章 船舶反馈控制系统基础

255. 差压变送器常见的故障是_____。
①有测量信号,但无输出;②没有测量信号,但输出压力达最大值;③当喷嘴堵塞时,输出值超过 0.1 MPa;④零点漂移;⑤输出压力波动;⑥调零螺钉松动,则输出波动。
A. ①②④⑤ B. ①③⑤⑥ C. ②③④⑥ D. ②③④⑤

256. 在单杠杆气动差压变送器中,没有输入而有输出,其可能的故障原因是_____。
①喷嘴堵塞;②恒节流孔堵塞;③反馈波纹管有些漏气;④测量膜盒上弹簧拉片变形;⑤放大器中球阀有污物;⑥测量膜盒金属膜片破裂。
A. ①③⑤ B. ①③④ C. ②④⑥ D. ④⑤⑥

257. 在单杠杆气动差压变送器中,如反馈波纹管损坏,差压变送器的输出压力为多少?如要扩大量程,调节什么?如何调整?正确的回答是_____。
①最小;②最大;③调放大器弹簧片刚度;④调反馈波纹管的支点;⑤上移反馈波纹管;⑥下移反馈波纹管。
A. ①④⑥ B. ②③⑤ C. ①③④ D. ②④⑤

258. 在气动仪表管理中,一旦发现恒节流孔或喷嘴堵塞,其清洗方式为_____。
①用酒精灯烧洗;②用小刀刮洗;③用通针和压缩空气吹洗;④用汽油泡洗;⑤用酒精吹洗;⑥装复前用电吹风吹干。
A. ①②③⑤ B. ①③④⑤ C. ②③④⑥ D. ③④⑤⑥

259. 在气动仪表中,管好气源应采取的措施是_____。
①保证气源压力为 0.14 MPa;②定期向压缩空气喷放油雾;③对压缩空气采取冷凝;④定期旋转调压阀旋钮;⑤经常放残;⑥定期清洗过滤器滤芯。
A. ①⑤⑥ B. ②③⑤ C. ②③④ D. ③④⑤

260. 气动仪表在拆装时应注意的问题是_____。
①拆卸前要打好记号;②装复时,挡板要远离喷嘴;③装复时挡板要靠上喷嘴;④波纹管不要扭曲和并圈;⑤各波纹管锁紧螺母要锁紧;⑥调换弹性元件时,其刚度要适当大一些。
A. ①②③ B. ②③⑥ C. ①④⑤ D. ④⑤⑥

261. 对于气动仪表来讲,如果调节器使用一段时间后,发现调节器线性不好,调节器作用规律不符合要求,最常见的故障原因有_____。
①放大器起步压力调整不当;②喷嘴堵塞;③调压阀已沾污;④恒节流孔堵塞;⑤挡板脏污;⑥参数调校得不准。
A. ①③④ B. ②③⑤ C. ②⑤⑥ D. ③④⑥

262. 气动仪表对气源的要求是_____。
①无尘;②无水;③可以含有少量油的润滑仪表;④气压保持为 0.1 MPa;⑤气压应为 0.14 MPa;⑥定期排污和清洗滤器。
A. ①②⑤⑥ B. ①③④⑤ C. ②③⑤⑥ D. ②④⑤⑥

5.4.2.2 电动差压变送器(适用对象:8401,8402)

263. 当1511型电容式差压变送器输入压差 ΔP 增加时,其电容量的变化特点是_____。
A. C_H、C_L 同时增加 B. C_H、C_L 同时减小
C. C_H 增加、C_L 减小 D. C_H 减小、C_L 增加

264. 1511 型电容式差压变送器组成包括_____。
   A. 测量部件 B. 转换放大电路 C. 调零、调量程电位器 D. A + B
265. 1511 型电容式差压变送器放大电路的作用是将_____。
   A. 差动电容的相对变化值转换成标准的电流信号
   B. 差动电容的相对变化值转换成标准的电压信号
   C. 差动电容的相对变化值转换成电阻信号
   D. 差动电容的相对变化值转换成标准的气压信号
266. 在 1511 型电容式差压变送器中,用_____来抑制由被测压力的高频变化引起的输出快速波动。
   A. 线性调整电位器   B. 阻尼调整电位器
   C. 零位电位器   D. 量程电位器
267. 电容式差压变送器的基本组成可分成_____和_____两部分。
   A. 测量电路/控制放大电路   B. 电容电路/控制电路
   C. 测量部件/转换放大电路   D. 差压部件/转换放大部件
268. 电容式差压变送器的电容变化量由电容电流转换电路转换成直流电流信号,电流信号与_____的代数和同_____进行比较,其差值送入放大电路,经放大得到变送器的输出电流。
   A. 调零信号/反馈信号   B. 调零信号/测量信号
   C. 测量信号/反馈信号   D. 测量信号/放大信号
269. 电容式差压变送器在差动电容敏感元件的空腔内充有硅油,用以_____。
   A. 测量差压   B. 测量电容   C. 稳定压力   D. 传递压力
270. 关于电容式差压变送器,不正确的结论是_____。
   A. 差动电容的相对变化值 $(C_H - C_L)/(C_H + C_L)$ 与 ΔP 呈线性关系
   B. 差动电容的相对变化值 $(C_H - C_L)/(C_H + C_L)$ 与 ΔP 呈非线性关系
   C. $(C_H - C_L)/(C_H + C_L)$ 的大小与 S_0 有关
   D. $(C_H - C_L)/(C_H + C_L)$ 与介电常数 ε 无关
271. 1511 型电容式差压变送器的阻尼调整电位器用来抑制由被测压力的高频变化而引起的输出快速波动,其时间常数在_____之间。
   A. 0.2 s 和 1.67 s   B. 0.2 s 和 1.6 s   C. 1.2 s 和 1.7 s   D. 12 s 和 16.7 s
272. 在 1511 型电容式差压变送器里,放大器板的焊接面有一个线性调整电位器和阻尼调整电位器,其中线性调整电位器_____。
   A. 出厂后可按现场情况进行调试   B. 出厂时已调整到逆时针极限的位置上
   C. 出厂后可调到最佳状态   D. 已在出厂时调到了最佳状态
273. 电容式电动差压变送器,该电路包括电容—电流转换电路及放大电路两部分。电容—电流转换部分主要有_____。
   ①振荡器;②调节器;③解调器;④稳压器;⑤振荡控制放大器;⑥电压放大器。
   A. ②④⑥   B. ①③⑤   C. ①②③   D. ④⑤⑥
274. 电容式电动差压变送器,该电路包括电容—电流转换电路及放大电路两部分。放大电路部分主要有_____。
①振荡控制放大器；②前置放大器；③调零与零点迁移电路；④量程调整电路；⑤解调器；
⑥功放与输出限制电路。
A. ①②④⑥   B. ①③④⑤   C. ②③⑤⑥   D. ②③④⑥

275. 电容式电动差压变送器，该电路包括电容—电流转换电路及放大电路两部分。电容—电流转换部分的作用是_____。
A. 将差动电容的相对变化值 $C_H - C_L$ 成比例地转换成差动电流信号 I_i
B. 将差动电容的相对变化值 $C_H + C_L$ 成比例地转换成差动电压信号 V_i
C. 将差动电容的相对变化值 $(C_H - C_L)/(C_H + C_L)$ 成比例地转换成差动电流信号 I_i
D. 将差动电容的相对变化值 $(C_H - C_L)/(C_H + C_L)$ 成比例地转换成差动电压信号 V_i

276. 电容式电动差压变送器，该电路包括电容—电流转换电路及放大电路两部分。该部分电路的作用是_____。
A. 将差动电流 I_i 进行放大，并输出 4～20 mA 的直流电流
B. 将差动电流 I_i 进行放大，并输出 4～20 mA 的交流电流
C. 将差动电压 V_i 进行放大，并输出 0～10 V 的直流电压
D. 将差动电压 V_i 进行放大，并输出 -10～10 V 的直流电压

参考答案

1. A	2. D	3. A	4. C	5. D	6. B	7. B	8. B	9. D	10. D
11. A	12. B	13. C	14. D	15. D	16. B	17. A	18. B	19. A	20. A
21. C	22. D	23. C	24. B	25. D	26. A	27. C	28. A	29. C	30. C
31.	32. A	33. C	34. D	35. C	36. A	37. D	38. C	39. C	40. A
41. A	42. C	43. C	44. B	45. C	46. D	47. B	48. A	49. D	50. A
51. D	52. D	53. D	54. D	55. A	56. D	57. D	58. D	59. D	60. B
61. D	62. C	63. C	64. A	65. C	66. C	67. C	68. D	69. B	70. A
71. D	72. C	73. C	74. D	75. C	76. D	77. C	78. C	79. D	80. A
81. D	82. C	83. D	84. A	85. B	86. D	87. B	88. D	89. D	90. B
91.	92.	93.	94.	95. D	96.	97.	98.	99.	100. D
101. B	102. C	103. B	104. C	105. A	106. C	107. D	108. A	109. C	110. A
111.	112. D	113. D	114. C	115. B	116. D	117. A	118. C	119. A	120. D
121.	122. D	123. A	124. D	125. D	126. C	127. D	128. D	129. D	130. C
131. B	132. C	133. C	134. D	135. D	136. D	137. D	138. D	139. D	140. D
141. A	142. D	143. C	144. D	145. C	146. B	147. D	148. C	149. D	150. A
151. D	152. D	153. C	154. D	155. D	156. D	157. D	158. D	159. D	160. D
161. C	162. D	163. B	164. D	165. D	166. D	167. D	168. D	169. A	170. D
171. B	172. A	173. D	174. A	175. D	176. A	177. D	178. D	179. D	180. B
181. C	182. C	183. B	184. A	185. B	186. A	187. C	188. B	189. A	190. A

191. D	192. B	193. C	194. B	195. B	196. A	197. B	198. C	199. A	200. B
201. A	202. B	203. C	204. D	205. D	206. C	207. C	208. D	209. D	210. A
211. A	212. C	213. D	214. A	215. B	216. B	217. B	218. A	219. D	220. B
221. B	222. B	223. C	224. D	225. A	226. B	227. B	228. B	229. B	230. C
231. D	232. B	233. D	234. D	235. D	236. B	237. D	238. A	239. C	240. D
241. C	242. C	243. A	244. D	245. D	246. D	247. C	248. B	249. C	250. C
251. A	252. B	253. B	254. D	255. D	256. B	257. D	258. D	259. D	260. C
261. B	262. A	263. B	264. D	265. A	266. C	267. C	268. D	269. D	270. B
271. A	272. C	273. B	274. D	275. C	276. A				

第5节 执行机构

5.5.1 气动执行机构(适用对象:8401,8402,8403,8404)

1. 气动调节阀工作的环境温度应_____。
   A. 不高于 70 ℃　　　B. 不高于 60 ℃　　　C. 不高于 50 ℃　　　D. 40 ℃

2. 气动调节阀工作的环境温度应_____。
   A. 不低于 −20 ℃　　B. 不低于 −30 ℃　　C. 不低于 −40 ℃　　D. 没有限制

3. 气动调节阀应尽量避免安装在旁通阀的_____。
   A. 侧面　　　　　　　B. 下方　　　　　　　C. 上方　　　　　　　D. 前方

4. 气动薄膜调节阀属于_____。
   A. 比例环节　　　　　B. 比例积分环节　　　C. 积分环节　　　　　D. 比例微分环节

5. 气动薄膜调节阀在控制系统中属于_____。
   A. 测量单元　　　　　B. 调节单元　　　　　C. 执行机构　　　　　D. 控制对象

6. 气动薄膜调节阀依据_____工作。
   A. 力矩平衡原理　　　B. 力平衡原理　　　　C. 位移平衡原理　　　D. 杠杆平衡原理

7. 气动薄膜调节阀的输入、输出信号分别是_____。
   A. 位移,位移　　　　B. 压力,位移　　　　C. 位移,压力　　　　D. 压力,压力

8. 在控制系统中,把执行机构可近似地看成是_____。
   A. 比例环节　　　　　B. 积分环节　　　　　C. 微分环节　　　　　D. 惯性环节

9. 气动薄膜调节阀的特点是_____。
   A. 结构简单,阀杆推力大　　　　　　　　　B. 结构简单,阀杆推力小
   C. 结构复杂,阀杆推力大　　　　　　　　　D. 结构复杂,阀杆推力小

10. 在采用气关式调节阀调节蒸汽加热水柜水温的反馈控制系统中,若调节器发生故障而没有输出,这时被控量将_____。
    A. 保持不变　　　　　B. 达到最大值　　　　C. 达到最小值　　　　D. 不能确定

11. 对于输入气压信号从膜片上部进入的气动薄膜调节阀,当输入的气压信号增大时,阀杆下移,

这种动作方式称为_____。
A. 反作用式   B. 正作用式   C. 气开式   D. 气关式

12. 在用正作用式调节器组成的温度控制系统中,一旦气动薄膜调节阀的金属膜片破裂,则_____。
A. 温度会下降到下限值以下   B. 温度会上升到上限值以上
C. 温度会绕给定值激烈振荡   D. 温度的稳定值不确定

13. 在用反作用式调节器组成的燃油黏度控制系统中,一旦气动薄膜调节阀的金属膜片破裂,则_____。
A. 蒸汽调节阀全开   B. 蒸汽调节阀全关
C. 蒸汽调节阀开度不变   D. 蒸汽调节阀开、关振荡

14. 带阀门定位器的活塞式调节阀的特点是_____。
A. 结构简单,阀杆推力小   B. 结构简单,阀杆推力大
C. 结构复杂,阀杆推力小   D. 结构复杂,阀杆推力大

15. 对于气开式气动薄膜调节阀,当输入的控制信号增大时,则_____。
A. 金属膜片向上弯   B. 金属膜片向下弯
C. 调节阀开度增大   D. 调节阀开度减小

16. 对于气关式气动薄膜调节阀,当输入的控制信号增大时,则_____。
A. 金属膜片向上弯   B. 阀杆下移
C. 调节阀开度增大   D. 调节阀开度减小

17. 气动薄膜调节阀长期使用后,其特性容易改变,其主要原因是它缺少_____。
A. 比较机构   B. 放大装置   C. 反馈装置   D. 定值器

18. 在气动反馈控制系统的维修中,因不慎将气关式调节阀换成气开式,则此系统的调节效果相当于_____控制。
A. 开环   B. 程序   C. 正反馈   D. 负反馈

19. 随着控制信号的增加,气动调节阀的开度增大,这是_____。
A. 气关式调节阀   B. 正作用式调节阀
C. 反作用式调节阀   D. 气开式调节阀

20. 随着控制信号的增加,气动调节阀的开度减小,这是_____。
A. 气关式调节阀   B. 正作用式调节阀
C. 反作用式调节阀   D. 气开式调节阀

21. 气动调节阀配用阀门定位器的目的是克服_____。
①阀前后压差产生的不平衡;②阀门产生的阻力;③阀杆摩擦力;④黏性介质引起的阀杆阻力;⑤悬浮物引起的阀杆阻力;⑥阀杆与输入信号成正比。
A. ①③④⑤   B. ①④⑤⑥   C. ②③④⑤   D. ②④⑤⑥

22. 气动调节阀配用阀门定位后可以使阀门_____。
①动作平稳;②动作减缓;③增加动作速度;④特性得到修正;⑤动作与输入信号成正比;⑥精度提高。
A. ①②③   B. ①④⑥   C. ③④⑤   D. ④⑤⑥

23. 气动调节阀有控制信号,但无动作的原因可能是_____。
    ①阀门工作温度太高;②阀芯脱落;③阀杆弯曲或折断;④阀杆磨损严重;⑤阀芯与衬套或阀座卡死;⑥阀芯结垢。
    A. ①④⑤⑥　　　　B. ②③⑤⑥　　　　C. ①③⑤⑥　　　　D. ②③④⑥

24. 下列_____部件属于气动薄膜调节阀的组成部分。
    ①阀杆;②膜片;③弹簧;④波纹管;⑤喷嘴;⑥活塞;⑦调节螺母;⑧气缸。
    A. ①②⑥⑧　　　　B. ①②③⑦　　　　C. ②③④⑦　　　　D. ①④⑤⑥

25. 气关式气动薄膜调节阀的输入输出关系是_____。
    ①输入增加时输出减小;②输入减小时输出减小;③输入增加时输出增加;④输入减小时输出增加。
    A. ②③　　　　　　B. ①③　　　　　　C. ①④　　　　　　D. ①②

26. 阀门定位器的作用是_____。
    ①消除不稳定性;②消除干磨损的影响;③提高调节阀开关;④增大执行机构的输出功率;⑤减慢阀杆移动的速度;⑥增加系统的传递滞后。
    A. ①③⑤　　　　　B. ②④⑤　　　　　C. ①②④　　　　　D. ②④⑥

27. 气开式气动薄膜调节阀的输入输出的关系是_____。
    ①输入增加时输出减小;②输入减小时输出减小;③输入增加时输出增加;④输入减小时输出增加。
    A. ②③　　　　　　B. ①③　　　　　　C. ①④　　　　　　D. ①②

5.5.2　电动执行机构(适用对象:8401,8402)

28. 伺服放大器组成如图 5-39 所示,如分相电容 C_F 被击穿,则伺服电机将_____。
    A. 只能沿正方向转动　　　　　　　　B. 只能沿反方向转动
    C. 正反方向都可转动　　　　　　　　D. 正反方向都不能转动

29. 伺服放大器组成如图 5-39 所示,两只可控硅的作用是_____。
    A. 其中之一导通时控制伺服电机转动
    B. 两只都导通时控制伺服电机转动
    C. 两只都不导通时控制伺服电机转动
    D. 两只都导通时控制伺服电机停止

30. 伺服放大器组成如图 5-39 所示,可以控制伺服电机_____。
    A. 正反转　　　　　　　　　　　　　B. 转速调节
    C. 正反转和转速调节　　　　　　　　D. 晶闸管 SCR_1 和 SCR_2 正负半周分时动作

31. 伺服放大器组成如图 5-39 所示,放大器的输出是_____。
    A. 输入与反馈偏差的倍数　　　　　　B. 控制触发电路 1 或 2 的通断信号
    C. a,b 间正负电压信号　　　　　　　D. a,b 间交流电压的相位

32. 电动执行机构的结构原理如图 5-40 所示,其中伺服放大器放大的是_____。
    A. 4~20 mA 信号

B. 位置发送器送来的 I_f

C. 4~20 mA 信号与位置发送器送来的 I_f 之和

D. 4~20 mA 信号与位置发送器送来的 I_f 之差

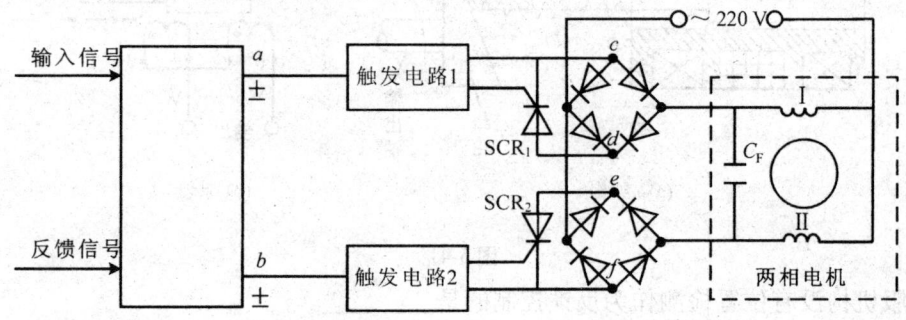

图 5-39

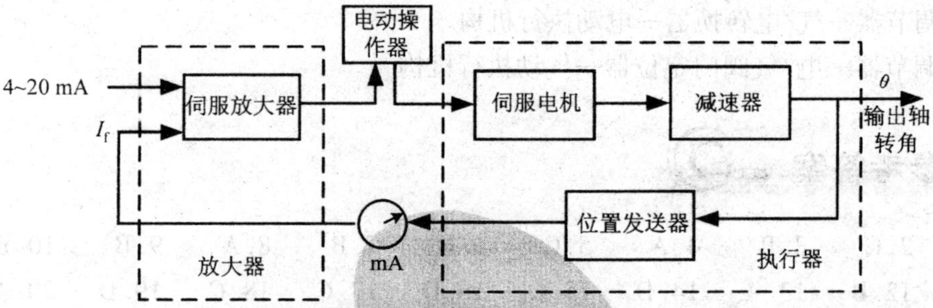

图 5-40

33. 一般用于自动控制系统执行调节阀的电动执行机构的结构原理如图 5-40 所示,其中伺服电机一般是_____。

    A. 自整角机　　　B. 三相异步电机　　　C. 交流伺服电机　　　D. 步进电机

34. 从控制角度出发,一般电动执行机构由_____两大部分组成。

    A. 电动和机械　　　　　　　　　　　B. 伺服放大器和执行单元

    C. 信号和动力　　　　　　　　　　　D. 伺服电机与反馈机构

35. 从控制角度出发,一般电动执行机构的执行单元由_____组成。

    A. 伺服电机、机构减速器和测速机构　　B. 伺服电机、机械减速器和位置发送器

    C. 电液控制磁阀、液压机构和位置发送器　D. 电气控制阀、气动机构和限位开关

36. 一般电动执行机构的执行单元伺服电机需要外配电容器,说明该伺服电机是_____电动机。

    A. 直流　　　　　B. 两相异步　　　　C. 三相异步　　　　D. 三相同步

37. 伺服电机外配的位置检测装置反馈原理如图 5-41 所示,该机构是根据_____原理实现的。

    A. 自整角机　　　B. 测速发电机　　　C. 差动变压器　　　D. 旋转变压器

38. 伺服电机外配的位置检测装置如图 5-41 所示,图示的输出信号是_____。

    A. 与速度成比例的交流电压信号　　　B. 与位置成比例的交流电压信号

    C. 与速度成比例的 0~10 mA 的直流信号　D. 与位置成比例的 0~10 mA 的直流信号

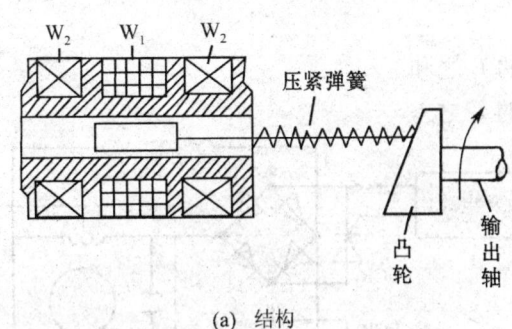
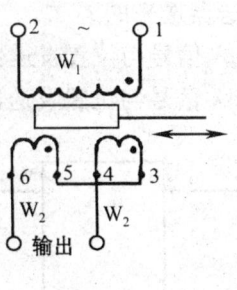

(a) 结构　　　　　　　　　　　(b) 原理

图 5-41

39. 下列伺服机构没有位置检测作为反馈控制的是_____。
   A. 气动调节器—阀门定位器—气动执行机构
   B. 电动调节器—电动执行机构
   C. 气动调节器—气/电转换器—电动执行机构
   D. 电动调节器—电/气阀门定位器—气动执行机构

参考答案

1. B	2. C	3. B	4. A	5. C	6. B	7. A	8. A	9. B	10. B
11. B	12. B	13. A	14. D	15. C	16. D	17. C	18. C	19. D	20. A
21. A	22. C	23. B	24. B	25. C	26. C	27. A	28. D	29. A	30. D
31. B	32. D	33. C	34. B	35. B	36. B	37. C	38. D	39. B	

第6节　反馈控制系统的参数调整（适用对象：8401,8402）

1. 用临界比例带（PB_K）法整定调节器参数时，不适用的条件是_____。
   A. PB_K 很小　　B. PB_K 很大　　C. PB_K 较小　　D. PB_K 较大

2. PID 三作用系统进行比例带调整时，应首先_____。
   A. 将积分旋钮放在最大位置，微分旋钮放零位
   B. 将积分和微分旋钮放在最大位置，比例带旋钮放零位
   C. 将微分旋钮放在最大位置，积分旋钮放零位
   D. 将积分微分旋钮放在最小位置，比例带旋钮放零位

3. 在采用 PID 调节器组成的控制系统中，加进微分作用后，PI 调节器的 PB 和 T_i 可以_____。
   A. PB 可大一些，T_i 可长一些　　B. PB 可小一些，T_i 可短一些
   C. PB 可大一些，T_i 可短一些　　D. PB 可小一些，T_i 可长一些

4. 有一采用 PID 调节器组成的控制系统，其参数 PB 和 T_d 已经整定合适，现为消除静差要加进积分作用，则 PB 和 T_d 比原参数应_____。
   A. 减小，减小　　B. 减小，增大　　C. 增大，减小　　D. 增大，增大

5. 对PID调节器,为切除积分和微分作用成为纯比例调节器,应进行的操作是_____。
   A. 全关积分阀,全开微分阀 B. 全关积分阀,全关微分阀
   C. 全开积分阀,全开微分阀 D. 全开积分阀,全关微分阀

6. 在PID调节器中,要使其成为PI,PD或P调节器,则分别应使_____。
   A. $T_d = 0；T_i = \infty；T_d = 0, T_i = \infty$
   B. $T_d = 0；T_i = \infty；T_d = 0, T_i = 0$
   C. $T_d = 0；T_i = 0；T_d = 0, T_i = \infty$
   D. $T_d = \infty；T_i = \infty；T_d = 0, T_i = 0$

7. PID调节器,当T_i和T_d增加时,说明_____。
   A. 积分作用强,微分作用弱 B. 积分作用弱,微分作用弱
   C. 积分作用强,微分作用强 D. 积分作用弱,微分作用强

8. 采用PID调节器的温度控制系统,选用的T_i和T_d时间范围是_____。
   A. $0.1 \sim 1$ min 和 $0.5 \sim 3$ min B. $3 \sim 10$ min 和 $0.5 \sim 3$ min
   C. $0.4 \sim 2$ min 和 $0.5 \sim 3$ min D. $1 \sim 3$ min 和 $0.1 \sim 0.5$ min

9. 整定调节器的PB和T_i,错误的认识是_____。
   A. PB和T_i增大都意味着控制作用减弱
   B. PB和T_i减小都意味着控制作用增强
   C. PB影响比T_i大,PB整定准确一些
   D. T_i影响比PB大,T_i整定准确一些

10. 增大调节器的PB和T_i对控制过程的影响,错误的认识是_____。
    A. 控制作用增强 B. 控制过程稳定
    C. 控制作用减弱 D. 最大动态偏差增大

11. 减小调节器的PB和T_i,错误的理解是_____。
    A. 控制作用增强 B. 过程稳定性下降
    C. 最大动态偏差减小 D. 控制作用减弱

12. 调节器的参数鉴定应根据被控对象特性而定,一般的选择是_____。
    A. 对象时间常数小,比例带宜小,积分时间宜大,需加微分作用
    B. 对象时间常数大,比例带宜大,积分时间宜小,不需加微分作用
    C. 对象时间常数小,比例带宜大,积分时间宜小,不需加微分作用
    D. 对象时间常数大,比例带宜小,积分时间宜大,不需加微分作用

13. 在柴油机冷却水温度控制系统中,调节器为PID型,通常比例带为_____。
    A. $20\% \sim 60\%$ B. $30\% \sim 70\%$ C. $40\% \sim 100\%$ D. $20\% \sim 80\%$

14. 用PI调节其组成的控制系统中,多容控制对象比单容控制对象的控制系统其PB和T_i整定在_____。
    A. $PB\uparrow,T_i\uparrow$ B. $PB\downarrow,T_i\downarrow$ C. $PB\downarrow,T_i\uparrow$ D. $PB\uparrow,T_i\downarrow$

15. 调节器参数整定过程中,反应曲线法不适用的控制对象是_____。
    A. 以燃油黏度为被控量的加热器 B. 以转速为被控参数的柴油机
    C. 以气压为被控量的锅炉 D. 以水位为控制参数的锅炉

16. 在调节器参数整定过程中如出现等幅振荡,其不可能的原因是_____。
    A. 状态参数受到周期性扰动的影响 B. 阀门定位器调校不准

C. 调节器的放大器调校不准　　　　D. 调节阀传动部分间隙过小

17. 为使控制系统振荡情况减弱,则应使_____。

　A. $T_i\uparrow, T_d\uparrow$　　B. $T_i\uparrow, T_d\downarrow$　　C. $T_i\downarrow, T_d\uparrow$　　D. $T_i\downarrow, T_d\downarrow$

18. 当主机冷却水温度控制系统长期使用后,冷却器的时间常数变大时,为使系统仍有较好的控制指标,应适当_____。

　A. 调小 PB 和 T_i　　　　　　　　B. 调小 PB,调大 T_i

　C. 调大 PB 和 T_i　　　　　　　　D. 调大 PB,调小 T_i

19. 调节器的参数整定应根据被控对象的特性而定,其选择的一般规律是_____。

　A. 对象时间常数小,比例带宜小,积分时间宜大,加微分作用

　B. 对象时间常数大,比例带宜大,积分时间宜小,不加微分作用

　C. 对象时间常数小,比例带宜大,积分时间宜小,不加微分作用

　D. 对象时间常数大,比例带宜小,积分时间宜大,不加微分作用

20. 在用临界比例带法整定调节器参数时,该整定法不适用的场合为_____。

　A. 没有控制对象的特性参数　　　　B. 振荡周期太短

　C. 临界比例带 PB_K 太小　　　　　D. 临界比例带 PB_K 太大

21. 在调节器参数整定过程中,其基本依据是_____。

　A. 控制对象特性　　　　　　　　　B. 调节器的作用规律

　C. 被控量的动态过程　　　　　　　D. 被控量的量程

22. 在整定调节器参数 PB 和 T_i 时,应本着_____原则。

　A. 把 PB 整定准确,T_i 宁大勿小　　B. 把 PB 整定准确,T_i 宁小勿大

　C. 把 T_i 整定准确,PB 宁大勿小　　D. 把 T_i 整定准确,PB 宁小勿大

23. 在用经验法整定 PI 调节器参数时,要根据控制对象特性确定初始参数,若控制对象惯性大,则初始 PB 和 T_i 应选得_____。

　A. PB 大一些,T_i 小一些　　　　　B. PB 大一些,T_i 大一些

　C. PB 小一些,T_i 小一些　　　　　D. PB 小一些,T_i 大一些

24. 在用经验法整定调节器 PB 和 T_i 参数值时,若阶跃改变给定值,其超调量较大,波动次数多才能稳定下来,则需_____。

　A. 增大 PB,缩短 T_i　　　　　　　B. 增大 PB,增长 T_i

　C. 减小 PB,缩短 T_i　　　　　　　D. 减小 PB,增长 T_i

25. 在用经验法整定调节器 PB 和 T_i 参数值时,当阶跃改变给定值后,其超调量很大,稳态时存在静态偏差,这说明_____。

　A. 比例作用太弱,积分作用太强　　　B. 比例作用太弱,积分作用被切除

　C. 比例作用太强,积分作用被切除　　D. 比例作用太强,积分作用较弱

26. 在用经验法整定调节器 PB 和 T_i 参数值时,当阶跃改变给定值后,其超调量 $\sigma_P=0$,且被控量需很长时间才能稳定在给定值上,应使_____。

　A. $PB\uparrow, T_i\uparrow$　　B. $PB\uparrow, T_i\downarrow$　　C. $PB\downarrow, T_i\uparrow$　　D. $PB\downarrow, T_i\downarrow$

27. 在对 PID 调节器进行参数带定时,先整定出最佳的 PB 和 T_i,进微分作用后,可使_____。

　A. $PB\downarrow, T_i\downarrow$　　B. $PB\uparrow, T_i\downarrow$　　C. $PB\uparrow, T_i\downarrow$　　D. $PB\downarrow, T_i\uparrow$

28. 在整定 PID 调节器参数时，PB 太小，T_i 太短，T_d 太长都会使动态过程产生振荡，其振荡周期分别为 T_{ps}、T_{is}、T_{ds}，则_____。

   A. $T_{ps} > T_{is} > T_{ds}$ 　　　　　　　B. $T_{is} > T_{ps} > T_{ds}$

   C. $T_{ds} > T_{is} > T_{ps}$ 　　　　　　　D. $T_{ps} > T_{ds} > T_{is}$

29. 在用衰减曲线法整定调节器参数时，其操作过程应是_____。

   A. 切除积分、微分作用，改变 PB，使出现等幅振荡，记录此时 PB 和振荡周期 T_s

   B. 切除积分、微分作用，改变 PB，使动态过程符合 4∶1 衰减比，记录 PB 和 T_s

   C. 切除比例、微分作用，改变 T_i，使出现等幅振荡，记录 T_i 和 T_s

   D. 切除比例、微分作用，改变 T_i，使动态过程符合 4∶1 衰减比，记录 T_i 和 T_s

30. 用衰减曲线法整定的调节器参数的比例带为 PB_s，振荡周期为 T_s，加进积分作用后，其 PB 和 T_i 分别应为_____。

   A. $PB = PB_s, T_i = 0.5T_s$ 　　　　　B. $PB = 1.2PB_s, T_i = 0.3T_s$

   C. $PB = 1.2PB_s, T_i = 0.5T_s$ 　　　D. $PB = 0.8PB_s, T_i = 0.3T_s$

31. 用衰减曲线法整定的调节器比例带为 PB_s，振荡周期为 T_s，对 PID 作用后，其 PB 和 T_d 分别为_____。

   A. $PB = PB_s, T_d = 0.1T_s$ 　　　　　B. $PB = 1.2PB_s, T_d = 0.3T_s$

   C. $PB = 0.8PB_s, T_d = 0.3T_s$ 　　　D. $PB = 0.8PB_s, T_d = 0.1T_s$

32. 用临界比例带法整定调节器的临界比例带为 PB_K，振荡周期为 T_K，加进积分作用后，其 PB 和 T_i 分别为_____。

   A. $PB = 2PB_s, T_i = 0.85T_K$ 　　　B. $PB = 2.2PB_s, T_i = 0.85T_K$

   C. $PB = 1.7PB_s, T_i = 0.5T_K$ 　　　D. $PB = 2.2PB_s, T_i = 0.5T_K$

33. 用临界比例带法整定的临界比例带为 PB_K，振荡周期为 T_K，对 PID 调节器作用后，其 PB 和 T_d 应分别为_____。

   A. $PB = PB_s, T_d = T_K$ 　　　　　　B. $PB = 2.2PB_s, T_d = 0.85T_K$

   C. $PB = 1.7PB_s, T_d = 0.125T_K$ 　　D. $PB = 1.7PB_s, T_d = 0.5T_K$

34. 用反应曲线法整定调节器参数的前提是_____。

   A. 知道控制对象特性 　　　　　　　　B. 知道阶跃响应的动态过程曲线

   C. 知道临界比例带 　　　　　　　　　D. 知道 4∶1 衰减的比例带

35. 在用反应曲线法整定调节器参数时，其纯比例作用的 PB 应为_____。

   A. $PB = \dfrac{K \cdot \tau}{T} \times 100\%$ 　　　　　　B. $PB = \dfrac{K \cdot T}{T} \times 100\%$

   C. $PB = \dfrac{K \cdot \tau}{K} \times 100\%$ 　　　　　D. $PB = \dfrac{T}{K \cdot \tau} \times 100\%$

36. 在用反应曲线法整定 PI 调节器参数时，其 PB 和 T_i 应分别为_____。

   A. $PB = \dfrac{K \cdot \tau}{T} \times 100\%, T_i = 2\tau$ 　　　B. $PB = \dfrac{K \cdot \tau}{T} \times 100\%, T_i = 3.5\tau$

   C. $PB = 1.1 \times \dfrac{K \cdot \tau}{T} \times 100\%, T_i = 3.5\tau$ 　D. $PB = 1.1 \times \dfrac{K \cdot \tau}{T} \times 100\%, T_i = 2\tau$

37. 在用反应曲线法整定 PID 调节器参数时，其 PB 和 T_d 应分别为_____。

A. $PB = 1.1 \times \dfrac{K \cdot \tau}{T} \times 100\%$, $T_d = 2\tau$ B. $PB = 1.1 \times \dfrac{K \cdot \tau}{T} \times 100\%$, $T_d = 0.5\tau$

C. $PB = 0.85 \times \dfrac{K \cdot \tau}{T} \times 100\%$, $T_d = 2\tau$ D. $PB = 0.85 \times \dfrac{K \cdot \tau}{T} \times 100\%$, $T_d = 0.5\tau$

38. 自动控制系统中若采用 PI 调节器,当过滤过程出现振荡时,可采取的措施是_____。

①应首先增大比例带,再减小 T_i 使其稳定下来;②首先应将 T_i 调到 ∞,再调节 T_i 使其稳定下来;③首先应先将 T_i 调到 ∞,再调节比例带使其接近要求值;④首先应将 T_i 调到很小值,再调节比例带使其接近要求值;⑤首先应将 T_i 调到 ∞,若振荡消除,则减小 PB 到满以后,再减小 T_i 达到要求标准;⑥首先应将 T_i 调到 ∞,若仍有振荡,则增大 PB 到满以后,再减小 T_i 达到要求的过渡过程。

A. ①③⑤   B. ①④⑥   C. ②④⑤   D. ③⑤⑥

39. 在 PID 温度控制系统中,在调节器的 PB、T_i 和 T_d 值均合适时,若改变这三个值,将会发生的情况是_____。

①PB↓,比例作用↑,静差↓;②PB↓,比例作用↑,稳定性↓;③PB↑,比例作用↑,稳定性↑;④PB↓,比例作用↑,最大动态偏差↓;⑤T_i↓,积分作用↑,稳定性↓;⑥T_d↓,微分作用↑,稳定性↓。

A. ①③⑤   B. ①④⑥   C. ②④⑤   D. ②⑤⑥

40. 在自动控制系统中,如果动态过程出现等幅振荡,并且通过改变调节器参数而不能消除这一现象,可能的原因是_____。

①阀门定位起调校不准;②调节器的放大器调校不好;③变送器的放大器调校不好;④调节阀件传动部分有间隙;⑤调节阀尺寸过小;⑥状态参数受到等幅波动的影响。

A. ①③④⑤   B. ②④⑤⑥   C. ①②③⑥   D. ②③④⑤

41. 在对调节器参数进行整定时,一般实际应用的方法包括_____。

①现场凑试法;②动态进程曲线比较法;③精度保证法;④临界比例带法;⑤衰减曲线法;⑥反应曲线法。

A. ①②③⑤   B. ②③④⑥   C. ②③④⑤   D. ①④⑤⑥

42. 对无自平衡能力的控制对象组成的控制系统,其调节器参数整定的实际采用方法包括_____。

①理论计算法;②动态过程曲线比较法;③经验法;④临界比例带法;⑤反应曲线法;⑥衰减曲线法。

A. ①②⑤   B. ④⑤⑥   C. ①②③   D. ③④⑥

43. 压力控制对象的时间常数 T 和迟延 τ 都不大,通常 PB 和 T_i 选择的范围是_____。

A. 20% ~ 60%, 3 ~ 10 min   B. 20% ~ 60%, 1 ~ 3 min

C. 40% ~ 100%, 0.1 ~ 1 min   D. 30% ~ 70%, 0.4 ~ 3 min

44. 有一反馈控制系统用相同的扰动对四种调节器做系统的动态过程试验,设备调节器的 PB、T_i、T_d 均是系统的最佳参数,得到(1)(2)(3)(4)四种动态过程曲线如图5-42所示,所采用的调节器是_____。

①PI 调节器;②PID 调节器;③P 调节器;④PID 调节器;⑤P 调节器;⑥PD 调节器。

A. ①②③⑤　　　B. ①③④⑥　　　C. ②③④⑤　　　D. ②④⑤⑥

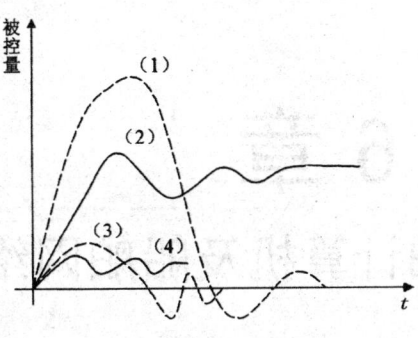

图 5-42

45. 有一反馈控制系统,用相同的扰动对四种调节器做系统的动态过程实验,设各调节器的 PB、T_i、T_d 均是系统的最佳参数,得到四种动态过程曲线如图 5-42 所示,正确的说法是_____。
①是采用 PI 调节器;②是采用 PD 调节器;③是采用 PID 调节器;④是采用 P 调节器。
A. ①②　　　B. ②③　　　C. ③④　　　D. ①③

46. 有一反馈控制系统,用相同的扰动对四种调节器做系统的动态过程实验,设各调节器的 PB、T_i、T_d 均是系统的最佳参数,得到四种动态过程曲线如图 5-42 所示,正确的说法是_____。
①是采用 PID 调节器;②是采用 P 调节器;③是采用 PI 调节器;④是采用 PD 调节器。
A. ①②　　　B. ②③　　　C. ②④　　　D. ①④

1. A	2. A	3. B	4. D	5. A	6. A	7. D	8. B	9. D	10. A
11. D	12. C	13. A	14. C	15. D	16. D	17. A	18. B	19. C	20. C
21. C	22. A	23. D	24. B	25. C	26. D	27. A	28. B	29. B	30. C
31. D	32. B	33. C	34. A	35. A	36. C	37. D	38. B	39. C	40. C
41. D	42. D	43. D	44. B	45. D	46. C				

第 6 章

船舶计算机及船舶网络基础

第 1 节 微型计算机的基本概念（适用对象：8401,8402）

1. 在微型计算机中,累加器的作用是_____。
   A. 提供指令地址   B. 响应中断
   C. 寄存操作数和运算结果 D. 提供读写指令
2. 在微型计算机内部总线中,具有双向传输功能的是_____。
   A. 数据总线   B. 地址总线
   C. 控制总线   D. 上述三个总线均是
3. 微型计算机的微处理器应包括_____。
   A. 运算器、控制器、存储器   B. 运算器、I/O 接口
   C. 运算器、存储器、I/O 接口   D. CPU、存储器、I/O 接口
4. 微型计算机的微机处理器包括_____。
   A. 运算器、控制器   B. 运算器、I/O 接口
   C. 运算器、存储器   D. 运算器、控制器、存储器
5. 在微型计算机中,用来进行各种算术和逻辑运算,以及控制整个计算机工作的部件,称为_____。
   A. 运算器   B. 控制器   C. 微处理器   D. 存储器
6. 微型计算机通过_____部件与外部设备相联系。
   A. 微处理器   B. I/O 接口   C. 存储器   D. 三组总线
7. 微型计算机的硬件是由下列_____部件构成的。
   A. 微处理器、存储器、外部设备   B. 运算器、控制器、存储器
   C. 微处理器、存储器、I/O 接口   D. 运算器、控制器、外部设备
8. 在微处理器中,主要用于存放中间运算结果、数据或地址的部件是_____。
   A. 程序计数器 B. 寄存器阵列 C. 指令寄存器   D. 堆栈指示器
9. 在微机中,用以存放算术和逻辑运算结果一些特征的寄存器是_____。
   A. 累加器   B. 通用寄存器 C. 指令寄存器   D. 标志寄存器
10. 微处理器是由_____部件组成的。

A. 运算器　　　　　B. 控制器　　　　　C. 寄存器　　　　　D. A+B+C
11. 微型计算机的主机包括_____。
    A. 微处理器、I/O 接口　　　　　B. 微处理器、存储器、I/O 接口
    C. 存储器、I/O 接口　　　　　　D. 微处理器、存储器
12. 微型计算机的微处理器包括_____。
    A. 算术逻辑运算单元　　　　　　B. 存储器
    C. 地址译码器　　　　　　　　　D. I/O 接口设备
13. 微型计算机的微处理器包括_____。
    A. 存储器　　　　　B. 控制器　　　　　C. 堆栈区　　　　　D. I/O 接口设备
14. 微型计算机的微处理器包括_____。
    A. 存储器　　　　　B. I/O 接口设备　　C. 指令寄存器 IR　　D. 堆栈区
15. 微型计算机的微处理器包括_____。
    A. 指令译码器 ID　　B. I/O 接口设备　　C. 堆栈区　　　　　D. 存储器
16. 微型计算机的微处理器是由_____组成的。
    A. 运算器、存储器　　　　　　　B. 运算器、控制器
    C. 控制器、存储器　　　　　　　D. 存储器、I/O 接口设备
17. 在微处理器中的运算器包括_____。
    A. 程序计数器　　　　　　　　　B. 数据寄存器
    C. 堆栈指示器　　　　　　　　　D. 标志寄存器
18. 在微型计算机的微处理器中,其运算器包括_____。
    A. 存储器　　　　　B. 地址译码器　　　C. 累加器 A　　　　D. 数据寄存器 DR
19. 在微型计算机的微处理器中,其运算器包括_____。
    A. 指令译码器 ID　　　　　　　　B. 地址寄存器 AR
    C. 程序计数器 PC　　　　　　　　D. 寄存器阵列
20. 在微型计算机的微处理器中,其运算器包括_____。
    A. 算术逻辑运算单元　　　　　　B. 程序计数器 PC
    C. 数据寄存器 DR　　　　　　　D. A+C
21. 在微型计算机的微处理器中,其运算器不包括_____。
    A. 累加器 A　　　　B. 程序计数器 PC　C. 数据寄存器　　　D. B+C
22. 在微型计算机的微处理器中,其运算器不包括_____。
    A. C+D　　　　　　B. 标志寄存器　　　C. 堆栈指示器　　　D. 堆栈区
23. 指令译码器 ID 是属于微型计算机的_____。
    A. 运算器　　　　　B. 控制器　　　　　C. I/O 接口　　　　D. 外部设备
24. 在微型计算机的微处理器中,控制器包括_____。
    A. 操作控制器 OC　　　　　　　B. 标志寄存器 F
    C. 外部设备　　　　　　　　　　D. 算术、逻辑运算单元 ALU
25. 在微型计算机中,微处理器是指_____。
    A. 运算器　　　　　　　　　　　B. 控制器

C. 运算器 + 控制器　　　　　　　　　D. 控制器 + 存储器

26. 在微型计算机中,时序部件属于_____。
    A. 运算器　　　　B. 控制器　　　　C. 存储器　　　　D. I/O 接口

27. 在微型计算机的微处理器中,其控制器包括_____。
    A. 累加器 A 和程序计数器 PC　　　　B. 指令寄存器 IR 和指令译码器 ID
    C. 堆栈指示器 SP 和 I/O 接口　　　　D. 标志寄存器 F 和存储器

28. 在微型计算机的微处理器中,其控制器包括_____。
    A. 地址寄存器 AR 和地址译码器　　　B. 地址译码器和数据寄存器
    C. 操作控制器 OC 和指令寄存器 IR　　D. 指令寄存器和 I/O 接口

29. 在微型计算机中,微处理器包括_____。
    A. 运算器和存储器　　　　　　　　　B. 控制器和存储器
    C. 堆栈区和 I/O 接口　　　　　　　　D. 累加器 A 和通用寄存器

30. 微型计算机的微处理器中包括_____。
    A. 累加器 A 和指令寄存器 IR　　　　B. 标志寄存器 F 和地址译码器
    C. 指令译码器 ID 和 I/O 接口　　　　D. 累加器和存储器

31. 微型计算机的微处理器包括_____。
    A. 通用寄存器和标志寄存器　　　　　B. 标志寄存器和存储器
    C. 指令译码器和 I/O 接口　　　　　　D. 存储器和 I/O 接口

32. 微型计算机的微处理器包括_____。
    A. 存储器和 I/O 接口　　　　　　　　B. 地址译码器和存储器
    C. 可编程序逻辑阵列 PLA 和 I/O 接口　D. 累加器 A 和标志寄存器

33. 在微型计算机中,属于微处理器的部件是_____。
    A. 算术、逻辑运算单元 ALU　　　　　B. 堆栈区
    C. I/O 接口　　　　　　　　　　　　D. 地址译码器

34. 在微型计算机中,其主机包括_____。
    A. 运算器和 I/O 接口　　　　　　　　B. 控制器和 I/O 接口
    C. 运算器、控制器和 I/O 接口　　　　D. 微处理器和存储器

35. 在微型计算机中,不属于主机的部件是_____。
    A. 存储器　　　　B. 地址译码器　　　C. 控制器　　　　D. I/O 接口

36. 在微型计算机中,组成运算器的部件有_____。
    A. 算术逻辑运算单元 ALU + 程序计数器
    B. 算术逻辑运算单元 ALU + 累加器 A + 通用寄存器 + 数据寄存器
    C. 算术逻辑运算单元 ALU + 累加器 A + 通用寄存器 + 标志寄存器
    D. 累加器 A + 通用寄存器 + 程序计数器 + 地址寄存器

37. 在微型计算机中,累加器 A 和指令寄存器 IR 分别属于_____。
    A. 运算器、控制器　　　　　　　　　B. 控制器、运算器
    C. 输入设备、输出设备　　　　　　　D. 输出设备、输入设备

38. 在微型计算机中,标志寄存器和指令译码器 ID 分别属于_____。

A. 运算器、控制器 B. 控制器、运算器
C. 运算器、存储器 D. 控制器、存储器

39. 在微型计算机中,通用寄存器和标志寄存器分别属于_____。
    A. 运算器、运算器 B. 运算器、控制器
    C. 控制器、运算器 D. 控制器、控制器

40. 在微型计算机中,把运算器加控制器叫做_____。
    A. 微型计算机　　B. 微处理器　　C. 主机　　　　D. 逻辑控制单元

41. 在微型计算机中,微处理加存储器叫做_____。
    A. 微型计算机　　B. 微处理器　　C. 主机　　　　D. 逻辑控制单元

42. 在微型计算机中,主机加 I/O 接口叫做_____。
    A. 微型计算机　　B. 微处理器　　C. 中央处理单元　D. 逻辑控制单元

43. 在微型计算机中,反映运算结果状态的部件是_____。
    A. 累加器 A　　　B. 通用寄存器　　C. 标志寄存器　　D. 程序计算器

44. 在微型计算机的微处理器中,能寄存参与运算的 1 个字节数据的部件是_____。
    A. 标志寄存器　　B. 程序计数器　　C. 堆栈指示器　　D. 累加器 A

45. 在微型计算机的微处理器中,能寄存参与运算的 2 个字节数据的部件是_____。
    A. 累加器 A B. 寄存器对
    C. 程序计算器 PC D. 存储器的两个存储单元

46. 在微型计算机的微处理器中,寄存器对的作用是_____。
    A. 可寄存指令操作码 B. 可寄存运算结果的状态
    C. 可用来响应中断 D. 可寄存参与运算操作数地址

47. 在微型计算机的微处理器中,标志寄存器的作用是_____。
    A. 决定程序走向 B. 寄存参与运算的 8 位二进制数
    C. 寄存指令操作码 D. 提供指令地址

48. 在微型计算机中,指令寄存器 IR 所寄存的内容为_____。
    A. 运算结果的状态 B. 参与运算的操作数
    C. 指令地址 D. 操作码

49. 在微型计算机的微处理器中,取指令的部件包括_____。
    A. 地址译码器 B. 指令寄存器 IR
    C. 指令执行器 ID D. 可编程逻辑阵列 PLA

50. 在微型计算机的微处理器中,分析指令部件包括_____。
    A. 程序计数器 PC B. 指令译码器 ID
    C. 地址寄存器 AR D. 指令寄存器 IR

51. 在微型计算机的微处理器中,能寄存运算结果的部件是_____。
    A. 程序计数器 PC B. 存储器
    C. 寄存器对 HL D. 算术逻辑运算单元 ALU

52. 在微型计算机的运行过程中,执行一条指令的第一个字节,从存储器取出后总是送往
    _____。

A. 累加器 A　　　　B. 指令寄存器 IR　　　C. 标志寄存器 F　　　D. 堆栈指示器

53. 微型计算机由：①运算器；②存储器；③控制器；④外部设备及其接口构成。而微处理器是由_____构成。

   A. ①③　　　　　B. ①②　　　　　　C. ③④　　　　　　D. ②③

54. 微型计算机运算器是由_____构成的。
   ①控制器；②寄存器；③输入设备；④输出设备；⑤其他等部分。

   A. ①②　　　　　B. ②③④⑤　　　　C. ①②③　　　　　D. ④⑤

55. 微型计算机是由：①控制器；②存储器；③输入设备；④输出设备；⑤其他等部分组成的。则微型计算机的外部设备是由_____组成的。

   A. ③④　　　　　B. ①②　　　　　　C. ③④⑤　　　　　D. ①②③

56. 微型计算机各总线说法正确的是_____。
   ①地址总线是双向总线；②地址总线是单向输出；③数据总线是单向输出；④数据总线是双向总线；⑤控制总线中的每根线是单向输入或输出；⑥大部分微机有三组总线。

   A. ①②③⑤　　　B. ①③④⑤　　　　C. ②③④⑥　　　　D. ②④⑤⑥

57. 在微机中，取指令的部件有_____。
   ①操作控制器；②地址寄存器 AR；③数据寄存器 DR；④指令寄存器 IR；⑤指令译码器 ID；⑥堆栈指示器 SP。

   A. ①④⑤　　　　B. ①③⑥　　　　　C. ②③⑤　　　　　D. ②④⑥

58. 在微型计算机中，组成运算器的部件包括_____。
   ①数据寄存器；②累加器 A；③地址寄存器；④标志寄存器；⑤寄存器；⑥指令寄存器。

   A. ①③⑥　　　　B. ①③⑤　　　　　C. ②④⑤　　　　　D. ②④⑥

59. 在微型计算机中，组成控制器的部件包括_____。
   ①操作控制器；②标志寄存器；③内部寄存器 H；④指令寄存器；⑤指令译码器；⑥堆栈区。

   A. ①④⑤　　　　B. ①③⑥　　　　　C. ②④⑤　　　　　D. ②④⑥

60. 在微型计算机中，组成微处理器的部件包括_____。
   ①存储器；②I/O 接口；③算术逻辑运算单元 ALU；④指令译码器 ID；⑤堆栈区；⑥指令寄存器 IR。

   A. ①③⑥　　　　B. ①④⑤　　　　　C. ③④⑥　　　　　D. ②④⑤

61. 微型计算机微处理器中的通用寄存器对可寄存_____。
   ①操作数；②操作码地址；③操作数地址；④子程序的首地址；⑤中间运算结果；⑥提供堆栈地址。

   A. ②④⑥　　　　B. ①③⑤　　　　　C. ②③⑤　　　　　D. ①④⑥

62. 在微型计算机中，当前参与运算的操作数可存放在_____。
   ①标志寄存器；②累加器 A；③堆栈区；④通用寄存器；⑤存储器；⑥指令寄存器。

   A. ①③⑤　　　　B. ②④⑥　　　　　C. ①③⑥　　　　　D. ②④⑤

63. 在微型计算机中，用户实用的应用程序通常存放在_____。

   A. ROM　　　　　B. EPROM　　　　　C. 静态 ROM　　　　D. 动态 ROM

64. 在微型计算机因故断电后，下述_____存储器的内容将消失。

A. ROM　　　　　B. PROM　　　　　C. EPROM　　　　　D. RAM

65. 在微型计算机中,可用来存放数据和程序的部件是_____。
　　A. 运算器　　　　B. 寄存器　　　　C. 微处理器　　　　D. 存储器

66. 在微型计算机中,若地址总线为16位,其可寻址的内存单元数目为_____。
　　A. 8K　　　　　B. 16K　　　　　C. 32K　　　　　D. 64K

67. 人们用微型计算机解题时,所编写的程序应存在_____。
　　A. RAM 中　　　B. ROM 中　　　C. PROM 中　　　D. EPROM 中

68. 存储运算结果的存储器应该是_____。
　　A. RAM　　　　B. EEPROM　　　C. EPROM　　　　D. PROM

69. 存储三角函数表的存储器应该用_____。
　　A. RAM　　　　B. ROM　　　　C. PROM　　　　D. EPROM

70. 存储单元的内容可随机读出或写入的存储器称为_____。
　　A. RAM　　　　B. ROM　　　　C. PROM　　　　D. EPROM

71. 用来存放各种现场输入、输出数据及中间结果的存储器是_____。
　　A. ROM　　　　B. PROM　　　　C. EPROM　　　　D. RAM

72. 只读存储器 ROM 常用于存储_____。
　　A. 临时数据　　　B. 中间运算结果　　C. 最后运算结果　　D. 程序和数据

73. 在使用中需每隔 2 ms 进行一次刷新才能保存信息的存储器称为_____。
　　A. 静态 RAM　　B. 动态 RAM　　C. PROM　　　　D. EPROM

74. 为了传递信息,微处理器与存储器之间的连接需要_____。
　　A. 地址、数据、控制三组总线
　　B. 只需一组总线,分时传送地址、数据和控制信息
　　C. 需两组总线,数据和地址合用一组总线,分时传送数据和地址
　　D. 需两组总线,数据和控制合用一组总线,分时传送数据和控制信息

75. 微型计算机的三总线包括_____。
　　A. 数据总线、地址总线和指令总线　　　B. 数据总线、指令总线和控制总线
　　C. 数据总线、地址总线和控制总线　　　D. 程序总线、地址总线和控制总线

76. 通过加入相应的电压及控制信号来改写某一个字节的内容或擦除全部内容的存储器是_____。
　　A. RAM　　　　B. PROM　　　　C. EPROM　　　　D. EEPROM

77. 在微型计算机中,微处理器是指_____。
　　A. 控制器+寄存器　B. 控制器+译码器　C. 译码器+运算器　D. 控制器+运算器

78. 微型计算机控制系统一般可以分为 CPU 模块、电源模块、_____等。
　　A. 输入输出模块、自动编程模块　　　　B. 输入输出模块、通信模块
　　C. 编程器、通信模块和通信电缆　　　　D. 除输入输出和通信模块外,还必须有扩展模块

79. 微机控制系统由_____组成。
　　A. 计算机硬件+软件　　　　　　　　　B. 系统软件
　　C. 应用软件　　　　　　　　　　　　　D. 被控对象+微机

80. Single Chip Microcomputer 中文可以译为_____。
    A. 可编程逻辑器件   B. 单片微型计算机
    C. 可编程控制器件   D. 微处理器
81. 微机控制系统由_____组成。
    A. 计算机硬件＋软件   B. 系统软件
    C. 应用软件   D. 被控对象＋微机
82. 微型计算机控制系统通过_____实现对外围开关量设备进行控制。
    A. 0～5 V   B. 4～20 mA
    C. 内置中间小断电器   D. 内置隔离变压器
83. 微型计算机控制系统上常装有几个小 LED 指示灯_____。
    A. 用于内部各种电源和状态指示   B. 仅用于通信状态指示
    C. 用于电源、状态和故障指示   D. 程序设定指示，用户自己定义
84. 关于微机控制系统接地方法叙述不正确的是_____。
    A. 一点和多点都要接地   B. 模拟的和数字的都要连接
    C. 主机外壳可不接地   D. 多机系统要接地
85. 微型计算机控制系统通过_____与外围传感器联系。
    A. 接口电路   B. 信号滤波电路
    C. CAN 总线通信电路   D. 控制电路
86. 机舱监测传感器是微型计算机的_____。
    A. 输入设备   B. 输出设备   C. 控制设备   D. 接口电路
87. 船舶主机遥控系统中的电磁阀是微型计算机的_____。
    A. 输入设备   B. 输出设备   C. 控制设备   D. 接口电路
88. 船舶机舱监测报警系统中的指示灯是微型计算机的_____。
    A. 输入设备   B. 输出设备   C. 控制设备   D. 接口电路
89. 微机 I/O 接口不具备的功能是_____。
    A. 响应 CPU 发出的中断请求   B. 进行模拟量和数字量的转换
    C. 通信   D. 地址译码
90. 在下列选项中，_____不属于微型计算机输入/输出接口电路的功能。
    A. 速度匹配   B. 地址译码和设备选择
    C. 电平和功率的匹配   D. 发出读写控制命令
91. 在下列选项中，_____不属于微型计算机输入/输出接口电路的功能。
    A. 能进行算术运算和逻辑运算   B. 模拟量和数字量的转换
    C. 信息串行与并行传递的转换   D. 能为 CPU 提供外部设备状态
92. 微机 I/O 接口不具备的功能是_____。
    A. 向 CPU 发出中断请求   B. 进行模拟量和数量转换
    C. 地址译码   D. 通信
93. 微型计算机的硬件组成部分包括_____。
    ①存储器；②微处理器；③输入、输出设备；④运算器；⑤I/O 接口。

A. ①②⑤   B. ①②③⑤   C. ②③④⑤   D. ①②④⑤

94. 微处理器的控制器组成部分包括_____。
①程序计数器;②累加器;③地址寄存器;④运算器;⑤数据寄存器;⑥指令寄存器;⑦指令译码器;⑧可编程逻辑阵列;⑨时序部件。
A. ①②③④⑤⑥⑦   B. ②③④⑤⑥⑦⑧   C. ①③⑤⑥⑦⑧⑨   D. ①③④⑤⑥⑦⑧

95. 下列说法中_____是正确的。
①RAM 既能读出又能写入数据信息;②当失电后再复电时 RAM 内的信息不会丢失;③ROM 只能读出而不能写入;④当失电后再复电时 ROM 内的信息不会丢失;⑤RAM 一般用来存储固定的程序数据、表格及常用的子程序;⑥ROM 一般用来存储现场采集的信息。
A. ①②⑤   B. ②③⑥   C. ①③④   D. ②④⑤

96. 在微机中,只读存储器包括_____。
①程序计数器 PC;②EPROM;③EEPROM;④寄存器对 HL;⑤RAM;⑥ROM。
A. ①⑤⑥   B. ①③⑤   C. ②④⑤   D. ②③⑥

97. 微处理器的控制器组成部分包括_____。
①程序计数器;②累加器;③地址寄存器;④运算器;⑤数据寄存器;⑥指令寄存器;⑦指令译码器;⑧可编程逻辑阵列;⑨时序部件。
A. ①②③④⑤⑥⑦   B. ②③④⑤⑥⑦⑧   C. ①③⑤⑥⑦⑧⑨   D. ①③④⑤⑥⑦⑧

参考答案

1. C	2. A	3. C	4. A	5. C	6. B	7. C	8. B	9. D	10. D
11. D	12. A	13. B	14. C	15. A	16. B	17. D	18. C	19. D	20. A
21. D	22. A	23. C	24. A	25. C	26. B	27. C	28. C	29. D	30. A
31. A	32. D	33. A	34. D	35. D	36. C	37. A	38. A	39. D	40. B
41. C	42. A	43. C	44. D	45. D	46. D	47. C	48. D	49. D	50. B
51. C	52. B	53. A	54. C	55. A	56. D	57. D	58. C	59. D	60. C
61. B	62. D	63. C	64. D	65. D	66. D	67. D	68. A	69. D	70. A
71. D	72. D	73. B	74. A	75. C	76. D	77. D	78. D	79. D	80. B
81. D	82. D	83. C	84. D	85. A	86. A	87. D	88. B	89. D	90. D
91. A	92. C	93. B	94. C	95. C	96. D	97. C			

第2节 单片微型计算机基础知识（适用对象:8401,8402）

1. 单片微型计算机内一般不包含_____。
A. CPU   B. RAM   C. 基本接口电路   D. EEPROM

2. 单片微型计算机内一般不包含_____。
A. CPU   B. RAM   C. D/A 转换器   D. 定时/计数器

3. 单片微型计算机内不包含_____。

A. ROM　　　　　　B. RAM　　　　　C. 电压/频率转换器　D. 定时/计数器

4. MCS-51 单片机中有一个 8 位 CPU,是单片机的核心,由运算器和控制器构成。运算器包括_____。

　　A. 算术逻辑单元(ALU)　　　　　　B. 位变量处理器(PDU)
　　C. 逻辑运算器(LAU)　　　　　　　D. 运算控制器(APU)

5. 关于计算机的串行通信,以下说法中错误的是_____。

　　A. 串行通信的优点是控制简单、传递速度快
　　B. 串行通信的缺点是控制较为复杂,传送速率较低
　　C. 串行通信在发送端将字节拆开后按顺序一位一位地传输,接收端逐位接收
　　D. 串行通信特别适用于远距离通信

6. 关于计算机的串行通信的通道形式,以下说法中错误的是_____。

　　A. 单工通信中,通信双方中一方固定为发送端,另一方则固定为接收端
　　B. 半双工形式的数据或信号传送是单向的,通信双方中一方固定为发送端,另一方则固定为接收端
　　C. 全双工形式的数据或信号传送是双向的,且可以同时发送和接收数据或信号
　　D. 全双工形式的串行通信至少需要两条数据或信号通道

7. 关于计算机的同步通信和异步通信,以下说法中错误的是_____。

　　A. 在异步通信中,发送端和接收端可以有各自的时钟来控制数据的发送和接收,这两个时钟源彼此独立,互不同步
　　B. 异步通信的波特率通常在 50~9 600 bps 之间
　　C. 同步通信的缺点是因字符帧中包含有起始位和停止位而降低了有效数据的传输速率
　　D. 同步通信的缺点是要求发送时钟和接收时钟保持严格同步

8. MCS-51 单片机中有一个 8 位 CPU,是单片机的核心,由运算器和控制器构成。控制器包括_____。

　　①程序状态字 PSW;②程序计数器 PC;③信息传送控制部件;④寄存器 B;⑤堆栈指针(SP);⑥数据指针寄存器 DPTR。

　　A. ①②④⑤　　　B. ①③④⑥　　　C. ②③④⑤　　　D. ②③⑤⑥

9. 关于计算机通信中的奇偶校验,正确的理解是_____。

　　A. 奇偶校验是一种用于校验串行通信数据传送错误的方法
　　B. 奇偶校验既适用于串行通信,也适用于并行通信
　　C. 奇偶校验主要靠接收端完成
　　D. 奇偶校验主要靠发送端完成

10. 关于 MCS-51 单片机的串行通信,下列说法中错误的是_____。

　　A. MCS-51 单片机内部集成了一个可编程的全双工串行通信接口
　　B. MCS-51 单片机的串行接收和发送引脚分别为 P3.0(RXD)和 P3.1(TXD)
　　C. 单片机也可采用专门的接口芯片(如 8251)进行串行通信
　　D. 采用单片机内部串行口进行串行通信不会占用单片机的资源

11. MCS-51 单片机中有一个 8 位 CPU,是单片机的核心,由运算器和控制器构成。控制器包括

_____。
A. 程序计数器 PC   B. 寄存器 B
C. 程序状态字寄存器   D. 标志寄存器

12. 关于计算机的串行通信,下列说法中错误的是_____。
A. RS-232 标准是以电压的正、负来表示逻辑状态的
B. RS-232 通信只能实现两台设备之间的点对点传输
C. 与 RS-232 不同,RS-422 和 RS-485 的数据信号采用差动传输方式
D. RS-485 是在 RS-422 的基础上改进而成的,可组建全双工网络

13. 在单片机应用系统中,为了提高数据总线的驱动能力,可采用_____。
A. 锁存器   B. 单向三态缓冲器
C. OC 门   D. 双向三态缓冲器

14. 下列_____系列单片机不是由 Intel 公司推出的。
A. MCS-48   B. MCS-51   C. MCS-96   D. AT89

15. 8051 单片机正常工作时外接的电源是_____V。
A. 5   B. 12   C. 24   D. 48

16. 8051 单片机的 4 个并行口作为通用输入口时,在输入前须先_____。
A. 往锁存器中写入"1"   B. 往锁存器中写入"0"
C. 外接上拉电阻   D. 外接高电平

17. MCS-51 单片机中有一个 8 位 CPU,是单片机的核心,由运算器和控制器构成。运算器包括_____。
①逻辑运算器(LAU);②位变量处理器(PDU);③寄存器 B;④程序状态字 PSW;⑤算术逻辑单元(ALU);⑥累加器(ACC)。
A. ①②⑤   B. ③④⑤⑥   C. ②③④⑥   D. ②③⑤⑥

18. 下列关于单片机说法不正确的是_____。
A. 单片机 I/O 接口的作用由内部寄存器定义
B. 80C51 单片机缺少外部晶振电路不能正常工作
C. 单片机的指令一般由操作码和操作数组成
D. 所有的单片机内部都有数据存储器

19. 不属于 80C51 内部结构的是_____。
A. CPU   B. RAM   C. EEPROM   D. I/O

20. MCS-51 系列单片机内部集成了 CPU、存储器、_____、中断系统等功能部件。
A. 地址译码器、定时器   B. I/O 接口、通用存储器
C. I/O 接口、定时器/计数器   D. EEPROM、定时器/计数器

21. MCS-51 单片机中有一个 8 位 CPU,是单片机的核心,由运算器和控制器构成。控制器包括_____。
①定时控制逻辑(时钟电路、复位电路);②指令寄存器;③累加器(ACC);④算术逻辑单元(ALU);⑤指令译码器;⑥程序计数器 PC。
A. ②③⑤⑥   B. ①③④⑥   C. ①②⑤⑥   D. ②③④⑤

22. MCS-51 系列单片机的 XTAL1 和 XTAL2 为_____。
    A. 多用途输入引脚   B. 多路模拟量输入引脚
    C. 时钟引脚   D. 复位引脚
23. MCS-51 系列单片机的引脚很多,但是_____不是其 I/O 引脚。
    A. ALE   B. P0   C. P1.0   D. P0～P3
24. MCS-51 系列单片机的引脚很多,EA为低电平表示_____。
    A. 当前 P0 为地址总线   B. 当前 P0 为数据总线
    C. CPU 只访问外部程序存储器   D. CPU 从外部程序存储器中读取数据
25. MCS-51 系列单片机的引脚很多,PSEN为低电平表示_____。
    A. 当前 P0 为地址总线   B. 当前 P0 为数据总线
    C. CPU 只访问外部程序存储器   D. CPU 从外部程序存储器中读取指令或数据
26. 单片机在芯片引脚上,大部分采用_____。
    A. 分区复用技术   B. 分时复用技术   C. 最可靠技术   D. 最先进技术
27. MCS-51 系列单片机的引脚很多,P0 为_____。
    A. 地址总线   B. 数据总线
    C. 地址/数据复用的总线   D. 仅为 I/O 输入或输出
28. MCS-51 系列单片机的引脚很多,其中_____口是一个可以直接使用的输入/输出口,没有复用功能。
    A. P0   B. P1   C. P2   D. P3
29. MCS-51 系列单片机的引脚很多,其中_____口被用作高 8 位的地址口。
    A. P0   B. P1   C. P2   D. P3
30. MCS-51 系列单片机的引脚很多,其中_____口常用作多功能端口。
    A. P0   B. P1   C. P2   D. P3
31. 当 8051 单片机采用 12 MHz 的振荡频率,其 1 个机器周期为_____。
    A. 0.5 μs   B. 1 μs   C. 12 μs   D. 3 μs
32. MCS-51 系列单片机的 P0 口是地址和数据的分时复用口,常用地址锁存器芯片_____和信号_____将地址和数据分开。
    A. 8255/RST   B. 8251/EA   C. 74LS373/AL D. 74LS245/PSEN
33. 下列芯片中,_____是地址译码器。
    A. 8255   B. 8251   C. 74LS373   D. 74LS138
34. 74LS138 中,地址译码器中的 A、B、C 和 G 分别表示_____。
    A. 地址输入引脚,输出保持信号   B. 地址输入引脚,译码有效信号
    C. 译码的输出引脚,输出有效信号 D. 译码的输出引脚,输出保持信号
35. 如图 6-1 所示 8031 单片机系统中,粗黑线是_____。
    A. 地址总线   B. 数据总线   C. 地址和数据总线   D. 控制总线
36. 如图 6-1 所示单片机系统中,$P_{2.7}、P_{2.6}、P_{2.5}$ 为 000 表示 CPU 从_____读数据。
    A. 373   B. 2764   C. 6264   D. 2764 或 6264
37. 如图 6-1 所示系统中,可进行读写操作的芯片为_____。

A. 373　　　　　　B. 2764　　　　　　C. 6264　　　　　　D. 2764 或 6264

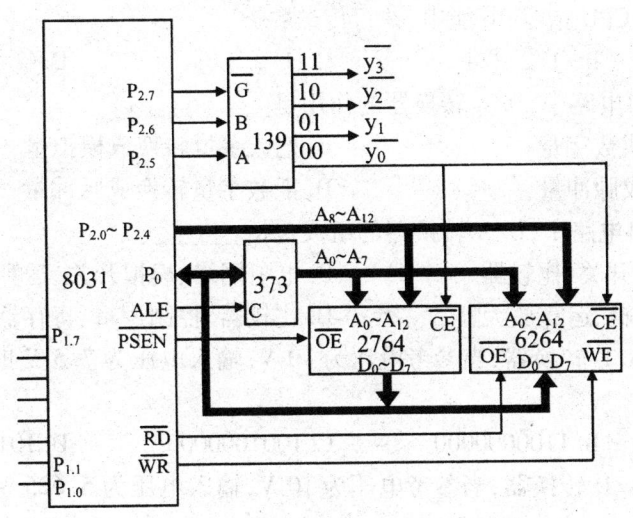

图 6-1

38. 如图 6-1 所示单片机系统中,引脚_____为 P3 口的复用。
    A. ALE　　　　　B. $\overline{PSEN}$　　　　　C. $\overline{WR}$　　　　　D. P2.5,P2.6

39. 对于 MCS-51 单片机,其工作电平是 TTL(Transistor-Transistor Logic)电平,≥_____为高电平,表示逻辑 1,≤_____为高电平,表示逻辑 0。
    A. 3.3 V/0.8 V　　B. 2.8 V/0.6 V　　C. 2.4 V/0.4 V　　D. 2.0 V/0.3 V

40. MCS-51 单片机应用系统中,比较常见的外围开关量输入电路是_____。
    A. 继电器输入电路　　　　　　　　B. 外部供电的光电耦合回路
    C. 外部供电的直接输入回路　　　　D. 内部供电的直接输入回路

41. MCS-51 单片机应用系统中,开关量输入的结果常以_____的形式由 CPU 读取,_____的状态(即是 0 还是 1)反映了外部开关的状态(即是断开还是闭合)。
    A. 位/每一位　　　　　　　　　　B. 字节/字节中每一位
    C. 字节/字节　　　　　　　　　　D. 字/字中每 8 位

42. MCS-51 单片机应用系统中,开关量输出一般都要通过_____实现与外部电路的隔离。
    A. 锁存器　　　　B. 光电耦合　　　　C. 变压器　　　　D. 晶体管

43. 接口电路是属于微型计算机的_____。
    A. 中央处理器　　B. 主机　　　　　　C. 存储器　　　　D. 外部设备

44. 在微型计算机中,输入输出接口电路的作用是_____。
    A. 能存储用户程序　　　　　　　　B. 能同步执行 CPU 指令
    C. 能进行算术和逻辑运算　　　　　D. 有地址译码和设备选择能力

45. 在微型计算机中,输入输出接口电路不包括的作用是_____。
    A. 能存储用户程序　　　　　　　　B. 速度匹配
    C. 电平和功率的匹配　　　　　　　D. 能为 CPU 提供外部设备的状态

46. 在微型计算机中,接口电路的作用是_____。

①能存储用户程序；②能发中断请求；③能进行 A/D 和 D/A 转换；④能提供外部设备状态信息；⑤能同步执行 CPU 指令；⑥能串、并行传送数据。

A. ②③④⑥　　　　B. ①②③④　　　　C. ①②⑤⑥　　　　D. ②③④⑤

47. 在模拟量输出接口电路中，D/A 转换器的作用是_____。
   A. 把模拟量转换成数字量　　　　　　B. 把数字量转换成模拟量
   C. 把模拟量转换成脉冲量　　　　　　D. 把数字量转换成脉冲量

48. 在模拟量输出接口电路中，D/A 转换器的组成包括_____。
   A. 电阻网络、模拟开关、比较器　　　B. 电阻网络、模拟开关、运算放大器
   C. 比较器、控制逻辑、运算放大器　　D. 比较器、控制逻辑、寄存器

49. 对于逐次比较式 A/D 转换器，当参考电压为 10 V，输入电压为 7.5 V 时，其转换成十位二进制数为_____。
   A. 1010000000　　B. 1100000000　　C. 1001000000　　D. 1011000000

50. 对于逐次比较式 A/D 转换器，当参考电压为 10 V，输入电压为 5.625 V 时，其转换成十位二进制数为_____。
   A. 1010000000　　B. 1100000000　　C. 1001000000　　D. 1011000000

51. 有一个 D/A 转换器，其参考电压为 5 V，当输入的二进制数为 1100 时，转换成模拟电压为_____。
   A. 1.25 V　　　　B. 2.5 V　　　　　C. 3.5 V　　　　　D. 3.75 V

52. 有一个 D/A 转换器，其参考电压为 5 V，当输入的二进制数为 1000 时，转换成模拟电压为_____。
   A. 1.25 V　　　　B. 2.5 V　　　　　C. 3.5 V　　　　　D. 3.75 V

53. 在模拟量输入接口电路中，多路切换开关的作用是_____。
   A. 将传感器与 I/O 接口电路接通　　　B. 防止外部干扰进入微机
   C. 使各个测量回路分时接通 A/D 转换器　D. 将传感器与微处理器接通

54. 在微机控制系统中，控制对象若有模拟量信号时，必须通过 A/D 或 D/A 接口与 CPU 连接，其中_____。
   A. D/A 转换的作用是将数字量转换成模拟量
   B. D/A 转换常用作数字量输出接入电路
   C. A/D 转换的作用是将数字量转换成模拟量
   D. A/D 转换常用作模拟量输出接口电路

55. 利用_____和一个运算放大器，就可实现数字量到模拟量的转换。
   A. 权电容解码网络　　　　　　　　　B. 权电阻解码网络
   C. 计数器　　　　　　　　　　　　　D. 译码器

56. 模—数转换（A/D）器的作用是_____。
   A. 数字量转换为电压　　　　　　　　B. 数字量转换为电流
   C. 电压转换为数字量　　　　　　　　D. 电流转换为数字量

57. 对于 D/A 转换器而言，只接收_____信息。
   A. 并行输入的二进制数　　　　　　　B. 串行输入的二进制数

C. 并行输入的十六进制数　　　　D. 串行输入的十六进制数

58. 把模拟量转换成数字量,这一部件称为_____。
   A. A/D 转换器　　B. D/A 转换器　　C. 运算放大器　　D. 上述都可以

59. 微型计算机要输入连续变化的模拟量,必须要经过_____。
   A. 电压变换器　　B. 电流变换器　　C. 模/数转换器　　D. 数/模转换器

60. 微型计算机的输出要控制一个伺服电机的转动,则该输出量必须经过_____。
   A. 电压变换器　　B. 电流变换器　　C. 模/数转换器　　D. 数/模转换器

61. 在用权电阻解码网络所组成的数/模转换电路中,若电路的参考电压为 4 V,则 CPU 输出的数字量为 28H,转换成的电压值为_____。
   A. 0.625 V　　B. 1.0125 V　　C. 0.375 V　　D. 0.5 V

62. 在用权电阻解码网络组成的数/模转换器电路中,若电路的参考电压为 4 V,则 CPU 输出的数字量 9CH,转换成的电压值为_____。
   A. 1.4375 V　　B. 2.4375 V　　C. 1.875 V　　D. 2.875 V

63. 在模/数转换器中,参考电压是 10 V,用逐次逼近法可把模拟量电压值 UX 转换成 10 位二进制为_____,若 UX = 3.75V,则转换成的二进制数及对应的十进制数为_____。
   A. 0110000000,384
   B. 1010000000,640
   C. 0011000000,192
   D. 0101000000,320

64. 在模/数转换器中,参考电压是 8 V,现转换成的 10 位二进制数为 1000110000,它所对应的模拟量电压值为_____。
   A. 5.46875 V　　B. 4.75 V　　C. 4.375 V　　D. 4.125 V

65. 在模/数转换器中,若 8 个模拟量输入通道 IN1 ~ IN8,用 A2 ~ A0 来选择某个输入通道,现 A2A1A0 = 101,则被选中的通道为_____。
   A. IN1　　B. IN3　　C. IN5　　D. IN6

66. 模拟量输出接口电路是由下列_____组成的。
   ①译码器;②锁存器;③D/A 转换器;④I/V 转换器;⑤多路转换开关;⑥采样保持器。
   A. ①②③④　　B. ①②⑤⑥　　C. ②③④⑤　　D. ③④⑤⑥

67. 在微型计算机中,模拟量输入接口电路主要由_____环节组成。
   ①多路转换开关;②放大器;③D/A 转换器;④锁存器;⑤光电耦合器;⑥数据译码器;⑦A/D 转换器。
   A. ①②⑤⑥⑦　　B. ①②④⑤⑦　　C. ②③④⑥⑦　　D. ②④⑤⑥⑦

68. 在微型计算机中,接口电路的作用是_____。
   ①能存储用户程序;②能发中断请求;③能进行 A/D 和 D/A 转换;④能提供外部设备状态信息;⑤能同步执行 CPU 指令;⑥能串、并行传送数据。
   A. ②③④⑥　　B. ①②③④　　C. ①②⑤⑥　　D. ②③④⑤

69. 在 A/D 转换器的接口电路中,其必须具有的输入信号是_____。
   ①启动信号;②参考电流;③模拟量输入端;④数字量输入端;⑤零位调整端;⑥标准接地端。
   A. ③④⑤⑥　　B. ①③⑤⑥　　C. ①②③④　　D. ②③④⑤

70. 把构成数据的各个二进制位依次在一个信道进行传输的方式称为_____传输。

A. 并行 B. 串行 C. 同步 D. 异步

71. 按照通信双方数据在通信线路上交互方式的不同,计算机通信一般可分为_____三种通信方式。
    A. 单工、半双工、全双工   B. 单工、双工、多工
    C. 同步、异步、串行   D. 同步、异步、并行

72. 能实现双向数据传输的串行通信方式是_____。
    A. 单工 + 半双工   B. 全双工
    C. 半双工 + 全双工   D. 单工、半双工、全双工

73. 某串行通信的数据传送速率为 120 字符/秒,每个字符为 8 位,其波特率为_____。
    A. 960   B. 120   C. 9 600   D. 2 400

74. RS-232 串行通信接口适合于数据传输速率在_____bps 范围内的串行通信。
    A. 0～20 000   B. 0～2 000   C. 0～30 000   D. 0～3 000

75. 单片机通常采用串行连接方式与外围设备联系。在下列选项中,_____不是串行通信接口标准。
    A. RS-232   B. RS-245   C. RS-422   D. RS-485

76. 下列通信方式传输距离最远的是_____。
    A. RS-232   B. RS-485   C. 以太网   D. I2C

77. 单片机通常采用异步通信,数据通常是以字符(或字节)为单位组成字符帧传送的。保证发射和接受的协调,需要发射方和接收方的_____一致。
    A. CPU   B. 波特率   C. CPU 的时钟源   D. 机器周期

78. 单片机通常采用异步通信,数据通常是以字符(或字节)为单位组成字符帧传送的。一个数据帧包括_____四部分。
    A. 起始位、波特率、数据位和奇偶校验位   B. 波特率、数据位、奇偶校验位和停止位
    C. 起始位、数据位、奇偶校验位和停止位   D. 起始位、数据位、奇偶校验位和空闲位

79. 单片机采用的同步通信是一种连续串行传送数据的通信方式,传送的信息中包括_____。
    A. 同步信号   B. 校验信号   C. 起始位和停止位   D. 波特率信号

80. 单片机采用的通信中常用奇偶检验,则发送端电路会自动检测发送字符位中_____的个数,并在奇偶校验位上添加"1"、"0",使得_____的总和(包括奇偶校验位)为偶数。
    A. "0","0"   B. "0","1"   C. "1","0"   D. "1","1"

81. MCS-51 单片机内部集成了一个可编程的全双工串行通信接口,具有异步接受/发送的全部功能。该串行口由单片机内部的串行口控制寄存器_____及发送和接收电路组成,其串行接收和发送引脚分别为_____。
    A. SCON,P3.0(RXD)和 P3.1(TXD)   B. SCON,P3.2(RXD)和 P3.3(TXD)
    C. SCON,P3.4(RXD)和 P3.5(TXD)   D. SCON,P3.6(RXD)和 P3.7(TXD)

82. RS-232 已作为一种串行通信标准在微机通信接口中广泛采用,在近距离传输时,一般只需_____。
    A. "发送数据 TXD"、"接收数据 RXD"两根线
    B. "发送数据 TXD"、"接收数据 RXD"和"信号地 GND"三根线

C. "发送数据TXD"、"接收数据RXD"和"屏蔽线"三根线

D. "发送数据TXD"、"接收数据RXD"和"校验"三根线

83. RS-232是以电压的正、负来表示逻辑状态的。对于数据信号,规定_____V 表示逻辑1,_____V 表示逻辑0,这是一种_____逻辑。

A. +3～+15/-15～-3/正　　　　B. -15～-3/+3～+15/负

C. -12/+12/负　　　　　　　　D. +12/-12/正

84. RS-422是以差分信号传输的,一般在接收端,只要A比B高200 mV以上便被视为_____;只要A比B低200 mV以上被视为_____。

A. 逻辑1/逻辑0

B. 逻辑0/逻辑1

C. 负逻辑时为逻辑1/负逻辑时为逻辑0

D. 正逻辑时为逻辑1/正逻辑时为逻辑0

85. RS-422与RS-232相比,不同的是RS-232采用_____传输,相同的是发射和接受是_____。

A. 差分信号/一对一　　　　　　B. 差分信号/一对多

C. 正逻辑/一对多　　　　　　　D. 正逻辑/多对多

86. RS-485与RS-422相比,不同的是RS-485采用_____传输,相同的是采用_____。

A. 单工/异步通信　　　　　　　B. 半双工/差分信号传输

C. 全双工/差分信号传输　　　　D. 全双工/异步通信

87. RS-485与RS-422相比,物理接口上RS-485采用_____,RS-422采用_____。

A. 1根3芯线/1根5芯线　　　　B. 1根双绞线/2根双绞线

C. 1根3芯线/2根3芯线　　　　D. 1根网线/2根网线

88. RS-485在使用中,为了防止信号反射引起的干扰,常在双绞线的最后端点处接入_____。

A. 信号电源　　B. 终端电容　　C. 终端电阻　　D. 指示灯

89. RS-485的使用范围很广,重要的原因是RS-485可实现_____,即每个设备均可进行数据的发送和接收。

A. 主从总线结构　B. 多点总线结构　C. 星形网络结构　D. 以太网结构

参考答案

1. D	2. C	3. C	4. A	5. A	6. B	7. C	8. D	9. A	10. D
11. A	12. D	13. C	14. D	15. A	16. A	17. B	18. D	19. C	20. C
21. C	22. C	23. A	24. C	25. D	26. C	27. C	28. B	29. C	30. D
31. B	32. C	33. D	34. B	35. C	36. D	37. C	38. B	39. C	40. B
41. B	42. C	43. D	44. B	45. D	46. A	47. A	48. B	49. B	50. C
51. D	52. B	53. C	54. A	55. B	56. C	57. A	58. A	59. C	60. B
61. A	62. B	63. C	64. C	65. D	66. B	67. B	68. B	69. B	70. B
71. A	72. C	73. A	74. C	75. B	76. B	77. B	78. C	79. A	80. D

81. A　82. B　83. B　84. A　85. A　86. B　87. B　88. C　89. B

第3节　可编程控制器(PLC)的基础知识(适用对象:8401,8402)

1. 可编程序控制器在硬件方面其特点是多采用_____。
   A. 符号语言　　B. 方块化结构　　C. 集成化结构　　D. 模块化结构
2. 可编程序控制器可采用的编程语言是_____。
   A. 梯形图编程语言　　　　　　B. 机器语言
   C. 计算机语言　　　　　　　　D. 汇编语言
3. 可编程序控制器可采用的编程语言是_____。
   A. 汇编语言　　　　　　　　　B. 机器语言
   C. 计算机语言　　　　　　　　D. 语句表编程语言(STL)
4. 可编程序控制器可采用的编程语言是_____。
   A. 汇编语言　　B. 机器语言　　C. 高级语言　　D. 计算机语言
5. 可编程序控制器可采用的编程语言是_____。
   A. 汇编语言　　　　　　　　　B. 控制系统流程图(CSF)
   C. 机器语言　　　　　　　　　D. 计算机语言
6. 可编程序控制器在其内部不可执行的操作是_____。
   A. 逻辑运算　　B. 顺序运算　　C. 计时　　D. 算法运算
7. 可编程序控制器在其内部不可执行的操作是_____。
   A. 编制程序　　B. 顺序运算　　C. 计时　　D. 算术运算
8. 可编程序控制器在其内部不可执行的操作是_____。
   A. 计数　　B. 顺序运算　　C. 逻辑除法　　D. 算术运算
9. 可编程序控制器的功能非常强大,内部具备很多功能,其中包括_____。
   ①延时;②锁存;③比较;④梯形图;⑤流程图;⑥跳转。
   A. ①②③④　　B. ①②③⑤　　C. ①②③⑥　　D. ②③④⑤
10. 可编程序控制器的功能非常强大,内部具备很多功能,其中包括_____。
    ①延时;②语句表;③比较;④强制I/O;⑤流程图;⑥跳转。
    A. ①③④⑥　　B. ①②③⑤　　C. ①②③⑥　　D. ②③④⑤
11. 可编程序控制器的功能非常强大,内部具备很多功能,其中包括_____。
    A. 时序　　B. 时间　　C. 加时　　D. 减时
12. 可编程序控制器的功能非常强大,内部具备很多功能,其中包括_____。
    A. 加时(时序)　　B. 时间　　C. 计算器　　D. 减时
13. 可编程序控制器的功能非常强大,内部具备很多功能,其中包括_____。
    A. 调压器　　B. 接触器　　C. 中间继电器　　D. 主控继电器
14. 可编程序控制器的功能非常强大,内部具备很多功能,其中包括_____。
    A. 移位寄存器　　B. 接触器　　C. 中间继电器　　D. 缓冲器
15. 可编程序控制器的功能非常强大,内部具备很多功能,其中包括_____。

A. 接触器　　　　　B. 中间寄存器　　　　C. 中间继电器　　　　D. 缓冲器

16. 可编程序控制器的功能非常强大,除能够实现延时、锁存、比较、跳转和强制 I/O 等功能外,还可以实现的功能有_____。

A. 积分运算　　　　B. 算法运算　　　　　C. 微分运算　　　　　D. 逻辑运算

17. 可编程序控制器的功能非常强大,除能够实现延时、锁存、比较、跳转和强制 I/O 等功能外,还可以实现的功能有_____。

A. 积分运算　　　　B. 算术运算　　　　　C. 微分运算　　　　　D. 算法运算

18. 可编程序控制器的功能非常强大,除能够实现延时、锁存、比较、跳转和强制 I/O 等功能外,还可以实现的功能有_____。

A. 数据转换　　　　B. 积分运算　　　　　C. 微分运算　　　　　D. 算法运算

19. 可编程序控制器的功能非常强大,除能够实现延时、锁存、比较、跳转和强制 I/O 等功能外,还可以实现的功能有_____。

A. 开环控制　　　　B. 闭环控制　　　　　C. 顺序控制　　　　　D. 时间控制

20. 可编程序控制器的功能非常强大,除能够实现延时、锁存、比较、跳转和强制 I/O 等功能外,还可以实现的功能有_____。

A. 积分运算　　　　B. 算法运算　　　　　C. 微分运算　　　　　D. 模拟运算

21. 可编程序控制器的功能非常强大,除能够实现延时、锁存、比较、跳转和强制 I/O 等功能外,还可以实现的功能有_____。

A. 开环控制　　　　B. 闭环控制　　　　　C. 显示　　　　　　　D. 时间控制

22. 可编程序控制器的功能非常强大,除能够实现延时、锁存、比较、跳转和强制 I/O 等功能外,还可以实现的功能有_____。

A. 开环控制　　　　B. 监控　　　　　　　C. 闭环控制　　　　　D. 时间控制

23. 可编程序控制器的功能非常强大,除能够实现延时、锁存、比较、跳转和强制 I/O 等功能外,还可以实现的功能有_____。

A. 打印　　　　　　B. 开环控制　　　　　C. 闭环控制　　　　　D. 时间控制

24. 可编程序控制器的功能非常强大,除能够实现延时、锁存、比较、跳转和强制 I/O 等功能外,还可以实现的功能有_____。

A. 时间控制　　　　B. 开环控制　　　　　C. 闭环控制　　　　　D. 报表生成

25. 可编程序控制器的功能非常强大,能够方便地实现的功能有_____。

A. 时序　　　　　　B. 延时　　　　　　　C. 闭环控制　　　　　D. 时间

26. 可编程序控制器的功能非常强大,能够方便地实现的功能有_____。

A. 时序　　　　　　B. 延时　　　　　　　C. 寄存　　　　　　　D. 锁存

27. 可编程序控制器的功能非常强大,能够方便地实现的功能有_____。

A. 比较　　　　　　B. 延时　　　　　　　C. 寄存　　　　　　　D. 时序

28. 可编程序控制器的功能非常强大,能够方便地实现的功能有_____。

A. 寄存　　　　　　B. 延时　　　　　　　C. 跳转　　　　　　　D. 时序

29. 可编程序控制器的功能非常强大,能够方便地实现的功能有_____。

A. 寄存　　　　　　B. 强制 I/O　　　　　C. 延时　　　　　　　D. 时序

30. 可编程序控制器的功能非常强大,除能够实现延时、锁存、比较、跳转和强制 I/O 等功能外,还可以实现的功能有_____。
①按钮;②模拟运算;③显示;④排除故障;⑤打印;⑥监控。
A.①③④⑥   B.②③④⑤   C.①②③⑥   D.②③⑤⑥

31. 可编程序控制器的功能不包括_____。
A. 报表生成   B. 显示   C. 监控   D. 函数生成

32. 可编程序控制器的功能非常强大,除能够实现延时、锁存、比较、跳转和强制 I/O 等功能外,还可以实现的功能有_____。
①逻辑运算;②算术运算;③顺序控制;④排除故障;⑤数据转换;⑥智能编程。
A.①③④⑥   B.②③④⑤   C.①②③⑤   D.②③⑤⑥

33. 可编程序控制器平均无故障时间为_____。
A. 200 小时以上   B. 2 000 小时以上
C. 20 000 小时以上   D. 200 000 小时以上

34. 可编程序控制器采取屏蔽、输入延时滤波等软、硬件措施,可有效地防止_____。
A. 机械振动干扰信号   B. 高频传导干扰信号
C. 空间电磁干扰信号   D. B + C

35. 下列_____不是可编程序控制器采取的抗干扰措施。
A. 屏蔽   B. 隔离   C. 滤波   D. 分隔

36. 可编程序控制器采取屏蔽、输入延时滤波等软、硬件措施,可有效地防止_____。
A. 高频传导干扰信号   B. 机械振动干扰信号
C. 空间电磁干扰信号   D. A + C

37. 可编程序控制器输出接口具有较强的驱动能力,可以直接与_____连接。
①继电器;②接触器;③电机;④执行器;⑤电磁阀;⑥开关。
A.①②⑤⑥   B.②③④⑤   C.①②③⑤   D.②③⑤⑥

38. 可编程序控制器输出接口具有较强的驱动能力,可以直接与_____连接。
A. 大型电机   B. 启动器   C. 执行器   D. 继电器

39. 可编程序控制器输出接口具有较强的驱动能力,可以直接与_____连接。
A. 接触器   B. 启动器   C. 执行器   D. 大、中型电机

40. 可编程序控制器输出接口具有较强的驱动能力,可以直接与_____连接。
A. 启动器   B. 电磁阀   C. 执行器   D. 大、中型电机

41. 可编程序控制器输出接口具有较强的驱动能力,可以直接与_____连接。
A. 启动器   B. 执行器   C. 开关   D. 大、中型电机

42. 可编程序控制器的控制功能包括_____。
①模拟量的开环控制;②联网、通信及集散控制;③开关量的闭环控制;④模拟量的闭环控制;⑤数字量的智能控制;⑥数字采集与监控。
A.①②⑤⑥   B.②③④⑤   C.①②③⑤   D.②④⑤⑥

43. 可编程序控制器的控制功能包括_____。
①模拟量的开环控制;②联网、通信及集散控制;③开关量的开环控制;④数字量的闭环控制;

⑤数字量的智能控制;⑥数字采集与监控。

　　A. ①②⑤⑥　　　　B. ②③⑤⑥　　　　C. ①②③⑤　　　　D. ②④⑤⑥

44. 可编程序控制器的控制功能包括_____。

　　A. 开关量的开环控制　　　　　　　B. 数字量的闭环控制

　　C. 模拟量的开环控制　　　　　　　D. 开关量的闭环控制

45. 可编程序控制器的控制功能包括_____。

　　A. 开关量的闭环控制　　　　　　　B. 数字量的闭环控制

　　C. 模拟量的开环控制　　　　　　　D. 数字量的智能控制

46. 可编程序控制器的控制功能包括_____。

　　A. 开关量的闭环控制　　　　　　　B. 数字量的闭环控制

　　C. 联网、通信及集散控制　　　　　D. 模拟量的开环控制

47. 可编程序控制器的控制功能包括_____。

　　A. 开关量的闭环控制　　　　　　　B. 数字采集与监控

　　C. 数字量的闭环控制　　　　　　　D. 模拟量的开环控制

48. 可编程序控制器的控制功能包括_____。

　　A. 开关量的闭环控制　　　　　　　B. 模拟量的开环控制

　　C. 数字量的闭环控制　　　　　　　D. 模拟量的闭环控制

49. 可编程序控制器具有_____。

　　A. 中央处理单元(CPU)　　　　　　B. 编程器

　　C. 行程开关　　　　　　　　　　　D. B + C

50. 可编程序控制器的存储器可用作_____。

　　A. 标志存储器　　B. 系统存储器　　C. 堆栈存储器　　D. 算术存储器

51. 可编程序控制器的存储器可用作_____。

　　A. 标志存储器　　B. 堆栈存储器　　C. 用户存储器　　D. 算术存储器

52. 可编程序控制器编程器的工作方式有_____。

　　A. 编程　　　　　B. 监控　　　　　C. 自动　　　　　D. A + B

53. 利用可编程序控制器编程器对已有的程序进行编辑,就是利用编辑键对要修改的内容进行_____。

　　A. 增添　　　　　B. 更改　　　　　C. 插入或删除　　D. A + B + C

54. 可编程序控制器编程器的监控工作方式是对_____。

　　A. 可编程序控制器的工作状态进行监视和跟踪

　　B. 可编程序控制器的编程状态进行监视和跟踪

　　C. 可编程序控制器的工作和编程状态进行监视和跟踪

　　D. 编程器的工作和编程状态进行监视和跟踪

55. 可编程序控制器编程器可以对_____进行监视和跟踪。

　　A. 某一器件在不同时间的工作状态

　　B. 线圈或触点工作状态

　　C. 可编程序控制器的工作和编程状态

D. A + B

56. 可编程序控制器程序运行的基本方式是采用_____。
   A. 扫描周期   B. 扫描图像   C. 扫描原理   D. 扫描速度

57. 可编程序控制器执行用户程序的扫描过程包括的步骤是_____。
   A. 输入用户程序   B. 内部通信   C. 与外设通信   D. 扫描处理

58. 可编程序控制器执行用户程序的扫描过程包括的步骤是_____。
   A. 输入用户程序   B. 自诊断   C. 内部通信   D. 扫描处理

59. 可编程序控制器执行用户程序的扫描过程包括的步骤是_____。
   A. 输入用户程序   B. 内部通信   C. 与编程器通信   D. 扫描处理

60. 可编程序控制器的编程器监控工作方式是对_____。
   A. 可编程序控制器的工作状态进行监视和跟踪
   B. 可编程序控制器的编程状态进行监视和跟踪
   C. 可编程序控制器的工作和编程状态进行监视和跟踪
   D. 编程器的工作和编程状态进行监视和跟踪

61. 可编程序控制器的编程器可以对_____工作状态进行监视和跟踪。
   A. 某一器件在不同时间
   B. 线圈或触点
   C. 可编程序控制器的工作和编程
   D. A + B

62. 可编程序控制器执行用户程序的扫描过程包括的步骤是_____。
   A. 执行用户程序   B. 输入用户程序   C. 内部通信   D. 扫描处理

63. 可编程序控制器执行用户程序的扫描过程包括的步骤是_____。
   A. 扫描处理   B. 输入用户程序   C. 内部通信   D. 读入现场信号

64. 可编程序控制器执行用户程序的扫描过程包括的步骤是_____。
   A. 扫描处理   B. 输入用户程序   C. 内部通信   D. 输出结果

65. 可编程序控制器执行用户程序的扫描周期一般为_____。
   A. 10～100 ms   B. 10～1 000 ms   C. 1～100 ms   D. 1～100 μs

66. 可编程序控制器合上电源后,在系统软件的管理下它首先进行的工作是_____。
   A. 自诊断   B. 输入用户程序   C. 读入现场信号   D. 输出结果

67. 可编程序控制器如果整个程序扫描一次所需要的时间超过监控定时器的设定值则_____。
   A. 停机   B. 发出 CPU 故障信号   C. 重新扫描程序   D. 等待扫描程序

68. 可编程序控制器如果整个程序扫描一次所需要的时间超过监控定时器的设定值则_____。
   A. 定时器动作   B. 发出 CPU 故障信号
   C. 对系统采取应有的保护措施   D. A + B + C

69. 可编程序控制器如果整个程序扫描一次所需要的时间超过监控定时器的设定值则_____。
   A. 停机   B. 重新扫描程序
   C. 定时器动作发出 CPU 故障信号   D. 等待扫描程序

70. 可编程序控制器在执行用户程序阶段,CPU 逐条解释和处理用户程序,程序执行以后得出的运算结果_____。
A. 立即送至内存中输出信号状态缓冲区   B. 立即输出
C. CPU 闲时才做向外输出   D. CPU 工作时才做向外输出

71. 可编程序控制器在执行用户程序阶段,CPU 逐条解释和处理用户程序,程序执行以后得出的运算结果_____。
A. CPU 工作时才做向外输出   B. 立即输出
C. CPU 闲时才做向外输出   D. 当全部程序执行完毕,CPU 才做向外输出

72. 可编程序控制器在 CPU 做向外输出结果的工作时,即把输出信号状态缓冲区的内容送至输出通道的对应端口上,则_____。
A. 无须功率放大直接驱动外部负载
B. 须经信号转换后直接驱动外部负载
C. 经输出模块隔离和功率放大后驱动外部负载
D. 须经信号滤波后直接驱动外部负载

73. 可编程序控制器若处于停止运行(STOP)状态,CPU 就会自动进行_____工作。
A. 自诊断   B. 停止一切   C. 输出结果   D. 执行用户程序

74. 可编程序控制器若处于停止运行(STOP)状态,CPU 就会自动进行_____工作。
A. 执行用户程序   B. 停止一切   C. 输出结果   D. 与外设通信

75. 在自动控制系统中,可编程控制器(PLC)属于_____。
A. 测量单元   B. 控制单元   C. 执行机构   D. 控制对象

76. 可编程序控制器基本结构包括_____。
①中央处理单元(CPU);②存储器;③输入/输出模块(I/O);④编程器;⑤电源;⑥指示灯
A. ①②③⑤   B. ②③⑤⑥   C. ①②④⑤   D. ②④⑤⑥

77. 可编程控制器(PLC)的基本结构不包括_____。
A. CPU 模块   B. I/O 模块   C. 电源   D. 显示器

78. 可编程序控制器中的中央处理模块与一般计算机系统中的 CPU 的概念不同之处是_____。
A. 它是一块集成芯片   B. 它有一定数量的 EPROM
C. 它是一个中央处理器   D. B + C

79. 可编程序控制器的 CPU 模块可完成下述各项工作_____。
①用户程序的语法自动纠错;②用扫描方式接收源自被控对象的状态信号,并存入相应的数据区;③用户程序的语法错误检查,并给出错误信息;④系统状态及电源系统的监测;⑤用打印方式接收源自被控对象的状态信号,并存入相应的数据区;⑥接收用户从编程器输入的用户程序,并将它们存入用户存储区。
A. ①②③⑤   B. ②③⑤⑥   C. ①②④⑤   D. ②③④⑥

80. 可编程序控制器的 CPU 模块可完成下述各项工作_____。
①根据数据处理的结果,刷新输出状态表;②用扫描方式接收源自被控对象的状态信号,并存入相应的数据区;③用户程序的语法自动纠错;④系统状态及电源系统的监测;⑤用打印方式接收源自被控对象的状态信号,并存入相应的数据区;⑥执行用户程序。

A. ①②③⑤　　　B. ①②④⑥　　　C. ①②④⑤　　　D. ②③④⑥

81. 可编程序控制器输入/输出单元(I/O 单元)的主要作用是_____。
   A. 输入/输出设备的连线的转换　　　B. 输入/输出设备的连线
   C. 输出设备的转换　　　　　　　　D. 信号电平的转换

82. 可编程序控制器输入/输出单元(I/O 单元)还具有如下的作用是_____。
   A. 光电隔离　　B. 滤波　　C. 输出设备的转换　　D. A+B

83. 在可编程序控制器中,利用梯形图来编制程序应按照_____的顺序排列。
   A. 从左到右、从上而下　　　B. 从右到左、从上而下
   C. 从左到右、从下而上　　　D. 从右到左、从下而上

84. 在可编程序控制器中,利用梯形图来编制程序时使用的基本符号包括_____。
   A. 直线　　B. 母线　　C. 节点　　D. 环节

85. 在可编程序控制器中,利用梯形图来编制程序时使用的基本符号包括_____。
   A. 直线　　B. 连线　　C. 母线　　D. 环节

86. 在可编程序控制器中,利用梯形图来编制程序时使用的基本符号包括_____。
   A. 常开触点　　B. 节点　　C. 直线　　D. 环节

87. 在可编程序控制器中,利用梯形图来编制程序时使用的基本符号包括_____。
   A. 直线　　B. 节点　　C. 环节　　D. 常闭触点

88. 在可编程序控制器中,利用梯形图来编制程序时使用的基本符号包括_____。
   A. 直线　　B. 线圈　　C. 节点　　D. 环节

89. 在可编程序控制器中,利用梯形图来编制程序时使用的基本符号包括_____。
   A. 直线　　B. 环节　　C. 节点　　D. 指令框

90. 在可编程序控制器中,利用梯形图来编制程序时使用的基本符号包括_____。
   A. 标号　　B. 直线　　C. 节点　　D. 环节

91. 可编程序控制器梯形图中的触点有常开、常闭两种,它们可以是PLC内_____的触点。
   A. 输入继电器　　B. 累加器　　C. 控制器　　D. 程序存储器

92. 可编程序控制器梯形图中的触点有常开、常闭两种,它们可以是PLC内_____的触点。
   A. 程序存储器　　B. 累加器　　C. 控制器　　D. 计数器

93. 可编程序控制器梯形图中的触点有常开、常闭两种,它们可以是PLC内_____的触点。
   A. 累加器　　B. 输出继电器　　C. 控制器　　D. 程序存储器

94. 可编程序控制器梯形图中的触点有常开、常闭两种,它们可以是PLC内_____的触点。
   A. 控制器　　B. 累加器　　C. 定时器　　D. 程序存储器

95. 可编程序控制器梯形图中的触点有常开、常闭两种,它们可以是PLC内_____的触点。
   A. 程序存储器　　B. 累加器　　C. 控制器　　D. 辅助继电器

96. 可编程序控制器梯形图中的线圈,它们可以是PLC内_____的线圈。
   A. 输出继电器　　B. 常开继电器　　C. 常闭继电器　　D. 控制器

97. 可编程序控制器梯形图中的线圈,它们可以是PLC内_____的线圈。
   A. 控制器　　B. 常开继电器　　C. 常闭继电器　　D. 辅助继电器

98. 可编程序控制器梯形图中的线圈,它们可以是PLC内_____的线圈。

A. 常开继电器　　　B. 定时器　　　C. 常闭继电器　　　D. 控制器

99. 可编程序控制器梯形图中的线圈,它们可以是PLC内_____的线圈。

　　A. 常开继电器　　　B. 常闭继电器　　　C. 计数器　　　D. 控制器

100. 可编程序控制器梯形图语言的编程规则包括_____。

　　A. 梯形图中的每个逻辑行,要以左母线为起点、右母线为终点(有时允许省略右母线)
　　B. 线圈可以任意串联或并联,但触点只能并联而不能串联
　　C. 同一个触点的使用次数只有一次,而同一线圈则一般能重复使用
　　D. 触点应画在垂直线上,而不应画在水平分支上

101. 可编程序控制器梯形图语言的编程规则包括_____。

　　A. 触点应画在垂直线上,而不应画在水平分支上
　　B. 线圈可以任意串联或并联,但触点只能并联而不能串联
　　C. 同一个触点的使用次数只有一次,而同一线圈则一般能重复使用
　　D. 线圈及命令框必须位于一行的最右端(或与右母线连接),在它们的右边不允许再有任何触点存在

102. 可编程序控制器梯形图语言的编程规则包括_____。

　　A. 触点应画在垂直线上,而不应画在水平分支上
　　B. 线圈可以任意串联或并联,但触点只能并联而不能串联
　　C. 触点应画在水平线上,而不应画在垂直分支上
　　D. 同一个触点的使用次数只有一次,而同一线圈则一般能重复使用

103. 可编程序控制器梯形图语言的编程规则包括_____。

　　A. 触点应画在垂直线上,而不应画在水平分支上
　　B. 触点可以任意串联或并联,但线圈只能并联而不能串联
　　C. 同一个触点的使用次数只有一次,而同一线圈则一般能重复使用
　　D. 线圈可以任意串联或并联,但触点只能并联而不能串联

104. 可编程序控制器梯形图语言的编程规则包括_____。

　　A. 触点应画在垂直线上,而不应画在水平分支上
　　B. 同一个触点的使用次数不受限制,而一线圈则一般不能重复使用
　　C. 同一个触点的使用次数只有一次,而同一线圈则一般能重复使用
　　D. 线圈可以任意串联或并联,但触点只能并联而不能串联

105. 可编程序控制器梯形图语言的编程规则包括_____。

　　A. 当有几个串联支路相并联时,宜将含有触点最多的那个串联支路画在梯形图的最上面
　　B. 触点应画在垂直线上,而不应画在水平分支上
　　C. 同一个触点的使用次数只有一次,而同一线圈则一般能重复使用
　　D. 线圈可以任意串联或并联,但触点只能并联而不能串联

106. 可编程序控制器梯形图语言的编程规则包括_____。

　　A. 线圈可以任意串联或并联,但触点只能并联而不能串联
　　B. 触点应画在垂直线上,而不应画在水平分支上
　　C. 同一个触点的使用次数只有一次,而同一线圈则一般能重复使用

D. 当有几个并联电路相串联时,宜将含有触点最多的并联支路画在梯形图的最左面

107. 可编程序控制器梯形图语言的编程规则包括_____。
A. 线圈可以任意串联或并联,但触点只能并联而不能串联
B. 程序结束时要有结束标志 END
C. 同一个触点的使用次数只有一次,而同一线圈则一般能重复使用
D. 触点应画在垂直线上,而不应画在水平分支上

108. 可编程序控制器梯形图中的继电器、定时器、计数器是_____。
A. 常开触点或常闭触点   B. 物理器件
C. 存储器中的存储位   D. 电器器件

109. 可编程序控制器梯形图中的电流是_____。
A. 假想的电流在梯形图中流动,在每一行中只能自左向右流;在母线则从上向下流
B. 实际的电流在梯形图中流动,在每一行中只能自左向右流;在母线则从上向下流
C. 直流电流在梯形图中流动,在每一行中只能自左向右流;在母线则从上向下流
D. 交流电流在梯形图中流动,在每一行中只能自左向右流;在母线则从上向下流

110. 有一可编程序控制器用户程序编写示例如图 6-2 所示,请指出_____是梯形图。
A. (a)   B. (b)   C. (c)   D. (d)

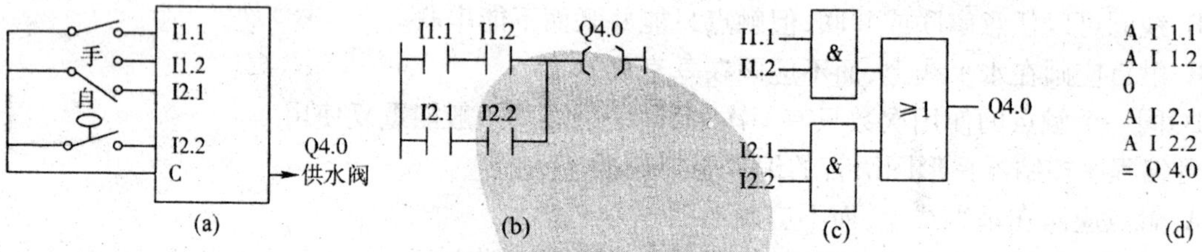

图 6-2

111. 有一可编程序控制器用户程序编写示例图,请指出_____是 PLC 接线图。(见图 6-2)
A. (a)   B. (b)   C. (c)   D. (d)

112. 有一可编程序控制器用户程序编写示例图,请指出_____是逻辑流程图。(见图 6-2)
A. (a)   B. (b)   C. (c)   D. (d)

113. 有一可编程序控制器用户程序编写示例图,请指出_____是语句表。(见图 6-2)
A. (a)   B. (b)   C. (c)   D. (d)

114. 在可编程序控制器硬件上,越来越多地采用_____。
A. 积木式结构   B. 小型化结构   C. 大型化结构   D. 集成化结构

115. 可编程序控制器的总线多为基板形式,并采用紧凑的无槽位限制的模块化结构,其模块一般包括_____。
A. 积木式模块   B. 质量控制模块
C. 图像模块   D. 中央处理单元 CPU 模块

116. 可编程序控制器的总线多为基板形式,并采用紧凑的无槽位限制的模块化结构,其模块一般包括_____。
A. 积木式模块   B. I/O 接口模块   C. 图像模块   D. 质量控制模块

117. 可编程序控制器的总线多为基板形式,并采用紧凑的无槽位限制的模块化结构,其模块一般包括_____。
    A. 智能 I/O 模块　　　B. 积木式模块　　　　C. 图像模块　　　　　D. 质量控制模块
118. 可编程序控制器的总线多为基板形式,并采用紧凑的无槽位限制的模块化结构,其模块一般包括_____。
    A. 图像模块　　　　　B. 积木式模块　　　　C. 通信智能模块　　　D. 质量控制模块
119. 可编程序控制器的总线多为基板形式,并采用紧凑的无槽位限制的模块化结构,其模块一般包括_____。
    A. 积木式模块　　　　B. 电源模块　　　　　C. 图像模块　　　　　D. 质量控制模块
120. 可编程序控制器的总线多为基板形式,并采用紧凑的无槽位限制的模块化结构,其模块一般包括_____。
    A. 积木式模块　　　　B. 质量控制模块　　　C. 图像模块　　　　　D. 数字量输入模块
121. 可编程序控制器的总线多为基板形式,并采用紧凑的无槽位限制的模块化结构,其模块一般包括_____。
    A. 数字量输出模块　　B. 质量控制模块　　　C. 图像模块　　　　　D. 积木式模块
122. 可编程序控制器的总线多为基板形式,并采用紧凑的无槽位限制的模块化结构,其模块一般包括_____。
    A. 图像模块　　　　　B. 质量控制模块　　　C. 模拟量输入模块　　D. 积木式模块
123. 可编程序控制器的总线多为基板形式,并采用紧凑的无槽位限制的模块化结构,其模块一般包括_____。
    A. 图像模块　　　　　B. 模拟量输出模块　　C. 质量控制模块　　　D. 积木式模块
124. 在可编程序控制器中,当换上备用电源锂电,且电压小于_____时,黄色指示灯亮。
    A. 0.8 V　　　　　　 B. 1.8 V　　　　　　 C. 2.8 V　　　　　　 D. 3.8 V
125. 可编程序控制器正确地换上新电池后,需按_____按钮,取消故障信号,才能熄灭黄色指示灯。
    A. 重新启动　　　　　B. 复位　　　　　　　C. 确认　　　　　　　D. 启动
126. 在可编程序控制器中,CPU 模块主要用来_____。
    A. 完成编辑用户程序　　　　　　　　　　　B. 完成编制用户程序
    C. 完成存取用户程序　　　　　　　　　　　D. 完成执行用户程序
127. 在可编程序控制器中,CPU 模块主要由_____和存储器组成。
    A. 微处理器　　　　　B. 计算器　　　　　　C. 运算器　　　　　　D. 操作器
128. 在可编程序控制器中,CPU 模块主要由微处理器和_____组成。
    A. 计算器　　　　　　B. 存储器　　　　　　C. 运算器　　　　　　D. 操作器
129. 在可编程序控制器的存储器中,用 EPROM 存放_____。
    A. 公式　　　　　　　B. 数据　　　　　　　C. 固定程序　　　　　D. 用户程序
130. 在可编程序控制器中,CPU 是 PLC 的核心部件,执行用户程序,并不断地刷新系统的输出信号。同时,它也不断地采集输入信号,不断地_____系统自身的工作情况。
    A. 监测　　　　　　　B. 检查　　　　　　　C. 记录　　　　　　　D. 复制

131. 在可编程序控制器中,数字量输入模块将现场过程数字信号电平转换成 PLC 内部_____。
    A. 公用电平　　　　B. 信号电平　　　　C. 标准电平　　　　D. 正确电平
132. 在可编程序控制器中,数字量输入模块有_____输入方式。对现场输入元件,仅要求提供开关触点即可。
    A. 电平　　　　　　B. 直流　　　　　　C. 交变　　　　　　D. 信号
133. 在可编程序控制器中,数字量输入模块有_____输入方式。对现场输入元件,仅要求提供开关触点即可。
    A. 电平　　　　　　B. 信号　　　　　　C. 交变　　　　　　D. 交流
134. 在可编程序控制器中,数字量输出模块将 PLC 内部信号电平转换成过程所要求的外部信号电平,可直接用于驱动_____。
    A. 调节器　　　　　B. 放大器　　　　　C. 变换器　　　　　D. 接触器
135. 在可编程序控制器中,数字量输出模块将 PLC 内部信号电平转换成过程所要求的外部信号电平,可直接用于驱动_____。
    A. 小型电动机　　　B. 放大器　　　　　C. 大型电动机　　　D. 调节器
136. 在可编程序控制器中,数字量输出模块将 PLC 内部信号电平转换成过程所要求的外部信号电平,可直接用于驱动_____。
    A. 放大器　　　　　B. 电动机启动器　　C. 变换器　　　　　D. 调节器
137. 在可编程序控制器中,数字量输出模块将 PLC 内部信号电平转换成过程所要求的外部信号电平,可直接用于驱动_____。
    A. 放大器　　　　　B. 变换器　　　　　C. 电磁阀　　　　　D. 调节器
138. 在可编程序控制器中,数字量输出模块将 PLC 内部信号电平转换成过程所要求的外部信号电平,可直接用于驱动_____。
    A. 放大器　　　　　B. 调节器　　　　　C. 变换器　　　　　D. 灯
139. 在可编程序控制器中,数字量输出模块按负载回路使用电源不同分为_____输出模块。
    A. 模拟量　　　　　B. 驱动　　　　　　C. 放大　　　　　　D. 直流
140. 在可编程序控制器中,数字量输出模块按负载回路使用电源不同分为_____输出模块。
    A. 交流　　　　　　B. 驱动　　　　　　C. 放大　　　　　　D. 模拟量
141. 在可编程序控制器中,数字量输出模块按负载回路使用电源不同分为_____输出模块。
    A. 模拟量　　　　　B. 交直流两用　　　C. 放大　　　　　　D. 驱动
142. 在可编程序控制器中,数字量输出模块按输出开关器件的种类不同可分为_____输出方式。
    A. 晶闸管　　　　　B. 二极管　　　　　C. 三极管　　　　　D. 电子管
143. 在可编程序控制器中,数字量输出模块按输出开关器件的种类不同可分为_____输出方式。
    A. 三极管　　　　　B. 稳压管　　　　　C. 继电器触点　　　D. 电子管
144. 在可编程序控制器中,数字量输出模块按输出开关器件的种类不同可分为_____输出方式。

A. 三极管　　　　B. 二极管　　　　C. 电子管　　　　D. 晶体管
145. 可编程序控制器模拟量输入模块的某一通道从开始转换模拟量输入值起到再次开始转换的时间称模拟量输入模块的_____。
A. 转换时间　　　B. 工作时间　　　C. 循环时间　　　D. 变换时间
146. 可编程序控制器模拟量输入模块的一般输入测量范围为_____。
A. 0～20 mA　　　B. 0～5 V　　　　C. 0～10 mA　　　D. 2～10 V
147. 可编程序控制器模拟量输入模块的一般输入测量范围为_____。
A. 4～20 mA　　　B. 0～5 V　　　　C. 0～10 mA　　　D. 0～10 V
148. 可编程序控制器模拟量输入模块的主要组成部件包括_____。
A. 放大器　　　　B. 调节器　　　　C. 变换器　　　　D. A/D 转换器
149. 可编程序控制器模拟量输入模块的主要组成部件包括_____。
A. 放大器　　　　B. A/D 转换器　　C. 数字电路　　　D. 调节器
150. 可编程序控制器模拟量输入模块的主要组成部件包括_____。
A. 数字切换开关　B. 模拟切换开关　C. 数字转换开关　D. 模拟转换开关
151. 可编程序控制器模拟量输入模块的主要组成部件包括_____。
A. 数字切换开关　B. 数字转换开关　C. 逻辑电路　　　D. 数字电路
152. 可编程序控制器模拟量输入模块的主要组成部件包括_____。
A. 数字切换开关　B. 补偿电路　　　C. 数字转换开关　D. 数字电路
153. 可编程序控制器模拟量输入模块的主要组成部件包括_____。
A. 数字切换开关　B. 数字转换开关　C. 光隔离器　　　D. 数字电路
154. 可编程序控制器模拟量输入模块的主要组成部件包括_____。
A. 恒流源　　　　B. 数字转换开关　C. 数字切换开关　D. 数字电路
155. 组成可编程序控制器模拟量输入模块的核心部件是_____。
A. 逻辑电路　　　B. A/D 转换器　　C. 模拟切换开关　D. 补偿电路
156. 可编程序控制器模拟量输入模块一般模拟量输入通道_____积分式 A/D 转换部件。
A. 两个通道共用一个　　　　　　　B. 一个通道一个
C. 八个通道共用一个　　　　　　　D. 共用一个
157. 可编程序控制器模拟量输出模块的转换时间包括_____。
A. 模数转换（A/D）的时间　　　　B. 内部存储器传送数字化输出值的时间
C. 所设定的积分时间　　　　　　　D. 变换时间
158. 可编程序控制器模拟量输出模块的转换时间包括_____。
A. 模数转换（A/D）的时间　　　　B. 所设定的积分时间
C. 数模转换（D/A）的时间　　　　D. 变换时间
159. 可编程序控制器模拟量输出模块具有诊断能力，通常能对_____输出作断线检测。
A. 交流　　　　　B. 电压　　　　　C. 直流　　　　　D. 电流
160. 可编程序控制器模拟量输出模块具有诊断能力，通常能对_____输出作短路检测。
A. 交流　　　　　B. 电压　　　　　C. 直流　　　　　D. 电流
161. 可编程序控制器模拟量输出模块的一般输出测量范围为_____。

A. 0～5 V   B. 0～20 mA   C. 0～10 mA   D. 2～10 V

162. 可编程序控制器模拟量输出模块的一般输出测量范围为_____。

A. 4～20 mA   B. 0～5 V   C. 0～10 V   D. 0～10 mA

163. 可编程序控制器模拟量输出模块的循环时间是_____。

A. 所有活动的模拟量输出通道的转换时间的总和

B. 单个通道的转换时间

C. 两个通道的转换时间的和

D. 八个通道的转换时间的总和

164. 可编程序控制器模拟量输出模块的_____为电压输出或电流输出。

A. 所有通道都统一编程   B. 八个通道统一编程

C. 两个通道统一编程   D. 每个通道都可单独编程

165. 用可编程序控制器的通信智能模块与其他可编程序控制器相连时，可组成多级控制系统，实现_____控制、数据采集等功能。

A. 开环   B. 闭环   C. 过程   D. 时间

166. 可编程序控制器的智能 I/O 模块使得它不仅可用于顺序控制，还可用于_____控制。

A. 开环   B. 闭环   C. 过程   D. 时间

167. 可编程序控制器的控制功能包括_____。

①数字采集与监控；②联网、通信及集散控制；③开关量的闭环控制；④模拟量的闭环控制；⑤数字量的智能控制。

A. ②③④⑤   B. ②④⑤   C. ③④⑤   D. ①③④

168. PLC 网络的硬件部件除接口硬件外，还有_____等。

A. 网关、路由器和交换机   B. 网关、网络电缆和交换机

C. 网络连接器、网络电缆和网络中继器   D. 网卡、网关和网线

169. PLC 之间可以_____建立网络连接。

A. 通过通信扩展模块的通信接口   B. 通过 CPU 模块的扩展接口

C. 通过输入输出扩展模块   D. A 和 B 均可

170. 可编程序控制器在其内部不可执行的操作是_____。

A. 顺序运算   B. 计时   C. 计数   D. 逻辑除法

171. 在下列通信协议中，SIEMENS S7 200 PLC 所不支持的是_____。

A. PPI 通信协议   B. Profibus DP 通信协议

C. CAN 总线通信协议   D. Ethernet 通信协议

172. 与可编程控制器在扫描过程无关的是_____。

A. 外设通信   B. 读入 I/O 口信息   C. 输出处理结果   D. 诊断外设故障

173. 可编程序控制器输出接口具有较强的驱动能力，可以直接与_____连接。

①继电器；②1 kW 灯泡；③指示灯；④电磁抱刹；⑤电机。

A. ②③④   B. ①③   C. ①②③④   D. ③④

174. S7 200PLC 通过 EM227 通信扩展模块的通信接口能支持与其他设备之间的_____协议通信。

A. Modbus   B. Profibus DP   C. CAN   D. LAN WORKS

175. PLC 的 I/O 口不具备的功能是_____。
 A. 电平转换   B. 光电隔离   C. 状态指示   D. 与上位机通信

176. PLC 输出接口能直接驱动小功率交、直流负载的是_____。
 A. 晶体管型   B. 晶闸管型   C. 继电器型   D. 晶闸管—继电器

177. SIEMENS S7 200 PLC 之间可以_____方式建立工业以太网连接。
 A. 通过 CPU 模块的通信接口   B. 通过 CPU 模块的扩展接口
 C. 通过专用的通信扩展模块的通信接口   D. A 和 C 均可

178. 电源模块中的锂电池电压低于_____，需更换新电池。
 A. 2.8 V   B. 3.0 V   C. 2.5 V   D. 2.0 V

179. PLC 能够用于闭环控制的模块是_____。
 A. 模拟量输入模块   B. 数字 I/O 模块   C. CPU 模块   D. 智能模块

180. SIEMENS S7 200 PLC 组网时，可支持下列_____。
 A. PPI 通信协议、Profibus DP 通信协议   B. USS 通信协议、自由口通信协议
 C. CAN 总线通信协议   D. A + B

181. PLC 模拟量输出模块的电压或电流的范围是_____。
 A. 0～10 V，0～10 mA   B. 0～5 V，0～5 mA
 C. 0～10 V，0～20 mA   D. 0～10 V，4～20 mA

182. 可编程序控制器采取屏蔽、输入延时滤波等软、硬件措施，可有效地防止_____。
 A. 高频传导干扰信号   B. 机械振动干扰信号
 C. 空间电磁干扰信号   D. A + C

183. PLC 选用隔离变压器可有效抑制_____干扰。
 A. 高频信号   B. 电源   C. 接地系统   D. 变频器

184. S7 200PLC 通过 CP-243-1 通信扩展模块的通信接口能支持与其他设备之间的_____协议通信。
 A. Modbus   B. Profibus DP   C. CAN   D. ETHERNET

185. 能抑制电磁干扰的接地种类是_____。
 A. 信号地   B. 屏蔽地   C. 保护地   D. 交流地

186. 可编程序控制器梯形图语言的编程规则包括_____。
 A. 同一个触点的使用次数只能一次，而同一线圈则一般能重复使用
 B. 触点可画在水平线上，也可画在垂直分支上
 C. 线圈可以任意串联或并联，但触点只能并联而不能串联
 D. A + B

187. 和实际电路图最接近的编程语言是_____。
 A. 逻辑符号图   B. 梯形图   C. 语句表   D. 高级语言

188. PLC 之间可以_____方式建立网络连接。
 A. 通过 CPU 模块的通信接口   B. 通过 CPU 模块的扩展接口
 C. 通过输入输出扩展模块   D. A 和 B 均可

189. 能实现双向数据传输的串行通信方式是_____。
    A. 单工 + 半双工   B. 全双工   C. 半双工 + 全双工   D. A + B
190. 最常见的 S7 200PLC 与编程器的联系是通过 CPU 自身的_____与编程器建立通信。
    A. PPI   B. Profibus DP   C. RS-485   D. ETHERNET
191. 某串行通信的数据传送速率为 120 字符/秒，每个字符为 8 位，其波特率为_____。
    A. 960   B. 120   C. 9 600   D. 2 400
192. 如图 6-3 所示为 PLC 的一种网络连接，其中台式计算机的作用是_____。
    A. 起编程器作用
    B. 监控程序的运行
    C. 只在编程期间连接，编程结束后断开
    D. 一方面，起编程器作用，另一方面，可以监控程序的运行

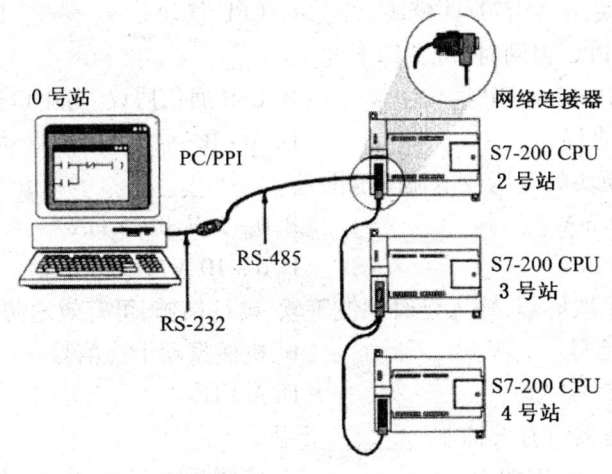

图 6-3

193. 可编程控制器与 PC 通信的字符数据必须由_____组成。
    ①起始位；②校验位；③数据位；④停止位；⑤波特率。
    A. ①③④⑤   B. ②③④   C. ①③④   D. ①②③④⑤
194. S7 200 PLC 网络的硬件连接方式有两种，一是通过_____的通信接口，二是通过_____的通信接口。
    A. 网卡，网关   B. CPU 模块本身，网卡
    C. CPU 模块本身，扩展通信模块   D. 电源模块，专用通信模块
195. 可编程控制器与 PC 通信方式有_____。
    A. 以太网   B. RS-232   C. Profibus + 以太网   D. 以太网 + RS-232
196. 下列通信方式传输距离最远的是_____。
    A. RS-232   B. RS-485   C. 以太网   D. IIC

参考答案

1. D   2. A   3. D   4. C   5. B   6. D   7. A   8. C   9. C   10. A

11. A	12. C	13. D	14. A	15. B	16. D	17. B	18. A	19. C	20. D
21. C	22. B	23. A	24. D	25. B	26. D	27. A	28. C	29. B	30. D
31. D	32. C	33. C	34. D	35. D	36. D	37. A	38. D	39. A	40. B
41. C	42. D	43. B	44. A	45. D	46. C	47. B	48. D	49. A	50. B
51. C	52. D	53. C	54. A	55. D	56. C	57. C	58. D	59. D	60. A
61. B	62. A	63. D	64. D	65. C	66. A	67. B	68. D	69. C	70. A
71. D	72. C	73. A	74. D	75. B	76. D	77. D	78. D	79. D	80. D
81. D	82. D	83. A	84. B	85. C	86. A	87. D	88. D	89. D	90. A
91. A	92. D	93. B	94. C	95. D	96. A	97. D	98. D	99. C	100. D
101. D	102. C	103. B	104. B	105. A	106. D	107. B	108. C	109. A	110. B
111. A	112. C	113. C	114. C	115. D	116. B	117. C	118. C	119. B	120. D
121. A	122. C	123. B	124. C	125. B	126. D	127. A	128. B	129. B	130. A
131. B	132. B	133. D	134. D	135. C	136. D	137. D	138. D	139. D	140. D
141. B	142. A	143. C	144. D	145. C	146. D	147. D	148. D	149. C	150. B
151. C	152. D	153. C	154. A	155. D	156. D	157. C	158. D	159. C	160. D
161. B	162. C	163. A	164. D	165. C	166. B	167. A	168. C	169. A	170. D
171. C	172. D	173. B	174. D	175. D	176. D	177. C	178. A	179. D	180. D
181. C	182. D	183. B	184. D	185. B	186. A	187. B	188. A	189. C	190. A
191. A	192. D	193. C	194. C	195. D	196. B				

第4节　船舶计算机网络基础知识(适用对象:8401,8402)

1. 如图6-4所示的计算机网络属于_____拓扑结构。
　　A. 星形　　　　　B. 总线形　　　　　C. 环形　　　　　D. 树形

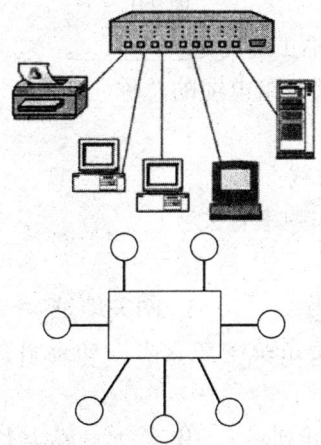

图6-4

2. 如图6-5所示的计算机网络属于_____拓扑结构。
　　A. 星形　　　　　B. 总线形　　　　　C. 环形　　　　　D. 树形

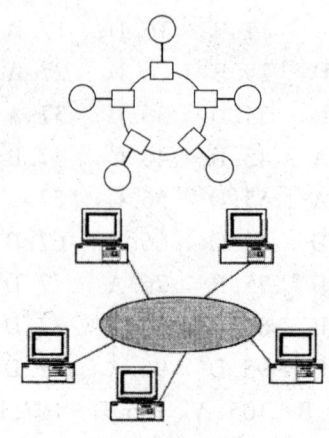

图 6-5

3. 如图 6-6 所示的计算机网络属于_____拓扑结构。
   A. 星形　　　　　　B. 总线形　　　　　　C. 环形　　　　　　D. 树形

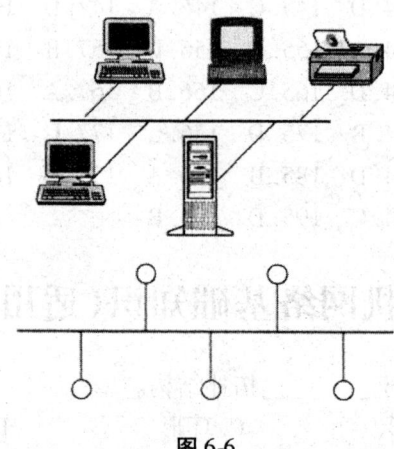

图 6-6

4. 关于工业现场总线，下列说法中不正确的是_____。
   A. 总线是连接一个或多个部件的一组电缆的总称
   B. 总线系统结构只面向 CPU
   C. RS-485 和 Profibus 都是串行总线
   D. 数据传输的速度和总线的工作频率有关

5. 用以区分不同子网的是_____。
   A. IP 地址码　　　B. 子网掩码　　　C. 网关地址　　　D. DNS 地址

6. 网络型监视与报警系统的特点是系统中包含多台机舱外的远程计算机，它们之间的关系是_____。
   A. 若干台为上位机，若干台为下位机　　B. 若干台属于上层网络，若干台属于下层网络
   C. 都是上层网络的一个节点　　　　　　D. 都是下层网络的一个节点

7. 关于现场总线，以下说法中错误的是_____。
   A. 通过现场总线，只需一根通信电缆就可将分散的现场设备连接起来，完成对所有现场设备

的监控

B. 由于各种原因,目前为止并没有真正形成国际范围内的统一标准,因此现场总线的种类很多

C. CAN 和 ProfiBus 是目前在船舶机舱应用较多的现场总线

D. RS-232、RS-422 和 RS-485 是常用的船用现场总线

8. 与采用单台计算机为上位机的集中监视型系统相比较,网络型监视与报警系统的突出特点是_____。

   A. 具有延伸报警　　　　　　　　B. 能够实现无人机舱

   C. 易于实现数据共享　　　　　　D. 易于分组显示设备参数

9. 目前最常见的局域网是_____。

   A. 总线形网　　　B. 星形网　　　C. 树形网　　　D. 环形网

10. 与采用单台计算机作为上位机的集中监视型系统相比较,网络型监视与报警系统的突出特点是_____。

   A. 模块化的结构设计

   B. 分布式处理

   C. 系统布线简单

   D. 分布式处理、系统布线简单以及模块化的结构设计

11. EIA/TIA-568 标准(RJ45 接口,水晶头)的网线中,共有_____对绞合导线。

   A. 2　　　B. 4　　　C. 6　　　D. 8

12. 用于连接以太网网络的设备有_____。

   A. 网卡、网线、HUB　　　　　　B. 网卡、网线、HUB、交换机

   C. 网卡、网线、HUB、RJ-45　　　D. 网卡、网线、HUB、TCP/IP

13. 可编程控制器通过以太网和 PC 通信,需设置的参数为_____。

   ①网速;②PLC 的 IP 地址;③PC 的 IP 地址;④双方的子网掩码;⑤通信类型。

   A. ②③④⑤　　　B. ①②③④⑤　　　C. ①②③⑤　　　D. ①②④⑤

14. 用于连接以太网网络连接的 RJ-45 接头共有_____对双绞线。

   A. 2　　　B. 4　　　C. 6　　　D. 8

15. 在 DP 网络中,二类主站的功能是_____。

   A. 用作编程器、组态设备或操作面板,是 DP 网络中的编程、诊断和管理设备

   B. 进行现场数据的输入和输出

   C. 读取 DP 从站的输入/输出数据和当前的组态数据

   D. A + C

16. 工业以太网的网络连接设置中不包括_____的设置。

   A. IP 地址　　　B. 子网掩码　　　C. 默认网关　　　D. TCP/IP 通信协议

17. 以太网的网络连接使用双绞线的传输距离不得大于_____m。

   A. 100　　　B. 200　　　C. 1 200　　　D. 2 000

18. 构成以太网(ETHERNET)系统应有四个必不可缺的要素是_____。

   ①帧;②幅;③信号部件;④物理介质;⑤介质访问控制协议;⑥信号零件。

A. ①②④⑥ B. ②③④⑤ C. ①③④⑤ D. ②③④⑥

19. PLC 与个人计算机之间的连接通常采用串行连接方式,串行通信接口标准包括_____。
    A. RS-232、RS-245 和 RS-422 B. RS-245、RS-422 和 RS-485
    C. RS-232、RS-422 和 RS-495 D. RS-232、RS-422 和 RS-485

20. 网络层次结构中属于中间一级的是_____。
    A. 以太网 B. Profibus C. MPI D. AS-I

21. 现场总线越来越多地应用于船舶机舱控制网络中,下列选项中,_____属于常用的现场总线。
    A. PPI B. MPI C. DDE D. CAN

22. 关于网络中的地址,下列说法中正确的是_____。
    A. MAC 地址是唯一的 B. IP 地址是唯一的
    C. MAC 地址和 IP 地址都是唯一的 D. MAC 地址和 IP 地址都是不唯一的

23. 通信协议_____是应用于电子控制器上的一种通用协议标准。
    A. Profibus B. ControiNet C. Modbus D. CAN Bus

24. Modbus 数据传输模式有两种,它们是_____。
    A. ASCⅡ 和 RTU(远程终端单元) B. ASCⅡ 和 LRC(纵向冗余检测)
    C. LRCT 和 RTU D. LRC 和 CRC(循环冗余检测)

25. 在 DP 网络中,一类主站的功能是_____。
    A. 进行 DP 从站的地址分配
    B. 进行现场数据的输入和输出
    C. 用作编程设备
    D. 与分散的站(如 DP 从站)之间进行信息交换,并对总线通信进行控制和管理

26. _____通信协议可以使不同厂商生产的各种控制设备连接成工业网络,进行集中监控。
    A. Profibus B. ControiNet C. CAN Bus D. Modbus

27. 计算机局域网的常见拓扑结构形式一般有_____。
    A. 星形网络、三角形网络和总线形网络 B. 星形网络、环形网络和总线形网络
    C. 星形网络、三角形网络和环形网络 D. 短形网络、环形网络和总线形网络

28. 网卡又称_____。
    A. 网络适配器 B. 路由器 C. 交换机 D. 集线器

29. 以太网标准的拓扑结构为_____形网络。
    A. 星 B. 树 C. 环 D. 总线

30. 目前在船舶机舱自动化系统中应用最多的 ProfiBus 总线是_____。
    A. ProfiBus-FMS B. ProfiBus-PA
    C. ProfiBus-DP D. ProfiBus-PA 和 ProfiBus-DP

31. 采用广播方式传输数据的计算机网络拓扑结构是_____形网络。
    A. 星 B. 总线 C. 树 D. 环

32. 网络操作系统属于_____。
    A. 网络系统软件 B. 网络应用软件

C. 通信控制软件　　　　　　　　D. 网络协议软件

33. 采用一条单根的通信线路作为公共的传输通道,所有的结点都通过相应的接口直接连接到总线上,并通过总线进行数据传输的计算机网络拓扑结构是_____形网络。
    A. 星　　　　B. 总线　　　　C. 树　　　　D. 环

34. 计算机网络拓扑结构中,相对而言,可靠性较好的是_____形网络。
    A. 星　　　　B. 总线　　　　C. 树　　　　D. 环

35. PLC 以太网通信不正确的说法是_____。
    A. PLC 和上位机的 IP 地址必须在同一个区段
    B. PLC 和上位机的子网掩码必须相同
    C. PLC 的 IP 地址只用软件设置就可以
    D. B + C

36. 船舶计算机网络拓扑结构多选用可靠性较好的_____形网络。
    A. 星　　　　B. 总线　　　　C. 树　　　　D. 环

37. 以太网(ETHERNET)是目前应用最为广泛的局域网,它的特点包括_____。
    ①高度的稳定性;②低廉的价格;③高度的可比性;④高度的可靠性;⑤先进的技术;⑥高度的灵活性。
    A. ②③④⑤　　B. ②④⑤⑥　　C. ①②④⑥　　D. ①③④⑤

38. 计算机网络的基本组成都主要包括_____四部分。
    ①计算机系统;②通信线路和通信设备;③总线;④网络软件;⑤网络协议。
    A. ①②③④　　B. ①②③⑤　　C. ①②④⑤　　D. ①③④⑤

39. 计算机网络的基本模块是_____。
    A. 计算机系统　　　　　　　　B. 通信线路和通信设备
    C. 网络软件　　　　　　　　　D. 总线

40. 在 CAN 总线网络中,数据信号采用差分电压传输,两条信号线分别为 CAN_H 和 CAN_L。当传送的信号为逻辑"0"时,_____。
    A. CAN_H 和 CAN_L 电平不等　　B. CAN_H 和 CAN_L 电平相等
    C. CAN_H 比 CAN_L 电平高　　　D. CAN_H 比 CAN_L 电平低

41. 计算机网络的硬件结构是_____。
    A. 计算机系统和通信线路　　　B. 通信线路和总线
    C. 网络协议和通信网络　　　　D. 总线和网络节点

42. 计算机网络软件可分为_____软件。
    A. 操作系统和网络　　　　　　B. 网络系统软件和网络应用
    C. 操作系统和网络系统　　　　D. 网络软件和网络应用

43. 关于网络传输介质,下列说法中错误的是_____。
    A. 传输介质包括有线介质和无线介质
    B. 双绞线、同轴电缆、光纤等均属于有线介质
    C. 双绞线是最常见的有线传输介质,具有传输速率高、通信容量大、传输距离远和抗干扰性强的优点

D. 运用无线传输介质的场合包括卫星通信、红外通信、微波通信等

44. 工业现场通信网络采用的通信载体中,最常见的是_____,通信距离最远的是_____。
    A. 双绞线/同轴电缆 B. 同轴电缆/光纤 C. 网线/光纤 D. 双绞线/光纤

45. 通过 PLC 的以太网通信,可以实现_____。
    ①数据交换;②监控;③现场管理;④运用组态;⑤系统维护。
    A. ①②③④ B. ①②④ C. ①②⑤ D. ①④⑤

46. Modbus 不能使用的物理接口是_____。
    A. 以太网 B. RS-232 C. 高速令牌 D. 并口

47. 可编程控制器通过以太网的 PC 通信,需设置的参数为_____。
    ①网速;②PLC 的 IP 地址;③PC 的 IP 地址;④双方的子网掩码;⑤通信类型。
    A. ②③④⑤ B. ①②③④⑤ C. ①②③⑤ D. ①②④⑤

48. Modbus 不能使用的物理接口是_____。
    A. RJ-45 B. RS-232 C. DDE D. RS-485

49. 计算机网络的基本组成主要包括_____。
    A. 计算机系统、通信线路、网络软件
    B. 通信线路和通信设备、网络协议、网络软件
    C. 计算机系统、通信线路和通信设备、网络软件
    D. 计算机系统、通信线路和通信设备、网络协议、网络软件

50. 能直接访问可编程控制器的数据区的是_____。
    A. Profibus-DP B. RS-232 C. Modbus D. RS-485

51. 在 CAN 总线网络中,数据信号采用差分电压传输,两条信号线分别为 CAN_H 和 CAN_L。当传送的信号为逻辑"1"时,_____。
    A. CAN_H 和 CAN_L 电平不等
    B. CAN_H 和 CAN_L 电平相等
    C. CAN_H 比 CAN_L 电平高
    D. CAN_H 比 CAN_L 电平低

52. Modbus 消息帧结构组成包括_____。
    ①起始位;②地址;③功能码;④数据位;⑤校验位;⑥停止位。
    A. ①②④⑤⑥ B. ①②⑤⑥ C. ①②③④⑤⑥ D. ②③④⑤

53. 能直接访问可编程控制器的数据区的是_____。
    A. Proribus-DP B. RS-232 C. Modbus D. RS-485

54. 当前船舶控制系统中使用较多的是_____总线。
    A. Profibus-DP B. CAN C. Modbus D. DEVICENET

55. 当前船舶控制系统中使用较多的 CAN 总线的两条信号线是_____信号。
    A. 逻辑电平 B. 差分电平 C. 逻辑电流 D. 差分电流

56. 通过 PLC 的以太网通信,可以实现_____。
    ①数据交换;②监控;③现场管理;④运用组态;⑤系统维护。
    A. ①②③④ B. ①②④ C. ①②⑤ D. ①④⑤

57. 当前船舶控制系统中使用较多的 CAN 总线与其他现场总线相比,最大的特点是_____。
    A. 传输介质可用双绞线、同轴电线或光纤

B. 传输信号采用差分电平信号
C. 采用排破坏性总线仲裁技术
D. 通信协议中数据链路层具有严格的错误检测功能

58. 以太网络(ETHERNET)中的计算机可实现对 PLC 系统进行编程组态、系统监视及_____。
    A. 系统调节   B. 系统控制   C. 系统管理   D. 系统维护

59. 当前船舶控制系统中采用的 Profibus-DP 总线采用双绞线的最大传输距离是_____,采用最高的传输速率是_____ b/s。
    A. 1 200 m/12 M   B. 1 200 m/9.6 k   C. 200 m/12 M   D. 10 km/12 M

60. Modbus 消息帧结构组成包括_____。
    ①起始位;②地址;③功能码;④数据位;⑤校验位;⑥停止位。
    A. ①②④⑤⑥   B. ①②③⑤⑥
    C. ①②③④⑤⑥   D. ②③④⑤

61. 船舶控制系统中采用的 Profibus-DP 总线和 CAN 总线都采用双绞线传输,但是 Profibus-DP 是_____结构,CAN 总线是_____结构。
    A. 主从/主从   B. 主从/多主   C. 多主/令牌   D. 多主/循环主从

62. PLC 以太网通信不正确的说法是_____。
    A. PLC 上位机的 IP 地址必须在同一个区段
    B. PLC 和上位机的子网掩码必须相同
    C. PLC 的 IP 地址需用软件设置
    D. PLC 可通过以太网与局域网直接连通

63. 网络层次结构中属于中间一级的是_____。
    A. 以太网   B. Profibus   C. MPI   D. AS-I

64. EIA/TIA-568 标准(RJ45 接口,水晶头)的网线中,共有_____对绞合导线,实际中一般用到的是_____对。
    A. 2/2   B. 4/2   C. 4/4   D. 8/4

65. PLC 与以太网(ETHERNET)中的计算机或编程器实现_____。
    A. 低速率数据通信和信息管理   B. 高速率数据通信和信息交换
    C. 高速率信息交换和数据交换   D. 低速率数据通信和信息交换

参考答案

1. A	2. C	3. B	4. B	5. B	6. C	7. A	8. C	9. A	10. D
11. B	12. B	13. A	14. B	15. D	16. D	17. A	18. C	19. D	20. B
21. D	22. A	23. C	24. A	25. D	26. D	27. B	28. A	29. D	30. C
31. B	32. A	33. B	34. B	35. C	36. B	37. B	38. C	39. A	40. C
41. A	42. B	43. C	44. D	45. A	46. D	47. A	48. C	49. D	50. C
51. B	52. C	53. C	54. B	55. B	56. A	57. B	58. B	59. A	60. C
61. B	62. D	63. C	64. B	65. B					

第 7 章
船舶机舱辅助控制系统

第 1 节 冷却水温度控制系统

7.1.1 冷却水温度控制系统

7.1.1.1 冷却水温度控制系统的组成及基本工作原理（适用对象：8401,8402,8403,8404）

1. 电动冷却水温度控制系统原理如图 7-1 所示,其测温元件通常是_____。
   A. 温包　　　　　B. 热敏电阻　　　　　C. 金属丝电阻　　　　　D. 热电偶

2. 电动冷却水温度控制系统原理如图 7-1 所示,限位开关的作用是_____。
   A. 使执行电机能断续转动
   B. 当调节阀转到极限位置时能切断执行电机电源
   C. 作为执行电机热保护
   D. 防止增加、减少两个继电器同时通电

3. 电动冷却水温度控制系统原理如图 7-1 所示,其调节器是采用_____。
   A. 比例调节器　　　B. PI 调节器　　　C. PD 调节器　　　D. PID 调节器

4. 电动冷却水温度控制系统原理如图 7-1 所示,其输出执行装置保护环节不包括_____。
   A. 三通阀限位开关　　　　　　　　B. 电源保险丝
   C. 正反转接触器连锁　　　　　　　D. 电机过载保护

5. 电动冷却水温度控制系统原理如图 7-1 所示,控制对象输入和输出分别为_____。
   A. 三通调节阀的输出,柴油机进口水温　　B. 柴油机出口水温,柴油机进口水温
   C. 柴油机进口水量,柴油机出口水量　　　D. 淡水冷却器进口水温,淡水冷却器出口水温

6. 电动冷却水温度控制系统原理如图 7-1 所示,限位开关的作用是_____。
   A. 防止电机连续转动
   B. 防止电机因短路等故障烧坏
   C. 防止三通调节阀卡在极限位置而电机超载
   D. 防止"增加"和"减少"输出继电器同时通电

7. 电动冷却水温度控制系统原理如图 7-1 所示,热保护继电器的作用是_____。

A. 防止三通调节阀卡在极限位置
B. 防止"增加"和"减少"输出接触器同时通电
C. 防止电机 M 过载烧坏
D. 防止冷却水温度超过上限值

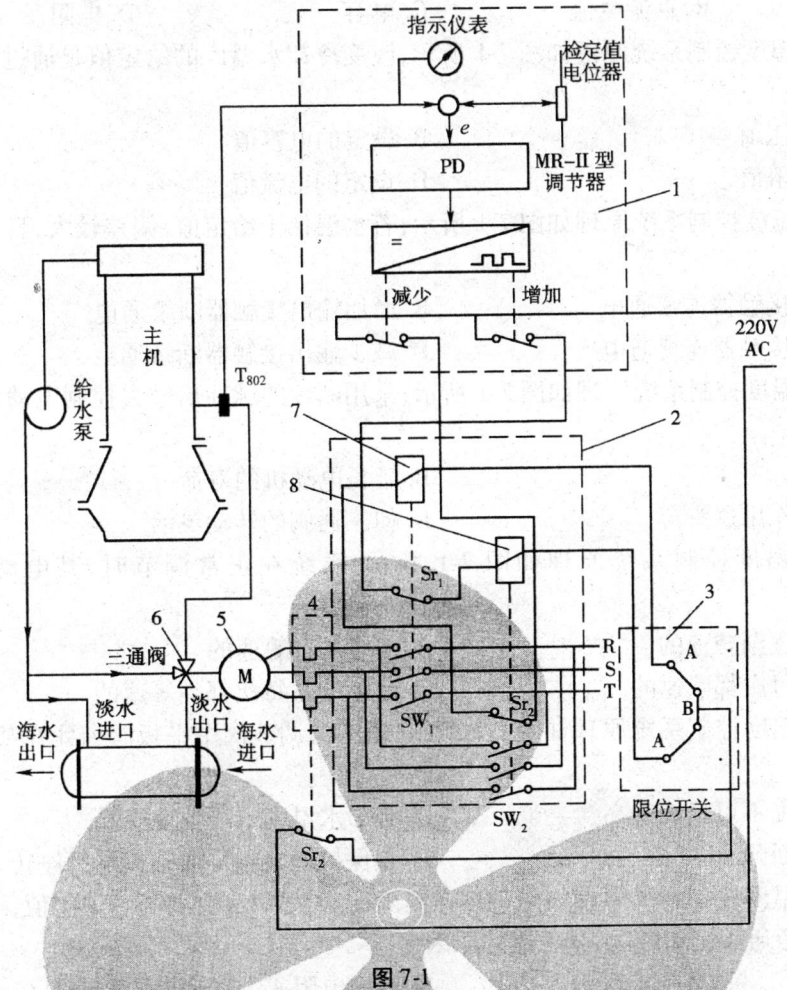

图 7-1

8. 电动冷却水温度控制系统原理如图 7-1 所示，比例微分控制电路的输入量是_____，其输出信号送至_____。

  A. 给定值/执行电机 M   B. 偏差值/脉冲宽度调制器
  C. 测量值/"增加"、"减少"输出继电器   D. 偏差值/执行电机 M

9. 电动冷却水温度控制系统原理如图 7-1 所示，当柴油机负荷降低时，其主机冷却水出口温度会_____。

  A. 保持给定值不变   B. 绕给定值振荡
  C. 增高   D. 降低

10. 电动冷却水温度控制系统原理如图 7-1 所示，当三通调节阀的旁通阀全开使电机停转后，其复位方法是_____。

A. 停机后,手动复位 B. 运行中手动复位
C. 水温上升时自动复位 D. 水温上升到给定值以上时自动复位

11. 电动冷却水温度控制系统原理如图 7-1 所示,随着冷却水实际温度的变化,导致测温元件_____的变化。

A. 交流电流 B. 直流电流 C. 电容 D. 电阻

12. 电动冷却水温度控制系统原理如图 7-1 所示,改变冷却水温度的给定值是通过改变_____来实现。

A. 设定的电压值 B. 设定的电容值
C. 设定的电阻值 D. 设定的电流值

13. 电动冷却水温度控制系统原理如图 7-1 所示,若水温低于给定值,偏差较大,且偏差变化有些快,则_____。

A. 增加输出接触器连续通电 B. 增加输出接触器断续通电
C. 减少输出接触器连续通电 D. 减少输出接触器断续通电

14. 电动冷却水温度控制系统原理如图 7-1 所示,采用断续的脉冲信号去控制电动机的转动的目的是_____。

A. 节约电能 B. 延长电动机的寿命
C. 防止调节作用过头 D. 使三通阀的转动灵活

15. 电动冷却水温度控制系统原理如图 7-1 所示,系统在正常调节时,其电动机的转动是_____。

A. 连续的且逐渐减速的 B. 连续的且等速的
C. 断续的且每次都减速的 D. 断续的且每次都是等速的

16. 电动冷却水温度控制系统原理如图 7-1 所示,若三通调节阀中平板阀卡死在某一位置,其故障现象是_____。

A. 冷却水温度不可控地升高 B. 冷却水温度不可控地降低
C. 限位开关断开 D. 热保护继电器可能动作电机停转

17. 电动冷却水温度控制系统原理如图 7-1 所示,若出现冷却水温度高于给定值,而执行电机却不可控地将旁通阀开到最大,其可能的原因是_____。

A. 热敏电阻 T_{802} 断路 B. 热敏电阻 T_{802} 分压点 A 对地短路
C. 增加输出继电器损坏 D. 限位开关损坏

18. 电动冷却水温度控制系统原理如图 7-1 所示,若测温元件对地断路,则温度表温度值及限位开关状态将会分别为_____。

A. 0 ℃以下,闭合 B. 0 ℃以下,断开
C. 达最高值,断开 D. 达最高值,闭合

19. 电动冷却水温度控制系统原理如图 7-1 所示,若测温元件对地短路,则温度表的指示值及限位开关状态分别为_____。

A. 0 ℃以下,闭合 B. 0 ℃以下,断开
C. 100 ℃以上,闭合 D. 100 ℃以上,断开

20. 电动冷却水温度控制系统原理如图 7-1 所示,在检修过程时,错把"增加输出"和"减少输出"

接触器输入端线接反,则该系统会成为_____。
A. 开环系统　　　　　　　　　　B. 开关控制系统
C. 正反馈控制系统　　　　　　　D. 负反馈控制系统

21. 电动冷却水温度控制系统所用传感器 T802 的特点是_____。
①温度上升时阻值增大;②温度上升时阻值减小;③0 ℃时其阻值为 802 Ω;④20 ℃时其阻值为 802 Ω;⑤传感器 A 端与地相碰将反映所测温度升高。
A. ①④⑤　　　B. ②③⑤　　　C. ①③④　　　D. ②④⑤

7.1.1.2　冷却水温度控制系统的操作与管理(适用对象:8403,8404)

22. 在电动冷却水温度控制系统中,要把给定值从某一较低温度立即提高到某一较高温度,则执行电机 M 转动状态为(假定无超调)_____。
A. 先连续向旁通阀关小的方向转动,后断续向旁通阀关小的方向转动,直到水温接近设定值为止
B. 一直为断续向旁通阀关小的方向转动,直到水温接近设定值为止
C. 先连续向旁通阀开大的方向转动,后断续向旁通阀开大的方向转动,直到水温接近设定值为止
D. 一直断续向旁通阀开大的方向转动,直到水温接近设定值为止

23. 在电动冷却水温度控制系统中,所采用的保护措施包括_____。
①"增加"和"减少"输出接触器互相连锁;②三通阀的限位开关;③欠压保护;④电机过载保护;⑤电源保险丝;⑥直流电源失压保护。
A. ①③⑤　　　B. ②④⑥　　　C. ②③④　　　D. ①②④

24. 电动冷却水温度控制系统面板布置如图 7-2 所示,投入使用后启停频繁,则应_____。
A. 减小给定值　　　　　　　　B. 增大不灵敏区
C. 减小脉冲宽度　　　　　　　D. 减小不灵敏区

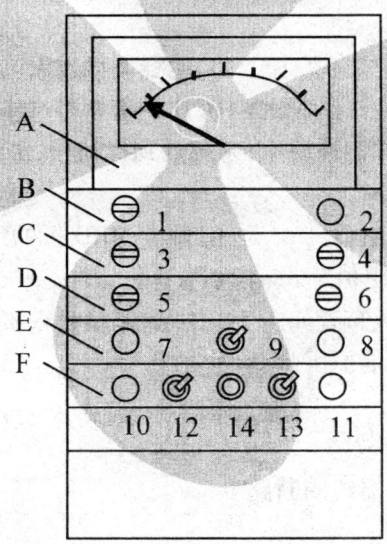

图 7-2

25. 电动冷却水温度控制系统面板布置如图 7-2 所示,仪器投入使用后,当出现较大偏差时电机仍不转动,正确的处理方法是_____。
   A. 减小给定值   B. 减小不灵敏区
   C. 增大脉冲宽度   D. 增大给定值

26. 电动冷却水温度控制系统面板布置如图 7-2 所示,系统投入工作后,水温已出现较大的偏差,电机 M 不转动,则首先要做的工作是_____。
   A. 更换保险丝 F_1 和 F_2 B. 更换增加和减少输出接触器
   C. 更换执行电机 M   D. 改为手动操作手操开关

27. 电动冷却水温度控制系统面板布置如图 7-2 所示,系统达到稳定时,冷却水温度偏差大的原因可能是_____。
   A. 脉冲宽度调整过大   B. 脉冲宽度调整过小
   C. 不灵敏度区调整过小   D. 不灵敏度区调整过大

28. 在 MR-Ⅱ 中型电动冷却水温度控制系统中,若测温元件断路,则温度表指示为_____。
   A. 0 ℃   B. 50 ℃   C. 100 ℃   D. 指针摆动

29. 在 MR-Ⅱ型电动冷却水温度控制系统中,若出现冷却水温度低于给定值,而继续不可控制地开大进入冷却器的水流量,其原因可能是_____。
   A. T802 热敏电阻开路   B. T802 热敏电阻短路
   C. 增加继电器损坏   D. 限位开关损坏

30. 电动主机冷却水温度控制系统面板布置如图 7-2 所示,若温度传感器两端因故短路,则调节结果_____。
   A. 旁通阀开度最大   B. 旁通阀开度最小
   C. 显示仪表指针不稳定   D. 显示仪表显示最低温度

31. 电动主机冷却水温度控制系统面板布置如图 7-2 所示,当调小不灵敏区后,其稳态精度仍然很低的原因可能是_____。
   A. 脉冲宽度调节不当   B. 量程调得过大
   C. 比例带调得过大   D. 比例带调得过小

32. 在 MR-Ⅱ型电动冷却水温度控制系统中,系统受到扰动后,水温无波动地慢慢向给定值恢复,动态过程拖得时间很长,应_____。
   A. 调大 MRV 板的 W_1 对地电阻值   B. 调大 MRD 板的 W_1 的对地电阻值
   C. 调大 MRB 板的 W_1 对地电阻值   D. A + B

33. 电动冷却水温度控制系统面板布置如图 7-2 所示,系统投入工作后,主电源指示灯亮,但自动和手动控制电机都不转,其可能原因是_____。
   A. 稳压电源 MRS 板有故障
   B. 输入指示电路板 MRB 板有故障
   C. "增加"或"减少"输出接触器线圈断路
   D. 热保护继电器动作没有复位

34. 电动冷却水温度控制系统面板布置如图 7-2 所示,系统受到扰动后,温度表指针左右快速振荡不息,其可能原因是_____。

A. PB 太大,脉冲宽度太宽　　　　　　B. PB 太大,T_d 太短

C. PB 太小,T_d 太大　　　　　　　　D. 脉冲宽度太宽,不灵敏区太小

35. 电动冷却水温度控制系统面板布置如图7-2所示,自动控制及手动控制电机M都不能转动,其可能的原因是_____。

①稳压电源MRS电路板有故障;②脉冲宽度调制器电路板MRD有故障;③输入路板MRB有故障;④电机M热保护继电器动作;⑤电源保险丝烧断;⑥三通调节阀中平板阀卡牢。

A. ①②③　　　B. ②③④　　　C. ④⑤⑥　　　D. ①③④

36. 电动冷却水温度控制系统在运行面板布置如图7-2所示,热敏电阻不慎碰断,则系统出现的现象是_____。

①增加输出指示灯亮;②减少输出指示灯亮;③电机将冷却水通道全开至断电;④电机将旁通阀全开至断电;⑤冷却水温度不断升高;⑥冷却水温度不断下降。

A. ①②③　　　B. ②③⑥　　　C. ①④⑤　　　D. ②④⑥

37. 电动冷却水温度控制系统在运行面板布置如图7-2所示,当主机负荷增加时,电机不转,而改为手动后则可进行手动操作,其不可能的原因是_____。

①增加输出接触器故障;②调节器或脉宽调制电路故障;③减少输出接触器故障;④直流稳压电源故障;⑤交流电源保险丝烧断;⑥三通阀被卡死。

A. ①②③⑥　　B. ①③⑤⑥　　C. ②③④⑤　　D. ②③④⑥

38. 电动冷却水温度控制系统面板布置如图7-2所示,当主机负荷变化时电机停转,改为手动后仍不能工作,与此故障无关的原因是_____。

①MRD和MRV板故障;②交流电源保险丝烧毁;③MRB板和MRD板故障;④直流电源故障;⑤三通阀卡死。

A. ①③④　　　B. ①②⑤　　　C. ②③④　　　D. ②④⑤

39. 电动冷却水温度控制系统面板布置如图7-2所示,电机能在一个方向上转动,而在另一个方向不能转动,可能的原因是_____。

①MRB板故障;②电机过载保护继电器动作;③电机轴卡死;④减少输出接触器触头未闭合;⑤增加输出接触器触头结炭;⑥增加输出继电器线圈烧断。

A. ①②③　　　B. ②③⑥　　　C. ③④⑥　　　D. ④⑤⑥

7.1.2　中央冷却水温度控制系统(适用对象:8401,8402)

40. ENGARD冷却水温度控制系统的控制规律采用_____实现。

A. 气路　　　B. 模拟电路　　　C. 计算机程序　　　D. 液压

41. 中央冷却系统由_____三个分系统组成。

A. 高温淡水(80~85 ℃)、低温淡水(30~45 ℃)、海水

B. 高温冷却器、低温冷却器、海水冷却器

C. 温度传感器、智能调节器、执行机构

D. 变频水泵、冷却器、控制系统

42. ENGARD型中央冷却水温度控制系统能对海水流量进行有级调节,当75%~85%流量时,功

率_____;40%~60%流量时,功率_____。
A. 100 kW/80 kW   B. 75 kW/65 kW   C. 50 kW/22 kW   D. 22 kW/4 kW

43. 船舶冷却水温度的控制手段目前还是以_____为主,即把被冷却的高温水分成两路,过冷却器,另一路经过旁通管路,由_____,得到不同的冷却水出口温度。
A. 旁通控制法/三通合流调节阀对冷水和热水进行混合
B. 旁通控制法/二路比例调节阀对冷水和热水进行混合
C. 海水流量法/海水泵的流量控制冷却量
D. 海水流量法/变频器控制海水泵的流量和三通调节阀控制冷却量

44. 下列特性中,不属于ENGARD控制器的为_____。
A. 自检、控制功能   B. 故障报警功能
C. 采用单片机作为控制器   D. 位移平衡原理

45. 温度控制器根据设定温度和测量点温度偏差值按一定的调节规律输出控制信号至执行机构,改变调节阀的旁通口开度,从而实现测量点温度的自动控制。中央冷却系统要控制的温度是_____。
A. 高温淡水温度   B. 低温淡水温度
C. 高温淡水温度或低温淡水温度   D. 高温淡水温度及低温淡水温度

46. 在ENGARD型中央冷却水温度控制系统中,如果低温淡水调节阀控制旁通口开度V1的变化范围在0%~5%之内,并且淡水温度偏离设定值不超过_____,则不需要对海水泵的流量进行调节。
A. 0.50 ℃   B. 1.00 ℃   C. 1.50 ℃   D. 2.00 ℃

47. 中央冷却系统的低温淡水冷却常采用海水流量控制的方法来配合旁通控制,与单纯的旁通控制法相比,其最主要的优点是_____。
A. 节能   B. 可靠   C. 减小维护工作量   D. 应用灵活

48. ENGARD控制器的感温元件采用_____。
A. 温度表   B. 黏度计
C. 热力膨胀温包   D. PT100温度传感器

49. ENGARD型中央冷却系统的低温淡水温度的自动调节采用_____。
A. 三通调节阀
B. 多台双速海水泵协调控制海水流量的方法
C. 多台变频调速海水泵协调控制海水流量的方法
D. 三通调节阀和多台双速海水泵协调控制海水流量的方法

50. ENGARD中央冷却水温度控制系统通常采用_____作为冷却水流量调节的执行机构。
A. 电动三通阀   B. 电气转换器   C. 液压油缸   D. 气缸

51. ENGARD控制单元过程参数的参数P6到P11是_____。
A. 比例积分微分等调节参数   B. 海水泵流量控制用参数
C. 有关温度设定值参数   D. 有关海水泵选择参数

52. ENGARD控制器控制海水泵的功能包括_____。
A. 对海水泵进行变频调速

B. 根据海水压力自动启动备用海水泵
C. 根据海水流量需求调节泵组的启停
D. 恢复供电后自动启动掉电前运转的海水泵

53. ENGARD 控制单元过程参数的 P20 调节阀占空比是指_____。
   A. 调节阀工作过程的动作速度控制
   B. 调节快到位时的调节阀的动作速度控制
   C. 调节器输出信号占整个阀门位置的百分比
   D. 调节阀开度占最大值的百分比

54. ENGARD 型中央冷却水温度控制系统能对海水流量进行有级调节,当100%流量时,功率_____;75%~85%流量时,功率_____。
   A. 100 kW/80 kW   B. 75 kW/65 kW
   C. 50 kW/22 kW   D. 45 kW/4 kW

55. ENGARD 控制单元过程参数的 P21 是调节阀动作全行程时间,其作用是_____。
   A. 调节阀卡死故障报警判断   B. 调节阀阀门位置测算
   C. 调节阀动作速度测算   D. 模拟调节阀极限限位

56. ENGARD 控制器通过调节_____来调节冷却量。
   A. 低温淡水流量   B. 海水泵的运行台数
   C. 海水泵的转速   D. A + B + C

57. ENGARD 控制单元过程参数的 P39 和 P40 是旁通阀开度位置校正,其作用是_____。
   A. 阀门开度最小或最大时,反馈信号的校正
   B. 阀门开度最小或最大极限限位保护
   C. 阀门开度对中位置校正
   D. 调节本参数与阀门开度反馈信号一致的校正

58. 中央冷却系统对温度传感器和三通调节阀均有故障监视,运行中一旦出现三通调节阀故障,系统会给出报警,当_____。
   A. 调节阀反馈信号小于2%,检查线路是否短路
   B. 调节阀反馈信号大于98%,检查线路是否开路
   C. 调节阀反馈信号与其阀位开度不一致,系统能自动重新校准零点和量程
   D. 调节阀反馈信号与其阀位开度方向相反,调节阀接线

59. 在 ENGARD 型中央冷却水温度控制系统中,若要对参数进行重新设置,首先将 ENGARD 控制箱内的模式选择开关置到_____。
   A. "Q"位置   B. "P"位置   C. "R"位置   D. "L"位置

60. 中央冷却系统中的 ENGARD 控制单元对外部传感器线路故障设定的报警代码为 A5,故障中没有_____。
   A. 淡水温度传感器断路   B. 调节阀反馈信号断路
   C. 海水温度传感器断路   D. 海水流量传感器断路

61. 淡水温度在设定温度附近波动时,ENGARD 控制器主要通过调节_____来调节温度。
   A. 低温淡水流量   B. 海水泵的运行台数

C. 海水泵的转速　　　　　　　　　　D. A+B+C

62. 中央冷却系统中的 ENGARD 控制单元对控制单元本身的故障报警代码为 A2，但是不能指示_____。

　　A. 单片机的 CPU 故障　　　　　　　B. 单片机 8032 内的 RAM 故障
　　C. 外部 RAM 求和校验故障　　　　　D. 模拟量电路板电源或频率故障

63. 下列可能是造成淡水温度过高的原因的有_____。

　　A. 海水流量不足　　　　　　　　　　B. 海水温度偏高
　　C. 中冷器堵塞　　　　　　　　　　　D. 调节阀卡死在全开无旁通的位置上

64. 中央冷却系统中的 ENGARD 控制单元除监视外部传感器线路断开故障外，还监视传感器读数是否正常，但是其中不包括_____。

　　A. 低温淡水温度过高　　　　　　　　B. 海水温度过低
　　C. 调节阀反馈信号小于 0%　　　　　D. 调节阀反馈信号大于 98%

65. ENGARD 控制器可通过_____接口与上位机进行通信。

　　A. 以太网　　　B. CAN 总线　　　C. RS-232　　　D. USB

66. ENGARD 控制单元为监视海水泵是否正常，除有输出触点控制外，还有海水泵是否运行的触点输入反馈信号，对应参数 P32 到 P37 是_____。

　　A. 海水泵是否与指令一致判断需要的延时
　　B. 海水泵启动运行需要的延时
　　C. 海水泵建立水压需要的延时
　　D. 海水泵产生水流需要的延时

67. ENGARD 控制器包括_____。

　　A. 印刷电路板、固态继电器、电源滤波器、变压器、接线端子排
　　B. 印刷电路板、并口电路、电源滤波器、变压器、接线端子排
　　C. 印刷电路板、以太网接口电路、电源滤波器、变压器、接线端子排
　　D. 印刷电路板、调制/解调电路、电源滤波器、变压器、接线端子排

68. ENGARD 控制单元根据低温淡水温度、调节阀开度和冷却海水泵速度与数量来协调控制三通阀或海水泵，目的是_____。

　　A. 避免海水泵的频繁启停　　　　　　B. 保证低温淡水温度的精确准确
　　C. 保证高温淡水温度的稳定　　　　　D. 避免高温淡水三通调节阀的大幅度动作

69. 在 ENGARD 型中央冷却水温度控制系统中，若出现淡水温过高，可能的原因是_____。
①海水流量或压力不足；②主机负荷大；③中冷器阻塞；④温度传感器故障；⑤调节阀卡死在 95%～100% 的开度上；⑥海水温度偏高。

　　A. ①③④⑥　　　B. ①②④⑤　　　C. ③④⑤⑥　　　D. ②③④⑥

70. ENGARD 控制单元运行中，如果检测到_____，并且低温淡水温度偏离设定值不超过参数设定值，则不需要对海水泵的流量进行调节。

　　A. 低温淡水三通调节阀的开度 V1 在中间位置附近
　　B. 低温淡水三通调节阀的开度 V1 的变化范围在 0%～5% 之内
　　C. 海水流量在常用的范围之内

D. 海水流量的变化范围在一定范围之内

71. 在 ENGARD 型中央冷却水温度控制系统中,若出现海水泵反馈信号错误故障,可能的原因是_____,处理的方法是_____。
①海水泵传感器故障;②海水泵故障;③海水温度高;④检查参数"P25~P30";⑤如果采用的是双速电机还应检查参数"P32~P37";⑥参数设置错误。
A. ①②③/⑤ B. ①②/④⑤ C. ②③/④⑥ D. ②/④⑤⑥

72. 要对某台海水泵停车检修,必须设置与其对应的"P25~P30"中的某一参数为"OFF=0"其作用是_____,但须选择一台备用泵替代它工作。
A. 使该泵退出控制系统 B. 控制该泵控制回路断电
C. 使海水泵都退出自动控制系统 D. 使海水泵控制回路都断电

73. ENGARD 冷却水温度控制系统的功能包括_____。
A. 对海水流量可进行无级调节 B. 对海水流量可进行有级调节
C. 能且仅能对低温淡水流量进行调节 D. 自动控制中央冷却器的投入使用数量

74. ENGARD 控制单元要进入参数设置,需要_____。
A. 模式选择开关置到"P"位置
B. 模式选择开关置到"P"位置,并使参数 C1 为 12
C. 模式选择开关置到"R"位置
D. 模式选择开关置到"L"位置,并使显示为 C1-12

75. 若 ENGARD 冷却水温度控制系统的 PT100 温度传感器断线,则会出现的情况为_____。
A. 温度不可控地降低 B. 温度不可控地升高
C. 控制器发出故障报警 D. 控制器自动切换备用温度传感器

76. 如果 ENGARD 控制单元模式选择开关置到"P"位置,显示 C1 为 1,之后按向下键,_____。
A. 可以修改参数 B. 只可以观察参数
C. 不能看到参数,直接返回 D. 直接进入 C2 过程参数

77. 海水泵启动成功后,将发出_____信号给 ENGARD 控制器作为反馈信号。
A. 海水泵转速 B. 海水泵流量 C. 海水泵运转状态 D. 海水泵排出压力

78. 关于中央冷却水温度调节系统的描述中,正确的是_____。
A. 闭式的高温淡水用于冷却主柴油机、气缸盖、废气涡轮增压器、活塞冷却油、柴油机系统主滑油等
B. 低温淡水只用于冷却高温淡水
C. 受热后的低温淡水在一个中央冷却器中由开式的海水系统进行冷却
D. 关于中央冷却水温度调节主要是调节低温淡水温度,确保低温温度正常

79. 在 ENGARD 型中央冷却水温度控制系统中,若出现海水温度小于-5℃,最有可能的原因是_____。
A. 淡水回路传感器的线路断路 B. 淡水回路传感器的线路短路
C. 海水回路传感器的线路断路 D. 海水回路传感器的线路短路

80. 中央冷却系统的低温淡水冷却常采用海水流量控制的方法来配合旁通控制,ENGARD 控制单元中海水泵的组成如图 7-3 所示,当需要 75%~85% 流量时,海水泵的组合情况应该是

_____。

A. A+B B. B C. D+D D. A+C

81. 在 ENGARD 型中央冷却水温度控制系统中,若出现淡水温过低,可能的原因是_____。①海水流量太大;②主机负荷太小;③温度传感器故障;④海水泵流量太大;⑤调节阀卡死在 95%~98% 的开度上;⑥海水温度偏低。

A. ②④⑤⑥ B. ②③④⑤ C. ①③⑤⑥ D. ①②③⑤

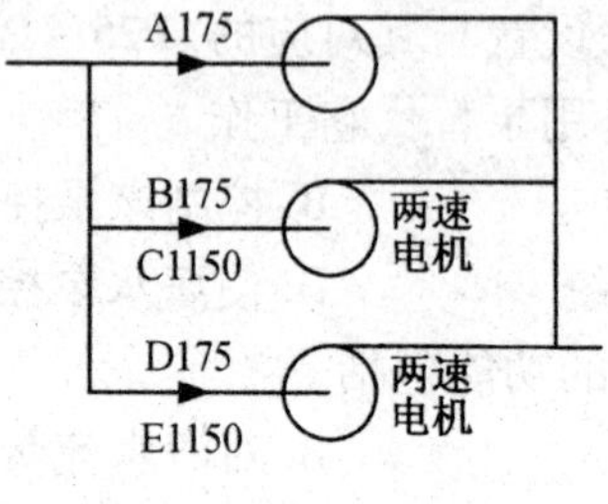

```
A175 ──→ ○
B175 ──→ ○ 两速电机
C1150
D175 ──→ ○ 两速电机
E1150
```

图 7-3

82. 中央冷却系统的低温淡水温度异常,可能的原因有_____。

A. 海水温度异常 B. 海水流量异常
C. 主机运转速度过低 D. 高温三通调节阀卡死

83. 在 ENGARD 控制系统中,海水泵在自动控制方式下,可以_____。

A. 自动对中冷器进行反冲洗 B. 对海水管路进行自动冲洗
C. 无级调节海水流量 D. 保持海水压力恒定

84. ENGARD 控制单元过程参数的第一个参数是_____。

A. 低温淡水温度设定值 B. 高温淡水温度设定值
C. 低温淡水温度上限值 D. 高温淡水温度上限值

85. 在 ENGARD 型中央冷却水温度控制系统中,若出现低温淡水温度小于 0 ℃ 故障,最有可能的原因是_____。

A. 淡水回路传感器的线路断路 B. 淡水回路传感器的线路短路
C. 海水回路传感器的线路断路 D. 海水回路传感器的线路短路

86. 中央冷却系统的低温淡水温度突然异常过高,经确认,温度传感器正常,最可能的原因有_____。

A. 海水温度偏高 B. 中冷器开始阻塞
C. 只有一台海水泵运转 D. 三通调节阀卡死在很小的开度上

87. 中央冷却系统的低温淡水温度异常过低,经确认,三通调节阀动作正常,最可能的原因有_____。

A. 海水温度偏低 B. 中冷器开始阻塞
C. 多台海水泵同时在运转 D. 温度传感器正常

88. ENGARD 型中央冷却水温度控制系统之所以具有明显的节能效果,是因为_____。

A. 采用流量的节流调节 B. 采用旁通调节
C. 海水流量的无级调节 D. 海水流量的有级调节

89. 中央冷却系统中冷器后的海水温度偏高,不可能是_____。

A. 海水流量不足 B. 手动操作海水泵不当
C. 柴油机负荷高等原因造成 D. 低温温度调节装置 PI 参数设置不当

90. 中央冷却系统对温度传感器和三通调节阀均有故障监视,一旦出现传感器故障,系统会给出报警,常见 PT100 温度传感器检测回路能够监视_____。

A. 开路　　　　B. 短路　　　　C. 开路和短路　　　　D. 接地

91. ENGARD 控制系统的参数整定不包括_____。

A. 中冷器换热量整定 B. 淡水回路温度设定
C. 调节阀占空比调节 D. 海水泵切换延时时间

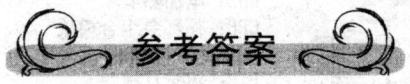

参考答案

1. B	2. B	3. C	4. B	5. A	6. C	7. C	8. B	9. D	10. D
11. D	12. A	13. A	14. C	15. D	16. D	17. A	18. B	19. D	20. C
21. D	22. C	23. D	24. B	25. E	26. D	27. D	28. A	29. B	30. B
31. C	32. D	33. D	34. C	35. C	36. D	37. D	38. A	39. D	40. C
41. A	42. D	43. C	44. D	45. D	46. A	47. D	48. D	49. D	50. A
51. B	52. C	53. C	54. C	55. C	56. D	57. C	58. A	59. D	60. D
61. A	62. A	63. D	64. C	65. D	66. D	67. A	68. D	69. A	70. D
71. D	72. A	73. B	74. B	75. C	76. B	77. D	78. C	79. D	80. B
81. C	82. B	83. B	84. A	85. B	86. D	87. D	88. D	89. D	90. C
91. A									

第 2 节　燃油供油单元自动控制系统
（适用对象:8401,8402,8403,8404）

1. 在燃油供油单元 FCM 的自动控制系统中(如图 7-4 所示),进行黏度控制的设备是_____。

A. 柴油主机　　　B. 加热器　　　C. 黏度变送器　　　D. EPC-50

2. 在燃油供油单元 FCM 的自动控制系统中(如图 7-4 所示),总体上可以分为_____等自动控制部分。

A. 燃油黏度或温度自动控制、油泵电机和滤器
B. 供油处理、燃油黏度或温度自动控制、油泵电机和滤器
C. 供油处理、燃油黏度或温度自动控制、油泵电机和滤器、EPC-50
D. 供油处理、燃油黏度或温度自动控制、油泵电机和滤器、各种传感器

3. 在燃油供油单元 FCM 的自动控制系统中(如图 7-4 所示),其加热器是_____,另外系统可以选配_____。

A. 电加热器/电加热器 B. 电加热器/蒸汽加热器
C. 蒸汽加热器/电加热器 D. 蒸汽加热器/蒸汽加热器

4. 在燃油供油单元 FCM 的自动控制系统中(如图 7-4 所示),供给泵的流量由流量变送器 FT 检

测,用于控制器_____情况。在自动滤器的前后装有压差开关 PDS,用于滤器_____的检测。

A. 测量当前流量/低压报警　　　　　B. 测量当前流量/脏堵报警
C. 分析柴油机的油耗/低压报警　　　D. 分析柴油机的油耗/脏堵报警

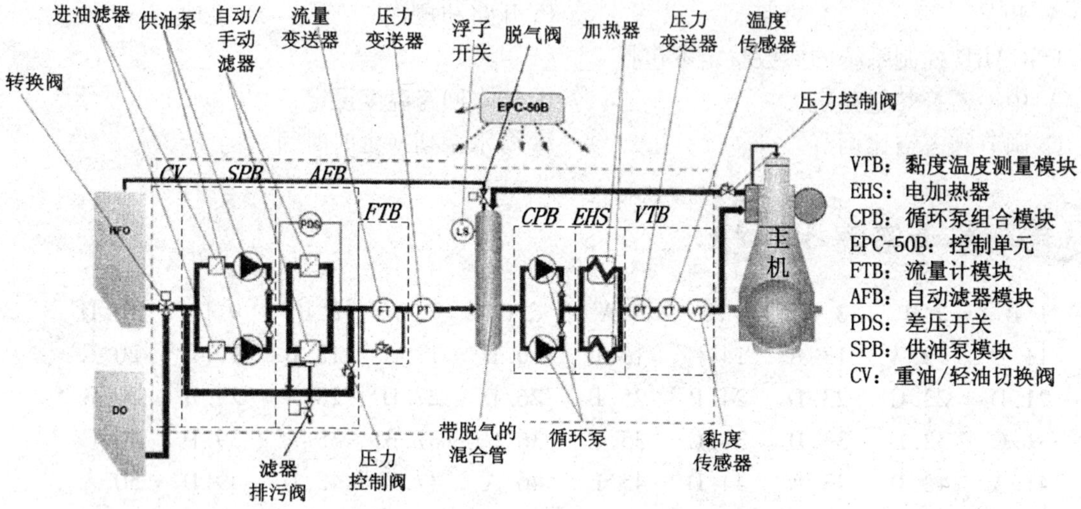

图 7-4

5. 在 ALFA LAVAL 公司生产的燃油供油单元 FCM 中,燃油黏度或温度自动控制系统的执行机构是_____。

   A. 燃油供油泵　　　B. 自动滤器　　　C. 柴油/重油转换阀　　　D. 蒸汽调节阀

6. 在燃油供油单元 FCM 的自动控制系统中,当系统进行黏度控制时,控制对象是_____,系统输出量是_____。

   A. 柴油主机/燃油温度　　　　　B. 燃油加热器/燃油黏度
   C. 柴油主机/燃油黏度　　　　　D. 燃油加热器/蒸汽流量

7. 在 ALFA LAVAL 公司生产的燃油供油单元 FCM 中,燃油黏度或温度自动控制系统的控制对象是_____。

   A. 燃油供油泵　　　　　　　　B. 自动滤器
   C. 柴油/重油转换阀　　　　　　D. 燃油加热器

8. 在 ALFA LAVAL 公司生产的燃油供油单元 FCM 中,VTB 是_____。

   A. 黏度温度测量模块　　　　　B. 流量计模块
   C. 自动滤器模块　　　　　　　D. 供油泵模块

9. 在燃油供油单元 FCM 的自动控制系统的控制器 EPC-50B 主要分为_____三个部分。

   A. 输入回路、主控制板、输出回路　　B. 信息处理回路、单片机主板、显示模块
   C. 电源、主控制板、操作面板　　　　D. 传感器、主控制板、执行器

10. 在 ALFA LAVAL 公司生产的燃油供油单元 FCM 中,FTB 是_____。

    A. 黏度温度测量模块　　　　　B. 流量计模块
    C. 自动滤器模块　　　　　　　D. 供油泵模块

11. 在 ALFA LAVAL 公司生产的燃油供油单元 FCM 中,AFB 是_____。
    A. 黏度温度测量模块　　　　　　　　B. 流量计模块
    C. 自动滤器模块　　　　　　　　　　D. 供油泵模块

12. 在 ALFA LAVAL 公司生产的燃油供油单元 FCM 中,燃油黏度或温度自动控制系统的测量单元是_____。
    A. 黏度传感器 EVT20　　　　　　　　B. 自动滤器
    C. 燃油供油泵　　　　　　　　　　　D. 燃油循环泵

13. 在燃油供油单元 FCM 的自动控制系统的控制器 EPC-50B 采用 EVT-20C 黏度传感器,自身带有数码 LED 显示,正常工作时用于显示_____。
    A. 当前黏度　　　B. 当前状态　　　C. 当前故障　　　D. 传感器或通信状态

14. 在燃油供油单元 FCM 的自动控制系统的控制器 EPC-50B 采用 EVT-20C 黏度传感器,除黏度检测外,还有使用_____作为_____来补偿黏度测量的误差。
    A. PT10/温度检测　　　　　　　　　B. PT100/温度检测
    C. PT100/零点校正　　　　　　　　　D. 热敏电阻/零点校正

15. 在 ALFA LAVAL 公司生产的燃油供油单元 FCM 中,CV 是_____。
    A. 黏度温度测量模块　　　　　　　　B. 循环泵模块
    C. 自动滤器模块　　　　　　　　　　D. 重油/轻油切换阀

16. 在燃油供油单元 FCM 的自动控制系统的控制器 EPC-50B 中,采用的 EVT-20C 黏度传感器在使用中常出现外部故障造成传感器输出信号不对,如传感器输出经常出现无黏度信号,其原因可能是_____。
    A. 燃油温度太低　　　　　　　　　　B. 燃油滤器被堵
    C. 空气夹杂在燃油系统中　　　　　　D. 燃油单元刚刚启动

17. 在 ALFA LAVAL 公司生产的燃油供油单元 FCM 中,PDS 是_____。
    A. 差压开关　　　B. 循环泵模块　　　C. 自动滤器模块　　　D. 供油泵模块

18. 在燃油供油单元 FCM 的自动控制系统的 EVT-20C 黏度传感器在出厂前必须进行校准,其标准样油的黏度为_____cSt。
    A. 10　　　　　　B. 20　　　　　　C. 50　　　　　　D. A+B+C

19. 在 ALFA LAVAL 公司生产的燃油供油单元 FCM 中,燃油黏度或温度自动控制系统的控制单元是_____。
    A. 燃油供油泵　　　　　　　　　　　B. 自动滤器
    C. 柴油/重油转换阀　　　　　　　　　D. 控制器 EPC-50B

20. 在燃油供油单元 FCM 的自动控制系统的控制器 EPC-50B 采用 EVT-20C 黏度传感器,其采用的工作原理是_____。
    A. 不同黏度液体流过毛细管产生的压降不同
    B. 不同黏度液体具有不同的共振频率
    C. 不同黏度液体对不同频率的超声波相应振幅不同
    D. 不同黏度液体在其共振频率下响应信号的阻尼与黏度成平方关系

21. 在 ALFA LAVAL 公司生产的燃油供油单元 FCM 中,SPB 是_____。

A. 黏度温度测量模块　　　　　　　　B. 流量计模块
C. 自动滤器模块　　　　　　　　　　D. 供油泵模块

22. 在燃油供油单元 FCM 的自动控制系统的 EVT-20C 黏度传感器最大测量范围是_____ cSt。
A. 10　　　　　B. 20　　　　　C. 50　　　　　D. 100

23. 以 EPC-50B 为核心的燃油供油单元自动控制系统的主要功能包括_____。
A. 日用油柜自动放残控制　　　　　B. 燃油耗量自动控制
C. 柴油/重油转换控制　　　　　　　D. 集油井的自动排气控制

24. 在燃油供油单元 FCM 的自动控制系统的控制器 EPC-50B 的操作面板上有_____个按键用于参数修改。
A. 3　　　　　B. 5　　　　　C. 6　　　　　D. 7

25. 以 EPC-50B 为核心的燃油供油单元自动控制系统的主要功能包括_____。
A. 燃油温度控制　　　　　　　　　B. 燃油耗量自动控制
C. 沉淀柜自动放残控制　　　　　　D. 集油井的自动排气控制

26. 在燃油供油单元 FCM 的自动控制系统的控制器 EPC-50B 采用的 EVT-20C 黏度传感器显示数字 0 表示的是_____。
A. 当前没有故障　　B. 输出 0 mA　　C. 输出溢出　　D. 单片机堆栈溢出

27. 在 ALFA LAVAL 公司生产的燃油供油单元 FCM 中，CPB 是_____。
A. 黏度温度测量模块　　　　　　　B. 循环泵模块
C. 自动滤器模块　　　　　　　　　D. 供油泵模块

28. 在燃油供油单元 FCM 的自动控制系统的控制器 EPC-50B 采用 EVT-20C 黏度传感器，需要_____来实现检测，输出的信号是_____。
A. 2 个传感器/0～5 V 信号
B. 1 个振动源和 2 个传感器/4～20 mA 信号
C. 1 块带振动控制和 2 套信号检测的控制板/4～20 mA 信号
D. 1 块带振动控制和 2 套信号检测的控制板/串行通信信号

29. 在 ALFA LAVAL 公司生产的燃油供油单元 FCM 中，当两套油泵之间互为备用，可实现备用油泵自动切换运行时，应把本地操作面板上的选择开关置于_____。
A. Manual　　　B. Stop　　　C. EPC　　　D. Remote

30. 在 ALFA LAVAL 公司生产的燃油供油单元 FCM 中，当选择_____时，由 EPC-50B 根据设定时间和压差开关 PDS 来控制滤器的自动清洗。
A. 手动清洗　　B. 手动关　　C. 自动控制　　D. 遥控控制

31. 以 EPC-50B 为核心的燃油供油单元自动控制系统的主要功能包括_____。
A. 集油井的自动排气控制　　　　　B. 燃油耗量自动控制
C. 沉淀柜自动放残控制　　　　　　D. 油泵自动切换控制

32. 对于不同的燃油，需要调整一些参数设置，尤其是重油特性相差较大时，对应的参数设置也要相应改变，以期获得最佳调节效果。重油改变时，_____是必须改变的。
A. 重油的密度参数　　　　　　　　B. 温度 150 ℃时的燃油黏度参数
C. 温度定值控制的温度设定值　　　D. 温度程序控制的升温值

33. 以 EPC-50B 为核心的燃油供油单元自动控制系统的主要功能包括_____。
    A. 集油井的自动排气控制 B. 燃油耗量自动控制
    C. 沉淀柜自动放残控制   D. 自动滤器控制

34. 以 EPC-50B 为核心的燃油供油单元自动控制系统的主要功能包括_____。
    A. 燃油温黏度控制   B. 燃油耗量自动控制
    C. 沉淀柜自动放残控制   D. 集油井的自动排气控制

35. 在 ALFA LAVAL 公司生产的燃油供油单元 FCM 中，控制器 EPC-50B 主要分为三个部分，其中包括_____。
    A. 通信接口   B. CPU   C. 主控制板   D. 内存

36. 在燃油供油单元 FCM 的自动控制系统中，对轻油(DO)的控制方式包括_____。
    A. 温度定值控制和黏度定值控制   B. 温度程序控制和黏度程序控制
    C. 温度程序控制和温度定值控制   D. 温度程序控制和黏度定值控制

37. 在 ALFA LAVAL 公司生产的燃油供油单元 FCM 中，控制器 EPC-50B 主要分为三个部分，其中包括_____。
    A. 通信接口   B. CPU   C. 操作面板   D. 内存

38. 以 EPC-50B 为核心的燃油供油单元自动控制系统的主要功能包括_____。
    A. 集油井的自动排气控制 B. 燃油耗量自动控制
    C. 沉淀柜自动放残控制   D. 报警控制

39. 在燃油供油单元 FCM 的自动控制系统中，若将控制方式选择开关从重油(HFO)位置用到轻油(DO)位置，则系统首先进入的控制方式为_____控制。
    A. 黏度程序   B. 黏度定值   C. 温度定值   D. 温度程序

40. 在 ALFA LAVAL 公司生产的燃油供油单元 FCM 中，控制器 EPC-50B 主要分为三个部分，其中包括_____。
    A. 电源   B. CPU   C. LED   D. 内存

41. 在 ALFA LAVAL 公司生产的燃油供油单元 FCM 中，控制器 EPC-50B 操作面板右面有四个按钮和对应的状态指示灯，上面第一个是_____。
    A. 启动/停止按钮   B. 柴油/重油转换按钮
    C. 过程信息按钮   D. 报警复位按钮

42. 在燃油供油单元 FCM 的自动控制系统中，对重油(HFO)进行黏度定值控制值的条件是_____。
    A. 将控制方式选择开关由切除(OFF)位置打到重油(HFO)位置
    B. 将控制方式选择开关打到重油(HFO)位置，并且程序升温使重油(HFO)黏度以下 0.5 cSt 之内
    C. 黏度偏差在温度定值控制作用下超过了规定的大小
    D. 温度定值控制作用下温度等于规定值后自动转黏度控制

43. 在 ALFA LAVAL 公司生产的燃油供油单元 FCM 中，控制器 EPC-50B 操作面板右面有四个按钮和对应的状态指示灯，上面第三个是_____。
    A. 启动/停止按钮   B. 柴油/重油转换按钮

C. 过程信息按钮　　　　　　　　　　D. 报警复位按钮

44. 在 ALFA LAVAL 公司生产的燃油供油单元 FCM 中,控制器 EPC-50B 操作面板右面有四个按钮和对应的状态指示灯,上面第四个是_____。
    A. 启动/停止按钮　　　　　　　　B. 柴油/重油转换按钮
    C. 过程信息按钮　　　　　　　　　D. 报警复位按钮

45. 在燃油供油单元 FCM 的自动控制系统中,开始对轻油(DO)进行温度定值控制的条件是将控制方式选择开关由_____。
    A. 切除(OFF)位置打到轻油(DO)位置
    B. 重油(HFO)位置打到轻油(DO)位置
    C. 切除(OFF)位置打到重油(HFO)位置
    D. 切除(OFF)位置打到轻油(DO)位置,并且程序升温达到轻油(DO)定值控制设定温度以下 3 ℃之内

46. 在 ALFA LAVAL 公司生产的燃油供油单元 FCM 中,控制器 EPC-50B 操作面板右面有四个按钮和对应的状态指示灯,上面第二个是_____。
    A. 启动/停止按钮　　　　　　　　B. 柴油/重油转换按钮
    C. 过程信息按钮　　　　　　　　　D. 报警复位按钮

47. EVT20 黏度传感器单片机通过测量共振频率下两个压电元件振动信号间的特定相位偏差值,从而获得一个表示燃油阻尼性质的值,该阻尼值与黏度的_____成比例。
    A. 平方　　　　　B. 平方根　　　　　C. 立方　　　　　D. 立方根

48. 对于不同的燃油,需要调整一些参数设置,尤其是重油特性相差较大时,对应的参数设置也要相应改变,以期获得最佳调节效果。但是重油改变时,_____是不必改变的。
    A. 重油的密度参数　　　　　　　　B. 对应设定黏度的重油温度设置点参数
    C. 重油的黏度设定值　　　　　　　D. 重油加热的低温限制值

49. EVT20 的电路板与黏度传感器之间的连线是 9 芯电缆线,其中_____根连线用于检测振动的压电元件。
    A. 3　　　　　B. 4　　　　　C. 5　　　　　D. 6

50. 在 ALFA LAVAL 公司生产的燃油供油单元 FCM 中,EVT20 黏度传感器为了测量黏度信号,在其传感器内部装有_____套压电元件。
    A. 1　　　　　B. 2　　　　　C. 3　　　　　D. 4

51. 在燃油供油单元 FCM 的自动控制系统中,对重油(HFO)进行温度定值控制的条件是_____。
    A. 将控制方式选择开关由切除(OFF)位置打到重油(HFO)位置
    B. 将控制方式选择开关由切除(OFF)位置打到重油(HFO)位置,并且程序升温达到重油(HFO)设定温度以下 3 ℃之内
    C. 将控制方式选择开关由轻油(DO)位置打到重油(HFO)位置
    D. 黏度偏差被控制到规定的误差以内

52. EVT20 的电路板与黏度传感器之间的连线是 9 芯电缆线,其中_____根连线用于温度传感器 PT100。

A. 3   B. 4   C. 5   D. 6

53. EVT20 的电路板内采用单片机控制系统,将检测到的信号转换成 4~20 mA,对应的黏度为_____。

　　A. 0~20 cSt   B. 0~30 cSt   C. 0~40 cSt   D. 0~50 cSt

54. EVT20 的电路板内采用单片机控制系统,将检测到的信号转换成 4~20 mA,对应的黏度为 0~50 cSt,瞬时误差范围为_____。

　　A. ±1%   B. ±2%   C. ±3%   D. ±4%

55. 在燃油供油单元 FCM 的自动控制系统的组成不包括_____。

　　A. PT100 温度传感器　　　　B. 气动差压变送器
　　C. 单片机黏度控制器　　　　D. 蒸汽加热装置

56. EVT20 的电路板内采用单片机控制系统,其检测转换响应时间小于_____。

　　A. 1 min   B. 2 min   C. 3 min   D. 4 min

57. EVT20 的电路板内采用单片机控制系统,EVT20 黏度传感器将检测到的信号转换成_____。

　　A. 0~10 mA   B. 4~20 mA   C. 0~10 V DC   D. 0~5 Ω

58. EVT20 电路板对诊断指示有规定,故障和错误用闪烁数字或文字显示在数码 LED 的第_____端上。

　　A. 5   B. 6   C. 7   D. 8

59. 在燃油供油单元 FCM 的自动控制系统中,在使用重油期间,下列说法正确的是_____。

　　A. 温度是变化的,黏度是不变的　　B. 温度是不变的,黏度是变化的
　　C. 温度和黏度都是不变的　　　　　D. 温度和黏度都是变化的

60. EVT20 黏度传感器电路板进行自检时,如果数码显示管显示"9",表明_____。

　　A. 5 V 电源故障,电源下降到 4.65 V 以下
　　B. 外部输入/输出回路测试失败
　　C. 15 V 电源故障,电源下降到 13 V
　　D. 软件故障

61. EVT20 黏度传感器电路板进行自检时,如果数码显示管显示"d",表明_____。

　　A. 5 V 电源故障,电源下降到 4.65 V 以下
　　B. 外部输入/输出回路测试失败
　　C. 15 V 电源故障,电源下降到 13 V
　　D. 软件故障

62. 在燃油供油单元 FCM 的自动控制系统中,燃油黏度控制系统可以对重油进行_____。

　　A. 黏度定值控制　　　　　　B. 温度定值控制
　　C. 黏度或温度定值控制　　　D. 同时进行黏度、温度定值控制

63. 在燃油供油单元 FCM 的自动控制系统中,对重油(HFO)的控制方式包括_____。

　　A. 温度程序控制、温度定值控制和黏度定值控制
　　B. 温度程序控制、温度定值控制和黏度程序控制

C. 温度定值控制和黏度定值控制

D. 温度程序控制和黏度定值控制

64. 在燃油供油单元 FCM 的自动控制系统中,燃油黏度控制系统可以对轻油进行_____。

 A. 黏度定值控制 B. 温度定值控制

 C. 黏度或温度定值控制 D. 同时进行黏度、温度定值控制

65. 在燃油供油单元 FCM 的自动控制系统中,燃油黏度控制系统的组成主要包括_____。

 A. 压力变送器 B. 显示器

 C. 控制器 EPC-50B D. 燃油泵

66. 在燃油供油单元 FCM 的自动控制系统中,燃油黏度控制系统的组成主要包括_____。

 A. 压力变送器 B. 显示器 C. 燃油泵 D. 燃油加热器

67. 在燃油供油单元 FCM 的自动控制系统中配有全自动反冲洗滤器,可用于过滤包括燃油和滑油在内的各种液体,其特点是在不间断过滤过程的情况下利用压缩空气或被过滤介质本身对过滤组件进行反冲洗。其电气回路不包括_____。

 A. 电动马达及其控制回路

 B. 冲洗电磁阀控制回路

 C. 气动马达电磁阀控制回路

 D. 包括电磁阀、压力开关、报警指示在内的各种控制回路等

68. EVT20 黏度传感器电路板进行自检时,如果数码显示管显示"8.",表明_____。

 A. 5 V 电源故障,电源下降到 4.65 V 以下

 B. 外部输入/输出回路测试失败

 C. 15 V 电源故障,电源下降到 13 V

 D. 软件故障

69. 在燃油供油单元 FCM 的自动控制系统中,燃油黏度控制系统的组成主要包括_____。

 A. 黏度传感器 B. 压力变送器 C. 显示器 D. 燃油泵

70. 在燃油供油单元 FCM 的自动控制系统中,燃油黏度控制系统的组成主要包括_____。

 A. 压力变送器 B. 温度传感器 C. 显示器 D. 燃油泵

71. 在燃油供油单元 FCM 的自动控制系统中的控制器上配有加热手动/自动选择操作和手动加热量增加/减小(或加热挡位选择)操作,可以在需要时通过操作面板采用手动加热直接控制_____。

 A. 燃油黏度设定值 B. 蒸汽调节阀阀门开度

 C. 燃油黏度实际值 D. 燃油温度设定值

72. 在燃油供油单元 FCM 的燃油黏度控制系统中,当换用不同的 HFO 时,一般不需要重新设置的 HFO 参数是_____。

 A. Pr19 B. Pr30 C. Pr20 D. Pr35

73. 在燃油供油单元 FCM 的自动控制系统中,当为 DO 控制模式时,其温度设定值由参数 _____ 设置。

 A. Pr19 B. Pr30 C. Pr20 D. Pr35

74. EVT20 黏度传感器电路板进行自检时,如果数码显示管显示"[图]",表明_____。
   A. 5 V 电源故障,电源下降到 4.65 V 以下
   B. 外部输入/输出回路测试失败
   C. 15 V 电源故障,电源下降到 13 V
   D. 软件故障

75. 在燃油供油单元 FCM 的自动控制系统中,程序加温结束之后,对重油的控制方式(HFO)的控制方式为_____。
   A. 温度定值控制   B. 温度定值控制或黏度定值控制
   C. 黏度定值控制   D. 黏度程序控制

76. 在燃油供油单元 FCM 的自动控制系统中,燃油黏度控制系统在开始投入工作或换油过程中,EPC-50B 控制器根据燃油温升斜坡速率实现_____。
   A. 温度定值控制   B. 黏度定值控制   C. 温度程序控制   D. 黏度程序控制

77. 在燃油供油单元 FCM 的燃油黏度控制系统中,当换用不同的 HFO 时,一般需要重新设置的 HFO 参数是_____。
   A. Pr19   B. Pr30   C. Pr20   D. Pr35

78. 在燃油供油单元 FCM 的燃油黏度控制系统中,系统根据黏度变化按控制器内 PI 调节规律进行自动控制,其中参数_____用于调节蒸汽或热油加热时的比例带。
   A. Fa25   B. Fa26   C. Fa27   D. Fa28

79. 在燃油供油单元 FCM 的自动控制系统中,打开黏度控制器电源时,通常情况下,黏度控制器上选择开关的状态是_____。
   A. 处于"DO"位置   B. 处在"HFO"位置
   C. 处在"OFF"位置   D. 与选择开关的状态无关

80. 在燃油供油单元 FCM 的自动控制系统中,当燃油黏度控制为 HFO 模式且系统处在温度控制方式时,其温度设定值由参数_____设置。
   A. Pr19   B. Pr30   C. Pr20   D. Pr35

81. 在燃油供油单元 FCM 的自动控制系统中,当燃油黏度控制为 HFO 模式且系统处在黏度控制方式时,其黏度设定值由参数_____设置。
   A. Pr19   B. Pr30   C. Pr20   D. Pr35

82. 在燃油供油单元 FCM 的燃油黏度控制系统中,系统根据黏度变化按控制器内 PI 调节规律进行自动控制,其中参数_____用于调节蒸汽或热油加热时的积分时间。
   A. Fa25   B. Fa26   C. Fa27   D. Fa28

83. 在燃油供油单元 FCM 的自动控制系统中,当处在手动操作状态时,若要改变燃油温度。则正确的操作方法是_____。
   A. 在机旁手动调节蒸汽阀门开度
   B. 在黏度控制器面板上改变温度设定值
   C. 在黏度控制器面板上调节蒸汽阀门开度
   D. 在黏度控制器面板上改变黏度设定值

84. 在SHS蒸汽加热和EHS电加热装置同时被采用的系统中,系统的加热方式为_____。
   A. 只采用蒸汽加热　　　　　　　　B. 只采用电加热
   C. 蒸汽加热为主,电加热备用　　　　D. 电加热为主,蒸汽加热备用

85. 在燃油供油单元FCM的自动控制系统中,当采用DO控制模式时,柴油温升速率由参数_____设置。
   A. Fa11　　　　B. Fa14　　　　C. Fa30　　　　D. Fa31

86. 在燃油供油单元FCM的燃油黏度控制系统中,系统根据黏度变化按控制器内PI调节规律进行自动控制,其中参数_____用于调节电加热时的积分时间。
   A. Fa25　　　　B. Fa26　　　　C. Fa27　　　　D. Fa28

87. 在燃油供油单元FCM的自动控制系统中,从备车到定速航行,在下列选项中,所经历的正确操作顺序是_____。
   ①开启控制器电源;②将选择开关由"OFF"位置打到"DO"位置;③将选择开关由"OFF"位置打到"HFO"位置;④将选择开关由"DO"位置打到"HFO"位置;⑤将选择开关由"HFO"位置打到"OFF"位置;⑥将选择开关由"HFO"位置打到"DO"位置。
   A. ①→②→④　　B. ①→③→⑥　　C. ②→③→⑤　　D. ②→③→①

88. 在燃油供油单元FCM的燃油黏度控制系统中,系统根据黏度变化按控制器内PI调节规律进行自动控制,其中参数_____用于调节电加热时的比例带。
   A. Fa25　　　　B. Fa26　　　　C. Fa27　　　　D. Fa28

89. 在燃油供油单元FCM的自动控制系统中,当DO控制模式且LED指示灯"TT"稳定发亮时,表示系统处在_____。
   A. DO温升期间　　　　　　　　　B. HFO温升期间
   C. DO温度定值控制期间　　　　　D. HFO温度定值控制期间

90. 在燃油供油单元FCM的自动控制系统中,当HFO控制模式时,重油温升速率由参数_____设置。
   A. Fa11　　　　B. Fa14　　　　C. Fa30　　　　D. Fa31

91. 在燃油供油单元FCM的自动控制系统中,从全速航行到停泊后完车,在下列选项中,所经历的正确操作顺序是_____。
   ①关闭控制器电源;②将选择开关由"DO"位置打到"OFF"位置;③将选择开关由"OFF"位置打到"HFO"位置;④将选择开关由"DO"位置打到"HFO"位置;⑤将选择开关由"HFO"位置打到"OFF"位置;⑥将选择开关由"HFO"位置打到"DO"位置。
   A. ⑤→①　　　B. ②→③→①　　C. ⑤→③→①　　D. ⑥→②→①

92. 在燃油供油单元FCM的自动控制系统中,当DO控制模式且LED指示灯"TT"闪烁时,表示系统处在_____。
   A. DO温升期间　　　　　　　　　B. HFO温升期间
   C. DO温度定值控制期间　　　　　D. HFO温度定值控制期间

93. 在燃油供油单元FCM的自动控制系统中,当HFO控制模式且LED指示灯"VT"闪烁时,表示系统处在_____。
   A. DO温升期间　　　　　　　　　B. HFO温升期间

C. DO 温度定值控制期间　　　　　D. HFO 温度定值控制期间

94. 在燃油供油单元 FCM 的自动控制系统中，当 HFO 控制模式且 LED 指示灯"VT"稳定发亮时，表示系统处在_____。
    A. DO 温升期间　　　　　　　　B. HFO 温升期间
    C. HFO 温度定值控制期间　　　　D. HFO 黏度定值控制期间

95. 在燃油供油单元 FCM 的自动控制系统中配有全自动反冲洗滤器，自动冲洗动作后，刚冲洗的滤筒_____。
    A. 将自动充满空气　　　　　　　B. 将自动充满待过滤油
    C. 将自动充满已过滤油　　　　　D. 将自动立即转为使用

96. 在燃油供油单元 FCM 的自动控制系统中，HFO 的控制模式类型由参数_____决定。
    A. Pr19　　　B. Pr30　　　C. Pr20　　　D. Pr35

97. 在燃油供油单元 FCM 的自动控制系统中，DO/HFO 之间进行转换时，如果 LED 指示灯"VT"闪烁，"TT" LED 指示灯稳定发亮，则系统处在_____期间。
    A. OFF 到 DO 转换　　　　　　B. OFF 到 HFO 转换
    C. DO 到 HFO 转换　　　　　　D. HFO 到 DO 转换

98. 在燃油供油单元 FCM 的自动控制系统中，燃油升温期间关于报警的描述，正确的是_____。
    A. 黏度报警　　　　　　　　　　B. 温度报警
    C. 黏度和温度报警　　　　　　　D. 黏度、温度报警无效

99. 在燃油供油单元 FCM 的自动控制系统中，若在规定的黏度偏差切换值上连续不断地进行黏度控制和温度控制切换，其可能的故障原因是_____故障。
    A. 温度控制装置　　　　　　　　B. 黏度控制装置
    C. 黏度控制装置和温度控制装置都有　　D. 执行机构

100. 在燃油供油单元 FCM 的自动控制系统中，当加热器发生故障，油温低于参数_____设定的温度 2 min 后，HFO 将自动转换到 DO。
    A. Fa11　　　B. Fa14　　　C. Fa30　　　D. Fa31

101. 在燃油供油单元 FCM 的自动控制系统中，主机最大燃油消耗量（L/h）由参数_____设置。
    A. Fa17　　　B. Fa14　　　C. Fa30　　　D. Fa31

102. 在燃油供油单元 FCM 的自动控制系统中，如果燃油消耗量持续低于参数值 Fa16 的设定值_____min 后，系统将自动转换到 DO 控制程序。
    A. 1　　　　B. 2　　　　C. 3　　　　D. 4

103. 在燃油供油单元 FCM 的自动控制系统中配有全自动反冲洗滤器，当出现_____时，开始自动冲洗_____。
    A. 定时时间到、差压过大、手动冲洗/正对着的滤筒
    B. 燃油温度过高、燃油黏度过低之一/正对着的滤筒
    C. 定时时间到、差压过大、手动冲洗/下一个滤筒
    D. 燃油温度过高、燃油黏度过低之一/下一个滤筒

104. 在燃油供油单元 FCM 的自动控制系统中,当 EPC-50B 控制器操作面板上选择油泵工作模式为 EPC 时,其内部参数 Pr = 1(2) 表示_____。
    A. 1 号泵运行,2 号泵备用   B. 2 号泵运行,1 号泵备用
    C. 1 号泵运行,2 号泵停止   D. 2 号泵运行,1 号泵停止

105. 在燃油供油单元 FCM 的自动控制系统中,如果温度传感器 LED 指示灯"TT"稳定发亮,黏度传感器 LED 指示灯"VT"熄灭,则系统处在_____期间。
    A. 温升   B. DO 温度定值控制
    C. HFO 温度值控制   D. HFO 或 DO 温度定值控制

106. 在燃油供油单元 FCM 的自动控制系统中,如果黏度传感器 LED 指示灯"VT"稳定发亮,温度传感器 LED 指示灯"TT"熄灭,则系统处在_____期间。
    A. 温升   B. DO 温度定值控制
    C. HFO 温度值控制   D. HFO 黏度定值控制

107. 在燃油供油单元 FCM 的自动控制系统中,如果在主机负荷发生变化时,实际黏度要经过长时间波动后才能与设定黏度一致,则应该采取的措施是_____。
    A. 减少参数比例带   B. 增加参数比例带
    C. 减少参数积分时间   D. 增加参数积分时间

108. 在燃油供油单元 FCM 的自动控制系统中,当 EPC-50B 控制器操作面板上选择油泵工作模式为 EPC 时,其内部参数 Pr = 1 表示_____。
    A. 1 号泵运行,2 号泵备用   B. 2 号泵运行,1 号泵备用
    C. 1 号泵运行,2 号泵停止   D. 2 号泵运行,1 号泵停止

109. 在燃油供油单元 FCM 的自动控制系统中,如果黏度传感器 LED 指示灯"VT"稳定发亮,温度传感器 LED 指示灯"TT"熄灭,则系统处在_____期间。
    A. 温升   B. DO 温度定值控制
    C. HFO 温度值控制   D. HFO 黏度定值控制

110. 在燃油供油单元 FCM 的自动控制系统中,当 EPC-50B 控制器操作面板上选择油泵工作模式为 EPC 时,其内部参数 Pr = 2(1) 表示_____。
    A. 1 号泵运行,2 号泵备用   B. 2 号泵运行,1 号泵备用
    C. 1 号泵运行,2 号泵停止   D. 2 号泵运行,1 号泵停止

111. 在燃油供油单元 FCM 的自动控制系统中配有全自动反冲洗滤器,为了保证滤器功能的正确实现,必须保证供给_____MPa 干净且干燥的压缩空气。
    A. 0.7   B. 0.14   C. 0.4~1.0   D. 1.0~1.4

112. 在燃油供油单元 FCM 的自动控制系统中,当 EPC-50B 控制器操作面板上选择油泵工作模式为 EPC 时,其内部参数 Pr = 2 表示_____。
    A. 1 号泵运行,2 号泵备用   B. 2 号泵运行,1 号泵备用
    C. 1 号泵运行,2 号泵停止   D. 2 号泵运行,1 号泵停止

113. 在燃油供油单元 FCM 的自动控制系统中,当燃油输送泵出口压力低于参数_____的设定值并经过延时后,备用泵自动切换工作。
    A. Pr11   B. Pr30   C. Pr20   D. Pr35

114. 当燃油供油单元FCM的自动控制系统断电又恢复供电后,关于油泵机组运行情况,下面表述正确的是_____。
    A. 启动运行的油泵是停电前的运行机组
    B. 启动运行的油泵是停电前的备用机组
    C. 两台机组同时启动
    D. 机组需要手动启动

115. 在燃油供油单元FCM的自动控制系统中,如果在稳定状态下实际黏度总是与设定黏度不一致,则应该采取的措施是_____。
    A. 减少参数比例带   B. 增加参数比例带
    C. 减少参数积分时间   D. 增加参数积分时间

116. 在燃油供油单元FCM的自动控制系统中,如果发生油泵等动力电源断电后又恢复供电,而EPC-50B一直工作正常,下面表述正确的是_____。
    A. 启动运行的油泵是停电前的运行机组
    B. 启动运行的油泵是停电前的备用机组
    C. 两台机组同时启动
    D. 机组需要手动启动

117. 在燃油供油单元FCM的自动控制系统中,备用燃油输送泵自动切换工作的延时时间由参数_____设置。
    A. Fa11   B. Fa14   C. Fa30   D. Fa9

118. 当燃油供油单元FCM的自动控制系统断电又恢复供电后,经过参数_____设置的延时时间后,EPC-50B能够按时间间隔并根据参数_____设置的顺序依次启动油泵、滤器、加热器和自动控制系统。
    A. Fa11/Fa11   B. Fa10/Fa10   C. Fa11/Fa10   D. Fa10/Fa11

119. 在燃油供油单元FCM的自动控制系统有远程控制功能,一般扩展级的系统,当选择开关设到"REMOTE"时,可以实现的功能有燃油自动转换、系统启停控制等,但是不能在远程站实现_____。
    A. 报警复位   B. 状态指示
    C. 油泵手动启停控制   D. 报警指示

120. 在燃油供油单元FCM的自动控制系统中,如果将基本级别中的操作控制和有关指示功能远传到集控室,但没有基本级上的流程图和信息显示窗口,这种操作级别是_____。
    A. 基本级   B. 扩展级   C. 高级扩展级   D. 全自动级

121. 在燃油供油单元FCM的自动控制系统中,如果操作模块的级别是扩展级,能够在远程站实现的功能包括_____。
    A. 油泵自动切换   B. 系统启停控制
    C. 报警复位   D. 信息显示窗口和按键操作

122. 在燃油供油单元FCM的自动控制系统中,如果操作模块的级别是扩展级,能够在远程站实现的功能包括_____。
    A. 油泵自动切换   B. 信息显示窗口和按键操作

C. 报警复位   D. 油泵手动启停控制

123. 在燃油供油单元 FCM 的自动控制系统中配有两套增压泵和两套循环泵,并且互为备用,但是由内部参数控制决定运行与备用,当参数设置为 1(2)时,表示_____。

A. 1 号运行,2 号备用   B. 1 号备用,2 号运行
C. 1 号运行,2 号停用   D. 1 号停用,2 号运行

124. 在燃油供油单元 FCM 的自动控制系统中,不需要把机旁选择开关转至"Remote"位置,只在现场进行操作,这种操作级别是_____。

A. 基本级   B. 扩展级   C. 高级扩展级   D. 全自动级

125. 在燃油供油单元 FCM 的自动控制系统中,如果操作模块的级别是扩展级,能够在远程站实现的功能包括_____。

A. 油泵自动切换   B. 信息显示窗口和按键操作
C. 报警复位   D. 报警指示

126. 在燃油供油单元 FCM 的自动控制系统中,如果操作模块的级别是扩展级,不能在远程站实现的功能包括_____。

A. 油泵自动切换   B. 燃油自动转换   C. 系统启停控制   D. 报警指示

127. 在燃油供油单元 FCM 的自动控制系统中,如果要增加黏度设定值,则应该采取的措施是_____。

A. 只增加黏度设定的参数值即可
B. 增加黏度设定的参数值的同时,增加黏度设定的参数值所对应的温度参数值
C. 增加黏度设定的参数值的同时,减少黏度设定的参数值所对应的温度参数值
D. 增加黏度设定的参数值的同时,改变 PI 调节参数

128. 在燃油供油单元 FCM 的自动控制系统中,如果操作模块的级别是扩展级,能够在远程站实现的功能包括_____。

A. 状态指示   B. 报警复位
C. 油泵自动切换   D. 信息显示窗口和按键操作

129. 在燃油供油单元 FCM 的自动控制系统中,如果操作模块的级别是扩展级,能够在远程站实现的功能包括_____。

A. 油泵自动切换   B. 报警复位
C. 燃油自动转换   D. 信息显示窗口和按键操作

130. 在燃油供油单元 FCM 的自动控制系统中,如果操作模块的级别是扩展级,不能在远程站实现的功能包括_____。

A. 报警指示   B. 燃油自动转换   C. 系统启停控制   D. 报警复位

131. 在燃油供油单元 FCM 的自动控制系统中可以进行报警功能试验,如测试中修改了某个参数,则试验后应_____。

A. 按复位按钮以恢复参数   B. 修改该参数至原始值
C. 停电再送电即可恢复   D. 找到出厂设置功能即可全部恢复

132. 在燃油供油单元 FCM 的自动控制系统中,如果操作模块的级别是扩展级,不能在远程站实现的功能包括_____。

A. 报警指示 B. 燃油自动转换
C. 系统启停控制 D. 信息显示窗口和按键操作

133. 在燃油供油单元 FCM 的自动控制系统中,重油油品改变时其相应的参数也应改变,如改变密度参数_____。
   A. Pr23   B. Pr30   C. Pr32   D. Pr19

134. 在燃油供油单元 FCM 的自动控制系统中,重油油品改变时其相应的参数也应改变,如改变重油温度设定值参数_____。
   A. Pr23   B. Pr30   C. Pr32   D. Pr19

135. 在燃油供油单元 FCM 的自动控制系统中,对外部传感器线路故障有开路和短路监视,如黏度信号是标准的 4~20 mA,当出现_____,系统给出传感器故障报警。
   A. 测量值小于控制器内部参数设置值   B. 测量值大于控制器内部参数设置值
   C. 测量值小于 4 mA 可确定为短路   D. 测量值小于 4 mA 可确定为开路

136. 在燃油供油单元 FCM 的自动控制系统中,如果远程操作站与系统的连接只需要一根控制电缆线外,这种操作级别是_____。
   A. 基本级   B. 扩展级   C. 高级扩展级   D. 全自动级

137. 在燃油供油单元 FCM 的自动控制系统中,如果通过现场总线将控制器 EPC-50B 的总线接口与远程计算机直接相连,再在计算机内配置相应的通信和应用软件即可实现远程全功能操作,这种操作级别是_____。
   A. 基本级   B. 扩展级   C. 高级扩展级   D. 全自动级

138. 在燃油供油单元 FCM 的自动控制系统中,如果在机旁操作面板上将选择开关转至"Remote"位置即可将全部功能转移至远程操作站,这种操作级别是_____。
   A. 基本级   B. 扩展级   C. 高级扩展级   D. 全自动级

139. 在燃油供油单元 FCM 的自动控制系统运行中可以进行报警功能实验,如测试黏度偏差没超过报警值,可把_____。
   A. 燃油设置为温度控制,然后开路该传感器
   B. 燃油设置为温度控制,然后修改相关报警参数
   C. 燃油设置为黏度控制,然后修改相关报警参数
   D. 燃油设置为黏度控制,然后开路该传感器

140. 在燃油供油单元 FCM 的自动控制系统中,如果远程操作站与系统的连接除需要控制电缆线外,还需要串行通信电缆,这种操作级别是_____。
   A. 基本级   B. 扩展级   C. 高级扩展级   D. 全自动级

141. 在燃油供油单元 FCM 的自动控制系统中,EPC-50B 的 CPU 只储存了历史报警列表中的最后_____次报警。
   A. 23   B. 30   C. 32   D. 19

142. 适合清洁 EVT20 黏度传感器的物品是_____。
   A. 软布   B. 细砂纸   C. 细砂带   D. 什锦锉

143. 在燃油供油单元 FCM 的自动控制系统中,对外部传感器线路故障有开路和短路监视,但是对_____,系统不提供回路报警。

A. 黏度传感器　　　　　　　　　　B. 温度传感器
C. 加热阀（或加热器）　　　　　　D. 增压泵和循环泵出口压力低压力开关

144. 在燃油供油单元 FCM 的自动控制系统中，重油油品改变时其相应的参数也应改变，如改变重油低温报警值参数_____。
    A. Pr23　　　　B. Pr30　　　　C. Pr32　　　　D. Pr19

145. 在燃油供油单元 FCM 的自动控制系统中，如果显示在操作员面板屏幕上的报警编码是 A40，则故障内容是_____。
    A. 黏度高　　　　　　　　　　B. 黏度低
    C. 黏度传感器 VT 故障　　　　D. 黏度传感器 VT 失效

146. 在燃油供油单元 FCM 的自动控制系统中，如果显示在操作员面板屏幕上的报警编码是 W49，则故障内容是_____。
    A. 黏度高　　　　　　　　　　B. 黏度低
    C. 黏度传感器 VT 故障　　　　D. 黏度传感器 VT 失效

147. 燃油供油单元 FCM 的自动控制系统运行中出现没有黏度信号，排除传感器供电和传感器本身故障外，原因可能是_____。
    A. 燃油系统中有少量空气夹杂其中
    B. 由于没有足够的热量，系统正常操作期间燃油温度太低
    C. 由于加热阀失控，燃油温度偏高
    D. 导线接头损坏

148. 在燃油供油单元 FCM 的自动控制系统中，如果显示在操作员面板屏幕上的报警编码是 W49，则故障内容是_____。
    A. 黏度高　　　　　　　　　　B. 黏度低
    C. 黏度传感器 VT 故障　　　　D. 黏度传感器 VT 失效

149. 在燃油供油单元 FCM 的自动控制系统中，如果显示在操作员面板屏幕上的报警编码是 A41，则故障内容是_____。
    A. 黏度高　　　　　　　　　　B. 黏度低
    C. 黏度传感器 VT 故障　　　　D. 黏度传感器 VT 失效

150. 在燃油供油单元 FCM 的自动控制系统中，如果显示在操作员面板屏幕上的报警编码是 A51，则故障内容是_____。
    A. 温度高　　　　　　　　　　B. 温度低
    C. 温度传感器 TT 故障　　　　D. 温度传感器 TT2 故障

151. 在燃油供油单元 FCM 的自动控制系统中，如果显示在操作员面板屏幕上的报警编码是 A53，则故障内容是_____。
    A. 温度高　　　　　　　　　　B. 温度低
    C. 温度传感器 TT 故障　　　　D. 温度传感器 TT2 故障

152. 在燃油供油单元 FCM 的自动控制系统中，如果显示在操作员面板屏幕上的报警编码是 A42，则故障内容是_____。
    A. 黏度高　　　　　　　　　　B. 黏度低

C. 黏度传感器 VT 故障　　　　　　D. 黏度传感器 VT 失效

153. 燃油供油单元 FCM 的自动控制系统运行中可以进行报警功能实验,如测试温度传感器回路开路故障,可_____。

　　A. 断开温度传感器的接线

　　B. 短接温度传感器的接线

　　C. 将燃油设置为温度控制,然后短路该传感器

　　D. 将燃油设置为黏度控制,然后开路该传感器

154. 在燃油供油单元 FCM 的自动控制系统中,如果显示在操作员面板屏幕上的报警编码是 A50,则故障内容是_____。

　　A. 温度高　　　　　　　　　　　B. 温度低

　　C. 温度传感器 TT 故障　　　　　D. 温度传感器 TT2 故障

155. 在燃油供油单元 FCM 的自动控制系统中,如果显示在操作员面板屏幕上的报警编码是 A71,则故障内容是_____。

　　A. 三通阀 CV(DO)故障　　　　　B. 三通阀 CV(HFO)故障

　　C. 调节阀 SRV 没反应　　　　　　D. 电源故障

156. 在燃油供油单元 FCM 的自动控制系统中,如果显示在操作员面板屏幕上的报警编码是 A54,则故障内容是_____。

　　A. 温度高　　　　　　　　　　　B. 温度低

　　C. 温度传感器 TT 故障　　　　　D. 温度传感器 TT2 故障

157. 在燃油供油单元 FCM 的自动控制系统中,如果显示在操作员面板屏幕上的报警编码是 A70,则故障内容是_____。

　　A. 三通阀 CV(DO)故障　　　　　B. 三通阀 CV(HFO)故障

　　C. 调节阀 SRV 没反应　　　　　　D. 电源故障

158. 在燃油供油单元 FCM 的自动控制系统中,如果显示在操作员面板屏幕上的报警编码是 A100,则故障内容是_____。

　　A. 输入/输出通信故障　　　　　　B. OP 操作员面板通信故障

　　C. 输入/输出板故障　　　　　　　D. OP 板故障

159. 在燃油供油单元 FCM 的自动控制系统运行中可以进行报警功能实验,如测试黏度传感器回路开路故障,可_____。

　　A. 断开温度传感器的接线

　　B. 短接温度传感器的接线

　　C. 将燃油设置为温度控制,然后开路该传感器

　　D. 将燃油设置为黏度控制,然后开路该传感器

160. 在燃油供油单元 FCM 的自动控制系统中,如果显示在操作员面板屏幕上的报警编码是 A82,则故障内容是_____。

　　A. 三通阀 CV(DO)故障　　　　　B. 三通阀 CV(HFO)故障

　　C. 调节阀 SRV 没反应　　　　　　D. 电源故障

161. 在燃油供油单元 FCM 的自动控制系统中,如果显示在操作员面板屏幕上的报警编码是

A101,则故障内容是_____。
A. 输入/输出通信故障　　　　　B. OP 操作员面板通信故障
C. 输入/输出板故障　　　　　　D. OP 板故障

162. 在燃油供油单元 FCM 的自动控制系统中,如果显示在操作员面板屏幕上的报警编码是 W79,则故障内容是_____。
A. 温度传感器 TT 失效　　　　B. 温度传感器 TT2 失效
C. 三通阀 CV 失效　　　　　　D. IP 地址错误

163. 在燃油供油单元 FCM 的自动控制系统中,如果显示在操作员面板屏幕上的报警编码是 W58,则故障内容是_____。
A. 温度传感器 TT 失效　　　　B. 温度传感器 TT2 失效
C. 三通阀 CV 失效　　　　　　D. IP 地址错误

164. 在燃油供油单元 FCM 的自动控制系统中,如果显示在操作员面板屏幕上的报警编码是 A110,则故障内容是_____。
A. 输入/输出通信故障　　　　　B. OP 操作员面板通信故障
C. 输入/输出板故障　　　　　　D. OP 板故障

165. 在燃油供油单元 FCM 的自动控制系统中,如果显示在操作员面板屏幕上的报警编码是 A111,则故障内容是_____。
A. 输入/输出通信故障　　　　　B. OP 操作员面板通信故障
C. 输入/输出板故障　　　　　　D. OP 板故障

166. 在燃油供油单元 FCM 的自动控制系统中,如果显示在操作员面板屏幕上的报警编码是 W116,则故障内容是_____。
A. 温度传感器 TT 失效　　　　B. 温度传感器 TT2 失效
C. 三通阀 CV 失效　　　　　　D. IP 地址错误

167. 在燃油供油单元 FCM 的自动控制系统中,如果显示在操作员面板屏幕上的报警编码是 W59,则故障内容是_____。
A. 温度传感器 TT 失效　　　　B. 温度传感器 TT2 失效
C. 三通阀 CV 失效　　　　　　D. IP 地址错误

168. 在燃油供油单元 FCM 的自动控制系统中,如果显示在操作员面板屏幕上的报警编码是 A87,则故障内容是_____。
A. 三通阀 CV(DO)故障　　　　B. 三通阀 CV(HFO)故障
C. 调节阀 SRV 没反应　　　　　D. 电源故障

169. 在 ALFA LAVAL 公司生产的燃油供油单元 FCM 中,燃油黏度或温度自动控制系统的测量单元是_____。
A. 燃油供油泵　　　　　　　　B. 自动滤器
C. 温度传感器 PT100　　　　　D. 燃油循环泵

170. 在燃油供油单元 FCM 的自动控制系统的控制器 EPC-50B 采用的 EVT-20C 黏度传感器发生故障时,其输出是_____。
A. 故障前黏度信号　　　　　　B. 4 mA

C. 20 mA   D. 根据故障情况输出

1. B	2. B	3. B	4. D	5. D	6. B	7. D	8. A	9. C	10. B
11. C	12. A	13. B	14. B	15. D	16. C	17. A	18. D	19. D	20. D
21. D	22. C	23. C	24. A	25. A	26. C	27. B	28. C	29. C	30. C
31. D	32. A	33. D	34. A	35. C	36. C	37. C	38. D	39. B	40. A
41. A	42. D	43. C	44. B	45. D	46. B	47. C	48. C	49. D	50. D
51. D	52. A	53. D	54. C	55. B	56. A	57. C	58. C	59. D	60. C
61. C	62. C	63. A	64. B	65. D	66. C	67. C	68. C	69. A	70. B
71. B	72. C	73. D	74. C	75. C	76. C	77. D	78. A	79. A	80. C
81. C	82. B	83. D	84. C	85. D	86. B	87. D	88. C	89. C	90. C
91. D	92. A	93. B	94. D	95. C	96. A	97. C	98. D	99. A	100. B
101. A	102. B	103. C	104. A	105. D	106. C	107. D	108. C	109. D	110. D
111. C	112. D	113. A	114. A	115. C	116. B	117. D	118. C	119. A	120. B
121. B	122. A	123. C	124. A	125. D	126. C	127. C	128. C	129. C	130. C
131. B	132. C	133. C	134. B	135. D	136. B	137. D	138. C	139. B	140. C
141. C	142. A	143. D	144. C	145. A	146. D	147. C	148. B	149. B	150. C
151. C	152. C	153. C	154. A	155. B	156. D	157. A	158. A	159. C	160. C
161. B	162. C	163. C	164. C	165. D	166. C	167. B	168. D	169. C	170. D

第 3 节 燃油净油单元自动控制系统
（适用对象:8401,8402,8403,8404）

1. 在EPC-50分油机自动控制系统中,其组成包括_____。
   A. 重油沉淀柜   B. 重油日用柜   C. EPC-50控制箱   D. 黏度传感器
2. S分油机自动控制系统的组成系统中的控制部分是_____控制器。
   A. EPC-400   B. ENGARD   C. EPC-50   D. EPC-50B
3. 在EPC-50分油机自动控制系统中,其组成包括_____。
   A. 重油沉淀柜   B. 重油日用柜   C. 工作水阀组   D. 黏度传感器
4. S型分油机在分油期间,其油水分界面的位置由_____控制。
   A. 密度环   B. MT50水分传感器
   C. 水封水电磁阀   D. 密封水电磁阀
5. 在EPC-50分油机自动控制系统中,其组成包括_____。
   A. 气动控制阀组   B. 重油日用柜
   C. 自动滤器   D. 黏度传感器
6. 分油机内部组成如图7-5所示,其中_____是可以用来调节分油的。

A. 比重环　　　　　B. 操作滑环　　　　　C. 向心泵　　　　　D. 没有部件

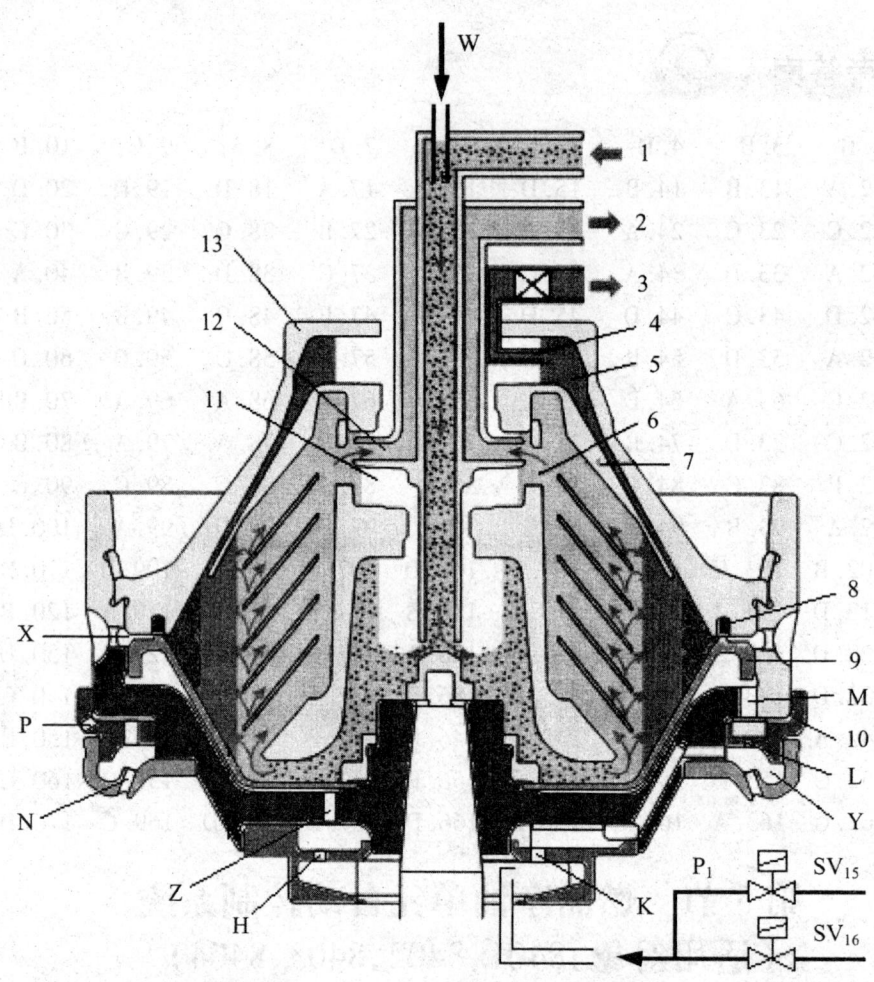

图 7-5

7. 在 EPC-50 分油机自动控制系统中,其组成包括_____。
   A. 分油机　　　　B. 重油日用柜　　　C. 自动滤器　　　D. 黏度传感器
8. 在 EPC-50 分油机自动控制系统中,其组成包括_____。
   A. 集油井　　　　B. 油路　　　　　　C. 自动滤器　　　D. 黏度传感器
9. 如果通过面板操作确认进行 S 型分油机修理后,EPC-50 会在按下"分油"后进入"校准启动"程序,在确认输送泵运转、分油机电机运转、温度控制、开机一次排渣操作、分油机空筒后,首先自动进行一次置换水的水流量计算,程序是密封操作 Ti58,置换水的水流量校准 Ti59,排渣口打开控制 Ti56,工作水排水时间 Ti57。其核心目的是_____。
   A. 计算分离筒内部容积　　　　　　B. 计算置换水需要的时间 Ti59
   C. 确定排渣需要的时间 Ti55　　　　D. 确定排水需要的时间 Ti57
10. 在 EPC-50 分油机自动控制系统中,控制待分油进入分油机的是进油阀_____。
    A. V1　　　　　　B. V2　　　　　　C. V4　　　　　　D. V5

11. 在EPC-50分油机自动控制系统中,控制净油排出分油机的是净油阀_____。
    A. V1　　　　　　B. V2　　　　　　C. V4　　　　　　D. V5
12. 在S型分油机自动控制系统中,水分传感器MT50电路板将检测到的水分信号转换为_____信号送至EPC-50控制器。
    A. 0~10 mA　　　B. 4~20 mA　　　C. 0~10 V　　　D. 0~5 V
13. S型分油机自动控制系统的组成系统执行一次分油任务的正确操作顺序是_____。
    ①启动分油机马达;②启动加热器;③检查燃/滑油油路;④启动油泵;⑤启动EPC-50控制程序。
    A. ①→②→③→④→⑤　　　　　　B. ③→④→①→②→⑤
    C. ③→④→①→⑤→②　　　　　　D. ③→④→②→①→⑤
14. 在EPC-50分油机自动控制系统中,其组成包括_____。
    A. 重油沉淀柜　　B. 电机启动箱　　C. 重油日用柜　　D. 黏度传感器
15. 在EPC-50分油机自动控制系统中,控制分油机排水的是排水阀_____。
    A. V1　　　　　　B. V2　　　　　　C. V4　　　　　　D. V5
16. 在EPC-50分油机自动控制系统中,控制待分油进入分油机的是电磁阀_____。
    A. SV1　　　　　B. SV16　　　　　C. SV4　　　　　D. SV5
17. S型分油机自动控制的核心是EPC-50,通过其控制面板可以进行_____。
    ①报警复位;②启动分油机马达;③控制系统参数设置;④手动排渣;⑤控制分油机进油;⑥启动燃油加热器;⑦启动或停止控制程序。
    A. ①②③④⑤　　B. ①③⑤⑥⑦　　C. ①②④⑤⑦　　D. ①③④⑥⑦
18. 在EPC-50分油机自动控制系统中,控制分油机净油出口的是电磁阀_____。
    A. SV1　　　　　B. SV16　　　　　C. SV4　　　　　D. SV5
19. 在EPC-50分油机自动控制系统中,控制排水出口的是电磁阀_____。
    A. SV1　　　　　B. SV16　　　　　C. SV4　　　　　D. SV5
20. S型分油机在分油期间,其自动控制系统最多可控制分油机连续进行_____次排水操作。
    A. 2　　　　　　B. 3　　　　　　C. 4　　　　　　D. 5
21. 在S型分油机中,组成其控制系统的重要设备是EPC-50控制单元,EPC-50控制单元与系统中的_____型水分传感器组成了ALCAP系统。该传感器采用_____测量油中含水量。
    A. MT50/电容　　B. WT100/电容　　C. WT200/电感　　D. MT200/电感
22. 在EPC-50分油机自动控制系统中,控制置换水的是电磁阀_____。
    A. SV1　　　　　B. SV16　　　　　C. SV15　　　　　D. SV10
23. 在EPC-50分油机自动控制系统中,控制开启水的是电磁阀_____。
    A. SV1　　　　　B. SV16　　　　　C. SV15　　　　　D. SV10
24. 在EPC-50分油机自动控制系统中,如果水分传感器MT50检测到的水分信号过低,则表示_____。
    A. 水分传感器断线　　　　　　B. 出口净油中有空气
    C. 水分传感器正常　　　　　　D. 出口净油中含水量过高
25. 在S型分油机中,组成其控制系统的重要设备水分传感器,其输出4~20 mA的信号表示的是_____。

A. 电容值　　　　B. 油中含水量　　　　C. 水中含油量　　　　D. 电阻值

26. 在EPC-50分油机自动控制系统中,水分传感器MT50的电路板通过交流电桥检测_____的变化,并将该信号处理后转换成4~20 mA的电流信号送给EPC-50控制器。

A. 电阻　　　　B. 电感　　　　C. 电容　　　　D. 频率

27. 在EPC-50分油机自动控制系统中,控制补偿水或密封水的是电磁阀_____。

A. SV1　　　　B. SV16　　　　C. SV4　　　　D. SV5

28. 在EPC-50分油机自动控制系统中,如果水分传感器MT50检测到的水分信号小于4 mA,则表示_____。

A. 水分传感器断线　　　　　　　　B. 出口净油中有空气
C. 水分传感器正常　　　　　　　　D. 出口净油中含水量过高

29. 在S型分油机中,水分传感器测得的电容值在大于100 pF后,控制系统需要进行一次_____,其100 pF_____被EPC-50内部参数修改。

A. 排渣/不能　　　　B. 排渣/能　　　　C. 排水/不能　　　　D. 排水/能

30. 在EPC-50分油机自动控制系统中,EPC-50控制器为水分传感器提供直流电源,使其内部振荡器工作,产生频率为_____的振荡信号源。

A. 0.5 MHz　　　　B. 1.0 MHz　　　　C. 1.5 MHz　　　　D. 2.0 MHz

31. 在EPC-50分油机自动控制系统中,如果净油中的含水量增加,则水分传感器MT50的介电常数的变化是_____。

A. 增加　　　　　　　　　　　　　B. 减小
C. 不变　　　　　　　　　　　　　D. 有时增减、有时减小

32. S型分油机正式的分油过程是Ti68,Ti68的时间与_____相同。在信息窗内可直接调用观察,_____修改。

A. Pr1/直接　　　　B. Pr1/但不能　　　　C. Pr2/直接　　　　D. Pr2/但不能

33. 在EPC-50分油机自动控制系统中,用于检测分油机净油出口压力的压力传感器是_____。

A. PT1　　　　B. ST　　　　C. PT4　　　　D. PT5

34. 在EPC-50分油机自动控制系统中,用于检测分油机排水压力的压力传感器是_____。

A. PT1　　　　B. ST　　　　C. PT4　　　　D. PT5

35. EPC-50控制系统在运行中,水分传感器的测量值会受温度变化影响,为补偿该影响需要进行参数校正,具体操作步骤如下:①记下当前传感器稳定值,并确认油中无水、无气;②在正常稳定运行温度下,将环境温度降低10 ℃;③在稳定的新温度下,读出温度和传感器值;④当温度下降了10 ℃时传感器测量值变化了+1(如从82.6到83.6),则由于传感器值增大了实际值未变,必须通过将Fa34(对应HFO)设置为负数来进行补偿,具体值为EPC(1.0×10)/10 ℃ = −1.0。上述过程中,第_____步是有问题的。

A. ①　　　　B. ②　　　　C. ③　　　　D. ④

36. 在EPC-50分油机自动控制系统中,水分传感器MT50的检测精度一般可达到_____。

A. ±0.02%　　　　B. ±0.03%　　　　C. ±0.04　　　　D. ±0.05%

37. 在EPC-50分油机自动控制系统中,用于检测分油机振动的传感器是_____。

A. VT	B. ST	C. PT4	D. PT5

38. 在EPC-50分油机自动控制系统中,用于检测待分油温度的温度传感器属于_____。
   A. 热电阻式温度传感器	B. 热电偶式温度传感器
   C. 热敏电阻式温度传感器	D. 光敏电阻式温度传感器

39. S型分油机分油过程中,如果MT50检测值大于100 pF,则排水阀(V5)短时间打开,然后会在几秒钟内再检查水分含量。当水分含量低于70 pF时排水将停止,最多可连续打开_____次进行排水。在打开超过该次数后,水分含量仍未低于70 pF,系统程序将跳转至Ti74进行_____控制。
   A. 3/"排渣"	B. 5/"排渣"	C. 6/"排水"	D. 7/"排水"

40. 在EPC-50分油机自动控制系统中,用于检测循环输送泵出口压力的压力传感器是_____。
   A. PT1	B. ST	C. PT4	D. PT5

41. 在EPC-50分油机自动控制系统中,用于检测分油机速度的传感器是_____。
   A. PT1	B. ST	C. PT4	D. PT5

42. 在EPC-50分油机自动控制系统中,分油机速度传感器采用_____输出信号给EPC-50控制器。
   A. 二线制	B. 三线制	C. 四线制	D. 五线制

43. EPC-50控制系统在确认没有泄漏后,重新开始供油并打开净油口,进行分油,但是由于出口流量突变,水分传感器MT50的检测值会波动,需要一点时间(Ti67)来稳定,即在该段时间,_____。
   A. 暂缓分油,以免水分传感器对分油进程的影响
   B. 水分传感器MT50的信号会很大
   C. 保持分油,不考虑水分对分油进程的影响
   D. 控制排水阀短时打开,确保净油出口不含水分

44. 在EPC-50分油机自动控制系统中,分油机振动传感器采用_____输出信号给EPC-50控制器。
   A. 二线制	B. 三线制	C. 四线制	D. 五线制

45. 在EPC-50分油机自动控制系统中,压力传感器采用_____输出信号给EPC-50控制器。
   A. 二线制	B. 三线制	C. 四线制	D. 五线制

46. 在EPC-50分油机自动控制系统中,温度传感器采用_____输出信号给EPC-50控制器。
   A. 二线制	B. 三线制	C. 四线制	D. 五线制

47. S型分油机分油过程中,由于控制系统的程序大多依赖水分传感器,所以该传感器非常重要。如果该传感器故障,但又要分油操作,可以应急设置参数Pr4从"On"调整为_____,此后水分传感器MT50功能禁用。但程序每间隔_____min进行一次"排渣",而Pr1分油时间设定无效。
   A. "Off"/5	B. "Off"/10	C. "Stb"/15	D. "Stb"/30

48. 在EPC-50分油机自动控制系统中,由EPC-50控制器输出信号控制的是_____。
   A. 电磁阀SV16	B. 压力传感器PT1
   C. 温度传感器TT1	D. 水分传感器MT50

49. 在EPC-50分油机自动控制系统中,由EPC-50控制器输出信号控制的是_____。
    A. 温度传感器TT1   B. 压力传感器PT1
    C. 电磁阀SV15   D. 水分传感器MT50

50. 在EPC-50分油机自动控制系统中,由EPC-50控制器输出信号控制的是_____。
    A. 温度传感器TT1   B. 水分传感器MT50
    C. 电磁阀SV4   D. 排水压力传感器PT5

51. S型分油机EPC-50控制器有很多保护功能,如分油前进行一次检漏测试程序Ti66,即在该段程序时间内_____,PT4压力应能稳住,波动值不应过大,如压力低于1.0 bar以下,系统将会发出警报,说明有泄漏存在。
    A. 供油阀VI关、净油出口阀V4关   B. 供油阀VI关、净油出口阀V4开
    C. 供油阀VI开、净油出口阀V4关   D. 供油阀VI开、净油出口阀V4开

52. 在EPC-50分油机自动控制系统中,由EPC-50控制器输出信号控制的是_____。
    A. 温度传感器TT1   B. 水分传感器MT50
    C. 电磁阀SV5   D. 排水压力传感器PT5

53. 在EPC-50分油机自动控制系统中,由EPC-50控制器输出信号控制的是_____。
    A. 分油机电机停止控制   B. 排水压力传感器PT4
    C. 温度传感器TT1   D. 排水压力传感器PT5

54. 在EPC-50分油机自动控制系统中,由EPC-50控制器输出信号控制的是_____。
    A. 温度传感器TT1   B. 电磁阀SV10
    C. 温度传感器TT2   D. 水分传感器MT50

55. S型分油机EPC-50控制器内的参数均为调试好的参数,正常情况下,大多是固定的,也极少需要再次调节。但是有两个参数会变化,其中一个是手动设定的_____;另一个是程序运行"校准程序"后下次进行置换操作过程中自动再校准的参数_____。
    A. 两次分油间隔时间/置换水注入时间 B. 两次排渣间隔时间/置换水注入时间
    C. 两次分油间隔时间/工作水排水时间 D. 两次排渣间隔时间/工作水排水时间

56. 在EPC-50分油机自动控制系统中,由EPC-50控制器输出信号控制的是_____。
    A. 温度传感器TT1   B. 水分传感器MT50
    C. 温度传感器TT2   D. 电磁阀SV1

57. 在EPC-50分油机自动控制系统中,由EPC-50控制器输出信号控制的是_____。
    A. 报警控制   B. 排水压力传感器PT4
    C. 温度传感器TT1   D. 排水压力传感器PT5

58. 在EPC-50分油机自动控制系统中,控制器EPC-50操作面板右面有四个按钮和对应的状态指示灯,上面第一个是_____。
    A. 程序启动/停止按钮   B. 加热器按钮
    C. 手动排渣按钮   D. 报警复位按钮

59. 在EPC-50分油机自动控制系统中,控制器EPC-50操作面板右面有四个按钮和对应的状态指示灯,上面第二个是_____。
    A. 程序启动/停止按钮   B. 加热器按钮

C. 手动排渣按钮　　　　　　　　　D. 报警复位按钮

60. 在EPC-50分油机自动控制系统中,控制器EPC-50操作面板右面有四个按钮和对应的状态指示灯,上面第三个是_____。
   A. 程序启动/停止按钮　　　　　　B. 加热器按钮
   C. 手动排渣按钮　　　　　　　　　D. 报警复位按钮

61. EPC-50控制系统第一次上电运行时,一般需要进入校准启动控制程序,与不校准启动控制程序比较,多了一段校准程序,该段程序的目的是_____。
   A. 校准分油时间　　　　　　　　　B. 校准转鼓容积
   C. 校准水分传感器　　　　　　　　D. 校准开启水量

62. 在EPC-50分油机自动控制系统中,控制器EPC-50操作面板右面有四个按钮和对应的状态指示灯,上面第四个是_____。
   A. 程序启动/停止按钮　　　　　　B. 加热器按钮
   C. 手动排渣按钮　　　　　　　　　D. 报警复位按钮

63. 在S型分油机自动控制系统中,控制器的主要组成部分不包括_____。
   A. 操作面板　　　　　　　　　　　B. 电源
   C. EPC-50控制板　　　　　　　　D. EPC-50B控制板

64. 在S型分油机自动控制系统中,EPC-50控制器主板上配有内置双路的专用异步通信模块,其中一路通过MAX232转换为_____通信与操作面板OP进行通信。
   A. RS-232　　　B. RS-485　　　C. RS-422　　　D. RS585

65. 在S型分油机自动控制系统中,为选择由远程OP面板操作分油机系统运行,应将分油机模式转换开关置于_____。
   A. 手动　　　　B. 自动　　　　C. CIP　　　　D. OFF

66. 在S型分油机自动控制系统中,EPC-50控制器的主板组成不包括_____。
   A. 开关量输入　　B. 开关量输出　　C. 模拟量输入　　D. 模拟量输出

67. EPC-50在运行中可能会出现使用时间长,设备参数有变化,有时可以根据设备的具体情况,通过调整对应的报警参数使系统恢复,但是_____不能通过该方法使之恢复正常。
   A. Oil feed – TEMPERATURE HIGH　　B. Feed pressure PT1 – HIGH
   C. Bowl speed – HIGH　　　　　　　D. Feed pressure sensor PT1 – ERROR

68. 在S型分油机自动控制系统中,EPC-50控制器的主板组成不包括_____。
   A. 电源　　　　B. CPU模块　　　C. 通信模块　　　D. 智能模块

69. 在S型分油机自动控制系统中,为选择清洗分油机时使用的模式,应将分油机模式转换开关置于_____。
   A. 手动　　　　B. 自动　　　　C. CIP　　　　D. OFF

70. 在S型分油机自动控制系统中,关于温度传感器TT1、TT2,下列描述正确的是_____。
   A. 温度传感器TT1、TT2都可作为控制温度的反馈信号
   B. 温度传感器TT1、TT2都可作为温度报警和保护的信号
   C. 温度传感器TT1作为控制温度的反馈信号,TT2作为温度报警和保护的信号
   D. 温度传感器TT2作为控制温度的反馈信号,TT1作为温度报警和保护的信号

71. EPC-50 控制系统运行时,排渣前需要将转鼓内的剩油分离干净,需要根据_____来控制_____阀的打开时间。
   A. 净油出口压力/10 号置换水
   B. 净油出口压力/15 号开启水
   C. 水分传感器/15 号开启水
   D. 水分传感器/10 号置换水

72. 在 S 型分油机自动控制系统中,待分油温度控制系统的测量单元是_____。
   A. 温度传感器 TT1
   B. EPC-50 控制器
   C. 伺服电机调节阀
   D. 燃油加热器

73. 在 S 型分油机自动控制系统中,为选择由控制箱操作分油机系统运行,应将分油机模式转换开关置于_____。
   A. 手动
   B. 自动
   C. CIP
   D. OFF

74. EPC-50 在运行中如果发生故障报警,相应的总报警发光二极管有关状态指示灯闪亮,同时在显示及操作控制板(OP)中的信息窗中将会显示出完整的故障名称。如果信息窗内显示:Alarm no. 50:13 Feed pressure low。说明这是_____。
   A. 第 5 个警报,此警报在 13 min 前发出
   B. 该警报出现 5 次,此警报在 13 min 前发出
   C. 第 5 个警报,此警报延时了 13 s
   D. 该警报出现 5 次,此警报延时了 13 s

75. 在 S 型分油机自动控制系统中,待分油温度控制系统的执行机构是_____。
   A. 温度传感器 TT1
   B. EPC-50 控制器
   C. 伺服电机调节阀
   D. 燃油加热器

76. 在 S 型分油机自动控制系统中,待分油温度控制系统的控制对象是_____。
   A. 温度传感器 TT1
   B. EPC-50 控制器
   C. 伺服电机调节阀
   D. 燃油加热器

77. 在 S 型分油机自动控制系统中,为选择由机旁控制箱操作分油机系统运行,应将分油机模式转换开关置于_____。
   A. 手动
   B. 自动
   C. CIP
   D. OFF

78. EPC-50 在运行中如果发生故障报警,相应的总报警发光二极管和有关状态指示灯闪亮。同时在显示及操作控制板(OP)中的信息窗中将会显示出完整的故障名称。如果信息窗内显示:Feed pressure PT1-LOW。说明这是_____,EPC-50 动作的结果是_____。
   A. 待分油/停止进油
   B. 净油/保持进油
   C. 排水/停止进油并短时打开置换水
   D. 排渣/停止进油,等待延时确定排渣结束

79. 在 S 型分油机自动控制系统中,待分油温度控制系统的控制单元是_____。
   A. 温度传感器 TT1
   B. EPC-50 控制器
   C. 伺服电机调节阀
   D. 燃油加热器

80. S 型分油机在时序控制期间,当时序进行到 Ti60 排放时,EPC-50 控制器发出的指令是_____。
   A. 电磁阀 SV15 通电
   B. 电磁阀 SV16 通电
   C. 电磁阀 SV10 通电
   D. 电磁阀 SV1 通电

81. S 型分油机在时序控制期间,当时序进行到 Ti60 排放时,EPC-50 控制器发出指令使电磁阀 SV15 通电的目的是_____。

A. 进开启水　　　　B. 进密封水　　　　C. 进置换水　　　　D. 进补偿水

82. S 型分油机在时序控制期间,当时序进行到 Ti61 暂停时,分油机应_____。
   A. 放掉残存的开启水　　　　B. 放掉残存的密封水
   C. 放掉残存的水封水　　　　D. 放掉残存的补偿水

83. S 型分油机在时序控制期间,当时序进行到 Ti62 转鼓关闭时,EPC-50 控制器发出的指令是_____。
   A. 电磁阀 SV15 通电　　　　B. 电磁阀 SV16 通电
   C. 电磁阀 SV10 通电　　　　D. 电磁阀 SV1 通电

84. S 型分油机在时序控制期间,当时序进行到 Ti62 转鼓关闭时,EPC-50 控制器发出指令使电磁阀 SV16 通电的目的是_____。
   A. 进开启水　　　B. 进密封水　　　C. 进置换水　　　D. 进补偿水

85. S 型分油机在时序控制期间,当时序进行到 Ti63 调节水时,EPC-50 控制器发出的指令是_____。
   A. 电磁阀 SV15 通电　　　　B. 电磁阀 SV16 通电
   C. 电磁阀 SV10 通电　　　　D. 电磁阀 SV1 通电

86. S 型分油机在时序控制期间,当时序进行到 Ti63 转鼓关闭时,EPC-50 控制器发出指令使电磁阀 SV10 通电的目的是_____。
   A. 进开启水　　　B. 进密封水　　　C. 进调节水　　　D. 进补偿水

87. S 型分油机在时序控制期间,当时序进行到 Ti64 给送开启时,EPC-50 控制器发出的指令是_____。
   A. 电磁阀 SV15 通电　　　　B. 电磁阀 SV16 通电
   C. 电磁阀 SV10 通电　　　　D. 电磁阀 SV1 通电

88. S 型分油机在时序控制期间,当时序进行到 Ti64 给送开启时,EPC-50 控制器发出指令使电磁阀 SV1 通电的目的是_____。
   A. 进开启水　　　B. 进密封水　　　C. 进置换水　　　D. 待分油进入分油机

89. S 型分油机在时序控制期间,当时序进行到 Ti65 Mt 信号测试时,EPC-50 控制器发出的指令是_____。
   A. 电磁阀 SV4 断电　　　　B. 电磁阀 SV16 通电
   C. 电磁阀 SV10 通电　　　　D. 电磁阀 SV1 通电

90. S 型分油机在时序控制期间,当时序进行到 Ti65 Mt 信号测试时,EPC-50 控制器发出指令使电磁阀 SV4 断电的目的是_____。
   A. 打开净油出口阀　B. 进密封水　　　C. 进置换水　　　D. 待分油进入分油机

91. S 型分油机在时序控制期间,当时序进行到 Ti65 Mt 信号测试时,进置换水(水封水)置换成功的标志是_____。
   A. 在时间内,压力传感器 PT4 达到设定值,检测的水分小于设定值
   B. Ti65 打开净油出口,水分小于设定值
   C. 水分小于设定值,Ti64 检测的水分小于设定值
   D. Ti64 和 Ti65 检测到的水分含量小于设定值,Ti64 压力传感器 PT4 达到设定值

92. S型分油机在时序控制期间,当时序进行到Ti66漏泄测试时,EPC-50控制器发出的指令是_____。
   A. 电磁阀SV1通电、电磁阀SV4通电   B. 电磁阀SV1通电、电磁阀SV4断电
   C. 电磁阀SV1断电、电磁阀SV4通电   D. 电磁阀SV1断电、电磁阀SV4断电

93. S型分油机在时序控制期间,当时序进行到Ti66漏泄测试时,EPC-50控制器发出指令使电磁阀SV1断电、SV4通电的目的是_____。
   A. 测试SV1、SV4的效用   B. 测试阀V1、V4的效用
   C. 测试分离筒的密封   D. 停止分油机

94. S型分油机在时序控制期间,当时序进行到Ti66漏泄测试时,如果分离筒内压力降超过_____,将发出报警。
   A. 0.05 MPa   B. 0.1 MPa   C. 0.15 MPa   D. 0.2 MPa

95. S型分油机在时序控制期间,当时序进行到Ti67参考时,设置此参考时间的目的是_____。
   A. 检测净油中的含水量,决定是否进行一次排渣
   B. 检测净油中的含水量,决定是否进行一次排水
   C. 检测净油中的含水量,决定是否停止分油操作
   D. 水分传感器信号稳定时间,水分含量对分油时序没有影响

96. S型分油机在时序控制期间,当时序进行到Ti68距排放的时间,Ti68是_____。
   A. 设置的连续分油时间   B. 设置的连续排水时间
   C. 设置的连续排渣时间   D. 设置的连续进水时间

97. S型分油机在时序控制期间,当时序进行到Ti68距排放的时间时,在连续分油期间,如果净油中的水分含量大于_____时,排水阀打开;如果净油中的水分含量小于_____时,排水阀关闭。
   A. 50 pF/35 pF   B. 100 pF/70 pF   C. 120 pF/70 pF   D. 100 pF/90 pF

98. S型分油机在时序控制期间,当时序进行到Ti70给送关闭时,EPC-50控制器发出的指令是_____。
   A. 电磁阀SV4断电   B. 电磁阀SV16断电
   C. 电磁阀SV10断电   D. 电磁阀SV1断电

99. S型分油机在时序控制期间,当时序进行到Ti70给送关闭时,EPC-50控制器发出指令使电磁阀SV1断电的目的是_____。
   A. 打开净油出口阀   B. 进密封水
   C. 进置换水   D. 停止待分油进入分油机

100. S型分油机在时序控制期间,当时序进行到Ti71置换水检查时,EPC-50控制器发出的指令是_____。
   A. 电磁阀SV4断电,SV10断电   B. 电磁阀SV4通电,SV10断电
   C. 电磁阀SV4断电,SV10通电   D. 电磁阀SV4通电,SV10通电

101. S型分油机在时序控制期间,当时序进行到Ti71置换水检查时,EPC-50控制器发出指令使电磁阀SV4通电、SV10通电的目的是_____。
   A. 关闭净油出口阀,进置换水   B. 打开净油出口阀,进置换水

C. 关闭净油出口阀,停止进置换水　　　　D. 打开净油出口阀,停止进置换水

102. S 型分油机在时序控制期间,当时序进行到 Ti71 置换水检查时,PT4 压力至少增加_____时,证明置换水已正确进入分离筒。
　　A. 0.03 MPa　　　B. 0.04 MPa　　　C. 0.05 MPa　　　D. 0.06 MPa

103. S 型分油机在时序控制期间,当时序进行到 Ti72 置换时,EPC-50 控制器发出的指令是_____。
　　A. 电磁阀 SV4 断电,SV10 断电　　　B. 电磁阀 SV4 通电,SV10 断电
　　C. 电磁阀 SV4 断电,SV10 保持通电　D. 电磁阀 SV4 通电,SV10 保持通电

104. S 型分油机在时序控制期间,当时序进行到 Ti72 置换时,EPC-50 控制器发出指令使电磁阀 SV4 断电、SV10 保持通电的目的是_____。
　　A. 关闭净油出口阀,进置换水　　　B. 打开净油出口阀,进置换水
　　C. 关闭净油出口阀,停止进置换水　D. 打开净油出口阀,停止进置换水

105. S 型分油机在时序控制期间,当时序进行到 Ti73 出口水冲洗时,EPC-50 控制器发出的指令是_____。
　　A. 电磁阀 SV15 通电　　　B. 电磁阀 SV16 通电
　　C. 电磁阀 SV10 通电　　　D. 电磁阀 SV5 通电

106. S 型分油机在时序控制期间,当时序进行到 Ti73 出口水冲洗时,EPC-50 控制器发出指令使电磁阀 SV5 通电的目的是_____。
　　A. 排水管路冲洗　　B. 进密封水　　C. 进置换水　　D. 排渣

107. S 型分油机在时序控制期间,当时序进行到 Ti74 排放时,EPC-50 控制器发出的指令是_____。
　　A. 电磁阀 SV15 通电　　　B. 电磁阀 SV16 通电
　　C. 电磁阀 SV10 通电　　　D. 电磁阀 SV1 通电

108. S 型分油机在时序控制期间,当时序进行到 Ti74 排放时,EPC-50 控制器发出指令使电磁阀 SV15 通电的目的是_____。
　　A. 进开启水　　B. 进密封水　　C. 进置换水　　D. 进补偿水

109. S 型分油机在时序控制期间,当时序进行到 Ti75 暂停和排放反馈时,在此期间分油机应完成_____。
　　A. 排渣反馈和放掉残存的开启水　　B. 排渣反馈和放掉残存的密封水
　　C. 排渣反馈和放掉残存的水封水　　D. 排渣反馈和放掉残存的补偿水

110. 在 EPC-50 分油机自动控制系统中,对 EPC-50 的操作需要操作面板指示灯"_____"点亮后才能进行。
　　A. HEATER　　B. SEPARATION　　C. OP ACTIVE　　D. ALAM

111. 在 EPC-50 面板操作和参数调整时,用到最多的是"＋"、"－"和"Enter"三个键,其中"＋"、"－"用于_____。
　　A. 显示参数序号　　　B. 翻看参数序号
　　C. 接受或储存参数值　D. 进入或退出参数表

112. 在 EPC-50 面板操作和参数调整时,用到最多的是"＋"、"－"和"Enter"三个键,其中"＋"、

"−"用于_____。
A. 显示参数序号　　　　　　　　　　B. 修改参数值
C. 接受或储存参数值　　　　　　　　D. 进入或退出参数表

113. 在 EPC-50 分油机自动控制系统中，系统设有三种类型的参数，其中安装参数的表示方法是_____。
A. Inxx　　　　B. Prxx　　　　C. Faxx　　　　D. Tixx

114. 在 EPC-50 分油机自动控制系统中，系统设有三种类型的参数，其中时间参数的表示方法是_____。
A. Inxx　　　　B. Prxx　　　　C. Faxx　　　　D. Tixx

115. S 型分油机在分油期间，如果水分传感器测量值稳定，并确认油中无水、无气时，油温下降 10 ℃，水分传感器测量值从 82.6 升高到 83.6，则补偿值 Fa34 = _____。
A. +1.0　　　　B. −1.0　　　　C. 0.0　　　　D. −2.0

116. 在 EPC-50 分油机自动控制系统中，系统设有三种类型的参数，其中工艺参数的表示方法是_____。
A. Inxx　　　　B. Prxx　　　　C. Faxx　　　　D. Tixx

117. 在 EPC-50 分油机自动控制系统中，系统设有三种类型的参数，其中工厂设置参数的表示方法是_____。
A. Inxx　　　　B. Prxx　　　　C. Faxx　　　　D. Tixx

118. 在 EPC-50 分油机自动控制系统中，如果水分传感器功能被禁用，分油机在排查期间将会_____。
A. 不加冲洗水　　　　　　　　　　B. 不加置换水
C. 不加冲洗水和置换水　　　　　　D. 正常加注冲洗水和置换水

119. 在 EPC-50 分油机自动控制系统中，如果运行中发生多个故障报警，则当前显示的报警是_____。
A. 最新的故障报警　　　　　　　　B. 最重要的故障报警
C. 最新消除故障报警　　　　　　　D. 最近消除的最重要的故障报警

120. 如果 S 型分油机水分传感器故障又要进行分油操作，可应急设置进入分油机备用控制工况，即设置工艺参数_____从 "On" 调整为 "Stb"。
A. Pr2　　　　B. Pr3　　　　C. Pr4　　　　D. Pr5

121. 在 EPC-50 分油机自动控制系统中，如果水分传感器功能被禁用，分油机运行期间每隔_____时间进行一次排渣操作。
A. 15 min　　　B. 30 min　　　C. 45 min　　　D. 60 min

122. 如图 7-6 所示 EPC-50 控制面板中，有 3 个压力变送器 PT，分别装在燃油进口、净油出口和排水口处。正常分油过程中，3 个压力变送器的压力处于进口压力_____；净油出口压力_____；排水口出口压力_____。
A. 正常/正常/偏低　　B. 正常/偏低/偏高　　C. 偏低/偏高/偏低　　D. 偏低/正常/偏高

123. 如图 7-6 所示 EPC-50 控制面板中，有 3 个油路控制阀，分别装在燃油进口、净油出和排水口出口处。正常分油过程中，3 个油路控制阀的控制端状态处于进口控制阀_____；净油口控制阀_____;排水口出口控制阀_____。

A. 有电/有电/有电 B. 有电/失电/失电

C. 有气/失气/失气 D. 有气/有气/失气

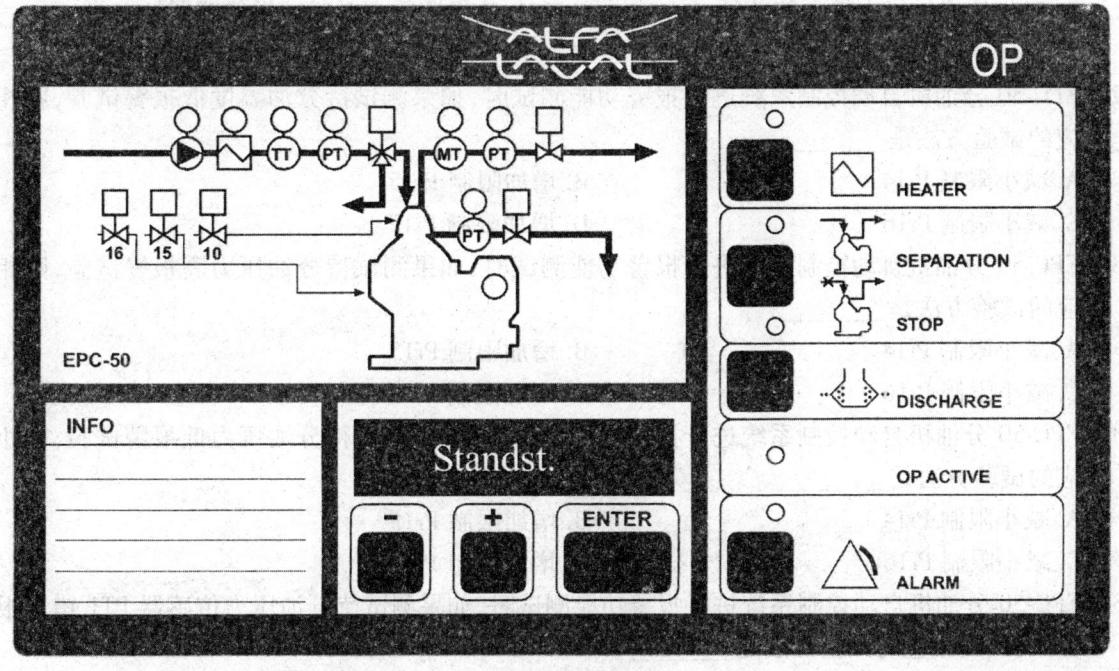

图 7-6

124. 如图 7-6 所示 EPC-50 控制面板中,有 3 个水路控制阀,分别为 10 号阀_____,15 号阀_____和 16 号阀_____。

　　A. 置换水阀/开启水阀/补偿水阀 B. 开启水阀/补偿水阀/置换水阀

　　C. 开启水阀/置换水阀/补偿水阀 D. 补偿水阀/开启水阀/置换水阀

125. 如图 7-6 所示 EPC-50 控制系统中,至少有 3 个传感器可能使分油机故障,可按一定程序自动停止,它们分别可能是_____、_____和_____。

　　A. 机盖连锁开关/振动传感器/燃油净油出口压力传感器

　　B. 机盖连锁开关/速度传感器/排水出口压力传感器

　　C. 速度传感器/振动传感器/温度传感器

　　D. 温度传感器/燃油进口压力传感器/排水出口压力传感器

126. 在 EPC-50 分油机自动控制系统中,如果运行中发生多个故障报警,则当前显示最新的故障报警,为读取存储的报警列表应该_____。

　　A. 同时按"Enter"键和"+"键 B. 同时按"Enter"键和"-"键

　　C. 同时按"Enter"键和"+"、"-"键 D. 按"Enter"键后用"+"、"-"翻看

127. EPC-50 分油机自动控制系统进行报警功能测试时,如果测试待分油温度高报警试验,则相应的试验方法是_____。

　　A. 减小限制 Pr14 B. 增加限制 Pr15

C. 减小限制 Pr16　　　　　　　　　　　D. 增加限制 Pr17

128. 为确保分油机运行中的速度传感器故障能够报警并自动进入停止分油、排渣后停止工况,需要试验脉冲型转速传感器的好坏,测试的方法是_____。
　　A. 在分油机运行中拆下传感器　　　　B. 在分油机运行中拆掉一根传感器的接线
　　C. 在分油机停止时拆下传感器　　　　D. 在分油机停止时拆掉一根传感器的接线

129. EPC-50 分油机自动控制系统进行报警功能测试时,如果测试待分油温度低报警试验,则相应的试验方法是_____。
　　A. 减小限制 Pr14　　　　　　　　　　B. 增加限制 Pr15
　　C. 减小限制 Pr16　　　　　　　　　　D. 增加限制 Pr17

130. EPC-50 分油机自动控制系统进行报警功能测试时,如果测试待分油压力高报警试验,则相应的试验方法是_____。
　　A. 减小限制 Pr14　　　　　　　　　　B. 增加限制 Pr15
　　C. 减小限制 Pr16　　　　　　　　　　D. 增加限制 Pr17

131. EPC-50 分油机自动控制系统进行报警功能测试时,如果测试待分油压力低报警试验,则相应的试验方法是_____。
　　A. 减小限制 Pr14　　　　　　　　　　B. 增加限制 Pr15
　　C. 减小限制 Pr16　　　　　　　　　　D. 增加限制 Pr17

132. EPC-50 分油机自动控制系统进行报警功能测试时,如果测试待分油压力传感器 PT1 错误报警试验,则相应的试验方法是_____。
　　A. 断开传感器连接线　　　　　　　　B. 增加限制 Fa11
　　C. 减小限制 Fa10　　　　　　　　　　D. 降低 Ti53

133. EPC-50 在运行中如果发生故障报警,信息窗内显示:Oil feed – TEMPERATURE HIGH。说明这是_____进口高温,EPC-50 动作的结果是_____进口高温。
　　A. 燃油/停止　　B. 燃油/保持　　C. 净油/停止　　D. 净油/保持

134. EPC-50 分油机自动控制系统进行报警功能测试时,如果测试待分油温度传感器 TT 错误报警试验,则相应的试验方法是_____。
　　A. 断开传感器连接线　　　　　　　　B. 增加限制 Fa11
　　C. 减小限制 Fa10　　　　　　　　　　D. 降低 Ti53

135. 如果停止分油机操作并且分离设备已完全停止运转时,在 OP 操作面板上将显示_____。
　　A. OFF　　　　　B. STOP　　　　　C. Standst　　　　D. 无任何显示

136. 分油机正常启动且油温达到分离温度后,关于分油机进入正常分油、排渣程序的操作,下面叙述正确的是_____。
　　A. 在 EPC-50 操作面板上按一下"SEPARATION/STOP"按钮
　　B. 在 EPC-50 操作面板上按两下"SEPARATION/STOP"按钮
　　C. 在 EPC-50 操作面板上按一下"SEPARATION/STOP"按钮,再回答显示窗口的几个问题
　　D. 在 EPC-50 操作面板上按一下"SEPARATION/STOP"按钮,在回答显示窗口的几个问题后再按一下"SEPARATION/STOP"按钮

137. EPC-50 在运行中如果发生故障报警,信息窗内显示:Temperature alarm sensor – ERROR。说

明这是_____,EPC-50 动作的结果是_____。
A. 报警的温度传感器错误/停止进油,但维持原来的加热
B. 报警的温度传感器错误/保持进油,停止加热
C. 温度传感器错误报警/停止进油,但维持原来的加热
D. 温度传感器错误报警/保持进油,停止加热

138. EPC-50 分油机自动控制系统进行报警功能测试时,如果测试分离筒转速高报警试验,则相应的试验方法是_____。
A. 断开传感器连接线　　　　　　B. 增加限制 Fa11
C. 减小限制 Fa10　　　　　　　　D. 降低 Ti53

139. EPC-50 分油机自动控制系统进行报警功能测试时,如果测试分离筒转速低报警试验,则相应的试验方法是_____。
A. 断开传感器连接线　　　　　　B. 增加限制 Fa11
C. 减小限制 Fa10　　　　　　　　D. 降低 Ti53

140. 在 EPC-50 分油机自动控制系统中,如果电磁阀 SV10 线圈烧坏,则分油机将会_____。
A. 排渣口跑油　　B. 不能加置换水　　C. 不能加开启水　　D. 不能加补偿水

141. 在 EPC-50 分油机自动控制系统中,如果电磁阀 SV16 线圈烧坏,则分油机将会_____。
A. 不能排渣　　　B. 不能加置换水　　C. 不能加开启水　　D. 排渣口跑油

142. EPC-50 在运行中可能会出现使用时间长,设备参数有变化,如有时会发生"Feed pressure PT1-HIGH"的故障报警,这可以通过_____,使系统恢复正常运行。
A. 调节进口油阀 VI 的开度　　　　B. 修改对应 PT1 过高的参数值
C. 调整 PT1 的零点和量程　　　　D. 设置程序,封锁该报警

143. 在 EPC-50 分油机自动控制系统中,如果电磁阀 SV15 线圈烧坏,则分油机将会_____。
A. 不能排渣　　　B. 不能加置换水　　C. 不能加密封水　　D. 不能加补偿水

144. 在 EPC-50 分油机自动控制系统中,如果电磁阀 SV16 线圈烧坏,则分油机将会_____。
A. 不能排渣　　　B. 不能加置换水　　C. 不能加开启水　　D. 不能加补偿水

145. 分油机最常见的跑油故障(Oil leaking from bowl)原因及处理为_____。
①补偿水供应系统中的滤网被堵塞,处理措施是清洁该滤网;②补偿水系统中没有水,检查补偿水系统并确保补偿水一直处于开启状态;③水分传感器测量误差偏大,造成控制系统频繁进行排渣动作;④开启水管的供应阀 SV15 出现泄漏情况或相应的控制回路故障,造成排渣口打开,应及时校正该泄漏情况或检查该阀的控制线路。
A. ①②③　　　　B. ①②④　　　　C. ①③④　　　　D. ②③④

参考答案

1. C	2. C	3. C	4. B	5. A	6. D	7. B	8. B	9. B	10. A
11. C	12. B	13. C	14. B	15. D	16. A	17. D	18. C	19. D	20. D
21. A	22. D	23. C	24. B	25. A	26. C	27. B	28. A	29. C	30. B
31. A	32. A	33. C	34. D	35. B	36. D	37. A	38. A	39. B	40. A

41. B	42. A	43. C	44. B	45. A	46. B	47. C	48. A	49. C	50. C
51. A	52. C	53. A	54. B	55. B	56. D	57. A	58. B	59. A	60. C
61. B	62. D	63. D	64. A	65. B	66. D	67. D	68. D	69. C	70. D
71. D	72. A	73. D	74. A	75. C	76. D	77. D	78. A	79. B	80. A
81. A	82. A	83. B	84. D	85. C	86. C	87. D	88. D	89. A	90. A
91. D	92. C	93. C	94. D	95. C	96. A	97. B	98. D	99. D	100. D
101. A	102. C	103. C	104. B	105. D	106. D	107. A	108. A	109. A	110. C
111. B	112. B	113. A	114. D	115. D	116. B	117. C	118. C	119. C	120. C
121. A	122. A	123. C	124. A	125. D	126. D	127. C	128. D	129. D	130. A
131. D	132. B	133. B	134. D	135. C	136. D	137. D	138. C	139. B	140. B
141. D	142. B	143. A	144. D	145. C					

第4节 自清洗滤器的自动控制(适用对象:8403,8404)

1. 当自清洗滤器正常工作时可对_____个滤筒进行清洗。
   A. 1   B. 2   C. 3   D. 4

2. 自清洗式滤器是根据_____决定自动清洗工作的。
   A. 滤器进出口间的压差   B. 油压大小
   C. 滤器的使用时间   D. 油的清洁程度

3. 在空气反冲式自清洗滤器的控制系统中,当滤器进出口的滑油压差超过_____时自动进行冲洗工作。
   A. 0.12 MPa   B. 0.9 MPa   C. 0.09 MPa   D. 0.05 MPa

4. 在空气反冲式自清洗滤器中,当滤器进出口的油压差低于_____时,停止冲洗。
   A. 0.3 MPa   B. 0.03 MPa   C. 0.9 MPa   D. 0.09 MPa

5. 空气反冲式自清洗滤器在进行冲洗时,其冲洗方向是_____。
   A. 与工作时滑油的流动方向相同   B. 与工作时滑油的流动方向相反
   C. 滤筒轴向   D. 滤筒径向

6. 在空气反冲式自清洗滤器的清洗过程中,继续进行过滤作用的滤筒个数和进行清洗的滤筒个数分别为_____。
   A. 1个,3个   B. 2个,2个   C. 0个,4个   D. 3个,1个

7. 在空气反冲式自清洗滤器中,当滑油进出压差很小时停止清洗,这时进行滑油过滤的滤器个数是_____。
   A. 1个   B. 2个   C. 3个   D. 4个

8. 在空气反冲式自清洗滤器中,当滤器进出口的油压差低于_____时,停止冲洗。
   A. 0.3 MPa   B. 0.03 MPa   C. 0.9 MPa   D. 0.09 MPa

9. 空气反冲式自清洗滤器在压差大于0.09 MPa后开始冲洗,此后_____。
   A. 各滤筒轮番冲洗一遍后停止冲洗   B. 轮番冲洗各滤筒至压差小于0.09 MPa
   C. 轮番冲洗各滤筒至压差小于0.03 MPa   D. 反复冲洗各滤筒至按停止冲洗按钮

10. 自清洗滤器对每一个滤筒的清洗时间大约是_____。
    A. 1 min   B. 2 min   C. 3 min   D. 4 min

11. 空气反冲式自清洗滤器的控制系统在刚上电时,将会出现_____。
    A. 等到 ΔP_1 超过设定值时立即进行冲洗   B. 马达转至下一滤筒冲洗
    C. 立即进行一次冲洗   D. 等延时时间到再冲洗

12. 在空气反冲式自清洗滤器的控制系统中,当进出口的油压差在 0.08 MPa 时_____。
    A. 电磁阀 S_1 通电,控制活塞被压下   B. 电磁阀 S_1 通电,控制活塞被抬起
    C. 电磁阀 S_1 断电,控制活塞被压下   D. 控制电磁阀可能是通电的,也有可能是断电的

13. 在空气反冲式自清洗滤器的控制系统中,当滑油滤器进出口滑油压差超过 0.09 MPa 时,电磁阀 S_1 和控制活塞的状态是_____。
    A. 电磁阀 S_1 通电,控制活塞被抬起   B. 电磁阀 S_1 通电,控制活塞被压下
    C. 电磁阀 S_1 断电,控制活塞被压下   D. 电磁阀 S_1 断电,控制活塞被抬起

14. 在空气反冲式自清洗滤器的控制系统中,当电机带动旋转本体转动期间_____。
    A. 电磁阀 S_1 通电,控制活塞处上位   B. 电磁阀 S_1 通电,控制活塞处下位
    C. 电磁阀 S_1 断电,控制活塞处上位   D. 电磁阀 S_1 断电,控制活塞处下位

15. 空气反冲式自清洗滤器控制回路中,手动冲洗按钮 PB 按下即松开,可冲洗滤筒的个数是_____。
    A. 1 个   B. 3 个   C. 2 个   D. 0 个

16. 在空气反冲式自清洗滤器的自动控制系统中,当进出口压差大于 0.09 MPa,开始自动冲洗后,其压差_____。
    A. 可能上升   B. 可能下降   C. 不变   D. A 或 B

17. 在空气反冲式自清洗滤器的自动控制系统中,滤筒在清洗过程中电源突然断电,重新通电后,系统会_____。
    A. 保持断电前状态,连续计时   B. 保持断电前状态,但重新计时
    C. 马达转动,清洗下一个滤筒   D. 马达不转,停止清洗

18. 空气反冲洗自清洗滤器控制电路如图 7-7 所示,压力开关 ΔP_2 的作用是_____。
    A. 控制冲洗开始时间   B. 控制冲洗结束
    C. 冲洗期间不许电机转动   D. 进出口压差过大报警

19. 空气反冲式自清洗滤器如图 7-7 所示,当进出口压差大于 0.12 MPa,_____动作。
    A. 报警压力开关   B. 电源开关
    C. 冲洗状态压力开关   D. 接触器断电

20. 空气反冲式自清洗滤器如图 7-7 所示,当系统工作一段时间后,而清洗电磁阀因故障不能动作时,可能出现_____。
    A. ΔP 增高,进行冲洗   B. ΔP 降低,不能冲洗
    C. ΔP 增高,不能冲洗   D. ΔP 降低,进行冲洗

21. 空气反冲式自清洗滤器控制电路如图 7-7 所示,对某个滤筒正在进行清洗的条件是_____。
    A. 驱动旋转本体的电机 M 通电

B. 控制清洗的电磁阀断电

C. 进出口滑油压差压力开关 ΔP_1 闭合，延时继电器 RT 通电，且在延时时间内

D. ΔP_1 断开且 RT 断电

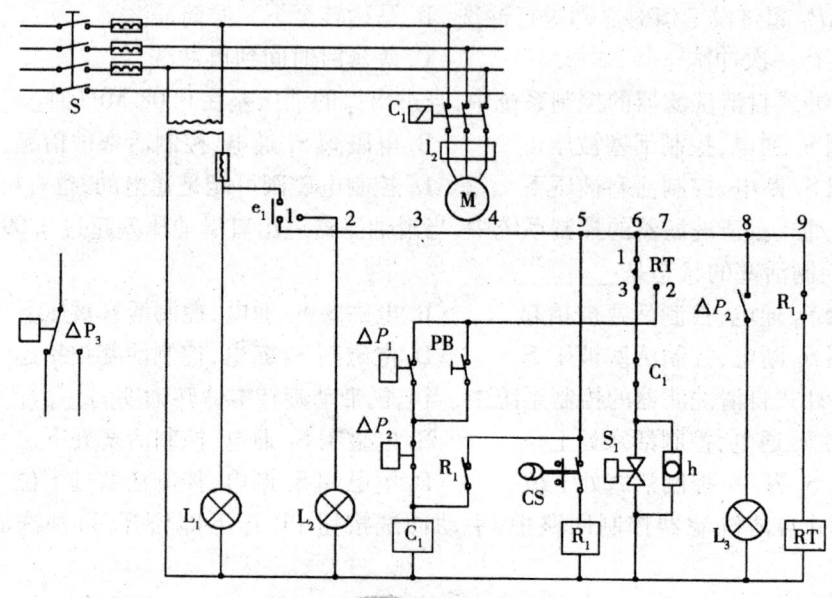

图 7-7

22. 空气反冲式自清洗滤器控制电路如图 7-7 所示，在清洗期间继电器 C_1、R_1、RT 的通断电状态分别为_____。

   A. C_1、R_1、RT 都通电
   B. C_1、R_1、RT 都断电
   C. C_1、R_1 断电，RT 通电
   D. C_1 断电，R_1、RT 通电

23. 空气反冲式自清洗滤器控制电路如图 7-7 所示，当滑油滤器进出口压差小于 0.03 MPa 时，电磁阀 S_1 和控制活塞的状态分别为_____。

   A. 电磁阀 S_1 通电，控制活塞被抬起
   B. 电磁阀 S_1 通电，控制活塞被压下
   C. 电磁阀 S_1 断电，控制活塞被抬起
   D. 电磁阀 S_1 断电，控制活塞被压下

24. 空气反冲式自清洗滤器控制电路如图 7-7 所示，当滑油滤器进出口压差小于 0.03 MPa 时，继电器 C_1、R_1、RT 通断电状态分别为_____。

   A. C_1、R_1、RT 都断电
   B. C_1、R_1、RT 都通电
   C. C_1 断电，R_1、RT 通电
   D. C_1、R_1 断电，RT 通电

25. 空气反冲式自清洗滤器控制电路如图 7-7 所示，对滤筒是否进行清洗是取决于_____，每个滤筒的清洗时间是取决于_____。

   A. R1 的通电/RT 的断电延时动作时间
   B. 滤器进出口滑油压力差/RT 的断电延时动作时间
   C. 滤器进出口滑油压力差/RT 通电延时动作时间
   D. 控制活塞上下腔室的压力差/RT 通电延时动作时间

26. 空气反冲式自清洗滤器控制电路如图 7-7 所示，当电机在转动期间，继电器 C_1、R_1、RT 的通断

电状态分别为_____。
A. C_1、R_1、RT 都通电
B. C_1、R_1、RT 都断电
C. C_1、R_1 通电，RT 断电
D. C_1 断电，R_1、RT 通电

27. 空气反冲式自清洗滤器控制电路如图 7-7 所示，若继电器 R_1 线圈断路，则可能出现的故障现象是_____。
A. 始终对同一个滤筒进行清洗
B. 对另一个滤筒进行清洗
C. 正常清洗，发声光报警
D. 电机不转，也不进行冲洗

28. 空气反冲式自清洗滤器控制电路如图 7-7 所示，时间继电器 RT 线圈断路，则可能出现的故障现象是_____。
A. 电机不转，不能进行清洗
B. 只对同一滤筒进行连续清洗
C. 正常清洗，发声光报警
D. 电机始终转动，但不清洗

29. 空气反冲式自清洗滤器控制电路如图 7-7 所示，时间继电器 RT 通电延时期间凸轮开关 CS、电机及冲洗电磁阀 S_1 的状态分别为_____。
A. 断开，停转，通电
B. 闭合，停转，通电
C. 断开，转动，断电
D. 闭合，转动，断电

30. 空气反冲式自清洗滤器控制电路如图 7-7 所示，时间继电器 RT 在断电期间内，凸轮开关 CS、控制活塞及继电器 C_1 的状态分别为_____。
A. 断开，抬起，断电
B. 闭合，压下，通电
C. 断开，压下，通电
D. 闭合，抬起，断电

31. 空气反冲式自清洗滤器如图 7-7 所示，在冲洗过程开关的断开，而一个滤筒冲洗后，ΔP_2 的不能闭合，其故障现象为_____。
A. 自动清洗下一个滤筒
B. 轮番清洗各滤筒不能停止
C. 电机不能转动，不能再清洗
D. 电机能转动对准下个滤筒，但不能清洗

32. 在空气反冲式自清洗滤器控制电路中，包括_____。
①控制电机转动的继电器；②控制清洗时间的延时继电器；③电机转动的限位开关；④手动清洗按钮；⑤产生尖峰脉冲的微分电路；⑥用于起延时作用的 RC 电路。
A. ②③④⑤
B. ①②③④
C. ③④⑤⑥
D. ①②④⑤

参考答案

1. A 2. A 3. C 4. B 5. B 6. D 7. C 8. B 9. C 10. A
11. C 12. D 13. A 14. D 15. A 16. D 17. B 18. C 19. A 20. C
21. C 22. C 23. D 24. D 25. C 26. C 27. D 28. B 29. A 30. B
31. C 32. B

第5节 阀门遥控及液舱遥测系统（适用对象：8403,8404）

1. 船舶液舱遥测系统主要用于监测船舶_____状态。
   A. 压载舱　　　　B. 污水舱　　　　C. 污油舱　　　　D. 滑油柜
2. 阀门电液分散控制系统中的关键控制设备是电液驱动头，主要由_____组成。
   ①动力模块；②阀门；③液压执行机构；④阀位指示模块。
   A. ①②③　　　　B. ①②④　　　　C. ①③④　　　　D. ②③④
3. 船舶液舱遥测系统主要用于监测船舶_____状态。
   A. 污油舱　　　　B. 污水舱　　　　C. 吃水　　　　D. 滑油柜
4. 液舱遥测系统的组成中不包括_____。
   A. 信息处理单元　　B. 控制电磁阀　　C. 显示单元　　　D. 传感器
5. 船舶阀门遥控系统主要用于监控船舶_____等管路上的遥控阀门状态。
   A. 日用淡水系统　　B. 压载水系统　　C. 燃油驳运系统　　D. 冷却海水系统
6. 液舱遥测系统中压力传感器测量液位时，需要根据_____来校正装载重量。
   A. 液体比重　　　　　　　　　　　　B. 温度
   C. 液体比重和温度　　　　　　　　　D. 液体比重和装载舱面积
7. 船舶阀门遥控系统主要用于监控船舶_____等管路上的遥控阀门状态。
   A. 日用淡水系统　　B. 燃油驳运系统　　C. 舱底水系统　　D. 冷却海水系统
8. 液舱遥测系统中使用雷达测量液位时，需要将雷达安装在_____。
   A. 甲板上　　　　B. 舱底上　　　　C. 液面上　　　　D. 舱中间高度上
9. 船舶阀门遥控系统主要用于监控船舶_____等管路上的遥控阀门状态。
   A. 货油装卸系统　　B. 燃油驳运系统　　C. 日用淡水系统　　D. 冷却海水系统
10. 液舱遥测系统中信息处理单元的功能是_____。
    A. 显示液位传感器来的信号　　　　　B. 对传感器信号是否越限进行判断
    C. 标定传感器送来的信号　　　　　　D. 处理传感器送来的信号
11. 目前船舶阀门遥控系统主要采用_____驱动方式。
    A. 气动　　　　　B. 电动　　　　　C. 液压　　　　　D. 电、气结合
12. 阀门液压遥控系统使用中需要定期检测油路，尤其要注意_____。
    A. 管路的堵塞　　　　　　　　　　　B. 液压油的泄漏
    C. 油泵的电流　　　　　　　　　　　D. 工作油的温度
13. 阀门液压集中控制系统的组成部分之一是_____。
    A. 电液驱动头　　　　　　　　　　　B. 微型电机
    C. 微型径向柱塞泵　　　　　　　　　D. 液压泵站
14. 阀门控制系统中执行机构一般不采用_____带动阀门。
    A. 气动控制气缸　　B. 液压控制油缸　　C. 伺服电动机　　D. 电磁阀
15. 阀门液压集中控制系统的泵站故障时，作为应急油源的是_____。
    A. 电液驱动头　　　　　　　　　　　B. 气囊式储能器

C. 微型径向柱塞泵　　　　　　　　　　D. 手摇泵
16. 液舱遥测系统与阀门遥控系统的关系是_____。
    A. 配合构成闭环控制系统　　　　　　B. 互相独立的系统
    C. 没有任何关系　　　　　　　　　　D. 都需要加以控制的系统
17. 阀门电液分散控制系统的主要组成部分之一是_____。
    A. 电液驱动头　　B. 气囊式储能器　　C. 液压泵站　　D. 手摇泵
18. 阀门控制系统中电磁换向阀的安装位置一般在_____。
    A. 管遂阀门旁边　B. 阀门本体上　　　C. 控制台附近　D. 机舱集控室内
19. 在阀门电液分散控制系统中，_____是电液驱动头的主要组成模块之一。
    A. 电源模块　　　B. 通信模块　　　　C. 动力模块　　D. 控制模块
20. 阀门控制系统中电磁线圈有电执行某个开或关的动作时，在_____线圈失电。
    A. 延时后　　　　　　　　　　　　　B. 阀门微动开关动作到位后
    C. 控制按钮反方向动作按下后　　　　D. 电流过大后
21. 在阀门电液分散控制系统中，_____是电液驱动头的主要组成模块之一。
    A. 电源模块　　　B. 通信模块　　　　C. 控制模块　　D. 安全保护模块
22. 在阀门电液分散控制系统中，_____是电液驱动头的主要组成模块之一。
    A. 液压执行机构　B. 通信模块　　　　C. 控制模块　　D. 电源模块
23. 在阀门电液分散控制系统中，_____是电液驱动头动力模块的主要组成之一。
    A. 液压油缸　　　　　　　　　　　　B. 微型径向柱塞泵
    C. 压力开关　　　　　　　　　　　　D. 安全阀
24. 液舱遥测系统测量的是_____，阀门遥控系统测量的是_____。
    A. 液位/液位　　B. 液位/阀门位置　　C. 重量/偏载　　D. 重量/液位
25. 在阀门电液分散控制系统中，_____是电液驱动头的主要组成模块之一。
    A. 通信模块　　　B. 阀位指示模块　　C. 控制模块　　D. 电源模块
26. 液舱遥测系统中操作单元是_____。
    A. 实现按钮等命令操作　　　　　　　B. 计算机控制系统
    C. 输入和修改参数的单元　　　　　　D. 系统的一个终端
27. 在阀门电液分散控制系统中，_____是电液驱动头动力模块的主要组成之一。
    A. 液压油缸　　　B. 压力开关　　　　C. 安全阀　　　D. 油箱
28. 液舱遥测系统中使用雷达测量液位时，还需要测量_____。
    A. 静压　　　　　B. 温度　　　　　　C. 大气压　　　D. 湿度
29. 在阀门电液分散控制系统中，_____是电液驱动头动力模块的主要组成之一。
    A. 微型电机　　　B. 液压油缸　　　　C. 压力开关　　D. 安全阀
30. 液舱遥测系统的传感器是指_____。
    A. 测深仪　　　　　　　　　　　　　B. 液位传感器
    C. 温度传感器　　　　　　　　　　　D. 液位传感器和温度传感器
31. 在阀门电液分散控制系统中，_____是电液驱动头动力模块的主要组成之一。
    A. 液压油缸　　　B. 压力开关　　　　C. 溢流阀　　　D. 安全阀

32. 液舱遥测系统的液位传感器常采用_____。
    A. 静压式和电阻式　　　　　　　　　　B. 静压式和雷达式
    C. 浮子式和吹气式　　　　　　　　　　D. 电阻式和电容式
33. 在阀门电液分散控制系统中，_____是电液驱动头动力模块的主要组成之一。
    A. 液压油缸　　　B. 压力开关　　　C. 安全阀　　　D. 单向阀
34. 在阀门电液分散控制系统中，_____是电液驱动头安全保护模块的主要组成之一。
    A. 液压油缸　　　B. 压力开关　　　C. 微动开关　　　D. 油箱
35. 阀门液压集中控制系统一般由_____等部分组成。
    ①液压泵站；②电动阀门；③控制箱；④液压执行机构；⑤阀位指标器。
    A. ①②③④　　　B. ①②③⑤　　　C. ①②④⑤　　　D. ①③④⑤
36. 在阀门电液分散控制系统中，_____是电液驱动头阀位指示模块的主要组成之一。
    A. 液压油缸　　　B. 油箱　　　C. 微动开关　　　D. 安全阀组
37. 阀门控制系统的阀位指示中，常采用的传感器是_____。
    A. 压力开关　　　B. 液位开关　　　C. 限位开关　　　D. 浮子开关
38. 在阀门遥控系统中，如泵站中有蓄能器，一般每_____检查一次蓄能器的压力，当压力不足时应及时补气。
    A. 3个月　　　B. 6个月　　　C. 9个月　　　D. 12个月
39. 阀门液压控制系统中的一个电磁换向阀组中有_____个电磁线圈，一个阀组可以有_____个工作位置。
    A. 2/2　　　B. 2/3　　　C. 3/3　　　D. 3/4
40. 在阀门电液分散控制系统中，_____是电液驱动头阀位指示模块的主要组成之一。
    A. 液压油缸
    C. 油箱
    B. 电流式阀位指示器
    D. 安全阀组
41. 阀门控制系统的电磁换向阀的线圈均断电时，阀芯工作在_____，阀门_____。
    A. 中位/锁定
    C. 下位/全关
    B. 通液压源位/锁定
    D. 上位/全开
42. 在阀门电液分散控制系统中，电液驱动头阀位指示器将阀门的开度转换成_____信号。
    A. 4～20 mA　　　B. 0～10 mA　　　C. 0～10 V　　　D. 0～5 kΩ
43. 阀门遥控系统的阀门在机舱舱底、管隧等潮湿环境和油船上的危险区域中使用，其冷门驱动方式一般不采用_____。
    A. 电动　　　B. 气动　　　C. 液压　　　D. 水压
44. 在阀门电液分散控制系统中，_____是电液驱动头安全保护模块的主要组成之一。
    A. 液压油缸　　　B. 油箱　　　C. 微动开关　　　D. 安全阀组
45. 阀门电液分散控制系统的上层控制设备不包括_____。
    A. 工控机
    C. 微型计算机系统
    B. PLC
    D. 继电控制设备
46. 在对阀门遥控液压系统进行清洗时，清洗油流的速度最好_____工作油流速。
    A. 大于　　　B. 等于　　　C. 小于　　　D. 大于或小于

47. 遥控系统的阀门位置检测多采用限位开关，使用中不太可能的是_____。
    A. 经常检查其工作状态的好坏   B. 经常现场核对其状态
    C. 检测其绝缘好坏   D. 人为判断其状态好坏
48. 阀门遥控系统的日常管理对阀门的要求是注意_____。
    A. 是否卡阻   B. 阀门开闭限位是否与阀门一致
    C. 阀门动作时间快慢   D. 是否发热
49. 在阀门遥控系统中，如泵站中有蓄能器，一般每_____检查一次蓄能器的压力，当压力不足时应及时补气。
    A. 3个月   B. 6个月   C. 9个月   D. 12个月
50. 液舱遥测系统的管理需要注意_____。
    A. 零位不要经常调节，免得零位不准   B. 传感器本身是否正常
    C. 每次数据更新都要打印备份一份   D. 测量不准手动输入数据
51. 液舱遥测系统的日常管理对传感器的要求是注意_____。
    A. 电缆线、安装等处绝缘好坏   B. 零点是否偏离
    C. 比重输入是否准确   D. 根据实测手动校正其测量数据

参考答案

1. A   2. C   3. C   4. B   5. B   6. C   7. C   8. A   9. A   10. D
11. C   12. B   13. D   14. D   15. D   16. B   17. A   18. C   19. C   20. B
21. D   22. A   23. B   24. B   25. D   26. B   27. D   28. B   29. A   30. D
31. C   32. B   33. D   34. C   35. D   36. C   37. B   38. B   39. B   40. D
41. A   42. A   43. A   44. D   45. D   46. A   47. B   48. A   49. B   50. B
51. A

第8章 船舶蒸汽锅炉的自动控制

第1节 船舶蒸汽锅炉自动控制的基本内容
（适用对象：8401,8402,8403,8404）

1. 在柴油机大型油船辅锅炉中，其水位和蒸汽压力的控制方式通常分别为_____。
   A. 双位控制，双位控制　　　　　　　B. 双位控制，定值控制
   C. 定值控制，双位控制　　　　　　　D. 定值控制，定值控制

 参考答案

   1. D

第2节 锅炉水位的自动控制

 8.2.1 柴油主机船舶辅锅炉水位双位控制的特点、实现方法及其控制系统的组成与工作原理（适用对象：8401,8402,8403,8404）

1. 在电极式锅炉水位控制系统中，给水泵电机启动时刻为_____。
   A. 水位在上限水位　　　　　　　　　B. 水位下降至中间水位
   C. 水位下降至下限水位　　　　　　　D. 水位上升至中间水位

2. 在电极式锅炉水位控制系统中，给水泵电机断电停止向锅炉供水的时刻为_____。
   A. 水位上升至上限水位　　　　　　　B. 水位下降至中间水位
   C. 水位下降至下限水位　　　　　　　D. 水位上升至中间水位

3. 在电极式锅炉水位控制系统中，在_____情况下，给水泵电机保持运转向锅炉供水。
   A. 水位在上限水位　　　　　　　　　B. 水位上升至上、下限水位之间
   C. 只要水位在中间水位　　　　　　　D. 水位下降至上、下限水位之间

4. 在电极式锅炉水位控制系统中，在_____情况下，给水泵电机保持断电，停止向锅炉供水。

A. 从下限上升至上、下限之间水位　　　　B. 从上限下降到上、下限之间水位
C. 只要水位在上、下限水位之间　　　　　D. 水位在下限水位

5. 在电极式锅炉水位控制系统中,其执行机构是_____。
   A. 气动薄膜调节阀　　　　　　　　　　B. 活塞式调节阀
   C. 两相控制电机　　　　　　　　　　　D. 电动机带动给水泵

6. 电极式辅助锅炉水位控制系统属于_____。
   A. 双位控制　　　B. 比例积分控制　　　C. 比例控制　　　D. 比例微分控制

7. 柴油机货轮辅锅炉燃烧自动控制的方式常采用_____。
   A. 微分控制　　　B. 双位控制　　　　　C. 积分控制　　　D. 连续控制

8. 电极式辅助锅炉水位控制系统中,其高低水位差通过_____来决定。
   A. 电极 1 和 2 的相对位置　　　　　　 B. 电极 2 和 3 的相对位置
   C. 电极 1 和 3 的相对位置　　　　　　 D. 都不是

9. 锅炉水位双位控制系统不具备的功能是_____。
   A. 危险水位报警　　　　　　　　　　　B. 高水位停止给水
   C. 低水位开始给水　　　　　　　　　　D. 燃烧控制

10. 在锅炉水位控制系统中,双位控制的特点是_____。
    A. 无需调节器　　　　　　　　　　　　B. 水位的上下限不可调整
    C. 水位在上限和下限之间波动　　　　　D. 适合于所有类型的锅炉

11. 在锅炉水位控制系统中,若水位允许保持在两个水位之间上下波动,则系统采用的调节器是_____。
    A. 比例调节器　　　　　　　　　　　　B. 比例微分调节器
    C. 双位式调节器　　　　　　　　　　　D. 比例积分微分调节器

8.2.2　大型油船辅锅炉水位控制系统的特点、实现方法及其控制系统的组成与工作原理(适用对象:8401,8402,8403,8404)

12. 在大型油船辅锅炉水位控制系统中,一般采用_____。
    A. 双位调节器　　B. 比例调节器　　　　C. PI 调节器　　　D. PID 调节器

13. 在大型油船辅锅炉水位控制系统中,给水差压控制回路最终是控制_____。
    A. 给水调节阀开度　　　　　　　　　　B. 差压变送器的输出
    C. 控制蒸汽流量冲量　　　　　　　　　D. 蒸汽调节阀的开度

14. 在大型油船辅锅炉水位控制系统中,双冲量是指_____。
    A. 水位、给水压差　　　　　　　　　　B. 水位、蒸汽流量
    C. 水位、给水流量　　　　　　　　　　D. 给水流量、蒸汽流量

15. 在大型油船辅锅炉水位控制系统中,送入水位调节回路调节器的信号包括_____。
    A. 蒸汽流量　　　B. 给水压差　　　　　C. 水位信号　　　D. A + C

16. 在大型油船辅锅炉双冲量水位控制系统中,当锅炉负荷变化时,其控制过程是_____。
    A. 在负荷变化的短时间内主要按蒸汽流量控制,后按水位控制

B. 在负荷变化的短时间内主要按水位控制,后按蒸汽流量控制
C. 在负荷变化的短时间内主要按蒸汽压力控制,后按水位控制
D. 在负荷变化短时间内主要按水位控制,后按蒸汽压力控制

17. 在大型油船辅锅炉双冲量水位控制系统中,水位调节回路和给水差压控制回路分别控制_____。
    A. 双冲量调节器,给水差压变送器　　　B. 双冲量调节器,给水调节阀
    C. 给水差压变送器,蒸汽调节阀　　　　D. 给水调节阀,蒸汽调节阀

18. 在大型油船辅锅炉的控制系统中,采用双冲量水位调节器的目的是_____。
    A. 实现水位的定值控制　　　　　　　　B. 实现给水差压的定值控制
    C. 克服蒸汽压力变化对水位的影响　　　D. 克服蒸汽流量变化对水位的影响

19. 对采用汽轮机给水泵的油船辅锅炉,其水位控制由双回路控制系统组成。两个回路的被控量分别是_____和_____。
    A. 水/给水量　　　　　　　　　　　　B. 水位/给水阀前后压差
    C. 给水量/给水阀前后压差　　　　　　D. 水位/蒸汽量

20. 在大型油船辅锅炉水位控制系统中,应包括_____。
    ①电极式水位控制器;②PID 水位调节器;③参考水位罐;④给水差压变送器;⑤蒸汽调节阀;⑥给水压差调节器。
    A. ③④⑤　　　B. ①④⑥　　　C. ②④⑥　　　D. ②③⑤

21. 在大型油船辅锅炉水位控制系统中,常采用双回路控制方案,其中包括_____。
    ①水位控制回路的被控量是给水阀压差;②给水差压回路被控量是给水调节阀两端压差;③水位控制回路的执行机构是给水调节阀;④给水差压回路执行机构是蒸汽调节阀;⑤水位控制回路采用 PID 调节器;⑥给水差压回路采用 PI 调节器。
    A. ①②③⑤　　B. ③④⑤⑥　　C. ②③④⑥　　D. ①③④⑤

8.2.3 船舶辅锅炉水位控制系统的操作与管理(适用对象:8403,8404)

22. 若电极式水位控制系统电极室的接地线在系统运行时突然断线,这时会出现_____。
    A. 锅炉满水　　　　　　　　　　　　B. 锅炉断水
    C. 水泵一直停转　　　　　　　　　　D. 系统继续正常运行

23. 电极式锅炉水位控制系统如图 8-1 所示,若检测危险低水位 3 号电极与壳体短路,则可能出现的现象为_____。
    A. 锅炉满水　　　　　　　　　　　　B. 锅炉失水
    C. 锅炉失水不能停炉　　　　　　　　D. 始终发失水报警,不能启动锅炉

24. 电极式锅炉水位控制系统如图 8-1 所示,若检测危险低水位的 3 号电极结满水垢,则可能出现的现象为_____。
    A. 锅炉满水　　　　　　　　　　　　B. 锅炉失水
    C. 锅炉失水不能停炉　　　　　　　　D. 发失水报警,不能启动锅炉

25. 电极式锅炉水位控制系统如图 8-1 所示,为同时提高上下限水位,其调整方法是_____。

A. 下移 1 号电极，上移 2 号电极 B. 同时上移 1 号和 2 号电极
C. 同时下移 1 号和 2 号电极 D. 上移 1 号电极，下移 2 号电极

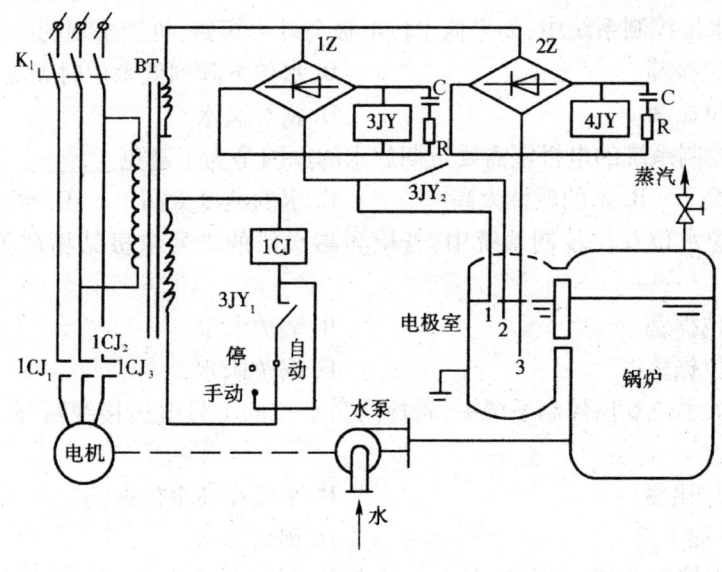

图 8-1

26. 电极式锅炉水位控制系统如图 8-1 所示，若把电极 1 上移，把电极 2 下移，则锅炉的上、下限水位的变化是_____。
    A. 上限水位上升，下限水位降低 B. 上、下限水位均提高
    C. 上、下限水位均降低 D. 上限水位降低，下限水位提高

27. 电极式锅炉水位控制系统如图 8-1 所示，若电极室结满一层水垢，则会出现_____。
    A. 锅炉失水，发报警，自动停炉 B. 锅炉满水，发报警，自动停炉
    C. 锅炉失水，发报警，不停炉 D. 锅炉满水，不发报警，不停炉

28. 电极式锅炉水位控制系统如图 8-1 所示，若控制高低水位的继电器 3JY 线圈断路，则可能出现的故障为_____。
    A. 锅炉满水 B. 锅炉失水
    C. 水位在上限水位振荡 D. 水位在下限水位振荡

29. 电极式锅炉水位控制系统如图 8-1 所示，若控制危险低水位的继电器 4JY 线圈断路，则系统可能出现的现象是_____。
    A. 系统能正常启动运行 B. 锅炉不能启动或停炉
    C. 锅炉正常运行，发报警 D. 水位在下限水位振荡

30. 电极式锅炉水位控制系统如图 8-1 所示，若控制低水位的电极结垢严重，可能出现的现象是_____。
    A. 水位在高水位附近波动 B. 水位在低水位附近波动
    C. 锅炉失水 D. 锅炉满水

31. 电极式锅炉水位控制系统如图 8-1 所示，电极 1，2，3 分别检测高水位、低水位和危险水位，为提高锅炉允许的高水位，调整方法是_____。

A. 电极1、2不动,降低电极3　　　　　　B. 电极1、3不动,降低电极2
C. 电极1、3不动,升高电极2　　　　　　D. 电极2、3不动,升高电极1

32. 在电极式锅炉水位控制系统中,如果低水位电极与外壳短路,可能出现的问题是_____。
    A. 水位在高水位振荡　　　　　　　　　B. 水位下降到低水位时无法自动补水
    C. 水位在低水位振荡　　　　　　　　　D. 锅炉满水

33. 锅炉水位双位控制系统的电极室需要定期放水的原因是为了避免_____。
    A. 水的盐度太高　　B. 水的碱性太高　　C. 水的纯度太高　　D. 水的酸性太高

34. 在用电极式锅炉水位双位控制系统中,若检测高水位的1号电极结垢严重,则故障现象是_____。
    A. 水位在低水位振荡　　　　　　　　　B. 锅炉失水
    C. 水位在高水位振荡　　　　　　　　　D. 锅炉满水

35. 在用电极式锅炉水位双位控制系统中,若检测高水位的1号电极接线断开,则可能出现的问题是_____。
    A. 水位在低水位振荡　　　　　　　　　B. 水位在高水位振荡
    C. 水位下降,不能上升　　　　　　　　D. 锅炉满水

36. 辅锅炉自动点火控制系统,在自动点火时已点燃,但很快又发出点火失败信号,可能原因是_____。
    A. 点火变压器故障　　　　　　　　　　B. 点火电极结炭严重
    C. 火焰监测器故障　　　　　　　　　　D. 进油电磁阀未打开

37. 在电极式锅炉水位控制系统中,电极1、2、3分别检测高水位、低水位和危险水位,为提高锅炉允许的危险水位,其调整方法是_____。
    A. 电极1、2不动,升高电极3　　　　　　B. 电极1、3不动,降低电极2
    C. 电极1、3不动,升高电极2　　　　　　D. 电极2、3不动,升高电极1

38. 在电极式锅炉水位控制系统中,电极1、2、3分别检测高水位、低水位和危险水位,为提高低水位,其调整方法是_____。
    A. 电极1、2不动,降低电极3　　　　　　B. 电极1、3不动,降低电极2
    C. 电极1、3不动,升高电极2　　　　　　D. 电极2、3不动,升高电极1

39. 在电极式锅炉水位控制系统中,若检测危险水位的3号电极在锅炉运行中发生断路,则可能出现的问题是_____。
    A. 给水泵启动　　　　　　　　　　　　B. 不影响正常运行
    C. 给水泵停止　　　　　　　　　　　　D. 发出危险低水位报警

40. 在电极式锅炉水位控制系统中,若给水泵马达启动频繁,则可能原因是_____。
    A. 高、低水位电极高度差太小　　　　　B. 低水位与危险水位电极的高度差太大
    C. 高、低水位电极高度差太大　　　　　D. 低水位与危险水位电极的高度差太小

41. 在用电极式锅炉水位双位控制系统中,若检测低水位的2号电极结垢严重,则故障现象是_____。
    A. 水位在低水位振荡　　　　　　　　　B. 产生危险水位报警
    C. 水位在高水位振荡　　　　　　　　　D. 产生高水位报警

42. 在采用双回路双冲量控制方案的大型油船辅锅炉双冲量水位控制系统中,如果当锅炉负荷较大时出现水位大起大落,下列选项中最可能的原因是_____。
   A. 给水阀故障　　　　　　　　　　B. 蒸汽流量测量变送器故障
   C. 水位测量变送器故障　　　　　　D. 给水泵故障

43. 在采用双回路双冲量控制方案的大型油船辅锅炉双冲量水位控制系统中,如果测量给水压差的变送器喷嘴堵塞,则可能产生的故障现象是_____。
   A. 补水不及时　　　　　　　　　　B. 锅炉满水
   C. 出现假水位　　　　　　　　　　D. 水位控制系统完全失效

44. 在采用双回路双冲量控制方案的大型油船辅锅炉双冲量水位控制系统中,如果测量实际水位的变送器喷嘴堵塞,则可能产生的故障现象是_____。
   A. 锅炉满水　　　　　　　　　　　B. 出现低水位报警
   C. 出现假水位　　　　　　　　　　D. 给水调节阀不再动作

45. 在采用双回路双冲量控制方案的大型油船辅锅炉双冲量水位控制系统中,采用差压变送器测量实际水位,若锅炉水空间与测量管之间发生堵塞,则以下最准确的故障描述是_____。
   A. 锅炉失水　　　　　　　　　　　B. 锅炉满水
   C. 无法进行双冲量控制　　　　　　D. 水位控制系统完全失效

46. 在采用双回路双冲量控制方案的大型油船辅锅炉双冲量水位控制系统中,采用差压变送器测量实际水位,若平衡阀泄漏,则可能产生的故障现象是_____。
   A. 锅炉满水　　　　　　　　　　　B. 出现假水位
   C. 出现低水位报警　　　　　　　　D. 给水调节阀不再动作

参考答案

1. C	2. A	3. B	4. B	5. D	6. A	7. B	8. A	9. D	10. C
11. C	12. C	13. D	14. C	15. D	16. A	17. D	18. D	19. B	20. A
21. C	22. C	23. C	24. D	25. B	26. A	27. B	28. A	29. B	30. A
31. D	32. B	33. C	34. C	35. D	36. C	37. A	38. A	39. D	40. A
41. C	42. B	43. A	44. B	45. C	46. B				

第3节　蒸汽压力的自动控制(适用对象:8401,8402,8403,8404)

1. 在柴油机货船辅锅炉汽压双位控制系统中,装两个压力开关的目的是_____。
   A. 一个控制起炉,一个控制停炉　　　B. 一个控制起停锅炉,一个控制高压保护
   C. 控制高低火燃烧和高压保护　　　　D. 一个控制起停锅炉,一个控制正常燃烧

2. 在采用压力比例调节器和电动比例操作器的辅锅炉蒸汽压力控制系统中,当蒸汽压力升高时,电桥输出的不平衡电压信号 U_λ 的极性及执行电机转动方向为_____。
   A. 上负下正,朝使蒸汽压力降低的方向转动
   B. 上负下正,朝使蒸汽压力增加的方向转动

C. 上正下负,朝使蒸汽压力降低的方向转动
D. 上正下负,朝使蒸汽压力增加的方向转动

3. 在采用压力比例调节器和电动比例操作器的辅锅炉蒸汽压力控制系统中,当锅炉负荷增大时,电桥输出的不平衡电压极性及执行电机的转动方向为_____。
   A. 上负下正,朝使蒸汽压力降低的方向转动
   B. 上负下正,朝使蒸汽压力增加的方向转动
   C. 上正下负,朝使蒸汽压力降低的方向转动
   D. 上正下负,朝使蒸汽压力增加的方向转动

4. 在货船辅锅炉的燃烧控制系统中,采用双位控制的目的是_____。
   A. 实现蒸汽压力的定值控制   B. 控制系统简单可靠
   C. 能实现良好的风油比   D. 保证点火成功

5. 采用压力比例调节器和电动比例操作器的锅炉蒸汽压力控制系统如图 8-2 所示,当锅炉负荷增大时,测量划针和反馈划针的移动方向分别为_____。
   A. 左移,左移   B. 左移,右移   C. 右移,左移   D. 右移,右移

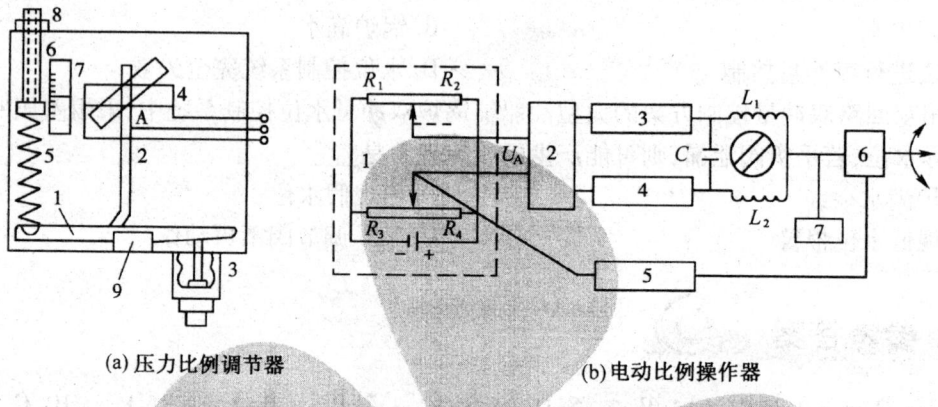

(a) 压力比例调节器   (b) 电动比例操作器

图 8-2

6. 采用压力比例调节器和电动比例操作器的辅锅炉燃烧控制系统如图 8-2 所示,压力调节器中定值弹簧和电位器可分别调整_____。
   A. 给定值,比例作用强弱   B. 上限值,下限值
   C. 上限值,压力变化范围   D. 下限值,比例调节范围

7. 采用压力比例调节器和电动比例操作器的辅锅炉燃烧控制系统如图 8-2 所示,若把压力比例调节器中定值弹簧扭紧,增大拉力,则_____。
   A. 提高上限值   B. 增大给定值   C. 降低下限值   D. 减小给定值

8. 采用压力比例调节器和电动比例操作器的辅助锅炉蒸汽压力控制系统如图 8-2 所示,为增大比例作用强度,应调节_____。
   A. 测量电位器向垂直方向转一角度   B. 测量电位器向水平方向转一角度
   C. 反馈电位器向水平方向转一角度   D. 反馈电位器向垂直方向转一角度

9. 采用压力比例调节器和电动比例操作器的辅助锅炉蒸汽压力控制系统如图 8-2 所示,为减小比例作用强度,应调节_____。

A. 测量电位器向水平方向转一角度　　B. 测量电位器向垂直方向转一角度
C. 反馈电位器向水平方向转一角度　　D. 反馈电位器向垂直方向转一角度

10. 采用压力比例调节器和电动比例操作器的辅锅炉燃烧控制系统如图 8-2 所示，若测量划针因故卡在最左端位置，则_____。
    A. 风门关得最大，回油阀开得最小　　B. 风门开得最大，回油阀关得最小
    C. 风门关得最小，回油阀开得最大　　D. 风门开得最小，回油阀关得最大

11. 采用压力比例调节器和电动比例操作器的辅锅炉燃烧控制系统如图 8-2 所示，若反馈划针卡在最左端位置，则_____。
    A. 执行电机正转，风门关得最小，回油阀开得最大
    B. 执行电机正转，风门开得最大，回油阀关得最小
    C. 执行电机反转，风门关得最小，回油阀开得最大
    D. 执行电机反转，风门开得最大，回油阀关得最小

12. 采用压力比例调节器和电动比例操作器的辅锅炉燃烧控制系统如图 8-2 所示，若压力比例调节器中的测量波纹管破裂，则测量划针的移动方向和实际蒸汽压力会_____。
    A. 右移，不断升高　　B. 右移，不断降低
    C. 左移，不断升高　　D. 左移，不断降低

13. 采用压力比例调节器和电动比例操作器的辅锅炉燃烧控制系统如图 8-2 所示，若设定值弹簧断裂，则_____。
    A. 风门开得最大，回油阀关得最大　　B. 风门开得最大，回油阀关得最小
    C. 风门关得最小，回油阀开得最大　　D. 风门关得最小，回油阀开得最小

14. 在辅锅炉燃烧时序控制系统中，按启动锅炉按钮后，首先进行的动作是_____。
    A. 预点火　　B. 预扫风　　C. 预热锅炉　　D. 加热燃油

15. 在货船辅锅炉燃烧时序控制系统中，到预扫风时间后的第一个动作是_____。
    A. 关小风门　　B. 点火变压器通电
    C. 打开燃油电磁阀　　D. 接通火焰感受器电源

16. 柴油机货船辅锅炉燃烧自动控制的方式常采用_____。
    A. 微分控制　　B. 双位控制　　C. 积分控制　　D. 连续控制

17. 船用锅炉常用高低火燃烧来控制锅炉的蒸汽压力，其主要目的是_____。
    A. 保证最佳的燃烧风油比　　B. 提高锅炉的经济性
    C. 保证压力恒定　　D. 避免锅炉的频繁启动

18. 柴油机货船辅锅炉的燃烧自动控制是指_____。
    A. 锅炉点火时序控制　　B. 锅炉水位控制
    C. 锅炉汽压控制　　D. 包括以上全部

19. 对货船辅锅炉燃烧自动控制系统的基本要求是_____。
    A. 简单、可靠　　B. 控制品质高　　C. 经济性好　　D. 同油船辅锅炉

20. 大多数货船辅锅炉的燃烧控制常采用_____。
    A. 比例控制　　B. 比例积分控制　　C. 双位控制　　D. 比例微分控制

21. 在采用单油头供油的辅锅炉燃烧系统中，当进行高火燃烧时，其风门和回油阀的状态是

_____。
   A. 风门开大,回油阀关小   B. 风门开大,回油阀开大
   C. 风门关小,回油阀开大   D. 风门关小,回油阀关小
22. 在采用单油头供油的辅锅炉燃烧系统中,当进行低火燃烧时,其风门和回油阀的状态是_____。
   A. 风门开大,回油阀关小   B. 风门开大,回油阀开大
   C. 风门关小,回油阀开大   D. 风门关小,回油阀关小
23. 对采用两个油头工作的辅锅炉,在进行高火燃烧时_____。
   A. 打开一个电磁阀,风门开大   B. 打开两个电磁阀,风门开大
   C. 打开一个电磁阀,风门关小   D. 打开两个电磁阀,风门关小
24. 对采用两个油头工作的辅锅炉,在进行低火燃烧时_____。
   A. 打开一个电磁阀,风门开大   B. 打开两个电磁阀,风门开大
   C. 打开一个电磁阀,风门关小   D. 打开两个电磁阀,风门关小
25. 对采用双位控制的辅锅炉燃烧控制系统,若在低火燃烧时,压力还在继续升高,则_____。
   A. 达到高压保护值时,发出报警,自动停炉
   B. 进行高火燃烧
   C. 达到高压保护值时,发出报警,不停炉
   D. 立即发出报警,自动停炉
26. 在采用压力比例调节器和电动比例操作器的辅助锅炉蒸汽压力控制系统中,设定值和测量值的比较环节是_____。
   A. 测量划针   B. 杠杆   C. 反馈划针   D. 支点
27. 在采用压力比例调节器和电动比例操作器的辅助锅炉蒸汽压力控制系统中,为增加设定值,应调节_____。
   A. 测量电位器向水平方向转一角度   B. 测量电位器向垂直方向转一角度
   C. 增加给定弹簧的刚度   D. 减小给定弹簧的刚度
28. 在采用压力比例调节器和电动比例操作器的辅助锅炉蒸汽压力控制系统中,操作器属于_____。
   A. 惯性环节   B. 积分环节   C. 比例环节   D. 微分环节
29. 在采用压力比例调节器和电动比例操作器的辅助锅炉蒸汽压力控制系统中,电机停转的条件是_____。
   A. 电桥达到平衡状态   B. 锅炉停炉
   C. 实际汽压等于给定值   D. 都不是
30. 在采用压力比例调节器和电动比例操作器的辅助锅炉蒸汽压力控制系统中,如果在平衡状态下锅炉负荷增加,则在到达新平衡态时_____。
   A. 汽压比原来高   B. 汽压等于给定值
   C. 汽压比原来低   D. 不定
31. 在采用压力比例调节器和电动比例操作器的辅助锅炉蒸汽压力控制系统中,如果在平衡状态下锅炉负荷减小,则在到达新平衡态时_____。

A. 汽压比原来高 B. 汽压等于给定值
C. 汽压比原来低 D. 不定

32. 辅锅炉燃烧控制系统中的高火燃烧是指_____。
   A. 单油头辅锅炉在汽压正常时的燃烧
   B. 双油头辅锅炉在汽压达到低限时的燃烧
   C. 单油头辅锅炉在汽压达到高限时的燃烧
   D. 双油头辅锅炉在汽压达到高限时的燃烧

33. 辅锅炉燃烧控制系统中的低火燃烧是指_____。
   A. 单油头辅锅炉在汽压达到低限时的燃烧
   B. 双油头辅锅炉在汽压达到低限时的燃烧
   C. 单油头辅锅炉在汽压正常时的燃烧
   D. 双油头辅锅炉在汽压达到高限时的燃烧

34. 在采用压力比例调节器和电动比例操作器的辅助锅炉蒸汽压力控制系统中,如果测量划针与电位器接触不良,则_____。
   A. 汽压不断升高 B. 汽压波动
   C. 汽压不断降低 D. 都有可能

35. 在大型油船辅锅炉燃烧控制系统中,函数发生器的作用是_____。
   A. 保证供油量适应负荷的变化 B. 保证最佳风油比
   C. 使风门开度与供油量成比例 D. 使风门开度超前供油量变化

36. 在大型油船辅锅炉燃烧控制系统中,其送风量与供油量之间的关系为_____。

   A. B. C. D.

37. 在大型油船辅锅炉燃烧控制系统中,风油比的好坏是取决于_____。
   A. 油量调节器的作用规律 B. 供风量调节器作用规律
   C. 函数发生器的特性 D. 风门调节机构特性

38. 在大型油船辅锅炉燃烧控制系统中,函数发生器能使锅炉的供风量与供油量之间保持_____。
   A. 双位关系 B. 比例关系 C. 平方关系 D. 立方关系

39. 在大型油船辅锅炉的燃烧控制中,供风量控制回路是属于_____。
   A. 定值控制 B. 程序控制 C. 随动控制 D. 开环控制

40. 在大型油船辅锅炉燃烧控制系统中,微分环节和高压选择器的作用是_____。
   A. 抑制供油量的波动 B. 抑制风门调节机构振荡
   C. 使风门超前油量变化关小 D. 使风门超前油量变化开大

41. 在大型油船辅锅炉燃烧控制系统中,供油量变送器损坏,无信号输出,则_____。
   A. 燃油阀全开 B. 燃油阀全关
   C. 风门挡板全开 D. 风门挡板全关

42. 在大型油船辅锅炉燃烧控制系统中,函数发生器输入和输出量分别为_____。
    A. 蒸汽压力信号,风量设定信号   B. 蒸汽压力信号,供油量信号
    C. 供油量信号,风量设定信号   D. 蒸气压力信号,送风量信号

43. 在油船辅锅炉的蒸汽压力自动控制系统中,所谓的最佳风油比曲线是_____。
    A. 一条直线   B. 一个圆   C. 平方关系曲线   D. 抛物线

44. 大型油船辅锅炉自动控制系统通常应包括_____。
    ①双位式水位控制系统;②双位式蒸汽压力控制系统;③给水压差控制回路;④水位的定值控制;⑤蒸汽压力的定值控制;⑥燃烧的双位控制。
    A. ①②③   B. ③④⑤   C. ②③④   D. ④⑤⑥

45. 在大型油船辅锅炉燃烧控制系统中,应包括_____。
    ①供油量控制回路;②供风量控制回路;③最佳风油比控制回路;④双冲量控制回路;⑤给水差压控制回路;⑥水位控制回路。
    A. ②③④   B. ①②③   C. ④⑤⑥   D. ③④⑤

46. 在大型油船辅锅炉双冲量水位控制系统中,水位调节回路和给水差压控制回路分别控制_____。
    A. 给水调节阀,蒸汽调节阀   B. 双冲量调节器,给水差压变送器
    C. 双冲量调节器,给水调节阀   D. 给水差压变送器,蒸汽调节阀

47. 柴油机货轮辅锅炉燃烧自动控制的方式常采用_____。
    A. 微分控制   B. 双位控制   C. 积分控制   D. 连续控制

48. 在采用压力比例调节器和电动比例操作器的辅锅炉燃烧控制系统中,压力调节器中定值弹簧和电位器可分别调整_____。
    A. 上限值、下限值   B. 给定值、比例作用强弱
    C. 下限值、比例调节范围   D. 上限值、压力变化范围

49. 在大型油船辅锅炉燃烧控制系统中,函数发生器能使锅炉的供风量与供油量之间保持_____。
    A. 比例关系   B. 双位关系   C. 立方关系   D. 平方关系

50. 锅炉时序控制的顺序是_____。
    A. 正常燃烧→喷油点火→预扫风→预点火
    B. 预扫风→预点火→喷油点火→正常燃烧
    C. 预点火→预扫风→喷油点火→正常燃烧
    D. 喷油点火→预扫风→预点火→正常燃烧

51. 锅炉燃烧程序控制中,点火时间一般为_____。
    A. 1～2 s   B. 2～5 s   C. 5～9 s   D. 10～15 s

52. 可用来作为辅锅炉火焰感受器的元件是_____。
    ①红外线灯管;②紫外线灯管;③光敏电阻;④热敏电阻;⑤光电池;⑥光电三极管。
    A. ①③⑤   B. ①②④   C. ②③⑤   D. ②④⑥

53. 在货船辅锅炉燃烧时序控制系统中,可用电阻元件组成火焰感受器,其常用的电阻元件是_____。

A. 热敏电阻　　　　B. 光敏电阻　　　　C. 金属丝热电阻　　　D. 温包

54. 2CR11 型光电池和 RAT 型光电池在光照时产生的电压分别是_____。
　　A. 0.5 V 和 0.5 V　　　　　　　　B. 1 V 和 0.5 V
　　C. 0.5 V 和 1 V　　　　　　　　　D. 1 V 和 1 V

55. 锅炉燃烧自动控制系统正常运行过程中,出现中途熄火,可能的原因是_____。
　　A. 锅炉满水　　　　　　　　　　B. 回油电磁阀断电
　　C. 火焰监视器故障　　　　　　　D. 点火变压器突然故障

56. 辅锅炉自动点火控制系统,在自动点火程序过程中,出现点火根本未成功,其不可能的原因是_____。
　　A. 点火电极结炭严重　　　　　　B. 点火电极间隙过大
　　C. 时序控制器故障　　　　　　　D. 火焰监视器故障

57. 辅锅炉自动点火控制系统,在自动点火时已点燃,但很快又发出点火失败信号,不可能是_____。
　　A. 火焰监视器故障　　　　　　　B. 点火电极结炭严重
　　C. 时序控制器故障　　　　　　　D. 进油电磁阀未打开

58. 在大型油船辅锅炉燃烧控制系统中,微分环节和高压选择器的作用是_____。
　　A. 抑制供油量的波动　　　　　　B. 抑制风门调节结构振荡
　　C. 使门风超前油量变化关小　　　D. 使风门超前油量变化开大

59. 船用锅炉常用高低火燃烧来控制锅炉的蒸汽压力,其主要目的是_____。
　　A. 保证最佳的燃烧风油比　　　　B. 提高锅炉的经济性
　　C. 保证压力恒定　　　　　　　　D. 避免锅炉的频繁启动

60. 在大型油船辅锅炉燃烧控制系统中,函数发生器的作用是_____。
　　A. 保证供油量适应负荷的变化
　　B. 保证最佳风油比
　　C. 使风门开度与供油量成比例
　　D. 使风门开度超前供油量变化

61. 在大型油船辅锅炉的燃烧控制中,供风量控制回路是属于_____。
　　A. 定值控制　　　　B. 程序控制　　　　C. 随动控制　　　　D. 开环控制

参考答案

1. C　　2. A　　3. D　　4. B　　5. D　　6. A　　7. B　　8. A　　9. A　　10. C
11. B　　12. A　　13. C　　14. B　　15. A　　16. B　　17. D　　18. C　　19. A　　20. C
21. A　　22. C　　23. B　　24. C　　25. A　　26. B　　27. C　　28. C　　29. A　　30. C
31. A　　32. B　　33. C　　34. B　　35. B　　36. A　　37. C　　38. C　　39. C　　40. D
41. D　　42. C　　43. C　　44. C　　45. B　　46. A　　47. B　　48. B　　49. D　　50. B
51. C　　52. C　　53. B　　54. C　　55. C　　56. D　　57. C　　58. D　　59. B　　60. B
61. C

第4节 燃烧时序控制

8.4.1 辅锅炉燃烧时序控制系统的功能以及常用元部件（适用对象：8401，8402，8403，8404）

1. 在货船辅锅炉燃烧时序控制系统中,可用电阻元件组成火焰感受器,其常用的电阻元件是_____。
   A. 热敏电阻　　　B. 光敏电阻　　　C. 金属丝热电阻　　　D. 温包

2. 电阻式火焰感受器的特点是_____。
   A. 耐高温
   B. 有光照射,两极间可产生电压
   C. 仅感受可见光
   D. 能感受红外线

3. 光敏电阻可用_____制作。
   A. 铜　　　B. 锰铜　　　C. 铅的硫化物　　　D. 镍铬合金

4. RAR 型光电池作为光敏元件时,当有光照射两极间时,会产生_____,经_____之后,可使继电器动作。
   A. 小于1 V 电压/磁放大器
   B. 小于1 V 电压/晶体管放大器
   C. 小于0.5 V 电压/磁放大器
   D. 小于0.5 V 电压/晶体管放大器

5. 锅炉时序控制的顺序是_____。
   A. 正常燃烧→喷油点火→预扫风→预点火
   B. 预扫风→预点火→喷油点火→正常燃烧
   C. 预点火→预扫风→喷油点火→正常燃烧
   D. 喷油点火→预扫风→预点火→正常燃烧

6. 2CR11 型光电池和 RAR 型硒光电池在光照时产生的电压分别是_____。
   A. 0.5 V 和 0.5 V　　B. 1 V 和 0.5 V　　C. 0.5 V 和 1 V　　D. 1 V 和 1 V

7. 常采用电阻元件来监视炉膛内火焰,利用的是该电阻_____的特性。
   A. 温度升高电阻值减小
   B. 温度升高电阻值增大
   C. 有光照时电阻值减小
   D. 无光照时电阻值减小

8. 利用晶体管无触点时序控制器,是根据_____电路的充放电特性工作的。
   A. 晶体管　　　B. 二极管　　　C. 继电器　　　D. RC

9. 关于辅锅炉火焰感受元件,光电池区别于光敏电阻的主要特点是_____。
   A. 寿命长
   B. 光谱敏感范围小
   C. 不能承受高温
   D. 价格低

10. 光电池的主要优点是_____。
    A. 伏安特性好
    B. 体积小
    C. 光谱敏感范围小
    D. 反应灵敏

11. 关于辅锅炉火焰感受器,错误的提法是_____。

A. 常用光敏元件有光敏电阻、光电池和紫外线灯泡
B. 光电池有光照射时两极间产生电压
C. 光敏电阻在有光照射时阻值增大
D. 紫外线灯泡可接于直流或交流电路

12. 可用于辅锅炉火焰检测的元件是_____。
    A. 热敏电阻   B. 热电阻   C. 光电池   D. 低熔点合金

13. 不可用于辅锅炉火焰感受器的元件是_____。
    A. 光敏电阻   B. 光电池   C. 紫外线灯管   D. 红外线灯管

14. 辅锅炉控制系统中,光敏电阻型火焰感受器的磨砂玻璃主要用来阻挡_____。
    A. 热量   B. 紫外线   C. 红外线   D. 可见光

15. 锅炉燃烧程序控制中,点火时间一般为_____。
    A. 1～2 s   B. 2～5 s   C. 5～9 s   D. 10～15 s

16. 用光敏电阻监视炉膛内火焰是利用其本身所具有的_____原理。
    A. 光电效应   B. 伏安效应   C. 光敏效应   D. 光阻效应

17. 当光照强度大时,光敏电阻的阻值_____,光电池产生的电流_____。
    A. 增大,增大   B. 减小,减小   C. 减小,增大   D. 增大,减小

18. 可用来作为辅锅炉火焰感受器的元件是_____。
    ①红外线灯管;②紫外线灯管;③光敏电阻;④热敏电阻;⑤光电池;⑥光电三极管。
    A. ①③⑤   B. ①②④   C. ②③⑤   D. ②④⑥

8.4.2 PLC控制的燃烧时序控制系统工作原理(适用对象:8401,8402)

19. 在PLC控制的自动锅炉燃烧控制系统中,一般PLC使用电池保证在停电时CPU模块内存中存储的工作参数等信息不丢失。要经常注意电池故障灯状况,一旦灯亮,就应在_____更换电池。
    A. 一天之内   B. 一周之内   C. 一月之内   D. 一小时之内

20. 在PLC控制的自动锅炉燃烧控制系统中,一般PLC使用电池保证在停电时CPU模块内存中存储的工作参数等信息不丢失。要经常注意电池故障灯状况,电池的更换周期一般不超过_____。
    A. 1年   B. 2年   C. 5年   D. 8年

21. 在PLC控制的自动锅炉燃烧控制系统中,一般PLC更换电池时是断电更换的,这类PLC在更换电池时往往要求在_____完成即可。
    A. 数十秒内   B. 数十分钟内   C. 数小时内   D. 数天内

22. 在PLC控制的自动锅炉燃烧控制系统中,一般PLC使用电池保证在停电时CPU模块内存中存储的工作参数等信息不丢失。要求船上_____。
    A. 经常申请备件   B. 经常测量输出电压
    C. 经常更换电池   D. 始终要存有该电池的备件

23. 在PLC控制的自动锅炉燃烧控制系统中,日常维护检查的注意事项包括_____。

A. 检查气压 B. 经常测量输出电压
C. 经常更换电池 D. 环境温度、湿度以及是否积尘

24. 在PLC控制的自动锅炉燃烧控制系统中,日常维护检查的注意事项包括_____。
A. 检查气压 B. 电源是否在基准范围之内
C. 经常更换电池 D. 经常测量输出电压

25. 在PLC控制的自动锅炉燃烧控制系统中,日常维护检查的注意事项包括_____。
A. 检查气压 B. 经常更换电池
C. 检查外部配线螺丝有无松动 D. 经常测量输出电压

26. 在PLC控制的自动锅炉燃烧控制系统中,日常维护检查的注意事项包括_____。
A. 定期检查PLC系统的I/O(输入/输出模块)的接线情况
B. 经常更换电池
C. 检查气压
D. 经常测量输出电压

27. 在PLC控制的自动锅炉燃烧控制系统中,日常维护检查的注意事项包括_____。
A. 检查气压
B. 经常更换电池
C. 经常测量输出电压
D. 检查控制系统外部电气、继电器触头的状况

28. 在PLC控制的自动锅炉燃烧控制系统中,要换上新印刷电路板或模块时,新印刷电路板或模块上可设置的元件一般包括_____。
A. 启动开关 B. 拨动开关 C. 地线 D. 电容

29. 在PLC控制的自动锅炉燃烧控制系统中,要换上新印刷电路板或模块时,新印刷电路板或模块上可设置的元件一般包括_____。
A. 启动开关 B. 地线 C. 跳线 D. 电容

30. 在PLC控制的自动锅炉燃烧控制系统中,若用印刷板上的微调电位器来改变系统工作参数,在调整电位器之前,最好记录其原始数据或原始位置的目的是_____。
A. 以便在修改无效时,恢复初始值
B. 将数据与说明书对照
C. 将数据存档以备查找
D. 将数据上报主管单位

31. 在PLC控制的自动锅炉燃烧控制系统中,当拔插印刷电路板或模块时,应注意的是_____。
①记住锅炉的型号;②记住PLC的型号;③关闭PLC电源;④记住模块或印刷电路板的型号;⑤记住插槽的原始位;⑥关闭所有电源。
A. ②③④ B. ①④⑥ C. ④⑤⑥ D. ③④⑤

32. 在PLC控制的自动锅炉燃烧控制系统中,要换上新印刷电路板或模块时,应注意的是将新印刷电路板或模块上可设置的_____设置成与原有模块一致。
①拨动开关;②地线;③跳线;④模块或印刷电路板的型号;⑤插槽的原始位;⑥电位器。

228

A. ①③⑥ B. ①④⑥ C. ②④⑤ D. ②③④

33. 锅炉燃烧自动控制系统正常运行过程中,出现中途熄火,不可能的原因是_____。
   A. 风压过低   B. 锅炉失水
   C. 火焰监视器故障   D. 锅炉满水

34. 锅炉燃烧自动控制系统正常运行过程中,出现中途熄火,可能的原因是_____。
   A. 锅炉满水   B. 回油电磁阀断电
   C. 火焰监视器故障   D. 点火变压器突然故障

35. 辅锅炉自动点火控制系统在自动点火程序过程中,出现点火根本未成功,可能的原因是_____。
   A. 时序控制器故障   B. 火焰监视器故障
   C. 回油电磁阀未打开   D. 进油电磁阀打开

36. 辅锅炉自动点火控制系统在自动点火程序过程中,出现点火根本未成功,其不可能的原因是_____。
   A. 点火电极结炭严重   B. 点火电极间隙过大
   C. 时序控制器故障   D. 火焰监视器故障

37. 辅锅炉自动点火控制系统在自动点火时已点燃,但很快又发出点火失败信号,不可能是_____。
   A. 火焰监视器故障   B. 点火电极结炭严重
   C. 时序控制器故障   D. 进油电磁阀未打开

38. 在采用凸轮马达进行辅锅炉时序控制的系统中,若时序动作紊乱,其可能的原因是_____。
   A. 某个凸轮开关接触不良   B. 不具备锅炉启动条件
   C. 马达故障   D. 凸轮片锁紧螺母松动

39. 辅锅炉自动点火控制系统,在自动点火时已点燃,但很快又发出点火失败信号,可能原因是_____。
   A. 点火变压器故障   B. 点火电极结炭严重
   C. 锅炉失水   D. 进油电磁阀未打开

40. 在PLC控制的自动锅炉燃烧控制系统中,进行故障判断前首先要熟悉的内容包括_____。
   A. PLC所在位置   B. 系统的结构、工作原理
   C. PLC制造厂家和编程语言   D. 程序存储器和数据存储器容量

41. 在PLC控制的自动锅炉燃烧控制系统中,进行故障判断前首先要熟悉的内容包括_____。
   A. 数据存储器容量   B. 程序存储器容量
   C. PLC制造厂家和编程语言   D. 功能和操纵方法,熟悉操作开关的用途

42. 在PLC控制的自动锅炉燃烧控制系统中,进行故障判断前首先要熟悉的内容包括_____。
   A. 显示灯的含义   B. 程序存储器容量
   C. PLC制造厂家和编程语言   D. 数据存储器容量

43. 在PLC控制的自动锅炉燃烧控制系统中,进行故障判断前首先要熟悉的内容包括_____。
   A. PLC制造厂家和编程语言
   B. 程序存储器容量

C. 各种操纵方式之间的转换方法和相互关系
D. 数据存储器容量

44. 在PLC控制的自动锅炉燃烧控制系统中，进行故障判断前首先要熟悉的内容包括_____。
   A. PLC制造厂家和编程语言　　B. 程序存储器容量
   C. 数据存储器容量　　D. 系统运行的条件和结果

45. 在PLC控制的自动锅炉燃烧控制系统中，锅炉点着火后，但很快又出现火焰故障报警，随后停炉，可能性较大的故障原因是_____。
   A. PLC硬件故障　　B. 火焰监测器前面的隔热玻璃赃污
   C. 锅炉油路故障　　D. 锅炉风机损坏

8.4.3 燃烧时序控制系统的管理和维护要点及其常见故障的分析和排除方法（适用对象：8401,8402,8403,8404）

46. 辅锅炉自动控制系统正常运行中，出现中途熄火，可能的原因是_____。
   ①锅炉满水；②锅炉失水；③风压过高；④回油电磁阀断电；⑤火焰监视器故障；⑥供油中断。
   A. ①②⑤⑥　　B. ①③④⑤　　C. ②③⑤⑥　　D. ②③④⑤

47. 辅锅炉自动控制系统在自动点火过程中，出现点火根本未成功，可能的故障是_____。
   ①点火电极结垢严重；②点火电极间隙过大；③火焰监视器故障；④回油电磁阀未打开；⑤进油电磁阀未打开；⑥时序控制器故障。
   A. ①②⑤⑥　　B. ①③④⑤　　C. ②③④⑥　　D. ②③④⑤

48. 辅锅炉自动点火控制系统，在自动点火时已点燃，但很快又发出点火失败信号，可能是因为_____。
   ①变压器故障；②点火电极结炭严重；③点火监视器故障；④锅炉失水；⑤时序控制器故障；⑥进油电磁阀未打开。
   A. ①③⑥　　B. ②④⑤　　C. ③⑤⑥　　D. ④⑤⑥

49. 在PLC控制的型全自动锅炉燃烧控制系统中，报警器控制线圈有电的条件包括_____。
   A. 水位下降到低水位　　B. 蒸汽压力过低
   C. 过低负荷停炉　　D. 水位下降至危险低水位

参考答案

1. B　2. D　3. C　4. A　5. B　6. C　7. C　8. D　9. B　10. C
11. C　12. C　13. D　14. C　15. C　16. D　17. C　18. C　19. B　20. C
21. A　22. D　23. D　24. B　25. D　26. A　27. D　28. B　29. C　30. A
31. D　32. A　33. D　34. C　35. A　36. D　37. B　38. D　39. D　40. B
41. D　42. A　43. C　44. D　45. D　46. C　47. A　48. C　49. D

第5节 船舶蒸汽锅炉的安全保护装置（适用对象：8403,8404）

1. 船舶蒸汽锅炉要采取严格的安全保护措施。主要包括以下几个方面_____。
   ①蒸汽压力保护；②停炉保护；③熄火保护；④点火保护；⑤报警保护；⑥水位安全保护。
   A. ①③⑤   B. ②④⑤   C. ①③⑥   D. ②④⑥

2. 锅炉一般安装有2个安全阀，通过安全阀的调压弹簧可以调整安全阀的开启压力，开启压力的大小可为大于实际工作压力的_____，但应不超过锅炉的_____。
   A. 2%/工作压力   B. 5%/设计压力   C. 8%/安全压力   D. 10%/爆炸压力

3. 为保证锅炉在应急情况下能够开启安全阀，必须设有远距离_____，必要时可通过远距离_____的方式将安全阀强制打开。
   A. 操作装置/手动操作   B. 遥控装置/手动操作
   C. 操作装置/自动操作   D. 遥控装置/自动操作

4. 锅炉必须设有低水位保护装置。当水位下降到_____，保护装置应能切断_____，并发出报警。
   A. 低水位时/锅炉的点火   B. 危险低水位时/锅炉的供水
   C. 低水位时/锅炉的燃烧   D. 危险低水位时/锅炉的燃烧

5. 锅炉的危险水位报警和保护装置一般独立于水位自动控制系统，通常包括_____。
   A. 专门的测量室、测量开关和控制电路   B. 专门的浮子室、浮子开关和控制电路
   C. 封闭的浮子室、浮子开关和控制电路   D. 独立的浮子室、浮子开关和控制电桥

6. 对于浮子室及浮子开关，可以关闭浮子室的通汽和通水阀，再打开浮子室泄放阀，让浮子室水位下降，测量浮子开关_____。
   A. 动作灵活情况   B. 动作幅度大小
   C. 输入接线端口之间的通断情况   D. 输出接线端子之间的通断情况

7. 熄火保护装置的试验可以在正常燃烧过程中人为_____，以试验其熄火停炉功能。
   A. 手动停炉   B. 切断供油
   C. 断开火焰探测器的接线   D. 短接火焰探测器的接线

8. 熄火保护装置是主要由火焰探测器及其控制电路组成。它不仅在_____起作用，而且在点火过程中还用于_____。
   A. 正常熄火时/判断点火是否成功   B. 中途非正常熄火时/判断点火是否成功
   C. 中途非正常熄火时/控制点火过程   D. 正常熄火时/控制点火过程

参考答案

1. C   2. B   3. A   4. D   5. B   6. D   7. C   8. B

第 9 章
船舶主机遥控系统

第1节 主机遥控系统的组成、功能及其主要类型
（适用对象：8401,8402,8403,8404）

1. 在主机转速控制系统中的调节单元是_____。
   A. 调节器　　　　B. 调油手柄　　　　C. 调油杆　　　　D. 调速器
2. 主机遥控系统的转速指令发送器是一个_____。
   A. 调节环节　　　B. 反馈环节　　　　C. 放大环节　　　D. 给定环节
3. 主机遥控系统中，信号传递与执行器动作所采用的能源或方法通常是_____。
   A. 电→气→液　　B. 液→电→气　　　C. 气→液→电　　D. 气→电→液
4. 全气动主机遥控系统的缺点是_____。
   A. 易受振动影响　　　　　　　　　　B. 管理复杂
   C. 易受温度影响　　　　　　　　　　D. 可能产生滞后现象
5. 以下不属于主机遥控系统的功能是_____。
   A. 系统模拟功能　　　　　　　　　　B. 安全保护功能
   C. 应急操作系统　　　　　　　　　　D. 人员舒适功能
6. 电动主机遥控系统的错误提法是_____。
   A. 信号传递有延迟　　　　　　　　　B. 容易组成各种逻辑控制回路
   C. 执行机构输出力或力矩较小　　　　D. 管理要求较高
7. 气动主机遥控系统应急操作按钮所控制的功能中不包括_____。
   A. 取消负荷程序，进行快加速　　　　B. 取消自动减速或停车信号
   C. 应急停车　　　　　　　　　　　　D. 实现能耗制动
8. 主机遥控系统的功能中，应包括_____。
   A. 主机滑油压力的监视与报警　　　　B. 主机转速的自动调节
   C. 主机冷却水温度的自动调节　　　　D. 燃油滤器的自动清洗
9. 用电动逻辑和控制回路组成的主机遥控系统的主要缺点是_____。
   A. 信号传递滞后　　　　　　　　　　B. 对主机转速控制不易稳定
   C. 管理复杂　　　　　　　　　　　　D. 对主机变工况适应能力差

10. 在电—气结合的主机遥控系统中,为使主机达到车令所要求的运行状态,必须设有_____。
    A. 电/液伺服器   B. 电/气转换器   C. 气/电转换器   D. 位移伺服器
11. 在主机遥控系统中,不属于安全保护方面的功能是_____。
    A. 主机故障降速   B. 主机故障停车   C. 超速保护   D. 停油控制
12. 在电—气结合的主机遥控系统中,把逻辑控制回路输出的电信号转变成气压信号的设备主要是_____。
    A. 步进电机   B. 电磁阀   C. 电/气转换器   D. 执行电机
13. 在下列项目中,不属于主机遥控系统应急操作功能的是_____。
    A. 主机自动停车   B. 取消负荷程序
    C. 取消自动减速信号   D. 取消增压空气压力限制
14. 主机遥控系统的主要功能包括_____。
    A. 滑油低压报警功能   B. 停车时的换向逻辑控制
    C. 节省人力   D. 人员舒适功能
15. 主机遥控系统的主要功能包括_____。
    A. 滑油低压报警功能   B. 节省人力
    C. 重复启动程序控制   D. 人员舒适功能
16. 主机遥控系统的主要功能包括_____。
    A. 重启动逻辑控制   B. 节省人力
    C. 滑油低压报警功能   D. 人员舒适功能
17. 主机遥控系统的主要功能包括_____。
    A. 人员舒适功能   B. 节省人力
    C. 滑油低压报警功能   D. 启动逻辑控制
18. 主机遥控系统的主要功能包括_____。
    A. 人员舒适功能   B. 节省人力
    C. 滑油低压报警功能   D. 慢转启动逻辑程序
19. 主机遥控系统的主要功能包括_____。
    A. 滑油低压报警功能
    B. 主机运行中的换向与制动逻辑程序控制
    C. 节省人力
    D. 人员舒适功能
20. 主机遥控系统的主要功能包括_____。
    A. 转速程序控制   B. 节省人力
    C. 滑油低压报警功能   D. 人员舒适功能
21. 主机遥控系统的主要功能包括_____。
    A. 主机滑油压力的监视与报警   B. 转速—负荷控制
    C. 主机冷却水温度的自动调节   D. 燃油滤器的自动清洗
22. 主机遥控系统的主要功能包括_____。
    A. 主机滑油压力的监视与报警   B. 主机冷却水温度的自动调节

C. 转速限制 D. 燃油滤器的自动清洗
23. 主机遥控系统的主要功能包括_____。
 A. 主机滑油压力的监视与报警 B. 主机冷却水温度的自动调节
 C. 燃油滤器的自动清洗 D. 负荷限制
24. 主机遥控系统的主要功能包括_____。
 A. 主机滑油压力的监视与报警 B. 主机冷却水温度的自动调节
 C. 燃油滤器的自动清洗 D. 安全保护及应急操纵
25. 主机遥控系统的主要功能包括_____。
 A. 主机滑油压力的监视与报警 B. 模拟试验
 C. 主机冷却水温度的自动调节 D. 燃油滤器的自动清洗
26. 主机遥控系统的安全保护装置是一个_____。
 A. 与遥控装置结合在一起的控制系统
 B. 不依赖于遥控装置而相对独立的系统
 C. 保护机舱所有设备安全的系统
 D. 与遥控装置逻辑上结合在一起的控制系统
27. 电动主机遥控系统的优点是_____。
 ①遥控距离不受限制;②信号传递快;③灵敏度高;④成本低;⑤结构简单可靠。
 A. ①②③ B. ②③⑤ C. ①②④ D. ①②③④⑤
28. 目前最常见的主机遥控类型有_____。
 ①机械遥控系统;②液压遥控系统;③气动遥控系统;④电动遥控系统;⑤电—气式遥控系统;
 ⑥微机遥控系统。
 A. ①②③④ B. ②③④⑤ C. ③④⑤⑥ D. ①③④⑤
29. 主机遥控系统从结构上看应包括_____。
 ①工况检测单元;②安全保护装置;③程序控制箱;④遥控操纵台;⑤机旁操纵及执行机构;
 ⑥参数调整单元。
 A. ①②③⑤ B. ①③④⑥ C. ②③⑤⑥ D. ②③④⑤
30. 主机遥控系统安全保护及紧急操纵功能通常包括_____。
 ①应急运行;②机旁应急操纵;③自动报警;④应急停车;⑤主机故障自动减速及停车控制;
 ⑥最大油量限制。
 A. ①③⑤⑥ B. ①②④⑤ C. ②③④⑥ D. ②③⑤⑥
31. 在应急操纵时,主机遥控系统将取消下列_____功能。
 ①额定转速30%～70%的快加速速率限制;②额定转速70%～100%的慢加速速率限制;
 ③增压空气限制;④临界转速回避。
 A. ①② B. ③④ C. ②③ D. ①③
32. 在主机遥控系统中,应急操纵功能包括_____。
 ①取消慢转启动,直接进行重启动;②取消程序负荷,可进行快加速;③能进行强制制动;④取消故障停车指令;⑤取消增压空气压力限制;⑥取消最大转矩限制。
 A. ①②⑤ B. ①④⑥ C. ②④⑤ D. ②③⑥

第9章 船舶主机遥控系统

33. 主机遥控系统的转速限制功能包括_____。
    ①最小转速限制；②最低稳定转速限制；③最大转速限制；④轮机长最大转速限制；⑤应急停车转速限制；⑥临界转速自动回避。
    A.①②③④　　　B.③④⑤⑥　　　C.②③④⑤　　　D.①③④⑥

34. 主机遥控系统的负荷限制功能包括_____。
    ①转矩的限制；②最低稳定转速油量的限制；③最大油量的限制；④启动油量的设置；⑤增压空气压力限制；⑥临界转速自动回避油量的限制。
    A.①②③④　　　B.①③④⑤　　　C.②③④⑤　　　D.①③④⑥

35. 主机遥控系统的负荷限制功能包括_____。
    ①转矩的限制；②螺旋桨特性限制；③最低稳定转速限制；④启动油量的设置；⑤增压空气压力限制；⑥临界转速自动回避。
    A.①②④⑤　　　B.①③④⑤　　　C.②③④⑤　　　D.①③④⑥

36. 主机遥控系统依据所用元、部件类型，主要分为_____。
    ①转矩限制的主机遥控系统；②气动式主机遥控系统；③电—气混合式主机遥控系统；④微机式主机遥控系统；⑤电动式主机遥控系统；⑥自动组合式主机遥控系统。
    A.①②④⑤　　　B.①③④⑤　　　C.②③⑤⑥　　　D.②③④⑤

37. 主机遥控系统模拟试验装置的主要作用有_____。
    ①显示遥控系统的工况；②检查遥控系统的各种参数；③调试主机参数；④诊断和排除主故障；⑤检查遥控系统的各种功能；⑥对不正确的参数进行调整或修改。
    A.①②④⑥　　　B.①③④⑤　　　C.①②⑤⑥　　　D.②③④⑤

38. 气动式主机遥控系统的主要特点包括_____。
    ①便于掌握管理；②驱动功率小；③驱动功率大；④结构简单；⑤传送距离远；⑥工作可靠。
    A.②④⑤⑥　　　B.①③④⑤　　　C.①③④⑥　　　D.①②④⑤

39. 气动式主机遥控系统的主要特点包括_____。
    ①便于掌握管理；②驱动功率小；③传送距离远；④结构简单；⑤直观；⑥工作可靠。
    A.①④⑤⑥　　　B.①③④⑤　　　C.②③④⑥　　　D.①②④⑤

参考答案

1.D	2.D	3.A	4.D	5.D	6.A	7.C	8.B	9.C	10.B
11.D	12.B	13.A	14.B	15.C	16.A	17.D	18.D	19.B	20.A
21.B	22.C	23.D	24.D	25.D	26.B	27.A	28.C	29.D	30.D
31.C	32.A	33.B	34.B	35.A	36.D	37.C	38.C	39.A	

第2节　主机遥控系统的气源及主要气动元部件
（适用对象：8401，8402，8403，8404）

1. 气动遥控系统中，二位三通阀最常见的故障是_____。

A. 复位弹簧断裂　　　　B. 阀芯卡死　　　　C. 阀套磨损　　　　D. "O"形圈磨损

2. 在启动主机遥控系统中,完成换向逻辑鉴别的元件是_____。
   A. 凸轮轴的位置　　　B. 多路阀　　　　　C. 换向阀　　　　　D. 三位四通阀

3. 双座止回阀两个输入端分别为 A 和 B,输出端为 C,输出端 C 为 0 的条件是_____。
   A. A=0,B=0　　　　　B. A=0,B=1　　　　C. A=1,B=0　　　　D. A=1,B=1

4. 双座止回阀两个输入端分别为 A 和 B 输出端为 C,若输出端 C 为 1,则两个输入端的状态不能是_____。
   A. A=1,B=1　　　　　B. A=1,B=0　　　　C. A=0,B=1　　　　D. A=0,B=0

5. 联动阀两个输入端分别为 A 和 B 输出端为 C,则输出端 C 输出 1 信号的条件是_____。
   A. A=0,B=0　　　　　B. A=0,B=1　　　　C. A=1,B=0　　　　D. A=1,B=1

6. 双座止回阀在逻辑回路中是属于_____。
   A. 与门　　　　　　　B. 或门　　　　　　C. 与非门　　　　　D. 或非门

7. 在气动阀件中,属于逻辑控制的阀件是_____。
   A. 单向节流阀　　　　B. 气控两位三通阀　C. 速放阀　　　　　D. 分级延时阀

8. 在主机遥控系统中,三位四通阀的气源压力为_____。
   A. 0.14 MPa　　　　　B. 0.7 MPa　　　　 C. 1.2 MPa　　　　 D. 3.0 MPa

9. 在主机遥控系统中,三位四通阀两个控制端直接与_____连接。
   A. 凸轮轴在正、倒车位置信号　　　　　　B. 主机正、倒车转向信号
   C. 多路阀 2、3 端输出的信号　　　　　　D. 车钟手柄控制的正、倒车信号

10. 在主机遥控系统中,三位四通阀的连锁信号为 0 的条件是_____。
    A. 在换向过程中　　　B. 换向完成　　　　C. 车令与转向一致　D. 主机在停油时

11. 在主机遥控系统中,把车钟手柄从正车扳到倒车位,且换向完成后,三位四通阀两个输出端 A 和 B 的状态分别为_____。
    A. A=1,B=1　　　　　B. A=0,B=0　　　　C. A=0,B=1　　　　D. A=1,B=0

12. 在主机遥控系统中,把车钟手柄从倒车扳到正车位,且换向完成后,三位四通阀两个输出端 A 和 B 的状态分别为_____。
    A. A=0,B=0　　　　　B. A=0,B=1　　　　C. A=1,B=0　　　　D. A=1,B=1

13. 在主机遥控系统中,把车钟手柄从正车扳到倒车位,在换向过程中,三位四通阀两个输出端 A 和 B 的状态分别为_____。
    A. A=0,B=0　　　　　B. A=1,B=0　　　　C. A=0,B=1　　　　D. A=1,B=1

14. 在主机遥控系统中,把车钟手柄从倒车扳到正车位,在换向过程中,三位四通阀两个输出端 A 和 B 的状态分别为_____。
    A. A=0,B=0　　　　　B. A=1,B=0　　　　C. A=0,B=1　　　　D. A=1,B=1

15. 在主机遥控系统中,若三位四通阀连锁信号为 0,则标志_____。
    A. 主机转速高于换向转速　　　　　　　　B. 顶升机构已经抬起
    C. 换向已经完成　　　　　　　　　　　　D. 主机在启动过程中

16. 三位四通逻辑符号如图 9-1 所示,P 是气源,A 是正车换向输出口,B 是倒车换向输出口,在正车换向过程中 5、6、7 端的状态分别为_____。

A. 0、0、0 B. 0、1、0 C. 0、1、1 D. 1、0、0

17. 三位四通逻辑符号如图9-1所示，P是气源，A是正车换向输出口，B是倒车换向输出口，正车换向完成时5、6、7端的状态分别为_____。

A. 0、0、0 B. 0、0、1 C. 0、1、1 D. 1、0、1

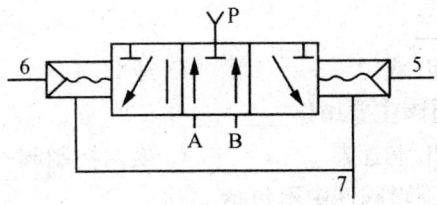

图9-1

18. 三位四通逻辑符号如图9-1所示，P是气源，A是正车换向输出口，B是倒车换向输出口，倒车换向完成时5、6、7端的状态分别为_____。

A. 1、0、0 B. 0、0、1 C. 1、0、1 D. 1、1、1

19. 三位四通逻辑符号如图9-1所示，P是气源，A是正车换向输出口，B是倒车换向输出口，若阀芯卡在中位通的位置，其故障现象是_____。

A. 只能进行正车换向 B. 只能进行倒车换向
C. 能换向不能启动 D. 不能进行换向

20. 各种二位三通阀的逻辑符号如图9-2所示，其中图(a)是_____。

A. 气控二位三通阀 B. 三通电磁阀
C. 机械动作二位三通阀 D. 手动控制二位三通阀

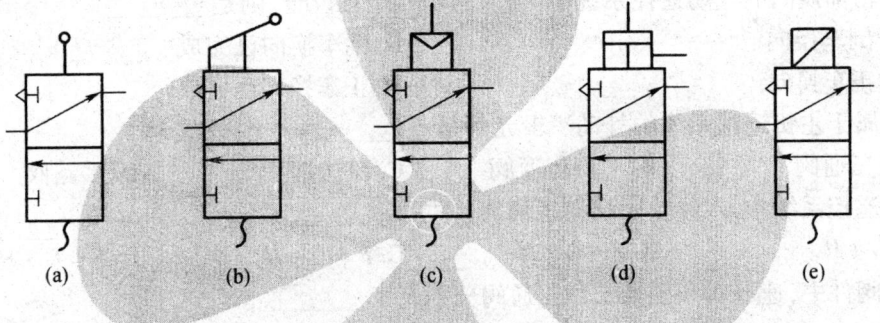

图9-2

21. 各种二位三通阀的逻辑符号如图9-2所示，其中图(b)是_____。

A. 手动控制二位三通阀 B. 机械动作二位三通阀
C. 气动控制二位三通阀 D. 二位三通电磁阀

22. 各种二位三通阀的逻辑符号如图9-2所示，其中图(c)是_____。

A. 气动控制二位三通阀 B. 双气路控制的二位三通阀
C. 二位三通电磁阀 D. 机械动作二位三通阀

23. 各种二位三通阀的逻辑符号如图9-2所示，其中图(d)是_____。

A. 气动控制二位三通阀 B. 机械动作二位三通阀
C. 双气路控制的二位三通阀 D. 手动控制二位三通阀

24. 各种二位三通阀的逻辑符号如图9-2所示,其中图(e)是_____。
    A. 二位三通电磁阀   B. 气控二位三通阀
    C. 手动控制二位三通阀   D. 机械动作二位三通阀
25. 双座止回阀输出端接气控二位三通阀控制端且二位三通阀有控制信号时,气源截止,则该组阀件的逻辑关系是_____。
    A. 与门   B. 或门   C. 或非门   D. 与非门
26. 气动遥控系统中,三位四通阀主要用作_____。
    A. 换向阀   B. 调速器   C. 换向控制阀   D. 换向检测
27. 气动主机遥控系统的常见逻辑阀件中不包括_____。
    A. 多路阀   B. 联动阀   C. 双座止回阀   D. 单向节流阀
28. 气动主机遥控系统的常见逻辑阀件包括_____。
    ①二位三通阀;②多路阀;③速放阀;④双座止回阀;⑤单向节流阀;⑥联动阀。
    A. ①②④⑥   B. ①②⑤⑥   C. ③④⑤⑥   D. ②③⑤⑥
29. 在主机遥控系统使用的气动阀件中,联动阀的两个输入信号与输出信号之间的逻辑关系为_____。
    A. 逻辑或非   B. 逻辑或   C. 逻辑与非   D. 逻辑与
30. 在双凸轮轴换向的气动遥控系统中,常采用多路阀进行换向操作,当阀芯处在Ⅱ位时,则_____。
    A. 在正车换向过程中   B. 在倒车换向过程中
    C. 正车换向完成   D. 倒车换向完成
31. 在双凸轮轴换向的气动遥控系统中,当多路阀处于Ⅲ位时,则是_____。
    A. 进行倒车换向   B. 倒车换向已完成
    C. 进行正车换向   D. 正车换向已完成
32. 以下不属于主机遥控系统的气动逻辑元件是_____。
    A. 二位三通阀   B. 三位四通阀   C. 减压阀   D. 多路阀
33. 在主机遥控系统中,双座止回阀的逻辑表达式为_____。
    A. $F = G + H$ B. $F = G \cdot H$ C. $F = \overline{G + H}$ D. $F = \overline{G \cdot H}$
34. 在气动阀件中,速放阀和手动二位三通阀分别属于_____。
    A. 逻辑元件,时序元件   B. 时序元件,逻辑元件
    C. 比例元件,逻辑元件   D. 逻辑元件,比例元件
35. 在气动阀件中,属于时序控制的阀件是_____。
    A. 双座止回阀   B. 多路阀
    C. 单向节流阀   D. 转速设定精密调压阀
36. 单向节流阀是属于_____元件,它用于_____。
    A. 逻辑元件/开关量控制   B. 时序元件/控制开关量
    C. 逻辑元件/对信号传递起延时作用   D. 时序元件/对信号传递起延时作用
37. 单向节流阀是由_____起延时作用,通过调_____来调整延时时间。
    A. 惯性环节/节流阀开度   B. 比例环节/放大系数

C. 微分环节/微分时间   D. 积分环节/积分时间

38. 单向节流阀的工作特点是_____。
    A. 输入大于输出,输出延时增大;输入小于输出,输出延时减小
    B. 输入大于输出,输出延时增大;输入小于输出,输出立即等于输入
    C. 输入大于输出,输出立即等于输入;输入小于输出,输出延时减小
    D. 输入大于输出,输出立即等于输入;输入小于输出,输出立即等于输入

39. 分级延时阀的工作特点是_____。
    A. 输出信号始终等于输入信号
    B. 输入信号较小时,输出等于输入;输入信号较大时,输出延时等于输入
    C. 输入信号较小时,输出延时等于输入;输入信号较大时,输出立即等于输入
    D. 当输入信号较小和较大时,输入延时时间较短和较长等于输出

40. 分级延时阀有两个调整螺钉 A 和 B,它们分别调整_____。
    A. 开始起延时作用的输入压力,延时时间   B. 延时时间,开始起延时作用的输入压力
    C. 调整短延时时间,长延时时间   D. 调整长延时时间,短延时时间

41. 在气动主机遥控系统中,分级延时阀常用于_____。
    A. 使主机启动阀延时关闭   B. 启动供油量延时切除
    C. 加速速率限制   D. 内外信号隔离

42. 分级延时阀起延时作用是由_____实现的,延时时间通过_____来实现。
    A. 积分环节/调螺钉 A   B. 微分环节/调螺钉 A
    C. 比例环节/调螺钉 B   D. 惯性环节/调螺钉 B

43. 速放阀的工作特点是_____。
    A. 输入大于输出,输出延时达到输入;输入小于输出,输出立即等于输入
    B. 输入大于输出,输出延时达到输入;输入小于输出,输出延时等于输入
    C. 输入大于输出,输出立即等于输入;输入小于输出,输出延时等于输入
    D. 输入大于输出,输出立即等于输入;输入小于输出,输出立即等于输入

44. 在速放阀中,实现其功能所采用的弹性元件是_____。
    A. 金属膜片   B. 橡胶膜片   C. 波纹管   D. 弹簧管

45. 速放阀的作用是_____。
    A. 对输入信号延时输出   B. 撤销输入信号,输出信号延时泄放
    C. 防止远距离信号泄放的延迟   D. 防止远距离传送信号的延时增大

46. 分级延时阀具有节流作用时,其_____。
    A. 输入压力 P_i 小于设定压力 P_s B. 输入压力 P_i 上升且大于设定压力 P_s
    C. 输入压力 P_i 从大于设定压力 P_s 快速下降   D. A + C

47. 分级延时阀的特点是_____。
    A. 对高压信号具有单向节流的作用   B. 对低压信号具有单向节流的作用
    C. 对高压信号具有双向节流的作用   D. 对低压信号具有双向节流的作用

48. 图 9-3 所示的阀件是_____。
    A. 双座止回阀   B. 单向节流阀   C. 联动阀   D. 二位三通阀

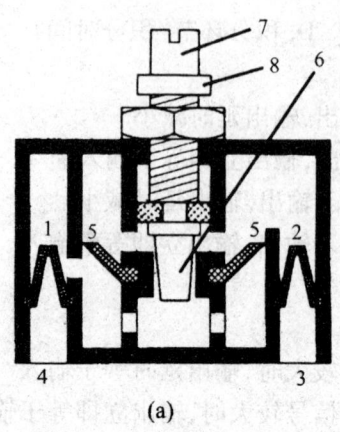

图 9-3

49. 以下所示的哪一个是速放阀逻辑符号_____。

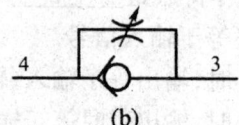

50. 在主机遥控系统所采用的气动阀件中,属于时序阀件的有_____。
①联动阀;②比例阀;③单向节流阀;④分级延时阀;⑤电磁阀;⑥速放阀。
A. ①②⑤   B. ③④⑥   C. ②④⑤   D. ④⑤⑥

51. 对转速设定精密调压阀(如图 9-4 所示)不正确的认识是_____。
A. 输出压力与设定弹簧压缩量成正比
B. 输出压力与顶锥的位移量成正比
C. 改变设定弹簧的圈数可以改变输出特性曲线的斜率
D. 当车钟手柄向减速方向搬动时,顶锥下移

52. 转速设定精密调压阀(如图 9-4 所示)是按_____原理工作的,靠_____使其输出稳定。
A. 位移平衡/正反馈   B. 力平衡/负反馈
C. 力矩平衡/负反馈   D. 力平衡/正反馈

53. 在转速设定精密调压阀(如图 9-4 所示)中,当扳动车钟手柄,使上滑阀下移时,其输出压力会_____,下滑阀_____移动。
A. 减小/向上   B. 减小/向下   C. 增大/向上   D. 增大/向下

54. 在转速设定精密调压阀(如图 9-4 所示)中,扳动车钟手柄,使上滑阀上移时,其输出气压信号和下滑阀移动方向分别为_____。
A. 输出气压减小,向上移动   B. 输出气压减小,向下移动
C. 输出气压增大,向上移动   D. 输出气压增大,向下移动

55. 在转速设定精密调压阀(如图 9-4 所示)中,扳动车钟手柄,使上滑阀下移 3 mm,则可调弹簧的变化为_____。
A. 被压缩大于 3 mm   B. 被压缩 3 mm

C. 伸长大于 3 mm　　　　　　　　　　D. 伸长 3 mm

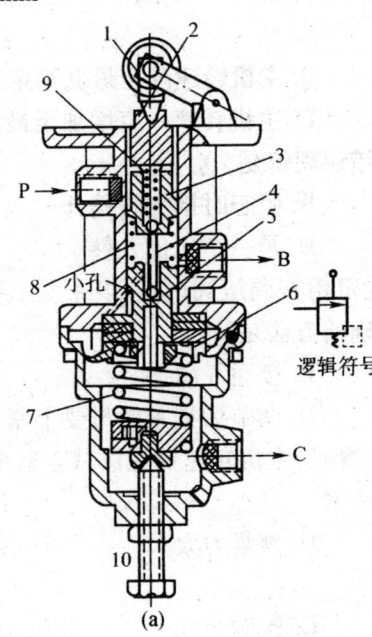

图 9-4

56. 转速设定精密调压阀(如图 9-4 所示)中,上滑阀的下移量与输出压力成比例的原因是_____。

   A. 反馈信号为气源压力
   B. 反馈压力信号使金属膜片下移
   C. 稳态时上滑阀下移量与弹簧压缩量相等
   D. 上滑阀下移量与下滑阀上移量相等

57. 在转速设定精密调压阀(如图 9-4 所示)中,为使每一个设定转速所对应的输出气压信号都略高一些,其调整方法是_____。

   A. 扭松可调弹簧螺钉 10　　　　　　B. 扭紧可调弹簧螺钉 10
   C. 使顶锥与上滑阀之间垫片减薄　　D. 使顶锥与上滑阀之间垫片加厚

58. 在转速设定精密调压阀(如图 9-4 所示)中,气源压力及输出压力范围分别为_____。

   A. 0.14 MPa,0.02～0.1 MPa　　　　B. 0.7 MPa,0～6 MPa
   C. 0.5 MPa,0～0.5 MPa　　　　　　D. 0.7 MPa,0.05～0.5 MPa

59. 在转速设定精密调压阀(如图 9-4 所示)中,为改变该阀输出特性线的斜率,其调整方法是_____。

   A. 改变气源压力　　　　　　　　　B. 调整顶锥与上滑阀之间垫片厚度
   C. 经螺钉 10 改变可调弹簧预紧力　D. 改变可调弹簧有效的工作圈数

60. 在气动主机遥控系统中,若转速设定精密调压阀(如图 9-4 所示)反馈孔堵塞,在主机加速时会出现_____。

   A. 主机转速一直增加至最大转速　　B. 主机自动停车
   C. 增加转速降至最低稳定转速　　　D. 主机无法加速

61. 在主机气动控制系统中,若转速设定精密调压阀(如图9-4所示)反馈孔堵塞,在主机减速时会出现_____。
    A. 主机自动停车   B. 主机转速降至最低稳定转速
    C. 主机速度不变   D. 主机转速一直增加至最大转速

62. 对转速设定精密调压阀(如图9-4所示)的错误理解是_____。
    A. 按力平衡原理工作   B. 稳态时排气阀稍开
    C. 有负反馈机构   D. 是一个比例元件

63. 主机运行多年后性能下降,现欲调整转速设定精密调压阀(如图9-4所示),提高最低稳定转速,但要求额定转速时供油量不变,其不正确的方法是_____。
    A. 调节螺钉使弹簧压紧一点   B. 接通气源
    C. 调节弹簧座使弹簧圈数少一点   D. 调节后锁紧螺母要上紧

64. 在气动主机遥控系统中,如车钟处于最小位置时,主机转速仍无法减至最小,其原因可能是转速设定精密调节阀(如图9-4所示)的设定弹簧_____。
    A. 刚度太大   B. 刚度太小   C. 预紧力太大   D. 预紧力太小

65. 转速设定精密调压阀(如图9-4所示)是一个_____。
    A. 逻辑元件   B. 时序元件   C. 比例元件   D. 放大元件

66. 主机转速设定精密调压阀(如图9-4所示),当输入信号增加时,进气阀和排气阀的状态分别是_____。
    A. 打开、打开   B. 关闭、关闭   C. 打开、关闭   D. 关闭、打开

67. 转速设定精密调压阀(如图9-4所示)输出管路上稍有漏泄时,则_____。
    A. 主机转速会降低至停车   B. 主机转速会上升
    C. 主机转速仍会在稍低转速上运行   D. 主机转速不稳定

68. 主机运行多年后性能下降,现欲调整转速设定精密调压阀(如图9-4所示),提高最低稳定转速,但要求在额定转速时供油量不变,正确的方法是_____。
    ①接通气源;②调节螺钉使弹簧压紧一点;③调节螺钉使弹簧放松一点;④调节弹簧座使弹簧圈数多一点;⑤调节弹簧座使弹簧圈数少一点;⑥更换大弹簧。
    A. ①②④   B. ②③⑤   C. ②④⑥   D. ①④⑤

69. 对转速设定精密调压阀(如图9-4所示)的正确理解是_____。
    ①是一个比例元件;②按力平衡原理工作;③按位移平衡原理工作;④有负反馈机构;⑤稳态时进排气口全关;⑥稳态时排气口稍开。
    A. ①②③④   B. ②④⑤⑥   C. ②③④⑤   D. ①②④⑤

70. 对转速设定精密调压阀(如图9-4所示)的正确认识是_____。
    ①是一个比例积分调节器;②输出与输入信号成比例关系;③调整下面的螺钉可上、下移动输出特性;④输出气压信号到调速器;⑤调整外壳内弹簧座,也能平行改变输出特性;⑥输入信号是车钟的位移。
    A. ①②④⑤   B. ①②③⑤   C. ②④⑤⑥   D. ②③④⑥

71. 在气动阀件中,属于比例控制的阀件是_____。
    A. 二位三通电磁阀   B. 三位四通阀

C. 速放阀　　　　　　　　　　　D. 转速设定精密调压阀

72. 气动主机遥控系统,遥控车钟或手柄下面控制的阀有_____。
   A. 正、倒车控制阀
   B. 正、倒车控制阀和停车阀
   C. 正、倒车控制阀和设定转速精密调压阀
   D. 正、倒车控制阀、停车阀、设定转速精密调压阀

73. 在遥控主机正常运行期间,若控制气源突然中断,则主机运行状态是_____。
   A. 自动停车　　　B. 自动降速　　　C. 自动加速　　　D. 状态不变

74. 气动主机遥控系统的启动、换向、操纵空气的压力分别是_____MPa。
   A. 2.5、1.2、1.2　　　　　　　B. 2.5、1.2、0.7
   C. 2.5、0.7、1.2　　　　　　　D. 3.0、3.0、0.7

75. 气动主机遥控系统的气源选择阀,通常有_____种选择状态。
   A. 2　　　　　　B. 3　　　　　　C. 4　　　　　　D. 5

76. 在主机遥控系统中,其控制空气气源的压力一般为_____。
   A. 0.14 MPa　　　B. 0.45 MPa　　　C. 0.7 MPa　　　D. 1.0 MPa

77. 气动主机遥控系统的气源装置,日常管理中最经常性的工作是_____。
   A. 清洗滤器　　　　　　　　　B. 转换选择阀供气方式
   C. 放残　　　　　　　　　　　D. 清洁调压阀

78. 在主机遥控系统中,作为换向和启动的高压气源(动力气源)压力一般为_____。
   A. 0.14 MPa　　　B. 3.0 MPa　　　C. 0.7 MPa　　　D. 1.0 MPa

参考答案

1.D	2.B	3.A	4.D	5.D	6.B	7.B	8.D	9.C	10.A
11.B	12.A	13.C	14.B	15.B	16.B	17.B	18.B	19.D	20.C
21.A	22.B	23.C	24.A	25.C	26.C	27.C	28.A	29.C	30.A
31.D	32.C	33.D	34.B	35.C	36.D	37.A	38.C	39.B	40.A
41.C	42.B	43.D	44.B	45.C	46.B	47.C	48.C	49.B	50.B
51.D	52.B	53.D	54.A	55.B	56.C	57.C	58.C	59.D	60.A
61.B	62.B	63.C	64.C	65.C	66.C	67.C	68.A	69.C	70.D
71.D	72.C	73.B	74.D	75.C	76.C	77.C	78.B		

第3节　车钟系统及操纵部位的转换
(适用对象:8401,8402,8403,8404)

1. 在集控室遥控主机时,驾驶室与集控室的遥控主车钟作用是_____。
   A. 驾驶室主车钟用作主机的操纵控制
   B. 驾驶室主车钟即作为传令车钟又用作主机的操纵控制

C. 集控室主车钟仅用作传令车钟
D. 集控室主车钟不仅用于传令车钟,而且还用作正、倒车操纵控制

2. 在主机遥控系统中,若主机运行时发讯装置失灵,将会出现_____。
   A. 主机自动停车   B. 主机保持原转速运行无法降速
   C. 主机转速自动升至最高额定转速   D. 主机转速自动降至最低稳定转速

3. 在气动主机遥控系统中,转速发讯装置常采用_____,手柄在停车位置时其输出为_____。
   A. 比例阀/0 MPa   B. 转速设定精密调速阀/0 MPa
   C. 比例阀/0.05 MPa   D. 转速设定精密调压阀/0.05 MPa

4. 在电气结合的主机遥控系统中,转速发讯装置可采用_____,手柄在停车位置时,其输出为_____。
   A. 比例阀/0 MPa   B. 转速设定精密调压阀/0.05 MPa
   C. 电位器式转速指令发讯器/0 V   D. 转速设定精密调压阀/0 MPa

5. 气动主机遥控系统,遥控车钟或手柄下面控制的阀有_____。
   A. 停车阀
   B. 正、倒车控制阀和停车阀
   C. 正、倒车控制阀和设定转速精密调压阀
   D. 正、倒车控制阀、停车阀、设定转速精密调压阀

6. 在主机遥控系统中,电动遥控车钟种类繁多,其中包括_____。
   A. 直流遥控车钟   B. 电子遥控车钟
   C. 交流遥控车钟   D. 模拟量遥控车钟

7. 在主机遥控系统中,电动遥控车钟种类繁多,其中包括_____。
   A. 直流遥控车钟   B. 数字遥控车钟
   C. 交流遥控车钟   D. 电子遥控车钟

8. 在主机遥控系统中,电动遥控车钟种类繁多,其中包括_____。
   A. 直流遥控车钟   B. 交流遥控车钟
   C. 有级调速车钟   D. 电子遥控车钟

9. 在主机遥控系统中,电动遥控车钟种类繁多,其中包括_____。
   A. 无级调速车钟   B. 交流遥控车钟
   C. 直流遥控车钟   D. 电子遥控车钟

10. 在主机遥控系统中,无论采用哪一种形式的车钟,遥控主车钟都应包括_____部分组成。
    A. 车钟操纵件   B. 交流遥控件
    C. 直流遥控件   D. 电子遥控件

11. 在主机遥控系统中,无论采用哪一种形式的车钟,遥控主车钟都应包括_____部分组成。
    A. 电子遥控发讯   B. 交流遥控发讯
    C. 直流遥控发讯   D. 转向车令发讯

12. 在主机遥控系统中,无论采用哪一种形式的车钟,遥控主车钟都应包括_____部分组成。
    A. 电子遥控发讯   B. 交流遥控发讯   C. 转速车令发讯   D. 直流遥控发讯

13. 在主机自动遥控系统中,通过车令发讯装置可以实现_____。
①启动主机;②主机换向;③主机停车;④主机加速;⑤加速速率限制;⑥主机负荷限制;⑦改为手动操作时具有传令作用。
   A.①②③④⑤   B.①②③④⑦   C.①③④⑥⑦   D.②③④⑤⑥

14. 驾驶台车钟和集控室车钟一般采用手柄操作,手柄式车钟的指针跟踪一般采用_____或由电路控制的_____实现。
   A. 直流电机/伺服马达   B. 自整角机/伺服马达
   C. 自整角机/控制器   D. 交流电机/调节机构

15. 对于在驾驶台安装有自动遥控系统的船舶,车钟系统往往还兼有主机的控制功能,除了传送车令信息外还需能够向主机遥控系统发送主机的_____。
   A. 启动和换向指令   B. 正车和倒车指令
   C. 前进和倒退命令   D. 各种操作命令

16. 电动型主车钟发讯装置通常采用微动开关和相应的逻辑处理电路发出正车、倒车和停车信号,采用精密电位器与信号处理电路发出_____的电压、_____的电流或_____的电阻等信号来实现转速设定值的发讯。
   A. 0～-10 V/4～20 mA/0～10 kΩ   B. 0～-10 V/0～10 mA/0～10 kΩ
   C. 0～10 V/0～10 mA/0～5 kΩ   D. 0～10 V/4～20 mA/0～5 kΩ

17. 根据所传递指令的不同性质,车钟还可分为主车钟和副车钟两种,副车钟的作用是_____。
   A. 作为主车钟的备用车钟   B. 传送与主机操纵有关的其他联络信息
   C. 可和主车钟轮换使用   D. 当主车钟出故障时才可使用

18. 在副车钟操作过程中,备车、完车、定速这三个状态之间是_____关系。
   A. 互锁   B. 串联   C. 并联   D. 各自独立

19. 电动遥控车钟种类繁多,按照不同的分类方法可分为_____。
①模拟量车钟;②电子车钟;③数字量车钟;④自动车钟;⑤有级调速车钟;⑥无级调速车钟。
   A.①③④⑤   B.②③④⑤   C.①③⑤⑥   D.②③④⑥

20. AUTOCHIEF-Ⅳ型主机遥控系统的车钟系统驾驶台车令信号路径如图9-5所示,驾驶台车令转速信号须经驾驶台遥控装置_____,集控室AC-4遥控系统_____,集控室DGS8800e数字调速器系统_____到主配电盘室DSU001数字伺服放大器。
   A. 17号输出通道/17号输入通道/18号输出通道
   B. 17号输入通道/17号输出通道/18号输入通道
   C. 18号输出通道/18号输入通道/17号输入通道
   D. 18号输入通道/17号输出通道/17号输出通道

21. 在驾驶台操作状态下,当手柄处在停车位置时,正车微动开关和倒车微动开关_____。
   A. 正车闭合,倒车断开   B. 正车断开,倒车闭合
   C. 均闭合   D. 均断开

22. 当把主机的操作部位"驾控—集控"转换装置转到集控室遥控操作后,这时驾驶台主车钟的_____将被取消,但仍然保留有_____的功能。
   A. 遥控功能/传令车钟   B. 传令车钟/遥控功能

C. 手控功能/传令车钟   D. 传令车钟/自控功能

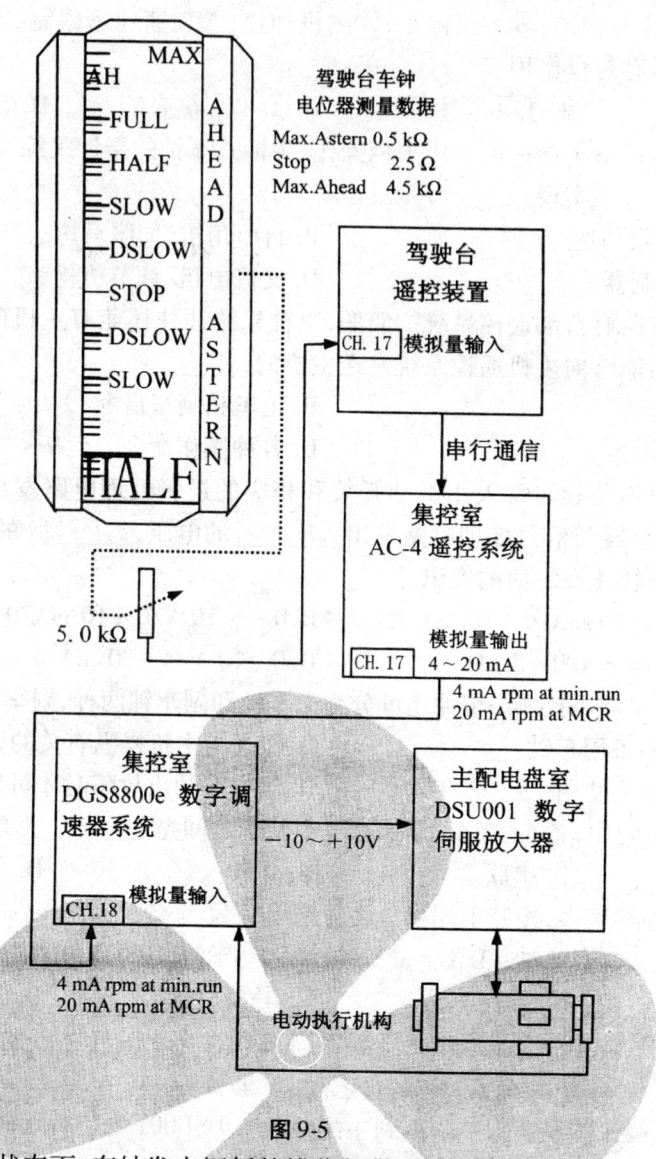

图9-5

23. 在驾驶台遥控操作状态下,车钟发出短暂的错位报警声的原因是_____。
   A. 驾驶台车钟的随动指示灯刚刚跟上驾驶台车钟手柄位置
   B. 驾驶台车钟手柄位置与驾驶台车钟的随动指示灯一致
   C. 驾驶台车钟的随动指示灯尚未跟上驾驶台车钟手柄位置
   D. 驾驶台车钟手柄位置尚未跟上驾驶台车钟的随动指示灯

24. 在集控操作时,集控室车钟除了完成对驾驶台车钟的回令外,还兼有_____操作的功能。
   A. 启动   B. 换向   C. 停车   D. 制动

25. 在驾驶台遥控时,主车钟除了控制主机转速之外,还要能_____。
   A. 起传令车钟的作用
   B. 起传令车钟和应急车钟的作用

C. 控制主机的换向、启动或停车操作和起传令车钟作用
D. 控制主机的换向、启动或停车操作

26. 在主机遥控系统中,若发现遥控系统失灵,首先进行的操作是_____。
   A. 关闭气源截止阀   B. 拉开遥控系统电源开关
   C. 把机旁操纵部位转换阀扳到手控位 D. 把集中控制室转换阀转至机控位

27. 在主机遥控系统中,现要在驾驶台操纵主机,则相应操纵部位转换阀的位置应该是_____。
   A. 机旁转换阀应扳到应急位,集中控制转换阀应扳到机控位
   B. 机旁转换阀应扳到应急位,集中控制转换阀应扳到驾控位
   C. 机旁转换阀应扳到自动位,集中控制转换阀应扳到机控位
   D. 机旁转换阀应扳到自动位,集中控制转换阀应扳到驾控位

28. 在主机遥控系统中,操纵部位转换阀有_____,分别设在_____。
   A. 2个/机旁、集中控制室   B. 2个/机旁、驾驶台
   C. 2个/集中控制室、驾驶台   D. 3个/机旁、集中控制室、驾驶台

29. 在驾驶台遥控主机时,轮机员发现有故障,需转至集中控制室操纵,在转换操纵部位之前需保证_____。
   A. 主机要停车   B. 主机转速要降到最低稳定转速
   C. 把集中控制室手柄扳到车令一致方向 D. 要按停车复位按钮

30. 在主机遥控系统中,应急操纵部位应该是_____。
   A. 驾驶台   B. 集中控制室   C. 机旁   D. 应急运行状态

31. 在主机遥控系统中,驾驶台与集中控制室操纵部位转换时做到无扰动切换的条件是_____。
   A. 两处手柄都在停车位置
   B. 两处手柄在同一方向即可
   C. 两处手柄在同一方向,且设定转速相等
   D. 两处手柄非同一方向,且设定转速相等

32. 在主机遥控系统中,驾驶台与集中控制室操纵部位连锁机构起作用,不能进行转换的原因是_____。
   A. 两处手柄都在正车位   B. 两处手柄都在倒车位
   C. 两处手柄都在停车位   D. 两处手柄方向不一致

33. 主机操纵部位选择的优先级是_____。
   A. ①驾驶室②集控室③机旁   B. ①集控室②驾驶室③机旁
   C. ①机旁②集控室③驾驶室   D. ①机旁②驾驶室③集控室

34. 对于自动主机遥控系统,在驾驶台不能单独进行的操作是_____。
   A. 主机启动   B. 主机换向   C. 应急操作   D. 操作部位切换

35. 在主机遥控系统中,在下述操纵部位中,哪个操纵部位优先级最高_____。
   A. 集控室操纵   B. 驾驶室操纵   C. 机旁操纵   D. 自动操纵

36. 在主机遥控系统中,在下述操纵部位中,哪个操纵部位优先级最低_____。
   A. 集控室操纵   B. 驾驶室操纵   C. 机旁操纵   D. 自动操纵

37. 在主机遥控系统中,在下述操纵部位中,哪个操纵部位优先级其次_____。
   A. 集控室操纵　　B. 驾驶室操纵　　C. 机旁操纵　　D. 自动操纵

38. 在主机遥控系统中,为了确保安全,避免因操纵部位转换而产生扰动,在正常情况下,驾驶室和集控室之间的操纵部位转换必须满足的条件包括_____。
   A. 集控室遥控车钟与驾驶室遥控车钟发出的正、倒车车令必须一致
   B. 集控室遥控车钟与驾驶室遥控车钟发出的正、倒车车令必须不同
   C. 集控室遥控车钟与机旁车钟发出的正、倒车车令必须一致
   D. 驾驶室遥控车钟与机旁车钟发出的正、倒车车令必须一致

39. 在主机遥控系统中,设集控室发出正车车令 I_{HE} = "1",倒车车令 I_{SE} = "1";驾驶室发出正车车令 I_{HB} = "1",倒车车令 I_{SB} = "1"。两者之间的操纵部位转换必须满足的条件是_____。
   A. I_{HE} = "0", I_{SE} = "0", I_{HB} = "0", I_{SB} = "0"
   B. I_{HE} = "0", I_{SE} = "0", I_{HB} = "0", I_{SB} = "1"
   C. I_{HE} = "0", I_{SE} = "0", I_{HB} = "1", I_{SB} = "0"
   D. I_{HE} = "0", I_{SE} = "1", I_{HB} = "1", I_{SB} = "0"

40. 在主机遥控系统中,设集控室发出正车车令 I_{HE} = "1",倒车车令 I_{SE} = "1";驾驶室发出正车车令 I_{HB} = "1",倒车车令 I_{SB} = "1"。两者之间的操纵部位转换必须满足的条件是_____。
   A. I_{HE} = "0", I_{SE} = "0", I_{HB} = "1", I_{SB} = "0"
   B. I_{HE} = "0", I_{SE} = "0", I_{HB} = "0", I_{SB} = "1"
   C. I_{HE} = "1", I_{SE} = "0", I_{HB} = "1", I_{SB} = "0"
   D. I_{HE} = "0", I_{SE} = "1", I_{HB} = "1", I_{SB} = "0"

41. 在主机遥控系统中,设集控室发出正车车令 I_{HE} = "1",倒车车令 I_{SE} = "1";驾驶室发出正车车令 I_{HB} = "1",倒车车令 I_{SB} = "1"。两者之间的操纵部位转换必须满足的条件是_____。
   A. I_{HE} = "0", I_{SE} = "0", I_{HB} = "1", I_{SB} = "0"
   B. I_{HE} = "0", I_{SE} = "0", I_{HB} = "0", I_{SB} = "1"
   C. I_{HE} = "0", I_{SE} = "1", I_{HB} = "1", I_{SB} = "0"
   D. I_{HE} = "0", I_{SE} = "1", I_{HB} = "0", I_{SB} = "1"

42. 在主机遥控系统中,在操纵部位转换过程中,为了实现无扰动切换,则必须将集控室和驾驶室的遥控车钟同时放在_____位置。
   A. 同一车令　　B. 停车　　C. 正车　　D. 倒车

参考答案

1. D　2. D　3. D　4. C　5. C　6. D　7. B　8. C　9. A　10. A
11. D　12. C　13. B　14. B　15. D　16. D　17. D　18. A　19. C　20. B
21. C　22. A　23. C　24. B　25. D　26. C　27. D　28. A　29. A　30. C
31. C　32. D　33. C　34. D　35. D　36. B　37. A　38. A　39. A　40. C
41. D　42. A

第4节 主机遥控系统的逻辑控制（适用对象：8401,8402）

1. 主机换向逻辑鉴别条件,从逻辑关系上看属于_____。
   A. 与门 B. 或门 C. 异或门 D. 异或非门

2. 在主机遥控系统中,主机进行换向必须具有若干个逻辑条件,这些逻辑条件之间是_____关系。
   A. 或 B. 与 C. 与非 D. 或非

3. 在双凸轮换向机构的主机遥控系统中,当出现主机只能在应急换向情况下完成换向,而无法进行正常换向时,其故障原因通常是_____。
   A. 遥控车钟中的正、倒车发讯装置故障
   B. 主机停油装置或停油检测回路故障
   C. 主机正常换向转速鉴别回路故障
   D. 主机应急换向转速鉴别回路故障

4. 主机遥控系统根据_____决定是否需要换向。
   A. 车令与凸轮轴位置 B. 主机是否低于换向转速
   C. 车令与实际转向 D. 盘车机是否脱开

5. 在主机遥控系统中把操车手柄从正车全速立即扳到倒车某速度挡,其停油时刻发生在_____。
   A. 动车钟手柄的瞬间 B. 车钟手柄过停车位置时
   C. 车钟手柄扳到位时 D. 在换向过程中

6. 在主机遥控系统中,上次停车凸轮轴在倒车位置,现把车钟手柄从停车位扳到正车全速挡,其主启动阀打开和关闭时刻分别为_____。
   A. 换向完成、高于发火转速 B. 动车钟手柄时刻、换向完成
   C. 车钟手柄扳到位、换向完成 D. 换向完成、低于发火转速

7. 在主机遥控系统中,上次停车凸轮轴在正车位置,现在车钟手柄从停车位扳到正车全速,则主启动阀打开和关闭的时刻分别为_____。
   A. 扳动车钟手柄时、高于发火转速 B. 车钟手柄扳到位时、高于发火转速
   C. 车钟手柄扳到位时、低于发火转速 D. 扳动车钟手柄时、低于发火转速

8. 在单凸轮换向的主机遥控系统中,把车钟手柄从倒车慢速扳到正车全速挡时,换向开始时刻为_____。
   A. 扳动车钟手柄时刻 B. 车钟手柄过了停车位置时
   C. 车钟手柄扳到位时 D. 主机转速下降到0时

9. 在主机遥控系统中,制动过程是出现在_____。
   A. 正常停车过程 B. 故障停车过程
   C. 应急停车过程 D. 运行中完成换向后

10. 在主机遥控系统中,把车钟手柄从正车全速扳到倒车某速度挡,遥控系统首先进行的操作是_____。

A. 停油,降速　　　B. 停油,制动　　　C. 换向,制动　　　D. 打开主启动阀

11. 在主机遥控系统中,当把车钟手柄从正车全速立即扳到倒车某速度挡并按应急操纵按钮,则遥控系统首先执行的动作是_____。

A. 停油　　　B. 应急换向　　　C. 能耗制动　　　D. 强制制动

12. 应急换向时需按下_____按钮。

A. 停车　　　B. 换向　　　C. 应急停车　　　D. 应急运行

13. 下列转速中_____最高。

A. 正常换向转速　　　　　　　B. 启动空气切断转速
C. 应急换向转速　　　　　　　D. 能耗制动后,停车前转速

14. 主机在运行过程中,若改变车钟的正、倒车位置后,主机能停油,但不能换向,故障原因不可能的是_____。

A. 凸轮轴位置检测开关信号正确　　　B. 转速检测信号故障
C. 停油检测信号故障　　　　　　　　D. 盘车机位置检测信号故障

15. 主机应急换向的逻辑条件不包括_____。

A. 车令与凸轮轴位置不一致　　　B. 主机转速高于换向转速
C. 必须停油　　　　　　　　　　D. 有应急操作信号

16. 主机遥控的正常换向逻辑条件不包括_____。

A. 车令与凸轮轴位置不一致　　　B. 必须有停油逻辑条件
C. 主机转速已下降到换向转速　　D. 有应急操作指令

17. 在主机遥控系统中,用于判断油门开度为零且转速低于换向转速这两个条件的逻辑回路属于_____。

A. 或逻辑回路　　　B. 与逻辑回路　　　C. 与非逻辑回路　　　D. 或非逻辑回路

18. 在主机遥控运行时,若改变车钟的正倒车位置后,主机继续运行在原转向,其故障原因可能是_____。

A. 换向抬起机构故障　　　B. 换向执行机构故障
C. 停油控制回路故障　　　D. 制动控制故障

19. 在主机遥控系统中,主机停车是怎样实现的?_____。

A. 通过停油伺服器将油门顶到零位　　　B. 通过能耗制动
C. 通过使调速器输出的供油量为零　　　D. 通过开启主启动阀

20. 应急换向与正常换向的区别为_____。

A. 应急换向的换向转速较高　　　　　B. 应急换向之前要进行能耗制动
C. 应急换向的换向转速较低　　　　　D. 正常换向只能在停车状态下运行

21. 若I_H为正车指令,I_S为倒车指令,C_H为凸轮轴在正车位置,C_S为凸轮轴在倒车位置,Y_{RF}为换向完成信号,则柴油主机换向完成的逻辑表达式(正逻辑)是_____。

A. $Y_{RF} = I_H \overline{C_H} + I_S \overline{C_S}$　　　　　B. $Y_{RF} = \overline{I_H C_H} + \overline{I_S C_S}$
C. $Y_{RF} = I_H C_H + I_S C_S$　　　　　　　D. $Y_{RF} = \overline{I_H C_H + I_S C_S}$

22. 设I_H表示正车指令,设I_S表示倒车指令,C_H表示凸轮轴在正车位置,C_S表示凸轮轴在倒车位置,R_H表示正车转向信号,R_S表示倒车转向信号,那么主机遥控系统换向过程中停油逻辑

条件 F 的表达式为_____。
A. $F = I_H C_S I_S C_H + I_H R_S I_S R_H$
B. $F = \overline{I_H} C_S + I_S \overline{C_H} + \overline{I_H} R_S + I_S \overline{R_H}$
C. $F = I_H \overline{C_S} + \overline{I_S} C_H + I_H \overline{R_S} + \overline{I_S} R_H$
D. $F = I_H C_S + I_S C_H + I_H R_S + I_S R_H$

23. 在双凸轮换向逻辑回路中,若换向气控阀在规定的时间内没有关闭,延时单元将会_____。
    A. 转入下一个启动程序   B. 转入下一次换向程序
    C. 发出进入下一动作指示   D. 发出换向失败报警

24. 在主机遥控系统中,换向的逻辑鉴别条件是_____。
    A. 停油   B. 车令与转向不一致
    C. 车令与凸轮轴位置不一致   D. 车令与凸轮轴位置一致

25. 在驾驶台遥控主机时,当把车钟手柄从全速正车一下推向全速倒车,遥控系统首先进行的动作是_____。
    A. 停油   B. 换向   C. 打开主启动阀   D. 脱开盘车机

26. 主机正常换向逻辑条件不包括_____。
    A. 车令与凸轮轴位置不符   B. 主机转速下降到允许换向转速
    C. 主机进排气阀顶升机构被抬起   D. 主机转速低于发火转速

27. 二冲程柴油机遥控系统中,换向的逻辑条件不包括_____。
    A. 停油   B. 符合换向鉴别逻辑
    C. 车令与凸轮轴位置不符   D. 进排气阀顶升机构被抬起

28. 在主机遥控系统中,用 Y_{RL} 表示换向的鉴别逻辑,用 I_H、I_S、C_H、C_S、R_H、R_S 分别表示正、倒车车令,凸轮轴在正、倒车位置,主机在正、倒车方向运转,则 Y_{RL} 的表达式为_____。
    A. $Y_{RL} = I_H \overline{R_H} + I_S \overline{R_S}$
    B. $Y_{RL} = I_H \overline{C_H} + I_S \overline{C_S}$
    C. $Y_{RL} = I_H R_H + I_S R_S$
    D. $Y_{RL} = I_H C_H + I_S C_S$

29. 在主机遥控系统中,换向的必备条件是_____。
    A. 车令与转向不一致   B. 低于发火转速
    C. 停油   D. 车令与转向一致

30. 在主机遥控系统中,把车钟手柄从正车全速扳到倒车某速度挡,换向鉴别逻辑 Y_{RL} 为"1"信号的时刻为_____。
    A. 扳动车钟手柄的时刻   B. 车钟手柄在停车位置时刻
    C. 车钟手柄扳到倒车位置时刻   D. 换向完成时刻

31. 在主机遥控系统中,应急换向条件与正常换向条件的主要区别是_____。
    A. 有应急操纵指令,转速小于应急换向转速
    B. 有应急操纵指令,转速小于正常换向转速
    C. 有应急操纵指令,转速大于应急换向转速
    D. 主启动阀提前打开

32. 采用气动双凸轮换向的主机遥控系统,其换向逻辑条件包括_____。
    ①车令与凸轮轴位置不一致;②排气阀顶升机构抬起;③已经停油;④主机转速低于换向转速;⑤车令与转向不一致;⑥主机已经停车。
    A. ①②③④   B. ①③④⑤   C. ①②③⑥   D. ②③④⑤

33. 在主机遥控系统中,在下列_____情况下不准供油。
①车令与凸轮轴位置不符;②车令与凸轮轴位置相符;③车令与主机转向不符;④车令与主机转向相符;⑤能耗制动期间;⑥强制制动期间。
A.①③⑤⑥　　　B.②④⑤⑥　　　C.①④⑤⑥　　　D.②③⑤⑥

34. 二冲程柴油机遥控系统中,换向的逻辑条件有_____。
①停油;②进、排气阀顶升机构被抬起;③符合换向鉴别逻辑;④车令与凸轮轴位置不符;⑤主机转速下降到允许换向转速;⑥有应急指令。
A.①②④⑤　　　B.①③④⑥　　　C.①③④⑤　　　D.①②③⑥

35. 主机遥控系统中,发生停油的条件可能是_____。
①车钟扳到停车位置;②按应急停车按钮;③车令与转向不一致;④冷却水温度过高;⑤主机转速低于最低稳定转速;⑥曲柄箱油雾浓度过高。
A.①③④⑤　　　B.①②③⑤　　　C.②③④⑤　　　D.②④⑤⑥

36. 在四冲程中速机遥控系统中,把车钟手柄从全速正车扳至全速倒车,并按应急操纵按钮后,可实现_____。
①在较高的转速下完成换向;②存在能耗制动;③切除加速速率限制;④切除临界转速回避;⑤切除程序负荷;⑥进行重启动。
A.①③④⑤　　　B.①②③④　　　C.①②⑤⑥　　　D.②③⑤⑥

37. 在主机遥控系统中,应急换向的逻辑条件包括_____。
①车令与转向不一致;②车令与凸轮轴位置不一致;③停油;④低于应急换向转速;⑤低于发火转速;⑥有应急操纵指令。
A.①②④⑤　　　B.②③⑤⑥　　　C.②③④⑥　　　D.③④⑤⑥

38. 在气动主机遥控系统中,符合_____条件主机停油。
①当车钟在停车位置;②换向过程未完成时;③主机在倒向不稳定运转时;④有应急停车指令;⑤故障停车已复位;⑥主机转向与车令不符。
A.①③④⑤　　　B.①②④⑥　　　C.②③⑤⑥　　　D.②③④⑤

39. 在四冲程中速机的遥控系统中,其换向的逻辑条件包括_____。
①车令转向不一致;②车令与凸轮轴位置不一致;③低于换向转速;④满足启动鉴别逻辑;⑤停油;⑥顶升机构抬起。
A.①②③④　　　B.①③④⑤　　　C.①②⑤⑥　　　D.②③⑤⑥

40. 在气动主机操纵系统中,符合哪些条件主机停油?_____。
①当车钟在停车位置;②换向过程未完成时;③主机在倒向不稳定运转时;④有应急停车指令;⑤故障停车已复位;⑥主机转向与车令不符。
A.①③④⑤　　　B.①②④⑥　　　C.①③⑤⑥　　　D.①③④⑥

41. 在如图9-6所示的主机换向逻辑回路中,车钟手柄在停车位置时,换向回路中的晶体管T_1、T_2、T_3状态为_____。
A.0 0 1　　　B.0 1 0　　　C.0 1 1　　　D.1 0 0

42. 在如图9-6所示的主机换向逻辑回路中,车钟手柄在正车位置时,换向回路中的晶体管T_1、T_2、T_3状态为_____。

A．０００　　　　　B．００１　　　　　C．０１０　　　　　D．１００

43．在如图 9-6 所示的主机换向逻辑回路中，当车钟手柄在倒车位置时，晶体管 T_1、T_2、T_3 状态为_____。

A．０００　　　　　B．００１　　　　　C．０１０　　　　　D．１００

44．在如图 9-6 所示的主机换向逻辑回路中，把车钟手柄从倒车扳到正车方向时，停油时刻发生在_____。

A．开始扳车钟手柄时　　　　　　　B．车钟手柄过停车位置时
C．车钟手柄扳到位时　　　　　　　D．换向完成时

45．在如图 9-6 所示的主机换向逻辑回路中，正、倒车电磁阀驱动电路分别并接一个正、倒车继电器的作用是_____。

A．提高正、倒车电磁阀 25D、25C 使用寿命
B．减小晶体管 T_1、T_2 负载电流
C．提高运行的稳定性
D．减小发光二极管电流

46．在如图 9-6 所示的主机换向逻辑回路中，换向逻辑条件不包括_____。

A．低于换向转速　　B．停油　　　C．换向鉴别逻辑　　D．A＋C

47．在如图 9-6 所示的主机换向逻辑回路中，当车钟手柄在停车位置（停车前凸轮轴在正车位置）时，三位气缸处于_____，换向阀输出管 a、b 的状态为_____。

A．左位/１０　　B．左位/００　　C．中间位置/１０　　D．中间位置/００

48．在如图 9-6 所示的主机换向逻辑回路中，把车钟手柄从停车位扳到正车某速度挡，则三位气缸处于_____位，换向阀输出管 a、b 状态为_____。

A．左位/１０　　B．左位/００　　C．右位/１０　　D．右位/００

49．在如图 9-6 所示的主机换向逻辑回路中，把车钟手柄从停车位扳到倒车某速度挡，则三位气缸处于_____位，换向阀输出管 a、b 状态为_____。

A．左位/１０　　B．左位/００　　C．右位/０１　　D．右位/００

50．在如图 9-6 所示的主机换向逻辑回路中，在集中控制室操纵主机，且把换向手柄从正车扳到倒车位时，则正车电磁阀 25D、倒车电磁阀 25C 的输出到三位气缸的信号为_____，三位气缸处于_____。

A．０１/右位　　B．０１/中位　　C．００/右位　　D．１０/左位

51．在如图 9-6 所示的主机换向逻辑回路中，换向完成，车令与转向一致，有应急停车指令阀 27F、27G、24A 控制端分别为 1，则停油条件是_____。

A．阀 27F、27G、24A 必须输出都为 1　　B．阀 27F、27G、24A 其输出必须都为 0
C．阀 27F、27G、24A 有一个输出为 0　　D．阀 27F、27G、24A 有一个输出为 1

52．在如图 9-6 所示的主机换向逻辑回路中，若正车换向完成，则换向伺服器输出管 C 的通路与状态为_____。

A．C 与 a 通，通高压油　　　　　B．C 与 a 通，通低压油槽
C．C 与 b 通，通高压油　　　　　D．C 与 b 通，通低压油槽

53．在如图 9-6 所示的主机换向逻辑回路中，当车钟手柄在停车位置时，换向伺服器输出管 C 及

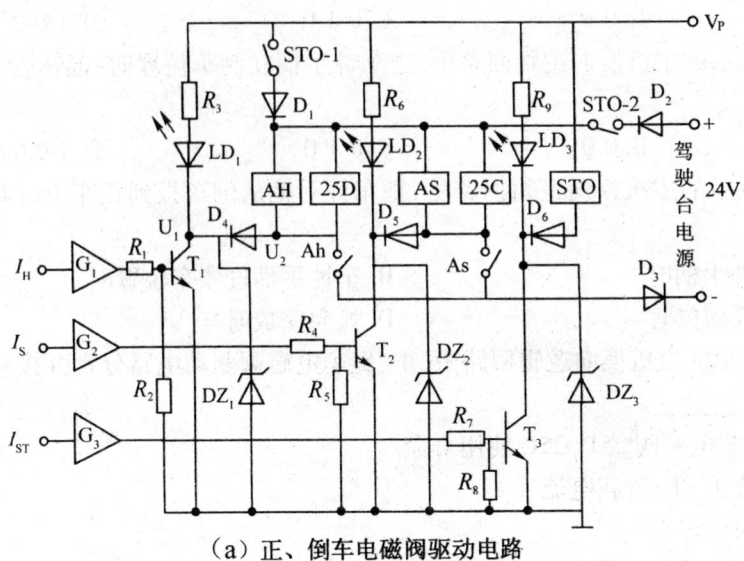

（a）正、倒车电磁阀驱动电路

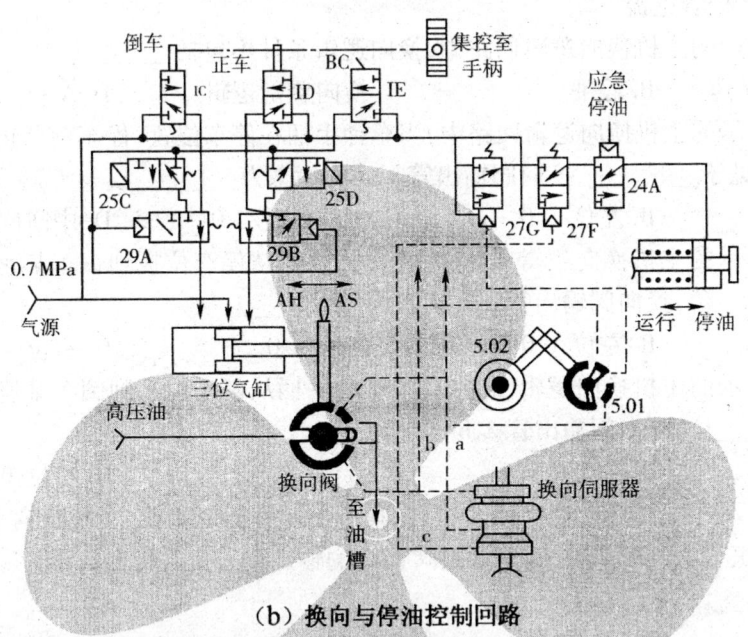

（b）换向与停油控制回路

图 9-6

停油气缸输入信号状态分别为_____。

A. 11　　　　　　B. 10　　　　　　C. 01　　　　　　D. 00

54. 在如图 9-6 所示的主机换向逻辑回路中，当车钟从正车扳到倒车位置时，正车电磁阀 25D、倒车电磁阀 25C 和停车继电器 STO 的工作程序是_____。

A. 25D 失电→STO 获电→25C 获电

B. STO 获电→25D 失电→STO 失电→25C 获电

C. 25C 获电→25D 失电→STO 获电

D. 25C 获电→STO 获电→25D 失电→STO 失电

55. 在如图 9-6 所示的主机换向逻辑回路中,正车与倒车电磁阀的受控情况正确的是_____。
    A. 由继电器启动受控　　　　　　　　B. 由驱动三极管维持受控
    C. 由三极管启动,继电器维持　　　　D. 由三极管和继电器同时启动和维持

56. 在如图 9-6 所示的主机换向逻辑回路中,在自动遥控状态下将车钟从正车搬到倒车换向操作中,正车电磁阀在_____失控。
    A. 正车车令 $I_H=0$ 时　　　　　　　B. 倒车车令 $I_s=1$ 时
    C. 停车继电器获电时　　　　　　　　D. 倒车继电器获电时

57. 在如图 9-6 所示的主机换向逻辑回路中,满足供油的条件是_____。
    ①有动车车令;②车令与凸轮轴位置一致;③车令与主机转向不一致;④车令与凸轮轴位置不一致;⑤无应急停车命令;⑥车令与主机转向一致。
    A. ①②④⑤　　　B. ①③⑤⑥　　　C. ①②⑤⑥　　　D. ①③④⑤

58. 在如图 9-6 所示的主机换向逻辑回路中,停油装置在_____情况下将调油杆顶在停油位置。
    ①车钟在停车位置;②正车或倒车电磁阀有一失电;③换向伺服器无输出油压;④转向连锁装置无输出油压;⑤停油装置右气室有控制气压;⑥应急停车信号未复位。
    A. ①②④⑤　　　B. ①③④⑥　　　C. ①③④⑤　　　D. ①②⑤⑥

59. 设正车车令为 I_H,倒车车令为 I_s,正车凸轮轴位置为 C_H,倒车凸轮轴位置为 C_s,车向判别闭锁信号为 D_1,则 AUTOCHIEF-Ⅲ 的启动鉴别逻辑 Y_{SL} 为_____。
    A. $I_H C_H + I_S C_S + D_I$
    B. $(I_H C_H + I_S C_S) \overline{D_I}$
    C. $I_H C_H + I_S C_S + \overline{D_I}$
    D. $(I_H C_H + I_S C_S) D_I$

60. 主启动回路的逻辑功能不包括_____。
    A. 检测启动条件功能
    B. 启动鉴别逻辑功能
    C. 完成启动后的自动停止启动及气—油转换功能
    D. 启动时增压空气压力不限制功能

61. 在主机遥控系统中,如主启动阀无法开启,下述原因中错误的是_____。
    A. 盘车机未脱开　　　　　　　　　　B. 辅助鼓风机处于手动停机状态
    C. 主机转向与车令转向不符　　　　　D. 主机凸轮轴位置与车令位置不符

62. 在主机遥控系统中,主机启动逻辑回路的作用是_____。
    A. 保证主机停油　　　　　　　　　　B. 能使主机进行能耗制动
    C. 检测启动的逻辑条件　　　　　　　D. 能完成换向操作

63. 在主机遥控系统中,运行中完成换向后,主启动阀关闭时刻为_____。
    A. 供启动油量时刻　　　　　　　　　B. 换向完成时刻
    C. 高于发火转速时刻　　　　　　　　D. 低于发火转速时刻

64. 在主机遥控系统中,满足启动的准备逻辑条件是_____。
    A. 盘车机脱开　　　　　　　　　　　B. 盘车机合上
    C. 车令与凸轮轴位置不一致　　　　　D. 主机要停油

65. 在主机遥控系统中,启动的准备逻辑条件是 Y_{SC},启动的鉴别逻辑为 Y_{SL},在启动过程中,当主

机转速达到发火转速时,则_____。

A. $Y_{SC}=0, Y_{SL}=0$ B. $Y_{SC}=0, Y_{SL}=1$
C. $Y_{SC}=1, Y_{SL}=0$ D. $Y_{SC}=1, Y_{SL}=1$

66. 在主机遥控系统中,用Y_{SC}表示启动的准备逻辑条件,用Y_{SL}表示启动的鉴别逻辑,当把车钟手柄从正车半速挡扳到倒车微速挡时,则_____。

A. $Y_{SC}=0, Y_{SL}=0$ B. $Y_{SC}=0, Y_{SL}=1$
C. $Y_{SC}=1, Y_{SL}=0$ D. $Y_{SC}=1, Y_{SL}=1$

67. 在主机遥控系统中,用Y_{SC}表示启动的准备逻辑条件,用Y_{SL}表示启动的鉴别逻辑,当把车钟手柄从倒车低速挡扳到正车全速挡,且完成换向后,则_____。

A. $Y_{SC}=0, Y_{SL}=0$ B. $Y_{SC}=0, Y_{SL}=1$
C. $Y_{SC}=1, Y_{SL}=0$ D. $Y_{SC}=1, Y_{SL}=1$

68. 在主机遥控系统中,用Y_{SC}表示启动的准备逻辑条件,用Y_{SL}表示启动的鉴别逻辑,当把车钟手柄从全速正车扳到倒车微速挡,且完成换向时刻,则_____。

A. $Y_{SC}=0, Y_{SL}=0$ B. $Y_{SC}=0, Y_{SL}=1$
C. $Y_{SC}=1, Y_{SL}=0$ D. $Y_{SC}=1, Y_{SL}=1$

69. 在主机遥控系统中,用Y_{SC}表示启动的准备逻辑条件,用Y_{SL}表示启动的鉴别逻辑,当把车钟手柄从微速倒车挡扳到正车全速挡,且在换向过程中,则_____。

A. $Y_{SC}=0, Y_{SL}=0$ B. $Y_{SC}=0, Y_{SL}=1$
C. $Y_{SC}=1, Y_{SL}=1$ D. $Y_{SC}=1, Y_{SL}=0$

70. 在主机遥控系统中,用Y_{SC}表示启动的准备逻辑条件,用Y_{SL}表示启动的鉴别逻辑,在启动过程中,出现一次启动时间的过长信号,则_____。

A. $Y_{SC}=0, Y_{SL}=0$ B. $Y_{SC}=0, Y_{SL}=1$
C. $Y_{SC}=1, Y_{SL}=0$ D. $Y_{SC}=1, Y_{SL}=1$

71. 在主机遥控系统中,用Y_{SC}表示启动的准备逻辑条件,用Y_{SL}表示启动的鉴别逻辑,在第二次启动过程中,则_____。

A. $Y_{SC}=0, Y_{SL}=0$ B. $Y_{SC}=0, Y_{SL}=1$
C. $Y_{SC}=1, Y_{SL}=0$ D. $Y_{SC}=1, Y_{SL}=1$

72. 在主机遥控系统中,用Y_{SC}表示启动的准备逻辑条件,用Y_{SL}表示启动的鉴别逻辑,现主机在停车状态(车令中手柄在停车位置),则_____。

A. $Y_{SC}=0, Y_{SL}=0$ B. $Y_{SC}=0, Y_{SL}=1$
C. $Y_{SC}=1, Y_{SL}=0$ D. $Y_{SC}=1, Y_{SL}=1$

73. 在主机遥控系统中,启动的鉴别逻辑条件是_____。

A. 车令与转向一致 B. 车令与凸轮轴位置一致
C. 转速低于发火转速 D. 停油

74. 如果用I_H, I_S分别表示正、倒车指令,用C_H, C_S分别表示凸轮轴在正、倒车位置,那么在启动时应满足的条件是_____。

A. $Y_{SL}=I_H C_S + I_S C_H$ B. $Y_{SL}=I_H \overline{C_H} + I_S \overline{C_S}$
C. $Y_{SL}=\overline{I_H} C_H + \overline{I_S} C_S$ D. $Y_{SL}=I_H C_H + I_S C_S$

75. 启动逻辑表达式中,满足启动准备条件的输入信号之间的逻辑关系是_____。
    A. 逻辑与   B. 逻辑非   C. 逻辑或   D. 逻辑或非
76. 主机启动的准备条件不包括_____。
    A. 故障停车已复位   B. 操作部位转换完成
    C. 凸轮轴换向完毕   D. 操作空气压力正常
77. 主机遥控系统主启动回路的基本功能中不包括_____。
    A. 能检验启动条件   B. 能判别启动逻辑条件
    C. 能进行能耗和强制制动   D. 能自动进行主机启动
78. 以下_____是应急启动指令信号。
    A. $I_E = 1$ B. $Y_{SC} = 1$ C. $Y_{SC} = 0$ D. $Y_{SO} = 0$
79. 在启动的逻辑表达式中,表示满足启动准备条件的逻辑表达式是_____。
    A. $Y_{SO} = Y_{SC} \cdot Y_{SL}$ B. $Y_{SC} = 1$ C. $I_H = I_S \cdot \overline{I_S}$ D. $Y_{SC} = 0$
80. 在启动的逻辑表达式中,表示满足可启动条件的逻辑表达式是_____。
    A. $Y_{SO} = Y_{SC} \cdot Y_{SL}$ B. $Y_{SC} = 1$ C. $I_H = I_S \cdot \overline{I_S}$ D. $Y_{SC} = 0$
81. 在主机遥控系统的启动逻辑路中,满足启动逻辑条件时,其启动的准备条件与启动鉴别逻辑之间的逻辑关系应为_____。
    A. 与的逻辑关系   B. 或的逻辑关系   C. 与非逻辑关系   D. 异或逻辑关系
82. 在主机遥控系统中,用 $V_M = 1$ 表示主启动阀打开,用 $V_B = 1$ 表示分配器已投入工作,则在正常启动过程中 V_M 和 V_B 的状态为_____。
    A. 0 0   B. 0 1   C. 1 0   D. 1 1
83. 在主机遥控系统中,用 $V_M = 1$ 表示主启动阀打开,用 $V_B = 1$ 表示空气分配器已投入工作,当车令与转向一致且主机转速高于发火转速时,其 V_M 和 V_B 的状态为_____。
    A. 0 0   B. 0 1   C. 1 0   D. 1 1
84. 在主机遥控系统中,用 Y_{SC} 表示启动的准备逻辑条件,用 Y_{SL} 表示启动鉴别逻辑,用 N_1 表示高于发火转速,用 F_3 表示有三次启动失败信号,则启动的逻辑表达式 Y_{SO} 为_____。
    A. $Y_{SO} = Y_{SC} \cdot Y_{SL}$ B. $Y_{SO} = Y_{SC} \cdot \overline{N_1} \cdot \overline{F_3} + Y_{SL}$
    C. $Y_{SO} = Y_{SC} + Y_{SL} + \overline{F_3} + \overline{N_1}$ D. $Y_{SO} = Y_{SC} \cdot Y_{SL} \cdot F_3 \cdot N_1$
85. 在主机遥控系统中,启动逻辑回路的功能不包括_____。
    A. 检测启动逻辑条件功能   B. 启动鉴别逻辑功能
    C. 启动时增压空气压力不限油功能   D. 主机达到发火转速自动停止启动功能
86. 主机遥控系统主启动回路的基本功能是_____。
    ①有检验启动条件的功能;②能判别启动逻辑条件;③能自动进行主机启动;④启动成功后自动停止启动;⑤能进行能耗制动;⑥能进行强制制动。
    A. ①②③④   B. ③④⑤⑥   C. ②③④⑤   D. ①③④⑥
87. 主机遥控系统的主启动逻辑回路中,其启动准备逻辑条件包括_____。
    ①启动的鉴别逻辑;②换向的鉴别逻辑;③制动的鉴别逻辑;④盘车机脱开;⑤低于发火转速;⑥滑油压力正常。
    A. ①②⑥   B. ③④⑥   C. ②③⑤   D. ④⑤⑥

88. 主机遥控系统主启动逻辑回路如图 9-7 所示,该回路输出启动信号时,不包括的启动条件是_____。

    A. 启动鉴别逻辑　　　　　　　　　B. 制动鉴别逻辑
    C. 控制空气压力正常　　　　　　　D. 测速装置无故障

89. 主机遥控系统主启动逻辑回路如图 9-7 所示,主启动逻辑回路输出 $\overline{Y_S}=0$ 的条件是_____。

    A. 车令与凸轮轴位置不一致,且低于发火转速
    B. 车令与凸轮轴位置一致,且高于发火转速
    C. 车令与转向不一致,且高于制动转速
    D. 车令与转向不一致,且低于制动转速

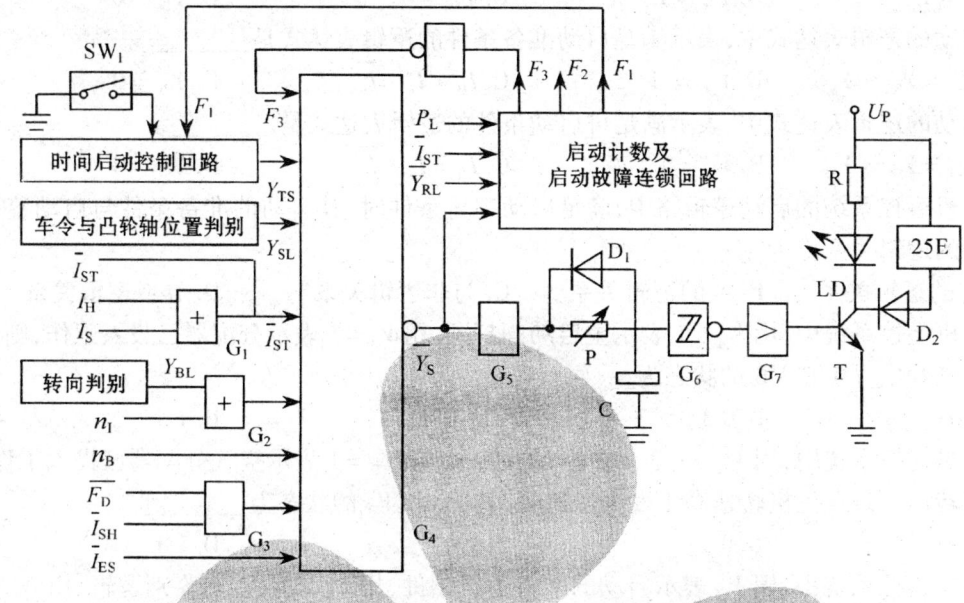

图 9-7

90. 主机遥控系统主启动逻辑回路如图 9-7 所示,当主启动逻辑回路输出 $\overline{Y_S}=1$ 时,启动控制电磁阀 25E 及主启动阀的状态为_____。

    A. 通电,关闭　　　B. 断电,关闭　　　C. 通电,打开　　　D. 断电,打开

91. 主机遥控系统主启动逻辑回路如图 9-7 所示,把车钟手柄从正车全速扳到倒车某速度挡,主启动阀开启时间和关闭时刻为(令主机转速为 n)_____。

    A. $n>n_B, n>n_I$　　B. $n<n_B, n<n_I$　　C. $n>n_B, n>n_I$　　D. $>n_B, n<n_I$

92. 主机遥控系统主启动逻辑回路如图 9-7 所示,阻容 PC 环节的作用是_____。

    A. 滤波　　　　　　　　　　　　　B. 隔直
    C. 使动作加快　　　　　　　　　　D. 使主启动阀能延时关闭

93. 主机遥控系统主启动逻辑回路如图 9-7 所示,其中启动电磁阀驱动电路前设置了一个单向延时器,其作用是_____。

    A. 用于一次启动时间计时
    B. 用于总启动时间计时

C. 用于慢转启动时间计时
D. 补偿启动操作系统的滞后效应,实现电—气匹配

94. 主机遥控系统主启动逻辑回路如图9-7所示,设正车车令为 I_H,倒车车令为 I_S,正车凸轮轴位置为 C_H,倒车凸轮轴位置为 C_S,车向判别闭锁信号为 D_I,则AUTOCHIEF-Ⅲ的启动鉴别逻辑 Y_{SL} 为_____。

A. $I_H C_H + I_S C_S + D_I$ 　　　　　　B. $(I_H C_H + I_S C_S) D_I$
C. $I_H C_H + I_S C_S + \overline{D_I}$ 　　　　　　D. $(I_H C_H + I_S C_S) \overline{D_I}$

95. 主机遥控系统主启动逻辑回路如图9-7所示,从强制制动工况转换到启动工况的过程是_____。
（如下：Y_{SL}="1"表示车向一致；Y_{BL}="0"表示转向一致；N_1="1"表示转速低于发火转速；N_B="1"表示转速低于制动转速。）
A. 主机凸轮轴换向后,车向判别回路输出 Y_{SL} 从"0"变为"1"
B. 主机转速降到制动转速以下,从"0"变为"1"
C. 主机转速降到发火切换转速,N_1 从"0"变为"1"
D. 主机转速过零后,转向判别回路输出 Y_{BL} 从"1"变为"0"

96. 主机遥控系统主启动逻辑回路如图9-7所示,发启动信号($\overline{Y_S}=0$)的逻辑条件包括_____。
①无启动故障信号 $\overline{F_3}=1$；②车令与凸轮轴位置一致 $Y_{SL}=1$；③盘车机脱开 $T_G=1$；④滑油压力正常 $P_L=1$；⑤测速系统无故障 $\overline{F_D}=1$；⑥控制空气压力正常 $P_0=1$。
A. ①②⑤　　B. ③④⑥　　C. ②③⑥　　D. ①④⑤

97. 主机遥控系统主启动逻辑回路如图9-7所示,能封锁启动回路终止启动的信号有_____。
①时间启动失败；②启动空气压力太低；③第三次启动达到发火转速；④启动成功,主机在供油下运行；⑤第三次启动失败；⑥一次启动时间过长。
A. ①③④⑤　　B. ②④⑤⑥　　C. ③④⑤⑥　　D. ①②③④

98. 主机遥控系统的制动状态是发生在_____。
A. 车令与凸轮轴位置一致,且转向也一致
B. 车令与凸轮轴位置一致,但转向不一致
C. 车令与凸轮轴位置不一致,且与转向也不一致
D. 车令与凸轮轴位置不一致,但与转向一致

99. 通常主机遥控系统满足供油的条件是_____。
①有动车车令；②车令与凸轮轴位置一致；③车令与主机转向不一致；④车令与凸轮轴位置不一致；⑤无应急停车命令；⑥车令与主机转向一致。
A. ①②④⑤　　B. ①③⑤⑥　　C. ①②⑤⑥　　D. ①③④⑤

100. 主机遥控系统转向判别回路中,Y_{BL} 输出为1的条件是_____。
①转向与车令不一致；②转向与车令一致；③停车状态；④在换向过程中；⑤在制动过程中；⑥主机在较高转速。
A. ①②④⑥　　B. ①②③⑤　　C. ①④⑤⑥　　D. ①③④⑥

101. 在主机遥控系统中,转向鉴别逻辑 Y_{BL} 为0的条件是_____。
①车令与转向一致；②车令与转向不一致；③在停车状态；④在停车换向过程中；⑤在运行中

换向时；⑥在制动过程中。

A. ①②⑤   B. ②④⑥   C. ②③⑥   D. ①③④

102. 主机遥控系统的重复启动回路如图9-8所示，停车后的启动 $F_3 = 1(\overline{F_3} = 0)$ 的条件是_____。

A. 时间启动失败   B. 第三次启动达到发火转速

C. 重启动失败   D. 主启动回路输出 $\overline{Y_S} = 0$

103. 主机遥控系统的重复启动回路如图9-8所示，若三次启动均失败，则 $\overline{F_3}$、$\overline{Y_S}$ 及 D 触发器 2F 的输出 Q 的状态分别为_____。

A. 0 1 0   B. 0 1 1   C. 1 0 1   D. 1 1 1

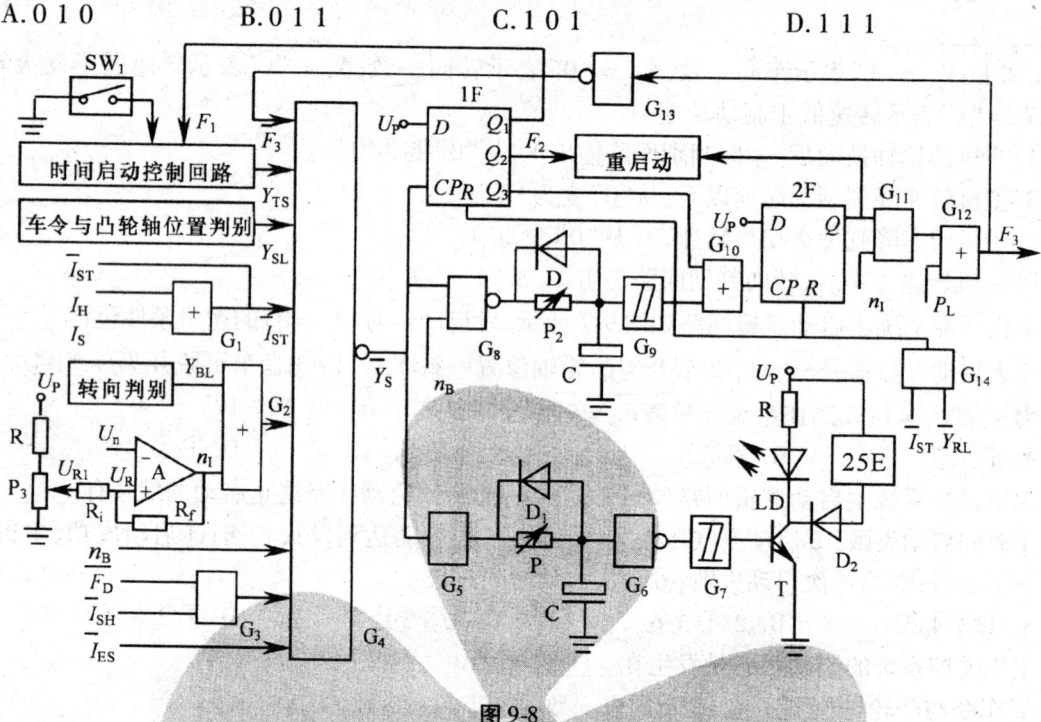

图 9-8

104. 主机遥控系统的重复启动回路如图9-8所示，移位寄存器 IF 的输出状态 $Q_3Q_2Q_1 = 0\,0\,1$，主机的状态及 $Q_1 = 1$ 的作用是_____。

A. 在启动过程中，记录一次启动

B. 第二次启动达到发火转速，记录一次启动

C. 第一次启动达到发火转速，切除时间启动

D. 第一次启动失败，切除时间启动

105. 主机遥控系统的重复启动回路如图9-8所示，移位寄存器 IF 的状态 $Q_3Q_2Q_1 = 1\,1\,1$，主机的状态及 $Q_3 = 1$ 的作用是_____。

A. 第三次启动失败，记录启动三次

B. 第三次启动达到发火转速，为发出启动故障连锁信号作准备

C. 表明主机已在供油下正常运行，不能发出启动故障连锁信号

D. 在第三次启动过程中，$Q_1 = 1$ 表示在重启动

106. 主机遥控系统的重复启动回路如图9-8所示,一次启动的持续计时时间大约为_____。
    A. 3～5 s   B. 5～8 s   C. 8～11 s   D. 15～19 s

107. 主机遥控系统的重复启动回路如图9-8所示,一次启动计时是由电位器P_2、二极管D及电容C实现的,在第一次启动计时时间内,$\overline{Y}_S$、F_3的状态为_____,计时过程为_____。
    A. 0 0/经P_2向电容C充电   B. 0 0/C经P_2放电
    C. 1 0/C经P_2向电容C充电   D. 0 1/C经P_2放电

108. 在AUTOCHIEF-Ⅲ型主机遥控系统的重复启动回路(如图9-8所示)中,一次启动计时是由电位器P_2、二极管D及电容C等部件实现的,当第一次启动达到发火转速时,则D触发器2F的输出状态为_____,电容电压变化过程为_____。
    A. 1/C经P_2充电   B. 1/C经P_2放电
    C. 0/C经P_2充电   D. 0/C不经P_2直接放电

109. 主机遥控系统的重复启动回路如图9-8所示,$F_3=0$的条件是_____。
    A. 切除时间启动   B. 第三次启动达到发火转速
    C. 在重启动过程中   D. 启动空气压力太低

110. 主机遥控系统的重复启动回路如图9-8所示,第二次正常启动与下一次启动的时间间隔是由_____实现的。
    A. 主机转速由高于发火转速下降到零   B. 斯密特电路的回差
    C. 经电位器向电容充电计时   D. 电容经电位器放电计时

111. 主机遥控系统的重复启动回路如图9-8所示,重复启动是按_____安排的。
    A. 转速原则   B. 时序原则
    C. 启动次数原则 D. 转速时序原则

112. 主机遥控系统的重复启动回路如图9-8所示,记录启动次数是由_____。
    A. 2个D触发器组成的移位寄存器   B. 2个JK触发器组成的移位寄存器
    C. 3个D触发器组成的移位寄存器   D. 2个RS触发器组成的移位寄存器

113. 主机遥控系统的重复启动回路如图9-8所示,开始启动的信号是(车令与转向一致$Y_{BL}=0$)_____。
    A. $Y_{BL}=0, N_I=1$ B. $Y_{BL}=0, N_I=0$
    C. $Y_{BL}=1, N_B=0$ D. $Y_{BL}=1, N_B=1$

114. 主机遥控系统的重复启动回路如图9-8所示,发启动失败报警的情况是_____。
    A. 时间启动失败   B. 一次启动时间过长
    C. 在重启动过程中   D. 第四次启动开始

115. 主机遥控系统的重复启动回路如图9-8所示,第二次启动成功,则移位寄存器IF的$Q_3Q_2Q_1$的状态为_____,使它复位的时刻为_____。
    A. 0 1 0/停车后下一次启动时   B. 0 1 1/有停车指令时
    C. 1 0 0/停车后下一次启动时   D. 1 0 1/有停车指令时

116. 主机遥控系统的重复启动回路如图9-8所示,第三次启动成功,则移位寄存器IF的$Q_3Q_2Q_1$及F_3的状态为_____,使IF复位的时刻为_____。
    A. 0 1 1 1/停车后下次启动   B. 0 1 1 0/停车后下一次启动

C.1110/有停车指令　　　　　　　　D.1111/有停车指令

117. 主机遥控系统的重复启动回路如图9-8所示,对主机进行重启动的情况是_____。
    A.第一次时间启动失败,进行第二次启动
    B.第一次正常启动失败,下一次启动
    C.只要进行第二次启动
    D.第三次启动

118. 主机遥控系统的重复启动回路如图9-8所示,发动动失败声光报警的原因是_____。
    A.时间启动失败　　　　　　　　B.第三次启动达到发火转速
    C.在重启动过程中　　　　　　　D.第三次启动失败

119. 主机遥控系统的重复启动回路如图9-8所示,在_____情况下终止启动并发出启动失败报警。
    A.时间启动失败　　　　　　　　B.转速超过发火切换转速
    C.一次持续启动时间太长　　　　D.A 或 C

120. 主机遥控系统的重复启动回路如图9-8所示,在_____情况下不进行重启动。
    A.全速换向中的第一次启动　　　B.停车后的第二次启动
    C.应急启动　　　　　　　　　　D.停车后的第三次启动

121. 主机遥控系统的重复启动回路如图9-8所示,主机在第二次启动时,其启动次数移位寄存器输出 $F_1F_2F_3$ 为_____。
    A.010　　　B.011　　　C.001　　　D.100

122. 主机遥控系统的重复启动回路如图9-8所示,当移位寄存器输出 $Q_3Q_2Q_1＝011$ 时,它是_____。
    A.第三次启动失败　　　　　　　B.第三次启动达到发火转速
    C.第一次启动失败　　　　　　　D.第二次启动达到发火转速

123. 主机遥控系统的重复启动回路如图9-8所示,若第一次启动一直达不到发火转速而发启动失败报警时,移位寄存器 $Q_3Q_2Q_1$ 的状态是_____。
    A.001　　　B.011　　　C.100　　　D.111

124. 主机遥控系统的重复启动回路如图9-8所示,在什么情况下启动故障连锁信号无启动闭锁作用_____。
    A.一次持续启动时间过长　　　　B.时间启动计时到达
    C.第三次启动失败　　　　　　　D.启动空气压力太低

125. 主机遥控系统的重复启动回路如图9-8所示,为提高发火转速,且增长两次启动时间间隔,其调整方法是_____。
    A.调电位器 P_3 增大 A 同相端电压,且减小同相端输入电阻
    B.调电位器 P_3 增大 A 同相端电压,且增大同相端输入电阻
    C.调电位器 P_3 减小 A 同相端电压,且减小同相端输入电阻
    D.调电位器 P_3 减小 A 同相端电压,且增大同相端输入电阻

126. 主机遥控系统的重复启动回路如图9-8所示,其正确的说法是_____。
    A.重复启动属于转速时序控制方式　　B.转速时序的中断控制是按时间原则

C. 转速时序的中断控制是按转速原则　　D. 第一次启动采用时间启动

127. 主机遥控系统的重复启动回路如图9-8所示,重复启动的中断启动和持续启动的时间是由_____来确定。

　　A. 迟滞比较器上、下限　　　　　　B. 启动计数器
　　C. 防抖电路　　　　　　　　　　　D. 触发器2F

128. 主机遥控系统的重复启动回路如图9-8所示,发启动失败报警的情况是_____。

　　A. 时间启动失败　　　　　　　　　B. 第三次启动达到发火转速
　　C. 在重启动过程中　　　　　　　　D. 第三次启动失败

129. 主机遥控系统的重复启动回路如图9-8所示,移位寄存器 $Q_3Q_2Q_1$ 的状态分别表示_____。

　　①$Q_3Q_2Q_1=000$,处于复位状态,即车钟手柄在停车位,或车令与凸轮轴位置不符;
　　②$Q_3Q_2Q_1=001$,第一次启动失败,为下次重启动作准备;③$Q_3Q_2Q_1=001$,第一次启动成功,切除时间启动;④$Q_3Q_2Q_1=010$,第二次启动达到发火转速,为第三次重启动作准备;
　　⑤$Q_3Q_2Q_1=011$,第二次启动达到发火转速,为第三次重启动作准备;⑥$Q_3Q_2Q_1=111$,第三次启动失败,$F_3=0$ 封锁启动回路。

　　A. ②④⑥　　　B. ③④⑤　　　C. ①③⑤　　　D. ②③④

130. 主机遥控系统的重复启动回路中,采用斯密特电路确定启动成功与失败。如图9-9所示,其中运算放大器 A 同相输入端电压为 U_R,反相端接实际转速所对应的电压 U_n,则_____。

　　A. $U_n > U_{RF}$ 启动成功, $U_n < U_{RF}$ 启动失败
　　B. $U_n > U_{RL}$ 启动成功, $U_n < U_{RF}$ 启动失败
　　C. $U_n > U_{RF}$ 启动成功, $U_n < U_{RL}$ 启动失败
　　D. $U_n > U_{RL}$ 启动成功, $U_n < U_{RF}$ 启动失败

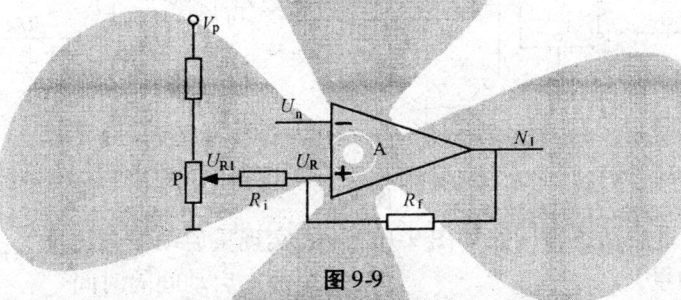

图9-9

131. 主机遥控系统的重复启动回路中,采用斯密特电路确立两次启动的间隔时间,其电路如图9-9所示,其中,运算放大器 A 工作电源为正极性电源电压及 0 V,则该电路的回差为_____。

　　A. $\Delta = U_{R1} - U_r$　　　　　　B. $\Delta = U_{R1} - U_n$
　　C. $\Delta = \dfrac{R_i}{R_f + R_i} U_0^+$　　D. $\Delta = \dfrac{R_f}{R_f + R_i} U_0^+$

132. 有一斯密特电路如图9-9所示,为增加两次启动的时间间隔,其调整方法是_____。

　　A. 上移电位器 P 触头使 U_{R1} 增大　　B. 下移电位器 P 触头,使 U_{R1} 减小
　　C. 增大反馈电阻 R_f　　　　　　　　D. 增大输入电阻 R_i

133. 有一斯密特电路如图 9-9 所示,当把电位器 P 的触头上移时,则_____。
    A. 提高了发火转速　　　　　　　B. 降低了发火转速
    C. 回差增大　　　　　　　　　　D. 回差减小

134. 有一斯密特电路如图 9-9 所示,当下移电位器 P 触头时,则_____。
    A. 上限值 U_{RF} 升高,回差增大　　B. 上限值降低,回差不变
    C. 上限值 U_{RF} 升高,回差减小　　D. 下限值升高,回差减小

135. 有一斯密特电路如图 9-9 所示,当一次启动失败,间隔时间极短就进行下一次启动,其可能原因是_____。
    A. U_{R1} 电压值调得太高　　　　B. U_{R1} 电压值调得太低
    C. 电阻值 R_f 太小　　　　　　　D. 电阻值 R_i 太小

136. 有一斯密特电路如图 9-9 所示,若反馈电阻 R_f 烧坏,现调换一个电阻值比原来小的电阻,则可能出现的现象是_____。
    A. 两次启动时间间隔加长　　　　B. 两次启动时间间隔缩短
    C. 提高了发火转速　　　　　　　D. 降低了发火转速

137. 主机遥控系统中重启动逻辑回路如图 9-10 所示,运行中完成换向后,重启动是发生在_____。
    A. 第一次的时间启动　　　　　　B. 切除时间启动的第一次启动
    C. 切除时间启动的第二次启动　　D. 二次正常启动后的第三次启动

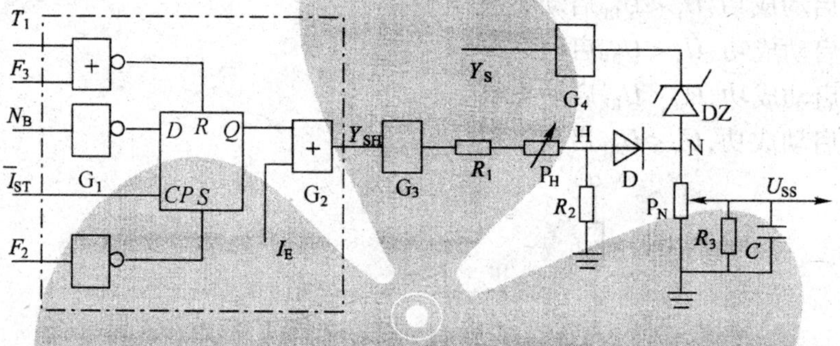

图 9-10

138. 主机遥控系统中重启动逻辑回路如图 9-10 所示,实现重启动的方法是_____。
    A. 增加启动供油量　　　　　　　B. 缩短两次启动间隔时间
    C. 提高发火转速　　　　　　　　D. 切除增压空气压力限制

139. 主机遥控系统中重启动逻辑回路如图 9-10 所示,重启动成功后复位是在_____时进行的。
    A. 启动成功后自动复位　　　　　B. 启动成功后停机
    C. 停车后下次启动　　　　　　　D. 达到发火转速

140. 主机遥控系统中重启动逻辑回路如图 9-10 所示,在哪种情况下不进行重启动?_____。
    A. 全速换向中的第一次启动　　　B. 停车后的第二次启动
    C. 应急启动　　　　　　　　　　D. 停车后的第三次启动

141. 主机遥控系统中重启动逻辑回路如图 9-10 所示,满足重启动的逻辑条件是_____。

A. 主机停车后的第二次启动 　　　　　B. 一次持续启动时间过长的再启动
C. 主机停车后的第三次启动 　　　　　D. 时间启动失败后的再启动

142. 主机遥控系统中重启动逻辑回路如图 9-10 所示,在哪几种情况下进行重启动? _____。
①停车后的首次启动;②全速换向中的第一次启动;③停车后的第三次启动;④停车后的第二次启动;⑤全速换向过程中的第二次启动;⑥应急启动。
A. ①②④　　　　B. ①③⑥　　　　C. ②④⑤　　　　D. ②③⑥

143. 主机遥控系统中重启动逻辑回路如图 9-10 所示,重启动的逻辑条件是_____。
①应急启动;②倒车启动;③第三次启动;④换向过程中的启动;⑤停车时间过长的启动;⑥重复启动。
A. ①②⑤　　　　B. ①③④　　　　C. ①③⑥　　　　D. ①④⑤

144. 主机遥控系统中重启动逻辑回路如图 9-10 所示,其正确说法是_____。
①停车后的第一次启动为时间启动;②第二次启动为重启动;③时间启动是按纯时序原则安排;④非时间启动是按转速—时序原则安排启动;⑤正常启动失败后,间隔时间由计时电路实现;⑥第三次启动为重启动。
A. ①③⑤　　　　B. ②④⑤⑥　　　　C. ③④⑤⑥　　　　D. ①②④⑥

145. 主机遥控系统的电动重启动回路如图 9-10 所示,这个重启动回路的特点是_____。
A. 主机的倒车启动就进行重启动
B. 时间启动失败后的再次启动才进行重启动
C. 主机停车后的第二次重复启动就进行重启动
D. 主机停车后的第三次重复启动才进行重启动

146. 主机遥控系统的重启动回路如图 9-10 所示,如果将可变电阻 P_N 对地电阻值调大,则 _____。
A. 重启动供油量增大 　　　　　B. 正常启动供油量增大
C. 重启动发火转速提高 　　　　D. 正常启动发火转速提高

147. 主机遥控系统的重启动回路如图 9-10 所示,如果将可变电阻 P_H 有效电阻值调大,则 _____。
A. 重启动供油量减小 　　　　　B. 重启动供油量增大
C. 正常启动供油量减小 　　　　D. 正常启动供油量增大

148. 柴油机重复启动时,启动的总次数一般为_____。
A. 2 次　　　　B. 3 次　　　　C. 4 次　　　　D. 6 次

149. 主机遥控系统的重复启动回路基本功能不包括_____。
A. 多次重复启动　　B. 中断启动　　C. 终止启动　　D. 取消慢转启动

150. 在有三次重复启动的主机遥控系统中,若三次启动均失败,排除故障后要重新启动,必须_____。
A. 把车钟手柄搬到停车位置再启动　　B. 把车钟手柄搬到启动位置再采用重启动
C. 把车钟手柄搬到倒车位置进行重启动　D. 把车钟手柄搬到停车位置进行重启动

151. 在纯时序控制的重复启动回路中,每次启动持续时间为 3 s,两次启动之间的中断时间为 4 s,则总启动时间 TM 可以为_____。

A. 9 s   B. 12 s   C. 18 s   D. 24 s

152. 气动重复启动回路如图 9-11 所示,若阀 A301/3 一直卡死在右位,将会导致_____。
   A. 不能启动
   B. 只能正常启动一次
   C. 一直进行重复启动
   D. 重复启动三次后中止

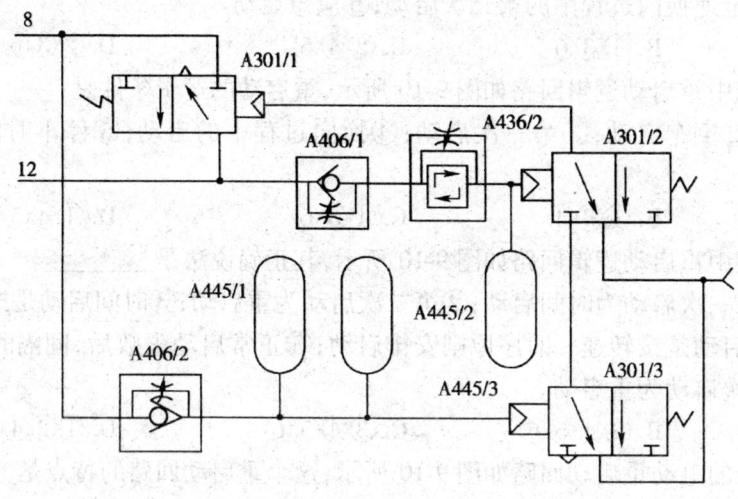

图 9-11

153. 用气动阀件组成的重复启动逻辑回路如图 9-11 所示,其重复启动是按_____实现的。
   A. 力平衡原理
   B. 力矩平衡原理
   C. 纯时序原则
   D. 时序—转速原则

154. 用气动阀件组成的重复启动逻辑回路如图 9-11 所示,8 是换向完成后送来启动信号,12 去启动回路,在正常启动过程中,阀 A301/1、A301/2、A301/3 控制端信号分别为_____状态。
   A. 0 0 1   B. 1 0 0   C. 1 1 0   D. 0 0 0

155. 用气动阀件组成的重复启动逻辑回路如图 9-11 所示,管 8 为 1 信号的条件是_____。
   A. 只要车令与凸轮轴位置一致
   B. 只要车令与转向一致
   C. 车令与凸轮轴位置一致,并当车令与转向不一致且低于发火转速
   D. 车令与转向一致且高于发火转速

156. 用气动阀件组成的重复启动逻辑回路如图 9-11 所示,从管 8 为 1 信号开始经阀 A406/2 向气容充气,使阀 A301/3 动作的延时时间为_____。
   A. 3 s   B. 3 ~ 5 s   C. 20 ~ 25 s   D. 15 ~ 19 s

157. 用气动阀件组成的重复启动逻辑回路如图 9-11 所示,当阀 A301/1 输出 0 信号,气容经阀 A406/1 放气,使阀 A301/2 复位的延时时间为_____。
   A. 3 ~ 5 s   B. 3 s   C. 8 ~ 11 s   D. 15 ~ 19 s

158. 用气动阀件组成的重复启动逻辑回路如图 9-11 所示,当阀 A301/1 输出 1 信号,并经阀 A436/2 向气容充气,使阀 A301/2 动作的延时时间为_____。
   A. 3 ~ 5 s   B. 3 s   C. 8 ~ 11 s   D. 15 ~ 19 s

159. 用气动阀件组成的重复启动逻辑回路如图9-11所示,当把车钟手柄从全速正车扳到全速倒车位,管12输出1信号的时刻为_____。
 A. 换向完成 B. 车令与转向一致
 C. 换向完成,且低于发火转速 D. 车令与转向一致,且低于发火转速

160. 用气动阀件组成的重复启动逻辑回路如图9-11所示,若阀 A301/1 一直卡死在右位,将会导致_____。
 A. 不能启动 B. 只能正常启动一次
 C. 一直进行重复启动 D. 重复启动三次后中止

161. 用气动阀件组成的重复启动逻辑回路如图9-11所示,若阀 A301/1 一直卡死在左位,将会导致_____。
 A. 不能启动 B. 重复启动逻辑回路功能失效
 C. 一直进行重复启动 D. 重复启动三次后中止

162. 用气动阀件组成的重复启动逻辑回路如图9-11所示,若阀 A301/2 卡在左位通的位置,则可能产生的故障现象为_____。
 A. 主机不能启动 B. 只能进行一次启动
 C. 一直启动到阀 A301/3 动作为止 D. 一直进行重复启动

163. 用气动阀件组成的重复启动逻辑回路如图9-11所示,若单向节流阀 A406/1 节流孔堵塞,则会_____。
 A. 不能启动 B. 只能进行一次正常启动
 C. 一直启动没有间隔时间 D. 一直进行重复启动

164. 用气动阀件组成的重复启动逻辑回路如图9-11所示,当分级延时阀 A436/2 节流孔堵塞时,则可能产生的故障现象为_____。
 A. 主机不能启动 B. 只能进行一次启动
 C. 一直启动到阀 A301/3 动作为止 D. 一直进行重复启动

165. 用气动阀件组成的重复启动逻辑回路如图9-11所示,当单向节流阀 A406/2 节流孔堵塞时,则可能产生的故障现象为_____。
 A. 主机不能启动 B. 只能进行一次启动
 C. 一直启动到阀 A301/3 动作为止 D. 一直进行重复启动

166. 用气动阀件组成的重复启动逻辑回路如图9-11所示,若气容 A445/3 严重漏泄,则可能产生的故障现象为_____。
 A. 主机不能启动 B. 只能进行一次启动
 C. 一直启动到阀 A301/3 动作为止 D. 一直进行重复启动

167. 用气动阀件组成的重复启动逻辑回路如图9-11所示,为了缩短两次启动的时间间隔,则应_____。
 A. 调小 A406/1 的节流阀 B. 调大 A406/1 的节流阀
 C. 调小 A406/2 的节流阀 D. 调大 A406/2 的节流阀

168. 用气动阀件组成的重复启动逻辑回路如图9-11所示,为了延长两次启动的时间间隔,则应_____。

A. 调小 A406/1 的节流阀　　　　　　　B. 调大 A406/1 的节流阀
C. 调小 A406/2 的节流阀　　　　　　　D. 调大 A406/2 的节流阀

169. 用气动阀件组成的重复启动逻辑回路如图9-11所示,为了延长重复启动的总时间,则应_____。
    A. 调小 A406/1 的节流阀　　　　　　　B. 调大 A406/1 的节流阀
    C. 调小 A406/2 的节流阀　　　　　　　D. 调大 A406/2 的节流阀

170. 用气动阀件组成的重复启动逻辑回路如图9-11所示,为了缩短重复启动的总时间,则应_____。
    A. 调小 A406/1 的节流阀　　　　　　　B. 调大 A406/1 的节流阀
    C. 调小 A406/2 的节流阀　　　　　　　D. 调大 A406/2 的节流阀

171. 用气动阀件组成的重复启动逻辑回路如图9-11所示,在第一次启动失败的3~5 s内阀 A301/1、A301/2、A301/3 控制端的状态是_____。
    A. 0 0 1　　　B. 0 1 0　　　C. 1 0 0　　　D. 1 1 0

172. 用气动阀件组成的重复启动逻辑回路如图9-11所示,若第一次启动成功,则重复启动回路的工作_____。
    A. 立即停止　　　　　　　　　　　　　B. 延时至第二次启动前
    C. 延时至第三次启动前　　　　　　　　D. 延时至第三次重复总计时结束

173. 用气动阀件组成的重复启动逻辑回路如图9-11所示,若三次启动均告失败,阀 A301/1、301/2、A301/3 的控制端信号分别为_____状态。
    A. 1 0 1　　　B. 0 1 1　　　C. 0 1 0　　　D. 0 0 0

174. 用气动阀件组成的重复启动逻辑回路如图9-11所示,当三次启动均失败时,阀 A301/1、A301/2、A301/3 的输出状态为_____。
    A. 0 0 0　　　B. 0 1 1　　　C. 1 0 0　　　D. 1 0 1

175. 主机重复启动逻辑回路一般可分为两种控制方式,即:①纯时序控制方式;②转速时序控制方式。如图9-11所示的气动重复启动逻辑回路中采用了_____方式。
    A. ①　　　　　B. ②　　　　　C. ①②　　　　D. 都不是

176. 气动重复启动逻辑回路如图9-11所示,当管路8有气时意味着_____。
    ①车令与凸轮轴位置一致;②车令与转向一致;③主机转速低于发火转速;④主机转速低于换向转速。
    A. ①②　　　　B. ①②③　　　C. ①③④　　　D. ①④

177. 主机遥控系统中,实现重复启动逻辑功能的方式不包括_____。
    ①程序逻辑;②转速控制;③时序逻辑;④程序—转速控制;⑤计时器方式;⑥时序—转速控制。
    A. ①②④⑤　　B. ①③④⑥　　C. ②③⑤⑥　　D. ②④⑤⑥

178. 主机遥控系统重复启动回路的基本功能是_____。
    ①多次重复启动;②中断启动;③启动次数或计时记忆;④终止启动;⑤取消慢转启动;⑥重启动。
    A. ①③④⑥　　B. ②③⑤⑥　　C. ①②③④　　D. ②④⑤⑥

179. 主机遥控系统重复启动回路不具备的功能是_____。
①多次重复启动;②中断启动;③启动次数或计时记忆;④终止启动;⑤取消慢转启动;⑥重启动。
   A. ②④　　　　B. ④⑤　　　　C. ⑤⑥　　　　D. ③⑥

180. 以下叙述的重启动基本概念中,_____是错误的。
   A. 重启动是指加大启动油量,提高启动空气切断转速的启动
   B. 加大启动油量可采用放宽最大允许启动油量限制来实现
   C. 提高启动空气切断转速的启动可采取提高启动设定转速来实现
   D. 重启动可在重复启动过程中自动生成

181. 主机一旦进入重启动工况,将保持其重启动方式,直到_____才撤销重启动。
   A. 主机转速达到发火切换转速时　　B. 主机第一次启动失败时
   C. 主机第二次启动失败时　　　　　D. 主机第三次启动失败后

182. 柴油机重启动是指_____的启动。
   A. 提高启动空气压力　　B. 加大供油量
   C. 缸套润滑不良时　　　D. 负荷过重时

183. 主机遥控系统重启动的逻辑条件其中不包括_____。
   A. 主机转速高于重启动发火转速　　B. 满足启动逻辑条件
   C. 有应急启动指令　　　　　　　　D. 有倒车启动指令

184. _____不是重启动的逻辑条件。
   A. 满足启动逻辑条件　　B. 转速超过启动发火转速
   C. 有重复启动指令　　　D. 有倒车启动指令

185. 重启动的应急启动指令、重复启动信号、倒车启动指令,三者的逻辑关系是_____。
   A. 与　　　　B. 或　　　　C. 非　　　　D. 或非

186. 在主机遥控系统中,用 Y_{SH} 表示重启动,I_E 为应急操纵指令,I_S 为倒车指令,F 为重复启动指令,Y_{SO} 为启动逻辑条件,N_H 为重启动转速,则重启动逻辑表达式为_____。
   A. $Y_{SH} = Y_{SO} + N_H + I_E + I_S + F$
   B. $Y_{SH} = (Y_{SO} + N_H) I_E \cdot I_S \cdot F$
   C. $Y_{SH} = Y_{SO} \cdot N_H (I_E + I_E + F)$
   D. $Y_{SH} = Y_{SO} (N_H + I_E + I_S + F)$

187. 主机遥控系统一般启动逻辑回路中,第一次启动失败,下一次启动应是_____。
   A. 慢转启动　　B. 正常启动　　C. 重启动　　D. 时间启动

188. 在采用主、辅启动阀的慢转启动控制中,如辅启动阀卡死无法打开,将导致_____。
   A. 主机在长时间停车后无法启动　　B. 主机在应急启动时无法启动
   C. 主机在换向过程中无法启动　　　D. 主机无法进行强制制动

189. 船舶离码头时,主机遥控系统控制主机启动的流程为_____。
   A. 慢转启动→正常启动　　　　　　B. 停车换向→慢转启动→正常启动
   C. 直接启动　　　　　　　　　　　D. 直接重启动

190. 柴油主机慢转启动指令形成的逻辑表达式(正逻辑)是_____。
   A. $Y_{SLD} = \overline{S_{Td}} \cdot \overline{I_{SC}} \cdot \overline{R_1} \cdot Y_{SH} \cdot Y_{SO}$
   B. $Y_{SLD} = S_{Td} \cdot I_{SC} \cdot R_1 \cdot \overline{Y_{SH}} \cdot Y_{SO}$
   C. $Y_{SLD} = S_{Td} \cdot \overline{I_{SC}} \cdot R_1 \cdot Y_{SH} \cdot Y_{SO}$
   D. $Y_{SLD} = S_{Td} \cdot I_{SC} \cdot R_1 \cdot Y_{SH} \cdot Y_{SO}$

191. 主机慢转启动的控制方案有_____。
    A. 控制主启动阀   B. 控制主启动阀开度
    C. 控制主、辅启动阀   D. B 或 C

192. 主机遥控系统慢转启动的逻辑条件不包括_____。
    A. 没有取消慢转启动的应急指令   B. 主机停车期间未断电
    C. 没有重启动信号   D. 满足启动逻辑条件

193. 主机遥控系统中,如果有应急运行指令,则_____过程被取消。
    A. 凸轮轴换向   B. 减压制动   C. 加压制动   D. 慢转启动

194. 在采用主、辅启动阀的慢转启动控制回路中,辅启动阀关闭的时刻为_____。
    A. 慢转电磁阀受控   B. 主机转过慢转规定转数
    C. 主机转速低于发火转速   D. 主机转速高于发火转速

195. 在采用主阀和辅阀的慢转启动回路中,在正常启动过程中_____。
    A. 主、辅阀全关   B. 主阀开、辅阀关
    C. 主、辅阀全开   D. 主阀关、辅阀开

196. 在改变主启动阀开度的慢转启动回路中,正常启动时,启动控制阀和慢转启动电磁阀的控制端信号分别是_____。
    A. 0 0   B. 0 1   C. 1 0   D. 1 1

197. 主机慢转启动指令的形成,主要原因在于主机_____。
    A. 负荷过重   B. 滑油压力过低
    C. 启动空气压力过低   D. 停车时间过长

198. 下列哪一项不是慢转启动的逻辑条件?_____。
    A. 停车期间系统曾失电   B. 主机达到规定的转速
    C. 主机停车时间过长   D. 没有应急取消慢转指令

199. 采用限制主启动阀开度的慢转启动回路如图 9-12 所示,如慢转启动电磁阀 V_{SL} 线圈烧断,则主机会出现_____。
    A. 主机不能正常启动   B. 主机启动过程平稳
    C. 主机每次启动过程加快   D. 主机没有慢转启动过程

200. 在改变主启动阀开度的慢转启动回路中,慢转指令形成后,启动控制阀和慢转电磁阀控制端信号分别应是_____。
    A. 0 0   B. 0 1   C. 1 0   D. 1 1

201. 在改变主启动阀开度的慢转启动回路中,若启动控制阀和慢转电磁阀控制端信号为 1 1,应进行_____。
    A. 慢转启动   B. 正常启动   C. 重启动   D. 重复启动

202. 不能实现主机慢转启动控制的方法是_____。
    A. 限制主启动阀开度   B. 降低发火切换转速
    C. 限制动力空气流量   D. 采用主、辅启动阀控制方法

203. 在主机遥控系统中,慢转启动的逻辑条件是_____。
    A. 停车时间超过规定的时间   B. 要有应急操纵指令

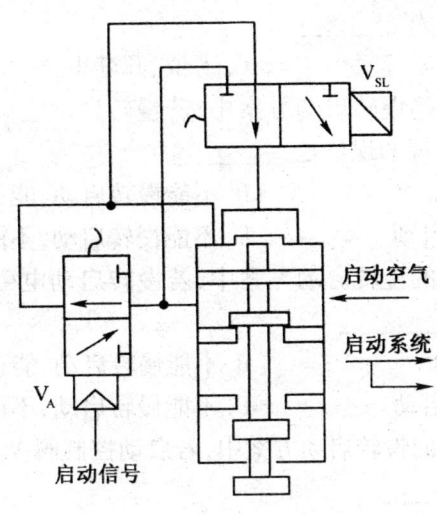

图 9-12

C. 在运行中完成换向的启动　　　　D. 车令与转向不一致且低于发火转速

204. 在主机遥控系统中,慢转启动作用是_____。
    A. 增加启动时间　　　　　　　　B. 防止启动时转速上升过快
    C. 防止启动过程供油　　　　　　D. 布油

205. 在采用限制主启动阀开度的慢转启动方案中,慢转启动电磁阀 V_{SL} 通电的条件是_____。
    A. 没有形成慢转指令且无启动指令　　B. 已形成慢转指令但有开车指令
    C. 只要形成慢转指令　　　　　　　　D. 没有慢转指令且有开车指令

206. 在采用限制主启动阀开度的慢转启动方案中,已形成慢转指令,但没有开车信号时,则慢转启动电磁阀输出为_____,小控制活塞在_____。
    A. 气源信号/下位　　　　　　　　B. 通大气/下位
    C. 气源信号/上位　　　　　　　　D. 通大气/上位

207. 在采用限制主启动阀开度的慢转启动方案中,没有形成慢转指令,但有启动信号,则慢转启动电磁阀输出为_____,小控制活塞在_____。
    A. 气源信号/下位　　　　　　　　B. 气源信号/上位
    C. 通大气/下位　　　　　　　　　D. 通大气/上位

208. 在采用限制主启动阀开度的慢转启动方案中,已形成慢转指令,且有开车指令时,小控制活塞的位置及主启动阀的开度为_____。
    A. 上位、全关　　　　　　　　　B. 下位、开度很小
    C. 上位、全开　　　　　　　　　D. 下位、全关

209. 在采用限制主启动阀开度的慢转启动方案中,在慢转启动过程中,主启动阀全开的时刻为_____。
    A. 撤销启动信号时　　　　　　　B. 启动达到发火转速时
    C. 主机转 1~2 转后　　　　　　　D. 供启动油量时

210. 在采用限制主启动阀开度的慢转启动方案中,尚未形成慢转指令,但有开车指令时,小控制

活塞位置及主启动阀开度为_____。
   A. 上位、全开   B. 上位、全关   C. 下位、开度小   D. 下位、全开

211. 在采用限制主启动阀开度的慢转启动方案中,若慢转启动电磁阀卡在左位通的位置(远离控制端位置通),则可能出现的现象是_____。
   A. 能慢转启动和正常启动   B. 不能慢转启动,能正常启动
   C. 能慢转启动,不能正常启动   D. 不能慢转启动,不能正常启动

212. 在采用限制主启动阀开度的慢转启动方案中,若慢转启动电磁阀卡在右位通(靠近控制端位)则可能出现的现象是_____。
   A. 能慢转启动和正常启动   B. 不能慢转启动,能正常启动
   C. 能慢转启动,不能正常启动   D. 不能慢转启动,不能正常启动

213. 在采用限制主启动阀开度的慢转启动方案中,若启动控制阀 V_A 卡在上位(远离控制端位),则可能出现的现象是_____。
   A. 能慢转启动和正常启动   B. 不能慢转启动,能正常启动
   C. 能慢转启动,不能正常启动   D. 不能慢转启动,不能正常启动

214. 在采用限制主启动阀开度的慢转启动方案中,没有形成慢转指令,但有启动指令,则启动控制阀 V_A 输出及主启动阀的开度为_____。
   A. 通气源、全开   B. 通大气、全开   C. 通气源、开度小   D. 通大气、全关

215. 在采用主、辅启动阀的慢转启动方案(如图9-13)中,若单项节流阀 V_D 的节流孔部分堵塞,则_____。
   A. 主机在启动过程中慢转启动的时间加长
   B. 主机在启动过程中慢转启动的时间缩短
   C. 主机在启动过程中进压缩空气的时间加长
   D. 主机在启动过程中进压缩空气的时间缩短

216. 在采用主、辅启动阀的慢转启动方案中,没有形成慢转指令,也没有启动指令,则主、辅阀开度为_____。
   A. 主、辅阀全开   B. 主阀开,辅阀关   C. 主阀关,辅阀开   D. 主、辅阀全关

217. 在采用主、辅启动阀的慢转启动方案中,若已形成慢转指令,但无启动指令,则主、辅阀开度为_____。
   A. 主、辅阀全开   B. 主阀开,辅阀关   C. 主阀关,辅阀开   D. 主、辅阀全关

218. 在采用主、辅启动阀的慢转启动方案中,若已形成慢转指令,且有启动指令,则主、辅阀开度为_____。
   A. 主、辅阀全开   B. 主阀开,辅阀关   C. 主阀关,辅阀开   D. 主、辅阀全关

219. 在采用主、辅启动阀的慢转启动方案中,已形成慢转指令时,主阀全开的时刻为_____。
   A. 发启动指令时   B. 达到发火转速时   C. 主机转1~2转时   D. 供启动油量时

220. 在采用主、辅启动阀的慢转启动方案中,若慢转启动电磁阀卡在下位(靠近控制端),则有启动信号后_____。
   A. 主、辅阀全开   B. 主阀开,辅阀关   C. 主阀关,辅阀开   D. 主、辅阀全关

221. 在采用主、辅启动阀的慢转启动方案中,若慢转启动电磁阀卡在上位(远离控制端),则有启

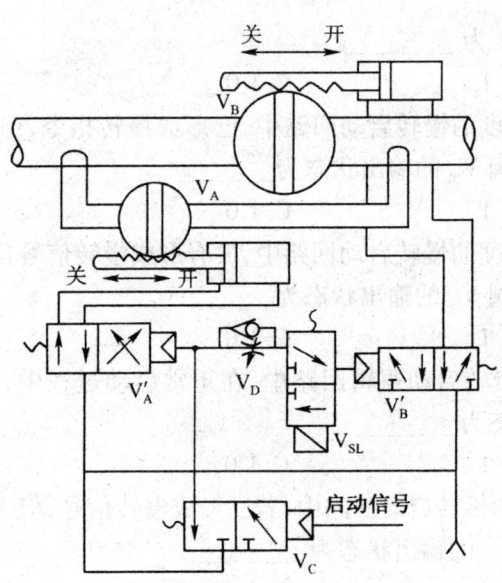

图 9-13

动信号后_____。

A. 主、辅阀全开　　B. 主阀开,辅阀关　　C. 主阀关,辅阀开　　D. 主、辅阀全关

222. 在采用主、辅启动阀的慢转启动方案中,若启动控制阀 V_C 卡在左位(远离控制端)时,则该阀的输出及主、辅启动阀的状态为_____。

A. 0 信号,主、辅阀全开　　　　　　B. 0 信号,主、辅阀全关

C. 1 信号,主、辅阀全开　　　　　　D. 1 信号,主、辅阀全关

223. 在采用主、辅启动阀的慢转启动方案中,若主阀能打开,而辅阀不能打开的可能原因是_____。

A. 没有启动信号　　　　　　　　　B. 辅阀控制阀 V'_A 卡在左位(远离控制端)

C. 辅阀控制阀 V'_A 卡在右位　　　　D. 启动控制阀 V_C 卡在左位(远离控制端)

224. 在采用主、辅启动阀的慢转启动方案中,若辅阀能打开,而主阀不能打开,其原因可能是_____。

A. 没有启动信号　　　　　　　　　B. 启动控制阀 V_C 卡在左位(远离控制端)

C. 慢转启动电磁阀线圈断路　　　　D. 慢转启动电磁阀卡在下位(靠近控制端)

225. 主机在长时间停车后的启动过程中,主、辅启动阀开启与关闭的情况为_____。

A. 辅阀开,主阀关—辅阀关,主阀开—主阀关

B. 辅阀开,主阀关—主阀开,辅阀关

C. 辅阀关,主阀开—主阀开,主阀关,辅阀关

D. 辅阀关,主阀开,主阀关—主阀关—辅阀关

226. 在采用限制主启动阀开度的慢转启动回路中,在正常启动过程中,启动控制阀 V_A 和慢转启动电磁阀 V_{SL} 的输出状态为_____。

A. 0 0　　　　B. 0 1　　　　C. 1 0　　　　D. 1 1

227. 在采用限制主启动阀开度的慢转启动回路中,在慢转启动过程中,启动控制阀 V_A 和慢转启

动电磁阀 V_{SL} 的输出状态为_____。
A. 00　　　　　　B. 01　　　　　　C. 10　　　　　　D. 11

228. 在采用限制主启动阀开度的慢转启动回路中,已形成慢转指令,但无启动指令时,启动控制阀 V_A 和慢转启动电磁阀 V_{SL} 的输出状态为_____。
A. 00　　　　　　B. 01　　　　　　C. 10　　　　　　D. 11

229. 在采用限制主启动阀开度的慢转启动回路中,没有形成慢转信号且无启动指令,则启动控制阀 V_A 和慢转启动电磁阀 V_{SL} 的输出状态为_____。
A. 00　　　　　　B. 01　　　　　　C. 10　　　　　　D. 11

230. 在采用主、辅启动阀的慢转启动逻辑回路中,在正常启动过程中,启动控制阀 V_C 和慢转启动电磁阀 V_{SL} 的输出状态为_____。
A. 00　　　　　　B. 01　　　　　　C. 10　　　　　　D. 11

231. 在采用主、辅主启动阀的慢转启动回路中,若已形成慢转信号,但无启动信号,则启动控制阀 V_C 和慢转启动电磁阀 V_{SL} 的输出状态为_____。
A. 00　　　　　　B. 01　　　　　　C. 10　　　　　　D. 11

232. 在主机遥控系统的启动逻辑回路中,按应急操纵按钮,能取消的功能是_____。
A. 慢转启动功能　　　　　　B. 重复启动功能
C. 重启动逻辑功能　　　　　　D. B + C

233. 在主机遥控系统中,不能实现慢转启动的方法是_____。
①降低发火转速;②改变主启动阀开度;③减小启动供油量;④减小启动空气压力;⑤经节流减小空气流量;⑥采用主辅启动阀。
A. ①②⑤⑥　　　B. ①③④⑤　　　C. ②③⑤⑥　　　D. ①②③④

234. 主机遥控系统慢转启动的逻辑条件有_____。
①主机停车时间超过规定时间;②没有取消慢转启动应急指令;③没有重启动信号;④满足启动逻辑条件;⑤主机转数或转速超过规定值;⑥主机停车期间未断电。
A. ①②③⑥　　　B. ①③④⑤　　　C. ①②③④　　　D. ①④⑤⑥

235. 在主机遥控系统中,逻辑控制功能通常包括_____。
①停车时的换向控制;②正常启动控制;③重启动控制;④慢转启动控制;⑤转速与负荷控制;⑥机旁应急操纵。
A. ①③④⑤　　　B. ①②③④　　　C. ②③④⑥　　　D. ②③⑤⑥

236. 柴油机车令与转向相符的逻辑表达式(正逻辑)为_____。
A. $Y_{BL} = \overline{I_H R_H} + I_S \overline{R_S}$　　　　　　B. $Y_{BL} = I_H \overline{R_H} + I_S \overline{R_S}$
C. $Y_{BL} = \overline{I_H R_S} + I_S R_H$　　　　　　D. $Y_{BL} = I_H \overline{R_S} + I_S \overline{R_H}$

237. 船舶柴油机在进行能耗制动时_____。
A. 车令与转向不符　　　　　　B. 车令与凸轮轴位置不符
C. 转速高于换向转速　　　　　　D. 燃油凸轮轴与空气分配器凸轮轴位置不符

238. 能耗制动时,对主机状态的错误理解是_____。
A. 主机转速高于发火转速　　　　　　B. 主启动阀打开,空气分配器工作
C. 主机仍按原方向转动　　　　　　D. 主机已停油

239. 在主机遥控系统中,下列哪个不是能耗制动的逻辑条件? _____。
    A. 车令与凸轮轴位置不一致   B. 换向完成
    C. 主机转速高于发火转速   D. 停油
240. 能耗制动发生在_____。
    A. 换向前   B. 较低转速下   C. 活塞下行时   D. 有应急指令时
241. 在主机能耗制动过程中,主启动阀和空气分配器的状态为_____。
    A. 主启动阀和空气分配器均关闭   B. 主启动阀开启空气分配器关闭
    C. 主启动阀关闭空气分配器开启   D. 主启动阀和空气分配器均开启
242. 关于柴油机制动的错误认识是_____。
    A. 能耗制动转速高于强制制动转速0.5~1倍
    B. 能耗制动是在应急操纵情况下的制动方式
    C. 强制制动力矩大于能耗制动的方式
    D. 能耗制动时气缸启动阀的开启时刻恰是该缸处膨胀冲程之际
243. 能耗制动区别于强制制动的主要特点是有_____指令。
    A. 车令与转向不符 B. 已经停油   C. 应急操作   D. 换向已经完成
244. 主机遥控系统的强制制动和启动控制回路如图9-14所示,由图中单项节流阀和管路组成的延时环节的作用是_____。
    A. 使二位三通阀30B延时动作,等待主机换向动作的完成
    B. 使二位三通阀30B延时动作,从而使主启动阀延时关闭
    C. 使二位三通阀30B迅速关闭,节省启动空气
    D. 使二位三通阀30B迅速关闭,以弥补有关控制阀件动作迟缓的不足

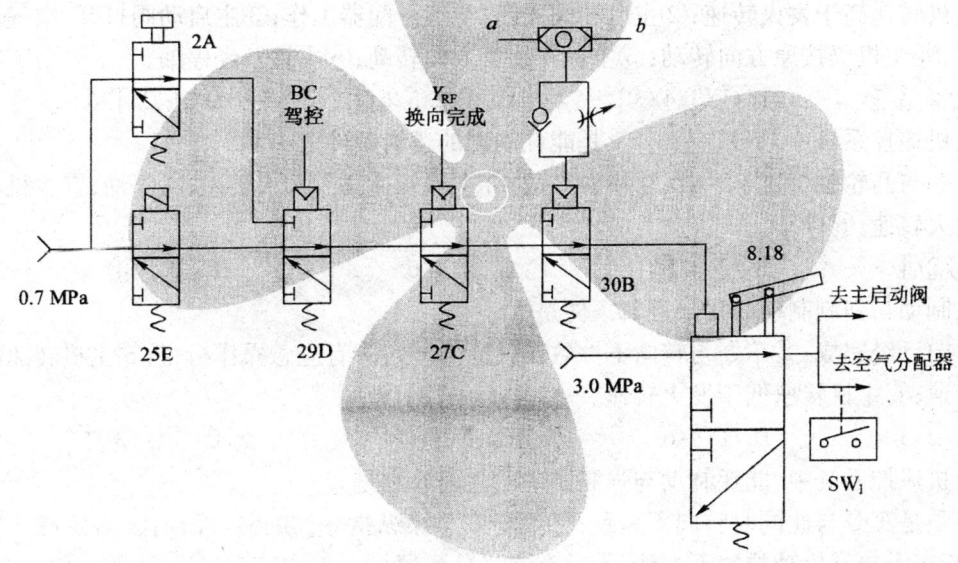

图9-14

245. 气动主机遥控系统当把手柄从正车全速扳到倒车位置时,并按下应急操作钮,当凸轮轴换向完成后,系统应首先进行_____。

A. 强制制动　　　　B. 能耗制动　　　　C. 重启动　　　　D. 倒车制动

246. 在主机遥控系统中,用 $V_M=1$ 表示主启动阀打开,用 $V_B=1$ 表示空气分配器投入工作,则在能耗制动过程中 V_M 与 V_B 的状态为_____。
    A. 00　　　　B. 01　　　　C. 10　　　　D. 11

247. 在主机遥控系统中,R 表示车令与转向一致,Y_R 表示车令与凸轮轴位置一致,Y_{RT} 表示已停油,有应急操纵指令 I_E 及主机转速低于发火转速用 N_1 表示,则能耗制动逻辑表达式 Y_{BRO} 为_____。
    A. $Y_{BRO}=Y_{RF}\cdot\overline{Y_{RT}}Y_{RT}\cdot Y_{BL}\cdot\overline{N_1}\cdot I_E$　　　B. $Y_{BRO}=Y_{RF}\cdot\overline{Y_{RT}}\cdot Y_{BL}\cdot\overline{N_1}\cdot I_E$
    C. $Y_{BRO}=Y_{RF}\cdot Y_{RT}\cdot\overline{Y_{BL}}\cdot\overline{N_1}\cdot I_E$　　　D. $Y_{BRO}=Y_{RF}\cdot Y_{RT}\cdot Y_{BL}\cdot\overline{N_1}\cdot I_{ST}$

248. 在主机遥控系统中,设能耗制动的柴油机一般是_____。
    A. 所有柴油主机　　　　B. 大型低速柴油主机
    C. 中速柴油主机　　　　D. 用于变距桨的柴油主机

249. 能耗制动与强制制动相异的逻辑条件是_____。
    A. 换向已经完成　　　　B. 车令与转向不一致
    C. 已经停油　　　　　　D. 主机转速高于发火转速

250. 在四冲程中速柴油机遥控系统中,能耗制动是发生在_____,控制_____投入工作。
    A. 正常换向完成时/主启动阀和空气分配器
    B. 正常换向完成时/空气分配器
    C. 应急换向完成时/空气分配器
    D. 应急换向完成中/空气分配器

251. 能耗制动时,主机的状态应是_____。
    ①主机转速高于发火转速;②主启动阀关闭,空气分配器工作;③主启动阀打开,空气分配器工作;④主机仍按原方向转动;⑤主机开始反方向转动;⑥主机已经停油。
    A. ①②③　　　　B. ①③④⑤　　　　C. ①②⑤⑥　　　　D. ①②④⑥

252. 在主机遥控系统中,下列_____是能耗制动的逻辑条件之一。
    ①车令与凸轮轴位置不一致;②换向完成;③主机转速高于发火转速;④停油;⑤主机转速低于发火转速;⑥停车。
    A. ①②④　　　　B. ②③⑤　　　　C. ②④⑥　　　　D. ②③④

253. 能耗制动与强制制动的相同逻辑条件是_____。
    ①换向已经完成;②车令与转向不一致;③已经停油;④有应急操作指令;⑤主机转速高于发火转速;⑥主机转速低于发火转速。
    A. ①②⑤　　　　B. ①③⑥　　　　C. ①②④　　　　D. ①②③

254. 在主机遥控系统中,能耗制动与强制制动的主要区别是_____。
    ①必须是车令与此同时转向不一致;②要有应急操纵指令;③必须停油;④必定高于发火转速;⑤车令与凸轮轴位置不一致;⑥只有空气分配器投入工作。
    A. ①③④　　　　B. ②⑤⑥　　　　C. ②④⑥　　　　D. ③④⑤

255. 在主机遥控系统中把车钟手柄从全速正车扳到倒车某速度挡,制动开始时刻为_____。
    A. 动车钟手柄瞬间　　　　B. 车钟手柄过停车位置时

C. 车钟手柄扳到位时 D. 换向完成时

256. 在主机遥控系统中,制动过程是出现在_____。
   A. 正常停车过程 B. 故障停车过程
   C. 应急停车过程 D. 运行中完成换向后

257. 在主机遥控系统中把车钟手柄从全速正车扳到倒车某速度挡,主启动阀打开时刻为_____。
   A. 车钟手柄过停车位置时 B. 主机转速下降到换向转速时
   C. 换向完成时 D. 换向完成且低于发火转速时

258. 在主机遥控系统中,运行中完成换向后,主启动逻辑回路输出控制信号使主启动阀打开的时刻是_____。
   A. 车令与转向不一致,且高于发火转速 B. 车令与转向不一致,且低于发火转速
   C. 车令与转向一致,且低于发火转速 D. 车令与转向一致,且高于发火转速

259. 柴油机车令与转向不符,其逻辑表达式(正逻辑)为_____。
   A. $Y_{BL} = I_H \overline{R_H} + I_S \overline{R_S}$ B. $Y_{BL} = I_H R_H + I_S R_S$
   C. $Y_{BL} = \overline{I_H R_S + I_S R_H}$ D. $Y_{BL} = I_H \overline{R_S} + I_S \overline{R_H}$

260. 船舶柴油机强制制动可以发生在_____时。
   A. 高于启动转速 B. 低于临界转速
   C. 高于换向转速 D. 低于换向转速

261. 船舶柴油机在进行强制制动时_____。
   A. 车令与转向不符 B. 车令与凸轮轴位置不符
   C. 高于换向转速 D. 高于启动转速

262. 主机遥控系统中,哪个不是强制制动逻辑条件?_____。
   A. 车令与凸轮轴位置不一致 B. 车令与转向不一致
   C. 主机转速低于发火转速 D. 换向已经完成

263. 在主机遥控系统中,强制制动必须在_____的情况下进行。
   A. 车令与凸轮轴位置不符,转速降到应急换向转速
   B. 凸轮轴换向完毕后,空气分配器工作,主启动阀关闭
   C. 主机转速降到制动转速后,主启动阀与空气分配器均开启
   D. 主机转速降到零后,主启动阀与空气分配器均开启

264. 主机遥控系统中的强制制动回路,在控制回路中不是单独存在的而是附加于_____回路上。
   A. 启动 B. 调速 C. 换向 D. 避让

265. 在主机遥控系统中,主机在全速正车运行,把车钟手柄从正车全速立即拉到倒车全速,主启动阀开始打开的时间为_____。
   A. 主机转速下降到换向转速 B. 主机正车转速下降到发火转速
   C. 主机转速下降到零 D. 主机转速达到倒车发火转速

266. 在主机遥控系统中,强制制动在下列_____情况进行。
   A. 正常停车 B. 车钟手柄从正车全速扳到倒车某速度挡

C. 应急停车　　　　　　　　　　　D. 车钟手柄从倒车全速搬到倒车微速挡

267. 设 A 表示车令与转向不符，B 表示换向已完成，C 表示已满足停油条件，D 表示已满足启动条件，则主机遥控系统强制制动的逻辑表达式 F 为_____。
  A. $F = A \cdot B \cdot C \cdot D$　　　　B. $F = \bar{A} + \bar{B} + \bar{C} + \bar{D}$
  C. $F = \bar{A} \cdot \bar{B} \cdot \bar{C} \cdot \bar{D}$　　　　D. $F = \bar{A} + B + C + D$

268. 强制制动区别于正常启动的基本点是_____。
  A. 车令与凸轮轴位置一致　　　　B. 车令与凸轮轴位置不一致
  C. 车令与转向一致　　　　　　　D. 车令与转向不一致

269. 强制制动区别于能耗制动的主要点是_____。
  A. 车令与凸轮轴位置不一致　　　B. 转速低于发火转速
  C. 转速高于发火转速　　　　　　D. 车令与转向不一致

270. 在气动主机遥控系统中，若把车钟手柄从正车全速扳到倒车全速，当凸轮轴换向结束后，系统会自动进行_____。
  A. 重启动　　　B. 强制制动　　　C. 能耗制动　　　D. 倒车启动

271. 在主机遥控系统中，制动的鉴别逻辑为_____。
  A. 车令与转向一致　　　　　　　B. 车令与转向不一致
  C. 车令与凸轮轴位置不一致　　　D. 车令与凸轮轴位置一致

272. 在主机遥控系统中，进行制动的必备条件是_____。
  A. 车令与凸轮轴位置不一致　　　B. 主机转速高于换向转速
  C. 主机转速低于发火转速　　　　D. 停油

273. 在主机遥控系统中，用 $V_M = 1$ 表示主启动阀打开，用 $V_B = 1$ 表示空气分配器已投入工作，则在强制制动过程中，V_M 与 V_B 的状态为_____。
  A. 0 0　　　B. 0 1　　　C. 1 0　　　D. 1 1

274. 在主机遥控系统中，把车钟手柄从倒车全速扳到正车某速度挡，当换向完成且降速到低于发火转速时，遥控系统自动进行_____。
  A. 正车启动　　　B. 能耗制动　　　C. 重启动　　　D. 强制制动

275. 主机遥控系统，哪些是强制制动条件之一？_____。
  ①车令与凸轮轴位置不一致；②车令与转向不一致；③主机转速高于发火转速；④主机转速低于发火转速；⑤已经停油；⑥换向已经完成。
  A. ①②④⑤　　　B. ②④⑤⑥　　　C. ③④⑤⑥　　　D. ①③④⑤

276. 下列哪些情况主机的主启动阀不允许打开？_____。
  ①主机转速高于发火转速；②换向未完成；③主机转向与凸轮轴位置不一致；④车令与转向不一致；⑤未停油；⑥车令与凸轮轴位置不一致。
  A. ①②③④　　　B. ③④⑤⑥　　　C. ①②⑤⑥　　　D. ①③④⑤

277. 主机遥控的转速控制回路是一个_____。
  A. 程序控制系统　　　　　　　　B. 逻辑控制系统
  C. 开环系统　　　　　　　　　　D. 反馈控制系统

278. 螺旋桨的功率与主机转速及主机供油量与转速的关系分别为_____。

A. 立方、立方　　B. 立方、平方　　C. 平方、平方　　D. 平方、立方

279. 在主机遥控系统中,若主机运行时测速装置失灵,将出现_____。
  A. 主机自行停车
  B. 主机保持原设定转速或自动降至最低稳定转速
  C. 主机转速自动降至发火转速
  D. A 或 B

280. 在主机转速控制系统中的调速器的输入信号是_____。
  A. 实际转速值　　B. 供油量　　C. 设定转速值　　D. 都不是

281. 在主机转速控制系统中的调速器的输出信号是_____。
  A. 实际转速值　　B. 供油量　　C. 设定转速值　　D. 都不是

282. 主机在正常加速过程中的转速控制属于_____控制。
  A. 定值　　B. 随动　　C. 逻辑程序　　D. 反馈程序

283. 在主机遥控系统中,在_____情况下应采用负荷控制。
  A. 主机在高负荷区　　　　B. 取消增压空气压力限制
  C. 海况恶劣　　　　　　　D. 应急操纵

284. 在主机遥控系统的转速控制中,当设定转速不变,而外界负荷变化时,则主机转速及油门开度的变化是_____。
  A. 转速不变,油门开度改变　　B. 转速不变,油门开度不变
  C. 转速改变,油门开度改变　　D. 转速改变,油门开度不变

285. 在主机遥控系统中,采用负荷控制时,若设定转速不变,则随外界负荷变化,主机转速及油门开度的变化是_____。
  A. 转速不变,油门开度改变　　B. 转速不变,油门开度不变
  C. 转速改变,油门开度改变　　D. 转速改变,油门开度不变

286. 在主机遥控的转速控制系统中,常采用_____作用规律的调速器。
  A. 比例　　B. 比例积分　　C. 比例微分　　D. 比例积分微分

287. 在主机遥控的转速控制系统中,若设定转速不变,则该转速控制是属于_____。
  A. 定值控制　　B. 逻辑控制　　C. 程序控制　　D. 随动控制

288. 在主机遥控的转速控制系统中,把车钟手柄从港内全速扳到海上全速时,该转速控制是属于_____。
  A. 定值控制　　B. 程序控制　　C. 逻辑控制　　D. 随动控制

289. 在主机遥控系统中,按应急操纵按钮后,不能取消的限制包括_____。
  A. 最低稳定转速限制　　　　B. 增压空气压力限制
  C. 故障降速限制　　　　　　D. 加速速率限制

290. 在电子调速器中,在正常海况一般是采用_____。
  A. 比例控制作用　　　　　　B. 比例微分控制作用
  C. 比例积分控制作用　　　　D. 比例积分微分控制作用

291. 在电子调速器中,它是根据_____进行转速控制的。
  A. 设定转速值　　　　　　　B. 实际转速值

C. 最大允许转速值　　　　　　　　　　D. 设定值与实际转速值的差值

292. 在电子调速系统中,常会出现调速系统在静态时,主机油门开度在一个较小的范围内波动的现象,其原因是_____,解决办法是_____。

　　A. 电子调速系统反应太迟钝/可增添微分调节规律

　　B. 调速系统太灵敏/可增添一较小的死区

　　C. 主机往复运动产生转速波动/可调大积分作用

　　D. 主机往复运动产生转速波动/可调小积分作用

293. 在电子调速器中,未经特性补偿的调速器输出特性应为_____。

　　A. 二次方曲线　　B. 三次方曲线　　C. 直线　　D. 三段折线

294. 一个理想的负荷限制特性应使油量与转速的关系符合_____。

　　A. 线性关系　　B. 平方关系　　C. 反比关系　　D. 立方关系

295. 为使调速器调速与螺旋桨推进特性相匹配,对于电子调速器输出电压与转速设定电压的比例放大系数,在转速设定电压较小时,宜取_____。

　　A. 较小值　　B. 平均值　　C. 较大值　　D. 零

296. 主机遥控的转速控制回路是_____。

　　A. 程序控制系统　　　　　　　　　　B. 反馈控制系统

　　C. 开环系统　　　　　　　　　　　　D. 逻辑控制系统

297. 在主机调速系统中,与电子调速器有关的正确认识是_____。
①主机是按螺旋桨特性工作的;②功率与转速成三次方关系;③油量与转速成三次方关系;④转矩与转速成平方关系;⑤未经特性补偿的调速器输出特性为二次方曲线;⑥电子调速器实际输出特性曲线为三段折线。

　　A. ①③⑤⑥　　B. ①②④⑥　　C. ②③④⑥　　D. ②④⑤⑥

298. 在主机遥控系统中,启动油量与转速设定油量的切换是属于_____。

　　A. 定值控制　　B. 程序控制　　C. 逻辑控制　　D. 随动控制

299. 在气动遥控系统中,启动油量的设定方法是_____。

　　A. 由车钟手柄设定　　　　　　　　　B. 由单向节流阀设定

　　C. 由调压阀设定　　　　　　　　　　D. 由分级延时阀和比例阀设定

300. 在气动遥控系统中,在油—气并进的启动方案中,从启动油量切换成车钟手柄设定油量的条件是_____。

　　A. 车令与转向一致　　　　　　　　　B. 车令与凸轮轴位置一致

　　C. 低于发火转速　　　　　　　　　　D. 高于发火转速

301. 主机遥控系统中,当把车钟手柄从全速正车扳到倒车某速度挡的短时间内,对于油—气并进的启动系统,PGA 调速器的转速设定波纹管中的信号为_____。

　　A. 0　　　　　　　　　　　　　　　B. 最低稳定转速对应的气压信号

　　C. 港内全速对应的气压信号　　　　　D. 启动油量所对应的气压信号

302. 在油—气并进的启动方案中,把车钟手柄从全速正车扳到倒车某速度挡,解除油门零位连锁的时刻为_____。

　　A. 转速下降的换向转速　　　　　　　B. 转速下降到低于发火转速

C. 转速下降到零   D. 转速高于发火转速

303. 在油一气分进的启动方案中,把车钟手柄从全速正车扳到倒车某速度挡,解除油门零位连锁的时刻为_____。
 A. 主机转速下降到换向转速   B. 主机转速下降到低于发火转速
 C. 主机转速下降到零   D. 车令与转向一致,且主机转速达到发火转速

304. 在油一气分进的启动方案中,为保证启动成功常采用的方法是_____。
 A. 启动油量与车令设定油量延时切换   B. 提前开启主启动阀
 C. 提前开启空气分配器   D. 采用主、辅启动阀

305. 在油一气分进的启动方案中,启动油量与车令设定油量延时切换的作用是_____。
 A. 保证启动成功   B. 防止加速过快
 C. 使主机稳定运行一段时间   D. 防止发动机熄火

306. 在主机遥控系统中,当出现启动供油油量不足时,正确的调整方法是_____。
 A. 调大发火转速   B. 调大启动设定转速
 C. 调小增压空气压力限制的起控压力   D. 调大增压空气压力限制的斜率

307. 在主机遥控系统中,主机启动后较长时间内车钟设定转速不起作用,其原因是_____。
 A. 启动供油维持回路中的单向节流阀调的过小
 B. 启动控制回路中的单向节流阀调的过小
 C. 启动设定转速调的过小
 D. 启动发火转速调的过小

308. 在主机遥控系统中,在启动主机时,送给调速器的调速信号是_____。
 A. 车令设定转速   B. 发火转速   C. 启动转速   D. 最低稳定转速

309. 在主机遥控系统的"油一气"分进的启动方案中,正确的说法是_____。
 ①在启动过程中停油;②低于发火转速时供油;③达到发火转速时供油;④供启动油量时,立即切换到运行油量;⑤供启动油量后延时切换到运行油量;⑥达到发火转速,主启动阀延时关。
 A. ①③⑤⑥   B. ①②③④   C. ②③④⑤   D. ③④⑤⑥

310. 气动遥控系统的分级延时阀,欲将30%~70%速率限制时间缩短,调整方法是_____。
 A. 压紧弹簧   B. 放松弹簧   C. 开大节流孔   D. 关小节流孔

311. 气动遥控系统的分级延时阀,欲将快加速负荷程序的起点由30%调到40%,则调整方法_____。
 A. 压紧弹簧   B. 放松弹簧   C. 开大节流孔   D. 关小节流孔

312. 在主机转速自动控制中,若出现主机转速无法调到车令设定转速,而稳定在某一转速值时,其原因不可能是_____。
 A. 车令设定转速已大于轮机长设定的最大转速限制值
 B. 车令设定转速已小于最低稳定转速
 C. 车令转速设置在主机临界转速区域内
 D. 车钟搬得太快,加速速率限制起作用

313. 在主机遥控系统中加速速率限制是指_____。

A. 主机从启动成功到30%额定转速的加速过程
B. 主机从启动成功到70%额定转速的加速过程
C. 主机从30%额定转速到70%额定转速的加速过程
D. 主机从70%额定转速到100%额定转速的加速过程

314. 在气动主机遥控系统中,为实现加速速率限制,常在调速回路中设置_____。
A. 单向节流阀   B. 减压阀   C. 阻尼阀   D. 分级延时阀

315. 在主机遥控系统中,按应急操纵按钮,不能取消的限制包括_____。
A. 增压空气压力限制   B. 程序负荷
C. 加速速率限制   D. 轮机长最大转速限制

316. 在气动主机遥控系统中,加速速率限制是通过_____实现的。
A. 比例环节   B. 惯性环节   C. 积分环节   D. 微分环节

317. 在气动主机遥控系统中,组成加速速率限制功能的部件是_____。
A. 分级延时阀加气容   B. 单向节流阀加气容
C. 分级延时阀加比例阀   D. 调压阀加单向节流阀

318. 在气动主机遥控系统的加速速率限制环节中,若分级延时阀的节流孔堵塞,则可能产生的现象是_____。
A. 不能对主机供油   B. 只能供额定转速30%的油量
C. 只能供额定转速70%的油量   D. 取消加速速率限制立即加速

319. 在主机遥控系统的转速限制回路中,有一电路如图9-15所示,该电路输出U_{I1}为_____。
A. $U_{I1}=(U_0+U_{min})/2$ B. $U_{I1}=|U_0-U_{min}|$
C. U_{I1}为U_0与U_{min}中大的值   D. U_{I1}为U_0与U_{min}中小的值

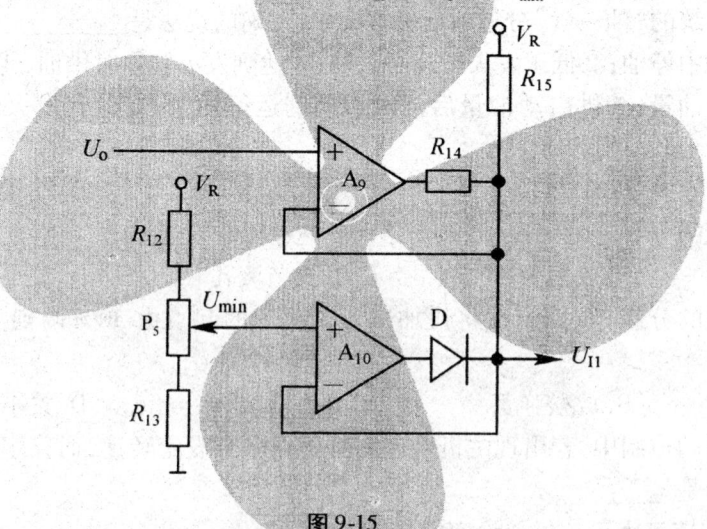

图9-15

320. 在主机遥控系统的转速限制回路中,电路如图9-15所示,当$U_0>U_{min}$时,运算放大器A_9、A_{10}的功能是_____。
A. 电压跟随器、电压跟随器   B. 电压比较器、电压跟随器
C. 电压比较器、电压比较器   D. 电压跟随器、电压比较器

321. 在主机遥控系统的转速限制回路中,电路如图 9-15 所示,当 $U_0 < U_{min}$ 时,运算放大器 A_9、A_{10} 的功能是_____。
    A. 电压跟随器、电压跟随器   B. 电压比较器、电压跟随器
    C. 电压比较器、电压比较器   D. 电压跟随器、电压比较器

322. 在主机遥控系统的转速限制回路中,电路如图 9-15 所示,其正确的说法是_____。
    A. 运算放大器 A_9、A_{10} 构成选小器   B. A_9 和 A_{10} 都是电压跟随器
    C. $U_0 > U_{min}$ 时 $U_{I1} = U_{min}$ D. $U_0 < U_{min}$,$U_{I1} = U_{min}$

323. 在主机遥控系统的转速限制回路中,电路如图 9-15 所示,其中 U_0 是转速设定值,U_{min} 是调定的最低稳定转速值,当设定转速值小于最低稳定转速时,A_{10} 的功能、二极管 D 的状态、输出 U_{I1} 分别为_____。
    A. 电压跟随器,导通,$U_{I1} = U_{min}$ B. 电压比较器,截止,$U_{I1} = U_{min}$
    C. 电压跟随器,导通,$U_{I1} = U_0$ D. 电压比较器,截止,$U_{I1} = U_0$

324. 在主机遥控系统中,轮机长最大转速限制回路如图 9-16 所示,其中是用_____方法实现的最大转速限制,在_____情况下起作用。
    A. 限制最大增压空气压力/按应急操纵按钮
    B. 调压阀设定一个最大转速油量/不按应急操纵按钮
    C. 电位器设定最大转速信号/车钟手柄设定转速大于电位器设定值
    D. 电阻—电容组成惯性环节/港内全速以下加速

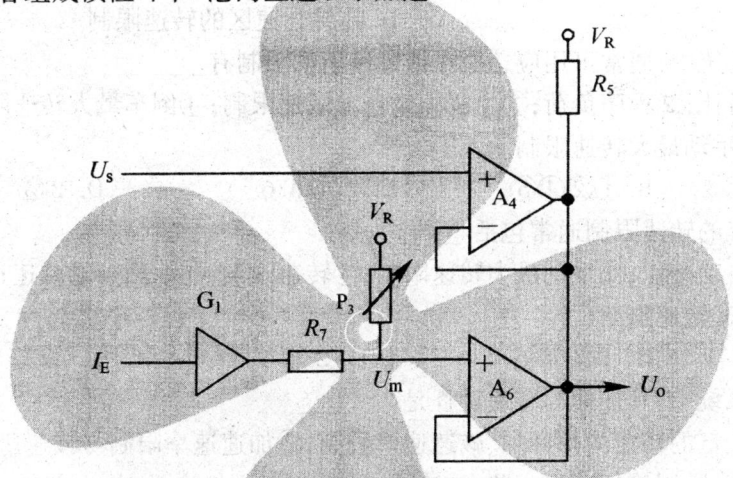

图 9-16

325. 在主机遥控系统的调速回路中,主机在额定转速 30% 以下加速时,所受到的限制是_____。
    A. 转矩限制   B. 程序负荷
    C. 轮机长最大转速限制   D. 没有限制

326. 在主机遥控系统的调速回路中,主机在额定转速 60% 以下加速时,所受到的限制有_____。
    A. 转矩限制   B. 程序负荷

C. 轮机长最大转速限制 D. 加速速率限制

327. 主机遥控系统转速限制回路中,当车钟搬至停车或应急停车时其输出为_____。
A. 0 B. 最低稳定转速 C. 70% D. 启动转速

328. 在主机遥控系统中,通常不可用应急操作信号取消的限制有_____。
A. 主机故障自动减速限制 B. 最大倒车转速限制
C. 增压空气压力限制 D. 手动最大转速限制

329. 在主机遥控系统中,燃油限制不包括_____。
A. 最大油量限制 B. 增压空气压力限制
C. 转矩限制 D. 临界转速区的油量限制

330. 主机遥控系统的手动最大油量限制范围一般整定为满负荷的_____。
A. 40%~50% B. 60%~100% C. 50%~100% D. 70%~100%

331. 主机遥控系统负荷控制属于_____。
A. 定值控制 B. 开环控制 C. 闭环控制 D. 随动控制

332. 主机遥控系统中为防止主机负荷变化过大常采用死区控制方法,当遇到恶劣海况时死区范围应该是_____。
A. 最大 B. 适中 C. 最小 D. 按工况自动调节

333. 在主机遥控系统中,通常负荷限制不包括_____。
A. 最大油量限制 B. 增压空气压力限制
C. 转矩限制 D. 临界转速区的转速限制

334. 在主机遥控系统中,通常可用应急操作信号取消的限制有_____。
①临界转速避让;②程序负荷;③主机故障自动减速限制;④倒车最大转速限制;⑤增压空气压力限制;⑥手动最大转速限制。
A. ①③⑤⑥ B. ①②④⑤ C. ②④⑤⑥ D. ②③⑤⑥

335. 主机遥控系统的转速限制通常包括_____。
①临界转速自动避让;②手动最大转速限制;③转矩限制;④故障自动减速;⑤螺旋桨特性限制;⑥最大倒车转速限制。
A. ①②③⑤ B. ①③④⑥ C. ①②④⑥ D. ①③④⑤

336. 在主机遥控系统中,其加速与减速过程是_____。
①车钟手柄设定的转速内都经加、减速速率限制;②加速速率限制与减速速率限制的速度相同;③加速速率限制使加速慢一些,减速快一些;④在主机启动时,立即供启动油量,不受加速速率限制;⑤车钟手柄扳到停车位置时,转速立即下降到零;⑥加速速率限制只在额定转速 70% 以下起作用。
A. ①②⑤ B. ②③⑥ C. ②④⑥ D. ①③④

337. 电动加速速率限制回路如图 9-17 所示,其中运算放大器 A_1 的功能是_____。
A. 电压比较器 B. 电压跟随器
C. 差动输入比例运算器 D. 同相输入比例运算器

338. 电动加速速率限制回路如图 9-17 所示,当设定转速 U_{11} 大于该回路的输出值 U_{o1} 时,电子开关 SW 状态为_____,A_2 同相端电压会_____。

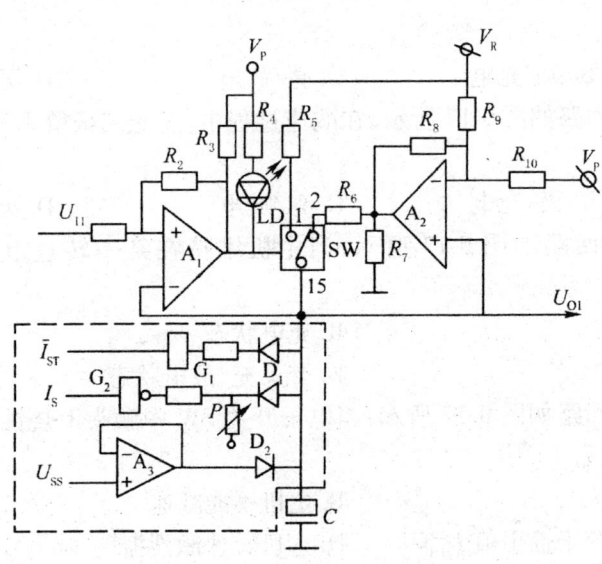

图 9-17

A. (15－2)闭合/增大 　　　　　　　　B. (15－2)闭合/减小
C. (15－1)闭合/增大 　　　　　　　　D. (15－1)闭合/减小

339. 电动加速速率限制回路如图 9-17 所示,当设定转速 U_{II} 小于该回路的输出值 U_{O1} 时,电子开关 SW 状态为_____,运算放大器 A_1 的输出为_____。

A. (15－2)闭合/负饱和 　　　　　　　B. (15－2)闭合/正饱和
C. (15－1)闭合/负饱和 　　　　　　　D. (15－1)闭合/正饱和

340. 电动加速速率限制回路如图 9-17 所示,主机在稳定运行时,电子开关 SW 的状态为_____。

A. (15－1)闭合,(15－2)断开 　　　　B. (15－1)断开,(15－2)闭合
C. (15－1)断开,(15－2)断开 　　　　D. (15－1)和(15－2)交替闭合和断开

341. 电动加速速率限制回路如图 9-17 所示,为实现慢加速快减速,应_____。

A. 改变电容 C 的大小 　　　　　　　B. $R_5 < R_6$ 和 R_7
C. $R_5 > R_6$ 和 R_7 　　　　　　　D. 改变运算放大器 A_1 的回差

342. 电动加速速率限制回路如图 9-17 所示,在加速过程中,运算放大器 A_1 和 A_2 输出状态分别为_____。

A. 0 0　　　　B. 0 1　　　　C. 1 0　　　　D. 1 1

343. 电动加速速率限制回路如图 9-17 所示,在减速过程中,运算放大器 A_1 和 A_2 输出状态分别为_____。

A. 0 0　　　　B. 0 1　　　　C. 1 0　　　　D. 1 1

344. 电动加速速率限制回路如图 9-17 所示,在主机稳定运行期间,电子开关 SW 和发光二极管 LD 的状态分别为_____。

A. (15－1)闭合,常亮 　　　　　　　B. (15－2)闭合,常灭
C. (15－1)断续闭合,闪亮 　　　　　D. (15－1)断续闭合,常亮

345. 电动加速速率限制回路如图 9-17 所示,在加速过程中,发光二极管 LD 状态为_____,电

容 C 进行_____。

A. 亮/充电　　　B. 灭/充电　　　C. 亮/放电　　　D. 灭/放电

346. 电动加速速率限制回路如图 9-17 所示,在减速过程中,发光二极管 LD 状态为_____,电容 C 进行_____。

A. 亮/充电　　　B. 灭/充电　　　C. 亮/放电　　　D. 灭/放电

347. 电动加速速率限制回路如图 9-17 所示,当主机维持在某一转速上运行时电容 C 处于_____。

A. 停止充、放电状态　　　　B. 充电状态
C. 放电状态　　　　　　　　D. 交叉充、放电状态

348. 电动加速速率限制回路如图 9-17 所示,当电子开关 SW 中触头 1 烧蚀使(15-1)不能闭合时,可能出现的现象为_____。

A. 主机不能加速　　　　　　B. 主机不能减速
C. 转速设定值立即等于输出值 U_{01}　　D. 主机转速激烈振荡

349. 电动加速速率限制回路如图 9-17 所示,当电子开关 SW 中触头 2 烧蚀使(15-2)不能闭合,则可能出现的现象为_____。

A. 主机不能加速　　　　　　B. 主机不能减速
C. 主机一直降速到最低稳定转速　　D. 主机一直加速到全速

350. 电动加速速率限制回路如图 9-17 所示,若电阻 R_5 断线,则当 $U_{I1}>U_{01}$ 时,发光二极管 LD 状态为_____,该回路的输出 U_{01}_____。

A. 亮/增大　　　B. 亮/减小　　　C. 灭/增大　　　D. 灭/不变

351. 电动加速速率限制回路如图 9-17 所示,若运算放大器的输出端断路,则可能出现的现象是_____。

A. 发光二极管 LD 常灭,主机不能加速　　B. 发光二极管 LD 常灭,主机不能减速
C. 发光二极管 LD 常亮,主机不能加速　　D. 发光二极管 LD 常亮,主机转速振荡

352. 电动加速速率限制回路如图 9-17 所示,若加速速率限制回路的电子开关卡在右位闭合(SW2-15一直闭合),主机运行状态是_____。

A. 主机不能增、减速,保持原转速不变　　B. 主机一直增速到最高转速
C. 主机在给定转速上激烈振荡　　D. 主机一直降速到最低稳定转速

353. 电动加速速率限制回路如图 9-17 所示,其加速速率限制是靠_____环节实现的。

A. 比例　　　B. 积分　　　C. 微分　　　D. 惯性

354. 电动加速速率限制回路如图 9-17 所示,若加速速率限制回路的电子开关卡在左位闭合(SW1-15一直闭合),主机运行状态是_____。

A. 主机不能增、减速,保持原转速不变　　B. 主机一直增速到最高转速
C. 主机在给定转速上激烈振荡　　D. 主机一直加速到轮机长最大转速限制的转速

355. 在气动主机遥控系统中,常采用分级延时阀加气容组成加速速率限制回路,为增长加速速率限制时间,应_____。

A. 扭紧开始节流气压的调整弹簧　　B. 扭松开始节流气压的调整弹簧
C. 开大节流阀　　　　　　　　　　D. 关小节流阀

356. 在气动主机遥控系统中,常采用分级延时阀加气容组成加速速率限制回路,为把加速速率从30%额定负荷开始提高到40%,其调整方法是_____。
　　A. 扭紧开始节流气压的调整弹簧　　　B. 扭松开始节流气压的调整弹簧
　　C. 开大节流阀　　　　　　　　　　　D. 关小节流阀

357. 在气动主机遥控系统中,常采用分级延时阀加气容组成加速速率限制回路,当输入信号增大到使分级延时阀的阀盘贴在阀座上,但阀盘与阀座之间漏气,则可能出现的现象是_____。
　　A. 主机不能加速　　　　　　　　　　B. 主机不能减速
　　C. 加速速率限制时间长　　　　　　　D. 加速速率限制时间短

358. 气动主机遥控的加速速率限制的原则不包括_____。
　　A. 额定转速30%以下加速不受限制　　B. 额定转速30%~70%实行快加速限制
　　C. 加速速率限制范围是可以调整的　　D. 临界转速区内加速不受限制

359. 对于电动加速速率限制环节,在主机加速过程中,加速速率由_____决定。
　　A. 车令手柄的推移速度　　　　　　　B. 电容放电速度
　　C. 电容充电速度　　　　　　　　　　D. 都不是

360. 对于电动加速速率限制环节,在主机减速过程中,减速速率由_____决定。
　　A. 车令手柄的推移速度　　　　　　　B. 电容放电速度
　　C. 电容充电速度　　　　　　　　　　D. 都不是

361. 在阻容充、放电加速速率限制回路中,为保证减速速率随转速减小而增大,通常采取的方法是_____。
　　A. 在充电回路中加恒流控制　　　　　B. 在放电回路中加恒流控制
　　C. 在充电回路中加同相放大器　　　　D. 在放电回路中加同相放大器

362. 气动主机遥控的加速速率限制的原则是_____。
　　①额定转速30%以下加速不受限制;②额定转速30%~70%实行快加速限制;③额定转速70%~100%实行慢加速限制;④临界转速区内加速不受限制;⑤降速的限制范围与加速一样;⑥应急时取消负荷程序实行快加速。
　　A. ①②③④　　B. ①②④⑤　　C. ①②③⑥　　D. ①②⑤⑥

363. 关于气动主机遥控的加速速率限制问题,以下说法中错误的是_____。
　　①额定转速30%以下加速不受限制;②额定转速30%~70%实行快加速限制;③额定转速70%~100%实行慢加速限制;④临界转速区内加速不受限制;⑤降速的限制范围与加速一样;⑥应急时取消负荷程序实行快加速。
　　A. ④⑤　　　B. ③⑤　　　C. ①⑥　　　D. ②④

364. 主机遥控系统中,若要取消慢加速负荷程序,需要_____。
　　A. 把车钟扳到全速挡　　　　　　　　B. 按应急运行按钮
　　C. 增加油门　　　　　　　　　　　　D. 按应急停车按钮

365. 如自动遥控主机的额定转速为120 r/min,最低稳定转速40 r/min,临界转速范围是80~85 r/min,在正常启动加速时,下列说法中错误的是_____。
　　A. 程序负荷限制工作在84~120 r/min

B. 加速速率限制在 41～79 r/min

C. 程序负荷限制可工作在 90～120 r/min

D. 若气缸冷却水温度高且超标,则主机稳定在 40 r/min

366. 对具有负荷程序控制的主机遥控系统,车令设定转速较大时,应满足_____。
   A. 加速过程较快　　　　　　　　B. 减速过程较慢
   C. 加速过程较慢　　　　　　　　D. 加速过程与减速过程相同

367. 船舶柴油机进行慢加速的负荷程序,其转速范围规定为额定转速的_____。
   A. 0%～30%　　B. 30%～70%　　C. 70%～100%　　D. 100%以上

368. 主机遥控系统中负荷程序是指_____。
   A. 从启动成功到 70% 额定转速的加速过程
   B. 从启动成功到 30% 额定转速的加速过程
   C. 从 30% 到 70% 额定转速的加速过程
   D. 从 70% 到 100% 额定转速的加速过程

369. 在主机遥控系统中,转速限制包括_____。
   A. 增压空气压力限制　　　　　　B. 最大油量限制
   C. 转矩限制　　　　　　　　　　D. 程序负荷

370. 在气动主机遥控系统中,程序负荷回路是由_____部件组成的。
   A. 分级延时阀加气容　　　　　　B. 单向节流阀、节流选择阀、气容
   C. 分级延时阀、节流选择阀、气容　D. 单向节流阀、速放阀、比例阀

371. 在气动主机遥控系统中,程序负荷是由_____实现的。
   A. 比例环节　　B. 比例微分环节　　C. 惯性环节　　D. 积分环节

372. 在气动主机遥控系统的程序负荷回路中,调压阀的功能是_____。
   A. 输入低于程序负荷开始转速,输出为 0
   B. 输入低于程序负荷开始转速,输出等于输入
   C. 输入高于程序负荷开始转速,输出等于输入
   D. 输入高于程序负荷开始转速,输出等于 0

373. 主机遥控系统的程序负荷回路是属于_____。
   A. 定值控制　　B. 程序控制　　C. 随动控制　　D. 负荷控制

374. 在主机遥控系统中,快加速程序负荷是指_____。
   A. 额定转速 30% 以内的加速过程　　B. 额定转速 70% 以内的加速过程
   C. 在应急操纵下的加速过程　　　　D. 额定转速 70% 以上的较快加速过程

375. 在主机遥控系统中,取消程序负荷的条件是_____。
   A. 有倒车车令　　　　　　　　　B. 有重启动指令
   C. 有应急操纵指令　　　　　　　D. 增压空气压力限油环节失灵

376. 在气动主机遥控系统中,取消慢加速程序负荷的方法是_____。
   A. 调整调压阀使其输出增大　　　B. 调整单向节流阀开度使其开大
   C. 转动节流选择阀不经另一节流阀节流　D. 转动节流选择阀经另一节流阀节流

377. 在主机遥控系统中,在高负荷区加速缓慢的原因是_____。

A. 主机负荷太重,不能快加速　　　B. 滑油压力太低,不能快加速
C. 加速速率限制起作用　　　　　　D. 程序负荷起作用

378. 在气动主机遥控系统的程序负荷回路中,若单向节流阀节流孔堵塞,则可能产生的现象为_____。
A. 主机按加速速率限制速度加速到海上全速
B. 主机只能加速到额定转速的70%的转速
C. 主机只能加速到额定转速30%的转速
D. 主机只能保持在启动供油量下运行,不能再加速

379. 在气动主机遥控系统的程序负荷回路中,如果节流选择阀输出再经一个节流阀向气容充气,若该节流阀节流孔堵塞,则可能产生的现象为_____。
A. 只取消慢加速程序负荷　　　　B. 不能从港内全速向海上航行速度加速
C. 慢加速程序负荷从额定转速30%开始　D. 额定转速30%以上加速只有加速速率限制

380. 在主机遥控系统中,其电动程序负荷回路是由_____组成的。
A. 气阻气容组成的惯性环节　　　B. 运算放大器组成的积分环节
C. 程序计数器和D/A转换器　　　D. 电阻电容组成的惯性环节

381. 主机遥控系统的程序负荷回路如图9-18所示,按离港按钮,按进港按钮,两个按钮均不按,则脉冲发生器输出脉冲信号的频率分别为_____。
A. 最大,居中,最小　　　　　　B. 最小,居中,最大
C. 居中,最小,最大　　　　　　D. 最小,最大,居中

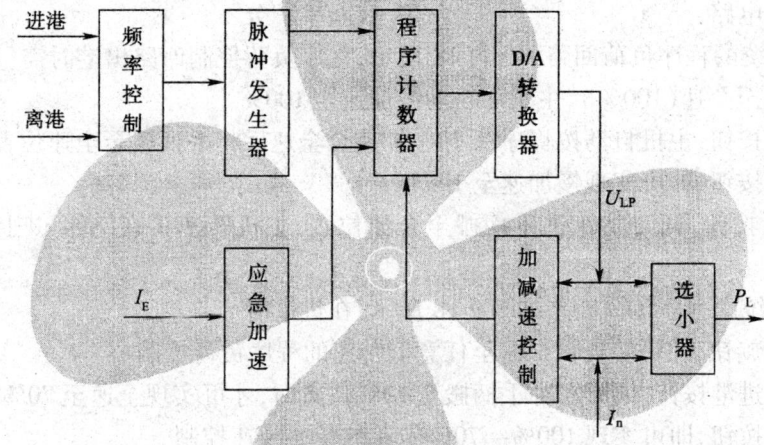

图 9-18

382. 主机遥控系统的程序负荷回路如图9-18所示,在额定转速的70%~100%范围内的加、减速过程是_____。
A. 按程序负荷慢加速,按程序负荷快减速
B. 按程序负荷慢加速,按车钟手柄设定转速直接减速
C. 按加速速率限制速度加速,按程序负荷快减速
D. 按车钟手柄设定速度立即加速,按增压空气压力限制减速

383. 主机遥控系统的程序负荷回路如图 9-18 所示,对程序计数器进行预置数的时刻为_____。
    A. 接通遥控系统电源瞬间　　　　　B. 把车钟手柄扳到启动位置瞬间
    C. 换向完成时刻　　　　　　　　　D. 车令与转向一致时刻

384. 主机遥控系统的程序负荷回路如图 9-18 所示,要把主机转速从港内全速加速到海上全速,其正常加速过程必须进行的操作为_____。
    A. 按进港按钮
    B. 按离港按钮
    C. 把车钟手柄扳到海上定速挡
    D. 按离港按钮,且把车钟手柄扳到海上全定速挡

385. 主机遥控系统的程序负荷回路如图 9-18 所示,要把主机转速从海上全速正常减速到港内全速,则必须进行的操作是_____。
    A. 按进港按钮　　　　　　　　　　B. 按进港按钮且把车钟手柄扳到港内全速
    C. 按离港按钮　　　　　　　　　　D. 按离港按钮,且按应急操纵按钮

386. 主机遥控系统的程序负荷回路如图 9-18 所示,程序负荷的快慢取决于_____。
    A. 预置数的大小　　　　　　　　　B. 计数脉冲频率的高低
    C. D/A 转换器转换的快慢　　　　　D. 车钟手柄扳动的快慢

387. 主机遥控系统的程序负荷回路如图 9-18 所示,D/A 转换器是采用_____实现的。
    A. "T"型解码网络　　　　　　　　B. 权电阻解码网络
    C. 逐次逼近电路　　　　　　　　　D. 双斜率积分

388. 主机遥控系统的程序负荷回路如图 9-18 所示,程序负荷控制回路出港时需_____。
    A. 将车钟搬至全速(100%),主机可自动慢加速至 100%
    B. 按下离港按钮,主机自动按程序从 70% 加速至全速后将手柄搬至全速位置
    C. 按下离港按钮,即可实现慢加速至 100%
    D. 按下离港按钮,同时将车钟手柄搬至全速位置,主机转速可在 70% 以上按程序加速至 100%

389. 主机遥控系统的程序负荷回路如图 9-18 所示,在进港时_____。
    A. 按下进港旋钮,即可实现自全速至任意低转速的程序负荷控制
    B. 只有按下进港按钮,同时车钟手柄搬至 70% 位置时,才可实现全速至 70% 的程序减速
    C. 按下进港按钮,即可实现 100%→70% 转速的程序减速控制
    D. 只要搬动车钟手柄自 100% 位置至 70% 位置,即可实现进港转速的程序减速控制

390. 主机遥控系统的程序负荷回路如图 9-18 所示,把车钟手柄从港内全速,搬至海上全速,且不按进离港按钮,其主机运行状态为_____。
    A. 保持港内全速不变　　　　　　　B. 按加速速率限制速度加速
    C. 按正常程序负荷加速　　　　　　D. 以极短的时间加速到海上全速

391. 主机遥控系统的程序负荷回路如图 9-18 所示,主机在港内全速以下加速时,程序负荷的输出及主机加速过程是_____。
    A. 程序负荷回路无输出,主机立即加速到设定转速

B. 无输出，按加速速率限制加速到设定值

C. 输出程序负荷开始转速，立即加速到设定转速

D. 输出程序负荷开始转速，按加速速率限制特性加速到设定转速

392. 主机遥控系统的程序负荷回路如图9-18所示，在离港时的预置状态和计数状态分别为_____。
    A. FFA，加法计数　　B. FFH，减法计数　　C. 00H，加法计数　　D. 00H，减法计数

393. 主机遥控系统的程序负荷回路如图9-18所示，负荷控制回路进港、离港和通常定时的时间常数分别为_____。
    A. 最小、中、大　　B. 最大、中、最小　　C. 中、最大、最小　　D. 最大、最小、中

394. 主机遥控系统的程序负荷回路如图9-18所示，程序负荷控制中应急操作（$I_E = 1$）时应_____。
    A. 按应急按钮，同时按进港按钮　　　　B. 按应急按钮，同时按离港按钮
    C. 按应急按钮即可　　　　　　　　　　D. 按应急按钮，同时将车钟搬至全速

395. 在主机遥控系统中，下列_____不是负荷控制的特点。
    A. 当螺旋桨下沉时使转速下降　　　　　B. 当飞车时自动减油
    C. 主机的供油量保持不变　　　　　　　D. 必须有转速反馈才能进行负荷控制

396. 主机遥控系统中负荷控制的特点通常是_____。
    ①必须按负荷控制按钮方起作用；②正常航行就已经选择负荷控制；③是开环控制；④是闭环控制；⑤当飞车时自动减油；⑥当螺旋桨下沉时使转速下降。
    A. ①②④⑤　　B. ①③⑤⑥　　C. ①③④⑥　　D. ①②③⑤

397. 在主机遥控系统中，由转速控制转为负荷控制的情况是_____。
    ①自动进行转换；②要按负荷控制按钮；③在恶劣的海面情况下进行；④在平静的海面上进行；⑤调速器输出大于负荷控制信号时；⑥调速器输出小于负荷控制信号时。
    A. ①②⑤　　B. ②③⑤　　C. ②④⑥　　D. ①③④

398. 下列转速中_____最低。
    A. 正常换向转速　　B. 制动转速　　C. 应急换向转速　　D. 最低稳定转速

399. 对于设有稳燃控制装置的柴油机遥控系统，在稳燃阶段柴油机转速一般不低于_____。
    A. 启动转速　　B. 换向转速　　C. 最低稳定转速　　D. 车令转速

400. 在采用液压调速器的气动主机遥控系统中，若工作气源突然中断，则调速器的输出为_____。
    A. 最低稳定转速所对应的油量　　　　　B. 输出的油量为零
    C. 主机最高转速所对应的油量　　　　　D. 输出的油量不变

401. 在气动主机遥控系统中，主机的最低稳定转速通过_____调定。
    A. 加速速率限制环节　　　　　　　　　B. 轮机长转速限制
    C. 负荷程序限制　　　　　　　　　　　D. 调速器

402. 在主机遥控系统中，若出现车钟从"SLOW"位置减小到"D.S."位置时主机无法减速，正确的调试方法是_____。
    A. 调小增压空气压力限制环节的起始油量　　B. 调小最小转速限制值

C. 调小临界转速的下限值　　　　　　　D. 调大主机减速速率

403. 在主机遥控系统中,若主机稳定运行时车钟的转速发讯装置发生故障,此时主机_____。
   A. 转速保持原速度不变　　　　　　　B. 转速要降到零
   C. 转速绕原速度振荡　　　　　　　　D. 转速下降至最低稳定转速

404. 主机遥控系统的轮机长最大转速限制回路中,令 U_s 为车令设定转速值,U_m 为轮机长最大允许转速值,U_o 为限制回路输出值,当 $U_s < U_m$ 时,则_____。
   A. $U_o = U_s$　　　B. $U_o = U_m$　　　C. $U_o < U_s$　　　D. $U_o > U_m$

405. 在主机遥控系统的轮机长最大转速限制回路中,令 U_s 为车令设定转速值,U_m 为轮机长最大允许转速值,U_o 为限制回路输出值,当 $U_s > U_m$ 时,则_____。
   A. $U_o = U_s$　　　B. $U_o = U_m$　　　C. $U_o < U_s$　　　D. $U_o > U_m$

406. 在主机遥控系统中,轮机长最大转速限制的电位器设在_____。
   A. 机旁操纵台上　　　　　　　　　　B. 集中控制室的操纵台上
   C. 驾驶室的操纵台上　　　　　　　　D. 遥控装置上

407. 在主机遥控系统中,主机的最低稳定转速限制在_____情况下起作用。
   A. 按应急操纵按钮
   B. 车钟手柄设定转速大于最小转速设定值
   C. 车钟手柄设定转速小于最小转速设定值
   D. 在港内全速以下加速

408. 在主机遥控系统中,当主机在运行中按下应急操纵按钮后,不能取消的限制是_____。
   A. 程序负荷限制　　　　　　　　　　B. 最低稳定转速限制
   C. 轮机长最大转速限制　　　　　　　D. 增压空气压力限制

409. 在主机遥控系统中,转速限制包括_____。
   ①换向转速限制;②发火转速限制;③加速速率限制;④程序负荷;⑤最低稳定转速限制;⑥增压空气压力限制。
   A. ①②③　　　B. ②③④　　　C. ③④⑤　　　D. ④⑤⑥

410. 在主机转速自动控制系统中,若出现主机转速无法调到车令设定转速,而稳定在某一转速值,其原因可能是_____。
   ①车令设定转速已大于轮机长设定的最大转速限制值;②车令设定转速已小于最低稳定转速;③车钟扳得快,加速速率限制起作用;④主机在高负荷下加速,程序负荷起作用;⑤车令转速设置在主机临界转速区域。
   A. ①②④　　　B. ①②⑤　　　C. ①④⑤　　　D. ①③⑤

411. 在主机遥控系统中,如果主机转速不能加到车令所设定的转速,其原因是_____。
   A. 主机负荷过重,不能再加速　　　　B. 车令设定转速设定在临界转速区
   C. 采用了黏度过高的燃油　　　　　　D. 增压空气压力限制起作用

412. 在主机遥控系统中,如果自动回避临界转速是采用避下限,当转速设定在临界转速区时,则主机实际转速只能_____。
   A. 是临界转速的上限值　　　　　　　B. 是临界转速的下限值
   C. 高于临界转速上限值　　　　　　　D. 低于临界转速下限值

413. 在主机遥控系统中，如果自动回避临界转速是采用避上、下限，当转速设定在临界转速区时，则主机实际转速_____。
   A. 为临界转速的上限值　　　　　　　B. 为临界转速的下限值
   C. 加速时在临界转速的上限值　　　　D. 减速时在临界转速的上限值

414. 气动自动回避临界转速回路中，P_S 为设定转速值，P_A、P_B 分别为临界转速的下、上限值，P_O 为该回路的输出，若采用避下限，当 $P_A < P_S < P_B$ 时，P_O 为_____。
   A. $P_O = P_S$　　　B. $P_O = P_A$　　　C. $P_O = P_B$　　　D. $P_O < P_B$

415. 在气动避上限自动回避临界转速回路中，若设定临界转速下限值的调压阀损坏，无信号输出，则可能产生的现象是_____。
   A. 设定转速低于临界转速下限值时不能加速
   B. 加速时实际转速在临界转速区
   C. 设定转速高于临界转速上限值不能再加速
   D. 实际转速始终在临界转速下限值

416. 在气动避上限的自动回避临界转速回路中，若双气路控制的二位三通阀卡在上位（靠近控制端），则可能产生的现象是_____。
   A. 只能加速到临界转速上限值　　　B. 只能加速到临界转速的下限值
   C. 实际转速在临界转速区　　　　　D. 输出始终等于设定转速值

417. 在气动避上限的自动回避临界转速回路中，若调整临界转速上限值的调压阀损坏，无气压信号输出，则可能产生的现象为_____。
   A. 只能加速到临界转速上限值　　　B. 只能加速到临界转速的下限值
   C. 实际转速在临界转速区　　　　　D. 输出始终等于设定转速值

418. 在主机遥控系统自动回避临界转速回路中，若输出等于设定转速时，表示_____。
   A. 设定转速大于临界转速下限值
   B. 设定转速小于临界转速上限值
   C. 设定转速设定在临界转速区
   D. 设定转速小于临界转速下限或大于临界转速上限

419. 在具有自动回避临界转速的主机遥控系统中，在稳态运行时，当送至调速器转速给定值小于车令设定的转速值时，表示_____。
   A. 设定转速大于临界转速上限值　　　B. 设定转速小于临界转速下限值
   C. 设定转速设定在临界转速区　　　　D. 设定转速等于临界转速下限值

420. 在气动主机遥控系统中，组成回避临界转速环节的阀件不包括_____。
   A. 下限调压阀　　　　　　　　B. 双气路控制的二位三通阀
   C. 二位三通阀　　　　　　　　D. 上限调压阀

421. 在主机遥控临界转速避让控制回路中，当输入和输出信号不等时说明_____。
   A. 车令转速小于临界转速下限　　B. 车令转速大于临界转速上限
   C. 车令转速介于临界转速上、下限之间　　D. A + B

422. 气动临界转速回避环节，令 P_S 为转速设定值，P_A 为临界转速下限值，P_B 为临界转速上限值，输出为 P_O，当 $P_A < P_S < P_B$ 时，则_____。

A. $P_O = P_S$ B. $P_O = P_A$ C. $P_O = P_B$ D. $P_O > P_A$

423. 组成气动临界转速回避环节,不需要使用_____。
 A. 双气控二位三通阀   B. 调压阀
 C. 速放阀   D. 分级延时阀

424. 气动临界转速回避环节,设 P_S 为转速设定值,P_A 为临界转速下限值,P_B 为临界转速上限值,输出为 P_O,当 $P_S < P_A$ 时,则_____。
 A. $P_O = P_S$ B. $P_O = P_A$ C. $P_O = P_B$ D. $P_O = P_A + P_B$

425. 在气动主机遥控系统中,临界转速回避回路的自动避临原则不包括_____。
 A. 有三种避开临界转速的方式   B. 减速过程避下限
 C. 加速过程避上限   D. 使主机迅速通过临界转速区

426. 电动临界转速自动回避回路如图 9-19 所示,当设定转速大于临界转速上限值时,比较器 A_2 与选小器 A_3 的状态分别为_____。
 A. 比较器 A_2 从 0 跳到 1,选小器 A_3 输出从临界转速下限跳到车令设定转速
 B. 比较器 A_2 从 1 跳到 0,选小器 A_3 输出从临界转速下限跳到车令设定转速
 C. 比较器 A_2 从 0 跳到 1,选小器 A_3 输出从车令设定转速跳到临界转速上限
 D. 比较器 A_2 从 1 跳到 0,选小器 A_3 输出从车令设定转速降到临界转速下限

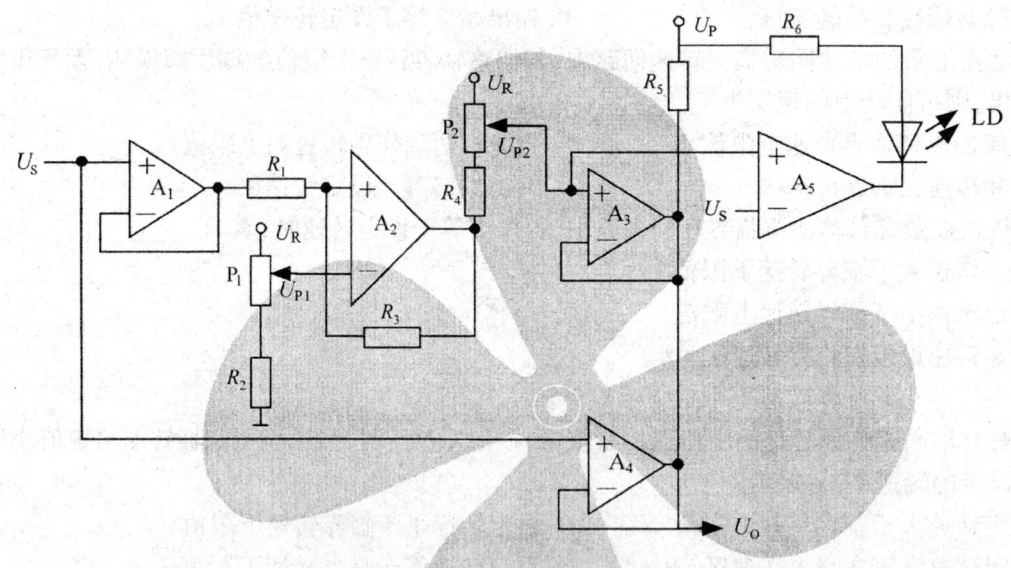

图 9-19

427. 电动临界转速自动回避回路如图 9-19 所示,令 U_S 为车令转速设定值,U_{P2} 为临界转速下限值,U_{P1} 为临界转速上限值,回路输出为 U_O,当车令转速设定在临界转速区时,则_____。
 A. $U_O = U_S$ B. $U_O = U_{P2}$ C. $U_O = U_{P1}$ D. $U_O > U_{P1}$

428. 主机遥控系统的电动回避临界转速回路如图 9-19 所示,其限制作用的情况为_____。
 A. 比较器输出高电平,设定转速大于回路的输出
 B. 比较器输出高电平,设定转速小于回路的输出
 C. 比较器输出低电平,设定转速大于回路的输出

D. 比较器输出低电平，设定转速小于回路的输出

429. 主机遥控系统的电动回避临界转速回路如图 9-19 所示，回路主要是由_____组成的。
    A. 比较器和选小器 B. 跟随器和选小器
    C. 比较器和选大器 D. 跟随器和选大器

430. 主机遥控系统的电动回避临界转速回路如图 9-19 所示，当转速设定在临界转速区时，运算放大器 A_2、A_3、A_5 的状态是_____。
    A. 0，临界转速下限值，0 B. 0，临界转速上限值，0
    C. 1，临界转速下限值，1 D. 1，临界转速上限值，1

431. 主机遥控系统的电动回避临界转速回路如图 9-19 所示，在下列_____情况下输入选小器输出不为零。
    A. 转速进入临界转速区 B. 启动期间
    C. 正常停车 D. 应急停车

432. 主机遥控系统的电动回避临界转速回路如图 9-19 所示，当设定转速进入临界转速区域时，临界转速判别比较器 A_2 与指示比较器 A_5 的输出状态分别为_____。
    A. $A_2=0, A_5=0$ B. $A_2=0, A_5=1$
    C. $A_2=1, A_5=0$ D. $A_2=1, A_5=1$

433. 主机遥控系统的电动回避临界转速回路如图 9-19 所示，临界转速自动避让回路起作用时，主机转速为_____。
    A. 临界转速上限 B. 临界转速下限的 95%
    C. 临界转速下限 D. 临界转速上限的 105%

434. 主机遥控系统的电动回避临界转速回路如图 9-19 所示，要运算放大器 A_1、A_2 的反相端和同相端分别接由电位器调定的上限值 U_{P1} 和下限值 U_{P2}，则_____。
    ①A_1 是电压比较器，A_2 是电压跟随器；②A_1、A_2 都是电压比较器；③设定转速 $U_S < U_{P1}$ 时，A_1 输出低电平；④$U_S < U_{P1}$ 时，A_2 输出为 U_{P2}；⑤当 $U_{P2} < U_S < U_{P1}$ 时，A_2 输出为 U_{P2}；⑥$U_S > U_{P1}$ 时，A_2 输出 U_{P1}。
    A. ①②③⑤ B. ②③④⑥ C. ①③④⑤ D. ③④⑤⑥

435. 下列_____不是主机实际转速与车令设定转速不一致的情况。
    A. 车令转速处于临界转速区内
    B. 车令设定转速刚被推至全速运行
    C. 车令设定转速大于轮机长手动设定转速
    D. 按下应急按钮

436. 气动主机遥控系统中，临界转速回避的原则是_____。
    ①有三种避开临界转速的方式；②慢加速时不回避临界转速；③加速过程避上限；④减速过程不避下限；⑤使主机迅速通过临界转速区；⑥其设计原则是不在临界转速区内工作。
    A. ①②③⑤ B. ①③④⑥ C. ①④⑤⑥ D. ①③⑤⑥

437. 气动主机遥控系统中，回避临界转速环节至少要有以下阀件_____。
    ①下限调压阀；②上限调压阀；③双气控二位三通阀；④二位三通阀；⑤比例阀；⑥速放阀。
    A. ①②④⑥ B. ①②④⑤ C. ①②③⑥ D. ①③⑤⑥

438. 在气动避上限的自动回避临界转速回路中，所采用的阀件有_____。
①调压阀；②比例阀；③电磁阀；④速放阀；⑤二位三通阀；⑥双座止回阀。
   A. ①②③　　　　　B. ①④⑤　　　　　C. ②③④　　　　　D. ②④⑥

439. 在主机遥控系统中，其转速控制回路增设负荷限制环节的目的是_____。
   A. 限制主机的最大转速　　　　B. 提高主机运行的经济性
   C. 防止主机超负荷　　　　　　D. 可对主机进行负荷控制

440. 在主机遥控系统中，负荷限制包括_____。
   A. 速率限制　　　　　　　　　B. 最大供油量限制
   C. 轮机长最大转速限制　　　　D. 自动回避临界转速

441. 主机遥控系统的增压空气压力限制的实质是_____。
   A. 限制主机的最高转速
   B. 限制主机的最大喷油量
   C. 限制在一定增压空气压力下的主机最大允许喷油量
   D. 限制启动期间的喷油量

442. 在增压空气限油环节中，增压空气限制不起作用的条件是_____。
   A. 在启动期间　　　　　　　　B. 在正常运行中
   C. 在加速期间　　　　　　　　D. 在程序负荷限制期间

443. 有一电动增压空气压力限油环节如图 9-20 所示，为使在某个增压空气压力下主机转速能高一些，其调整方法是_____。
   A. 调整电位器 P_2 使 U_{KM} 增大　　B. 调整电位器 P_2 使 U_{KM} 减小
   C. 调整电位器 P_1 使其对地电阻减小　D. 调整电位器 P_1 使其对地电阻增大

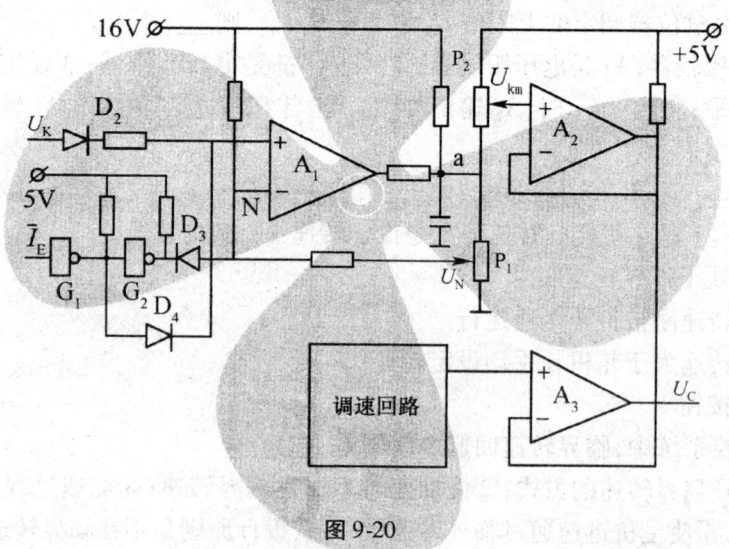

图 9-20

444. 所示的电动增压空气压力限油环节如图 9-20 所示，在运行中按应急操纵按钮后，运算放大器 A_1 和 A_2 的功能分别是_____。
   A. 比例运算器、电压跟随器　　B. 电压比较器、电压跟随器
   C. 比例运算器、电压比较器　　D. 电压比较器、电压比较器

445. 电动增压空气压力限油环节如图 9-20 所示,在运行中按应急操纵按钮后,运算放大器 A_1 同相和反相端电压信号及 A_2 同相端电压信号分别为_____。
   A. 1 0、大于100%额定负荷所对应的增压空气压力
   B. 0 1、大于100%额定负荷所对应的增压空气压力
   C. 0 1、启动供油量所对应的增压空气压力
   D. 0 0、等于70%额定负荷所对应的增压空气压力

446. 电动增压空气压力限油环节如图 9-20 所示,在运行中按应急操纵按钮后,将_____。
   A. 进行重启动,增压空气压力限制仍起作用
   B. 进行正常启动,切除增压空气压力限制
   C. 进行正常启动,增压空气压力限制仍起作用
   D. 进行重启动,切除增压空气压力限制

447. 电动增压空气压力限油环节如图 9-20 所示,在运行中按下应急操纵按钮,非门 G_1、G_2 及二极管 D_3、D_4 的状态为_____。
   A. 0 1,截止,截止   B. 0 1,截止,导通
   C. 1 0,导通,导通   D. 1 1,截止,导通

448. 电动增压空气压力限油环节如图 9-20 所示,调整 P_1、P_2 使其对地电阻值增大,会使增压空气限制_____。
   ①主机最大启动油量限制值增大;②主机最大启动油量限制值减小;③增压空气的限制作用减弱;④增压空气的限制作用增强;⑤特性曲线变陡;⑥特性曲线变平坦。
   A. ①③⑤   B. ①②⑥   C. ①④⑥   D. ①④⑤

449. 采用电子调速器的主机遥控系统负荷限制回路的输出包括:增压空气压力限制、最大转矩限制、最大油量限制及调速器输出的控制信号,最终决定油门开度的信号是_____。
   A. 这些信号中最大的信号   B. 这些信号中最小的信号
   C. 这些信号的算术平均值   D. 这些信号的几何平均值

450. 主机遥控系统中,采用增压空气限制环节是为了限制主机的_____。
   A. 热负荷   B. 加速速率   C. 机械负荷   D. 最高转速

451. 对于主机遥控系统的增压空气限制环节,正确的认识是_____。
   A. 随着转速的增加,增压空气限制环节的限制值也增加
   B. 随着增压空气压力的增加,允许的供油量限制值增加
   C. 随着增压空气压力的增加,主机的供油量增加
   D. 随着增压空气压力的增加,允许的供油量限制值减小

452. 主机增压空气压力限制特性的斜率与主机不匹配会发生_____。
   A. 斜率偏小时,主机启动粗暴
   B. 斜率偏小时,主机加速过程加快
   C. 斜率偏大时,主机加速过程中出现冒黑烟
   D. 斜率偏大时,主机最大油量限制增大

453. 电动转矩限制回路如图 9-21 所示,当设定转速 U_s 高于转矩限制开始转速所对应的电压值 U_a 时,运算放大器 A_1 和 A_2 的功能分别为_____。

A. 电压跟随器、电压跟随器　　　B. 电压比较器、电压跟随器
C. 比例运算器、电压跟随器　　　D. 比例运算器、电压比较器

454. 电动转矩限制回路如图9-21所示,当设定转速 U_S 高于转矩限制开始转速 U_a 时,该回路输出_____。

A. 与设定转速相对应的最大供油量　　B. 设定转速 U_S
C. 开始限制转速 U_a　　　　　　　　D. 保持 U_0 不变

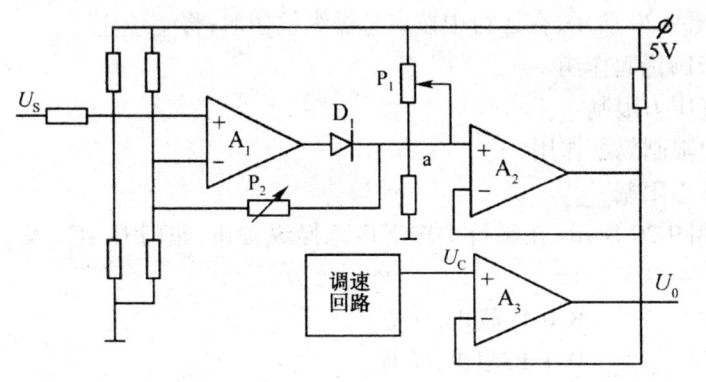 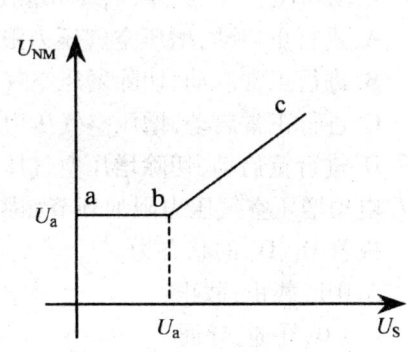

图9-21

455. 电动转矩限制回路如图9-21所示,为使在某个设定转速下提高所允许的最大供油量,其调整方法是_____。

A. 调电位器 P_2,使其对地电阻值减少　　B. 调电位器 P_2,使其对地电阻值增大
C. 调电位器 P_1,使其对地电阻值减小　　D. 调电位器 P_1,使其对地电阻值增大

456. 电动转矩限制回路如图9-21所示,为提高转矩限制的开始转速 U_a,其调整方法是_____。

A. 调电位器 P_2,使其对地电阻值减少　　B. 调电位器 P_2,使其对地电阻值增大
C. 调电位器 P_1,使其对地电阻值减小　　D. 调电位器 P_1,使其对地电阻值增大

457. 电动转矩限制回路如图9-21所示,设定转速 U_S 低于转矩限制的开始转速 U_a 时,二极管 D 的状态及运算放大器 A_1 的功能是_____。

A. 截止,电压跟随器　　　　　　　B. 导通,电压跟随器
C. 导通,电压比较器　　　　　　　D. 截止,电压比较器

458. 电动转矩限制回路如图9-21所示,当设定转速 U_S 小于 U_a 时,该回路的输出为_____。

A. 设定转速 U_S　　　　　　　　B. 保持 U_0 不变
C. 转矩限制开始转速 U_a　　　　D. 0

459. 电动转矩限制回路如图9-21所示,固定 P_2,上移 P_1 抽头,会使转矩限制的_____。

A. 起始限油值增大　　　　　　　B. 起始限油值减小
C. 最大油量限制曲线平坦　　　　D. 最大油量限制曲线陡翘

460. 电动转矩限制回路如图9-21所示,此时的转矩限制采用的是_____。

A. 设定转速限制方法　　　　　　B. 实际转速限制方法
C. 根据主机扭矩限制方法　　　　D. 根据螺旋桨特性限制方法

461. 电动转矩限制回路如图9-21所示,固定 P_1,调整 P_2 使其电阻值增大,会使转矩限制特性

_____。
①起使限油值不变；②起使限油值变小；③转矩限制作用减弱；④转矩限制作用增强；⑤特性曲线变陡；⑥特性曲线平坦。
A. ①③⑤　　　　B. ①③⑥　　　　C. ②④⑥　　　　D. ②⑤⑥

462. 主机遥控系统的转矩限制，通常是从额定转速的_____才开始起限油作用。
A. 30%　　　　B. 60%　　　　C. 80%　　　　D. 100%

463. 在主机遥控系统中，转矩限制是指_____。
A. 限制主机的最大转速　　　　B. 限制主机的最大喷油量
C. 实现慢加速程序负荷　　　　D. 限制在设定转速下的最大允许供油量

464. 在主机遥控系统中，采用给定转速限制转矩时，其供油限制量是_____。
A. 由给定转速与实际转速变化共同确定　B. 随主机实际转速增大，逐渐增大供油量
C. 由设定转速确定，与实际转速无关　　D. 由转速的偏差值确定

465. 在主机遥控系统中，给定转速限制转矩方式是通过限制_____来实现转矩限制的。
A. 扫气压力　　　　　　　　　B. 给定转速
C. 最大允许供油量　　　　　　D. 实际转速

466. 在主机遥控系统中有增压空气压力限油及最大转矩限制，它们主要起作用的转速区分别为_____。
A. 高转速区，高转速区　　　　B. 低转速区，高转速区
C. 高转速区，低转速区　　　　D. 低转速区，低转速区

467. 在主机遥控系统的负荷限制回路中，各种限制环节决定了主机的油门开度。在某一时刻，最终的油门开度是由_____决定。
A. 各限制环节中输出的最大信号
B. 各限制环节中输出的最小信号
C. 各限制环节输出的信号平均值
D. 各限制环节中输出的最大信号与最小信号的差值

468. 主机气动遥控系统中对主机的最大负荷限制通常是用_____方法。
A. 限制最大增压空气压力　　　B. 限制最大转矩
C. 限制额定转速　　　　　　　D. 限制最高转速

469. 主机调速装置中增设负荷限制的主要目的是为了_____。
A. 限制主机转速不致过高　　　B. 增加主机运行的经济性
C. 防止船体振荡　　　　　　　D. 确保主机运行安全，放弃部分调速控制

470. 在主机遥控系统中，最大油量限制范围一般为_____。
A. 额度油量的 20%～70%　　　B. 额度油量的 30%～80%
C. 额度油量的 40%～90%　　　D. 额度油量的 50%～100%

471. 在电子主机遥控系统中，当主机在运行中按应急操纵按钮后，能取消的限制是_____。
A. 转矩限制　　　　　　　　　B. 加速速率限制
C. 最大油量限制　　　　　　　D. 最小转速限制

472. 在主机遥控系统中负荷限制包括_____。

①程序负荷;②轮机长最大转速限制;③手动最大供油量限制;④增压空气压力限制;⑤转矩限制;⑥自动回避临界转速。

A. ①③⑤ B. ③④⑤ C. ②④⑥ D. ④⑤⑥

参考答案

1. C	2. B	3. C	4. A	5. B	6. A	7. A	8. B	9. D	10. A
11. A	12. D	13. C	14. D	15. B	16. D	17. B	18. C	19. A	20. A
21. C	22. D	23. D	24. C	25. A	26. D	27. C	28. B	29. C	30. C
31. A	32. A	33. A	34. C	35. B	36. C	37. C	38. B	39. D	40. B
41. A	42. D	43. C	44. B	45. B	46. A	47. D	48. A	49. C	50. C
51. B	52. A	53. B	54. B	55. C	56. B	57. C	58. B	59. B	60. D
61. C	62. C	63. C	64. A	65. B	66. A	67. C	68. B	69. D	70. B
71. D	72. C	73. B	74. D	75. A	76. C	77. C	78. A	79. B	80. A
81. A	82. C	83. A	84. B	85. C	86. A	87. B	88. B	89. D	90. B
91. C	92. D	93. D	94. A	95. A	96. D	97. B	98. B	99. C	100. C
101. D	102. C	103. B	104. C	105. B	106. C	107. A	108. D	109. D	110. B
111. D	112. C	113. A	114. B	115. B	116. C	117. B	118. C	119. C	120. B
121. C	122. D	123. C	124. A	125. B	126. A	127. C	128. D	129. C	130. C
131. C	132. C	133. C	134. B	135. D	136. A	137. B	138. A	139. C	140. B
141. C	142. D	143. B	144. A	145. D	146. B	147. C	148. B	149. D	150. A
151. C	152. C	153. C	154. B	155. C	156. D	157. C	158. B	159. B	160. A
161. B	162. A	163. B	164. C	165 D	166. C	167. C	168. B	169. C	170. D
171. D	172. D	173. A	174. B	175. A	176. A	177. B	178. C	179. C	180. C
181. D	182. D	183. D	184. B	185. B	186. C	187. C	188. A	189. B	190. C
191. D	192. D	193. D	194. B	195. C	196. C	197. B	198. B	199. D	200. C
201. A	202. B	203. B	204. D	205. C	206. A	207. B	208. B	209. C	210. A
211. B	212. D	213. C	214. B	215. C	216. D	217. B	218. C	219. C	220. C
221. A	222. B	223. B	224. C	225. B	226. A	227. B	228. D	229. C	230. C
231. A	232. A	233. B	234. C	235 B	236. B	237. A	238. B	239. A	240. C
241. C	242. D	243. C	244. A	245. C	246. B	247. B	248. C	249. D	250. C
251. D	252. C	253. D	254. C	255. D	256. D	257. D	258. B	259. A	260. C
261. A	262. A	263. C	264. A	265. C	266. B	267. C	268. C	269. B	270. B
271. B	272. C	273. D	274. B	275. B	276. C	277. B	278. B	279. D	280. D
281. B	282. B	283. B	284. C	285. B	286. D	287. B	288. B	289. C	290. C
291. D	292. C	293. C	294. B	295. A	296. B	297. B	298. C	299. C	300. A
301. D	302. C	303. D	304. C	305. C	306. B	307. B	308. C	309. A	310. C
311. A	312. D	313. C	314. C	315. C	316. B	317. A	318. B	319. C	320. D

321. B	322. D	323. A	324. C	325. D	326. D	327. B	328. B	329. D	330. C
331. B	332. C	333. A	334. C	335. C	336. D	337. A	338. C	339. A	340. D
341. C	342. C	343. A	344. C	345. B	346. C	347. D	348. A	349. B	350. D
351. A	352. C	353. C	354. C	355. D	356. A	357. D	358. D	359. C	360. B
361. D	362. C	363. A	364. C	365. A	366. C	367. C	368. C	369. D	370. C
371. C	372. B	373. B	374. A	375. C	376. C	377. D	378. B	379. B	380. C
381. B	382. A	383. A	384. C	385. A	386. B	387. B	388. D	389. D	390. D
391. D	392. B	393. C	394. C	395. C	396. B	397. B	398. D	399. C	400. A
401. D	402. B	403. D	404. A	405. B	406. C	407. C	408. C	409. C	410. B
411. B	412. A	413. C	414. C	415. C	416. C	417. C	418. C	419. C	420. C
421. C	422. B	423. D	424. A	425. B	426. A	427. B	428. C	429. A	430. C
431. A	432. A	433. C	434. C	435. C	436. C	437. C	438. C	439. C	440. C
441. C	442. A	443. C	444. B	445. A	446. C	447. C	448. C	449. C	450. A
451. B	452. C	453. C	454. C	455. B	456. C	457. B	458. C	459. B	460. C
461. A	462. B	463. D	464. C	465. C	466. B	467. B	468. A	469. C	470. D
471. C	472. B								

第5节 主机遥控系统的电/气转换装置及执行机构
（适用对象：8401，8402）

1. 在电/气转换器中，运算放大器 A_1、A_2 的功能分别为_____。
   A. 差动输入比例运算器、电压跟随器　　B. 电压比较器、加法器
   C. 电压跟随器、电压比较器　　　　　　D. 差动输入比例运算器、加法器

2. 在电/气转换器中，若转速给定电压信号所转换成的气压信号 P_0 与该 P_0 经 P/U 转换器转换成的电压信号比相等时，触发器 T_1 和 T_2 的状态是_____。
   A. 低电平、低电平　　　　　　　　　　B. 低电平、高电平
   C. 高电平、低电平　　　　　　　　　　D. 高电平、高电平

3. 电/气转换器中，脉冲信号发生器 G 输出脉冲信号不起作用的条件是_____。
   A. 在加速过程中　　　　　　　　　　　B. 在转速给定值改变的短时间内
   C. 在减速过程中　　　　　　　　　　　D. 所转变成 P_0 接近给定值时

4. 电/气转换器中如图 9-22 所示，脉冲信号发生器 G 的作用是连续不断地产生_____。
   A. 正脉冲信号　　B. 负脉冲信号　　C. 正、负脉冲信号　　D. 正弦波信号

5. 电/气转换器中如图 9-22 所示，在减速过程中，如转速设定值 U_S 与压力传感器 P/U 输出的电压信号 U_R 差值较大时运算放大器 A_2 的输出 U_2 为_____。
   A. 幅值较小的正极性电压值　　　　　　B. 幅值较大的正极性电压值
   C. 幅值较小的负极性电压值　　　　　　D. 幅值较大的负极性电压值

6. 电/气转换器中如图 9-22 所示，脉冲信号发生器 G 起作用的时间为_____。
   A. 转速设定值 U_S 与压力传感器 P/U 输出的电压信号 U_R 差值较大时

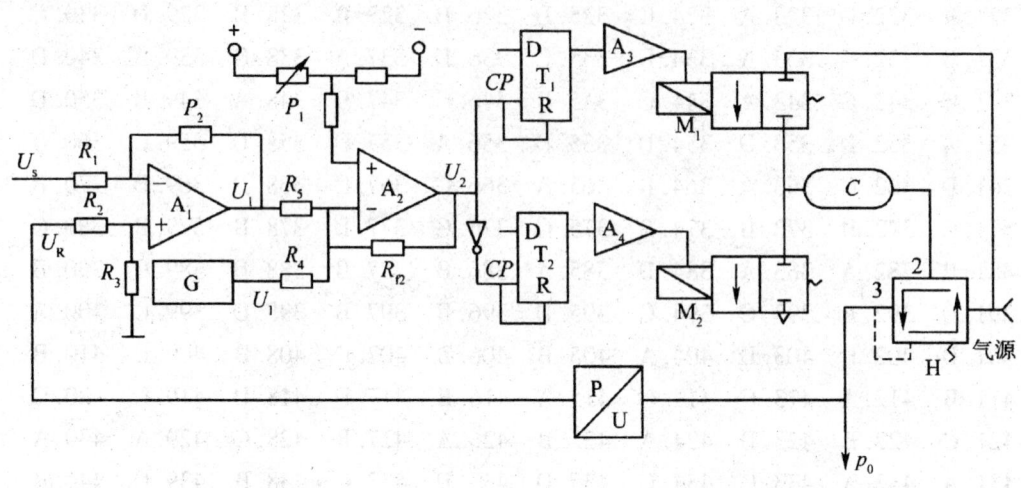

图 9-22

 B. 转速设定值 U_S 与压力传感器 P/U 输出的电压信号 U_R 差值不大时

 C. 在整个控制过程中都起作用

 D. 在整个加、减速控制过程中都起作用

7. 电/液伺服器如图 9-23 所示,如平衡泵 16 发生故障而没有油压输出,则_____。

 A. 在对主机进行加、减速控制过程中不能加速

 B. 在对主机进行加、减速控制过程中不能减速

 C. 在对主机进行加、减速控制过程中动作缓慢或不稳

 D. 不能对主机进行加、减速控制

8. 要使电/液伺服器的伺服活塞保持不变的条件是_____。

 A. 主阀控制活塞上、下油腔压力相等   B. 主阀 A 孔泄油,B 孔进油

 C. 主阀 A 孔进油,B 孔泄油   D. 电磁作用力与反馈弹簧力平衡

9. 在电/液伺服器中,先导泵打出油压的作用是_____。

 A. 推动力活塞移动,进行加、减油   B. 使主阀跟踪先导阀运动

 C. 加速较快时维持动力油压恒定   D. 保持主阀相对输出油口位置不变

10. 电/液伺服器在柴油机主机遥控系统中是作为_____。

 A. 换向控制执行器   B. 油量调节控制执行器

 C. 启动控制执行器   D. 换向启动连锁机构

11. 电/液伺服器,当输入电流为 0 时,油门处于零开度,当输入电流为 20 mA 时,油门达不到全速开度,则应_____。

 A. 调节调零弹簧,使其弹力减小   B. 增加反馈弹簧刚度

 C. 减小反馈弹簧刚度   D. 增加主泵排出油压力

12. 电/液伺服器,若主阀不能跟踪先导阀运动,其原因可能是_____。

 A. 平衡泵故障   B. 主泵故障   C. 滤器太脏   D. 油压控制阀故障

13. 如电/液伺服器的主阀动作迟缓,首先检查的是_____。

 A. 主阀   B. 先导阀   C. 滤器   D. 液压油

14. 电/液伺服器的活塞移动量与油量控制电流的关系是_____。
   A. 指数变化关系　　　B. 线性比例关系　　　C. 没有一定联系　　　D. 非线性比例关系
15. 电/液伺服器,下述_____是错误的。
   A. 电磁线圈用来接受主机转速设定信号　　　B. 主机加速时,先导阀下移
   C. 主阀受力平衡时,主阀跟上先导阀　　　　D. 主机油门开大时,反馈力增大

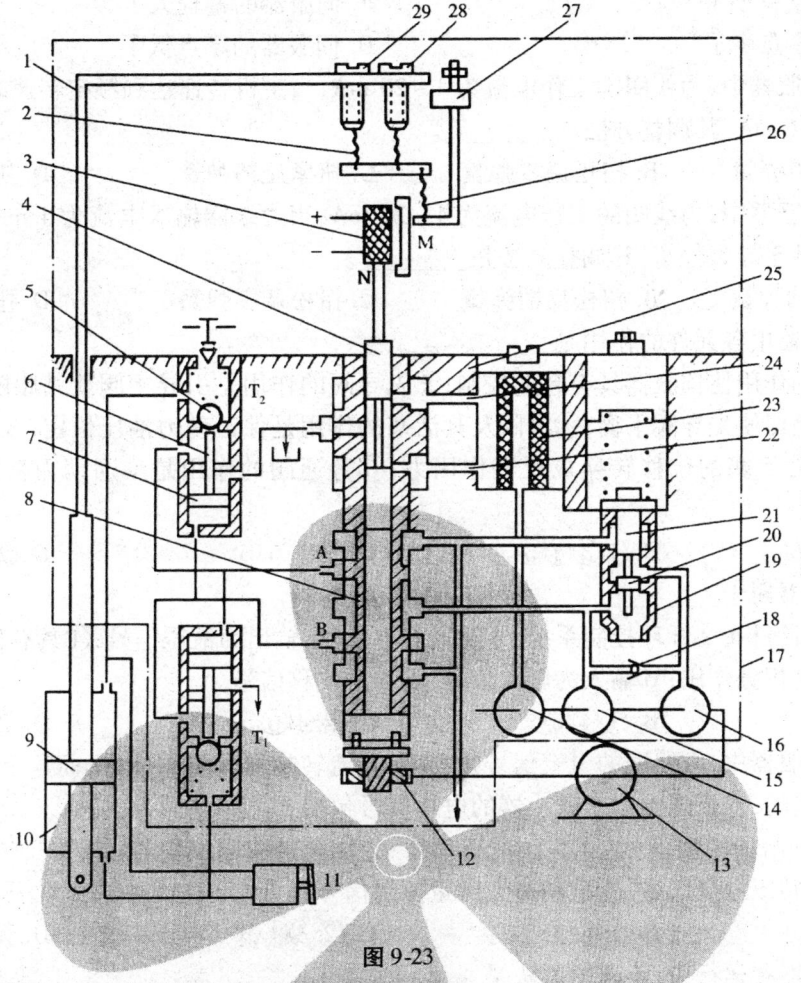

图 9-23

16. 在电/液伺服器中,平衡泵打出的油压作用是_____。
   A. 稳定系统油压　　　　　　　　　　　　B. 使主阀跟踪先导阀移动
   C. 使动力活塞移动进行加、减油　　　　　D. 为反馈杆提供油压
17. 在电/液伺服器中,主泵打出的油压作用是_____。
   A. 稳定油压　　　　　　　　　　　　　　B. 使主阀跟踪先导阀移动
   C. 使动力活塞移动进行加、减油　　　　　D. 为反馈杆提供油压
18. 在电/液伺服器中,最易发生的故障现象是_____。
   A. 油压控制阀故障　　　　　　　　　　　B. 滤器脏堵
   C. 平衡泵故障　　　　　　　　　　　　　D. 稳态时主阀凸缘不能密封口 A 或口 B

19. 在主机增加负荷时,电/液伺服器上、下油口 A 和 B 的状态为_____。
   A. 口 A 泄油,口 B 进油　　　　　　　　B. 口 A 进油,口 B 泄油
   C. 口 A、口 B 均泄油　　　　　　　　　D. 口 A、口 B 均进油

20. 在电/液伺服器中,力线圈的工作电流是 4~20 mA,若力线圈输入电流为 20 mA,而主机转速为额定转速的 90%,这说明_____。
   A. 伺服器量程小了　　　　　　　　　　B. 伺服器的量程大了
   C. 伺服器零点高了　　　　　　　　　　D. 伺服器的零点低了

21. 在电/液伺服器中,力线圈的工作电流为 4~20 mA,当主机转速达到额定转速时,力线圈的输入电流为 16 mA,其调整方法是_____。
   A. 扭紧调零弹簧　　B. 扭松调零弹簧　　C. 扭紧反馈弹簧　　D. 扭松反馈弹簧

22. 在电/液伺服器中,力线圈的工作电流为 4~20 mA,当力线圈输入电流为 4 mA 时,主机运行很不稳定甚至导致停车,其调整方法是_____。
   A. 扭紧反馈弹簧　　B. 扭松反馈弹簧　　C. 扭松调零弹簧　　D. 扭紧调零弹簧

23. 电/液伺服器中各元件的作用是_____。
   ①先导阀的作用使伺服器具有超前控制;②先导阀的作用是引导主阀使其跟随动作;③平衡泵的作用是促使先导阀平衡;④滑阀及其活塞的作用是保证动力油压恒定;⑤反馈弹簧的作用是将动力活塞的位移转换成反馈作用力;⑥旁通阀的作用是沟通动力活塞上下空间的油压。
   A. ①②④⑥　　　　B. ①③④⑤　　　　C. ②③⑤⑥　　　　D. ②④⑤⑥

24. 电/液伺服器属于_____。
   ①随动执行机构;②开环控制系统;③输入为电信号,输出为液压信号;④具有比例放大作用;⑤具有比例积分作用;⑥输入为电流信号,输出为位移信号。
   A. ①③⑥　　　　　B. ①④⑥　　　　　C. ②④⑥　　　　　D. ②③⑤

25. 在电/液伺服器中,力线圈的电流信号是电压/电流转换器输出的信号,而这个电压信号是由选小器输出的,直接送到这个选小器的电压信号包括_____。
   ①调速器输出的控制信号;②程序负荷信号;③加速速率限制信号;④增压空气压力限制信号;⑤最大转矩限制信号;⑥手动最大油量限制信号。
   A. ①④⑤⑥　　　　B. ①②③⑤　　　　C. ②③④⑤　　　　D. ③④⑤⑥

26. 电/液伺服器在运行中,正确的说法是_____。
   ①先导阀始终跟踪主阀动;②主阀始终跟踪先导阀动;③滤器略有脏堵时,主机转速变化慢;④动力油缸由平衡泵打出的油供给;⑤加速时,力线圈下移,B 口通高压油;⑥稳定运行时,先导泵停转。
   A. ①②⑥　　　　　B. ②④⑤　　　　　C. ③④⑥　　　　　D. ②③⑤

27. 在 Hagenuk 电/液伺服器中,力线圈的工作电流是 4~20 mA,若力线圈输入电流为 20 mA,而主机转速为额定转速的 90%,这说明_____。
   A. 伺服器量程小了　　　　　　　　　　B. 伺服器零点高了
   C. 伺服器的量程大了　　　　　　　　　D. 伺服器的零点低了

参考答案

1. D 2. A 3. B 4. C 5. D 6. B 7. C 8. D 9. B 10. D
11. C 12. C 13. C 14. B 15. A 16. A 17. C 18. B 19. A 20. B
21. C 22. D 23. D 24. B 25. A 26. D 27. C

第6节 主机典型气动操纵系统

 9.6.1 MAN B&W 气动操纵系统组成及停油、换向、启动和调速等操作的动作过程（适用对象：8401，8402，8403，8404）

1. MAN-B&W-S-MC/MCE 主机操纵系统气路中，集控室的操作手柄 A 和 B 都处于"STOP"位置，机控阀 63、64 的状态是_____。
   A. 阀 63、64 均受压上位通
   B. 阀 63、64 均不受压上位通
   C. 阀 63 受压上位通、64 不受压下位通
   D. 阀 63 不受压下位通、64 受压上位通

2. MAN-B&W-S-MC/MCE 主机操纵系统气路中，当集控室的操作手柄 B 处于"START"位置时，机控阀 63、64 的状态是_____。
   A. 阀 63、64 均不受压上位通
   B. 阀 63、64 均受压上位通
   C. 阀 63 受压上位通、64 不受压下位通
   D. 阀 63 不受压下位通、64 受压上位通

3. MAN-B&W-S-MC/MCE 主机操纵系统气路中，当集控室的操作手柄 B 处于"START"位置时，停车阀 64 受压目的之一是_____。
   A. 断油停车气路继续有控制空气，不供油
   B. 断油停车气路继续无控制空气，不供油
   C. 断油停车气路继续有控制空气，开始供油
   D. 断油停车气路继续无控制空气，开始供油

4. MAN-B&W-S-MC/MCE 主机操纵系统中，在机旁用手动燃油杆对主机的控制是属于_____控制。
   A. 负荷 B. 转速 C. 定速 D. 转矩

5. 如图 9-24 所示的 MAN-B&W-S-MC/MCE 主机气动操纵系统的供油回路中，运行中调速器控制高压燃油泵的_____，而阀 52 控制 VIT 伺服机构控制_____。
   A. 喷油压力/喷油量
   B. 爆压/喷油定时提前或后移
   C. 供油量/喷油定时提前或后移
   D. 供油量/爆压

6. MAN-B&W-S-MC/MCE 主机操纵系统气路中，当集控室的操作手柄 B 处于"START"位置时，启动阀 63 受压目的是_____。
   A. 断油停车气路继续有控制空气
   B. 给出要求启动的指令控制空气
   C. 使启动指令控制空气放入大气
   D. 断油停车气路继续无控制空气

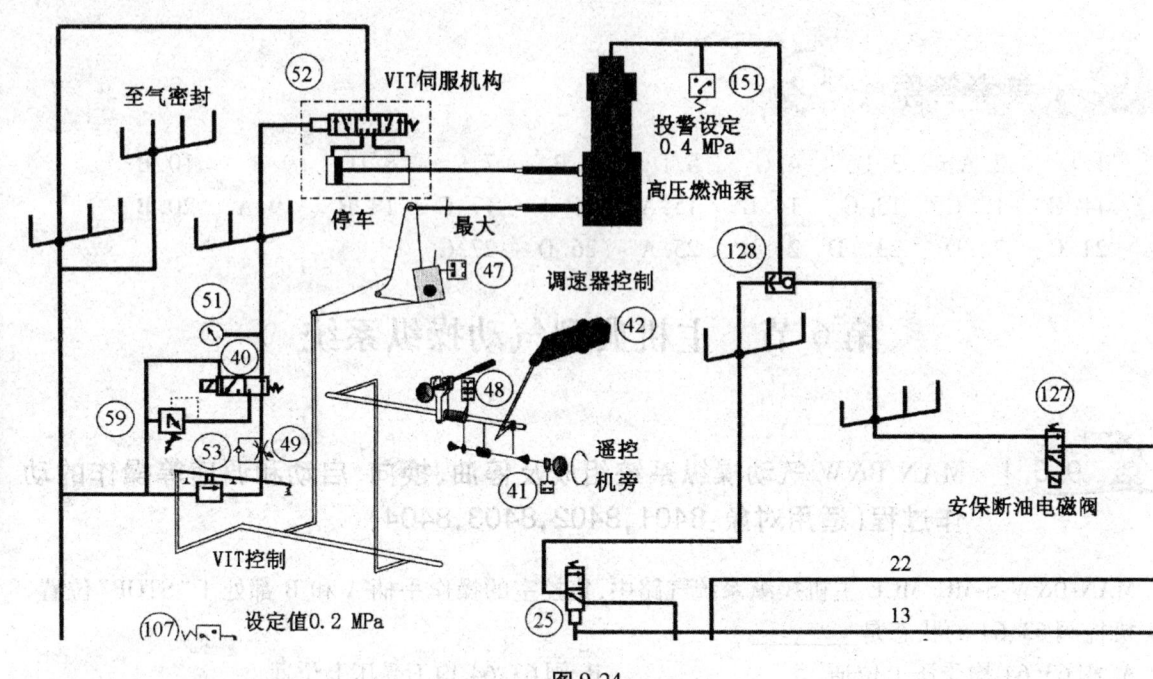

图 9-24

7. MAN-B&W-S-MC/MCE 主机操纵系统气路中,当集控室的操作手柄 B 处于"START"位置时,停车阀 64 受压目的之一是_____。

   A. 为主机启动提供控制空气
   B. 使断油停车气路继续无控制空气
   C. 使启动气路继续无控制空气
   D. 为主机换向提供控制空气

8. MAN-B&W-S-MC/MCE 主机操纵系统气路中,当集控室的操作手柄 B 处于"START"位置时,机控阀 63、64 均受压上位通的目的是_____。

   A. 给出要求启动的指令控制空气和断油停车气路继续有控制空气,开始供油
   B. 给出要求启动的指令控制空气和断油停车气路继续有控制空气,不供油
   C. 给出要求启动的指令控制空气和断油停车气路继续无控制空气,开始供油
   D. 给出要求启动的指令控制空气和断油停车气路继续无控制空气,不供油

9. MAN-B&W-S-MC/MCE 主机遥控系统气路中,在启动操作时开始向主机供油的时刻是_____。

   A. 操作手柄 B 处于"START"位置时
   B. 操作手柄 B 从"START"位置推向"FUEL RANGE"区域时
   C. 操作手柄 B 离开"STOP"时
   D. 操作手柄 A 离开"STOP"时

10. MAN-B&W-S-MC/MCE 主机操纵系统气路中,换向回路里单向止回节流阀 69 和管路结合在气路上可以起延时约 6 s 的控制作用是_____。

    A. 有利于主机各缸燃油泵换向凸轮机构换向成功
    B. 加速主机各缸燃油泵换向凸轮机构换向过程
    C. 检测主机各缸燃油泵换向凸轮机构换向过程
    D. 检测主机各缸燃油泵换向凸轮机构换向是否成功

11. MAN-B&W-S-MC/MCE主机遥控系统气路中,启动回路里单向止回节流阀32和管路结合在气路上可以起延时约1 s的控制作用的另一说法是_____。
   A. 加速主机启动过程
   B. 加速主机各气缸完成启动程序
   C. 使主机获得短时油—气并进的一个工作条件
   D. 检测主机各缸启动是否成功

12. MAN-B&W-S-MC/MCE主机操纵系统气路中,启动回路里单向止回节流阀32和管路结合在气路上可以起延时约1 s的控制作用是_____。
   A. 加速主机启动过程
   B. 加速主机各气缸完成启动程序
   C. 确保在开始给油时被启动的气缸继续完成启动程序
   D. 检测主机各缸启动是否成功

13. MAN-B&W-S-MC/MCE主机操纵系统气路中,启动回路里单向止回节流阀32和管路结合在气路上可以起延时约1 s的控制作用的另一说法是_____。
   A. 加速主机启动过程   B. 加速主机各气缸完成启动程序
   C. 保证柴油机良好启动   D. 检测主机各缸启动是否成功

14. MAN-B&W-S-MC/MCE主机操纵系统气路中,应急启动和换向回路里的单向止回节流阀104和管路结合在气路上可以起延时约6 s的控制作用是_____。
   A. 加速主机启动过程
   B. 加速主机各缸燃油泵换向凸轮机构换向过程
   C. 检测主机各缸燃油泵换向凸轮机构换向过程
   D. 有利于主机各缸燃油泵换向凸轮机构换向成功

15. MAN-B&W-S-MC/MCE主机操纵系统气路中,在启动和换向操作过程中,管路12里如有控制空气则标志着_____。
   A. 燃油泵滚轮换向机构换向成功   B. 燃油泵滚轮换向机构换向未成功
   C. "换向—启动"连锁已解除   D. 燃油泵和空气分配器均换向成功

16. MAN-B&W-S-MC/MCE主机操纵系统气路中,在启动和换向操作过程中,管路12里如有控制空气则标志着_____。
   A. 燃油泵滚轮换向机构换向成功   B. 燃油泵滚轮换向机构换向未成功
   C. 空气分配器换向完成   D. 燃油泵和空气分配器均换向成功

17. MAN-B&W-S-MC/MCE主机遥控系统气路中,使用最多的阀件是_____。
   A. 联动阀   B. 双座止回阀   C. 二位三通阀   D. 速放阀

18. 如图9-24所示的MAN–B&W-S-MC/MCE主机气动操纵系统中,32号单向节流阀用于启动延时,其延时时间一般调定为_____ s。
   A. 1   B. 2   C. 3   D. 4

19. MAN-B&W-S-MC/MCE主机操纵系统中,集控室操纵台上的正(倒)车指示灯在换向操作过程结束后闪亮则标志着_____。
   A. 至少有二缸燃油泵滚轮换向机构换向未成功

B. 至少有一缸燃油泵滚轮换向机构换向未成功

C. 至少有四缸燃油泵滚轮换向机构换向未成功

D. 至少有三缸燃油泵滚轮换向机构换向未成功

20. MAN-B&W-S-MC/MCE 主机操纵系统中，在换向操作过程中出现单缸不能换向或换向不到位的异常情况时_____。

　　A. 将影响主机的换向运行　　　　　　B. 主机将停车并报警

　　C. 主机将自动再次换向　　　　　　　D. 也不会影响主机的换向运行，只是该缸不发火

21. MAN-B&W-S-MC/MCE 主机操纵系统中，在集控室操车且运行过程中换向启动的情况下，当驾驶室车钟给出换向指令以后，主机开始执行换向动作的时刻是_____。

　　A. 轮机值班人员操作集控室车钟换向手柄 A 予以回令时后立即开始

　　B. 轮机值班人员操作集控室车钟换向手柄 A 予以回令后并把主机操纵手柄 B 拉回到"STOP"位置时

　　C. 当驾驶室车钟给出换向指令以后立即开始

　　D. 轮机值班人员操作集控室主机操纵手柄 B 到启动位置时

22. MAN-B&W-S-MC/MCE 主机气动操纵系统中，在集控室操车且运行过程中换向启动的情况下，轮机值班人员操作集控室车钟换向手柄 A 予以回令后的动作是_____。

　　A. 主机立即开始换向工作

　　B. 只是使车钟的声、光信号得以应答

　　C. 延时后主机开始换向工作

　　D. 只是使车钟的声信号得以应答，而光信号要等延时后得以应答

23. MAN-B&W-S-MC/MCE 主机操纵系统气路中，在启动和换向操作过程中，"换向—启动"连锁已解除的标志是_____。

　　A. 燃油泵滚轮换向机构换向成功　　　B. 燃油泵滚轮换向机构换向未成功

　　C. 换向启动正在进行　　　　　　　　D. 管路 12 里如有控制空气

24. MAN-B&W-S-MC/MCE 主机操纵系统中，在集控室操车且运行过程中换向启动的情况下，轮机值班人员操作集控室车钟换向手柄 A 予以回令后的动作是_____。

　　A. 只是使车钟的声、光信号得以应答

　　B. 主机立即开始换向动作

　　C. 延时后主机开始换向动作

　　D. 只是使车钟的声信号得以应答而光信号要等延时后得以应答

25. MAN-B&W-S-MC/MCE 主机操纵系统气路中，主机在运行期间及 B 手柄处于"FUEL RANGE"部位，阀 63、64 的工作部位是_____。

　　A. 均是工作于上位　　　　　　　　　B. 均是工作于下位

　　C. 阀 63 工作于上位、阀 64 工作于下位　D. 阀 63 工作于下位、阀 64 工作于上位

26. MAN-B&W-S-MC/MCE 主机遥控系统中，集控室与驾驶室遥控在气路上的逻辑关系是_____。

　　A. 非　　　　B. 与　　　　C. 或　　　　D. 都不是

27. MAN-B&W-S-MC/MCE 主机操纵系统中，可以使主机进入制动工况的时刻是_____。

A. 燃油泵滚轮换向机构换向成功
B. "换向—启动"连锁控制被解除
C. 燃油泵和空气分配器均换向成功
D. 操纵手柄 B 从 "STOP" 提拉到 "START" 位置

28. 如图 9-25 所示的 MAN-B&W-S-MC/MCE 主机气动操纵系统中,当启动时,阀 33 受控,气动控制管 22 有气压,同时通过阀 23、25 控制主机停油,当启动结束时,停油立即解除,但是管 22 因通过_____而延时,造成延时内_____。

A. 阀 33、32/油气并进　　　　　　B. 阀 23、104/油气并进
C. 阀 33、32/油气分进　　　　　　D. 阀 23、104/油气分进

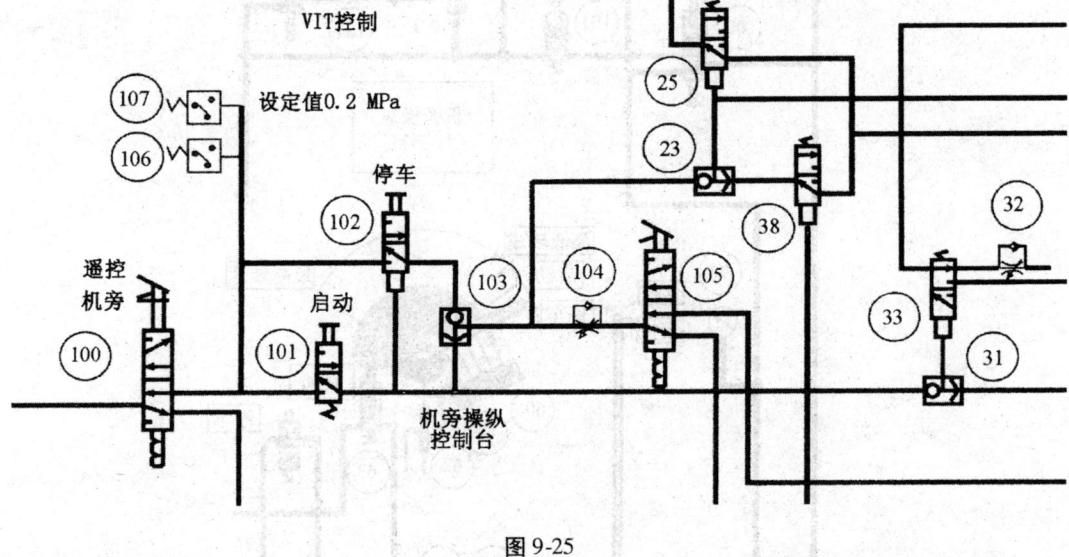

图 9-25

29. MAN-B&W-S-MC/MCE 主机操纵系统中,集控室与机旁控制主机在气路上的逻辑关系是_____。

A. 非　　　　B. 与　　　　C. 与非　　　　D. 或

30. MAN-B&W-S-MC/MCE 主机操纵系统中,安全保护系统控制的断油是通过停车电磁阀 127 得电实现的,该阀得电的条件是_____。

A. 燃油泵滚轮换向机构换向未成功　　B. 主机主轴承滑油低压
C. 主机气缸冷却水低压　　　　　　D. 主机主轴承滑油高温

31. MAN-B&W-S-MC/MCE 主机操纵系统中,安全保护系统控制的断油是通过停车电磁阀 127 得电实现的,该阀得电的条件是_____。

A. 推力轴承高温　　　　　　　　B. 燃油泵滚轮换向机构换向未成功
C. 主机气缸冷却水低压　　　　　D. 主机主轴承滑油高温

32. MAN-B&W-S-MC/MCE 主机气动操纵系统中,集控式控制,凸轮轴倒车位置时,车钟在正车,油门杆在_____才能进行换向操作,燃油泵的换向机构在_____完成。

A. 启动位置/启动过程中逐缸　　　　B. 启动位置/与空气分配器一起换向
C. 运行位置/气动过程中逐缸　　　　D. 停车位置/与空气分配器一起换向

33. 如图 9-26 所示的 MAN-B&W-S-MC/MCE 主机气动操纵系统中,当机旁控制时_____,而当集控式控制时_____。

A. 阀 100 受控工作在上位/阀 80 受控工作在上位
B. 阀 100 受控工作在下位/阀 80 受控工作在上位
C. 阀 100 受控工作在上位/阀 80 受控工作在下位
D. 阀 100 受控工作在下位/阀 80 受控工作在下位

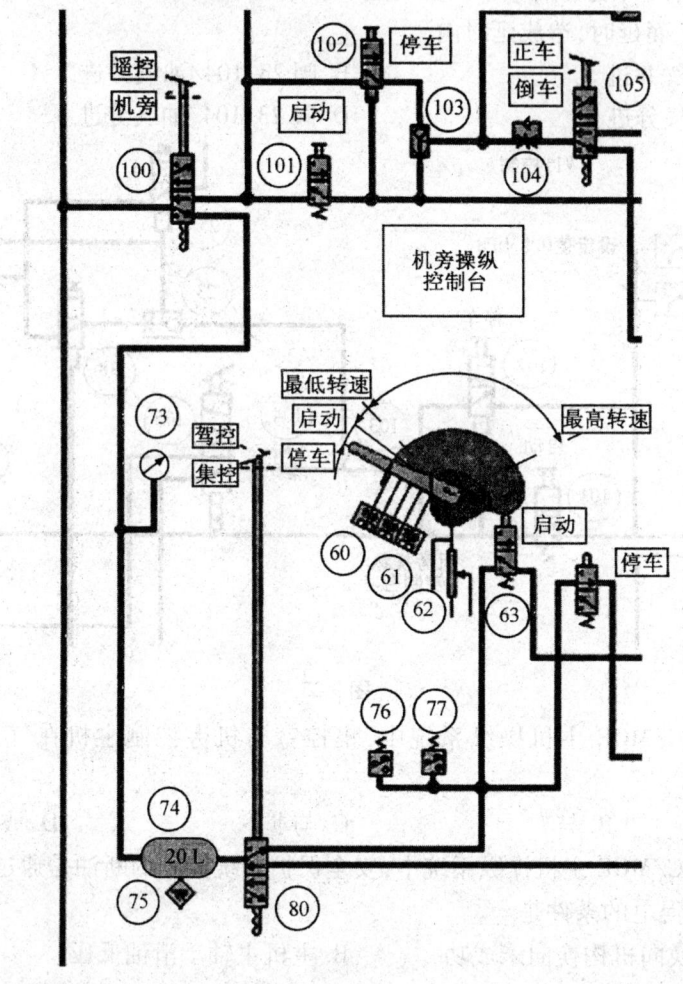

图 9-26

34. MAN-B&W-S-MC/MCE 主机操纵系统中,安全保护系统控制的断油是通过停车电磁阀 127 得电实现的,该阀得电的条件是_____。

A. 主机气缸冷却水低压　　　　　　B. 燃油泵滚轮换向机构换向未成功
C. 凸轮轴滑油低压　　　　　　　　D. 主机主轴承滑油高温

35. MAN-B&W-S-MC/MCE 主机操纵系统中,安全保护系统控制的断油是通过停车电磁阀 127 得电实现的,该阀得电的条件是_____。

A. 主机气缸冷却水低压　　　　　　B. 燃油泵滚轮换向机构换向未成功
C. 超速　　　　　　　　　　　　　D. 主机主轴承滑油高温

36. MAN-B&W-S-MC/MCE 主机操纵系统中，安全保护系统控制的断油是通过停车电磁阀 127 得电实现的，该阀得电的条件是_____。
   A. 有应急停车指令 B. 燃油泵滚轮换向机构换向未成功
   C. 超速 D. 主机主轴承滑油高温

37. MAN-B&W-S-MC/MCE 主机操纵系统中，喷油定时自动调节是根据主机负荷变化有规律地使_____。
   A. 喷油提前或后移的一种设计 B. 喷油量提前或后移的一种设计
   C. 喷油量增加或减少的一种设计 D. 喷油量成比例的一种设计

38. MAN-B&W-S-MC/MCE 主机操纵系统中，喷油定时自动调节机构的主要设计目的是_____。
   A. 降低油耗 B. 改善燃烧质量
   C. 爆压与喷油量成比例 D. 稳定爆压

39. MAN-B&W-S-MC/MCE 主机操纵系统中，喷油定时自动调节是根据主机负荷变化有规律地使喷油提前或后移的一种设计，实验证明这种设计可以_____。
   A. 降低爆压 B. 提高爆压
   C. 爆压与喷油量成比例 D. 稳定爆压

40. MAN-B&W-S-MC/MCE 主机操纵系统中，喷油定时自动调节机构在约 40% 以下低负荷区运行时，喷油定时_____。
   A. 提前 B. 延后 C. 自动调节 D. 不受控制

41. MAN-B&W-S-MC/MCE 主机操纵系统中，喷油定时自动调节机构对主机在约 40% 负荷以上区域运行时，喷油定时_____。
   A. 得以提前，爆压增长要比原先为慢 B. 延后，爆压增长要比原先为慢
   C. 得以提前，爆压增长要比原先为快 D. 延后，爆压增长要比原先为快

42. 在 MAN-B&W-S-MC/MCE 主机气动操纵系统中，安保断油的条件有很多，但是不包括_____，其安全停车电磁阀与正常遥控停车电磁阀是_____个阀。
   A. 主轴承滑油低压/1 B. 气缸冷却水高温/1
   C. 主机安全回路故障/2 D. 主机飞车/2

43. MAN-B&W-S-MC/MCE 主机操纵系统中，喷油定时自动调节机构对主机在 80%~85% 负荷区域运行时，喷油定时_____。
   A. 得以提前，爆压增长要比原先为慢
   B. 延后，爆压增长要比原先为慢
   C. 延后，爆压增长要比原先为快
   D. 出现喷油定时的转折，这时爆压应达到最大许用压力

44. MAN-B&W-S-MC/MCE 主机操纵系统中，喷油定时自动调节机构对主机在负荷高于 80%~85% 荷区域运行时，喷油定时_____。
   A. 得以提前，爆压增长要比原先为慢
   B. 延后，爆压增长要比原先为慢
   C. 延后，爆压增长要比原先为快

D. 喷油定时应作后移,这时爆压应大体保持定值
45. 在 MAN-B&W-S-MC/MCE 主机气动操纵系统中,安保断油的条件有很多,但是不包括_____。
   A. 主轴承滑油低压   B. 气缸冷却水高温
   C. 主机安全回路故障   D. 主机飞车
46. MAN-B&W-S-MC/MCE 主机操纵系统中,喷油定时自动调节机构对主机在倒车运行时,喷油定时_____。
   A. 随负荷而变   B. 自动调节   C. 保持不变   D. 提前
47. MAN-B&W-S-MC/MCE 主机操纵系统中,喷油定时自动调节气路中单向节流阀 49 的作用是_____。
   A. 延长喷油定时自动调节时间   B. 缩短喷油定时自动调节时间
   C. 使喷油定时自动调节时间保持不变   D. 阻断对定时控制的干扰
48. MAN-B&W-S-MC/MCE 主机操纵系统中,喷油定时自动调节气路中单向节流阀 49 可以在调油轴有不太大转角波动时,阻断对定时控制的干扰,设计要求:在油门开度有_____变化的情况下,应不影响喷油定时控制。
   A. ±1 格   B. ±2 格   C. ±3 格   D. ±4 格
49. MAN-B&W-S-MC/MCE 主机遥控系统中,喷油定时自动调节机构的喷油定时执行器 52 是_____。
   A. 比例元件   B. 积分元件   C. 比例积分元件   D. 比例微分元件
50. MAN-B&W-S-MC/MCE 主机操纵系统中,喷油定时自动调节机构的喷油定时执行器 52 是按_____工作的。
   A. 力矩衡原理   B. 位移平衡原理   C. 力平衡原理   D. 自动平衡原理
51. MAN-B&W-S-MC/MCE 主机操纵系统中,喷油定时自动调节机构的喷油定时执行器 52 的作用是_____。
   A. 实现位移,压力信息变换   B. 实现位移,力信息变换
   C. 实现力,位移信息变换   D. 实现压力,位移信息变换
52. 在 MAN-B&W-S-MC/MCE 主机气动操纵系统中,喷油量定时自动调节机构的主要设计目的是_____。
   A. 降低油耗   B. 喷油提前角与喷油量成比例
   C. 爆压与喷油量成比例   D. 稳定爆压
53. MAN-B&W-S-MC/MCE 主机操纵系统中,其转速控制单元多采用_____。
   A. PG 型调速器   B. PGA 型调速器   C. 电子调速器   D. UG 型调速器
54. 在 MAN-B&W-S-MC/MCE 主机气动操纵系统中,符合哪些条件时气控阀 H203 受控使主机停油_____。
   ①当车钟在停车位置;②换向过程未完成时;③主机在倒向不稳定运转时;④有应急停车指令;⑤故障停车已复位;⑥主机转向与车令不符。
   A. ①③④⑤   B. ①②④⑥   C. ②③⑤⑥   D. ②③④⑤
55. 在 MAN-B&W-S-MC/MCE 主机气动操纵系统中,当驾驶室的车钟手柄从停车位置推到正车

位置时,停车电磁阀 84、正车电磁阀 86、启动电磁阀 90 的状态分别为_____。
A. 断电、通电、通电
B. 通电、通电、通电
C. 通电、断电、通电
D. 断电、通电、断电

56. 如图 9-27 所示的 MAN-B&W-S-MC/MCE 主机气动操纵系统,在启动和换向操作过程中,管路 12 里如有控制空气,则标志着_____。
A. 燃油泵滚轮换向机构换向成功
B. 燃油泵滚轮换向机构向未成功
C. 空气分配器换向完成
D. 燃油泵和空气分配器均换换向成功

57. 用 AUTOCHIEF-Ⅳ型主机遥控系统控制的 MAN-B&W-S-MC/MCE 主机操纵系统气路部分简图如图 9-28 所示,其中操纵部位转换阀 80 的种类和阀位的作用分别是_____。
A. 二位三通阀;上位用于集控,下位用于驾控
B. 二位三通阀;上位用于驾控,下位用于集控
C. 二位五通阀;上位用于集控,下位用于驾控
D. 二位五通阀;上位用于驾控,下位用于集控

58. 在 MAN-B&W-S-MCE 主机气动操纵系统中,可以使主机进入制动工况的时刻是_____。
A. 燃油泵滚轮换向机构换向成功
B. "换向—启动"连锁控制被解除
C. 燃油泵和空气分配器均换向成功
D. 操纵手柄 B 从"STOP"提拉到"START"位置

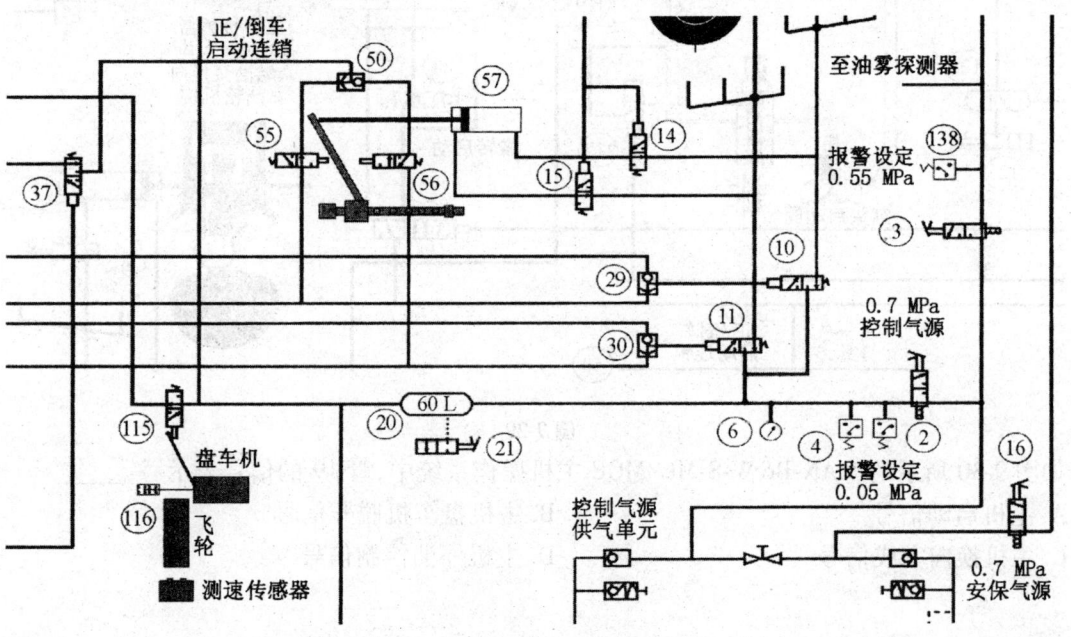

图 9-27

59. 如图 9-29 所示的 MAN-B&W-S-MC/MCE 主机气动操纵系统中,启动时电磁阀 28 有电,则主气动阀_____,辅启动阀_____。
A. 打开/打开　　B. 打开/关闭　　C. 关闭/打开　　D. 关闭/关闭

60. 如图 9-29 所示的 MAN-B&W-S-MC/MCE 主机气动操纵系统中,启动时电磁阀 28 失电,则主气动阀_____,辅启动阀_____。
A. 打开/打开　　B. 打开/关闭　　C. 关闭/打开　　D. 关闭/关闭

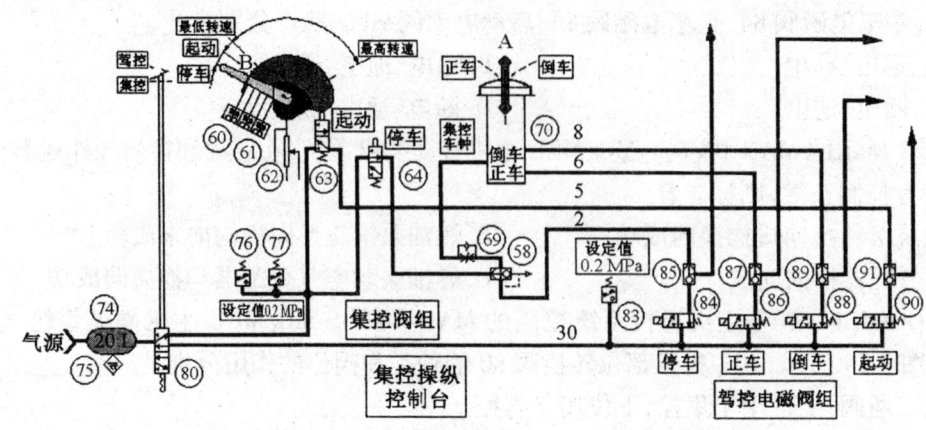

图 9-28

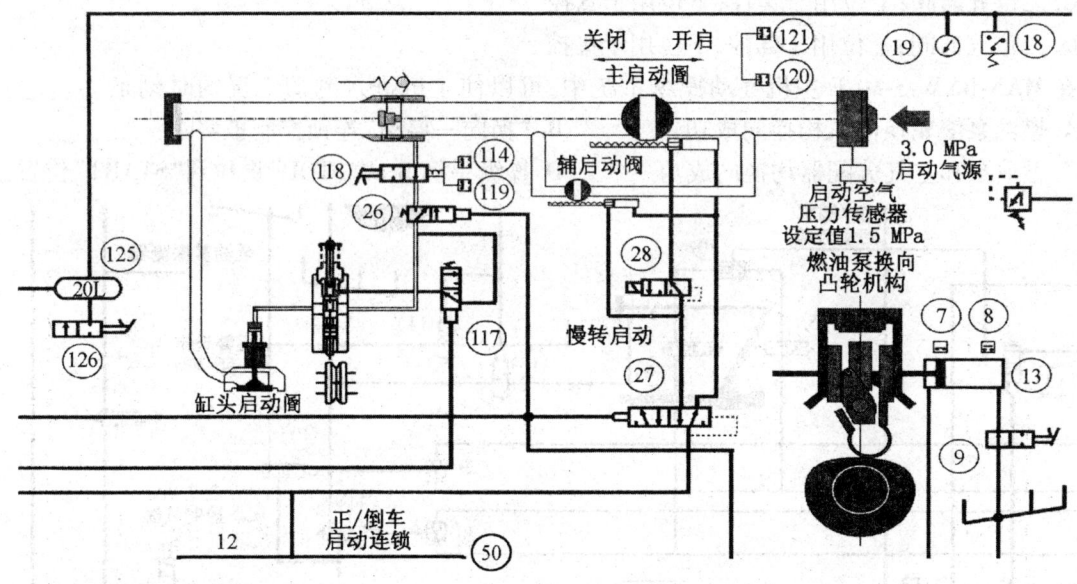

图 9-29

61. 如图 9-30 所示的 MAN-B&W-S-MC/MCE 主机操作系统中，管 19 的信号表示_____。
   A. 主机启动信号
   B. 主机盘车机脱开信号
   C. 主机换向完成信号
   D. 主机停油控制信号

9.6.2 气动操纵系统的故障诊断和管理维护要点（适用对象：8401,8402）

62. MAN-B&W-S-MC/MCE 主机操作系统中，在换向操作过程中出现单缸不能换向或换向不到位的异常情况时_____。
   A. 将停止主机的换向运行
   B. 主机将停车并报警
   C. 不会太影响主机的换向运行，只是该缸不发火

D. 主机将自动再次换向

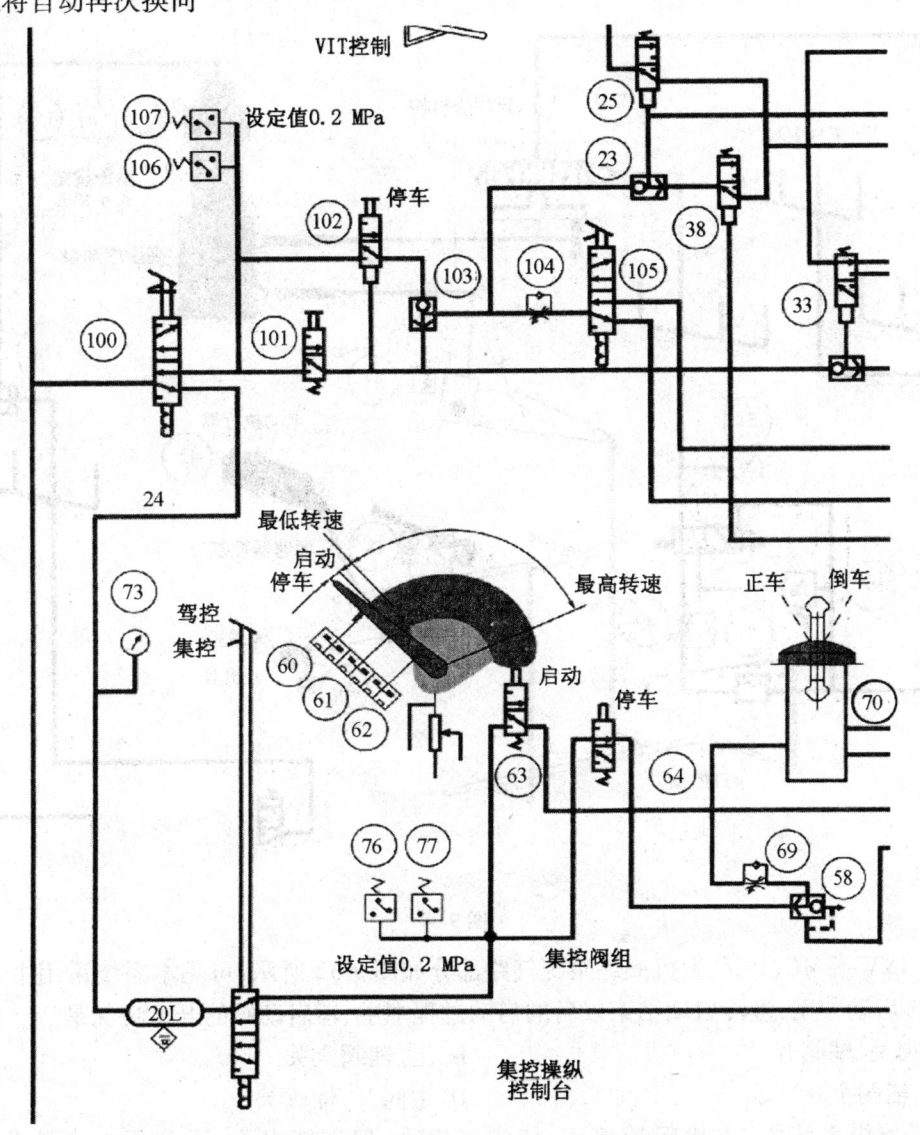

图 9-30

63. 用 AUTOCHIEF－Ⅳ型主机遥控系统控制的 MAN-B&W-S-MC/MCE 主机操纵系统气路部分如图 9-31 所示,在操纵部位转换时错将驾控转到了集控,将会导致_____。
    A. 在集控室即不能操作主机换向,也不能操作主机启动
    B. 在集控室能操作主机换向,但不能操作主机启动
    C. 在驾驶台即不能操作主机换向,也不能操作主机启动
    D. 在驾驶台能操作主机换向,但不能操作主机启动

64. 在集控室操作气动操控系统中,主机能空气启动,调速器有输出,但主机仍不能发火,下列原因中最有可能的是_____。
    A. 操作杆位置在低速位置　　　　　　B. 增压空气限制的启动供油量偏小

C. 冷却水压力不够   D. 故障减速信号未复位

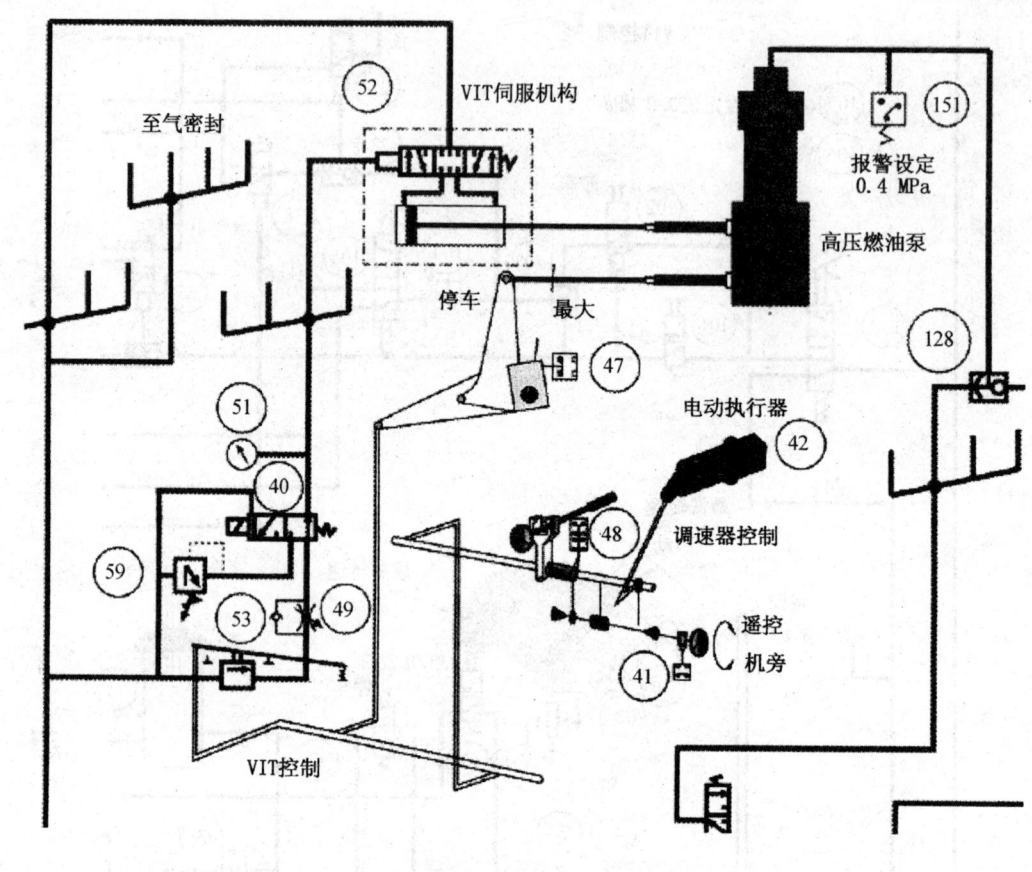

图 9-31

65. MAN-B&W-S-MC/MCE 主机操纵系统气路部分如图 9-32 所示,可见本系统采用主、辅启动阀的慢转启动方案,慢转启动结束以后的启动过程中主、辅启动阀的开度情况是_____。

    A. 主阀关,辅阀开   B. 主、辅阀全关
    C. 主、辅阀全开   D. 主阀开,辅阀关

66. 在气动操纵系统中,主机保持停油,能空气启动,但不能发火,下列原因中最有可能的是_____。

    A. 盘车机未脱开   B. 主滑油压力不够
    C. 冷却水压力不够   D. 转向连锁

67. 在气动操纵系统中,主机保持停止,不能启动是常见的故障之一。下列原因中最有可能的是_____。

    A. 机旁启动时,盘车机未脱开
    B. 集控制室操作气动操纵系统启动时,遥控系统给出启动闭锁信号
    C. 安保系统虽未给出故障停车信号,但主滑油压力未建立
    D. 气动空气压力不足 2 MPa

68. AUTOCHIEF–Ⅳ型主机遥控系统控制的 MAN-B&W-S-MC/MCE 主机操纵系统气路部分简图

如图9-31所示,如用驾控倒车启动运行过程中VIT机构使得喷油提前角过于滞后,故障很可能出在_____。

A. 发送喷油定时调控压力的调压阀53
B. 设置倒车运行固定喷油定时电磁阀40
C. 按照平均指示压力自动调节喷油定时的执行器52
D. 倒车运行时,给出喷油定时固定设置的减压阀59

69. 在MAN-B&W-MC操作气动操纵系统中,启动后,主机转速停留在某转速稳定运行而不能按车令加速,下列原因中最可能的是_____。

A. 车令转速信号没有输出 B. 启动转速不能切换到车令转速
C. 燃油供油压力低压报警 D. 控制气压压力不到7 bar

70. 在MAN-B&W-MC操作气动操纵系统集控室操作中,启动后,主机转速停留在某转速稳定运行而不能按车令加速,下列原因中最有可能的是_____。

A. 增压空气压力未达到设定 B. 故障减速信号起作用
C. 主机最大燃油限制被误调过小 D. VIT机构减压阀没有减压作用

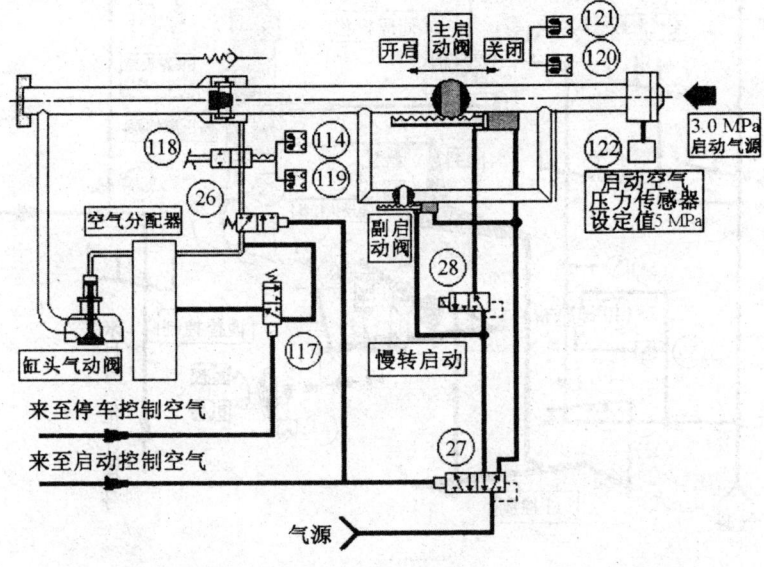

图9-32

71. AUTOCHIEF-Ⅳ型主机遥控系统控制的MAN-B&W-S-MC/MCE主机操纵系统气路部分如图9-33所示,如用驾控倒车启动运行过程中VIT机构仍然有喷油限时作用,故障很可能出在_____。

A. 设置倒车运行固定喷油定时电磁阀40
B. 发送喷油定时调控压力的调压阀53
C. 倒车运行时,给出喷油定时固定设置的减压阀59
D. 按照平均指示压力自动调节喷油定时的执行器52

72. 在集控室操作气动操纵系统中,主机没有按换向要求进行任何换向动作,下列原因中最不可能的是_____。

A. 操作杆位置未回到停止位置　　　　　B. 车钟处于停止位置
C. 主机未停油　　　　　　　　　　　　D. 故障停车信号未复位

73. 气动遥控功能模拟试验前必须_____。
   A. 关主启动阀,开控制空气气源,钥匙开关置工作位
   B. 关主启动阀,开控制空气气源,钥匙开关置检查位
   C. 开主启动阀,开控制空气气源,钥匙开关置检查位
   D. 开主启动阀,开控制空气气源,钥匙开关置工作位

74. 在气动操纵系统中,轮机人员必须重视气动控制元件的定期检查保养工作。建议按周期进行维护、检查和调校工作。对滤器、气瓶定期排放残水的周期是_____。
   A. 半年~1年　　　B. 每2年　　　C. 每半月　　　D. 1~7天

75. 在气动操纵系统中,轮机人员必须重视气动控制元件的定期检查保养工作。建议按周期进行维护、检查和调校工作。更新空气过滤器中的过滤元件的周期是_____。
   A. 每半月　　　B. 每2年　　　C. 半年~1年　　　D. 每4年

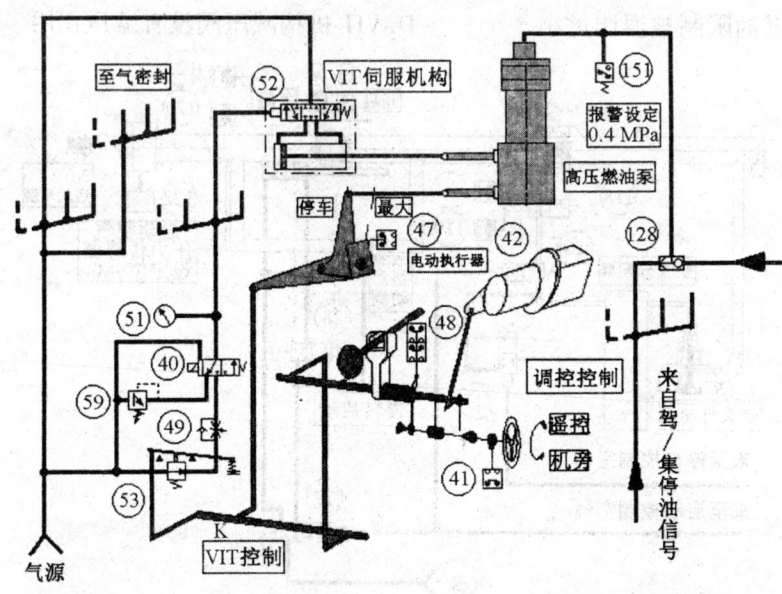

图 9-33

76. 在气动操纵系统中,轮机人员必须重视气动控制元件的定期检查保养工作。建议按周期进行维护、检查和调校工作。更新密封垫片之类的橡胶制品的周期是_____。
   A. 每3年　　　B. 每2年　　　C. 半年~1年　　　D. 每4~8年

77. 在气动操纵系统中,轮机人员必须重视气动控制元件的定期检查保养工作。建议按周期进行维护、检查和调校工作。对强度在3 MPa以下气动元件的维护检查周期是_____。
   A. 每3年　　　B. 每2年　　　C. 半年~1年　　　D. 每4~8年

78. 在气动操纵系统中,轮机人员必须重视气动控制元件的定期检查保养工作。建议按周期进行维护、检查和调校工作。对强度在1 MPa以下的气动元件的维护检查周期是_____。
   A. 每1年　　　B. 每2年　　　C. 每3年　　　D. 每4年

79. 在气动操纵系统中,轮机人员必须重视气动控制元件的定期检查保养工作。建议按周期进行维护、检查和调校工作。对经过_____长期使用之后的 1 MPa 以下的气动元件都要求更新。
    A. 2 年   B. 4 年   C. 6 年   D. 8 年
80. 在气动操纵系统中,轮机人员必须重视气动控制元件的定期检查保养工作。在进行维护检查的时候,对金属零件应用_____清洗。
    A. 油   B. 柴油   C. 煤油   D. 肥皂水
81. 在气动操纵系统中,轮机人员必须重视气动控制元件的定期检查保养工作。在进行维护检查的时候,对橡胶制品应用_____清洗。
    A. 油   B. 柴油   C. 肥皂水   D. 煤油
82. MAN-B&W-S-MC/MCE 主机操纵系统中,安保断油不包括的条件是_____。
    A. 主轴承滑油低压 B. 推力轴承高温 C. 凸轮轴滑油低压 D. 气缸冷却水低压
83. MAN-B&W-S-MC/MCE 主机操纵系统中,安保断油不包括的条件是_____。
    A. 超速   B. 推力轴承高温 C. 气缸冷却水高温 D. 凸轮轴滑油低压
84. MAN-B&W-S-MC/MCE 主机操纵系统中,安保断油不包括的条件是_____。
    A. 超速   B. 有应急停车指令 C. 滑凸轮轴油低压 D. 在启动过程中

参考答案

1. D	2. B	3. A	4. A	5. C	6. B	7. D	8. B	9. B	10. A
11. C	12. C	13. C	14. D	15. C	16. C	17. C	18. A	19. B	20. D
21. B	22. B	23. D	24. A	25. B	26. C	27. C	28. A	29. C	30. D
31. A	32. C	33. A	34. C	35. D	36. A	37. A	38. C	39. B	40. D
41. C	42. C	43. D	44. C	45. C	46. C	47. D	48. B	49. C	50. C
51. D	52. A	53. C	54. B	55. C	56. C	57. C	58. D	59. C	60. C
61. C	62. C	63. C	64. D	65. C	66. C	67. C	68. C	69. D	70. C
71. A	72. D	73. B	74. D	75. C	76. D	77. C	78. D	79. D	80. A
81. C	82. D	83. C	84. D						

第7节 微机控制的主机遥控系统(适用对象:8401)

1. 在 AUTOCHIEF-Ⅳ型主机遥控系统中,驾驶室车钟单元与集控室车钟单元之间的数据通信方式是_____。
    A. 半双工串行通信方式   B. 半双工并行通信方式
    C. 全双工并行通信方式   D. 全双工串行通信方式
2. 在 AC-4 遥控单元的微型计算机系统中,不包括_____。
    A. 8088 微处理器   B. RAM 和 EEPROM 存储器
    C. 8255 并行输出接口芯片   D. 8212 通用并行接口芯片

3. 在AUTOCHIEF-Ⅳ型主机遥控系统中,可编程串行通信接口芯片采用_____。
   A. Intel8255　　　B. Intel8251　　　C. Intel8253　　　D. Intel8259
4. AUTOCHIEF-Ⅳ型主机遥控系统的结构不包括_____。
   A. 车钟
   B. 驾驶室和集控室控制单元
   C. 电磁阀箱和主机操纵系统
   D. 可编程控制器PLC
5. 通信双方之间都能在同一时刻发送信息和接收信息的方式,称为_____。
   A. 半双工方式　　B. 全双工方式　　C. 单工方式　　D. 并行方式
6. 通信双方之间不能同时既发送信息又接收信息的方式,称为_____。
   A. 半双工方式　　B. 全双工方式　　C. 单工方式　　D. 并行方式
7. 在AUTOCHIEF-Ⅳ型主机遥控系统中,其计算机系统的输出量包括_____。
   A. 模拟量和开关量
   B. 模拟量和数字量
   C. 开关量和数字量
   D. 模拟量、开关量和数字量
8. 在AUTOCHIEF-Ⅳ型主机遥控系统中,微处理器要把数据通过串行通信接口芯片8251写入外部设备,其数据传输过程是_____。
   A. 8251 串行输入,串行输出
   B. 8251 串行输入,并行输出
   C. 8251 并行输入,并行输出
   D. 8251 并行输入,串行输出
9. 在AUTOCHIEF-Ⅳ型主机遥控系统中,外部设备要把数据通过串行通信接口芯片8251送入微处理器,其数据传输过程是_____。
   A. 8251 串行输入,串行输出
   B. 8251 串行输入,并行输出
   C. 8251 并行输入,并行输出
   D. 8251 并行输入,串行输出
10. AUTOCHIEF-Ⅳ型主机遥控系统的网络结构是_____。
    A. 总线形结构　　B. 星形结构　　C. 树形结构　　D. 环形结构
11. 在AUTOCHIEF-Ⅳ型主机遥控系统中,控制停车电磁阀、正车电磁阀、倒车电磁阀和启动电磁阀的输出接口采用_____。
    A. 串行输出接口8251
    B. 并行输出接口8255
    C. A/D 接口
    D. D/A 接口
12. 在AC-4遥控单元的微型计算机系统中,模拟量输入通道采用了适配卡,适配卡的作用是实现_____。
    A. D/A 转换　　B. A/D 转换　　C. 速度匹配　　D. 功率放大
13. 在AUTOCHIEF-Ⅳ型主机遥控系统中,驾驶台AC-4遥控单元与集控室AC-4遥控单元之间数据通信方式是_____。
    A. 半双工串行通信方式
    B. 半双工并行通信方式
    C. 全双工串行通信方式
    D. 全双工并行通信方式
14. AUTOCHIEF-Ⅳ型主机遥控系统的硬件结构包括_____。
    ①车钟;②驾驶室和集控室控制单元;③数字式电子调速器;④安全保护装置;⑤主机工况监视装置;⑥曲轴箱油雾浓度监视装置。
    A. ①②③⑤　　B. ①②③④　　C. ②③④⑤　　D. ②③④⑥
15. 在AUTOCHIEF-Ⅳ型主机遥控系统中,驾驶室AC-4遥控单元操作面板的组成不包括

_____。
    A. 故障报警和转速限制指示灯   B. 模拟流程图
    C. 取消限制按钮   D. 多用途数字显示器
16. 在 AUTOCHIEF-Ⅳ型主机遥控系统中,集控室 AC-4 单元操作面板的组成不包括_____。
    A. 越控操作按钮   B. 主机运行状态指示灯
    C. 转速限制指示灯   D. 驾驶室与集控室操纵部位切换按钮
17. 在 AUTOCHIEF-Ⅳ型主机遥控系统中,驾驶台 AC-4 遥控单元操作面板的组成不包括
_____。
    A. 备车按钮   B. 取消程序负荷按钮
    C. 故障报警和转速限制指示灯   D. 主机给定转速和实际转速显示器
18. 在 AUTOCHIEF-Ⅳ型主机遥控系统中,驾驶台 AC-4 遥控单元操作面板的组成包括
_____。
    A. 备车按钮   B. 完车按钮   C. 模拟流程图   D. 取消限制按钮
19. 在 AUTOCHIEF-Ⅳ型主机遥控系统中,集控室 AC-4 遥控单元操作面板的组成包括
_____。
    A. 备车按钮   B. 完车按钮   C. 越控操作按钮   D. 模拟流程图
20. 在 AUTOCHIEF-Ⅳ型主机遥控系统中,集控室 AC-4 遥控单元操作面板的组成包括
_____。
    A. 备车按钮   B. 启动闭锁复位按钮
    C. 取消限制按钮   D. 应急停车按钮
21. 在 AUTOCHIEF-Ⅳ型主机遥控系统中,驾驶室 AC-4 控制单元操作面板的组成包括
_____。
    A. 备车按钮   B. 完车按钮
    C. 取消程序负荷按钮   D. 模拟显示流程图
22. 在 AUTOCHIEF-Ⅳ型主机遥控系统中,驾驶室 AC-4 控制单元操作面板的组成包括
_____。
    A. 备车按钮   B. 完车按钮
    C. 应急停车按钮   D. 取消故障减速按钮
23. 在 AUTOCHIEF-Ⅳ型主机遥控系统中,驾驶室 AC-4 控制单元操作面板的组成包括
_____。
    A. 备车指示灯   B. 完车指示灯
    C. 应急停车按钮   D. 主机给定转速和实际转速显示器
24. 在 AUTOCHIEF-Ⅳ型主机遥控系统中,驾驶室车钟单元的操作面板上设有_____。
    A. 取消故障停车按钮   B. 取消故障减速按钮
    C. 取消限制按钮   D. 备车、完车按钮
25. 在 AUTOCHIEF-Ⅳ型主机遥控系统中,集控室车钟单元的操作面板上设有_____。
    A. 取消故障停车按钮   B. 取消故障减速按钮
    C. 操纵部位指示灯   D. 取消限制按钮

26. 在AUTOCHIEF－Ⅳ型主机遥控系统中,驾驶台车钟单元的操作面板上设有_____。
　　A. 取消故障停车按钮　　　　　　　　B. 取消限制按钮
　　C. 应急停车按钮　　　　　　　　　　D. 取消程序负荷按钮

27. 在AUTOCHIEF－Ⅳ型主机遥控系统中,驾驶室AC-4单元操作面板的功能不包括_____。
　　A. 转速自动调节　　B. 故障报警显示　　C. 转速限制显示　　D. 越控操作

28. 在AUTOCHIEF－Ⅳ型主机遥控系统中,驾驶室AC-4遥控单元的功能包括_____。
　　A. 转速自动调节　　　　　　　　　　B. 安全保护
　　C. 模拟试验　　　　　　　　　　　　D. 报警和工作状态显示

29. 在AUTOCHIEF－Ⅳ型主机遥控系统中,集控室AC-4遥控单元的功能包括_____。
　　A. 转速自动调节　　　　　　　　　　B. 安全保护
　　C. 取消限制按钮　　　　　　　　　　D. 控制参数的设定

30. 在AUTOCHIEF－Ⅳ型主机遥控系统中,驾驶室AC-4单元操作面板的功能包括_____。
　　A. 转速自动调节　　B. 安全保护　　C. 越控操作　　D. 模拟试验

31. 在AUTOCHIEF－Ⅳ型主机遥控系统中,集控室AC-4单元操作面板的功能包括_____。
　　A. 转速自动调节　　B. 安全保护　　C. 越控操作　　D. 模拟试验

32. AUTOCHIEF－Ⅳ型主机遥控系统,在驾驶台AC-4遥控单元操作面板上按下"取消限制"按钮后,则遥控系统_____。
　　A. 能取消临界转速限制功能　　　　　B. 能取消程序负荷功能
　　C. 能取消安保装置的故障停车功能　　D. 能取消安保装置的故障减速功能

33. AUTOCHIEF－Ⅳ型主机遥控系统,在集控室AC-4遥控单元操作面板上按下"启动闭锁复位"按钮后,下列哪种情况不能实现启动闭锁的复位?_____。
　　A. 启动空气压力太低　　　　　　　　B. 两套测速装置均出故障
　　C. 应急停车或故障自动停车　　　　　D. 三次启动失败

34. 在AUTOCHIEF－Ⅳ型主机遥控系统中,驾驶室和集控室AC-4单元操作面板上的"轮机长转速限制"灯亮表明_____。
　　A. 主机已达到正车最大转速　　　　　B. 主机已达到倒车最大转速
　　C. 设定转速超过手动最大转速限制　　D. 设定转速处于临界转速区

35. 在AUTOCHIEF－Ⅳ型主机遥控系统中,驾驶室和集控室AC-4单元操作面板上的"启动闭锁"灯亮表明_____。
　　A. 三次启动失败　　　　　　　　　　B. 启动时间
　　C. 慢转启动故障　　　　　　　　　　D. 启动空气压力过低

36. 在AUTOCHIEF－Ⅳ型主机遥控系统中,驾驶室AC-4单元操作面板上按"取消故障停车"按钮后,则主机_____。
　　A. 能切除安保装置的自动停车功能　　B. 能切除增压空气压力限制
　　C. 能切除加速速率限制功能　　　　　D. 能切除临界转速限制功能

37. 在AUTOCHIEF－Ⅳ型主机遥控系统中,驾驶室AC-4单元操作面板上按"取消限制"按钮后,则遥控系统_____。
　　A. 能取消临界转速限制功能　　　　　B. 能取消轮机长最大转速限制功能

C. 能取消安保装置的故障停车功能　　D. 能取消安保装置的故障减速功能

38. 在AUTOCHIEF-Ⅳ型主机遥控系统中,驾驶室AC-4单元操作面板上按"取消限制"按钮后,则遥控系统不能切除的限制是_____。
   A. 恶劣海况的转速限制　　B. 慢转启动
   C. 轮机长最大转速限制　　D. 最小转速限制

39. 在AUTOCHIEF-Ⅳ型主机遥控系统中,若要取消慢转启动,应在驾驶室AC-4单元操作面板上按下_____按钮。
   A. "取消故障停车"按钮　　B. "取消故障减速"按钮
   C. "取消限制"按钮　　D. "取消程序负荷"按钮

40. 在AUTOCHIEF-Ⅳ型主机遥控系统中,从集控室遥控转至驾驶室遥控主机,必须进行的操作是_____。
   A. 把操纵部位转换阀从"机控"转至"驾控"位,并按下"集控室操纵"选用按钮
   B. 把操纵部位转换阀从"机控"转至"驾控"位,并按下"驾驶室操纵"选用按钮
   C. 把操纵部位转换阀从"驾控"转至"机控"位,并按下"集控室操纵"选用按钮
   D. 把操纵部位转换阀从"驾控"转至"机控"位,并按下"驾驶室操纵"选用按钮

41. 在AUTOCHIEF-Ⅳ型主机遥控系统中,主机在运行时当驾驶室车钟从正车推到倒车位置,则遥控系统首先进行_____。
   A. 换向控制　　B. 停油控制　　C. 制动控制　　D. 启动控制

42. 在AUTOCHIEF-Ⅳ型主机遥控系统中,主机在运行时当驾驶室车钟从正车推到倒车位置,则遥控系统进行的逻辑控制程序为_____。
   A. 换向→停油→强制制动→倒车启动
   B. 强制制动→停油→换向→倒车启动
   C. 换向→能耗制动→强制制动→倒车启动
   D. 停油→换向→强制制动→倒车启动

43. 在AUTOCHIEF-Ⅳ型主机遥控系统中,启动逻辑控制不包括的功能是_____。
   A. 时间启动　　B. 重复启动　　C. 慢转启动　　D. 重启动

44. 在AUTOCHIEF-Ⅳ型主机遥控系统中,当驾驶室的车钟手柄从停车位置推到正车位置时,遥控系统控制正车电磁阀86、启动电磁阀90均通电的时刻为_____。
   A. 供启动油量时刻　　B. 车钟手柄到达正车位置时刻
   C. 高于发火转速时刻　　D. 高于换向转速时刻

45. 在AUTOCHIEF-Ⅳ型主机遥控系统中,当驾驶室的车钟手柄从停车位置推到正车位置时,遥控系统控制停车电磁阀84、启动电磁阀90均断电的时刻为_____。
   A. 供启动油量时刻　　B. 换向完成时刻
   C. 高于启动空气切断转速时刻　　D. 低于启动空气切断转速时刻

46. 在AUTOCHIEF-Ⅳ型主机遥控系统中,当驾驶室的车钟手柄从正车位置推到倒车位置时,遥控系统控制倒车电磁阀88通电的时刻为_____。
   A. 车令与转向不一致,且高于换向转速
   B. 车令与转向不一致,且低于换向转速

C. 车令与转向一致,且低于发火转速
D. 车令与转向一致,且高于发火转速

47. AUTOCHIEF-Ⅳ型主机遥控系统设在集控室控制单元面板上模拟状态图如图9-34所示,如用驾驶台车钟手柄启动主机时出现状态图中的"START BLOCK"灯亮,则表明_____。
①启动时间过长失败;②二次启动失败;③慢转启动失败;④增压空气压力太低;⑤启动空气压力低;⑥两套测速装置均出现故障。
A. ①②④⑤　　　B. ①③⑤⑥　　　C. ②④⑤⑥　　　D. ②③④⑤

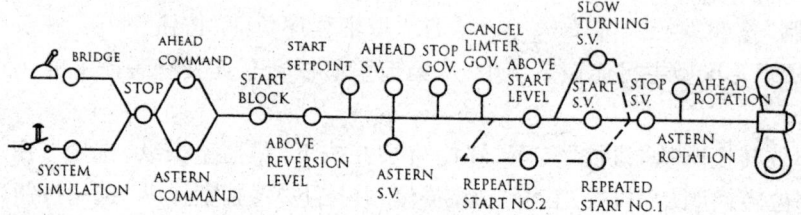

图9-34

48. AUTOCHIEF-Ⅳ型主机遥控系统设在集控室控制单元面板上模拟状态图如图9-34所示,如用驾驶台车钟手柄启动主机时出现状态图中的"START BLOCK"灯亮,则表明_____。
①发火转速太低;②启动空气压力低;③主机有故障;④三次启动失败;⑤最低转速限制失败;⑥主机未准备好。
A. ①③⑤⑥　　　B. ①②④⑤　　　C. ②③④⑤　　　D. ②③④⑥

49. 在AUTOCHIEF-Ⅳ型主机遥控系统中,当主机停车时间过长后再启动主机,则遥控系统进行的逻辑程序为_____。
A. 换向→正常启动
B. 直接重启动
C. 时间启动→慢转启动→正常启动
D. 换向→慢转启动→正常启动

50. 在AUTOCHIEF-Ⅳ型主机遥控系统中,若驾驶室AC-4遥控单元操作面板上的"启动失败"指示灯点亮,则表明_____。
①三次启动失败;②一次启动时间过长失败;③慢转启动失败;④启动空气压力过低;⑤两套测速装置均出故障。
A. ②③④　　　B. ①②③　　　C. ①②④　　　D. ③④⑤

51. 在AUTOCHIEF-Ⅳ型主机遥控系统中,遥控系统的参数设定只能在_____进行。
A. 驾驶台AC-4单元操作面板上
B. 驾驶台车钟单元操作面板上
C. 集控室AC-4单元操作面板上
D. 集控室车钟单元操作面板上

52. 在AUTOCHIEF-Ⅳ型主机遥控系统中,驾驶台车钟各挡级的参数设定只能在_____进行。
A. 驾驶台车钟单元操作面板上
B. 驾驶台AC-4单元操作面板上
C. 集控室车钟单元操作面板上
D. 集控室AC-4单元操作面板上

53. AUTOCHIEF-Ⅳ型主机遥控系统,在集控室AC-4单元操作面板上进行参数设定方法是_____。
A. 带钥匙切换开关转到OPEN位置→在显示器上分别输入编码、项目参数和数值→带钥匙切换开关转到CLOSE位置

B. 在显示器上分别输入编码、项目参数和数值→按"ENTER"按钮

C. 带钥匙切换开关转到 OPEN 位置→按"ENTER"按钮→在显示器上分别输入编码、项目参数和数值→带钥匙切换开关转到 CLOSE 位置

D. 带钥匙切换开关转到 OPEN 位置→在显示器上分别输入编码、项目参数和数值→按"ENTER"按钮→带钥匙切换开关转到 CLOSE 位置

54. 在集控室 AC-4 遥控单元操作面板上,数值显示器下侧设有四个操作按钮,当项目参数的数值修改后,必须按下_____按钮予以确认。
   A. LOWER　　　　B. RAISE　　　　C. ENTER　　　　D. TEST

55. 在集控室 AC-4 遥控单元上,控制参数设定的内容包括_____。
   ①慢转启动控制参数;②主启动控制参数;③轮机长最大转速限制;④最低稳定转速限制;⑤模拟量输入输出信号的零值;⑥模拟量输入输出信号的量程。
   A. ①②③④　　　B. ②③④⑤　　　C. ①②⑤⑥　　　D. ③④⑤⑥

56. 在 AUTOCHIEF-Ⅳ型主机遥控系统中,模拟流程图的作用不是_____。
   A. 显示调速单元的停车控制　　　　B. 检查系统功能及判断故障
   C. 显示主机控制过程的状态　　　　D. 整定调速器参数

57. 在 AUTOCHIEF-Ⅳ型主机遥控系统中,当主机运行时进行模拟试验,在模拟试验前必须_____。
   A. 把操纵部位转换阀转到"驾驶室"位置,打开模拟试验开关
   B. 把操纵部位转换阀转到"驾驶室"位置,闭合模拟试验开关
   C. 把操纵部位转换阀转到"集控室"位置,打开模拟试验开关
   D. 把操纵部位转换阀转到"集控室"位置,闭合模拟试验开关

58. 在 AUTOCHIEF-Ⅳ型主机遥控系统中,在主机停车时进行模拟试验的条件是_____。
   A. 关闭主启动阀,用集控室车钟发送车令
   B. 关闭主启动阀,用驾驶室车钟发送车令
   C. 开启主启动阀,用集控室车钟发送车令
   D. 开启主启动阀,用驾驶室车钟发送车令

59. 在 AUTOCHIEF-Ⅳ型主机遥控系统中,若集控室 AC-4 遥控单元操作面板的模拟流程图上"高于启动转速"指示灯点亮,则表明_____。
   A. 主机在换向　　　　　　　　　　B. 主机在加速速率限制
   C. 主机在加速程序负荷　　　　　　D. 主机在启动,且转速已达到发火转速

60. 在 AUTOCHIEF-Ⅳ型主机遥控系统的模拟流程图上,"限制设定转速"灯亮,表明_____。
   A. 主机在换向　　　　　　　　　　B. 主机在启动
   C. 主机在加速程序负荷　　　　　　D. 主机在加速速率限制

61. AUTOCHIEF-Ⅳ型主机遥控系统,在集控室 AC-4 遥控单元的面板上进行模拟试验时,将钥匙开关转到"OPEN"位置,然后按下_____按钮,使遥控系统进入测试程序。
   A. LOWER　　　　B. RAISE　　　　C. ENTER　　　　D. TEST

62. 在 AUTOCHIEF-Ⅳ型主机遥控系统中,故障判断流程图的作用是_____。
   A. 检查换向逻辑功能　　　　　　　B. 检查启动逻辑功能

C. 检查安全保护功能　　　　　　D. 检查遥控系统换向和启动故障部位

63. 在 AUTOCHIEF-Ⅳ型主机遥控系统中,故障诊断流程不包括_____。

    A. 换向故障诊断　　B. 安全保护诊断　　C. 停油故障诊断　　D. 启动故障诊断

64. 在 AUTOCHIEF-Ⅳ型主机遥控系统中,主机在运行时把车钟从正车拉到倒车位置,主机仍在原转向运转,故障部位可能是_____。

    A. 正车电磁阀线圈烧断　　　　　　B. 倒车电磁阀线圈烧断

    C. 启动电磁阀线圈烧断　　　　　　D. 停车电磁阀线圈烧断

65. 在 AUTOCHIEF-Ⅳ型主机遥控系统中,用故障诊断流程图追踪法来判断故障时,当主机不能启动,且转速等于零,其故障部位可能是_____。

    A. 停油回路故障　　　　　　　　　B. 主启动阀不能开启

    C. 调速器故障　　　　　　　　　　D. 启动供油回路故障

66. 如图 9-35 所示为 AC-4 主机遥控系统集控室控制面板的参数设置区,其中最左边的两位用于显示_____。

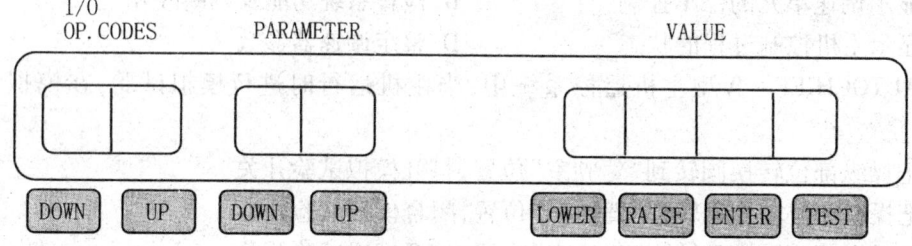

图 9-35

A. I/O 通道编码

B. 系统参数编码

C. I/O OP. CODES

D. 通过"COMMIS LOCK"按钮进行切换,可显示系统参数编码或者 I/O 通道号编码

67. 如图 9-35 所示为 AC-4 主机遥控系统集控室控制面板的参数设置区,其中间两位用于显示_____。

A. 系统参数名称

B. 通道参数名称

C. 取决于最左边两位的内容,显示当前编码下的参数名称或参数性质

D. 参数值

68. 如图 9-35 所示为 AC-4 主机遥控系统集控室控制面板的参数设置区,其中最右边 4 位用于显示_____。

A. 系统参数名称

B. 通道参数名称

C. 取决于最左边两位的内容,显示当前编码下的参数名称或参数性质

D. 参数值

69. DGS8800e 数字调速系统可接受的转速设定输入信号包括_____。

A. 4~20 mV 电压　　B. 4~20 mA 电流　　C. 0~10 mA 电流　　D. 4~10 mV 电压

70. DGS8800e 数字调速系统可接受的转速设定输入信号包括_____。
    A. 0~10 V DC 电压　　　　　　　　B. 4~20 V DC 电压
    C. 0~10 mA 电流　　　　　　　　　D. 4~10 V DC 电压

71. DGS8800e 数字调速系统可接受的转速设定输入信号包括_____。
    A. 0~10 mA 电流　　B. 4~20 kΩ 电位器　　C. 5 kΩ 电位器　　D. 4~10 V DC 电压

72. DGS8800e 是一个独立的 8088 微机系统,它能计算和处理所有的测量信号和控制信号包括_____。
    A. 系统自调试　　　B. 参数自整定　　　C. 按钮控制　　　D. 按钮选择

73. DGS8800e 是一个独立的 8088 微机系统,它能计算和处理所有的测量信号和控制信号包括_____。
    A. 系统自调试　　　B. 参数调整　　　　C. 按钮控制　　　D. 参数自整定

74. DGS8800e 是一个独立的 8088 微机系统,它能计算和处理所有的测量信号和控制信号包括_____。
    A. 系统自调试　　　B. 按钮控制　　　　C. 系统试验　　　D. 参数自整定

75. DGS8800e 是一个独立的 8088 微机系统,它能计算和处理所有的测量信号和控制信号包括_____。
    A. 伺服装置对燃油电动执行器的驱动　　B. 按钮控制
    C. 系统自调试　　　　　　　　　　　　D. 参数自整定

76. DGS8800e 是一个独立的 8088 微机系统,它能计算和处理所有的测量信号和控制信号,还能与 AUTOCHIEF-Ⅳ 遥控系统和 SSU8810 安保系统进行_____。
    A. 串行通信　　　　B. 并行通信　　　　C. 模拟通信　　　D. 数字通信

77. DGS8800e 是一个独立的 8088 微机系统,它可以实现多操作模式及故障的自动显示与报警,其中包括_____。
    A. 故障预警　　　　B. 故障减速　　　　C. 故障停机　　　D. B+C

78. DGS8800e 数字调速系统在调速控制方面,系统实现了数字_____。
    A. 比例—积分—微分开环转速调节　　　B. 比例—积分—微分闭环转速调节
    C. 比例—积分固定燃油量转速调节　　　D. 比例—微分固定燃油量转速调节

79. DGS8800e 数字调速系统即使在转速反馈通道或 PID 环节故障情况下,通过设定值操作模式,系统也可直接旁通这些环节,进行_____。
    A. 比例—积分—微分开环转速调节　　　B. 比例—积分—微分闭环转速调节
    C. 开环转速控制　　　　　　　　　　　D. 比例—微分固定燃油量转速调节

80. DGS8800e 数字调速系统由五个基本单元组成,其中包括_____。
    A. 转速调节装置　　　　　　　　　　　B. 扫气压力调节器
    C. 数字调节单元　　　　　　　　　　　D. 模拟量调节器

81. DGS8800e 数字调速系统由五个基本单元组成,其中包括_____。
    A. 执行机构　　　　B. 扫气压力调节器　　C. 转速调节装置　　D. 模拟量调节器

82. DGS8800e 数字调速系统由五个基本单元组成,其中包括_____。

A. 模拟量调节器　　B. 扫气压力调节器　　C. 转速调节装置　　D. 转速检测装置

83. DGS8800e 数字调速系统由五个基本单元组成,其中包括_____。
    A. 模拟量调节器　　B. 扫气压力传感器　　C. 转速调节装置　　D. 扫气压力调节器

84. DGS8800e 数字调速系统由五个基本单元组成,其中包括_____。
    A. 模拟量调节器　　B. 转速调节装置　　C. 电源　　D. 扫气压力调节器

85. DGS8800e 数字调速系统的执行机构包括_____。
    A. 数字伺服装置　　B. 电动执行器　　C. 电源　　D. A + B

86. DGS8800e 数字调速系统的转速检测装置采用感应式接近开关原理,将其安装在飞轮齿顶对面,间隙要求在_____。
    A. 1.5 ± 0.5 mm
    B. 3.5 ± 0.5 mm
    C. 2.5 ± 1.5 mm
    D. 2.5 ± 0.5 mm

87. DGS8800e 数字调速系统的扫气压力传感器的作用是将主机扫气空气总管内的压力_____成比例地转换成_____。
    A. 0 ~ 0.4 MPa/4 ~ 20 mA 电流
    B. 0 ~ 4 MPa/4 ~ 20 mA 电流
    C. 0 ~ 0.4 MPa/0 ~ 10 mA 电流
    D. 0 ~ 0.4 MPa/4 ~ 20 mV 电压

88. 在 DGS8800e 数字调速系统中,来自外部过程的各种信号被转换成标准的数字量信号,其中数据通道的输入和输出信号包括_____。
    A. 一套成对的 2 个车令速度输入信号
    B. 一套成对的 2 个主机尾轴速度输出信号
    C. 一套成对的 2 个主机尾轴速度输入信号
    D. 一个主机尾轴速度输入信号

89. 在 DGS8800e 数字调速系统中,来自外部过程的各种信号被转换成标准的数字量信号,其中数据通道的 2 个车令速度输入信号范围是_____。
    A. 4 ~ 20 mA 电流或 0 ~ 10 mA 电流
    B. 0 ~ 10 mA 电流或 0 ~ 10 V DC 电压
    C. 0 ~ 20 mA 电流或 0 ~ 10 V DC 电压
    D. 4 ~ 20 mA 电流或 0 ~ 10 V DC 电压

90. 在 DGS8800e 数字调速系统中,来自外部过程的各种信号被转换成标准的数字量信号,其中数据通道的螺距反馈输入信号范围是_____。
    A. 电位计或 0 ~ 10 V
    B. 电位计或 – 10 ~ + 10 V DC 电压
    C. 0 ~ 20 mA 电流或 0 ~ 10 V DC 电压
    D. 4 ~ 20 mA 电流或 0 ~ 10 V DC 电压

91. 在 DGS8800e 数字调速系统中,来自外部过程的各种信号被转换成标准的数字量信号,其中数据通道的 2 个反映主机燃油刻度的输出信号范围是_____。
    A. 4 ~ 20 mA 电流或 0 ~ 10 mA 电流
    B. 0 ~ 10 mA 电流或 0 ~ 10 V DC 电压
    C. 4 ~ 20 mA 电流或 – 10 ~ + 10 V DC 电压
    D. 0 ~ 20 mA 电流或 0 ~ 10 V DC 电压

92. 在 DGS8800e 数字调速系统中,来自外部过程的各种信号被转换成标准的信号,其中逻辑输入信号包括_____。

①来自外部安全装置的停车信号；②来自扫气空气压力输入信号；③来自外部安全装置的减速信号；④来自遥控系统的停车操作信号；⑤来自车令的速度输入信号；⑥选择1~2个车令信号。

A. ①③④⑥ B. ①②③④ C. ③④⑤⑥ D. ①③④⑤

93. 在DGS8800e数字调速系统中，来自外部过程的各种信号被转换成标准的信号，其中逻辑输入信号包括_____。

①来自扫气空气压力输入信号；②来自遥控系统的启动信号；③来自外部安全装置的减速信号；④来自遥控系统的停车操作信号；⑤来自车令的速度输入信号；⑥选择1~2个车令信号。

A. ①③④⑥ B. ①②③④ C. ③④⑤⑥ D. ②③④⑥

94. 在DGS8800e数字调速系统中，来自外部过程的各种信号被转换成标准的信号，其中逻辑输入信号包括_____。

①来自扫气空气压力输入信号；②来自遥控系统的启动信号；③来自外部安全装置的减速信号；④来自车令的速度输入信号；⑤取消限制信号；⑥选择1~2个车令信号。

A. ①③④⑤ B. ②③⑤⑥ C. ③④⑤⑥ D. ①②③④

95. 在DGS8800e数字调速系统中，来自外部过程的各种信号被转换成标准的信号，其中逻辑输入信号包括_____。

①备用转速信号；②来自遥控系统的启动信号；③来自外部安全装置的减速信号；④来自车令的速度输入信号；⑤取消限制信号；⑥来自扫气空气压力输入信号。

A. ①③④⑤ B. ②③⑤⑥ C. ①②③⑤ D. ①②③④

96. 在DGS8800e数字调速系统中，来自外部过程的各种信号被转换成标准的信号，其中逻辑输入信号包括_____。

①备用转速信号；②来自艉轴速度输入信号；③来自外部安全装置的减速信号；④来自车令的速度输入信号；⑤取消限制信号；⑥来自遥控系统的应急备用转速信号。

A. ①③⑤⑥ B. ②③⑤⑥ C. ①②③⑤ D. ①②③④

97. 在DGS8800e数字调速系统中，来自外部过程的各种信号被转换成标准的信号，其中逻辑输入信号包括_____。

①来自外部安全装置的减速信号；②来自外部安全装置的停车信号；③来自艉轴速度输入信号；④来自车令的速度输入信号；⑤取消限制信号；⑥来自遥控系统的应急备用转速信号。

A. ①③⑤⑥ B. ②③④⑤ C. ①②③⑤ D. ①②⑤⑥

98. 在DGS8800e数字调速系统中，来自外部过程的各种信号被转换成标准的信号，其中逻辑输入信号包括_____。

①来自外部安全装置的减速信号；②来自外部安全装置的停车信号；③来自艉轴速度输入信号；④来自遥控系统的应急备用转速信号；⑤取消限制信号；⑥来自主机燃油刻度的输入信号。

A. ①③⑤⑥ B. ①②④⑤ C. ②③④⑤ D. ②④⑤⑥

99. 在DGS8800e数字调速系统中，来自外部过程的各种信号被转换成标准的信号，其中逻辑输入信号包括_____。

①选择1~2个车令信号;②来自外部安全装置的减速信号;③来自扫气空气压力输入信号;④来自遥控系统的停车操作信号;⑤来自车令速度输入信号;⑥来自外部安全装置的停车信号。
A. ①③④⑥　　　B. ②③④⑤　　　C. ①②④⑥　　　D. ①③④⑤

100. DGS8800e 数字调速系统将根据主机制造厂的推荐值和在扫气空气总管内测量的压力值比较结果来限制_____。
A. 当时燃油最大喷入量　　　B. 当时燃油最小喷入量
C. 当时燃油最小扫气量　　　D. 当时燃油最大扫气量

101. DGS8800e 数字调速系统组成原理方框图中有两个闭环控制系统,其中包括_____。
A. 转速 PD 反馈控制系统　　　B. 油门 PID 反馈调节系统
C. 转速 PID 反馈控制系统　　　D. 油门 PD 反馈调节系统

102. DGS8800e 数字调速系统组成原理方框图中有两个闭环控制系统,其中包括_____。
A. 转速 PI 反馈控制系统　　　B. 油门 PID 反馈调节系统
C. 转速 PD 反馈控制系统　　　D. 油门 PI 反馈调节系统

103. DGS8800e 数字调速系统中转速控制系统的主要功能是_____。
①把转速设定值与转速测量值进行比较;②到执行机构;③输出转速控制信号;④对偏差进行 PID 运算;⑤输出油量控制信号;⑥到转速设定机构。
A. ①③⑤⑥　　　B. ①②④⑤　　　C. ②③④⑤　　　D. ②④⑤⑥

104. DGS8800e 数字调速系统中执行机构的主要功能是_____。
①接受来自 PID 反馈控制系统的油门杆位置指令;②把转速设定值与转速测量值进行比较;③接受从油门杆机构来的实际油门开度信号;④对偏差进行 PID 运算;⑤对偏差进行 PI 运算;⑥输出油门调节信号使执行器进行定位。
A. ①③⑤⑥　　　B. ②③⑤⑥　　　C. ①②③⑤　　　D. ①②③④

105. 在 DGS8800e 数字调速系统中,用于转速和油门两个闭环控制系统的辅功能包括_____。
①运行模式的选择;②燃油齿条限速;③系统故障排出;④自动编程功能;⑤参数显示;⑥编程用户参数。
A. ①③⑤⑥　　　B. ②③④⑤　　　C. ①②③⑤　　　D. ①②⑤⑥

106. 在 DGS8800e 数字调速系统中,用于转速和油门两个闭环控制系统的辅功能包括_____。
①自动编程功能;②燃油齿条限速;③系统故障排出;④参数显示;⑤系统故障检验;⑥编程用户参数。
A. ①③⑤⑥　　　B. ②④⑤⑥　　　C. ①②③⑤　　　D. ①②④⑤

107. 在 DGS8800e 数字调速系统中,用于转速和油门两个闭环控制系统的辅功能包括_____。
①自动编程功能;②系统故障检验;③燃油齿条输出指示;④参数显示;⑤燃油齿条限速;⑥系统故障排出。
A. ①③⑤⑥　　　B. ②④⑤⑥　　　C. ②③④⑤　　　D. ①②④⑤

108. 在 DGS8800e 数字调速系统中,用于转速和油门两个闭环控制系统的辅功能包括_____。
①系统故障检验;②燃油齿条限速;③燃油齿条输出指示;④运行模式的选择;⑤自动编程功能;⑥系统故障排出。

A.①②③④　　B.②④⑤⑥　　C.②③④⑤　　D.①③⑤⑥

109. 在DGS8800e数字调速系统中,用于转速和油门两个闭环控制系统的辅功能包括_____。
①自动编程功能;②系统故障排出;③燃油齿条输出指示;④运行模式的选择;⑤系统故障检验;⑥编程用户参数。
A.①②③④　　B.②④⑤⑥　　C.②③④⑤　　D.③④⑤⑥

110. DGS8800e数字调速系统的主要作用是控制燃油伺服机构的位置,使主机_____。
A.转速保持在设定的转速上
B.转速保持不变
C.燃油量保持在设定的值上
D.燃油量与转速按比关系变化

111. DGS8800e数字调速系统的输入车令有外部车令输入和内部车令激活,其中外部车令包括_____。
①来自驾控操纵手柄发出的车令转速;②来自安保系统的故障故障停车车令;③来自输入转速控制信号;④来自集控操纵手柄发出的车令转速;⑤来自安保系统的故障降速车令;⑥来自转速调节机构。
A.①③⑤⑥　　B.①②④⑤　　C.②③④⑤　　D.②④⑤⑥

112. DGS8800e数字调速系统的输入车令有外部车令输入和内部车令激活,其中内部车令包括_____。
①来自集控操纵手柄发出的车令转速;②模式与状态设定;③固定燃油量(负荷)控制;④来自输入转速控制信号;⑤固定速度控制;⑥来自转速调节机构。
A.③⑤⑥　　B.①②④　　C.②③⑤　　D.①④⑥

113. DGS8800e数字调速系统所实现的控制功能很强大,其中车令转速限制功能包括_____。
A.平均转速限制
B.轮机长最大转速限制
C.正常停车转速限制
D.启动转速限制

114. DGS8800e数字调速系统所实现的控制功能很强大,其中车令转速限制功能包括_____。
A.平均转速限制
B.正常停车转速限制
C.人工转速限制
D.启动转速限制

115. DGS8800e数字调速系统所实现的控制功能很强大,其中车令转速限制功能包括_____。
A.安保降速转速限制
B.正常停车转速限制
C.平均转速限制
D.启动转速限制

116. DGS8800e数字调速系统所实现的控制功能很强大,其中车令转速限制功能包括_____。
A.启动转速限制
B.正常停车转速限制
C.平均转速限制
D.正常启动设定转速

117. DGS8800e数字调速系统所实现的控制功能很强大,其中车令转速限制功能包括_____。
A.启动转速限制
B.重启动设定转速
C.平均转速限制
D.正常停车转速限制

118. DGS8800e数字调速系统所实现的控制功能很强大,其中车令转速限制功能包括_____。
A.轴带机基本转速
B.启动转速限制
C.平均转速限制
D.正常停车转速限制

119. DGS8800e数字调速系统所实现的控制功能很强大,其中燃油量(负荷)限制包括

A. 扭矩燃油量限制　　　　　　　　　　B. 启动燃油量限制
C. 平均燃油量限制　　　　　　　　　　D. 自动燃油量限制

120. DGS8800e 数字调速系统所实现的控制功能很强大,其中燃油量（负荷）限制包括_____。
A. 自动燃油量限制　　　　　　　　　　B. 启动燃油量限制
C. 平均燃油量限制　　　　　　　　　　D. 零螺距燃油量限制

121. DGS8800e 数字调速系统所实现的控制功能比较强大,其中燃油量（负荷）限制包括_____。
A. 自动燃油量限制　　　　　　　　　　B. 启动燃油量限制
C. 人工燃油量限制　　　　　　　　　　D. 平均燃油量限制

122. DGS8800e 数字调速系统所实现的控制功能很强大,其中燃油量（负荷）限制包括_____。
A. 自动燃油量限制　　　　　　　　　　B. 人工燃油量限制
C. 启动燃油量限制　　　　　　　　　　D. 平均燃油量限制

123. DGS8800e 数字调速系统所实现的控制功能比较强大,其中燃油量（负荷）限制包括_____。
A. 根据扫气空气压力曲线进行燃油设定的限制
B. 自动燃油量限制
C. 启动燃油量限制
D. 平均燃油量限制

124. DGS8800e 数字电子调速器所实现的控制功能很强大,其中燃油量（负荷）限制不包括_____。
A. 扭矩燃油量限制　　　　　　　　　　B. 零螺距燃油量限制
C. 扫气压力燃油量限制　　　　　　　　D. 启动燃油量限制

125. DGS8800e 数字调速系统所实现的控制功能很强大,其中无反馈直接车令燃油设定控制功能就是在设定值操作模式下_____。
A. 油门位置与扫气空气压力曲线是一一对应关系
B. 油门位置与油量是一一对应关系
C. 油门位置与车令转速是一一对应关系
D. 油门位置与燃油设定油量是一一对应关系

126. DGS8800e 数字调速系统所实现的控制功能很强大,用于转速检测过程中低速转速波动干扰过滤与抑制的自适应滤波器具备两个功能,其中之一通过数字陷波,滤除_____。
A. 特定超低频率的扭转振动噪声　　　　B. 特定低频率的扭转振动噪声
C. 特定中频率的扭转振动噪声　　　　　D. 特定高频率的扭转振动噪声

127. DGS8800e 数字调速系统所实现的控制功能很强大,其中齿条位置的非线性补偿功能是用来保证_____。
A. 齿条位置按线性特性 100% 输出

B. 执行器按线性特性100%输出

C. 执行器特性达100%线性和高压油泵的齿条特性也达100%线性

D. 执行器在最大输出100%位置时也把高压油泵的齿条开到最大100%位置

128. DGS8800e 数字调速系统所实现的控制功能很强大，其中调节器输出特性的校正功能就是将其输出特性补偿到接近螺旋桨推进特性曲线形状，已满足_____。

　　A. 螺旋桨积分特性功率的需要　　　　B. 螺旋桨线性特性功率的需要

　　C. 螺旋桨发出功率的需要　　　　　　D. 螺旋桨吸收功率的需要

129. DGS8800e 数字调速系统所实现的控制功能很强大，其中主要功能包括_____。

　　A. 自动避开临界转速区控制功能

　　B. 主机转速自动设定功能

　　C. 开关量输出信号动作值的规定等功能

　　D. 对送到警报中心的警报进行时间计算的功能

130. DGS8800e 数字调速系统所实现的控制功能很强大，其中主要功能包括_____。

　　A. 开关量输出信号动作值的规定等功能

　　B. 主机转速自动设定功能

　　C. 启动给油量设定值和启动后切断启动空气延时的控制功能

　　D. 对送到警报中心的警报进行时间计算的功能

131. DGS8800e 数字调速系统所实现的控制功能很强大，其中主要功能包括_____。

　　A. 无反馈直接车令燃油设定控制功能

　　B. 主机转速自动设定功能

　　C. 开关量输出信号动作值的规定等功能

　　D. 对送到警报中心的警报进行时间计算的功能

132. DGS8800e 数字调速系统所实现的控制功能很强大，其中主要功能包括_____。

　　A. 对送到警报中心的警报进行时间计算的功能

　　B. 主机转速自动设定功能

　　C. 开关量输出信号动作值的规定等功能

　　D. 车令转速的加速速率限制功能

133. DGS8800e 数字调速系统所实现的控制功能很强大，其中主要功能包括_____。

　　A. 对送到警报中心的警报进行时间计算的功能

　　B. 调节器参数特性曲线及其控制功能

　　C. 主机转速自动设定功能

　　D. 开关量输出信号动作值的规定等功能

134. DGS8800e 数字调速系统所实现的控制功能很强大，其中主要功能包括_____。

　　A. 对送到警报中心的警报进行时间计算的功能

　　B. 开关量输出信号动作值的规定等功能

　　C. 主机转速自动设定功能

　　D. 显示用数据值的过滤功能

135. DGS8800e 数字调速系统所实现的控制功能很强大，其中主要功能包括_____。

A. 开关量输入信号动作值的规定等功能
B. 开关量输出信号动作值的规定等功能
C. 主机转速自动设定功能
D. 对送到警报中心的警报进行时间计算的功能

136. DGS8800e 数字调速系统所实现的控制功能很强大，其中主要功能包括_____。
A. 主机转速自动设定功能
B. 开关量输出信号动作值的规定等功能
C. 对送到警报中心的警报进行时间延迟的功能
D. 用于模拟量通道检验的数据输入功能

137. DGS8800e 数字调速系统所实现的控制功能很强大，其中主要功能包括_____。
A. 主机转速自动设定功能   B. 死区偏差增益设定功能
C. 开关量输出信号动作值的规定等功能   D. 用于模拟量通道检验的数据输入功能

138. DGS8800e 数字调速系统所实现的控制功能很强大，其中主要功能包括_____。
A. 主机转速自动设定功能   B. 用于模拟量通道检验的数据输入功能
C. 开关量输出信号动作值的规定等功能   D. 执行机构中伺服装置的自动校准功能

139. DGS8800e 数字调速系统所实现的控制功能很强大，其中主要功能包括_____。
A. 齿条位置的非线性补偿和调节器输出特性的校正
B. 用于模拟量通道检验的数据输入功能
C. 开关量输出信号动作值的规定等功能
D. 启动给油量自动调整和启动后切断启动空气延时的控制功能

140. DGS8800e 数字调速系统所实现的控制功能很强大，其中主要功能包括_____。
A. 开关量输出信号动作值的规定等功能
B. 用于模拟量通道检验的数据输入功能
C. 零螺距/对应的最大供油量特性曲线的控制功能
D. 启动给油量自动调整和启动后切断启动空气延时的控制功能

141. DGS8800e 数字调速系统所实现的控制功能很强大，其中主要功能包括_____。
A. 开关量输出信号动作值的规定等功能
B. 用于模拟量通道检验的数据输入功能
C. 启动给油量自动调整和启动后切断启动空气延时的控制功能
D. 转速检测过程中低速转速波动干扰的过滤与抑制功能

142. DGS8800e 数字调速系统所实现的控制功能很强大，其中主要功能包括_____。
A. 启动给油量自动调整和启动后切断启动空气延时的控制功能
B. 转矩(转速)/对应的最大供油量特性曲线及依据主机转矩对供油量的限制功能
C. 开关量输出信号动作值的规定等功能
D. 用于模拟量通道检验的数据输入功能

143. DGS8800e 数字调速系统所实现的控制功能很强大，其中主要功能包括_____。
A. 启动给油量自动调整和启动后切断启动空气延时的控制功能
B. 开关量输出信号动作值的规定等功能

C. 扫气空气压力/对应的最大供油量特性曲线及依据扫气空气压力对供油量的限制功能
D. 用于模拟量通道检验的数据输入功能

144. DGS8800e 数字调速系统所实现的控制功能很强大，其中主要功能包括_____。
 A. 用于模拟量通道检验的数据输出功能
 B. 开关量输出信号动作值的规定等功能
 C. 启动给油量自动调整和启动后切断启动空气延时的控制功能
 D. 用于模拟量通道检验的数据输入功能

145. DGS8800e 数字调速系统所实现的控制功能很强大，其中主要功能包括_____。
 A. 开关量输出信号动作值的规定等功能
 B. 最大车令转速限制功能
 C. 启动给油量自动调整和启动后切断启动空气延时的控制功能
 D. 用于模拟量通道检验的数据输入功能

146. DGS8800e 数字调速系统所实现的控制功能很强大，其中主要功能包括_____。
 A. 开关量输出信号动作值的规定等功能
 B. 用于模拟量通道检验的数据输入功能
 C. 启动给油量自动调整和启动后切断启动空气延时的控制功能
 D. 输入数据的数值规格化功能

147. DGS8800e 数字调速系统控制面板左上方给出了六种运行模式，其中包括_____。
 A. 快捷模式　　B. 正规模式　　C. 自动模式　　D. 空闲模式

148. DGS8800e 数字调速系统控制面板左上方给出了六种运行模式，其中包括_____。
 A. 正常模式　　B. 正规模式　　C. 自动模式　　D. 快捷模式

149. DGS8800e 数字调速系统控制面板左上方给出了六种运行模式，其中包括_____。
 A. 自动模式　　B. 正规模式　　C. 设定值模式　　D. 快捷模式

150. GS8800e 数字调速系统控制面板左上方给出了六种运行模式，其中包括_____。
 A. 自动模式　　B. 自检模式　　C. 正规模式　　D. 快捷模式

151. DGS8800e 数字调速系统控制面板左上方给出了六种运行模式，其中包括_____。
 A. 自动模式　　B. 快捷模式　　C. 正规模式　　D. 校验模式

152. DGS8800e 数字调速系统控制面板左上方给出了六种运行模式，其中包括_____。
 A. 试验模式　　B. 快捷模式　　C. 正规模式　　D. 自动模式

153. DGS8800e 数字调速系统的调节器（Regulator）为用户提供了三种特别有效的控制模式，其中包括_____。
 A. 恒定供油量控制模式　　　　B. 恒定转速控制模式
 C. 恒定功率控制模式　　　　　D. 转速直接控制模式

154. DGS8800e 数字调速系统的调节器（Regulator）为用户提供了三种特别有效的控制模式，其中包括_____。
 A. 恒定功率控制模式　　　　　B. 恒定转速控制模式
 C. 燃油设定值直接控制模式　　D. 转速直接控制模式

155. DGS8800e 数字调速系统的调节器（Regulator）为用户提供了三种特别有效的控制模式，其中包括_____。
A. 恒定功率控制模式 B. 恒定转速控制模式
C. 转速直接控制模式 D. 恶劣海况控制模式

156. DGS8800e 数字调速系统调节器(Regulator)的恒定供油量控制模式,是一种当主机转速维持在预设的转速死区限制范围内时_____。
A. 维持功率恒定不变的控制模式 B. 燃油供油量维持恒定不变的控制模式
C. 维持转速恒定不变的控制模式 D. 维持死区转速不变的控制模式

157. DGS8800e 数字调速系统,调节器(Regulator)具有恒定供油量控制模式,引入这种控制方式的目的主要是为了_____。
A. 减少调速器的频繁动作 B. 增加调速器的动作频率
C. 维持转速恒定不变的控制模式 D. 维持功率恒定不变的控制模式

158. DGS8800e 数字调速系统调节器(Regulator)恒定供油量控制模式的使用条件是_____。
A. 恶劣海况海上航行时 B. 与海况没有关系
C. 正常海况海上航行时 D. 只与油量有关系

159. DGS8800e 数字调速系统调节器(Regulator)的恒定供油量控制模式,是一种当主机转速维持在预设的转速死区限制范围内时燃油供油量维持恒定不变的控制模式,应该说死区值_____,调速器工作_____。
A. 越小/越稳定 B. 越小/灵敏度越低
C. 越大/越不稳定 D. 越大/越稳定

160. DGS8800e 数字调速系统调节器(Regulator)的恒定供油量控制模式,是一种当主机转速维持在预设的转速死区限制范围内时燃油供油量维持恒定不变的控制模式,应该说死区值越小,_____,工作_____。
A. 调速器灵敏度越低/越不稳定 B. 调速器灵敏度越高/越不稳定
C. 调速器灵敏度越高/越稳定 D. 调速器灵敏度越稳定/越不稳定

161. DGS8800e 数字调速系统,数字调节器(Regulator)中默认(预置)的死区限值为 ±2 RPM,这意味着允许调节器在设定转速 ±2 RPM 偏差内_____。
A. 维持更准确调节 B. 维持转速恒定不变
C. 维持更快速调节 D. 维持燃油供油量恒定不变

162. DGS8800e 数字调速系统,数字调节器(Regulator)的死区限值为 ±2 RPM 且恒定供油量控制模式没被激活,参数 77 设定值为 4,那么则此时调节器的死区或不灵敏区为_____。
A. ±0.5 RPM   B. ±2 RPM   C. ±4 RPM   D. ±8 RPM

163. DGS8800e 数字调速系统,数字调节器(Regulator)的死区限值为 ±2 RPM 且恒定供油量控制模式没被激活,参数 77 设定值为 2,那么则此时调节器的死区或不灵敏区为_____。
A. ±0.5 RPM   B. ±1 RPM   C. ±2 RPM   D. ±4 RPM

164. DGS8800e 数字调速系统,数字调节器(Regulator)的死区限值为 ±4 RPM 且恒定供油量控制模式没被激活,参数 77 设定值为 2,那么则此时调节器的死区或不灵敏区为_____。
A. ±0.5 RPM   B. ±1 RPM   C. ±2 RPM   D. ±4 RPM

165. DGS8800e 数字调速系统,调节器(Regulator)的恶劣海况控制模式,主要采取三大举措,其中包括_____。

A. 增加比例增益减弱调速器对偏差的反映力度
B. 减小比例增益加强调速器对偏差的反映力度
C. 减小比例增益减弱调速器对偏差的反映力度
D. 增加比例增益加强调速器对偏差的反映力度

166. DGS8800e 数字调速系统,调节器(Regulator)的恶劣海况控制模式,主要采取三大举措,其中包括_____。

A. 在 PID 调节规律中切除微分作用　　B. 在 PI 调节规律中引入微分作用
C. 在 PID 调节规律中切除积分作用　　D. 在 P 调节规律中引入积分和微分作用

167. DGS8800e 数字调速系统,调节器(Regulator)的恶劣海况控制模式,主要采取三大举措,其中包括_____。

A. 系统采取"预超速断油"的办法　　B. 系统采取"超速断油"的办法
C. 系统采取"预超速减油"的办法　　D. 系统采取"超速减油"的办法

168. DGS8800e 数字调速系统的调节器(Regulator)具有恶劣海况控制模式,这种工作模式的缺点是_____。

A. 不利于主机转速稳定　　B. 不利于主机超速时断油
C. 不利于发挥主机最大输出功率　　D. 不利于主机超速时减油

169. DGS8800e 数字调速系统,当调节器(Regulator)运行在恶劣海况控制模式时,较理想的 PID 作用参数应调节到_____。

A. 有较小的"比例积分作用"和较大的"微分作用"
B. 有较大的"比例积分作用"和较小的"微分作用"
C. 有较小的"比例微分作用"和较大的"积分作用"
D. 有较大的"比例微分作用"和较小的"积分作用"

170. DGS8800e 数字调速系统,调节器(Regulator)的燃油设定值直接控制模式,应_____使用。

A. 在恶劣海况主机转速波动较大或飞车时
B. 在调节器或转速检测装置等发生时故障控制失常时
C. 在正常海况主机转速波动较小时
D. 在调节器或转速检测装置等发生时故障后刚刚恢复时

171. DGS8800e 数字调速系统,调节器(Regulator)的燃油设定值直接控制模式,是一种撇开调速器和转速反馈环节的_____。

A. 开环转速控制系统　　B. 闭环转速控制系统
C. 随动转速控制系统　　D. 时序转速控制系统

172. 在 DGS8800e 数字电子调速器的操作面板上进行参数调整时,在调整前操作必须_____。

A. 用钥匙把锁转到开的位置,输入操作编码
B. 用钥匙把锁转到开的位置,输入密码
C. 用钥匙把锁转到关的位置,输入操作编码
D. 用钥匙把锁转到关的位置,输入密码

173. DGS8800e 数字调速系统,在面板图上用钥匙把锁转到开的位置,然后按下燃油设定(FUEL

SETPOINT)按钮,则_____。
A. 调速器的基本功能和转速反馈信号都将被恢复
B. 调速器的基本功能和转速反馈信号都将被调整
C. 调速器的基本功能和转速反馈信号都将被设定
D. 调速器的基本功能和转速反馈信号都将被切除

174. DGS8800e 数字调速系统,调节器(Regulator)具有燃油设定值直接控制模式,这种工作模式的缺点是_____。
A. 主机易超负荷　　　　　　　　B. 主机容易超速
C. 主机供油量不易稳定　　　　　D. 主机加/减速太慢

175. DGS8800e 数字调速系统控制面板左上方给出了六种运行模式,如主机原来在备车完成后的停车状态,现在操纵车钟手柄到正车或倒车,则系统自动进入_____。
A. 正常模式　　B. 空闲模式　　C. 设定值模式　　D. 试验模式

176. DGS8800e 数字调速系统控制面板左上方给出了六种运行模式,如主机现正运行在前进二给油调节状态,则系统应在_____。
A. 试验模式　　B. 空闲模式　　C. 设定值模式　　D. 正常模式

177. DGS8800e 数字调速系统控制面板左上方给出了六种运行模式,如车钟手柄放在 STOP 位置时,则系统自动进入_____。
A. 正常模式　　B. 空闲模式　　C. 设定值模式　　D. 试验模式

178. DGS8800e 数字调速系统控制面板左上方给出了六种运行模式,如进行起/停逻辑操作的机动操作过程中,则系统自动进入_____。
A. 正常模式　　B. 设定值模式　　C. 空闲模式　　D. 试验模式

179. DGS8800e 数字调速系统控制面板左上方给出了六种运行模式,如系统处在 STOP 状态,则系统自动进入_____。
A. 正常模式　　B. 设定值模式　　C. 试验模式　　D. 空闲模式

180. DGS8800e 数字调速系统控制面板左上方给出了六种运行模式,如系统加电后,则系统自动进入_____。
A. 空闲模式　　B. 设定值模式　　C. 试验模式　　D. 正常模式

181. DGS8800e 数字调速系统控制面板左上方给出了六种运行模式,其中试验模式的功能是用于判别故障,可判别的故障包括_____。
A. 运行故障　　B. 传感器故障　　C. 停车故障　　D. 报警器故障

182. DGS8800e 数字调速系统控制面板左上方给出了六种运行模式,其中试验模式的功能用于判别是外部传感器故障还是 DGS 数字调速器系统内部部件故障,可判别的内部故障包括_____。
A. A/D 接口板故障　　　　　　　B. 传感器故障
C. 微处理器板故障　　　　　　　D. 报警器故障

183. DGS8800e 数字调速系统控制面板左上方给出了六种运行模式,其中试验模式的功能用于判别是外部传感器故障还是 DGS 数字调速器系统内部部件故障,可判别的内部故障包括_____。

A. A/D 接口板故障　　　　　　　B. 传感器故障
C. 报警器故障　　　　　　　　　D. 扩展 I/O 接口板故障

184. DGS8800e 数字调速系统控制面板左上方给出了六种运行模式,其中试验模式的功能用于判别是外部传感器故障还是 DGS 数字调速器系统内部部件故障,可判别的内部故障包括_____。

A. 适配器卡故障　　　　　　　B. 传感器故障
C. 报警器故障　　　　　　　　D. A/D 接口板故障

185. DGS8800e 数字调速系统控制面板左上方给出了六种运行模式,其中试验模式的功能是用于判别故障,可判别的故障包括_____。

A. 运行故障　　　　　　　　　B. 车令发讯装置故障
C. 停车故障　　　　　　　　　D. 报警器故障

186. DGS8800e 数字调速系统控制面板左上方给出了六种运行模式,当在在线实验模式(ON-LINE TEST)下时,不允许按的按钮是_____。

A. CMD 按钮　　　　　　　　　B. PITCH 按钮
C. RPM TEST 按钮　　　　　　 D. SCAV 按钮

187. DGS8800e 数字调速系统控制面板左上方给出了六种运行模式,其中包括校验模式,校验模式的作用是_____。

A. 检验驱动器的灵敏度和调节精度　　B. 检验执行器的灵敏度和调节精度
C. 检验放大器的灵敏度和调节精度　　D. 检验调节器的灵敏度和调节精度

188. DGS8800e 数字调速系统控制面板左上方给出了六种运行模式,其中包括校验模式,可以进入校验模式的其他模式是_____。

A. 设定值模式　　B. 自检模式　　C. 正常模式　　D. 试验模式

189. DGS8800e 数字调速系统控制面板左上方给出了六种运行模式,其中包括自检模式,自检模式是一个专门用于_____的模式。

A. 检测计算机存储器　　　　　B. 检测计算机转换器
C. 检测计算机累加器　　　　　D. 检测计算机控制器

190. DGS8800e 数字调速系统控制面板左上方给出了六种运行模式,其中包括自检模式,自检模式必须在_____下才能进入。

A. 正常模式　　B. 空闲模式　　C. 设定值模式　　D. 试验模式

191. DGS8800e 数字调速系统控制面板左上方给出了六种运行模式,其中包括自检模式,自检模式必须在_____时才能进入。

A. 车钟手柄处于 START 位置　　B. 车钟手柄处于 AHEAD 位置
C. 车钟手柄处于 STOP 位置　　 D. 车钟手柄处于 ASTERN 位置

192. 在主机遥控系统中,电动执行机构中的交流伺服系统得到越来越多采用是得益于_____的发展。

A. 微处理器技术　　B. 电路技术　　C. 电工技术　　D. 数字电路技术

193. 在主机遥控系统中,电动执行机构中的交流伺服系统得到越来越多采用是得益于_____的发展。

A. 数字电路技术　　B. 电路技术　　　　C. 电磁材料　　　　D. 电机永磁材料

194. 在主机遥控系统中,电动执行机构中的交流伺服系统得到越来越多采用是得益于_____的发展。
    A. 数字电路技术　　　　　　　　　B. 电路技术
    C. 高集成度超大规模集成电路　　　D. 电磁材料

195. 在主机遥控系统中,电动执行机构中的交流伺服系统得到越来越多采用是得益于_____的发展。
    A. 数字电路技术　　　　　　　　　B. 大功率高性能半导体器件
    C. 半导体材料　　　　　　　　　　D. 电磁材料

196. 在主机遥控系统中,电动执行机构中的交流伺服系统的优越性能包括_____。
    A. 可调性　　B. 可靠性　　C. 可选性　　D. 可控性

197. 在主机遥控系统中,电动执行机构中的交流伺服系统的优越性能包括_____。
    A. 动作性　　B. 可调性　　C. 可选性　　D. 可控性

198. DGS8800e 数字调速系统所采用的电动执行机构组成包括_____。
    A. 电子伺服装置　　　　　　B. 电动伺服装置
    C. 模拟伺服装置　　　　　　D. 数字伺服装置

199. DGS8800e 数字调速系统所采用的电动执行机构组成包括_____。
    A. 电子执行器　　B. 电动执行器　　C. 数字执行器　　D. 模拟伺服器

200. DGS8800e 数字调速系统电动执行机构的数字伺服装置包括_____。
    A. 电子执行器　　　　　　　B. 数字执行器
    C. 执行器位置控制器　　　　D. 模拟伺服器

201. DGS8800e 数字调速系统电动执行机构的数字伺服装置包括_____。
    A. 伺服驱动器　　B. 数字执行器　　C. 电子执行器　　D. 模拟伺服器

202. DGS8800e 数字调速系统电动执行机构的电动执行器包括_____。
    A. 伺服驱动器　　B. 数字执行器　　C. 直流电机　　D. 伺服电机

203. DGS8800e 数字调速系统电动执行机构的电动执行器包括_____。
    A. 伺服驱动器　　B. 减速装置　　C. 直流电机　　D. 数字执行器

204. 在 DGS8800e 数字调速系统电动执行机构中,安装在伺服电机非负载端的绝对编码器的作用包括检测_____。
    A. 电动执行器的编码　　　　B. 电动执行器的电流
    C. 电动执行器的电压　　　　D. 电动执行器的位置

205. 在 DGS8800e 数字调速系统电动执行机构中,安装在伺服电机非负载端的绝对编码器的作用包括检测_____。
    A. 电动执行器的角速度　　　B. 电动执行器的电流
    C. 电动执行器的电压　　　　D. 电动执行器的编码

206. 在 DGS8800e 数字调速系统电动执行机构中,安装在伺服电机非负载端的绝对编码器的作用包括检测_____。
    A. 电动执行器的电压　　　　B. 电动执行器的电流

C. 电动执行器的角度   D. 电动执行器的编码
207. 在 DGS8800e 数字调速系统电动执行机构中,电动执行器速度反馈的作用是_____。
   A. 稳定伺服驱动器转速   B. 稳定伺服电机转速
   C. 稳定伺服驱动器角度   D. 稳定伺服电机角度
208. 在 DGS8800e 数字调速系统电动执行机构中,电动执行器位置反馈的作用是_____。
   A. 控制伺服电机位置   B. 控制伺服电机转速
   C. 控制伺服驱动器角度   D. 控制伺服电机角度
209. 在 DGS8800e 数字调速系统电动执行机构中,电动执行器减速装置的作用是_____。
   A. 将伺服电机的回转运动转换成角速度
   B. 将伺服电机的角度转换成回转运动
   C. 将伺服电机的角位移转换成回转运动
   D. 将伺服电机的回转运动转换成角位移
210. 在 DGS8800e 数字调速系统电动执行机构中,伺服驱动器内正弦波发生器的任务是_____。
   A. 产生以转子位置为相位的正弦波   B. 产生以转子位置为速度的正弦波
   C. 控制伺服驱动器角度   D. 控制伺服电机角度
211. 在 DGS8800e 数字调速系统电动执行机构中,伺服驱动器内逆变器大功率晶体管起_____作用。
   A. 电压放大   B. 电流放大   C. 开关   D. 整流
212. 在 DGS8800e 数字调速系统电动执行机构中,晶体管逆变器、DC 电源及伺服电机原理电路内里的晶体管 $D_1 \sim D_6$ 起_____作用。
   A. 电压放大   B. 电流放大   C. 开关   D. 整流
213. 在 DGS8800e 数字调速系统电动执行机构中,晶体管逆变器、DC 电源及伺服电机原理电路内里的电容 C_1 和 C_2 起_____作用。
   A. 滤波   B. 电流放大   C. 开关   D. 整流
214. 在 DGS8800e 数字调速系统中,调速器在某种原因损坏的情况下,主机仍能维持在原先的油门开度下运转。这些可能的损坏情况包括_____。
   A. 主机启动故障   B. 交流三相供应电压故障
   C. 应急供电装置故障   D. 全船总电源故障
215. 在 DGS8800e 数字调速系统中,调速器在某种原因损坏的情况下,主机仍能维持在原先的油门开度下运转。这些可能的损坏情况包括_____。
   A. 主机启动故障
   B. 全船总电源故障
   C. 应急供电装置故障
   D. 提供到数字调速系统的 24 V 直流电断电
216. 在 DGS8800e 数字调速系统中,调速器在某种原因损坏的情况下,主机仍能维持在原先的油门开度下运转。这些可能的损坏情况包括_____。
   A. 驾驶台控制系统出现故障   B. 全船总电源故障

C. 应急供电装置故障　　　　　　　　D. 主机启动故障

217. 在DGS8800e数字调速系统中,调速器在某种原因损坏的情况下,主机仍能维持在原先的油门开度下运转。这些可能的损坏情况包括_____。
 A. 应急供电装置故障　　　　　　　　B. 全船总电源故障
 C. 交流主电源中的一相断掉　　　　　D. 主机启动故障

218. 在DGS8800e数字调速系统中,调速器在某种原因损坏的情况下,主机仍能维持在原先的油门开度下运转。这些可能的损坏情况包括_____。
 A. 应急供电装置故障　　　　　　　　B. 全船总电源故障
 C. 主机启动故障　　　　　　　　　　D. 用于电动执行器的伺服放大器故障

219. 在DGS8800e数字调速系统中,调速器在某种原因损坏的情况下,主机仍能维持在原先的油门开度下运转。这些可能的损坏情况包括_____。
 A. 应急供电装置故障　　　　　　　　B. 电动执行器反馈故障
 C. 主机启动故障　　　　　　　　　　D. 全船总电源故障

220. 在DGS8800e数字调速系统中,调速器在某种原因损坏的情况下,主机仍能维持在原先的油门开度下运转。这些可能的损坏情况包括_____。
 A. 调速系统回路故障　　　　　　　　B. 应急供电装置故障
 C. 主机启动故障　　　　　　　　　　D. 全船总电源故障

221. 在DGS8800e数字调速系统电动执行机构的零点调整时,应将车钟手柄置_____位置。
 A. 全速　　　B. 半速　　　C. 停车　　　D. 前进一

222. 在DGS8800e数字调速系统电动执行机构中,其永磁交流伺服电动机与直流伺服电动机相比,其主要特点是_____。
 A. 有电刷和换向器,因此工作可靠,对维护保养要求低
 B. 可控性好,有控制信号,伺服电机立即转动,无控制信号,伺服电机立即停止
 C. 适应于高速大力矩工作状态
 D. B + C

223. 在DGS8800e数字调速系统电动执行机构中,旋转变压器主要用于检测_____。
 A. 伺服电机的输出位置信号　　　　　B. 主机的油门设定信号
 C. 伺服电机的转角位置信号　　　　　D. 主机实际供油量信号

224. 在DGS8800e数字调速系统电动执行机构中,旋转变压器主要用于检测_____。
 A. 伺服电机的输出位置信号　　　　　B. 伺服电机的角速度信号
 C. 主机的油门设定信号　　　　　　　D. 主机实际供油量信号

225. 在DGS8800e数字调速系统电动执行机构中,绝对编码器输出的是_____。
 A. 模拟量信号　　B. 数字量信号　　C. 开关量信号　　D. 控制量信号

226. 关于SSU8810主机安全保护系统,在下列选项中,能够引起故障停机的保护项目是_____。
 A. 活塞冷却水出口高温　　　　　　　B. 凸轮轴滑油低压
 C. 曲柄箱油雾高温　　　　　　　　　D. 主机排气高温

227. 关于SSU8810主机安全保护系统,在下列选项中,不可取消的故障停机保护项目是

A. 超速保护　　　　　　　　　　B. 推力块高温保护
C. 曲柄箱油雾高温保护　　　　　D. 凸轮轴滑油低压保护

228. 关于SSU8810主机安全保护系统,在下列选项中,不可取消的故障停机保护项目是_____。
A. 曲柄箱油雾高温　　　　　　　B. 曲柄箱油雾浓度高
C. 主机滑油低压保护　　　　　　D. 凸轮轴滑油低压保护

229. 关于SSU8810主机安全保护系统,在下列选项中,故障减速保护项目是_____。
A. 曲柄箱油雾高温保护　　　　　B. 凸轮轴滑油低压保护
C. 主机滑油低压保护　　　　　　D. 增压器进口滑油压力低

230. 在SSU8810主机安全保护系统面板上,如果"COMMUNICATION"指示灯亮,则表示_____。
A. 应急停车电磁阀回路故障　　　B. 系统通信故障
C. 输入输出回路故障　　　　　　D. 内部电源故障

231. 在SSU8810主机安全保护系统面板上,如果"TRANSMIT"指示灯亮,则表示_____。
A. 通信发送状态　　　　　　　　B. 通信接受状态
C. 系统运行状态　　　　　　　　D. 通信故障状态

232. 在SSU8810主机安全保护系统面板上,如果按下按钮41（SYSTEM NO.1）,则表示_____。
A. 选择两套转速检测系统　　　　B. 两套转速检测系统都不选择
C. 选择第一套转速检测系统　　　D. 选择第二套转速检测系统

233. 通常主机安保系统需要一直自检,由于SSU8810采用微机控制,自检内容很多,其中_____是对外围电路回路进行的检测和判断,以确保回路正常。
A. 内部电源故障　　　　　　　　B. 系统通信故障
C. CPU主板上存储器芯片故障　　D. 输入/输出回路故障

234. SSU8810主机安全保护系统是一个独立的微机系统,它能计算和处理所有的测量信号和控制信号,还能与AC-4遥控系统和DGS8800e进行_____通信。
A. 串行　　　B. 并行　　　C. 模拟　　　D. 数字

235. 在主机遥控主机安全保护系统SSU8810中,故障自动减速和故障自动停车的保护对象是_____。
A. 船员　　　B. 调速器　　　C. 船舶　　　D. 柴油机

236. 在主机遥控主机安全保护系统SSU8810中,对故障自动减速信号进行操作实现的装置是_____。
A. 调速装置　　B. 逻辑控制单元　　C. 安全保护系统　　D. 监视与报警系统

237. 在SSU8810主机安全保护系统中,驾驶台和集控室"故障自动减速取消按钮"的布置情况是_____。
A. 驾驶台只有一个取消按钮,集控室每个减速信号对应一个取消按钮
B. 集控室只有一个取消按钮,驾驶台每个减速信号对应一个取消按钮

C. 驾驶台和集控室都只有一个取消按钮
D. 驾驶台和集控室都是每个减速信号对应一个取消按钮

238. 在主机遥控的安全保护系统中,必须设置的故障自动停车保护的目的是_____。
A. 气缸冷却水温度高和锅炉蒸汽压力高
B. 主机超速和滑油低压
C. 滑油高温
D. 滑油低压和曲柄箱油雾浓度高

239. 在主机遥控主机安全保护系统中,不可能取消的故障自动停车保护的项目是_____。
A. 主机滑油低压   B. 气缸冷却水压力低
C. 曲柄箱油雾浓度高   D. 锅炉蒸汽压力高

240. AC-4 主机遥控系统的主机安全保护系统 SSU8810 通过_____控制主机停车。
A. 数字调速器 DGS8800   B. 主机遥控系统本身的停车电磁阀
C. 紧急停车电磁阀   D. 手动操纵油门

241. AC-4 主机遥控系统的主机安全保护系统 SSU8810 通过_____控制主机减速。
A. 数字调速器 DGS8800   B. 主机遥控系统本身的停车电磁阀
C. 限制车钟   D. 手动操纵油门

242. 通常主机安全保护系统可以根据故障对主机的危害程度不同,分成可取消(CANCELABLE)和不可取消(NON CANCELABLE)两类,例如_____通常是不可取消。
A. 主机滑油低压   B. 主机排烟温度高
C. 转速传感器故障   D. 增压器滑油油柜的液位过低

243. 通常主机安全保护系统可以根据故障对主机的危害程度不同,分成故障停车和故障减速两类,例如,通常_____是可以通过对应的取消按钮来暂时取消该保护的。
A. 应急停机   B. 曲柄箱油雾浓度高
C. 主机滑油低压保护   D. 超速保护

244. 通常主机安全保护系统的测速除保护使用外,还向驾驶室和集控室的转速显示提供信号源,为确保测速正常,常采用_____实现转速测量。
A. 1 个接近开关   B. 2 个接近开关,1 对测速发电机
C. 4 个接近开关,2 对测速发电机 D. 2 个测速发电机

参考答案

1.D	2.D	3.B	4.D	5.B	6.A	7.D	8.D	9.B	10.B
11.B	12.B	13.C	14..B	15.B	16.A	17.A	18.D	19.D	20.D
21.C	22.D	23.D	24.D	25.C	26.C	27.A	28.D	29.D	30.C
31.D	32.D	33.C	34.C	35.D	36.A	37.D	38.D	39.C	40.D
41.B	42.D	43.A	44.B	45.C	46.B	47.D	48.D	49.D	50.D
51.C	52.D	53.C	54.C	55.A	56.D	57.D	58.D	59.D	60.C
61.D	62.D	63.B	64.D	65.D	66.D	67.C	68.D	69.B	70.A

71. C	72. D	73. B	74. C	75. A	76. A	77. D	78. B	79. C	80. C
81. A	82. D	83. B	84. C	85. D	86. D	87. A	88. C	89. D	90. B
91. C	92. A	93. D	94. B	95. C	96. B	97. D	98. B	99. C	100. A
101. C	102. D	103. B	104. A	105. D	106. B	107. C	108. A	109. D	110. A
111. B	112. C	113. B	114. C	115. B	116. B	117. D	118. C	119. C	120. D
121. C	122. B	123. A	124. C	125. C	126. B	127. D	128. D	129. C	130. C
131. A	132. B	133. D	134. C	135. A	136. C	137. D	138. D	139. C	140. C
141. D	142. C	143. C	144. A	145. B	146. C	147. D	148. C	149. C	150. B
151. D	152. A	153. A	154. C	155. D	156. C	157. A	158. C	159. C	160. C
161. C	162. A	163. C	164. C	165. A	166. C	167. C	168. C	169. D	170. B
171. A	172. B	173. D	174. C	175. A	176. B	177. C	178. C	179. D	180. A
181. B	182. C	183. D	184. A	185. B	186. B	187. B	188. D	189. A	190. B
191. C	192. C	193. C	194. C	195. B	196. B	197. C	198. C	199. B	200. C
201. A	202. D	203. D	204. D	205. A	206. C	207. B	208. A	209. D	210. A
211. C	212. D	213. A	214. C	215. D	216. A	217. C	218. C	219. C	220. C
221. C	222. D	223. C	224. D	225. A	226. B	227. C	228. C	229. C	230. B
231. A	232. C	233. D	234. C	235. D	236. C	237. C	238. D	239. A	240. C
241. A	242. A	243. B	244. C						

第8节 现场总线型主机遥控系统(适用对象:8401)

1. AUTOCHIEF C20型主机遥控系统的主要组成单元包括_____。
①驾驶台操作单元;②集控室操作单元;③主机辅助鼓风机辅助控制单元;④电子调速器单元;
⑤主机安全单元;⑥主机滑油,冷却水,燃油黏度等辅助控制单元。
A.①②③④⑤⑥ B.①②④⑤ C.③④⑤⑥ D.①②③④

2. AUTOCHIEF C20型主机遥控系统组成包括_____。
A. 容积式燃油喷射单元
B. 驾驶台操作单元
C. 以太网和CAN现场网
D. DG8800数字调速器

3. AC C20主机遥控系统指示面板的作用是_____。
A. 对主机及遥控系统的状态进行直接显示,另外还兼有辅助风机的状态控制
B. 对主机及遥控系统的状态进行直接显示,另外还兼有机舱风机的控制和状态指示
C. 对主机及遥控系统的状态进行直接显示,另外还兼有辅助风机的控制和状态指示
D. 对主机及遥控系统的状态进行间接显示,另外还兼有机舱通风机的状态控制

4. AC C20主机遥控系统的设计特点是采用_____。
A. 分布式模块化设计
B. 标准化设计
C. 积木式设计
D. 统一化设计

5. AUTOCHIEF C20型主机遥控系统的计算机网络结构是_____。
A. Profibus现场总网络
B. CAN现场总线网络

C. 以太网　　　　　　　　　　　　D. CAN 现场总线网与以太网相结合

6. AUTOCHIEF C20 型主机遥控系统由多个＿＿＿＿组成,相互间使用＿＿＿＿通信
   A. 分布式处理单元(DPU)/CAN 总线　　　B. 单片机系统(MPU)/以太网总线
   C. 微机系统(CPU)/RS-485 总线　　　　D. 可编程控制器(PLC)/RS-422 总线

7. AC C20 型主机遥控系统的主要组成单元不包括＿＿＿＿。
   A. 主机接口单元　　　　　　　　　B. 主机滑油水温度定值控制单元
   C. 安全保护单元　　　　　　　　　D. 电子调速单元

8. 在 AC C20 主机遥控系统中,发出超速保护信号的是＿＿＿＿单元。
   A. ACP　　　　B. DGU　　　　C. RPME　　　　D. ESU

9. 在 AC C20 主机遥控系统中,在集控室主要布置有＿＿＿＿。
   A. CMU　　　　B. BMU　　　　C. MEI　　　　D. DGU

10. AC C20 系统中专用 DPU 模块有＿＿＿＿。
    ①主机接口模块;②主机安全模块;③转速箱检测;④脉冲量输入模块;⑤通信电路;⑥数字调速器模块。
    A. ①②③④⑤⑥　　B. ①②③⑤⑥　　C. ①②③⑥　　D. ①②⑤

11. 与 AC C20 系统中的主机接口模块(MEI)无关的信号是＿＿＿＿。
    A. 操作部位选择信号
    B. 主启动阀和空气分配器位置信号
    C. 启动、正车、倒车、停油等电磁阀的控制信号
    D. 主机转速测量信号

12. AC C20 型主机遥控系统的主要组成单元不包括＿＿＿＿。
    A. 驾驶台操作单元　　　　　　　B. 集控室操作单元
    C. 主机缸套冷却水温度定值控制单元　　D. 电子调速单元

13. 在 AC C20 主机遥控系统中,如果停车信号来自模拟量传感器,如何将停车信号送达应急停车电磁阀?＿＿＿＿。
    A. 通过硬线连接直接接到 ESU 的备用停车通道
    B. 通过 CAN 网络将自动停车指令送达 ESU
    C. 通过 RS-422 通信将自动停车指令送达 ESU
    D. 将自动停车信号直接送达停车电磁阀

14. 在 AC C20 主机遥控系统中,主机接口模块的功能之一是＿＿＿＿。
    A. 通过网络接受集控室操作单元的操作命令　B. 通过网络接受安保单元的故障减速命令
    C. 通过网络接受安保单元的故障停车命令　　D. 通过网络接受数字调速系统的调速命令

15. AUTOCHIEF C20 型主机遥控系统的数字调速系统(DGS)包括＿＿＿＿。
    ①数字调速器;②伺服单元;③车钟系统;④执行机构;⑤转速测量单元。
    A. ①②③④⑤　　B. ①③④　　C. ①②④⑤　　D. ①④⑤

16. AC C20 系统中能完成主机调速有关功能的专用 DPU 模块是＿＿＿＿。
    A. 主机接口模块　　　　　　　　B. 主机安全模块
    C. 转速箱检测　　　　　　　　　D. 数字调速器模块

17. 在 AC C20 主机遥控系统中,下列哪些保护项目可以设置一定的延时时间?_____。
    A. 自动停车项目　　　　　　　　　　B. 自动降速项目
    C. 不可取消的自动停车项目　　　　　D. 可取消的自动停车项目

18. AC C20 网络上的各模块在_____方面是完全一致的。
    A. 设计　　　　B. 硬件及其特性　　　　C. 软件及其特性　　　　D. 通信设置

19. 在 AC C20 主机遥控系统控制面板上,多功能旋转按钮的作用之一是_____。
    A. 对主机进行操纵　　　　　　　　　B. 进行主机操作部位转换
    C. 对主机进行检测　　　　　　　　　D. 进行参数修改

20. 在 AC C20 主机遥控系统中,当主机进行应急操纵时_____。
    A. 只能在驾驶台操纵主机　　　　　　B. 只能在集控室操作主机
    C. 只能在驾驶台侧翼操纵主机　　　　D. 只能在机旁操作主机

21. 在 AUTOCHIEF C20 型主机遥控系统中,提供各种与气动操纵系统接口的开关量和模拟量输入输出通道的 DPU 模块是_____。
    A. 控制面板 ACU　　　　　　　　　　B. 数字调速器单元 DGU
    C. 主机接口单元 MEI　　　　　　　　D. 主机安全单元 ESU

22. 在 AUTOCHIEF C20 型主机遥控系统中,提供控制各电磁阀动作的 DPU 模块是_____。
    A. 控制面板 ACP　　　　　　　　　　B. 数字调速单元 DGU
    C. 主机接口单元 MEI　　　　　　　　D. 主机安全单元 ESU

23. 在 K-chief 500 监视与报警系统的操作面板上,点击"收藏夹(FAVORITES)"可进行_____。
    A. 值班轮机员的个性显示及其管理　　B. 列表的形式查看监视参数
    C. 自定义配置　　　　　　　　　　　D. 系统信息显示

24. AC C20 型主机遥控系统集控系统集控式控制台上的设备布置不包括_____。
    A. 集控室操作单元　　　　　　　　　B. 主机启/停和转速设定手柄
    C. 指示面板单元　　　　　　　　　　D. 车令打印机

25. AC C20 主机遥控系统所用到的模块包括通用模块和主机遥控的专用模块,下列选项中,属于主机遥控的专用模块的是_____。
    A. RAi-16　　　　B. RAo-8　　　　C. MEI　　　　D. RDo-16

26. 在 AUTOCHIEF C20 型主机遥控系统中,用来实现主机故障自动停车(SHUT DOWN)控制的 DPU 是_____。
    A. 控制面板 ACU　　　　　　　　　　B. 数字调速器单元 DGU
    C. 主机接口单元 MEI　　　　　　　　D. 主机安全单元 ESU

27. 在 AUTOCHIEF C20 型主机遥控系统中,转速传感器模块 PRME 的输出信号通过_____传送到数字调速模块 DGU。
    A. 双余的 CAN 总线和 RS-422 接口　　B. 控制面板 ACP
    C. 主机接口单元 MEI　　　　　　　　D. 主机安全单元 ESU

28. AC C20 主机遥控系统的硬件结构不包括下列哪项单元?_____。
    A. 驾驶台操作单元　　　　　　　　　B. 主机接口单元

C. 主机燃油供油单元　　　　　　　　D. 主机安保单元

29. 在AUTOCHIEF C20型主机遥控系统中，转速传感器模块PRME的输出信号无法_____。

    A. 通过双冗余的CAN总线传送到数字调速模块DGU和网络中的其他DPU模块（如ACP）

    B. 通过RS-422/485串型口传送到数字模块DGU

    C. 通过硬接线送到主机安全单元ESU以实现超速保护

    D. 通过硬接线送到控制面板ACP

30. 在AC C20中驾驶台车种和集控室车钟完全相同，均为单手柄复合车钟（LTU），_____。

    A. 同时具有传令跟回令功能

    B. 同时具有传令和主机操作指令的发信功能

    C. 同时具有传令和显示功能

    D. 同时具有传令和记录功能

31. AC C20型主机遥控系统的计算机网络结构是_____。

    A. Profibus现场总线　　　　　　　　B. CAN现场总线

    C. 以太内网　　　　　　　　　　　　D. CAN现场总线与以太网相结合

32. AC C20主机遥控系统所用到的模块包括通用模块和主机遥控的专用模块，下列选项中，属于主机遥控的专用模块的是_____。

    A. RAi-16　　　　B. ESU　　　　C. RAo-8　　　　D. RDo-16

33. 在AUTOCHIEF C20系统中，操作控制面板ACP中轨迹球的功能包括_____。

    A. 对报警的进行消音小闪应答操作

    B. 对主机进行启动、停车、制动控制

    C. 点击显示窗口中菜单键和MIMIC图中的操作对象

    D. 报警分组和延生

34. 在AUTOCHIEF C20系统的操作控制面板ACP中，SETP和ACT分别是_____。

    A. 手柄限制转速、燃油限制值

    B. 燃油限制值、手柄限制转速

    C. 经过各种转速限制环节之后实际送到调速器的设定转速、手柄设定转速

    D. 手柄设定转速、经过各种转速限制环节之后实际送到调速器的设定转速

35. AC C20主机遥控系统中，分布式处理单元的所有工作参数都储存于下列哪项设备中？

    A. 远程/遥控操作站　　　　　　　　B. 机旁/现场操作站

    C. CAN总线节点模块内部　　　　　　D. 网关设备中

36. AC C20型主机遥控系统由_____实现远程操作，系统使用_____软件。

    A. PC机/Windows7　　　　　　　　B. PC机/Windows XP

    C. PLC/Windows7　　　　　　　　　D. PLC/Windows XP

37. AC C20主机遥控系统所用到的模块包括通用模块和主机遥控的专用模块，下列选项中，属于主机遥控的专用模块的是_____。

    A. RAi-16　　　　B. RAo-8　　　　C. MEI RDo-16　　　　D. RPME

38. 在AUTOCHIEF C20型主机遥控系统中，当"READY FOR START"灯亮时，表明_____，主

机可以启动。
①主机突然停车故障已复位；②启动空气压力低；③主启动阀打开；④转速检测系统正常；⑤盘车机啮合；⑥无三次启动失败故障。

A. ①②③④　　　　B. ②③⑤⑥　　　　C. ①③④⑥　　　　D. ①②④⑤

39. 在 AUTOCHIEF C20 系统的操作控制面板 ACP 上，按下"CANCEL LIMITS"按钮后，能_____。

    A. 取消被设定为可以越空的自动降速项目　　B. 取消被设定为可以越空的自动停车项目
    C. 取消手动应急停车功能　　D. 取消手动最大转速限制和程序负荷

40. AC C20 遥控系统不包括_____。

    A. 机旁控制面板　　B. 主机接口单元　　C. 电子调速器单元　　D. 主机安全单元

41. AC C20 主机遥控系统所用到的模块包括通用模块和主机遥控的专用模块，下列选项中，属于主机遥控的专用模块的是_____。

    A. RAi-16　　　　B. RAo-8　　　　C. DGU　　　　D. RDo-16

42. AC C20，系统中，正常时，通过_____停油，应急停车时，通过_____停油。

    A. MEI 控制停车电磁阀动作/停油信号送到调速器
    B. MEI 控制停车电磁阀动作/主机安全单元 ESU
    C. 停油信号送到调速器/主机安全单元 ESU
    D. 燃油泵停止/应急停车电磁阀

43. AC C20 系统的辅助控制功能有_____。
①辅助风机控制；②增压器增压控制；③自动封缸控制；④气缸油注油润滑控制（可选功能）；⑤电子 VIT 控制（可选功能）；⑥燃油凸轮控制。

    A. ①②③④⑤　　B. ③④⑤⑥　　C. ①④⑤⑥　　D. ①②③⑥

44. AC C20 型主机操控系统的驾驶台操作单元是由_____组成的，两者组装在一起形成一个整体。

    A. AUTOCHIEF 控制面板和单手柄复合车钟　　B. AUTOCHIEF 控制面板和车令打印机
    C. 侧翼操作单元和单手柄复合车钟　　D. 侧翼操作单元和车令打印机

45. 在下列 DPU 模块中，_____是既有输入又有输出的模块。

    A. RAi-16　　　　B. RAo-8　　　　C. RDo-16　　　　D. RIO-C3

46. 为保证主机能在控制系统失电情况下仍能继续运转，AC C20 的调速系统中，伺服控制单元设置了_____。

    A. 编码记忆当前位置　　B. UPS 不间断电源
    C. 对伺服马达的刹车　　D. 对伺服控制器输出的记忆

47. 恶劣海况模式是在风浪天航行时采用的一种可选工作模式，其目的是_____。

    A. 实现加速速率限制　　B. 避免主机因超速而导致停车
    C. 实现程序负载限制　　D. 代替主机安全单元 ESU 的功能

48. AC C20 中的专用 DPU 模块数字调速器模块能够完成的功能有_____。
①开关量输入电路；②开关量输出电路；③模拟量输入电路；④模拟量输出电路；⑤热电偶输入电路；⑥脉冲量输入电路；⑦通信电路。

A. ①②③④⑤ B. ③④⑤⑥ C. ⑤⑥⑦ D. ①②③④

49. 混合模块 RIO-C1 的功能是_____。
   A. 用于主机遥控系统的安全保护
   B. 用于主机遥控系统的转速控制
   C. 用于船舶电站自动化系统的安全保护
   D. 用于船舶电站自动化系统的重载启动管理

50. 在恶劣的航行条件下,通过 ACP 菜单操作可以进入恶劣海况模式。此时不能实现_____。
   A. 当转速超过设定的上限转速值时,遥控系统切断然后供应,迫使主机降速
   B. 转速下降到停车复位转速后恢复供油,然后维持该转速持续运行
   C. 避免主机因超速而停车
   D. 在低速下实现程序负荷限制

51. 在 AUTOCHIEF C20 型主机遥控系统中,一旦控制系统失电_____。
   A. 主机立即停机
   B. 主机转速降至最低稳定转速
   C. 伺服马达将被锁定在当时的位置,使主机以当时的输出油量继续工作
   D. 主机安保系统将发出 SLOW DOWN 或 SHUT DOWN 信号

52. AC C20 型主机遥控系统的集控台上有关设备有_____。
   ①集控室操作单元;②主机启/停与转速设定手柄;③指示面板单元;④主机接口模块。
   A. ①②③④⑤ B. ①②④⑤ C. ①②③ D. ①②③⑤

53. 根据 DPU 模块的端子名称和编号规律,X8 为 CAN1 总线的接线端子,则端子 81、82、83、84 接线方法是_____。
   A. 81、82 连接网络中的上一个相邻 DPU,83、84 连接下一个相邻 DPU
   B. 83、84 连接网络中的上一个相邻 DPU,81、82 连接下一个相邻 DPU
   C. 81、83 连接网络中的上一个相邻 DPU,82、84 连接下一个相邻 DPU
   D. 82、84 连接网络中的上一个相邻 DPU,81、83 连接下一个相邻 DPU

54. 在 AC C20 遥控系统的应急停车包括_____两种情况。
   A. 车钟停车和手动应急停车   B. 车钟停车和故障停车
   C. 故障停车和手动应急停车   D. 断电停车和手动应急停车

55. 在 AUTOCHIEF C20 型主机遥控系统中,设置"可变气缸切换(CCO)"的主要目的是_____。
   A. 保证主机在低速和低负荷情况下,能够将主机功率减半
   B. 保证主机在低速和低负荷情况下,能够将主机功率减去 1/3
   C. 保证主机在低速和低负荷情况下运转能够更加平稳
   D. 保证主机在低速和低负荷情况下运转时能够减小功率

56. AC C20 中的专用 DPU 模块有_____。
   ①主机接口模块;②主机安全模块;③转速检测箱;④脉冲量输入模块;⑤通信电路;⑥数字调速模块。
   A. ①②③④⑤⑥ B. ①②③⑥ C. ①②③⑤ D. ①②⑤

57. AC C20 中的专用 DPU 模块有_____。
   A. 主机接口模块   B. 主机安全模块   C. 转速检测箱   D. 数字调速器模块

58. 在 AC C20 主机遥控系统所用到的专用模块 ESU 中,其输入输出通道包括_____。
   A. 开关量输入和开关量输出通道   B. 模拟量输入和模拟量输出通道
   C. 模拟量输入和开关量输出   D. 开关量输入和模拟量输出

59. 在 AC C20 遥控系统中,主机安保系统的主要功能是_____。
   A. 在某些特殊情况时对主机进行应急停车或自动降速,确保船舶安全
   B. 在某些特殊情况时对主机进行应急停车或自动降速,确保主机安全
   C. 在某些特殊情况时取消主机进行应急停车或自动降速的功能,确保船舶安全
   D. 在某些特殊情况时取消主机进行应急停车或自动降速的功能,确保主机安全

60. 在 AC C20 系统中,主机安保系统是通过主机安保单元 ESU 来实现的,当 ESU 与 C20 系统网络不能建立联系时,安保系统将_____,主机将_____。
   A. 失效/运行不受影响   B. 失效/自动停机
   C. 仍有效/运行不受影响   D. 仍有效/自动停机

61. AC C20 中的专用 DPU 模块数字调速器模块能够完成的功能有_____。
   ①加速速率限制;②负荷程序限制;③增压空气压力限制;④自动调速;⑤故障减速;⑥故障停车。
   A. ①②③④⑤⑥   B. ①②③④   C. ①②⑤⑥   D. ③④⑤⑥

62. AC C20 型主机遥控系统是一种集_____于一体的综合推进控制系统。采用分布式模块化设计,分布式模块采用标准化设计。
   ①控制;②调速;③报警;④指示;⑤安全保护。
   A. ①②③⑤   B. ②③④⑤   C. ①②③④⑤   D. ①③⑤

63. AC C20 遥控系统不包括_____。
   A. 机旁控制面板   B. 主机接口单元   C. 电子调速器单元   D. 主机安全单元

64. AC C20 中的通信接口数最多的模块是_____。
   A. 转速接口箱   B. 数字调速模块   C. 主机接口模块   D. 主机安保模块

65. AC C20 主机遥控系统的数字调速器模块有 4 个 CAN 网络接口,其中 2 个接口称为_____,用于_____。
   A. 全局 CAN 网络接口/与同层网络的其他 CAN 互连
   B. 局部 CAN 网络接口/与上层网络的其他 CAN 互连
   C. 全局 CAN 网络接口/在复杂系统中进行网络扩展
   D. 通信接口/RS-422/485 串行通信

66. AC C20 系统的自动降速是由_____完成的,最多可设置 20 个自动降速项目,对应 20 个降速传感器。
   A. SSU8810 安全保护装置
   B. 自动降速传感器和主机安全单元 ESU 配合后
   C. 自动降速传感器和转速控制系统在网络通信的配合下
   D. 主机接口单元 MEI 和主机安全单元 ESU 配合后

67. AC C20 型主机控制系统的机舱中有关设备有_____。
    ①机旁控制面板；②指示面板单元；③数字调速系统；④按钮式车钟；⑤主机接口模块；⑥主机安全单元。
    A. ①②③④⑤⑥   B. ①③④⑤⑥   C. ①②③④   D. ①②④⑤

68. AC C20 主机遥控系统的数字调速器模块有 4 个 CAN 网络接口，其中 2 个接口称为_____，用于_____。
    A. 局部 CAN 网络接口/与上层网络的其他 CAN 互连
    B. 局部 CAN 网络接口/在复杂系统中进行网络扩展
    C. 全局 CAN 网络接口/在复杂系统中进行网络扩展
    D. 通信接口/RS-422/485 串行通信

69. AC C20 遥控系统中，数字调速系统不包括_____。
    A. 数字调速器   B. 转速测量单元
    C. 主机接口模块   D. 伺服单元和执行机构

70. AC C20 遥控系统中，驾驶台操作单元包括打印机、控制面板和复合车钟，还可配置_____。
    A. 操作手柄   B. 指示灯按钮面板
    C. 侧翼操作单元   D. 启动空气压力表和主机转速表

71. AC C20 中的采集现场数据的模块是_____。
    A. 通用输入模块   B. 通用输出模块   C. 数字调速器模块   D. 主机接口模块

72. 在 AC C20 主机遥控系统中，转速控制系统提供了下列哪种特殊的工作模式？_____
    A. 恒定转速模式   B. 恶劣海况模式   C. 恒定油量模式   D. B+C

73. 与 AC C20 中的主机安全模块（ESU）无关的信号是_____。
    A. 操作部位选择信号   B. 各种急停信号
    C. 主滑油低压保护信号   D. 主机超速停车信号

74. 在 AC C20 主机遥控系统的主机接口单元中，其模拟量输入信号包括_____。
    A. 电子 VIT 控制信号   B. 机旁控制箱转速指示信号
    C. 扫气空气压力信号   D. 启动电磁阀信号

75. AC C20 遥控系统不包括_____。
    A. 驾驶台操作单元   B. 按钮式车钟   C. 电子调速器单元   D. 主机安全单元

76. AC C20 中的车钟系统是_____。
    A. 独立的系统，与 AC C20 的其他模块无关
    B. 独立的系统，其车令信号送 AC C20 的相应模块
    C. 相互间通过系统的全局 CAN 总线联系
    D. 相互间通过系统的本地 CAN 总线联系

77. 在 AC C20 主机遥控系统中，对分布式处理单元 DPU 功能的描述错误的是_____。
    A. 当 ROS 出现故障时，DPU 停止工作
    B. DPU 具有参数储存功能能够独立完成参数的监视、报警和控制
    C. DPU 支持双冗余 CAN 高速多主通信网络协议
    D. DPU 具有强大的自检功能

78. AC C20 中的双总线系统是_____。
   A. 为了提高通信速度
   B. 为了提高通信的可靠性
   C. 通信速度 9 600 波特率
   D. 通信节点最大可至 256

79. AC C20 专用模块在_____上与通用模块完全一致。
   A. 机械特性和电气特性
   B. 机械特性
   C. 电气特性
   D. 机械特性或电气特性

80. AC C20 遥控系统中,从集控室转到驾驶台操作时,首先_____,这将使集控室和驾驶台车钟行"Bridge"按钮,两地"Bridge"按钮的 LED 变为平光,且蜂鸣器停响。
   A. 按下驾驶台车钟上的"Bridge"按钮
   B. 按下集控室车钟上的"ECR"按钮
   C. 按下驾驶台车钟上的"ECR"按钮
   D. 按下集控室车钟上的"Bridge"按钮

81. AC C20 中的双总线系统中的_____与监控报警系统相连。
   A. 本地 CAN 总线
   B. 全局 CAN 总线
   C. 本地 CAN 总线通过网关
   D. 全局 CAN 总线通过网关

82. 在 AC C20 主机遥控系统的主机接口单元中,其模拟量输出信号包括_____。
   A. 电子 VIT 控制信号
   B. 空气分配器手动关闭信号
   C. 扫气空气压力信号
   D. 启动电磁阀信号

83. 转速检测箱将 2 组脉冲式转速传感器信号采集、处理后,分别送至_____数字调速模块和_____网络上。
   A. CAN/CAN
   B. CAN/RS-422
   C. RS-485/CAN
   D. RS-485/RS-422

84. AC C200 中的 1 个通用开关量输入模块最多可以采集_____信号,1 个通用开关量输出模块最多可以送出_____信号。
   A. 8 路/8 路
   B. 16 路/8 路
   C. 16 路/16 路
   D. 32 路/16 路

85. 在 AC C20 车钟系统的典型配置中,共包括_____个 DPU 模块。
   A. 1
   B. 2
   C. 3
   D. 4

86. AC C20 的停油回路有几个,正常时,通过_____停油;应急停车时,通过_____停油。
   A. MEI 控制停车电磁阀动作/停油信号送至调速器
   B. MEI 控制停车电磁阀动作/主机安全单元(ESU)
   C. 停油信号送至调速器/主机安全单元(ESU)
   D. 燃油泵停止/应急停车电磁阀

87. 在 AC C20 主机遥控系统中,通过 ACP 菜单操作进入恶劣海况模式,当主机转速超过设定的上限转速时,主机断油降速后将维持在_____。
   A. 主机手柄设定的转速运行
   B. 设定的上限转速运行
   C. 停车复位的转速运行
   D. 最低稳定转速运行

88. AC C20 的辅助控制功能有_____。
   ①辅助风机控制;②增压器增压控制;③自动封缸控制;④气缸油注油润滑作用(可选功能);
   ⑤电子 VID 控制(可选功能);⑥燃油凸轮监控。

A. ①②③④⑤ B. ③④⑤⑥ C. ①④⑤⑥ D. ①②③⑥

89. 在AC C20车钟系统的典型配置中，单手柄复合车钟的功能是_____。
   A. 具有传令的功能
   B. 具有主机操作指令的发讯功能
   C. 具有控制主机启动、停止、调速的功能
   D. 具有传令的功能和主机操作指令的发讯功能

90. AC C20显示窗口具有丰富的显示功能，通过菜单式软按钮能够调出各种mimic显示画面。窗口顶部文本不显示_____。
   A. 主机传速 B. 副车令 C. 操作部位 D. 主机状态

91. 在AC C20主机遥控系统中，如果集控室单手柄复合车钟下方的"AT SEA"指示灯亮，表示_____。
   A. 机动航行 B. 海上定速航行 C. 备车航行 D. 完车

92. AC C20中的DPU模块硬件电路主要由_____组成。
   ①微处理器电路；②输入、输出接口电路；③通信接口电路；④显示器及其电路。
   A. ①②③ B. ①②④ C. ①③④ D. ②③④

93. AC C20中的主控制箱在_____。
   A. 驾驶室
   B. 集控室
   C. 机舱
   D. 因分布式网络控制，没有集中在一起

94. 在AC C20车钟系统中，PBT是指_____。
   A. 单手柄复合车钟
   B. 按键式车钟
   C. 转速设定手柄
   D. AUTOCHIEF控制面板

95. AC C20中的集控室操作面板是整个网络系统中的一个节点，在系统中_____。
   A. 是主站
   B. 是从站
   C. 带多种输入和输出模块
   D. 占用多个节点地址

96. 在AC C20车钟系统的典型配置中，按键式车钟具有_____。
   A. 传令的功能
   B. 主机操作指令的发讯功能
   C. 控制主机启动、停止、调速的功能
   D. 传令的功能和主机操作指令的发讯功能

97. 在AC C20型主机遥控系统中，AUTOCHIEF控制面板的显示窗口_____。
   A. 只能显示文本信息和流程图
   B. 只能显示文本信息和模拟仪表图
   C. 只能显示条形图和流程图
   D. 既能显示文本信息，也能显示流程图、模拟仪表图和条形图

98. AC C20遥控系统中，应急取消按钮是为紧急情况下取消遥控系统_____。
   A. 取消转速和负荷限制
   B. 自动降速
   C. 自动停车
   D. A或B或C

99. IPU指示面板单元位于集控制室控制台，一个独立的DPU进行控制，其主要功能是_____。
   ①对主机及遥控系统状态进行直接显示；②对主机的故障进行直接的显示；③辅助风机的控

制;④主机辅助设备的运行状态指示;⑤主滑油泵、空压机的控制。
   A. ①③   B. ①②   C. ③④⑤   D. ③④

100. 在AC C20主机遥控系统中,每个AUTOCHIEF控制面板由_____个DPU模块控制。
   A. 1   B. 2   C. 3   D. 4

101. 在AC C20型主机遥控系统中,系统参数修改功能应在_____上进行。
   A. 电了调速器单元   B. 主机安全保护单元
   C. AUTOCHIEF控制面板   D. 指示面板单元

102. 在AC C20型主机遥控系统的AUTOCHIEF控制面板中,用于人机交互的主要操作设备是_____。
   A. 计算机鼠标   B. 计算机键盘
   C. 专用键盘   D. 多功能旋转按钮

103. 在AC C20主机遥控系统中,AUTOCHIEF控制面板使用的操作系统是_____。
   A. Windows XP操作系统   B. Windows NT操作系统
   C. Windows Vista操作系统   D. 嵌入式操作系统

104. AC C20中各处的转速表信号是_____。
   A. ±10 V   B. ±20 mA   C. RS-485通信   D. CAN通信

105. AC C20中驾驶室的车钟记录仪是通过_____与车钟相连的。
   A. RS-232通信   B. RS-485通信   C. 本地CAN通信   D. CAN通信

106. 在AC C20主机遥控系统中,AUTOCHIEF控制面板通过_____为用户提供了丰富的人机交互功能,操作简单便捷。
   A. 数码显示窗口、按键和多功能旋转按钮 B. LCD显示窗口、按键和鼠标
   C. LCD显示窗口、按键和键盘   D. LCD显示窗口、按键和多功能旋转按钮

107. AC C20主机遥控系统驾驶台和驾驶室两舷的单手柄复合车钟使用中为避免冲突,较好的方式是_____。
   A. 三个手柄机械联动同步   B. 使用自整角机实现同步
   C. 每个设置使用请求和允许   D. 驾驶室设允许、驾驶室两舷设请求按钮

108. AC C20遥控系统中,通过ACP菜单操作可进入恶劣海况模式。当转速超过设定的上限转速值时,遥控系统_____,迫使主机降速,转速下降到停车复位转速后恢复供油,然后维持该转速持续运行。
   A. 减少燃油供应   B. 限制转速
   C. 设定最大转速限制   D. 切断燃油供应

109. 在AC C20型主机遥控系统中,若集控室控制台设有"主机启、停和转速设定手柄",集控室的操纵方式为_____。
   A. 逻辑控制和主机转速控制均为自动   B. 逻辑控制和主机转速控制均为手动
   C. 逻辑控制手动,主机转速控制为自动   D. 逻辑控制自动,主机转速控制为手动

110. 在AC C20主机遥控系统中,LCD显示窗口中部显示的内容有_____。
   A. 操作部位   B. 虚拟仪表   C. 菜单按钮   D. 应急取消按钮。

111. AC C20主机遥控系统典型的操作部位包括驾驶台、集控室和机旁三个位置,主机当前操作

部位由_____指示。
A. 车钟旁的操作部位带灯按钮　　　　B. AC C20 操作单元中单独的显示
C. 选择开关箭头　　　　　　　　　　D. 集控台上单独

112. AC C20 遥控系统中,定油量模式是调速器将通过伺服控制单元锁定_____,保持恒定的主机供油量,此时转速将随外界负荷的波动而波动,但转速偏差不允许超出规定的范围。
A. 燃油齿条　　　　　　　　　　　　B. PID 调节单元
C. ACP 界面操作　　　　　　　　　　D. 设定转速

113. AC C20 主机遥控系统典型的操作部位包括驾驶台、集控室和机旁三个位置,其中_____时,操纵主机不通过遥控系统。
A. 驾驶台　　　　　　　　　　　　　B. 集控室车钟控制
C. 集控室操纵杆控制　　　　　　　　D. 机旁

114. 在 AC C20 主机遥控系统中,最多可以设置_____个临界转速区。
A. 1　　　　B. 2　　　　C. 3　　　　D. 4

115. AC C20 中驾驶台车钟和集控室车钟完全相同,均为单手柄复合车钟(LTU),挡位情况为_____。
A. 正车 5 挡,倒车 4 挡,停车、备车、完车各 1 挡,共 12 挡
B. 正车 5 挡,倒车 4 挡,停车 1 挡,共 10 挡
C. 正车 5 挡,倒车 5 挡,停车 1 挡,共 11 挡
D. 正车 5 挡,倒车 5 挡,停车、备车、完车各 1 挡,共 13 挡

116. AC C20 主机遥控系统典型的操作部位包括驾驶台、集控室和机旁三个位置,主机当前操作部位由_____决定。
A. 车钟旁的操作部位选择按钮
B. 各处的操作部位选择按钮通过通信由系统
C. 机旁的操作部位选择按钮
D. 车钟系统通过 CAN 总线联系后

117. 在 AC C20 主机遥控系统中,临界转速回避是采用_____工作方式的。
A. 上限回避　　　　　　　　　　　　B. 下限回避
C. 加速时避上限、减速时避下限　　　D. 减速时避上限、加速时避下限

118. AC C20 中驾驶台车钟旁设有_____和_____。
A. 海速、备车、完车/车钟开关　　　　B. 机舱、ECR、BR/车钟开关
C. 辅车钟/应急停车按钮　　　　　　　D. 辅车钟/应急运行按钮

119. AC C20 机舱机旁控制面板不包括_____。
A. 机旁控制面板　　　　　　　　　　B. 打印机
C. 按钮式车钟　　　　　　　　　　　D. 应急停车按钮

120. 关于 AC C20 主机遥控系统,下列选项中的_____属于数字调速系统的负荷限制。
A. 负荷程序　　　　　　　　　　　　B. 增压空气限制程序
C. 启动最大供油量限制　　　　　　　D. 最低稳定转速油量限制

121. 为保证主机在安全情况下继续运转,在 AC C20 的调整系统中设置的等速限制功能有

_____。
①最大转速手动限制；②转矩限制；③自动减速限制；④临界转速限制；⑤增压空气限制；⑥负荷程序。
   A. ①②③④⑤⑥   B. ①②③④   C. ①③④⑤   D. ②③⑤⑥

122. 在 DATACHIEF C20 系统中，操作站 OS 的功能不包括_____。
   A. 提供人机接口   B. 监视参数的现场检测
   C. 报警信息的显示、监测及应答   D. 延伸报警控制

123. AC C20 的手动应急停车复位方法是_____。
   A. 按 sound off 和 ACK 按钮
   B. 再按一次应急停车按钮
   C. 车钟回到 stop 然后按应急停车按钮
   D. 故障消除后，车钟到 stop，再按应急停车按钮

124. AUTOCHIEF C20 主机遥控系统可以通过_____与 K-CHIEF 500 系统相连。
   A. 主机接口模块   B. MEI RS-422/RS-485 通信接口
   C. 系统网关单元 SGW   D. 双分段处理控制器 dPSC

125. AC C20 型主机遥控系统特殊工作模式不包括_____模式。
   A. 辅助设备监控   B. 轴带发电机   C. 恶劣海况   D. 定油量

126. AUTOCHIEF C20 主机遥控系统是一种采用_____。
   A. CAN 现场总线的网络型系统   B. 多台单板机组成的微机网络系统
   C. 多台 PLC 组成的微机网络系统   D. CAN 现场总线的高速以太网系统

127. AC C20 主机遥控系统，若在主机运行过程中按下"应急停车"按钮，主机将立即停车，其复位方法_____。
   A. 再按一次应急停车按钮
   B. 将车钟手柄回零
   C. 主机停车后将自动复位
   D. 再按一次应急停车按钮，并将车钟手柄回零

128. 在 AUTOCHIEF C20 主机遥控系统中，用来实现主机手动应急停车(EM. STOP)控制的 DPU 模块是_____。
   A. 控制面板 ACP   B. 数字调速单元 DGU
   C. 主机接口单元 MEI   D. 主机安全单元 ESU

129. AC C20 型主机遥控系统特殊工作模式不包括_____模式。
   A. 轴带发动机   B. 恶劣海况   C. 定油量   D. 机旁自动控制

130. 在 AUTOCHIEF C20 主机遥控系统中，在发生_____的情况下，主机安全单元 ESU 将不会形成有效控制信号输出。
   A. 按下应急停车按钮   B. 主机超速
   C. 主机系统滑油失压   D. SLOW DOWN 类故障

131. 在 AUTOCHIEF C20 主机遥控系统中，转速传感器模块 RPME 的输出信号通过_____传送到数字调速模块 DGU。

A. 双冗余的 CAN 总线和 RS-422 接口 B. 控制面板 ACP
C. 主机接口单元 MEI D. 主机安全单元 ESU

132. 在 AC C20 主机遥控系统中,设置恶劣海况模式的主要目的是_____。
 A. 节能 B. 防止主机飞车
 C. 降低 CO_2 的排放量 D. 降低 NO_x 排放量

133. AC C20 主机遥控系统各模块之间互连是采用_____。
 A. 双冗余的 Profibus 总线 B. 双冗余的 CAN 总线
 C. RS-422 串行通信 D. RS-485 串行通信

134. 在 AC C20 主机遥控系统中,下列_____单元能完成主机的转速控制功能。
 A. BMU B. CMU C. DGS D. ESU

135. 在 AC C20 型主机遥控系统中,自动启动主机时出现报警灯"Start too long"闪光,并停止了主机启动,可能的原因是_____。
 A. 调速器故障 B. 高压油泵故障
 C. 螺旋桨缠有异物 D. 油中有水

136. 在 AC C20 主机遥控系统中,下列_____单元能完成主机的安全保护功能。
 A. BMU B. CMU C. DGU D. ESU

137. DPU 模块 RPME1 和 RPME2 对探头输入的信号进行计算处理后得到主机转速的测量值,经过_____送至数字调速器。
 A. CAN 网络 B. RS-422/485 通信
 C. 中间的 A/D 转换电路 D. A + B

138. 在 AC C20 型主机遥控系统中,自动启动主机时出现报警灯"3 Starts failed"闪光,并终止了主机启动,可能的原因是_____。
 A. 调速器故障 B. 启动空气压力低
 C. 螺旋桨缠有异物 D. 主机拉缸

139. 如果按下 AC C20 单手柄复合车钟下方的"Emergency Stop"按钮,则遥控系统_____。
 A. 将触发主机安保系统发出应急停车信号
 B. 将直接动作应急停车电磁阀,实现应急停车
 C. 将使转速控制系统的转速设定值为零,实现应急停车
 D. A + C

140. 在 AC C20 型主机遥控系统中,报警灯"Governor disconnected"发亮,说明_____。
 A. 电子调速器单元未接通电源
 B. 电子调速器单元与测速装置之间线路故障
 C. 电子调速器单元与油门执行电机之间线路故障
 D. 油门执行电机与油门总杆未连接好

141. 在 AC C20 主机遥控系统中,为实现应急停车复位,应完成下列操作_____。
 A. 再按一次应急停车按钮
 B. 使应急停车电磁阀断电
 C. 将车钟手柄回零

D. 将车钟手柄回零并再按一次应急停车按钮

142. 在 AC C20 主机遥控系统中,主机安全单元 ESU _____。
    A. 只有开关量输入和输出信号
    B. 只有模拟量输入和输出信号
    C. 有开关量输入信号和模拟量输出信号
    D. 有模拟量输入信号和开关量输出信号

143. 在 AC C20 主机遥控系统中,LCD 显示窗口的按钮是一种_____。
    A. 特殊设计的按钮
    B. 普通按钮
    C. 带灯的按钮
    D. 菜单式软件按钮

144. AC C20 遥控系统发生应急停车情况时,系统主要通过实现_____。
    A. 安全单元 ESU
    B. 数字调速单元 DGU
    C. 操作面板 ACP
    D. 主机接口单元 MEI

145. 当值班人员发现紧急情况时,可通过按下应急停车按钮实现手动应急停车。按下的紧急停车按钮位于_____。
    A. 驾驶室的操作面板上
    B. 机旁应急停车按钮
    C. 对应操作部位的操作面板上
    D. 任何操作部位的操作面板上

146. AC C20 的自动降速是由自动降速传感器和转速控制系统在网络通信的配合下完成的,最多可设置_____个处动降速项目,降速传感器是_____。
    A. 10/开关量
    B. 10/开关量或模拟量传感器
    C. 20/开关量
    D. 20/开关量或模拟量传感器

147. 在 AC C20 主机遥控系统中,当按下 ACP 上的"Cancel Limits",最大转速和最大供油量的手动限制被取消,转矩限制值将自动增加_____。
    A. 10%(可调)   B. 20%(可调)   C. 25%(可调)   D. 30%(可调)

148. 在 AC C20 主机遥控系统中,可设置_____个自动停车项目。
    A. 2   B. 4   C. 6   D. 8

149. 借助机旁显示面板能够了解主机当前运行状态、安全状态及操作部位等综合信息,具体如_____。
    ①主机转速,主机运转方向指示;②主机当前操作部位指示;③辅助风机运行指示;④应急操作指示;⑤自动停车指示和盘车机未脱开指示。
    A. ①②③④⑤   B. ①②③④   C. ①②③   D. ①②

150. 在 AC C20 主机遥控系统中,_____被固定设置为超速停车。
    A. Shut down 1   B. Shut down 2   C. Shut down 3   D. Shut down 4

151. AC C20 的主机是通过主机安保单元 ESU 来实现的,当 ESU 和 C20 系统网络故障不能建立联系时,安保系统将_____,主机_____。
    A. 失效/运行不受影响
    B. 失效/自动停机
    C. 仍有效/运行不受影响
    D. 仍有效/自动停机

152. AC C20 的主机是通过主机安保单元 ESU 来实现的,当 ESU 和 C20 整个系统遭遇断控制电的故障时,安保系统将_____,主机_____。
    A. 失效/运行不受影响
    B. 失效/自动停机
    C. 仍有效/运行不受影响
    D. 仍有效/自动停机

153. AC C20 主机遥控系统中,设置应急停车按钮的位置有_____处。
    A. 1　　　　　　　B. 2　　　　　　　C. 3　　　　　　　D. 4

154. AC C20 自动降速故障发生并应答后,_____复位,主机转速才能回到车令转速。
    A. 当引发自动降速的故障现象一消失,就能
    B. 当引发自动降速的故障现象消失并按复位按钮后,才能
    C. 当引发自动降速的故障现象消失并车钟回停车位置后,才能
    D. 当引发自动降速的故障现象消失并转为集控室控制后,才能

155. AC C20 型主机遥控系统应急停车功能中,超速信号来自于_____。
    A. 调速单元　　　　B. 执行机构　　　　C. 给定单元　　　　D. 测量单元

156. AC C20 一般可设置_____个自动停车项目。其中"Shut down 1"固定用作_____,在船舶安全受到影响的情况下,_____取消该保护。
    A. 10/超速停车/可以
    B. 6/超速停车/不可以
    C. 10/主滑油低压停车/可以
    D. 6/主滑油低压停车/不可以

157. 在 AC C20 主机遥控系统中,可设置_____个自动降速项目。
    A. 10　　　　　　　B. 20　　　　　　　C. 30　　　　　　　D. 40

158. 在操作部位选择为_____时,可借助机旁显示面板了解主机当前运行状态,安全状态及部位等综合信息。
    A. 驾驶室　　　　　B. 集控室　　　　　C. 机旁　　　　　　D. 任何地点

159. AC C20 主机遥控系统的远程操作站(Remote Oprator Station, ROS)由哪些设备组成?
    _____。
    ①PC 机;② Windows XP 操作系统;③鼠标;④显示屏和打印机;⑤控制操作面板 OCP;⑥远程操作手柄。
    A. ①③④⑤　　　　B. ①④⑥　　　　　C. ②③④⑤　　　　D. ②④⑤⑥

160. AC C20 系统对于超速停车保护功能是通过_____实现的。
    A. DGU　　　　　　B. MEI　　　　　　C. ESU　　　　　　D. AMS

161. 图 9-36 所示为 AC C20 的操作面板,其中通过_____来修改参数。
    A. 屏幕为触摸屏,可在上面直接修改参数　　　B. 器件 1
    C. 器件 2　　　　　　　　　　　　　　　　　D. 器件 3

162. 在 AC C20 主机遥控系统中,LCD 显示窗口上部显示的内容有_____。
    A. 操作部位　　　　B. 虚拟仪表　　　　C. 菜单按钮　　　　D. 应急取消按钮

163. 在 AC C20 主机遥控系统中,数字调速系统的轮机长最大转速限制是通过_____实现的。
    A. 在数字调速器电路板上调节轮机长最大转速限电位器的阻值
    B. 调节主机油门调节机构的限油螺钉的位置
    C. 计算机软件
    D. 伺服单元的反馈信号

164. AC C20 的启动控制功能与其他系统类似,在应急倒车时,_____撕开压缩空气来制动。
    A. 换向结束后等到转速低于发火转速　　　B. 换向线束后等到转速低于制动转速
    C. 换向结束后立即　　　　　　　　　　　D. 车令转向后立即

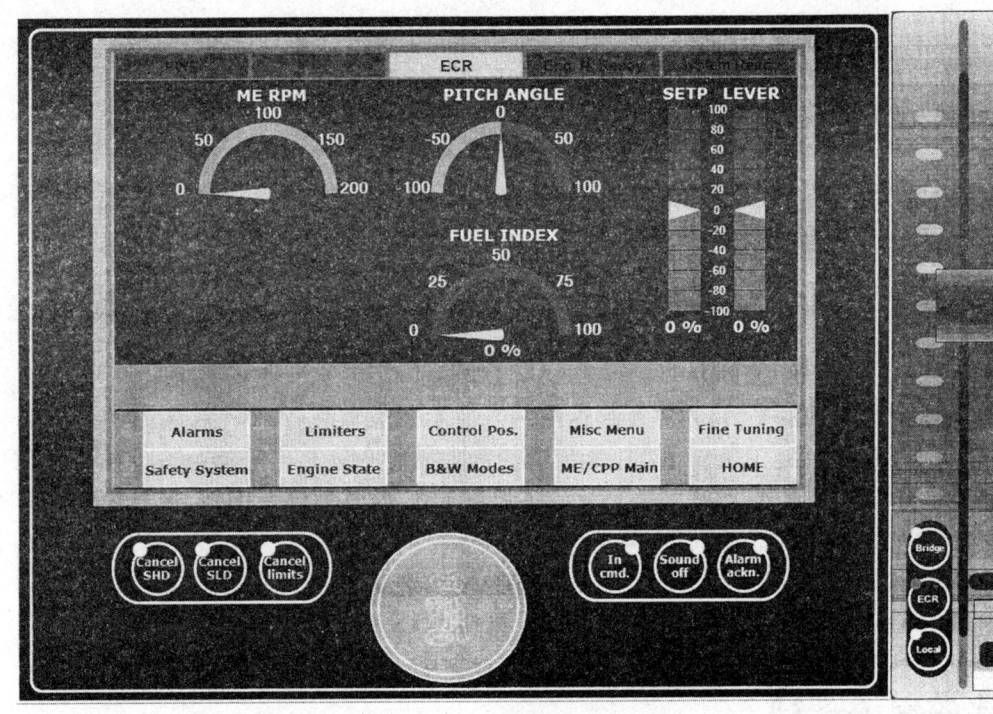

图 9-36

165. 对于 AC C20 型主机遥控系统应急停车功能描述正确的是_____。
    A. 应急停车传感器产生信号时,ESU 将指挥停车电磁阀动作
    B. 调速单元发出主机超速信号时,指挥停车电磁阀动作
    C. 超速信号来自给定单元,RPME 将发出一个继电器触点信号
    D. 应急停车模拟量传感器通过硬线直接连接到 ESU 的备用停车通道

166. AC C20 主机遥控系统,若在主机运行过程中按下"应急停车"按钮,主机将立即停车,其复位方法是_____。
    A. 再按一次应急停车按钮   B. 将车钟手柄回零
    C. 主机停车后将自动复位   D. 再按一次应急停车按钮,并将车钟手柄回零

167. AC C20 的"Crash Astern"控制功能有如下_____动作。
    ①驾驶台和镀控制实验室 ACP 上显示"Crash Astern";②控制主机紧急停车电磁阀动作;③主机转速下降到应急换向转速;④主机换向,换向结束后等待转速下降到制动转速打开启动空气进行强制制动;⑤重启动和取消取消限制命令送至调速器,进行重启动,并取消各种限制;⑥取消临界转速限制。
    A. ①②③④⑤⑥   B. ①③④⑤⑥   C. ①③④⑤   D. ①③④

168. AC C20 遥控系统显示窗口具有丰富的显示功能,通过菜单式软按钮能够调出各种 mimic 显示画面。中间部位为主要显示区域,可以是_____。
    ①负荷程序;②文本信息;③流程图;④加速速率限制;⑤显示参数的模拟仪表和条形图。
    A. ①③⑤   B. ①②③   C. ③④⑤   D. ②③⑤

169. AC C20 遥控系统显示窗口具有丰富的显示功能,通过菜单式软按钮能够调出各种 mimic 显

示画面。中间部位为主要显示区域,可以是_____。
①轮机长设置的最大转速;②临界转速;③主机转速、启动空气压力;④燃油齿条刻度;⑤手柄设定转速和实际设定转速。

A. ①③⑤ B. ③④⑤ C. ①②③ D. ②③⑤

170. AC C20 遥控系统显示窗口具有丰富的显示功能,通过菜单式软按钮能够调出各种 mimic 显示画面。中间部位为主要显示区域,可以是_____。
①主机当前状态;②启动失败/启动阻塞;③临界转速;④轮机长设置的最大转速;⑤主机备车未完。

A. ①③⑤ B. ③④⑤ C. ①②⑤ D. ②③⑤

171. 在 AC C20 的安全保护功能中,自动停车超速信号来自于测速单元,RPME 将发出的一个超速信号通过_____连接送至 ESU 的第 19 通道。其他的应急停车传感器可以使开关量和模拟量,如果是开关量传感器,可通过_____连接到 ESU 的备用停车通道,若是模拟量传感器,则必须通过_____将应急停车指令送至 ESU。

A. 硬线/CAN 网络/CAN 网络 B. CAN 网络/CAN 网络/硬线
C. 硬线/硬线/CAN 网络 D. 硬线/CAN 网络/硬线

参考答案

1. B	2. B	3. C	4. A	5. B	6. A	7. B	8. C	9. A	10. C
11. D	12. C	13. B	14. A	15. C	16. D	17. D	18. B	19. D	20. D
21. C	22. C	23. A	24. D	25. C	26. D	27. A	28. C	29. D	30. B
31. B	32. B	33. C	34. D	35. C	36. D	37. D	38. C	39. D	40. A
41. C	42. B	43. C	44. A	45. D	46. C	47. B	48. A	49. C	50. D
51. C	52. C	53. C	54. C	55. B	56. D	57. D	58. A	59. B	60. C
61. B	62. C	63. A	64. C	65. A	66. B	67. B	68. B	69. C	70. C
71. A	72. D	73. C	74. C	75. B	76. B	77. A	78. B	79. A	80. D
81. B	82. A	83. B	84. D	85. C	86. B	87. C	88. C	89. D	90. A
91. B	92. C	93. C	94. B	95. C	96. A	97. D	98. C	99. C	100. A
101. C	102. D	103. D	104. D	105. B	106. C	107. D	108. C	109. C	110. B
111. A	112. D	113. D	114. C	115. C	116. B	117. C	118. C	119. D	120. B
121. C	122. B	123. B	124. D	125. A	126. A	127. D	128. C	129. C	130. B
131. C	132. C	133. C	134. C	135. C	136. C	137. D	138. C	139. D	140. C
141. C	142. A	143. C	144. A	145. D	146. C	147. A	148. C	149. C	150. A
151. C	152. C	153. C	154. C	155. D	156. B	157. C	158. C	159. C	160. C
161. C	162. A	163. C	164. C	165. A	166. D	167. C	168. C	169. B	170. C
171. C									

第9节 电喷柴油机控制系统(适用对象:8401)

1. 电控柴油机与传统的柴油机相比,其主要特点表现为_____。
   ①取消凸轮轴,喷油定时和喷油量、排气阀定时、启动空气定时等用计算机控制;②采用共轨燃油喷射系统;③采用液压伺服油系统,用系统滑油驱动高压油泵、排气阀等机构;④采用气缸压力在线检测系统。
   A. ①④ B. ①②④ C. ①②③④ D. ①③

2. 在 Sulzer RT-flex 型船用低速柴油机 WECS-9500 控制系统里,气缸电子控制单元(CYL – EU)主要作用包括对_____。
   A. 对气缸的启动空气阀的启、闭进行控制 B. 气缸高压油泵的控制
   C. 主启动阀的控制 D. 共轨(Common Rail)管路中的油压控制

3. 电子技术在柴油机上的应用,促进了柴油机动力装置的发展,目前电子技术主要用于柴油机的_____等方面的控制。
   ①启动空气阀;②排气阀;③气缸润滑油;④燃油喷射;⑤扫气。
   A. ①②⑤ B. ③④⑤ C. ①②③④ D. ②③④⑤

4. 在 RT-flex 电喷柴油机的控制系统的公共单元 COM-EU 中,有一个_____ASM10,根据集控室的一个选择器的信号,选择公共电子单元中的一个主控板 MCM700,另一个作_____。
   A. 操作部位选择模块/热备用板 B. 模式识别模块/热备用板
   C. 操作部位选择模块/备件板 D. 模式识别模块/备件板

5. RT-flex 型智能柴油机结构上用燃油供给单元取代原有的燃油泵来提供高压燃油,而燃油供给单元由_____提供动力液压油。
   A. 高压燃油油泵 B. 二次增压的油泵
   C. 液压伺服油泵 D. 机带增压油泵

6. 电控柴油机与传统柴油机相比,特点之一是_____。
   A. 提高低工况的热效率
   B. 提高过量空气系数和燃油喷射压力
   C. 取消凸轮轴,用计算机控制各缸喷油定时和喷油量、排气阀定时、启动空气定时等
   D. 采用中、高压增压器,提高增压器效率

7. Sulzer RT 型船用电控柴油机电子控制共轨技术中,_____是错误的。
   A. 气缸的控制单元,根据燃油喷射控制信号这个指令和本缸活塞的位置来控制向缸内喷油
   B. 气缸的控制单元根据指令给本缸的排气控制电磁阀通电,控制高压伺服油,去驱动排气阀使之排气
   C. 凸轮轴装置对燃油和空气控制起着重要的作用
   D. 启动阀采用电动控制电磁阀

8. 在 Sulzer RT-flex 型船用低速柴油机电子控制共轨技术中使用的是 WECS 9500 控制系统,它主要的作用是_____。
   ①对共轨(Common Rail)的燃油压力进行控制;②对气缸的排气量进行管理;③对气缸的燃烧

量进行管理;④对气缸的喷油时间、喷油量、进行控制;⑤对伺服油压力进行控制;⑥对主机的状态检测、参数的调整等进行管理。

A. ②③④⑤　　B. ②④⑤⑥　　C. ①②③⑤　　D. ①④⑤⑥

9. WECS-9500 控制系统主要由公共电子控制单元(COM-EU)和各缸的电子控制单元(CYL-EU)等组成,其中,CYL-EU 的任务是_____。

A. 接收来自于主机遥控系统,安保系统,调速器等外部系统的输入信号

B. 将程序处理的结果送到主机遥控系统,安保系统,调速器等外部系统

C. 显示主机的状态和报警信息

D. 输出信号对各燃油喷射阀、排气阀、启动进气阀、液压伺服油泵的执行器进行控制

10. RT-flex 型智能柴油机结构如图 9-37 所示,可见_____不是由电动控制的。

A. 燃油喷射　　B. 气缸启动空气　　C. 排气阀　　D. 进气阀

11. 电控柴油机与传统柴油机相比,特点之一是_____。

A. 提高低工况的热效率

B. 提高过量空气系数和燃油喷射压力

C. 采用中、高增压器,提高增压器效率

D. 采用共轨燃油喷射系统,用计算机控制喷油器

12. 在 RT-flex 型电控柴油机中,WECS-9500 控制系统的作用不包括_____。

A. 燃油管泄漏时切断喷油器的供油　　B. 发送排气阀的控制信号

C. 对燃油共轨和伺服共轨压力控制　　D. 发送控制启动信号

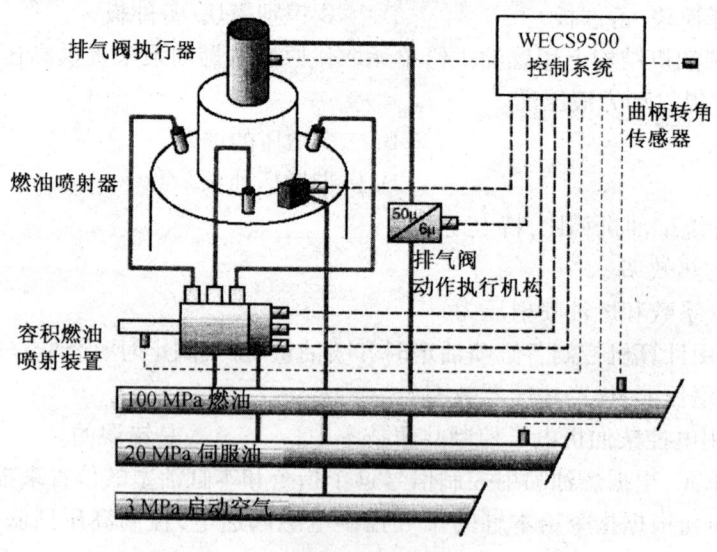

图 9-37

13. 在 Sulzer RT-flex 型船用低速柴油机 WECS-9500 控制系统里,辅助控制单元(WECS Assistant)主要作用包括对_____。

A. 对主机辅助系统的控制　　B. 共轨(Common Rail)管路中的油压

C. 显示主机的状态及报警信息　　D. 控制对主机辅助风机的控制

14. Sulzer RT-flex 电控柴油机的燃油喷射量是由_____控制的。

A. 燃油量测量活塞　　　　　　　B. 燃油泵
C. 燃油泵油门齿条驱动单元　　　D. 喷油嘴

15. MAN-B&W 的 ME 系列有两种型号，ME-B 和 ME-C，其中 ME-B 中没有_____。
A. 燃油泵凸轮轴　　　　　　　　B. 排气阀凸轮轴
C. 空气分配器凸轮轴　　　　　　D. 高压共轨

16. 和传统柴油机相比，RT-flex 型电控柴油机取消了_____。
①凸轮轴；②排气阀驱动装置；③启动空气分配器；④凸轮轴驱动装置；⑤主启动阀；⑥燃油喷射器。
A. ①②③④　　B. ②③④⑤　　C. ①③④⑥　　D. ②③⑤⑥

17. 在 Sulzer RT-flex 型船用低速柴油机 WECS-9500 控制系统里，公共电子控制单元（COM-EU）主要作用包括对_____。
A. 共轨（Common Rail）管路中的油压控制
B. 共轨（Common Rail）管路中的油量控制
C. 共轨（Common Rail）管路中的油温控制
D. 主启动空气量的控制

18. AC C20 系统对于超速停车保护功能是通过_____实现的。
A. DGU　　　　B. MEI　　　　C. ESU　　　　D. AMS

19. MAN-B&W 的 ME 系列有两种型号，ME-B 和 ME-C，其中 ME-C 中没有_____。
A. 燃油泵凸轮轴　　　　　　　　B. 排气阀凸轮轴
C. 空气分配器凸轮轴　　　　　　D. 高压共轨

20. RT-flex 型柴油机实现了无凸轮轴柴油机的_____的全电子控制。
①燃油喷射；②排气阀启闭；③启动空气和缸套润滑；④进气和扫气优化。
A. ①②③　　B. ②③④　　C. ①③④　　D. ①②③④

21. 在 RT-flex 型电控柴油机中，共轨燃油压力控制不包括_____。
A. 凸轮轴传动的控制
B. 对共轨压力信号进行运算处理后输出燃油泵执行机构的驱动信号
C. 当燃油共轨压力高时，打开泄放阀是压力保持稳定
D. 主控模块从气缸模块接收柴油机转速信号和现实共轨上的压力信号

22. 在 MAN-B&W-ME 系列柴油机的电控制系统里，柴油机转速控制过程中对车钟的转速指令进行调制包括_____。
①启动时的加速速率限制、负荷程序；②经济航速、最大航速；③功率与转矩最佳配合、临界转速回避；④启动过程、停车过程；⑤最小转速、最大转速；⑥故障减速稳速过程、定速航行过程。
A. ①②③⑤　　B. ①③⑤⑥　　C. ②③④⑤　　D. ②④⑤⑥

23. MAN-B&W 的 ME 系列的共轨不是燃油高压的共轨，而是指_____的共轨。
A. 工作滑油压力　B. 燃油低压　　C. 启动空气　　D. 排气阀控制液压

24. 智能柴油机共轨燃油系统的优点包括_____。
①燃油油耗低，经济性好；②通过控制燃烧，能够同时满足排放和经济性对燃油系统的要求；③采用电磁阀控制喷油，其控制精度较高；④具有集中监控各种参数的功能；⑤结构简化，运

动部件减少,既提高可靠性又减少单位功率的重量和体积重量,降低制造和维护成本。
A. ①③④　　　B. ②③④⑤　　　C. ①②③④　　　D. ①②③④⑤

25. Wartsila 公司提出的共轨技术,是在传统的 Sulzer RTA 柴油机上取消了_____传动的机构,但没有取消_____。
    A. 废弃排气阀驱动装置/可逆伺服马达　　　B. 燃油泵/燃油连接杆
    C. 凸轮轴/凸轮轴传动　　　D. 启动分配器/气缸气动阀

26. 在 MAN-B&W-ME 系列柴油机的电控系统里,曲柄轴角度偏码器的两组磁感应探头标记位相差_____。
    A. 135°　　　B. 30°　　　C. 90°　　　D. 45°

27. 智能型柴油机控制系统组成只能由_____来体现。
    A. 运行模式选择自动实现　　　B. 主机控制系统
    C. 主机工况监测、分析与管理　　　D. 主机故障状态的预测

28. 智能柴油机共轨燃油系统在部分负荷时的运行性能好,最低稳定转速低。目前其最低稳定转速可达_____,柴油机在整个转速范围内均处于无烟工作状态。
    A. 5~8 r/min　　　B. 8~10 r/min　　　C. 10~12 r/min　　　D. 12~15 r/min

29. ME 系列机型转速传感器是采用磁脉冲式输出转速传感器安装在_____,而主机遥控和安保使用的转速传感器安装在_____。
    A. 飞轮/自由端　　　B. 飞轮/飞轮　　　C. 自由端/飞轮　　　D. 自由端/自由端

30. MAN-B&W-ME 系列电控型柴油机也是采用共轨技术,燃油共轨管路的压力为_____,伺服油的压力为_____。
    A. 7~8 bar/200 bar　　　B. 70~80 bar/400 bar
    C. 900~1 000 bar/200 bar　　　D. 80~180 bar/30 bar

31. 智能型柴油机控制系统的运行模式中没有_____模式。
    A. 燃油经济性　　　B. 低排放控制
    C. 应急停/倒车的最优化　　　D. 海况自适应控制

32. 智能柴油机共轨喷射系统的优点是:能够根据外界条件的变化,_____。
    ①柔性的调整喷油时间、喷油持续时间及喷射压力,获得最佳喷射效果;②能够适应迅速改变功率和转速等工况的要求;③柔性控制喷油速率变化,实现理想喷油规律;④实现预喷射和多次喷射,既可降低 NO_x,又能降低曲轴的角加速度变化,保证优良的动力性和经济性。
    A. ①③　　　B. ①②　　　C. ①③④　　　D. ①②③④

33. 在 MAN-B&W-ME 系列柴油机的电控系统里,主机控制单元(ECU)除了管理着三个辅助控制单元和各缸控制单元(CCU)外,还兼有_____功能。
    A. 燃油压力变送器　　　B. 调速控制器
    C. 执行控制器　　　D. 转速变送器

34. 智能型柴油机控制系统的主机控制系统主要由_____等单元组成。
    ①气缸润滑油的控制;②燃油泵的控制;③气缸的压力测量;④最大功率 P_{max} 的控制;⑤排气温度的控制;⑥气缸启动阀的控制。
    A. ①②③④⑥　　　B. ②③④⑤⑥　　　C. ②③④⑥　　　D. ①②③⑤

35. 在 RT-flex 型电控柴油机中,伺服油共轨中的压力通常为_____。
    A. 0.7 MPa   B. 3.0 MPa   C. 20 MPa   D. 0.7~0.8 MPa

36. MAN-B&W-ME 系列柴油机的电控制系统包括的控制单元有_____。
    ①高压共轨控制单元;②主机控制单元;③辅助控制单元;④主机信息控制单元;⑤辅助风机控制单元;⑥气缸控制单元。
    A. ②③④⑥   B. ①④⑤⑥   C. ①②③⑤   D. ②④⑤⑥

37. 智能型柴油机控制系统的主机控制系统不包括_____等单元。
    ①气缸润滑油的控制;②燃油泵的控制;③气缸的压力测量;④最大功率 P_{max} 的控制;⑤排气温度的控制;⑥气缸启动阀的控制;⑦增压器转速的控制。
    A. ①③④   B. ②⑤⑥   C. ③④⑥   D. ①⑤⑦

38. 电控柴油机(Sulzer RT-flex 系列)与传统柴油机(Sulzer RTA 系列)相比,在结构上取消了很多部件,同时又增加了_____等部件。
    ①液压伺服油泵;②燃油供给单元;③容积喷射控制单元;④柴油机电子控制系统;⑤曲轴角度编码器;⑥燃油喷射器。
    A. ①②③④⑤   B. ②③⑤⑥   C. ①③④⑥   D. ②③⑤⑥

39. RT-flex 电控柴油机和 MAN-B&W 电控柴油机的相同点_____。
    ①取消了凸轮轴;②采用电子控制,伺服油控制;③采用机带伺服油泵;④采用机带燃油泵。
    A. ①②   B. ①②③   C. ①②④   D. ①②③④

40. 在 MAN-B&W-ME 系列柴油机的电控制系统里,辅助控制单元(ACU)主要作用是_____。
    A. 对辅助系统进行监视和控制
    B. 对辅助设备进行监视和控制
    C. 对燃油泵、润滑泵和辅助鼓风机进行起、停控制
    D. 对辅助共轨(Common Rail)管路中的油压控制

41. RT-flex 和 MAN-B&W-ME 系列主机主要区别在于:前者采用电子控制的_____,后者采用电子控制的_____。
    A. 储压器/高压油泵   B. 容积喷射控制单元/蓄压器
    C. 储压器/容积喷射控制单元   D. 容积喷射控制单元/高压油泵

42. 在 RT-flex 型电控柴油机中,曲轴角度传感器_____。
    ①安装在主机的自由端;②一般有2个;③测量信号送到各缸的气缸控制单元;④测量信号送到主机遥控系统;⑤任意一个传感器有故障,主机将自动停车。
    A. ①②③   B. ①③④   C. ①③⑤   D. ②④⑤

43. 船舶所有人选配智能型柴油机控制系统配套的工况监测中,至少会包括_____等单元。
    ①活塞环的工况监测;②气缸套的工况监测;③气缸爆压在线监测;④扭力或振动的监测;⑤主轴承磨损检测;⑥排气温度检测;⑦主机转速和位置的检测。
    A. ①③④   B. ②⑤⑥   C. ④⑥⑦   D. ①⑤⑦

44. 当 RT-flex 型电控柴油机出现故障自动停车和应急停车的情况时,主机安保系统发出信号,在电磁阀的控制下_____,燃油共轨的压力迅速下降。
    A. 共轨中的高压燃油通过泄放阀泄放   B. 立即关闭燃油喷射控制阀

C. 迅速释放 20 MPa 控制油　　　　　　D. 切断机带高压燃油柱塞泵的进油

45. 智能柴油机控制系统的运行模式中没有_____。
   A. 燃油经济性模式　　　　　　　　　B. 低排放控制模式
   C. 应急停车、倒车的最优化模式　　　　C. 海况自适应控制模式

46. 在 Sulzer RT-flex 型船用低速柴油机 WECS-9500 控制系统里,公共电子控制单元(COM-EU)主要包括对_____。
   A. 共轨管路中的油量控制　　　　　　B. 共轨中的油压控制
   C. 共轨管路中的油温控制　　　　　　D. 主启动空气量控制

47. 智能型柴油机的最主要功能是_____。
   A. 按照最佳的工作模式,使柴油机燃油效率最高,排入最低
   B. 按照负载情况,使柴油机运行最安全
   C. 根据当前和历史检测数据实现故障智能诊断
   D. 信息通过网络总线来交换

48. 在 RT-flex 型电控柴油机中,容积喷射控制单元用来控制_____。
   A. 燃油的喷油量和喷射时间　　　　　B. 排气阀的打开和关闭
   C. 气缸润滑油的喷射　　　　　　　　D. 启动空气的接通和关闭

49. 在 ME 系类柴油机中,曲柄转角编码器有 8 个探头,分为 A、B 两组,其中两组标记位探头相差_____。
   A. 90°　　　　B. 0°　　　　C. 45°　　　　D. 135°

50. 关于 RT-flex 系列电控柴油机与 MAN-B&W-ME 系列电控柴油机的主要区别在于:前者采用电子控制的_____,后者采用电子控制的_____。
   A. 储压器/高压油泵　　　　　　　　B. 容积喷射控制单元/蓄压器
   C. 储压器/容积喷射控制单元　　　　D. 容积喷射控制单元/高压油泵

51. RT-flex 电喷柴油机控制系统的结构组成中最主要的是_____。
   A. 主要遥控系统
   B. 主控制器(COM-EU)和各气缸的控制单元(CYL-EU)
   C. 主机燃油控制系统
   D. 转速检测和转速控制系统

52. 在 RT-flex 型电控柴油机中,如果容积式喷射单元上的油量传感器损坏了,则控制系统将_____。
   A. 取代主控制器的燃油指令信号,进行定量喷射
   B. 按照主控制器的燃油指令信号,进行变量喷射
   C. 通过安保系统使主机自动停车
   D. 切断机带高压燃油柱塞泵的进油

53. ME 柴油机控制系统中,发动机接口控制单元 EICU 主要作用是_____。
   A. 向选择的控制站发送航行输入信号　B. 从柴油机的传感器接受各种状态输入信号
   C. 从选择的控制站接受航行输入信号　D. 从机旁接受送来的控制信号

54. 在 MAN-B&W-ME 系列柴油机的电控系统里,曲柄轴角度编码器的两组感应探头标记为

相差_____。
A. 30°　　　　B. 45°　　　　C. 90°　　　　D. 135°

55. RT-flex电喷柴油机控制系统中主控制器(COM-EU)输出信号主要是去控制_____。
A. 主机遥控系统的启动、停止和调速　　B. 燃油喷射和各种电磁阀的动作
C. 主机气缸润滑控制系统　　　　　　　D. 主机油门大小以控制转速

56. WECS-9500控制系统的组成单元包括_____。
①公共电子控制单元(COM-EU);②气缸电子控制单元(CYL-EU);③曲轴角度传感器;④各缸执行器的传感器;⑤辅助控制单元(WECS Assistant);⑥调速控制单元。
A. ①②③④⑤　　B. ②③④⑥　　C. ①③④⑥　　D. ②③⑤⑥

57. ME柴油机的控制系统中,主机控制单元ECU是ME柴油机智能控制的核心,对ACU、CCU进行控制,实现主机的_____等一系列操作。
A. 换向、启动、停车
B. 启动、喷油、排气
C. 换向、启动、喷油、排气
D. 换向、启动、喷油、排气、停车

58. 在Sulzer RT-flex型船用低速柴油机电子控制共轨技术中使用的是WECS-9500控制系统,它给各缸的气缸控制单元CCU发送燃油喷射控制信号,气缸的控制单元根据这个指令和本缸的活塞位置等来控制_____。
①燃油喷射;②喷射黏度;③喷射方式;④喷射油头的个数;⑤喷射速度;⑥喷射时间。
A. ①②③④　　B. ①③④⑥　　C. ②③④⑤　　D. ②③④⑥

59. RT-flex电喷柴油机控制系统中主控制器(COM-EU)主要包括_____。
A. 主机遥控系统和调速器
B. 安保系统和人机界面
C. 控制油系统、燃油系统和液压伺服系统
D. 输入输出和核心处理

60. 在RT-flex型电控柴油机中,WECS-9500控制系统的主要任务包括_____。
①加速速率限制;②气缸的喷油量和喷油时间控制;③气缸的启动电磁阀控制;④对转速偏差的PID运算;⑤燃油共轨压力控制;⑥参数的设定和修改。
A. ①②③⑥　　B. ①③④⑥　　C. ②③⑤⑥　　D. ①②④⑤

61. ME柴油机的控制系统中,CCU的主要任务之一是对燃油喷射进行控制,其方式是_____控制。
A. 电磁阀的开关　　　　　　　B. 电磁比例阀的开度
C. 电磁阀开启时间控制　　　　D. 电磁阀的开关配合油门杆位置控制

62. MAN B&W公司的ME系列电控柴油机与Sulzer-flex电控柴油机在结构上有所不同的是_____。
A. ME系列柴油机不是采用计算机直接控制系统
B. ME系列柴油机各缸燃油进行二次增压
C. ME系列柴油机没有燃油喷射控制系统
D. ME系列柴油机没有排气阀控制系统

63. RT-flex电喷柴油机控制系统发生控制信号的时刻取决于_____。

A. 车钟位置　　　B. 油门位置　　　C. 曲柄轴角度位置　　　D. 调速器输出信号

64. 在RT-flex型电控柴油机中,WECS-9500控制系统的主要任务包括_____。
①负荷程序限制;②排气阀启闭控制;③主机的状态检测;④进气和扫气优化控制;⑤伺服油共轨压力控制;⑥和外部系统进行通信。
   A. ①②③④　　　B. ②③⑤⑥　　　C. ①③④⑤　　　D. ①④⑤⑥

65. RT-flex电喷柴油机控制系统检测曲轴运行角度采用的是_____传感器。
   A. 磁性接近开关　B. 增量型编码器　C. 绝对值型编码器　D. 电位器

66. 在RT-flex型电控柴油机中,燃油共轨中的压力通常为_____。
   A. 0.7 MPa　　　B. 3.0 MPa　　　C. 100 MPa　　　D. 0.7～0.8 MPa

67. RT-flex电喷柴油机控制系统WECS-9500的辅助控制单元有众多功能,但是_____不是其主要功能。
   A. 显示主机的状态及报警信息　　　B. 对主机的一些参数进行设定
   C. 辅助鼓风机的自动控制　　　　　D. 增压空气的压力控制

68. MAN-B&W-ME系列电控柴油机与RT-flex机型有所区别,它的_____。
   A. 燃油喷射和排气阀控制均采用模拟量控制
   B. 燃油喷射和排气阀控制均采用开关量控制
   C. 燃油喷射采用开关量控制,排气阀控制采用模拟量控制
   D. 燃油喷射采用模拟量控制,排气阀控制采用开关量控制

69. RT-flex电喷柴油机控制系统WECS-9500的与外围系统进行通信联系,采用的是_____总线。
   A. MODBUS　　　B. PROFIBUS　　　C. ETHERNET　　　D. CANBUS

70. RT-flex电喷柴油机控制系统WECS-9500的公共电子单元中,有一个_____模块ASM10。根据集控室的一个选择器,该模块选择公共电子单元中一个主控板MCM700为运行板而另一个为_____板。
   A. 操作部位选择/热备用　　　B. 模式识别/热备用
   C. 操作部位选择/备件　　　　D. 模式识别/备件

71. 在MAN-B&W-ME系列电控柴油机中,用来控制各缸启动阀的电磁阀是一个_____。
   A. 双位控制的电磁阀　　　　B. 比例控制的电磁阀
   C. 比例积分控制的电磁阀　　D. 比例积分微分控制的电磁阀

72. 在ME系列柴油机中,调速功能_____。
   A. 被集成在ACU中　　　　B. 被集成在ECU中
   C. 被集成在EICU中　　　　D. 由外部调速器独立完成

73. RT-flex电喷柴油机控制系统WECS-9500气缸控制单元(CYL-EU),由气缸的控制中心模块(CCM)和阀件控制信号放大驱动模块(VDM)组成。CCM与VDM间通过_____联系。
   A. RS-232总线　　B. CAN总线　　C. MODBUS总线　　D. 内部总线

74. 在MAN-B&W-ME系列电控柴油机中,用来控制各缸排气阀的电磁阀是一个_____。
   A. 双位控制的电磁阀　　　　B. 比例控制的电磁阀
   C. 比例积分控制的电磁阀　　D. 比例积分微分控制的电磁阀

75. RT-flex 电喷柴油机控制系统的共轨管路燃油压力控制如图 9-38 所示,其中变量油泵的出口压力是由_____来控制的。
   A. 1　　　　B. 2　　　　C. 3　　　　D. 4

76. RT-flex 电控柴油机控制系统的共轨压力控制图中 9-38,故障停车时动作的部件有_____。
   A. 燃油泵　　　　　　　　　B. 燃油泵执行器
   C. 燃油压力控制阀　　　　　D. 燃油停止阀

77. RT-flex 电喷柴油机控制系统的共轨管路燃油力控制如图 9-38 所示,其中变量油泵的出口压力是由_____来控制的。
   A. 3　　　　B. 4　　　　C. 5　　　　D. 6

78. RT-flex 电喷柴油机控制系统的共轨管路燃油压力控制如图 9-38 所示,其中故障停车时动作的部件是_____。
   A. 1　　　　B. 2　　　　C. 4　　　　D. 5

79. 在 MAN-B&W-ME 型电控柴油机中,燃油共轨中的压力通常为_____。
   A. 0.7 MPa　　B. 3.0 MPa　　C. 100 MPa　　D. 0.7~0.8 MPa

80. 对于同一规格的 MAN B&W 低速机而言,电控柴油机(ME 系列)与传统柴油机(MC 系列)相比,在结构上的主要区别是:前者取消了_____。
   ①链轮及凸轮装置;②高压油泵及排气阀执行装置、空气分配器、调速器、调节轴;③机械式气缸注油器;④机旁控制台。
   A. ①④　　　B. ①②　　　C. ①②③　　　D. ①②③④

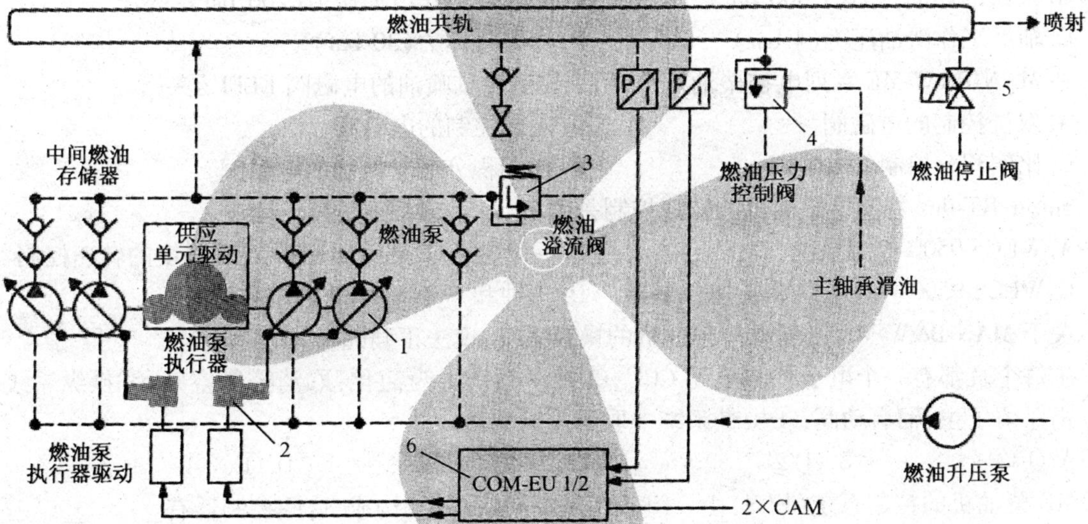

图 9-38

81. RT-flex 电喷柴油机控制系统的燃油控制回路如图 9-39 所示,其中供油量的大小取决于_____。
   A. 1 和 2　　B. 2 和 3　　C. 4 和 5　　D. 5 和 2

82. 对于同一规格的 MAN-B&W 低速机而言,电控柴油机(ME 系列)与传统柴油机(MC 系列)相

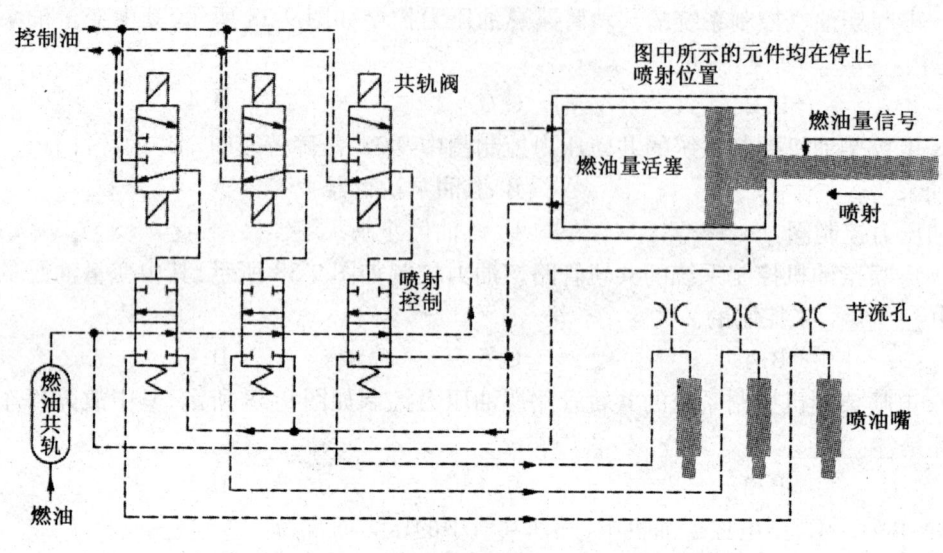

图 9-39

比，在结构上取消了很多部件，这些部件的功能由_____部件替代。
①液压动力供应系统、液压缸组；②柴油机控制系统；③曲轴角度编码器；④电控 Alpha 注油器；⑤机旁控制板。

A. ①③　　　　B. ①③④　　　　C. ①②③④⑤　　　　D. ①④

83. RT-flex 电喷柴油机控制系统的液压控制排气阀的动作，其液压油的压力大致为_____。
A. 共轨的燃油压力(1 000 bar)　　　　B. 共轨的工作滑油压力(200 bar)
C. 辅助工作滑油压力(4 bar)　　　　D. 压缩气压力(30 bar)

84. 在 MAN-B&W-ME 系列电控柴油机中，用来控制各缸喷油的电磁阀 ELFI 是一个_____。
A. 双位控制的电磁阀　　　　B. 比例控制的电磁阀
C. 比例积分控制的电磁阀　　　　D. 比例积分微分控制的电磁阀

85. Sulzer RT-flex 智能型柴油机的转速控制是由_____来完成的。
A. WECS-9500 控制系统　　　　B. 一个独立于 WECS-9500 控制系统的转速控制器
C. WECS-9500 控制系统和转速控制器　　　　D. 车钟和 WECS-9500 控制系统

86. 关于 MAN-B&W-ME 系列电控柴油机的操纵系统，说法正确的是_____。
①每个缸都有一个电子控制单元 CCU；②操纵系统大为简化，取消控制空气；③操纵系统中仍保留有主、辅启动阀；④操纵系统中取消主启动阀。

A. ①③　　　　B. ①②　　　　C. ①④　　　　D. ①③④

87. ME 柴油机的控制系统(ECS)由一组多用途控制器(MC)构成，这些控制器有_____。
①发动机接口控制单元 EICU；②调速器 EGS；③辅助控制单元 ACU；④气缸控制单元 CCU；⑤轮机员同 ECS(发动机控制系统)的接口 MOP；⑥安保控制单元 SSU。

A. ①②③④　　　　B. ③④⑤⑥　　　　C. ①②⑤⑥　　　　D. ①③④⑤

88. 在 MAN-B&W-ME 系列电控柴油机中，调速控制功能_____。
A. 被集成在辅助控制单元(ACU)中
B. 被集成在主机控制单元(ECU)中

C. 被集成在主机信息控制单元(EICU)中

D. 由外部调速器独立实现

89. ME 柴油机的控制系统(ECS)由一组多用途控制器(MC)构成,这些控制器有_____。①发动机接口控制单元 EICU;②调速器 ECU;③调速器 EGS;④车钟控制单元 TCU;⑤轮机员同 ECS(发动机控制系统)的接口 MOP;⑥安保控制单元 CCU。

   A. ①②③④　　　B. ③④⑤⑥　　　C. ①②⑤⑥　　　D. ①③④⑤

90. MAN-B&W-ME 系列电控柴油机的操纵系统与 MC 系列传统柴油机相比,变化之一是前者_____。

   A. 取消空气分配器和主启动阀　　　B. 取消主、辅启动阀
   C. 每个缸都有一个电子控制单元 CCU　　D. 取消盘车机连锁

91. ME 柴油机的控制系统中发动机接口控制单元 EICU 的主要作用是_____。

   A. 从选择的控制站接受航行输入信号　　　B. 从柴油机的传感器接受各种状态输入信号
   C. 从各单元接受信号处理后执行单元　　　D. 从机旁接收送来的控制信号

92. 在 MAN-B&W-ME 系列柴油机的电控系统中,辅助控制单元(ACU)的作用是_____。

   A. 对燃油泵、润滑泵和辅助风机进行起、停控制,使共轨管路中保持所要求的压力
   B. 接收驾驶台的操作信息和集控室操作界面上的信息,并与外部系统进行通信
   C. 管理各缸控制单元(CCU)并对其进行监控
   D. 根据主机控制单元 ECU 发来的指令进行综合处理,进而控制主机各缸的启动、停车、喷油、排气等操作

93. ME 柴油机的控制系统中辅助控制单元(ACU)可对辅助鼓风进行启、停控制,当_____,可控制辅助鼓风机自动停止。

   A. 扫气压力较大时
   B. 主机停车延时后
   C. 扫气压力较大时或主机停车延时后
   D. 扫气压力较大时、主机停车延时后或手动停止时

94. 关于 MAN-B&W-ME 系列电控柴油机,下列说法中正确的是_____。①取消了凸轮轴;②取消了排气阀执行机构;③增加了曲柄角位置传感器;④取消了启动空气;⑤采用电磁阀控制喷油、排气和启动定时。

   A. ①②③⑤　　　B. ①⑤　　　C. ①③⑤　　　D. ①③④

95. ME 柴油机的控制系统中气缸控制单元(CCU)主要是对燃油喷射进行控制,其方式为_____控制。

   A. 电磁闪的开关　　　　　　　B. 电磁比例阀的开度
   C. 电磁阀开启时间控制　　　　D. 电磁阀的开关配合油门杆位置控制

96. MAN-B&W-ME 系列电控柴油机与 MC 系列传统柴油机相比,主要区别不同在于:前者的_____采用电子控制。①喷油定时;②排气阀定时;③启动空气定时。

   A. ①　　　B. ①②　　　C. ①③　　　D. ①②③

97. ME 柴油机的控制系统中燃油量的多少是由 CCU 控制 FIVA 的比例阀来控制的,比例阀流动

的介质及其压力分别是_____。

A. 燃油、1 000 bar　　B. 燃油、300 bar　　C. 滑油、200 bar　　D. 滑油、7 bar

98. MAN-B&W-ME 系列电控柴油机的最大特点是_____。

A. 电子控制、取消控制空气　　　　B. 电子控制喷油、取消凸轮
C. 取消凸轮，电磁阀直接驱动　　　D. 采用电子控制、伺服油驱动

99. ME 柴油机的控制系统与 Sulzer RT-flex 机型不同，它是靠控制燃油进油阀的开度来控制_____，而 Sulzer RT-flex 机型是以量油缸的活塞位置来度量，实现燃油_____控制。

A. 共轨喷射/共轨喷射　　　　　　B. 单体泵/共轨喷射
C. 单体泵/单体泵　　　　　　　　D. 共轨喷射/单体泵

100. 电控型柴油机靠现代自动化、计算机、通信等技术手段来支持，主要的特点包括_____。
①发出的功率大；②最佳的工作模式；③燃油效率最高；④检修周期短；⑤排放最低；⑥检修周期长。

A. ①②③⑤　　B. ①③④⑥　　C. ②③⑤⑥　　D. ②③④⑤

101. 电控型柴油机控制系统中可选择程序的运行模式包括_____。
①低排放控制模式；②高功率模式；③燃油经济性模式；④主机运行保护模式；⑤智能控制模式；⑥应急停/倒车的最优化模式。

A. ①③④⑥　　B. ①②③⑤　　C. ②③⑤⑥　　D. ②③④⑤

102. ME 柴油机的控制系统中自带有气缸油自动注油控制，是由_____控制的，也是一个启、闭阀，它的通断时刻需要检测_____位置。

A. CCU/活塞　　B. ECU/飞轮　　C. ACU/飞轮转速　　D. MOP/曲轴下止点

103. 在 Sulzer RT-flex 型电控柴油机的排气阀控制中，排气阀移动的位置由两个冗余设计位置传感器进行监测，若两个位置传感器都损坏，则_____。

A. CCM 内部的固定动作程序无效，排气阀将不能工作
B. CCM 内部的固定动作程序仍然保持有效，排气阀仍能工作
C. 排气阀停止工作，电控系统将启动故障程序，主机停车
D. WECS-9500 控制系统将控制主机停车

104. 在 Sulzer RT-flex 型船用低速柴油机 WECS-9500 控制系统里，公共电子控制单元（COM-EU）主要作用包括对_____。

A. 主启动阀的控制　　　　　　　B. 各缸高压油泵的控制
C. 各缸启动阀的控制　　　　　　D. 各缸排气阀的控制

105. ME 柴油机的控制系统中加速率控制、负荷程序、临界转速回避等是由_____实现的。

A. CCU 控制　　B. ECU 控制　　C. 主机遥控系统　　D. EGS 调速器

106. 在 Sulzer RT-flex 型船用低速柴油机电子控制共轨技术系统中。排气阀的启闭控制是由_____控制的。

A. 排气阀启闭系统　　　　　　　B. 排气阀驱动装置
C. WECS-9500 控制系统　　　　　D. 排气阀定时机构

107. 电控型柴油机控制系统组成包括_____。
①运行模式选择程序单元；②智能控制系统；③数据采集单元；④主机控制系统；⑤智能分析

单元;⑥主机工况监测、分析与管理单元。
A.②④⑥　　　B.②③⑤　　　C.①③④　　　D.①④⑥

108. 以下控制系统中,不带电子调速器功能的系统是_____。
A. ME-B 电喷控制系统　　　　B. ME-C 电喷控制系统
C. WECS-9500　　　　　　　　D. EGS 控制器

109. 由于高压共轨技术的使用,在传统的 Sulzer RTA 型柴油机上取消的装置包括_____。
①气缸启动阀;②高压油泵;③凸轮轴;④启动空气分配器;⑤燃油喷射器;⑥排气阀驱动装置。
A.②③④⑤　　　B.②③④⑥　　　C.①③⑤⑥　　　D.①②④⑤

110. 电控型柴油机各种功能的实现,是将检测回来的柴油机各种运行状态信号送到计算机进行处理,处理结果将对柴油机的_____进行控制。
①综合系统;②电子调速系统;③电子系统;④排气阀系统;⑤燃油喷射系统;⑥增压系统。
A.①③④⑥　　　B.②④⑤⑥　　　C.①②③⑤　　　D.②③④⑤

111. ME 系列机型转速感器是采用磁脉冲式输出转速传感器,它的曲柄轴角度编码如图9-40 所示,当曲柄轴位置角度为45°~89°间时,MMA、MMB、MSA、MSB 分别是_____。
A.1 0 1 1　　　B.1 1 0 0　　　C.0 0 1 1　　　D.0 1 0 0

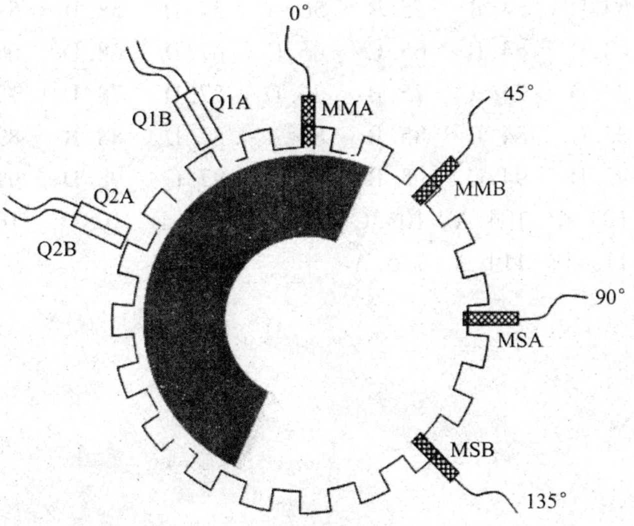

图 9-40

112. ME 系列机型转速传感器是采用磁脉冲式输出转速传感器,它的曲柄轴角度编码器如图9-40 所示。曲柄轴位置角度的检测精度是_____。
A.45°　　　B.1 齿　　　C.1/2 齿　　　D.1/4 齿

113. 在 Sulzer RT-flex 型船用低速柴油机电子控制共轨技术中使用的是 WECS-9500 控制系统,WECS-9500 控制系统的通信功能包括_____。
①与船舶控制系统通信;②与主机遥控系统的通信;③与船舶报警系统通信;④与船舶驾控系统通信;⑤与转速控制器的通信;⑥与安全保护系统的通信。
A.①②③⑤　　　B.①③④⑥　　　C.②③④⑤　　　D.②③⑤⑥

114. 关于"可变气缸切换(Cylinder Cut Out, CCO)"功能,正确的说法是_____。
①当主机负荷和转速都比较低时,可将主机的工作气缸分为两组,按照时间顺序轮流工作;②从主机启动直至稳定运行期间,气缸切换功能将被屏蔽;③若"取消限制"按钮被按下,或者主机转速偏差超出预定范围,则所有气缸将同时工作;④此功能的目的是在保证主机在低速和低负荷情况下的运转能够更加平稳;⑤此功能可以实现主机最低稳定转速限制。
A.①②③④　　　B.②③④　　　C.①②③④⑤　　　D.①②④⑤

115. 在 MAN-B&W-ME 型电控柴油机中,伺服油共轨中的压力通常为_____。
A.0.7 MPa　　　B.3.0 MPa　　　C.20 MPa　　　D.0.7~0.8 MPa

参考答案

1. C	2. A	3. C	4. B	5. C	6. C	7. C	8. D	9. D	10. D
11. D	12. C	13. C	14. A	15. A	16. A	17. A	18. C	19. D	20. A
21. A	22. B	23. A	24. D	25. D	26. D	27. B	28. D	29. C	30. A
31. D	32. D	33. B	34. C	35. C	36. D	37. D	38. A	39. A	40. C
41. D	42. C	43. C	44. D	45. D	46. B	47. A	48. A	49. C	50. D
51. B	52. A	53. C	54. B	55. B	56. A	57. D	58. B	59. D	60. C
61. B	62. C	63. C	64. D	65. C	66. C	67. D	68. D	69. D	70. B
71. A	72. B	73. D	74. A	75. B	76. D	77. D	78. B	79. D	80. D
81. D	82. C	83. D	84. B	85. D	86. A	87. D	88. B	89. C	90. C
91. A	92. A	93. D	94. C	95. B	96. D	97. C	98. B	99. B	100. C
101. A	102. A	103. B	104. A	105. C	106. C	107. D	108. C	109. B	110. B
111. B	112. D	113. D	114. A	115. A					

第 10 章
船舶机舱监测与报警系统

第 1 节　船舶机舱监测与报警系统基础知识
（适用对象：8401,8402,8403,8404）

1. 污水井高位报警和缸套水温度报警分别属于_____报警和_____报警。
   A. 开关量/模拟量　　　　　　　　B. 开关量/开关量
   C. 模拟量/模拟量　　　　　　　　D. 模拟量/开关量
2. 在监视点的参数处于正常范围时,开关量传感器的状态是_____。
   A. 断开　　　　　B. 闭合　　　　　C. 不能确定　　　　　D. 随意
3. 在何种情况下,机舱集中监视与报警系统会发出失职报警_____。
   A. 未能及时在集控室消声　　　　　B. 未能及时排除故障
   C. 未能及时在延伸报警箱应答　　　D. A+C
4. 为了防止瞬间误报警,报警监视系统经常在输入电路上设置_____。
   A. 振荡回路　　　B. 寄存器　　　C. TL 回路　　　D. RC 回路
5. 在开关量报警控制单元的组成中,不包括_____。
   A. 输入回路　　　B. 延时环节　　　C. 逻辑判断环节　　　D. 比较环节
6. 在报警回路中,有报警信号且按了确认按钮后,报警指示灯和蜂鸣器状态是_____。
   A. 报警指示灯灭,蜂鸣器消声　　　B. 报警指示灯平光,蜂鸣器响
   C. 报警指示灯灭,蜂鸣器响　　　　D. 报警指示灯平光,蜂鸣器消声
7. 采用连续监视方式的报警监视系统是指_____。
   A. 微机型监视系统　　　　　　　　B. 计算机网络监控系统
   C. 巡回检测系统　　　　　　　　　D. 单元组合式监视系统
8. 对于机舱集中监视与报警系统,正确的说法是_____。
   A. 在微机型报警系统中,对所有监视点参数实行连续监视
   B. 在单元组合式报警系统中,对各个监视点参数实行分时处理
   C. 在微机型报警系统中,所有的监视点只需要一个中央处理单元
   D. 在单元组合式报警系统中,所有的监视点只需要一个报警控制电路
9. 在集中监视与报警系统中,失职报警一直要维持到_____为止。

A. 接受到集控室消声应答指令　　B. 接受到集控室消闪应答指令
C. 接受到延伸报警箱的消声应答指令　　D. 接受到延伸报警箱的消闪应答指令

10. 被监视参数小于报警下限值时,将发出_____。
    A. 报警装置故障报警　　B. 上限报警
    C. 下限报警　　D. 偏差报警

11. 在监视液位时,为避免因船舶摇摆而出现的误报警,通常采用_____。
    A. 报警延时　　B. 报警封锁　　C. 报警解除　　D. 报警延伸

12. 在具有集中监视与报警系统的机舱中,一旦运行设备出现故障,不仅可在机舱、集中控制室发声光报警,该报警信号还能延伸到_____。
    A. 货舱　　B. 前尖舱　　C. 舵机舱　　D. 驾驶台

13. 能使主机自动停车的越限报警的参数是_____。
    A. 气缸冷却水温度较高　　B. 滑油压力太低
    C. 排烟温度过高　　D. 气缸冷却水压力太低

14. 在具有集中监视与报警系统的无人值班机舱中,轮机员应在_____处值班。
    A. 船上的任何地方　　B. 自己的住室
    C. 驾驶台　　D. 机舱

15. 在报警系统中,通常故障或长时故障是指_____的报警。
    A. 报警后不能自行消失　　B. 报警后能自行消失
    C. 模拟量故障　　D. 开关量故障

16. 在报警系统中,短时故障是指_____的报警。
    A. 报警后不能自行消失　　B. 报警后能自行消失
    C. 模拟量故障　　D. 开关量故障

17. 在通常故障报警的情况下,红色指示灯的亮灭规律是_____。
    A. 无故障常亮,有故障快闪,按确认按钮慢闪,故障消除常亮
    B. 无故障灭,有故障快闪,按确认按钮慢闪,故障消除灭
    C. 无故障灭,有故障快闪,按确认按钮常亮,故障消除灭
    D. 无故障灭,有故障慢闪,按确认按钮快闪,故障消除灭

18. 在短时故障报警的情况下,红色指示灯的亮灭规律是_____。
    A. 无故障常亮,有故障快闪,故障消失慢闪,按确认按钮常亮
    B. 无故障灭,有故障快闪,按确认按钮慢闪,故障消除灭
    C. 无故障灭,有故障慢闪,按确认按钮快闪,故障消除灭
    D. 无故障灭,有故障快闪,故障消失慢闪,按确认按钮灭

19. 在故障报警系统中,当某一报警指示灯慢闪时,表明_____。
    A. 被监视参数越限,未确认就自动恢复正常
    B. 被监视参数越限,并确认以后恢复正常
    C. 被监视参数越限,并已被确认
    D. 参数运行正常,是在进行报警功能测试

20. 在短时故障报警中,声响报警状态为_____。

A. 不发声响报警　　　　　　　　　B. 发声响报警,红灯慢闪时消声
C. 发声响报警,红灯快闪时消声　　　D. 发声响报警,按确认按钮后消声

21. 短时故障与通常故障的主要区别在于_____。
    A. 故障报警延时时间短　　　　　B. 不用按确认按钮,红灯灭,消声
    C. 按确认按钮前故障已消失　　　D. 只发灯光报警,不发声响报警

22. 在故障报警装置中,设置延时环节的目的在于_____。
    A. 防止误报警　　　　　　　　　B. 增强抗干扰能力
    C. 实现封锁报警　　　　　　　　D. 实现 3 min 失职报警

23. 在故障报警装置中,延时环节可以实现_____。
    A. 报警时红灯先闪亮,蜂鸣器后响　B. 延时接通报警线路,防止误报警
    C. 延时断开报警线路,保持报警状态　D. 按确认按钮后,延时消声

24. 在故障报警装置中,为防止某些压力系统,由于压力的波动而使报警开关抖动产生误报警,应采用_____。
    A. 短延时报警　　　　　　　　　B. 长延时报警
    C. 增大压力开关动作的回差　　　D. 增大报警的极限压力值

25. 通常在故障报警系统中,发故障报警并按确认按钮后,故障报警系统将会_____。
    A. 报警灯熄灭　　　　　　　　　B. 报警灯常亮
    C. 声响报警消声　　　　　　　　D. B + C

26. 在故障报警系统中,给出 3 min 延迟报警是一种_____报警。
    A. 设备故障　　B. 系统故障　　C. 值班　　D. 失职

27. 故障报警系统中,如果已经发了 3 min 失职报警,消除该报警的方法是_____。
    A. 在往舱内按确认按钮　　　　　B. 在驾驶台按确认按钮
    C. 在集中控制室按确认按钮　　　D. 故障修复后自动消除

28. 根据船舶的运行状态,在某些情况下,为了禁止某些参数报警,常设有_____。
    A. 报警延时功能　B. 报警闭锁功能　C. 报警延伸功能　D. 值班报警功能

29. 船舶在停港期间,下列参数中应该闭锁报警的参数是_____。
    A. 辅锅炉危险低水位　　　　　　B. 辅锅炉安全保护高汽压
    C. 运行中发电机原动机低油压　　D. 主机滑油低油压

30. 根据需要可随时打印机舱内的工况参数,这是属于_____。
    A. 召唤打印记录　　　　　　　　B. 定时制表打印记录
    C. 故障打印记录　　　　　　　　D. 数字打印记录

31. 在集中监视与报警系统中,为显示一个参数值,不能采用的显示器有_____。
    A. 光谱显示器　B. 液晶显示器　C. 等离子体显示器　D. 数字显示器

32. 在集中监视与报警系统中,不包括的功能是_____。
    A. 故障报警打印　　　　　　　　B. 参数报警上、下限值自动调整
    C. 召唤打印记录参数　　　　　　D. 值班报警

33. 在集中监视与报警系统中,不包括的功能是_____。
    A. 故障自动修复　　　　　　　　B. 3 min 失职报警

C. 延时报警 D. 闭锁报警

34. 当发生故障报警轮机员到集中控制室后,却找不到报警点(按确认按钮能消声),其可能原因是_____。
   A. 误报警 B. 报警正在延时
   C. 该点指示灯故障 D. 短时故障报警

35. 在集中监视与报警系统中,发失职报警的情况是_____。
   A. 未能在延伸报警箱对报警应答 B. 未能及时排除故障
   C. 未能在故障现场应答 D. 未能在集中控制室对报警应答

36. 对集中监视与报警系统来说,某通道闭锁信号的功能特点是_____。
   A. 输入指令,闭锁该通道的声响报警
   B. 输出指令,用来闭锁其他通道的声光报警
   C. 输入指令,在某些变工况时,要求闭锁该通道的声光报警
   D. 输出指令,用来闭锁外通道的闪光报警

37. 在开关量报警系统中,当被监视的参数在报警值附近波动时,为了避免频繁报警,常采取_____方法。
   A. 增加延时时间 B. 减小延时时间
   C. 增大监测传感器的回差 D. 减小监测传感器的回差

38. 在集中监视与报警系统中,连续监视式报警系统的特点是_____。
   A. 同一时间只能监视一个点,每个监视点都需有一个报警控制单元
   B. 同一时间可监视所有的监视点,每个监视点都要有一个报警控制单元
   C. 同一时间只能监视一个监视点,所有监视点共用一个报警控制单元
   D. 同一时间可监视所有监视点,所有监视点共用一个报警控制单元

39. 用微型计算机组成的集中监视与报警系统是属于_____形式,其特点是_____。
   A. 连续监视式/速度快,监视点多 B. 连续监视式/速度快,监视点少
   C. 巡回监视式/速度慢,检测精度低 D. 巡回监视式/速度快,检测精度高

40. 在集中监视与报警系统中,其开关量监视与报警的特点及报警值调整方法是_____。
   A. 只报警、不显示参数值,调整报警控制插件板上的报警设定值
   B. 只报警、不显示参数值,调整传感器的幅差
   C. 报警、显示参数值,调整报警控制插件板上的报警整定值
   D. 报警、显示参数值,调整传感器的幅差

41. 在集中监视与报警系统中,模拟量监视与报警的作用及调整报警值的方法是_____。
   A. 只报警、不显示参数值,在控制插件板上调整报警设定值
   B. 只报警、不显示参数值,在传感器上调幅差
   C. 报警、显示参数值,在传感器上调幅差
   D. 报警、显示参数值,在报警控制插件板上调整报警设定值

42. 在集中监视与报警系统中,报警器控制单元的作用是_____。
   A. 输出参数越限报警信号 B. 控制报警灯、电笛、蜂鸣器和旋转灯
   C. 检测报警装置自身故障 D. 控制闪光信号的发生

43. 在集中监视与报警系统中，报警控制单元输入的信息包括_____。
   A. 传感器送来的监视点参数信息   B. 闭锁报警信号
   C. 闪光源送来的闪光信号   D. A＋B＋C

44. 在集中监视与报警系统中，报警控制单元输出的信息可送至_____。
   A. 报警器控制单元   B. 故障打印记录单元
   C. 延伸报警控制单元   D. A＋B＋C

45. 在集中监视与报警系统中，延伸报警控制单元所接收的信息是来自于_____。
   A. 传感器输出的参数状态   B. 报警器控制单元输出的状态
   C. 报警值的整定指令   D. 报警控制单元的输出状态

46. 在集中监视与报警系统中，开关量报警设定值在_____处调节，模拟量报警值在_____处调节。
   A. 传感器/报警控制插板   B. 报警控制插板/传感器
   C. 传感器/传感器   D. 报警控制插板/报警控制插板

47. 用仪表指针或在记录纸上的记录位置来连续显示被测参数，这种显示称为_____。
   A. 模拟显示   B. 数字显示   C. 巡回扫描显示   D. 选点显示

48. 集中监视与报警系统的核心单元是_____。
   A. 各种传感器   B. 警报器控制单元
   C. 报警控制单元   D. 电源

49. 将被测的非电量参数转换成连续变化的电信号，这种传感器的输出信号通常为_____。
   A. 开关量   B. 模拟量   C. 脉冲量   D. 数量

50. 以下不属于机舱监视与报警系统的组成的选项是_____。
   A. 机舱各监视点的传感器   B. 集控室内的监视屏与控制柜
   C. 延伸报警箱   D. 机舱各监视点

51. 以下不属于机舱集中监视与报警系统功能项的是_____。
   A. 故障报警打印   B. 报警参数上下限自整定
   C. 系统本身故障自检测   D. 闭锁功能

52. 对机舱参数报警系统的正常要求是_____。
   ①有故障时,发出声光报警信号；②按下列确认按钮后,声光报警信号消失；③故障排除后,报警指示灯熄灭；④报警延时环节,是防止瞬间误动作；⑤报警功能检验,只能用故障点触头实现；⑥全部参数报警信号,必须送到驾驶台。
   A. ①③⑥   B. ①③④   C. ②④⑥   D. ②④⑤

53. 机舱报警系统应具有的功能是_____。
   ①故障报警；②报警回差；③延时报警；④连锁报警；⑤延伸报警；⑥失职报警。
   A. ①②④⑥   B. ①②④⑤   C. ①③④⑥   D. ①③⑤⑥

54. 机舱报警系统应具有的功能是_____。
   ①故障报警；②报警参数自整定；③延时报警；④故障自动消除；⑤延伸报警；⑥3 min 失职报警。
   A. ①②③④   B. ②④⑤⑥   C. ③④⑤⑥   D. ①③⑤⑥

55. 关于继电器报警系统的说法,正确的是_____。
①该报警系统仅承担故障报警;②火灾及应急行动报警也共用该系统;③在无故障的情况下,故障检测触点是闭合的;④要想检测报警系统,只要按下故障检测触点;⑤故障报警后可自动打印出来;⑥具有故障自动消除的打印记录。
A.①②④⑥　　B.①③⑤⑥　　C.①②⑤⑥　　D.①③④⑤

56. 在机舱报警系统中_____。
①正常运行时绿灯亮,红灯灭;②故障时红灯亮,绿灯灭;③应答后红、绿灯常亮;④应答后红灯常亮、绿灯灭;⑤按试灯按钮红灯全亮。
A.①②④⑤　　B.①③④⑤　　C.①②④⑥　　D.②③④⑤

57. 报警系统集中监视与报警系统应具有的功能是_____。
①运行参数的自动显示;②参数越限自动报警;③故障自动修复;④参数越限报警值的自动调整;⑤可定时对运行参数打印制表;⑥故障信号的延伸报警。
A.①②④⑥　　B.①②④⑤　　C.①③④⑥　　D.①②⑤⑥

58. 报警系统集中监视与报警系统应具有的功能是_____。
①运行设备的相关参数越限报警;②故障时能自动切换设备,调整参数;③3 min失职报警;④可定时对运行参数打印制表;⑤有些报警点能实现封锁报警;⑥故障状态能自行恢复且自动复位报警状态。
A.①②④⑥　　B.①②④⑤　　C.①③④⑤　　D.①②⑤⑥

59. 在机舱报警系统中,正确的说法是_____。
①在正常运行时,红灯灭,绿灯亮;②故障时红灯闪亮,绿灯灭;③报警系统都有RC回路;④有故障按确认按钮后,红绿灯均常亮;⑤故障消除后蜂鸣器消声;⑥按确认按钮,红灯由快闪变慢闪。
A.①②③　　B.①③⑥　　C.②④⑤　　D.②③⑥

60. 机舱中监视与报警系统所具备的功能包括_____。
①运行参数越限报警;②参数报警上、下限自动整定;③故障自动消除;④定时制表打印监视点参数;⑤3 min失职报警;⑥闭锁报警。
A.①③④⑤　　B.①④⑤⑥　　C.②③④⑤　　D.②④⑤⑥

61. 机舱开关量报警监视系统是由_____组成的。
①发送器;②报警监视器;③警铃;④调节器;⑤变送器。
A.①②③　　B.①②④　　C.①②⑤　　D.③④⑤

62. 常规巡回检测装置由_____电路组成。
①输入回路;②采样回路;③A/D转换电路;④D/A转换电路;⑤处理环节;⑥控制回路;⑦比例积分电路;⑧CPU;⑨数据存储电路。
A.①②③⑤⑥　　B.①②③④⑥　　C.①③⑤⑥⑦　　D.①②③⑥⑨

参考答案

1. A　2. B　3. A　4. D　5. D　6. D　7. D　8. C　9. A　10. C

11. A	12. D	13. B	14. B	15. A	16. B	17. C	18. D	19. A	20. D
21. C	22. A	23. B	24. A	25. D	26. A	27. C	28. D	29. D	30. A
31. A	32. B	33. A	34. C	35. D	36. C	37. C	38. B	39. D	40. B
41. D	42. B	43. D	44. D	45. D	46. A	47. A	48. C	49. D	50. D
51. B	52. B	53. D	54. D	55. B	56. A	57. D	58. D	59. D	60. B
61. A	62. A								

第2节 单元组合式监测与报警系统
（适用对象：8401,8402,8403,8404）

1. 在用继电器组成的有触点报警系统中,对时间继电器的延时时间错误的提法是_____。
   A. 各检测点均调到一致 B. 因各检测点而异
   C. 各检测点之间可以相同也可以相异 D. 因各检测的参数而异

2. 继电器报警系统是一种_____报警系统,当轮机人员确认故障报警后,可按下 ST 按钮,消除_____。
   A. 无触点/声光 B. 有触点/闪光
   C. 有触点/音响和闪光 D. 无触点/闪光

3. 继电器报警回路中,若出现短时间报警但未按确认按钮故障即消失,这时系统会出现_____。
   A. 报警灯快闪,发声响报警 B. 报警灯慢闪,发声响报警
   C. 报警灯慢闪,不发声响报警 D. 报警灯快闪,不发声响报警

4. 在用继电器组成的有触点报警系统中,时间继电器的延时时间_____。
   A. 各检测点均调到一致 B. 因各检测点参数性质不同而异
   C. 与检测点没关系 D. 与检测的参数性质没关系

5. 具有 100 个监视点的巡回检测装置,若以每秒 10 个点的速度进行检测,则每个点的采样频率是_____。
   A. 10 Hz B. 0.01 Hz C. 0.1 Hz D. 100 Hz

6. 在巡回检测式集中监视与报警系统中,不具备的功能是_____。
   A. 信号采样 B. 故障报警 C. 参数显示 D. 打印制表

7. 在巡回检测式集中监视与报警系统中,其模/数转换器的作用是将_____。
   A. 电压信号转换为电流信号 B. 电压信号进行放大
   C. 电压信号转换为二进制数 D. 电流信号转换为二进制数

8. 在采用常规巡回检测装置的船舶机舱中,当发生参数越限报警时,若要消除蜂鸣器声响,则应_____。
   A. 按确认按钮 B. 排除故障 C. 等待报警消失 D. 采取其他措施

9. 已知某一开关量温度报警传感器的设定温度为 70 ℃,回差温度为 5 ℃,则该检测点的上限报警值 T_2 和恢复正常值 T_1 分别是_____。
   A. $T_1 = 70$ ℃,$T_2 = 65$ ℃ B. $T_1 = 65$ ℃,$T_2 = 70$ ℃

C. $T_1 = 75\ ℃, T_2 = 70\ ℃$　　　　　　　　D. $T_1 = 70\ ℃, T_2 = 75\ ℃$

10. 在监控系统中,需要经常根据运行情况进行修改的极限值或参数等通常存储在_____中。
    A. ROM　　　　B. EPROM　　　　C. EPRAM　　　　D. RAM

11. 监控系统中用于存放数据的任何一个存储单元故障都可能导致_____。
    A. 自检报警,程序中断或停机　　　　B. 不报警,继续工作
    C. 自检报警,控制或显示结果错误　　D. A 或 C

12. 监控系统中使用的 ROM/EPROM/EEPROM 出现故障后的维修方法是_____。
    A. 将一片同型号芯片换上
    B. 将一片替代型号芯片换上
    C. 将一片写入源程序与数据的同型号芯片换上
    D. 将一片故障芯片从电路板上切除

13. 监控系统中若 I/O 接口芯片(如 A/D、D/A)损坏,通常会引起_____。
    A. 自检报警　　　　　　　　　　　B. 自检报警,程序中断
    C. 局部监控功能异常　　　　　　　D. 自检报警,局部监控功能异常

14. 如果监控系统某些重要数据或程序存储在 RAM 中,则必须对 RAM 芯片设置备用锂电池,在需要更换锂电池时,必须在_____情况下进行。
    A. 系统无电　　B. 系统有电　　C. 取下电路板　　D. 系统停止工作后

15. 所谓单元组合式故障报警系统是指每个监视点单独需要一个_____。
    A. 故障报警控制电路　　　　　　　B. 闪光源
    C. 音响报警控制电路　　　　　　　D. 分组延伸报警电路

16. 单元组合式故障报警系统对被监视点的监视特点是_____。
    A. 对所有监视点进行巡回监视
    B. 对所有监视点进行连续监视
    C. 模拟量采用巡回监视,而开关量采用连续监视
    D. 模拟量采用连续监视,而开关量采用巡回监视

17. 在单元组合式故障报警系统中通常采用的技术实现手段包括_____。
    A. 继电器电路　　　　　　　　　　B. 集成电路
    C. 微型计算机　　　　　　　　　　D. 继电器电路或者集成电路

18. 在单元组合式开关量报警控制单元中不包含_____。
    A. 输入电路　　　　　　　　　　　B. 延时电路
    C. 逻辑判断电路　　　　　　　　　D. 报警值设定电路

19. 在单元组合式模拟量报警控制单元中不包含_____。
    A. 测量电路　　B. 延时电路　　C. 模数转换电路　　D. 比较电路

20. 单元组合式监视报警系统不具备的功能是_____。
    A. 功能测试　　B. 报警延伸　　C. 故障打印　　D. 趋势预报

21. 在单元组合式监视报警系统中,对于开关量报警控制电路板,其正确的说法是_____。
    A. 每块电路板与相应监视点相互对应,互不通用
    B. 每块电路板与相应监视点相互对应,但可相互替换

C. 每块开关量报警控制电路板对应一个监视点
D. 每块开关量报警控制电路板都能进行报警值设定

22. 在单元组合式监视报警系统中,对于模拟量报警控制电路板,其正确的说法是_____。
   A. 热电偶输入电路板与热电阻输入电路板相互通用
   B. 每块电路板的结构和工作原理都相同,因此可相互替换
   C. 对于被监视参数类型相同的电路板可以相互替换
   D. 对应不同类型的被监视参数,其测量和转换电路相同

23. 在单元组合式监视报警系统中,不正确的说法是_____。
   A. 每块报警控制电路板都具有报警指示灯
   B. 每块报警控制电路板都能进行独立的功能测试
   C. 每块报警控制电路板都具有消闪按钮
   D. 每块报警控制电路板都能进行报警值设定

24. 在单元组合式集中监视与报警系统中,开关量报警控制单元的组成环节包括_____。
   A. 放大环节   B. 延时环节   C. 输出环节   D. 逻辑延时环节

25. 在单元组合式集中监视与报警系统中,开关量报警控制单元的组成环节包括_____。
   A. 放大环节   B. 输出回路   C. 输入回路   D. 逻辑延时环节

26. 在单元组合式集中监视与报警系统中,开关量报警控制单元的组成环节包括_____。
   A. 放大环节   B. 输出回路   C. 逻辑延时环节   D. 逻辑判断环节

27. 在单元组合式集中监视与报警系统中,开关量报警控制单元的输入回路用于_____。
   A. 接收开关量传感器送来的出入信号   B. 接收模拟量传感器送来的输入信息
   C. 接收开关量放大器送来的输入信息   D. 接收模拟量放大器送来的输入信息

28. 在单元组合式集中监视与报警系统中,开关量报警控制单元的延时环节用于_____。
   A. 对控制信号产生适当的延时   B. 对报警信号产生适当的延时
   C. 对输入信号产生适当的延时   D. 对输出信号产生适当的延时

29. 在单元组合式集中监视与报警系统中,开关量报警控制单元的逻辑判断环节可用来完成_____。
   A. 输出控制   B. 逻辑延时   C. 状态记忆   D. 状态运算

30. 在单元组合式集中监视与报警系统中,开关量报警控制单元的逻辑判断环节可用来完成_____。
   A. 输出控制   B. 逻辑延时   C. 状态运算   D. 报警控制

31. 在单元组合式集中监视与报警系统中,开关量报警控制单元的逻辑判断环节可用来完成_____。
   A. 逻辑运算   B. 逻辑延时   C. 状态运算   D. 输出控制

32. 在单元组合式集中监视与报警系统中,开关量报警控制单元给出的报警内容通常包括_____。
   A. 启动警报和做出相应的处理   B. 输出单元报警信号至延伸报警中心
   C. 控制警报灯和启动备用设备   D. 输出分组报警信号至延伸报警单元

33. 在单元组合式集中监视与报警系统中,开关量报警控制单元给出的报警内容通常包括

_____。

A. 启动警报和做出相应的处理　　　　B. 启动公共报警系统

C. 控制警报灯和启动备用设备　　　　D. 输出单元报警信号至延伸报警中心

34. 在单元组合式集中监视与报警系统中,开关量报警控制单元给出的报警内容通常包括_____。

A. 启动警报和做出相应的处理　　　　B. 控制警报灯和启动备用设备

C. 启动报警记录打印机　　　　　　　D. 输出单元报警信号至延伸报警中心

35. 在单元组合式集中监视与报警系统中,开关量报警控制单元给出的报警内容通常包括_____。

A. 控制报警指示灯　　　　　　　　　B. 控制警报灯和启动备用设备

C. 启动警报和做出相应的处理　　　　D. 输出单元报警信号至延伸报警中心

36. 在单元组合式集中监视与报警系统中,模拟量报警控制单元如图 10-1 所示,主要是由_____组成的。

A. 放大环节　　B. 延时环节　　C. 输出环节　　D. 逻辑延时环节

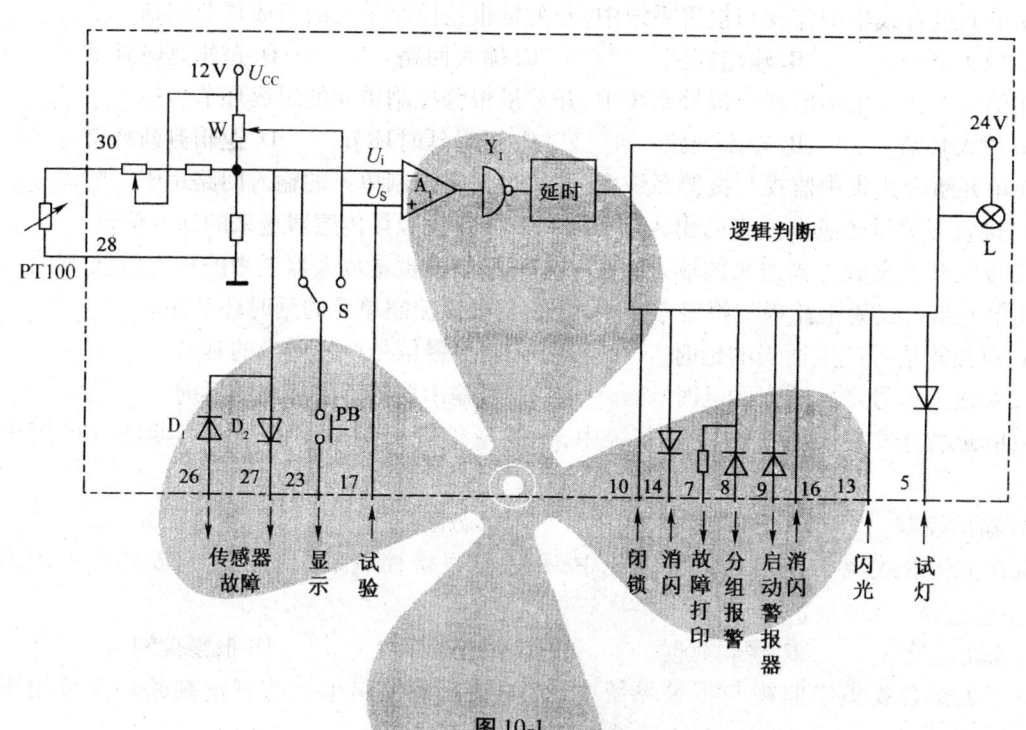

图 10-1

37. 在单元组合式集中监视与报警系统中,模拟量报警控制单元主要是由_____组成的。

A. 放大环节　　B. 输出回路　　C. 测量回路　　D. 逻辑延时环节

38. 在单元组合式集中监视与报警系统中,模拟量报警控制单元主要是由_____组成的。

A. 比较环节　　B. 输出回路　　C. 放大环节　　D. 逻辑延时环节

39. 在单元组合式集中监视与报警系统中,模拟量报警控制单元主要是由_____组成的。

A. 放大环节　　B. 输出回路　　C. 逻辑延时环节　　D. 逻辑判断环节

40. 在单元组合式集中监视与报警系统中,模拟量报警控制单元电路如图 10-2 所示,测量回路用于_____。
   A. 把传感器送来的模拟量信息转换成相应的电压信号
   B. 把传感器送来的模拟量信息转换成相应的电流信号
   C. 把传感器送来的电压信息转换成相应的电流信号
   D. 把传感器送来的电流信息转换成相应的电压信号

41. 在单元组合式集中监视与报警系统中,模拟量报警控制单元的比较环节用于_____。
   A. 故障比较鉴别   B. 故障报警鉴别
   C. 比较传感器的模拟量信息 D. 比较传感器送来的电流信息

42. 在单元组合式集中监视与报警系统中,模拟量报警控制单元的延时环节用于_____。
   A. 对控制信号产生适当的延时   B. 对报警信号产生适当的延时
   C. 对输入信号产生适当的延时   D. 对输出信号产生适当的延时

43. 在单元组合式集中监视与报警系统中,模拟量报警控制单元的逻辑判断环节可用来完成_____。
   A. 输出控制   B. 逻辑延时   C. 状态记忆   D. 状态运算

44. 在单元组合式集中监视与报警系统中,模拟量报警控制单元的逻辑判断环节可用来完成_____。
   A. 输出控制   B. 逻辑延时   C. 状态运算   D. 报警控制

45. 在单元组合式集中监视与报警系统中,模拟量报警控制单元的逻辑判断环节可用来完成_____。
   A. 逻辑运算   B. 逻辑延时   C. 状态运算   D. 输出控制

46. 在继电器式监视与报警控制单元中,每个监视通道的报警控制单元由_____组成。
   A. 2 个继电器 B. 2 个传感器 C. 5 个继电器 D. 5 个传感器

47. 对单元组合式故障报警系统来讲,每个监视点单独需要一个_____。
   A. 故障报警控制单元   B. 闪光源
   C. 音响报警控制单元   D. 分组延伸报警单元

48. 在监视点的参数处于正常范围时,开关量传感器的状态是_____。
   A. 断开   B. 闭合   C. 随意   D. 不能确定

49. 继电器式监视与报警控制单元如图 10-2 所示,指示灯 L 出现慢闪警报的原因是_____。
   A. 故障报警 B. 故障消失 C. 故障恢复 D. 短时故障

50. 如图 10-2 所示的继电器式监视与报警控制单元在功能试验时,如果故障指示灯 L _____,说明该报警单元无故障。
   A. 慢闪   B. 常亮   C. 快闪   D. 不亮

51. 如图 10-2 所示的继电器式监视与报警控制单元是属于_____。
   A. 用继电器组成的报警控制单元,能进行开关量报警
   B. 用继电器组成的报警控制单元,能进行模拟量报警
   C. 用电子元件组成的报警控制单元,能进行开关量报警
   D. 用电子元件组成的报警控制单元,能进行模拟量报警

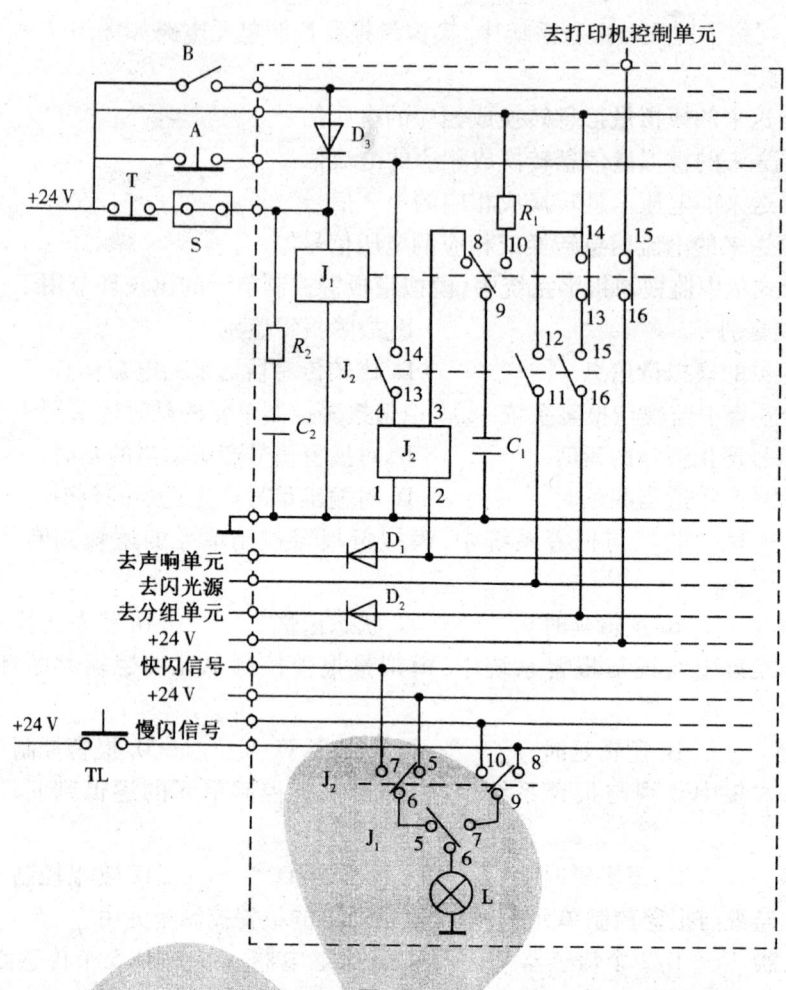

图 10-2

52. 如图 10-2 所示的继电器式监视与报警控制单元中,在正常运行期间,故障检测触点 S、继电器 J_1 和继电器 J_2 的状态分别为_____。

   A. 断开,断电,通电 B. 闭合,通电,断电
   C. 断开,通电,断电 D. 闭合,断电,通电

53. 如图 10-2 所示的继电器式监视与报警控制单元中,在继电器 J_1 通电回路上并联一个电阻 R_2 和电容 C_2 的作用是_____。

   A. 抗交流干扰 B. 稳定电路的运行,防止振荡
   C. 出现故障时,立即发报警信号 D. 出现故障时,延时发报警信号

54. 如图 10-2 所示的继电器式监视与报警控制单元中,当监视点出现故障时,故障检测点 S、继电器 J_1 和继电器 J_2 的状态分别是_____。

   A. 闭合,通电,断电 B. 闭合,断电,通电
   C. 断开,断电,通电 D. 断开,通电,通电

55. 如图 10-2 所示的继电器式监视与报警控制单元中,继电器 J_1 通电时(正常运行)电源经 R_1 向电容 C_1 充电的作用是_____。

A. 抗交流信号干扰 B. 稳定电路的运行,防止振荡
C. 为报警提供延时时间 D. 为双电路控制的继电器 J_2 通电做准备

56. 如图 10-2 所示的继电器式监视与报警控制单元中,一旦检测到故障时,继电器 J_1 断电、继电器 J_2 通电,只要 J_2 线圈通电就能_____。
 A. 启动故障打印机 B. 启动闪光源发快、慢闪脉冲信号
 C. 启动声响报警单元,发声响报警 D. 送分组报警信号

57. 如图 10-2 所示的继电器式监视与报警控制单元中,一旦检测到故障时,继电器 J_1 断电、继电器 J_2 通电,仅需 J_1 断电就能_____。
 A. 启动故障打印机 B. 启动闪光源发快、慢闪脉冲信号
 C. 启动声响报警器,发声响报警 D. 送分组报警信息

58. 如图 10-2 所示的继电器式监视与报警控制单元中,当故障检测触点 S 闭合时,报警指示灯 L 及声响报警状态为_____。
 A. 快闪,响报警 B. 慢闪,消声 C. 常亮,消声 D. 灭,消声

59. 如图 10-2 所示的继电器式监视与报警控制单元中,当故障检测触点 S 断开时,报警指示灯及声响报警状态为_____。
 A. 快闪,响报警 B. 慢闪,响报警 C. 常亮,响报警 D. 熄灭,消声

60. 如图 10-2 所示的继电器式监视与报警控制单元中,故障检测触点 S 断开后,未按确认按钮又自动闭合,则报警灯和声响报警状态为_____。
 A. 快闪,消声 B. 慢闪,响报警 C. 慢闪,消声 D. 熄灭,消声

61. 如图 10-2 所示的继电器式监视与报警控制单元中,在_____情况下,按确认按钮后,报警指示灯熄灭且消声。
 A. 通常故障报警 B. 短时故障报警 C. 闭锁报警 D. 故障修复后

62. 如图 10-2 所示的继电器式监视与报警控制单元中,在_____情况下,按确认按钮后,报警灯需常亮且消声。
 A. 通常故障报警 B. 短时故障报警 C. 闭锁报警 D. 值班报警

63. 如图 10-2 所示的继电器式监视与报警控制单元中,按功能测试按钮后,报警灯和报警声响的状态为_____。
 A. 报警灯快闪,消声 B. 报警灯慢闪,声响报警
 C. 报警灯快闪,声响报警 D. 报警灯慢闪,消声

64. 在如图 10-2 所示的继电器式监视与报警控制单元中,当轮机员确认故障报警后,可按下_____,消除音响和闪光。
 A. 按钮 A B. 按钮 B C. 按钮 T D. 按钮 TL

65. 在如图 10-2 所示的继电器式监视与报警控制单元中,按钮 T 的作用是_____。
 A. 报警消音 B. 报警测试 C. 报警闭锁 D. 试灯

66. 在如图 10-2 所示的继电器式监视与报警控制单元中,按钮 B 的作用是_____。
 A. 报警消音 B. 报警测试 C. 报警闭锁 D. 试灯

67. 在如图 10-2 所示的继电器式监视与报警控制单元中,按钮 TL 的作用是_____。
 A. 报警消音 B. 报警测试 C. 报警闭锁 D. 试灯

68. 在如图 10-2 所示的继电器式监视与报警控制单元中,其报警设定值的调整方法是_____。
   A. 调整开关量传感器的幅差   B. 调整开关量传感器的延时
   C. 调整电容 C_1 D. 调整电容 C_2

69. 在如图 10-2 所示的继电器式监视与报警控制单元中,若要增加报警设定值,则调整方法是_____。
   A. 增加传感器的动作延时   B. 减小传感器的动作延时
   C. 增加传感器的幅差   D. 减小传感器的幅差

70. 在如图所示的继电器式监视与报警控制单元中,若要减小报警设定值,则调整方法是_____。
   A. 增加传感器的动作延时   B. 减小传感器的动作延时
   C. 增加传感器的幅差   D. 减小传感器的幅差

71. 在如图 10-2 所示的继电器式监视与报警控制单元中,其正确的说法是_____。
   ①模拟量报警控制单元;②可进行通常报警和短时报警;③能显示参数值,越限报警;④在报警时,能自动进行故障打印;⑤红灯慢闪时消声;⑥红灯慢闪时按确认按钮直接熄灭。
   A. ①③⑤   B. ①④⑥   C. ②④⑥   D. ②③⑤

72. 在如图 10-2 所示的继电器式监视与报警控制单元中_____。
   ①用集成电路组成的报警控制单元;②每块电路板有六个相同的报警控制单元;③故障检测触点正常运行时闭合;④系统设有快闪和慢闪两个报警灯;⑤有单个参数报警和分组报警;⑥有报警值的自动整定功能。
   A. ②③⑤   B. ①④⑥   C. ②④⑥   D. ①③⑤

73. 在如图 10-3 所示的采用集成电路组成的开关量报警控制单元中,运算放大器 A_1、A_2 的功能分别是_____。
   A. 电压跟随器、电压跟随器   B. 电压比较器、电压跟随器
   C. 电压跟随器、电压比较器   D. 电压比较器、电压比较器

74. 在如图 10-3 所示的采用集成电路组成的开关量报警控制单元中,当监视点发生故障发报警时,红灯 L 闪亮,此时,晶体管 T_1、T_2 的状态分别为_____。
   A. T_1 导通,T_2 截止   B. T_1 导通,T_2 导通
   C. T_1 截止,T_2 导通   D. T_1 截止,T_2 截止

75. 在如图 10-3 所示的采用集成电路组成的开关量报警控制单元中,当监视点发生故障时,运算放大器 A_1、A_2 的输出及"P"点状态为_____。
   A. 低电平、高电平、低电平   B. 低电平、低电平、高电平
   C. 高电平、高电平、低电平   D. 高电平、高电平、高电平

76. 在如图 10-3 所示的采用集成电路组成的开关量报警控制单元中,当监视点发生故障时,电路经电位器向电容 C_2 充电,其电压加到运算放大器 A_2 的同相端,其作用是_____。
   A. 抗交流干扰   B. 稳定电路防止振荡
   C. 延时报警   D. 3 min 失职报答

77. 在如图 10-3 所示的采用集成电路组成的开关量报警控制单元中,确认按钮能消除声响报警的原因是_____。

A. RS 触发器 Q 端为 0   B. "P"点由 0 跳变为 1
C. 晶体管 T_1、T_2 同时导通   D. 切断声响报警的电源

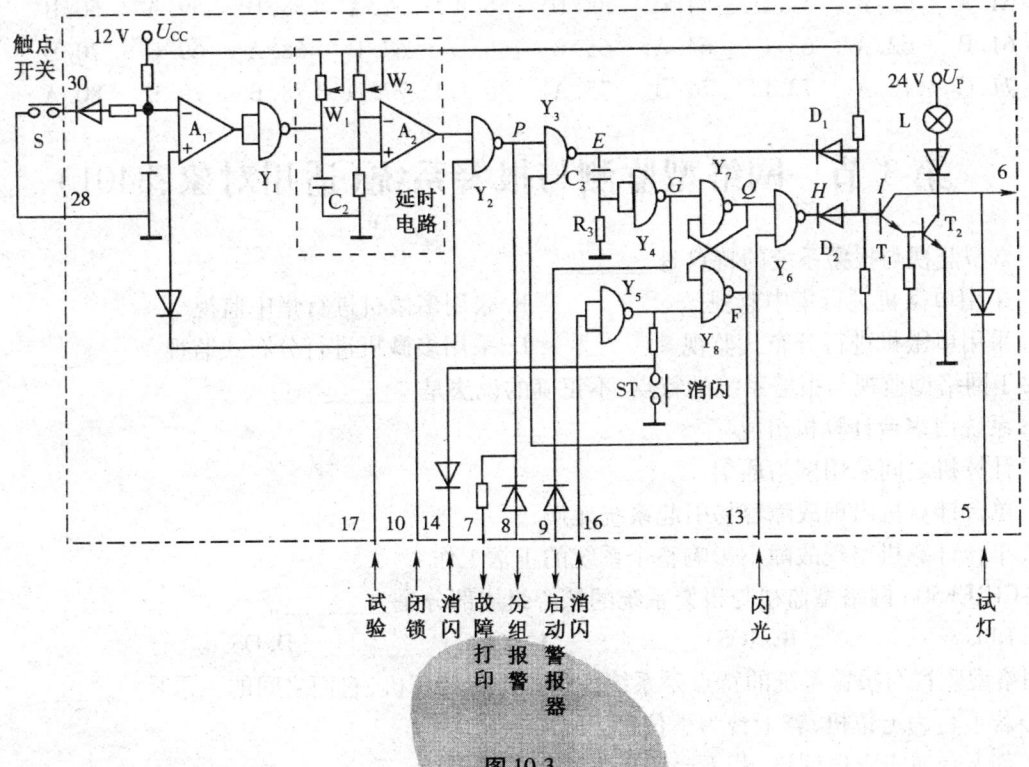

图 10-3

78. 在如图 10-3 所示的采用集成电路组成的开关量报警控制单元中,不具备的功能是_____。
    A. 通常故障报警   B. 短时故障报警
    C. 闭锁报警   D. 功能测试

79. 在如图 10-3 所示的采用集成电路组成的开关量报警控制单元中,当故障排除系统恢复正常工作状态时,运算放大器 A_1、A_2 输出及"P"点状态为_____。
    A. 低电平、高电平、低电平   B. 高电平、低电平、高电平
    C. 高电平、高电平、低电平   D. 高电平、高电平、高电平

80. 在如图 10-3 所示的采用集成电路组成的开关量报警控制单元中,电位器 W 的作用是_____。
    A. 调整报警值   B. 调整报警延时
    C. 报警测试   D. 调整运放器 A_1 的工作参数

参考答案

1. A	2. C	3. B	4. B	5. C	6. A	7. C	8. A	9. D	10. B
11. D	12. C	13. D	14. D	15. A	16. B	17. D	18. D	19. C	20. D
21. B	22. C	23. D	24. B	25. C	26. B	27. A	28. B	29. C	30. D

31. A	32. D	33. B	34. C	35. A	36. B	37. C	38. A	39. D	40. A
41. B	42. B	43. C	44. D	45. A	46. A	47. A	48. B	49. D	50. C
51. A	52. B	53. D	54. C	55. D	56. C	57. A	58. D	59. A	60. B
61. B	62. A	63. C	64. A	65. C	66. C	67. C	68. C	69. C	70. D
71. C	72. A	73. D	74. C	75. A	76. C	77. D	78. B	79. B	80. A

第3节 网络型监测与报警系统(适用对象:8401)

1. 网络型监视与报警系统的特点是_____。
   A. 采用单微机进行集中监视   B. 采用多微机进行集中监视
   C. 采用单微机进行分布式监视   D. 采用多微机进行分布式监视

2. 关于网络型监视与报警系统的特点,不正确的说法是_____。
   A. 系统由多台计算机组成
   B. 计算机之间采用网络通信
   C. 单台计算机出现故障容易引起系统瘫痪
   D. 单台计算机出现故障不影响整个系统的正常工作

3. K-CHIEF500 网络型监视与报警系统的核心组成部分是_____。
   A. DPU   B. ROS   C. CAN   D. OS

4. 网络型监视与报警系统的特点是系统中包含多台计算机,它们之间的关系是_____。
   A. 若干台为上位机,若干台为下位机
   B. 若干台属于上层网络,若干台属于下层网络
   C. 每台计算机都是上层网络的一个节点
   D. 每台计算机都是下层网络的一个节点

5. 网络型监视与报警系统通常采用的网络形式为_____。
   A. 局域网   B. 现场总线
   C. 485 总线   D. 局域网与现场总线相结合

6. 与采用单台计算机作为上位机的集中监视型系统相比较,网络型监视与报警系统的突出特点是_____。
   A. 具有延伸报警   B. 能够实现无人机舱
   C. 易于实现数据共享   D. 易于分组显示设备参数

7. 与采用单台计算机作为上位机的集中监视型系统相比较,网络型监视与报警系统的突出特点是_____。
   A. 模块化的结构设计   B. 分布式处理
   C. 系统布线简单   D. A+B+C

8. DATACHIEF C20 监视与报警系统中,下层网络的组成包括_____。
   ①以太网;②机旁/现场操作站;③远程/遥控操作站;④CAN 总线;⑤分布式处理单元。
   A. ①③④   B. ②④⑤   C. ②③④   D. ①③⑤

9. DATACHIEF C20 监视与报警系统的硬件组成,其中包括_____。

A. 安全保护系统　　B. 视频监视系统　　C. 主机数字调速器　D. 网段控制器

10. DATACHIEF C20 的分布式处理系统其中包含_____。

   A. 以太网　　　　B. 远程/遥控操作站　C. 系统网关　　　D. 遥控操作站

11. 与 SIMOS-31S 型巡回监视与报警系统相比较，DATACHIEF C20 监视与报警系统的功能特点主要体现在_____。

   A. 能对监视点进行监视与报警　　　　B. 能够进行延伸报警
   C. 对被监视对象具有控制功能　　　　D. 可以实现无人值班

12. DATACHIEF C20 监视与报警系统中，下列模块中_____为模拟量输入模块。

   A. RAi-16　　　　B. RAo-8　　　　C. RDi-32A　　　D. dPSC

13. DATACHIEF C20 监视与报警系统中，下列模块中_____为模拟量输入模块。

   A. RAo-8　　　　B. RAi-10tc　　　C. RDi-32A　　　D. RIO-C2

14. DATACHIEF C20 监视与报警系统中，下列模块中_____既有输入又有输出功能。

   A. RAo-8　　　　B. RAi-10tc　　　C. RDo-16　　　　D. RIO-C1

15. 关于 DATACHIEF C20 系统的监视与报警功能，正确的说法是_____。

   A. 能对输入通道的报警和事件状态进行监测
   B. 能够处理报警延时
   C. 能对报警和事件进行抑制
   D. 以上都正确

16. 关于 DATACHIEF C20 系统的监视与报警功能，正确的说法是_____。

   A. 对每个模拟量输入通道可以定义 4 个事件和 7 个报警
   B. 对每个模拟量输入通道可以定义 2 个事件和 4 个报警
   C. 对每个模拟量输入通道可以定义 4 个事件和 5 个报警
   D. 对每个模拟量输入通道可以定义 2 个事件和 3 个报警

17. 关于 DATACHIEF C20 系统的监视与报警功能，正确的说法是_____。

   A. 对每个开关量输入通道可以定义 4 个事件和 7 个报警
   B. 对每个开关量输入通道可以定义 2 个事件和 4 个报警
   C. 对每个开关量输入通道可以定义 4 个事件和 5 个报警
   D. 对每个开关量输入通道可以定义 2 个事件和 3 个报警

18. 关于 DATACHIEF C20 监视与报警系统的报警延时功能，错误的说法是_____。

   A. 对于同一通道的超高报警和超低报警具有相同的延时
   B. 对于同一通道的高报警和低报警具有相同的延时
   C. 对于同一通道的超高报警和超低报警具有不同的延时
   D. 对于同一通道的超高报警和高报警可以采用不同的延时

19. DATACHIEF C20 监视与报警系统能够对主机排气温度进行监测，关于这个功能的正确的说法是_____。

   A. 系统将监测每个气缸的排烟温度，并计算平均温度
   B. 系统将根据每个气缸的排烟温度和平均温度计算机偏差温度
   C. 对各缸报警温度设定值可以进行校正

D. 以上说法都正确

20. 在 DATACHIEF C20 监视与报警系统中,为避免报警状态的波动,即频繁报警,系统通常采取的技术手段包括_____。
   A. 从报警状态向正常状态恢复时设有不灵敏区
   B. 对输入参数设置有可调的滤波因子
   C. 报警状态的触发和消失均设有延时
   D. 以上都对

21. 在 DATACHIEF C20 监视与报警系统中,ROS 在系统的监视报警和控制过程中不能完成的任务是_____。
   A. 对报警信息进行监控和报警信息的确认功能
   B. 直接控制机舱中的运行设备并进行双向数据通信
   C. 向驾驶台和轮机员舱室提供延伸报警信息
   D. 在 CAN 网络和 Ethernet 局域网之间起网关的作用

22. 在 DATACHIEF C20 监视与报警系统的综合控制功能中,如选用 PID 过程反馈控制则通过 ROS 的操作面板,可以对控制器软件进行各种设置,主要设置功能包括_____。
   A. 被控量设定值调整
   B. 输出模式设定,即自动控制和阀位手动控制设定
   C. 调节器作用强度参数调整,包括比例带、积分时间和微分时间
   D. 以上都对

23. 在 DATACHIEF C20 监视与报警系统中,若某个输入通道出现硬件故障,则可将相应的输入信号转移到其他通道,以下说法中正确的是_____。
   A. 可以将故障通道的输入信号转移到同一个模块的其他空闲通道
   B. 可以将故障通道的输入信号转移到其他模块的空闲通道
   C. 若有可能,应尽量将故障通道的信号转移到同一模块的其他通道
   D. 上述说法都正确

24. 在 DATACHIEF C20 监视与报警系统中,若要将故障通道的输入信号转移到同一模块的其他空闲通道,正确的操作顺序是_____。
   ①重新启动 ROS 程序;②将故障通道的输入信号线转移到空闲通道;③终止 ROS 程序;④编辑由于通道变化所影响的相关表格;⑤重新生成 ROS 数据库文件。
   A. ①→②→③→④→⑤
   B. ③→②→④→⑤→①
   C. ②→③→④→⑤→①
   D. ①→③→④→②→⑤

25. 在 DATACHIEF C20 监视与报警系统中,更换某个输入或输出模块后必须对相应模块的各个通道进行重新校准。为此,必须先将相应模块安装在实际工作环境中,并且打开电源至少持续_____。
   A. 20 min   B. 60 min   C. 30 min   D. 40 min

26. 在 DATACHIEF C20 监视与报警系统中,若出现两个模块的节点 ID 冲突,则正确的做法是_____。
   A. 直接通过 RioLoad 工具窗口对节点 ID 进行重新设置

B. 把两个节点脱离 CAN 总线,再用 RioLoad 工具窗口对节点 ID 进行重新设置

C. 把其中一个节点脱离 CAN 总线,复位在线节点,然后用 RioLoad 工具窗口对节点 ID 进行重新设置

D. 无需处置,对系统正常工作没有影响

27. 在 DATACHIEF C20 监视与报警系统中,在更换机旁/现场操作站(LOS)之后的正确做法是_____。

A. 对整个系统进行重新启动,然后在 LOS 上进行在线调试

B. 不需要对 LOS 进行任何调试,LOS 将自动检测网络并且自动投入工作

C. 只需重新启动 CAN 总线网络的相关设备,然后对 LOS 进行在线调试

D. 对整个系统进行重新启动,然后在 ROS 上进行在线调试

28. 网络型监视与报警系统_____。

A. 由多台采用网络通信的计算机组成

B. 由多台采用串行通信的计算机组成

C. 由多台采用并行通信的计算机组成

D. 由一台上位机和多台下位机组成

29. 在 DC C20 监视与报警系统中,操作控制面板(OCP)是系统的_____。

A. 输入设备　　　B. 输出设备　　　C. 控制设备　　　D. 显示设备

30. 网络型监视与报警系统的一个节点发生故障,其他节点_____。

A. 不受影响　　　B. 不能通信　　　C. 可以代替其功能　　D. 不能正常工作

31. DATACHIEFC20 的分布式处理系统不包含_____。

A. 分布式处理单元　　　　　　B. 机旁/现场操作站

C. 系统网关　　　　　　　　　D. 远程/遥控操作站

32. K-CHIEF 500 监视与报警系统主界面操作区域分为_____。

A. 上部的报警浏览器区域和下部的图形显示浏览器区域

B. 下部的报警浏览器区域和上部的图形显示浏览器区域

C. 左侧的报警浏览器区域和右侧的图形显示浏览器区域

D. 右侧的报警浏览器区域和左侧的图形显示浏览器区域

33. 网络型监视与报警系统的构造是_____。

A. 单微机集中监视　　　　　　B. 多微机集中监视

C. 单微机分布式监视　　　　　D. 多微机分布式监视

34. DATACHIEF C20 监视与报警系统中,上层网络的组成包括_____。

①以太网网线;②机旁/现场操作站;③远程/遥控操作站;④以太网网络适配器;⑤分布式处理单元;⑥值班呼叫系统。

A. ①③④　　　B. ①③⑤　　　C. ③④⑥　　　D. ②⑤⑥

35. 在 DC C20 监视与报警系统中,如果系统没有配置 OCP 硬件,则可在计算机上连接标准键盘和鼠标,并在标准键盘上按_____功能键在显示屏上调出 OCP 模拟图,可用鼠标点击进行操作。

A. F1　　　B. F2　　　C. F3　　　D. F4

36. DATACHIEF C20 的分布式处理系统不包括_____。
    A. CAN 总线   B. 以太网   C. 485 总线   D. 输入/输出模块
37. DATACHIEF C20 监视与报警系统的硬件组成不包括_____。
    A. 车钟记录仪   B. 分布式处理系统
    C. 延伸报警装置   D. 远程/遥控操作站
38. 在 DC C20 监视与报警系统中,软件系统在 ROS 上提供了丰富的显示界面,其中分组报警显示窗口属于_____类型的显示界面。
    A. 图形显示   B. 文本显示
    C. 访问控制   D. 操作控制
39. DATACHIEF C20 监视与报警系统的硬件组成不包括_____。
    A. 网络适配器   B. 485 通信接口
    C. 主机数字调速器   D. 值班呼叫系统
40. DATACHIEF C20 监视与报警系统的硬件组成不包括_____。
    A. 延伸报警装置   B. 视频监视系统
    C. 485 通信接口   D. 值班呼叫系统
41. K-CHIEF 500 与 DC C20 监视与报警系统相比,其主要改进在于_____。
    A. 操作面板上作了改进   B. 屏幕操作界面上作了改进
    C. 操作面板和屏幕操作界面上作了改进   D. 结构组成和系统功能只作了部分改进
42. DATACHIEF C20 监视与报警系统的硬件组成不包括_____。
    A. CAN 总线节点   B. 网络适配器   C. 安全保护系统   D. 网关
43. 网络型监视与报警系统通常采用的网络形式为_____。
    A. 局域网   B. 现场总线
    C. 485 总线   D. 局域网与现场总线相结合
44. 关于监视与报警系统的操作面板,K-CHIEF 500 与 DC C20 相比,其主要改进有_____。
    A. 省去了分组报警功能按钮
    B. 省去了值班功能和 minic 图形功能按钮
    C. 省去了报警控制功能按钮
    D. 省去了分组报警功能、值班功能和 minic 图形功能按钮
45. 网络型监视与报警系统的特点是系统中包含多台计算机,它们之间的关系是_____。
    A. 若干台为上位机,若干台为下位机   B. 若干台属于上层网络,若干台属于下层网络
    C. 每台计算机都是上层网络的一个节点   D. 每台计算机都是下层网络的一个节点
46. K-CHIEF 500 监视与报警系统采用_____作为其操作系统。
    A. Windows XP 操作系统   B. Windows NT 操作系统
    C. Windows Vista 操作系统   D. 嵌入式操作系统
47. DATACHIEF C20 的分布式处理系统不包含_____。
    A. 分布式处理单元   B. 移动式调试工具
    C. 远程/遥控操作站   D. 机旁/现场操作站
48. DATACHIEF C20 监视与报警系统中,下列模块中_____分别为模拟量输入模块和开关量

输入模块。

A. RAo-8, RAi-10t B. RDo-16, RDi-32
C. RAi-16, RDi-32 D. dPSC, RIO-C1

49. K-CHIEF 500 监视与报警系统的主界面上,如果要显示二级按钮指向的目标内容,应进行下列操作_____。

A. 在 K-CHIEF 500 主界面上按下主按钮
B. 在 K-CHIEF 500 主界面上按下二级按钮
C. 在 K-CHIEF 500 主界面上先按下二级按钮,再按下主按钮
D. 在 K-CHIEF 500 主界面上先按下主按钮,再按下二级按钮

50. DATACHIEF C20 监视与报警系统中,下列模块中可用于输入热电偶信号的模块为_____。

A. RAo-8 B. RIO-C1 C. RDi-32 D. RAi-10t

51. DATACHIEF C20 监视与报警系统中,下列模块中只有_____可以进行开关量输出。

A. RAo-8 B. RIO-C2 C. RDi-32 D. RAi-10t

52. DATACHIEF C20 监视与报警系统中,下列模块中_____为开关量输出模块。

A. RAo-8 B. RDi-32 C. RDo-16 D. RAi-10t

53. DATACHIEF C20 监视与报警系统中,下列模块中只有_____可以进行开关量输入。

A. RAo-8 B. RDi-32 C. RDo-16 D. RAi-10t

54. DC C20/K-CHIEF 500 监视与报警系统应定期进行系统测试,说明书推荐的时间间隔为_____进行一次。

A. 每天 B. 每周 C. 每月 D. 每年

55. DATACHIEF C20 监视与报警系统中,下列模块中_____为模拟量输入模块。

A. RAo-8 B. RDi-32 C. RDo-16 D. RAi-10t

56. DATACHIEF C20 监视与报警系统中,下列模块中_____为模拟量输出模块。

A. RAo-8 B. RDi-32 C. RDo-16 D. RAi-10t

57. K-CHIEF 500 监视与报警系统的系统测试方法是_____。

A. 在系统主界面上点击"SERVICE"主按钮,在随后出现的二级按钮组中点击"TEST"二级按钮
B. 在系统主界面上点击"FAVORITE"主按钮,在随后出现的二级按钮组中点击"TEST"二级按钮
C. 在系统主界面上点击"CONFIG DISPLAYS"主按钮,在随后出现的二级按钮组中点击"TEST"二级按钮
D. 在系统主界面上点击"LIST VIEWS"主按钮,在随后出现的二级按钮组中点击"TEST"二级按钮

58. DATACHIEF C20 监视与报警系统中,下列模块中_____为模拟量输入模块。

A. RAi-16 B. RAo-8 C. RDi-32 D. dPS

59. DATACHIEF C20 监视与报警功能,不正确的说法是_____。

A. 被监视对象的状态由分布式处理系统进行监测
B. 分布式系统能对各个监测通道的报警和事件信息进行处理

C. 分布式系统将报警和事件的信息打包,并发送给远程/遥控操作站
D. 被监视对象的状态由远程/遥控操作站进行信息的处理

60. 在 DC C20/K-CHIEF 500 监视与报警系统中,当 DPU 模块出现异常时,在 ROS 的屏幕上将出现_____报警,根据报警显示信息可确定相应模块所在的物理位置。
    A. Parity Error   B. Communication Error
    C. Framing Error   D. Overrun Error

61. 在 DATACHIEF C20 监视与报警系统的综合控制功能中,如选用 PID 过程反馈控制,则通过 ROS 的操作面板可以对控制器软件进行各种设置,但主要设置功能不包括_____。
    A. 被控量设定值调整
    B. 输出模式设定,即自动控制和阀位手动控制设定
    C. 调节器作用强度参数调整,包括比例带、积分时间和微分时间
    D. 控制过程衰减率的调整

62. 关于 DATACHIEF C20 监视与报警系统的报警延时功能,错误的说法是:对于同一通道的_____的延时。
    A. 超高报警和超低报警具有相同   B. 高报警和低报警具有相同
    C. 超高报警和超低报警具有不同   D. 超高报警和高报警可以采用不同

63. DC C20/K-CHIEF 500 监视与报警系统一旦由于某种原因导致两个 DPU 的节点 ID 发生冲突,应该采取的处理方式为_____。
    A. 把发生 ID 冲突的两个 DPU 模块从 CAN 总线断开,更换两个新的 DPU 模块
    B. 把发生 ID 冲突的两个 DPU 模块中的一个从 CAN 总线断开,更换一个新的 DPU 模块
    C. 把发生 ID 冲突的两个 DPU 模块中的一个从 CAN 总线断开,对另一个进行断电复位
    D. 把发生 ID 冲突的两个 DPU 模块中的一个从 CAN 总线断开,对另一个进行断电复位,并在 ROS 上利用 RioLoad 工具软件对节点 ID 进行更正

64. DATACHIEF C20 监视与报警系统能够对主机排气温度进行监测,关于这个功能的说法,不正确的是_____。
    A. 系统将监测每个气缸的排烟温度,并计算平均温度
    B. 系统将根据每个气缸的排烟温度和平均温度计算机偏差温度
    C. 对各缸报警温度设定值可以进行校正
    D. 根据主机转速自动调整报警值

65. 关于现场总线系统 FCS,下列说法正确的是_____。
    ①系统最底层的控制单元均具有数字通信功能;②上位机和下位机之间采用 4~20 mA 模拟量信号传输;③FCS 是 1 对 N 结构,即一条数字通信线连接 N 个设备,故 FCS 能大大减少连接电缆;④目前,机舱现场总线的标准已经统一为 LonWorks 标准。
    A. ①②③   B. ①③④   C. ②④   D. ①③

66. DATACHIEF C20 监视与报警系统中的所有 CAN 总线节点模块都_____。
    A. 对机舱设备具有监视和报警功能   B. 能进行模拟量输入
    C. 能进行开关量输入   D. 可以进行远程/遥控组态

67. 在 K-CHIEF500 系统中,SGW 是连接 CAN 总线和 Ethernet 网之间的网关单元,其主要任务不

是_____。
A. 接受来自于 CAN 总线的信息,对 OS 进行刷新
B. 管理操作站 OS 发送到 DPU 的操作指令、参数和程序
C. 使所有必需的组态和软件安装均通过 Ethernet 网完成
D. 处理来自于 local CAN 的信息并将其送往 global CAN

68. 关于 DATACHIEF C20 系统的监视与报警功能,正确的说法是每个模拟量输入通道可以定义_____。
    A. 4 个事件和 7 个报警   B. 2 个事件和 4 个报警
    C. 4 个事件和 5 个报警   D. 通过参数设定为多个事件和多个报警

69. K-CHIEF 500 系统和 DC C20 系统的不同之处主要在于_____。
    A. 网络拓扑结构   B. 操作面板和操作界面
    C. DPU 模块   D. 系统网关

70. DATACHIEF C20 监视与报警系统中的所有 CAN 总线节点模块都_____。
    A. 具有对机舱设备的监视和报警功能
    B. 具有对 CAN 网络的监视和故障处理功能
    C. 具有对局域网的监视和故障处理功能
    D. 具有对远程/遥控操作站的监视和故障处理功能

71. 在 DC C20 监视与报警系统中,远程/遥控操作站的组成包括_____。
    ①以太网;②显示器;③操作控制板;④计算机;⑤分布式处理单元;⑥打印机。
    A. ①③④⑤   B. ②④⑤⑥   C. ②③④⑥   D. ①③⑤⑥

72. 关于 DATACHIEF C20 系统的监视与报警功能,不正确的说法是_____。
    A. 能对输入通道的报警和事件状态进行监测
    B. 能够处理报警延时
    C. 能对报警和事件进行抑制
    D. 能够统计故障并对故障进行预测

73. K-CHIEF 500/DC C20 监视与报警系统的硬件组成不包括_____。
    A. CAN 总线节点   B. 网络适配器
    C. 安全保护系统   D. 网关

74. DATACHIEF C20 系统中的分布式处理单元 DPU 是智能 I/O 单元,其功能强大,一方面与_____相连,另一方面通过_____与上层网络相连。
    A. 传感套/CAN 总线   B. 传感器和执行器/CAN 总线
    C. CAN 总线/以太网   D. CAN 总线/以太网的网关

75. 在 K-CHIEF 500/DC C20 监视与报警系统中,上层网络的组成包括_____。
    ①以太网网线;②机旁/现场操作站;③远程/遥控操作站;④以太网网络适配器;⑤分布式处理单元;⑥值班呼叫系统。
    A. ①③④   B. ①③⑤   C. ③④⑥   D. ②⑤⑥

76. DATACHIEF C20 系统中的远程操作站(ROS)具备多个功能,但不具备_____功能。
    A. 配置双网卡   B. 系统网关

C. 可在多个地点安置　　　　　　　D. 只能与 DPU 通信

77. DATACHIEF C20 系统中值班呼叫系统(WCS)的_____与 ROS 相连。
   A. 延伸报警单元　　　　　　　　B. 机舱值班单元
   C. 驾驶室值班单元　　　　　　　D. 机舱人员安全报警单元

78. K-CHIEF 500/DC C20 监视与报警系统的硬件组成不包括_____。
   A. 延伸报警装置　　　　　　　　B. 视频监视系统
   C. 值班呼叫系统　　　　　　　　D. 485 通信接口

79. DATACHIEF C20 系统中 DPU 功能强大,但是不包括_____。
   A. 数据存储功能　　　　　　　　B. 远程下载配置功能
   C. 自检功能　　　　　　　　　　D. 自带备用电池功能

80. K-CHIEF500/DC C20 监视与报警系统的硬件组成不包括_____。
   A. 网络适配器　　　　　　　　　B. RS 485 通信接口
   C. 主机数字调速器　　　　　　　D. 值班呼叫系统

81. DATACHIEF C20 系统中 RIO-C1 具有模拟量、开关量的输入、输出和脉冲输入功能,特别适用于_____。
   A. 对发电机组的监测和控制　　　B. 对主机的检测和控制
   C. 对水泵的检测和控制　　　　　D. 对电网的检测和控制

82. K-CHIEF 500/DC C20 监视与报警系统是网络型系统,其网络结构为_____。
   A. 单个以太网和单个 CAN 总线网　　B. 单个以太网和双冗余 CAN 总线网
   C. 双冗余以太网和单个 CAN 总线网　　D. 双冗余以太网和双冗余 CAN 总线网

83. DATACHIEF C20 系统中 RIO-C2 具有_____开关量的输入,_____开关量的输出。
   A. 4/4　　　　　B. 8/8　　　　　C. 16/16　　　　D. 16/8

84. DATACHIEF C20 系统中 RIO-C3 专用于_____。
   A. 船舶发电机的安全保护　　　　B. 船舶发电机的检测与控制
   C. 船舶的主要的安全保护　　　　D. 船舶水泵和阀门的控制

85. K-CHIEF 500/DC C20 监视与报警系统的硬件组成不包括_____。
   A. 车钟记录仪　　　　　　　　　B. 分布式处理系统
   C. 延伸报警装置　　　　　　　　D. 远程/遥控操作站

86. DATACHIEF C20 系统中 RIO-C4 专用于_____。
   A. 船舶发电机的安全保护　　　　B. 船舶发电机的检测与控制
   C. 船舶电站系统的发电机监控模块　　D. 船舶水泵和阀门的控制

87. K-CHIEF 500/DC C20 监视与报警系统中的所有 CAN 总线节点模块都_____。
   A. 对机舱设备具有监视和报警功能　　B. 能进行模拟量输入
   C. 能进行开关量输入　　　　　　D. 可以进行远程组态

88. DATACHIEF C20 系统中 dPSC 是一个具有_____。
   A. 用于以太网的双处理器的网段控制器　B. 用于 CAN 总线处理器的网段控制器
   C. 用于冗余的以太网的网段控制器　　D. 用于冗余 CAN 总线的网段控制器

89. K-CHIEF 500/DC C20 监视与报警系统中的所有 CAN 总线节点模块都_____。

A. 具有对机舱设备的监视和报警功能

B. 具有对 CAN 网络的监视和故障处理功能

C. 具有对局域网的监视和故障处理功能

D. 具有对操作站的监视和故障处理功能

90. DATACHIEF C20 系统中，OCP 是主要输入设备，由_____等组成，还有一个_____。

A. 显示器和键盘/备用显示器

B. 显示器和键盘/标准键盘

C. 按键、指示灯和轨迹球/PC 机标准键盘

D. 按键、指示灯和轨迹球/PC 机标准键盘接口

91. DATACHIEF C20 系统的文本显示界面用于输出报警信息和监视机舱设备运行的实时状态或实时参数，分为_____。

A. 报警显示窗口和监视窗口

B. 分组报警窗口、历史报警窗口和报警汇总窗口

C. 分组显示窗口、选点显示窗口和测量点属性窗口

D. 数据显示窗口和图形显示窗口

92. 在 K-CHIEF 500 监视与报警系统中，_____是模拟量输入模块。
    A. RAi-16   B. RAo-8   C. RDi-32A   D. dPSC

93. 在 K-CHIEF 500 监视与报警系统中，_____是模拟量输入模块。
    A. RAo-8   B. RAi-10tc   C. RDi-32A   D. RIO-C2

94. 在 K-CHIEF 500 监视与报警系统中，_____是模拟量输出模块。
    A. RAo-8   B. RAi-10tc   C. RDi-32A   D. RIO-C1

95. 在 K-CHIEF 500 监视与报警系统中，_____是开关量输入模块。
    A. RAo-8   B. RAi-10tc   C. RDi-32A   D. dPSC

96. 在 K-CHIEF 500 监视与报警系统中，_____模块既有输入又有输出功能。
    A. RAo-8   B. RAi-10tc   C. RDo-16   D. RIO-C1

97. 在 K-CHIEF 500 监视与报警系统中，_____是开关量输入模块。
    A. RAo-8   B. RDi-32   C. RDo-16   D. RAi-10tc

98. 在 K-CHIEF 500 监视与报警系统中，_____是开关量输出模块。
    A. RAo-8   B. RDi-32   C. RDo-16   D. RAi-10tc

99. 在 K-CHIEF 500 监视与报警系统中，可用于输入热电偶信号的模块为_____。
    A. RAo-8   B. RIO-C1   C. RDi-32   D. RAi-10tc

100. DATACHIEF C20 系统的图形显示界面包括机舱主要系统的 mimic 模拟窗口、柱状图窗口和设备状态窗口等，主要包括_____。
    ①管路系统 mimic 窗口；②柱状图窗口，如各缸排烟温度及其平均温度柱状图窗口；③访问控制窗口；④参数曲线趋势图窗口。
    A. ①②③   B. ①②④   C. ①③④   D. ②③④

101. 关于 K-CHIEF 500/DC C20 系统的监视与报警功能，正确的说法是_____。

A. 被监视对象的状态由分布式处理系统进行监测

B. 分布式系统能对各个监测通道的报警和事件信息进行处理

C. 分布式系统将报警和事件的信息打包,并发送给操作站 OS(ROS)

D. 以上都正确

102. DATACHIEF C20 最多可以显示_____个历史曲线页面,每个页面可包含_____个参数的变化曲线,以不同颜色和标签进行区分。
    A. 4/5   B. 4/8   C. 5/5   D. 5/8

103. 关于 K-CHIEF 500/DC C20 系统的监视与报警功能,正确的说法是_____。
    A. 能对输入通道的报警和事件状态进行监测
    B. 能够处理报警延时
    C. 能对报警和事件进行抑制
    D. 以上都正确

104. DATACHIEF C20 可以显示众多的监视窗口,但是没有_____。
    A. 油耗经济性监视   B. 柴油机排气温度监视
    C. 设备运输计时监视   D. 设备运行故障预测窗口

105. K-CHIEF 500/DC C20 监视与报警系统能够对主机排气温度进行监测,关于这个功能的正确说法是_____。
    A. 系统将监测每个气缸的排烟温度,并计算平均温度
    B. 系统将根据每个气缸的排烟温度和平均温度计算偏差温度
    C. 对各缸报警温度设定值可以进行校正
    D. 以上说法都正确

106. 在 DC C20 监视与报警系统中,分布式处理单元的所有工作参数都存储于_____。
    A. CAN 总线节点模块内部   B. 远程/遥控操作站
    C. 网关设备   D. 机旁/现场操作站

107. DATACHIEF C20 可以显示众多的监视窗口,但是没有_____。
    A. 备用泵汇总显示窗口   B. 控制器和阀位状态汇总窗口
    C. 电站管理窗口   D. 舵角运行历史记录窗口

108. 在 K-CHIEF 500/DC C20 监视与报警系统中,若某个输入通道出现硬件故障,则可将相应的输入信号转移到其他通道,以下说法中正确的是_____。
    A. 可以将故障通道的输入信号转移到同一个模块的其他空闲通道
    B. 可以将故障通道的输入信号转移到其他模块的空闲通道
    C. 若有可能,应尽量将故障通道的信号转移到同一模块的其他通道
    D. 上述说法都正确

109. DATACHIEF C20 除了对机舱设备的状态和参数进行监视与报警之外,还可实现对设备的控制,但是不具备_____的控制。
    A. 泵   B. 阀门遥控   C. 参数的 PID   D. 自动舵

110. 在 K-CHIEF 500 监视与报警系统中,便携式操作站 MOS _____。
    A. 不能同时与 2 套 CAN 网络连接   B. 不能同时与 2 套 LAN 网络连接
    C. 能同时与 2 套 CAN 网络连接   D. 能同时与 2 套 LAN 网络连接

111. DATACHIEF C20 除了对机舱设备的状态和参数进行监视与报警之外,还可实现对设备的控制。其中很多辅助设备的控制功能可以选用,但是一般主要选用_____。
    A. 空压机自动控制　　　　　　　B. 分油机自动控制
    C. 辅锅炉自动控制　　　　　　　D. 备用泵的自动控制

112. 在 K-CHIEF 500 系统中,更换 DPU 模块时,需要_____。
    A. 通过电位器调节零点和量程　　B. 通过 OS 下载参数
    C. 通过拨码开关设置地址　　　　D. 通过跳线设置地址

113. DC C20/K-CHIEF 500 的 ROS 软件系统具有内建的在线测试和程序自诊断功能,多数情况下可以通过_____查找故障。
    A. 检查 DPU 的工作状态　　　　B. 检查内部、外部设备的工作状态
    C. 查看 ROS 屏幕上显示的故障代码　D. 检查 ROS 与外部设备的通信状态

114. DATACHIEF C20 的电力管理系统涵盖了电站自动控制的所有功能,包括全船电力的生产、配送和安全保护等。一般_____台发电机组,配备 1 个 DPU,通常 PMS _____ CAN 总线系统。
    A. 1/与系统是同一个　　　　　　B. 1/是一个单独的局部
    C. 3/与系统是同一个　　　　　　D. 3/是一个单独的局部

115. 在 K-CHIEF 500 系统中,操作站 OS 的组成部分不包括_____。
    A. PC 微机　　　　　　　　　　B. 操作控制屏 OCP
    C. 彩色图形显示器和打印机　　　D. 分布式处理单元 DPU

116. DATACHIEF C20 构建的电力管理系统中,不正确的描述是_____。
    A. 每台机组分别配置 1 个 RIO-C1 模块
    B. DSS 为柴油机启停控制和安全保护模块
    C. GMC 为发电机监控模块
    D. RIO-C4 是 RIO-C1 的升级版,主要功能包括发电机并车和功率分配等

117. 在 K-CHIEF 500 系统中,双分段处理控制器 dPSC 的作用是_____。
    A. 作为连接 CAN 总线网和 Ethernet 网之间的冗余网关
    B. 使 CAN 与 Ethernet 两个网络可以共享同一个数据库
    C. 作为两个 CAN 总线分段之间的网关
    D. 接受来自于 CAN 总线的信息,对 OS 进行刷新

118. 在 K-CHIEF 500 监视与报警系统中,所有 DPU 模块均设有_____个状态指示灯,用来显示模块的状态。
    A. 3　　　　B. 4　　　　C. 5　　　　D. 6

119. DATACHIEF C20 监视与报警系统中,关于分布式处理单元 DPU 的说法,错误的是_____。
    A. DPU 直接和上层网络相连　　B. DPU 直接和现场传感器和执行机构相连
    C. DPU 直接和 CAN 网络相连　　D. DPU 具有通信功能

120. K-CHIEF 500 网络监视与报警系统的网络采用_____。
    A. 双冗余 LAN 结构

B. 双冗余 CAN 总线结构
C. 双冗余 LAN 结构及双冗余 CAN 总线结构
D. 以太网结构

121. K-CHIEF 500 监视与报警系统中,一旦发生报警,下列_____情形不会出现。
    A. 时间、日期和识别报警文本被打印出来
    B. 控制室面板上的报警指示灯开始闪烁
    C. 在控制室面板蜂鸣器被激活
    D. 报警显示为绿色

122. 在 K-CHIEF 500 检测与报警系统的操作面板上,点击分组按钮"ME AUTO SHD"将显示的内容包括_____。
    ①过去报警状态;②参数值;③报警点的报警编号;④当前报警状态;⑤报警设定值;⑥参数名称。
    A. ①②③④   B. ②③④⑤   C. ③④⑤⑥   D. ②④⑤⑥

123. K-CHIEF 500 监视与报警系统数据显示颜色为黄色,表示_____。
    A. 相应通道处于正常状态   B. 通道处于报警状态,已应答
    C. 通道处于报警状态,未应答   D. 以上说法都不对

124. DATACHIEF C20 监视与报警系统中,模拟量输入模块是_____。
    A. RAo-8   B. RAi-10tc   C. RDi-32A   D. RIO-C2

125. K-CHIEF 500 主要由_____等组成。
    ①操作站;②便携式操作站;③双处理器的网段控制器 dPSC;④值班呼叫系统;⑤系统网关(SGW);⑥分布式处理单元;⑦集控室操作面板。
    A. ①②③④⑤   B. ①②③⑥⑦   C. ①②④⑥⑦   D. ③④⑤⑥⑦

126. DC C20/K-CHIEF 500 监视与报警系统,在故障诊断过程中查找故障部件的基本方法有_____。
    A 拔插法和交换法   B. 拔除法和交换法
    C 拔除法和更换法   D. 短接法和隔离法

127. K-CHIEF 500 采用_____作为操作系统,系统开机后将自动进入一个叫做_____的主界面。
    A. Windows XP/浏览器(Navigator)   B. Windows XP/网页浏览器(Explorer)
    C. LINUX/浏览器(Navigator)   D. LINUX/网页浏览器(Explorer)

128. DC C20 监视与报警系统中,在更换分布式处理单元 DPU 模块时,错误的理解是_____。
    A. 模块的更换应严格按照说明书的步骤进行
    B. 模块更换完毕上电后会自动进行相应的初始化操作
    C. 模块更换完毕后,若出现模块 ID 冲突,应按说明书进行处理
    D. 若模块的个别通道出现故障,可考虑启用该模块的空闲通道

129. 在 DATACHIEF C20 监视与报警系统中,若某个输入通道出现硬件故障,则可将相应的输入信号转移到其他通道,以下说法中不正确的是_____。
    A. 可以将故障通道的输入信号转移到同一个模块的其他空闲通道

B. 可以将故障通道的输入信号转移到其他模块的空闲通道

C. 若有可能,应尽量将故障通道的信号转移到同一模块的其他通道

D. 可以将故障通道的输入信号进行报警闭锁

130. K-CHIEF 500 网络监视与报警系统系统网关作用是_____。

　　A. 连接双冗余 CAN 总线与双冗余 CAN 总线

　　B. 连接以太网和双冗余 CAN 总线

　　C. 连接各个 OS

　　D. 连接各个 DPU

131. DC C20 监视与报警系统中,_____不属于远程操作的维护管理要点。

　　A. 定期进行系统测试　　　　B. ROS 的系统设置

　　C. EOS 的停机操作　　　　　D. 定期检查内存使用情况

132. 与早期微型机监视与报警系统相比,K-CHIEF 500 监视与报警系统的新特点是_____。

　　A. 对被监视对象具有控制功能　　B. 可以实现无人机舱值班

　　C. 能够进行延伸报警　　　　　　D. 能实现巡回检测

133. 在 DC C20 监视与报警系统中,机旁/现场操作站 LOS 所不具备的功能是_____。

　　A. 查看输入/输出模块的参数变量值　　B. 设置局域网参数

　　C. 对输入/输出模块进行参数设置　　　D. 操作现场设备

134. K-CHIEF 500 监视与报警系统的特点是_____。

　　A. 只具有监视与报警功能

　　B. 不仅具有监视与报警功能,还有对设备的自动控制功能

　　C. 不仅具有监视与报警功能,还有对设备的故障自动修复功能

　　D. 不仅具有监视与报警功能,还有对设备的自动控制和故障自动修复功能

135. 在 K-CHIEF 500 监视与报警系统的操作界面上,点击"ME AUTO SHD"按钮将显示那些画面_____。

　　①过去报警状态;②参数值;③报警点的报警编号;④当前报警状态;⑤报警设定值;⑥参数名称。

　　A. ①②③⑤　　B. ①④⑤⑥　　C. ②③④⑥　　D. ②④⑤⑥

136. 在下列 K-CHIEF 500 监视与报警系统的特点中,错误说法是 K-CHIEF 500 _____。

　　A. 对被监视对象具有控制功能　　B. 没有对设备的故障自动修复功能

　　C. 不能进行船岸通信　　　　　　D. 一般不用于船舶主机遥控

137. 关于 K-CHIEF 500/DC C20 监视与报警系统的报警延时功能,错误的说法是_____。

　　A. 对于同一通道的超高报警和超低报警具有相同的延时

　　B. 对于同一通道的高报警和低报警具有相同的延时

　　C. 对于同一通道的超高报警和超低报警具有不同的延时

　　D. 对于同一通道的超高报警和高报警可以采用不同的延时

138. K-CHIEF 500 监视与报警系统采用的网络形式为_____。

　　A. 局域网　　　　　　　　　　B. 现场总线

　　C. RS-232 通信网络　　　　　　D. 局域网与现场总线相结合

139. 在 K-CHIEF 操作面板航的 SERVICE 功能是_____。
    A. 显示系统信息,说明书查阅,背景亮度调节和报警测试
    B. 查看正在工作的设备清单
    C. 查看燃油系统
    D. 自检功能,查看机舱传感器和 DPU 之间状态

140. ROS 由_____硬件组成。
    ①PC 机;②操作控制面板 OCP 或普通键盘;③WINDOWS 操作系统;④鼠标;⑤键盘;⑥打印机。
    A. ①②③④⑤⑥   B. ①②④⑤⑥   C. ①②③⑤⑥   D. ①②③④⑤

141. DC C20 和 K-CHIEF 500 的 DPU 最少有 2 个 CAN 接口(如图 10-4 所示),每个接口 4 个接线端子,CAN1 的端子名称为 X8,编号为 X81 – X84,其中 X81 和 X83 连接_____,X82 和 X84 连接_____。
    A. 网络中相邻的上一个模块/网络中相邻的下一个模块
    B. 网络中相邻的下一个模块/网络中相邻的上一个模块
    C. 120 欧姆的电阻/网络中相邻的上一个模块
    D. 120 欧姆的电阻/网络中相邻的下一个模块

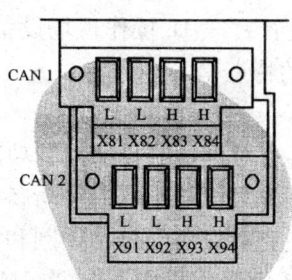

图 10-4

142. K-CHIEF 500 监视与报警系统中的现场总线是采用_____。
    A. LonWorks   B. Profibus   C. CAN   D. Interbus

143. 在 DC C20/K-CHIEF 500 监视与报警系统中,DPU 模块 CAN 接口如图 10-4 所示,若模块为网络中的最后一个,则必须在 X82 和 X84 之间接入一个_____的终端电阻。
    A. 100 Ω   B. 120 Ω   C. 200 Ω   D. 80 Ω

144. 在 K-CHIEF 500 监视与报警系统中,与机舱传感器直接相连的设备是_____。
    A. 集控室操作站   B. 值班呼叫系统
    C. 便携式操作站   D. 分布式处理单元

145. RAo-8 的外部接线如图 10-5 所示,其中经过隔离器的电流输出端子是_____。
    A. 1 和 2   B. 7 和 8   C. 3 和 4   D. 5 和 6

146. K-CHIEF 500 监视与报警系统不具备的功能是_____。
    A. 故障报警   B. 参数显示
    C. 自动控制   D. 故障设备的自动修复

147. 根据计算机监控系统的结构特点,船舶机舱监视和报警系统可分为_____。

A. 集中型系统,集散型系统(DCS)和全分布式系统
B. 气动系统,电动系统和液压系统
C. 继电器控制系统,数字电路控制系统和微机控制系统
D. 单片机系统,PLC 系统和 PC 系统

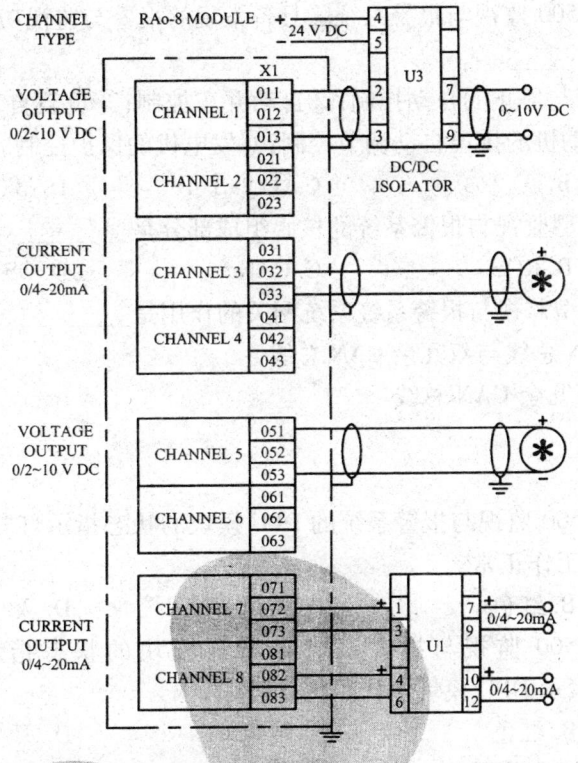

图 10-5

148. K-CHIEF 500 船舶监视与报警系统的监控对象一般不包括_____。
    A. 主机   B. 发电机   C. 自动控制   D. 故障设备的自动修复
149. 在 K-CHIEF 500 监视与报警系统中,具有模拟量输出功能的模块是_____。
    A. RAi-16   B. RAo-8   C. RDi-32   D. RDo-16
150. 下列对 K-CHIEF 500 监视与报警系统的描述中,错误的是_____。
    A. 更换 DPU 模块后需要对其进行软件初始化设置
    B. 更换 DPU 模块后需要对其进行硬件跳线设置
    C. 更换 WBU 模块后需要对其进行软件初始化设置
    D. DPU 模块个别通道出现故障,可以更换到同一模块空闲通道
151. DATECHIEF C20 监视与报警系统除具备常规的报警与监视功能外,能实现各种船舶设备的综合控制,如_____。
    A. 泵的自动切换控制   B. 主机安保控制
    C. 主机调速控制   D. 增压器扫气压力控制
152. 在 K-CHIEF 500 监视与报警系统中,若要将故障通道的输入信号转移到同一模块的其他空

闲通道,正确的操作顺序是_____。
①终止 OS 程序;②将故障通道的输入信号线转移到空闲通道;③重新启动 OS 程序;④重新生成 OS 数据库文件;⑤编辑由于通道变化所影响的相关表格。
A. ①②③④⑤ B. ③④⑤①② C. ②①⑤④③ D. ③④①②⑤

153. DC C20/K-CHIEF 500 监视与报警系统除具备常规的报警与监视功能外,还能根据选择实现船舶电力管理,如_____。
①发电机组的启动与停止的自动控制;②自动并车控制;③负载自动调节控制;④重载设备的自动控制;⑤发动机的排温自动调节控制;⑥发电机的保护控制。
A. ①②③④⑤ B. ①②③⑥ C. ①②③④ D. ③④⑥

154. K-CHIEF 500 网络型监视与报警系统的核心组成部分是_____。
A. DPU B. ROS C. CAN D. OS

155. K-CHIEF 500 网络型监视与报警系统系统网关的作用是_____。
A. 连接双冗余 CAN 总线与双冗余 CAN 总线
B. 连接以太网和双冗余 CAN 总线
C. 连接各个 OS
D. 连接各个 DPU

156. DC C20/K-CHIEF 500 监视与报警系统的 DPU 模块的状态指示灯"Run"处在_____状态时,表示 DPU 模块工作正常。
A. 绿色 B. 红色 C. 黄色 D. 灭

157. DC C20/K-CHIEF 500 监视与报警系统的 DPU 模块的状态指示灯"Watch Dog"处在_____状态时,表示 DPU 模块未初始化设置。
A. 绿色 B. 红色 C. 黄色 D. 灭

158. K-CHIEF 500 对模拟信号报警检测,不包括_____。
A. 仪器故障检测 B. 报警延时 C. 死区返回 D. 仪器故障自动修复

159. 在 DC C20/K-CHIEF 500 监视与报警系统中,ROS/OS 的日常管理维护工作不包括_____。
A. 定期进行系统测试 B. 熟悉说明书
C. 检查内存 D. 对 ROS 系统进行必要的备份

160. DATACHIEF C20 系统,测试方法是按下_____。
A. OCP 上的"报警测试(Alarm Test)"按钮
B. 持续"报警确认(Alarm Acknowledgment)"按钮
C. "SERVICE"主按钮
D. 任意 DPU 上测试按钮

161. 在 DC C20/K-CHIEF 500 监视与报警系统中,与机舱传感器直接相连的设备是_____。
A. 集控室操作站 B. 值班呼叫系统 C. 分布处理单元 D. 便携式操作站

162. 在 DC C20/K-CHIEF 500 监视与报警系统中,单 DPU 模块出现故障时,不能进行的操作是_____。
A. 断开电源后重启

B. 从 ROS 对模块进行重新加载
C. 根据报警信息确定模块所在的物理位置
D. 短接通信接口

163. K-CHIEF 500 网络监视与报警系统的核心组成部分是_____。
　　A. DPU　　　　B. ROS　　　　C. CAN　　　　D. OS

164. DATACHIEF C20 系统中更换 DPU 模块时需要考虑_____的问题。
　　A. 进行初始化设置
　　B. 节点 ID 发生冲突时,系统会对节点 ID 进行自动更正
　　C. 从原 DPU 中下载数据到新 DPU
　　D. 新 DPU 可从上层 ROS 获得原 DPU 数据

165. DATACHIEF C20 系统和 K500 系统中 ROS 更换系统时需要注意_____问题。
　　A. 操作系统前后一致　　　　　B. 节点 ID 前后一致
　　C. 硬件容量一致　　　　　　　D. 软件版本一致

166. DATACHIEF C20 系统和 K500 系统中更新应用软件时,需要_____。
　　A. 备份原来的操作系统　　　　B. 备份原来的系统数据
　　C. 备份系统硬件设置　　　　　D. 对 ROS 软件进行必要的备份

167. 在 K-CHIEF 500 监视与报警系统中,若某个输入通道出现硬件故障,则可将相应的输入信号转移到其他通道,以下说法正确的是_____。
　　A. 可将故障通道输入信号转移到同一模块其他空闲通道
　　B. 可将故障通道输入信号转移到其他模块的空闲通道
　　C. 如果可能,应尽量将故障通道信号转移到同一模块的其他通道
　　D. 上述说法都成立

168. 在 DC C20/K-CHIEF 500 监视与报警系统中,在更换机旁/现场操作站(LOS)之后的正确做法是_____。
　　A. 对整个系统进行重启,然后在 LOS 上进行在线调试
　　B. 不需要对 LOS 进行任何调试,LOS 将自动检测网络并自动投入工作
　　C. 只需重启 CAN 总线网络的相关设备,然后对 ROS 进行在线调试
　　D. 对整个系统进行重启,然后在 ROS 上进行在线调试

169. 在对微机监测系统进行故障诊断与处理时,查找故障的基本方法包括_____。
　　A. 拔插法和短路法　　　　　　B. 拔插法和交换法
　　C. 拔插法和接触法　　　　　　D. 开路法和短路法

170. K-CHIEF 500 监视与报警系统的硬件组成包括_____。
　　A. 安全保护系统　　　　　　　B. 视频监视系统
　　C. 主机数字调速器　　　　　　D. 网段控制器

参考答案

1. D　　2. C　　3. A　　4. B　　5. D　　6. C　　7. C　　8. B　　9. D　　10. C

11. C	12. A	13. B	14. D	15. D	16. A	17. B	18. C	19. D	20. D
21. B	22. D	23. D	24. C	25. B	26. C	27. B	28. A	29. A	30. A
31. D	32. C	33. D	34. A	35. A	36. B	37. A	38. C	39. C	40. B
41. C	42. C	43. D	44. D	45. D	46. D	47. C	48. C	49. C	50. D
51. B	52. C	53. C	54. B	55. D	56. C	57. A	58. A	59. D	60. B
61. D	62. C	63. D	64. D	65. D	66. D	67. D	68. D	69. D	70. B
71. C	72. D	73. C	74. B	75. A	76. D	77. A	78. B	79. D	80. C
81. A	82. D	83. B	84. A	85. B	86. D	87. B	88. D	89. B	90. D
91. A	92. A	93. B	94. A	95. C	96. B	97. B	98. D	99. D	100. A
101. D	102. D	103. D	104. D	105. D	106. A	107. D	108. D	109. D	110. D
111. D	112. B	113. C	114. D	115. D	116. B	117. D	118. C	119. A	120. C
121. D	122. D	123. D	124. D	125. D	126. D	127. D	128. D	129. D	130. D
131. C	132. D	133. D	134. D	135. D	136. C	137. D	138. D	139. A	140. B
141. A	142. D	143. D	144. D	145. D	146. D	147. D	148. D	149. D	150. D
151. A	152. D	153. D	154. D	155. D	156. D	157. D	158. D	159. C	160. A
161. C	162. D	163. A	164. D	165. A	166. D	167. D	168. B	169. D	170. D

第4节 曲轴箱油雾浓度监视报警系统

10.4.1 曲轴箱油雾浓度监测原理（适用对象：8401,8402,8403,8404）

1. 在 Graviner Mark-5 型油雾浓度探测器中，正常工作时每次进行油雾浓度检测的缸数是_____。

   A. 10 个　　　　　　B. 6 个　　　　　　C. 4 个　　　　　　D. 1 个

2. 柴油机装有 Graviner Mark-5 型油雾探测器后，一旦油雾浓度超过设定值时，该装置将不能_____。

   A. 发出声光报警　　　　　　　　　　B. 使主机自动降速
   C. 使主机自动停车　　　　　　　　　D. 自动处理故障

3. 构成 Graviner Mark-5 型油雾浓度探测器的核心元件是_____。

   A. 分立元件　　　　　　　　　　　　B. 继电器
   C. 可编程序逻辑元件　　　　　　　　D. 单片机

4. 从检测原理上来看，曲轴箱油雾浓度的检测方法有_____。

   A. 检测光度或检测电容容值　　　　　B. 检测透光度或检测散光度
   C. 超声波法或光散射法　　　　　　　D. 光敏电阻检测或光电池检测

5. 当 Graviner Mark-5 型油雾浓度监视报警器面板上的 FLOW FAULT 灯亮时，表示肯定是_____。

   A. 抽风机转速过低　　　　　　　　　B. 光源灯熄灭

C. 采样电磁阀有故障 D. A 或 C

6. 当 Graviner Mark-5 型油雾浓度监视报警器面板上的 OPTICAC FAULT 灯亮时,表示肯定是_____。
   A. 采样电磁阀有故障 B. 光源有故障
   C. 光电池有故障 D. B 或 C

7. 在 Graviner Mark-5 型油雾浓度监视报警器中,在进行 TEST 或 SIMULATION MODE 操作后,要使系统恢复正常运行,则必须_____。
   A. 按一下 RESET 按钮 B. 按一下 SELECT 按钮
   C. 按一下 TEST 按钮 D. 切断电源

8. 在 Graviner Mark-5 型油雾浓度探测器中,单片机计算偏差浓度时所用的平均浓度值是一个_____。
   A. 事先设定好的值 B. 装置开始工作时调定的值
   C. 不断更新的值 D. 工作一段时间后重新调整的值

9. 在 Graviner Mark-5 型油雾浓度监视报警器中,清洗空气的作用是_____。
   A. 清洗测量单元 B. 对测量单元起冷却作用
   C. 用作为零点的参照值 D. A + B + C

10. 在 Graviner Mark-5 型油雾浓度监视报警器发出油雾浓度报警信号前,先要_____。
    A. 用清洗空气清洗测量单元 B. 停止采样
    C. 发出闪光信号 D. A + B

11. 在 Graviner Mark-5 型曲柄箱油雾浓度监视与报警器中,清洗电磁阀的作用及工作气源压力为_____。
    A. 清洗采样电磁阀,1.0 MPa B. 清洗光源,0.5 MPa
    C. 清洗光电池,0.2 MPa D. 清洗测量系统,0.1 MPa

12. 在 Graviner Mark-5 型曲柄箱油雾浓度监视报警器中,现检测 6 缸柴油机,当采集到 3 号缸气样时,单片机确定平均浓度与偏差浓度的过程是_____。
    A. 先让 6 缸混合气样进测量室测平均浓度,再与 3 号缸浓度相比较,得偏差浓度
    B. 先让除 3 号缸外各缸混合气样进测量室测平均浓度,再与 3 号缸比较,得偏差浓度
    C. 先用平均浓度与 3 号缸比较,得偏差浓度,再用新测 3 号缸浓度代替原 3 号缸,算平均浓度
    D. 先用新测 3 号缸浓度算平均浓度,再与 3 号缸比较得偏差浓度

13. 在 Graviner Mark-5 型曲柄箱油雾浓度监视报警器中,若清洗电磁阀通电,则测量室_____,各采样电磁阀的状态_____。
    A. 通空气/全断电 B. 通空气/全通电
    C. 通混合气样/全断电 D. 通混合气样/全通电

14. 在 Graviner Mark-5 型曲柄箱油雾浓度监视报警器的测量系统中,清洗电磁阀通电,不仅清洗测量系统,还要检测一次_____,并与_____相比较,若相差较小用_____作为相对_____。
    A. 新零点/原零点/新零点/零点
    B. 新零点/原零点/原零点/零点

C. 新报警点/原报警点/新报警点/报警点

D. 新报警点/原报警点/原报警点/报警点

15. Graviner Mark-5 型油雾浓度探测器可以测量的最少和最多采样点数分别是_____。
    A. 2 个/10 个　　B. 4 个/10 个　　C. 4 个/11 个　　D. 6 个/10 个

16. Graviner Mark-5 型曲柄箱油雾浓度监视报警器最多能检测_____缸的柴油机曲柄箱的油雾浓度。
    A. 6 个　　　　　B. 8 个　　　　　C. 10 个　　　　　D. 12 个

17. 在 Graviner Mark-5 型油雾浓度探测器中,清洗空气电磁阀通电的周期是_____。
    A. 光源、光电池及测量室脏污时　　B. 每缸轮流检测一次后
    C. 单片机定时进行　　　　　　　　D. 光源、光电池发热时

18. 故障初期的轴承表面可产生高于 200 ℃ 的高温,导致快速产生高温油气,高温油气遇到曲柄箱内相对低温的空气会凝结成细雾,细雾直径的典型值为 0.5～5 μm。当密度达到_____mg/L(取决于油的品种)时就会有爆炸的危险。采用光学测量技术,可以测量小到_____mg/L 的油雾浓度。
    A. 50～100/0.5　　B. 30～50/0.05　　C. 10～30/0.03　　D. 3～10/0.01

19. 如图 10-6 所示检测曲轴箱油雾浓度的原理中,采样点指的是_____。
    A. 对应气缸中的气样　　　　　　　B. 对应曲轴箱中的滑油油样
    C. 对应曲轴箱中的油雾气样　　　　D. 对应曲轴箱与气源混合后的油雾气样

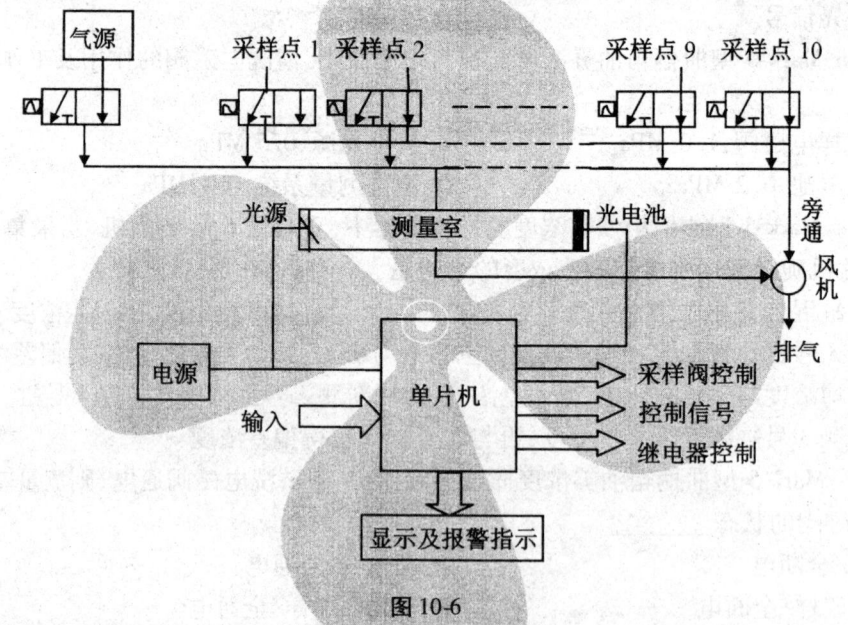

图 10-6

20. 如图 10-6 所示检测曲轴箱油雾浓度的原理中,平均油雾浓度检测通过_____。
    A. 单片机计算得到
    B. 所有电磁阀都打开得到的混合气样检测
    C. 除气源外所有电磁阀都打开得到的混合气样检测
    D. 不检测平均浓度

21. 如图 10-6 所示检测曲轴箱油雾浓度的原理中,如果光源灯泡损坏,则_____。
    A. 油雾浓度过高   B. 油雾浓度为 0
    C. 光源故障并停止采样   D. 光源故障但继续采样
22. 如图 10-6 所示检测曲轴箱油雾浓度的原理中,如果风机因故障停止,则_____。
    A. 装置不能检测到该故障,也不停止采样
    B. 装置能检测到该故障,但不停止采样
    C. 装置能检测到该故障,且停止采样
    D. 装置不能检测到该故障,但停止采样
23. 如图 10-6 所示检测曲轴箱油雾浓度的原理中,检测用的光电池输出的信号为_____。
    A. mV 电压信号   B. 差分 mV 电压信号
    C. mA 电流信号   D. μA 电流信号
24. 如图 10-6 所示检测曲轴箱油雾浓度的原理中,气源用的电磁阀工作时_____。
    A. 冲洗检测管   B. 清洁所有测量通道管路
    C. 冲洗光源灯光   D. 冲洗光电池
25. 如图 10-6 所示检测曲轴箱油雾浓度的原理中,气源用的电磁阀工作时_____。
    A. 不测量   B. 测量的是清洁气样值
    C. 自动检测管路是否需要清洁   D. 自动检测光源回路是否故障
26. 如图 10-6 所示检测曲轴箱油雾浓度的原理中,气源回路如果没有气源提供,则_____。
    A. 装置报警,但不停止工作   B. 装置不报警,也不停止工作
    C. 装置报警,且停止工作   D. 装置报警,但停止工作
27. 如图 10-6 所示检测曲轴箱油雾浓度的原理中,平常最需要的维护工作是_____。
    A. 检查灯光是否点亮   B. 检查光电池是否正常
    C. 清洁测量管路   D. 清洁风机,确保通风良好
28. 在 Graviner Mark-5 型油雾浓度探测器中,清洗空气电磁阀通电的条件是_____。
    A. 当光源、光电池及测量室脏污时   B. 每缸轮流检测一次后
    C. 由单片机进行定时控制   D. 当光源、光电池发热时
29. 在 Graviner Mark-5 型油雾浓度探测器中,清洗空气的主要作用是_____。
    ①清洗光源;②清洗测量室;③清洗油雾通道;④冷却测量元件;⑤加热测量元件;⑥清洗光电池。
    A. ①②④⑥   B. ①③④⑤   C. ②③④⑤   D. ②④⑤⑥

10.4.2 曲轴箱油雾浓度监视报警系统典型实例(适用对象:8401,8403)

30. 与 Mark-5 比较,Mark-6 型曲柄箱油雾浓度监视报警系统的测量系统传感器的布置原则是_____。
    A. 每台机器用一个传感器   B. 每个监测点用一个传感器
    C. 每两个监测点用一个传感器 D. 每三个监测点用一个传感器
31. 不能对 Mark-6 OMD 型曲柄箱油雾浓度监视报警系统软件菜单进行报警设定和系统设定的

是_____。

　　A. 用户级别　　　　B. 工程师级别　　　　C. 服务商级别　　　　D. A 或 B

32. 在 Mark-6 型曲柄箱油雾浓度监视报警系统中,关于探测器检测油雾浓度原理的描述,正确的是_____。

　　A. 散射光越强,油雾浓度越高　　　　B. 散射光越弱,油雾浓度越高

　　B. 透射光越强,油雾浓度越高　　　　D. 透射光越弱,油雾浓度越高

33. Mark-6 型曲轴箱油雾浓度监视报警系统的组成是_____。

　　A. 采样管路、电磁阀及控制单元

　　B. 传感器(探头)、接线箱及控制单元

　　C. 采样管路、传感器(探头)及控制单元

　　D. 传感器(探头)、控制单元及显示单元

34. 与 Mark-5 型比较,Mark-6 型曲柄箱油雾浓度监视报警系统的扫描时间_____。

　　A. 延长　　　　B. 缩短　　　　C. 不变　　　　D. A 或 B

35. 在 Mark-6 型曲柄箱油雾浓度监视报警系统中,LED 近红外光源与感光管的位置关系是_____。

　　A. 一般为侧向布置 30°　　　　B. 一般为侧向布置 60°

　　C. 一般为侧向布置 90°　　　　D. 一般为侧向布置 120°

36. Mark-6 型曲轴箱油雾浓度监视报警系统的传感器检测油雾浓度采用的方法是_____。

　　A. 检测直射光的强度　　　　B. 检测散射光的强度

　　C. 检测直射光和散射光的强度　　　　D. 检测光源、直射光和散射光的强度

37. Graviner Mark-6 型曲柄箱有物浓度监视与报警系统中,采用_____把传感器和控制单元连接起来。

　　A. 电缆线　　　　B. CAN 总线　　　　C. ProfiBus 总线　　　　D. Ethernet 网线

38. Mark-6 型曲柄箱油雾浓度监视报警系统由于采用了光散射探测原理,其可以探测的最小油雾浓度值是_____。

　　A. x mg/L　　　　B. 0.x mg/L　　　　C. 0.0x mg/L　　　　D. 0.00x mg/L

39. Mark-6 型曲轴箱油雾浓度监视报警系统的传感器的接线是_____。

　　A. 电源线和油雾浓度信号线　　　　B. 电源线和数据通信信号线

　　C. 电源线兼做数据通信信号线　　　　D. 电源线兼做油雾浓度信号线

40. Mark-6 OMD 型曲柄箱油雾浓度监视与报警系统最多可安装_____个传感器。

　　A. 10　　　　B. 16　　　　C. 32　　　　D. 64

41. 在 Mark-6 型曲柄箱油雾浓度监视报警系统中,其探测器内安装螺旋气道的目的是_____。

　　A. 气样在管内走更长的距离,有利于油雾气样的采集

　　B. 气样在管内走更长的距离,有利于油、水汽的凝结和滴落

　　C. 气样在管内走更长的距离,有利于油、空气的凝结和滴落

　　D. 气样在管内走更长的距离,有利于空气、水汽的凝结和滴落

42. Mark-6 型曲轴箱油雾浓度监视报警系统的每个传感器上装有三个指示灯:绿色灯指示电源状态,红色灯表示报警状态,淡黄色指示灯指示_____状态,探头上还有设置_____的

开关。

A. 通信/报警选择　　B. 故障/报警选择　　C. 通信/地址码　　D. 故障/地址码

43. Mark-6 OMD 型曲柄箱油雾浓度监视与报警系统在没有报警时全系统的扫描时间是_____。

A. 0.6 s　　B. 1.2 s　　C. 1.8 s　　D. 2.4 s

44. Mark-6 型曲柄箱油雾浓度监视与报警系统传感器的一个光源损坏后,传感器_____。

A. 不能正常工作　　　　　　　B. 仍能正常工作
C. 更换光源后恢复正常工作　　D. 更换传感器

45. 在 Mark-6 型曲柄箱油雾浓度监视报警系统中,当油雾浓度高报警时,LCD 显示器显示的是_____。

A. 发出报警的缸号
B. 发出报警的缸的缸号和油雾浓度值
C. 发出报警的缸的平均油雾浓度值
D. 发出报警的缸的平均油雾浓度值和油雾浓度偏差值

46. Mark-6 型曲轴箱油雾浓度监视报警系统的任何一个传感器的工作都是_____,探头之间及控制单元之间采用_____总线连接完成彼此之间的信息交互。

A. 独立的/RS-485　　　　　　B. 独立的/CAN
C. 相关联的/DEVICENET　　　D. 相关联的/ETHERNET

47. Mark-6 OMD 型曲柄箱油雾浓度监视与报警系统软件菜单只能实现查询功能的是_____。

A. 用户级别　　B. 工程师级别　　C. 服务商级别　　D. A 或 B 或 C

48. 不能对 Mark-6 OMD 型曲柄箱油雾浓度监视与报警系统软件菜单历史时间记录进行更改或复位的是_____。

A. 用户级别　　B. 工程师级别　　C. 服务商级别　　D. A 或 B

49. 与 Mark-5 型相比,Mark-6 型曲柄箱油雾浓度监视与报警系统的主要改进设计之一是_____。

A. 每个检测点用一个传感器进行检测
B. 每两个检测点用一个传感器进行检测
C. 每三个检测点用一个传感器进行检测
D. 每台柴油机用一个检测点用一个传感器进行检测

50. Mark-6 型曲轴箱油雾浓度监视报警系统的每个传感器有 5 根线,具体说明如下_____。

A. 电源是 0 V 和 +24 V,C+ 和 C- 为电流信号线,AL BCK UP 为备用线
B. 电源是 0 V 和 +24 V,C+ 和 C- 为电流信号线,AL BCK UP 为故障信号线
C. 电源是 0 V 和 +24 V,C+ 和 C- 为 CAN 总线通信线,AL BCK UP 为备用线
D. 电源是 0 V 和 +24 V,C+ 和 C- 为 CAN 总线通信线,AL BCK UP 为故障信号线

51. 能够对 Mark-6 OMD 型曲柄箱油雾浓度监视与报警系统软件菜单进行所有操作的是_____。

A. 用户级别　　B. 工程师级别　　C. 服务商级别　　D. A 或 B

52. 在 Mark-6 OMD 型曲柄箱油雾浓度监视与报警系统传感器上,指示电源状态的是_____。

A. 红色指示灯 B. 绿色指示灯
C. 淡黄色指示灯 D. 白色指示灯

53. 与 Mark-5 型比较,Mark-6 型曲柄箱油雾浓度监视报警系统的特点之一是_____。
    A. 每台柴油机用一个油雾浓度传感器 B. 每缸(每个监测点)用一个油雾浓度传感器
    B. 每相邻的两缸用一个油雾浓度传感器 D. 每相邻的三缸用一个油雾浓度传感器

54. Mark-6 型曲轴箱油雾浓度监视报警系统的传感器探头清洗前应_____。
    A. 拆卸探头电缆,取下探头
    B. 检查见机空转及油污情况
    C. 按照说明书说某个探头或某台机器进行隔离
    D. 用玻璃清洗剂清洗烟气探测孔及光导管末端

55. 在 Mark-6 OMD 型曲柄箱油雾浓度监视与报警系统传感器上,指示报警状态的是_____。
    A. 红色指示灯 B. 绿色指示灯 C. 淡色指示灯 D. 白色指示灯

56. 在 Mark-6 OMD 型曲柄箱油雾浓度监视与报警系统传感器上,指示传感器故障状态的是_____。
    A. 红色指示灯 B. 绿色指示灯 C. 淡色指示灯 D. 白色指示灯

57. Mark-6 型油雾浓度探测器实现了小型化,其主要原因是采用了_____。
    A. 投射光测量和微电子技术的发展 B. 散射光测量和微电子技术的发展
    C. 折射光测量和微电子技术的发展 D. 反射光测量和微电子技术的发展

58. Mark-6 型曲轴箱油雾浓度监视报警系统的传感器探头更换时应注意_____。
    A. 关闭整个系统的电源
    B. 在新的探头上设置与旧探头完全相同的地址
    C. 检查 4 个风机弹簧及固定销的状态,需要时更换坏损件
    D. 安装新传感器前,用吹灰器吹出内部杂质并吹干内部单元

59. 在 Mark-6 OMD 型曲柄箱油雾浓度监视与报警系统传感器上开关的功能是_____。
    A. 电源开关 B. 信号开关 C. 输出选择开关 D. 地址码开关

60. 在 Mark-6 OMD 型曲柄箱油雾浓度监视与报警系统中,每个传感器有 5 根线,其中_____是电源线。
    A. 1 根 B. 2 根 C. 3 根 D. 4 根

61. 在 Mark-6 型曲柄箱油雾浓度监视报警系统中,各探头之间通过_____互连。
    A. CAN 总线 B. 以太网 C. RS-422 通信 D. RS-485 通信

62. Mark-6 型曲轴箱油雾浓度监视报警系统的传感器探头报警功能试验时,应_____。
    A. 在控制单元中隔离该探头
    B. 使用油芯并使之阴然
    C. 没有油芯时,可使用香烟替代试能性
    D. 试验到探头指示灯由绿色变黄色指示即可

63. 在 Mark-6 OMD 型曲柄箱油雾浓度监视与报警系统中,每个传感器有 5 根线,其中_____是 CAN 总线。
    A. 1 根 B. 2 根 C. 3 根 D. 4 根

64. 在 Mark-6 OMD 型曲柄箱油雾浓度监视与报警系统显示器上,如果显示 DETECTOR FAULT,则表示_____。
   A. 探头风机故障   B. 探头电源故障
   C. 探头透光孔堵   D. 探头地址码设置错误

65. 在 Mark-6 OMD 型曲柄箱油雾浓度监视与报警系统中,每个传感器有 5 根线,其中_____是故障信号线。
   A. 1 根   B. 2 根   C. 3 根   D. 4 根

66. Mark-6 型曲柄箱油雾浓度监视报警系统的组成特点是_____。
   A. 机舱各柴油机共用一个控制单元
   B. 为了安全,主机单独用一个控制单元
   C. 每三台发电柴油机共用一个控制单元
   D. 每两台发电柴油机共用一个控制单元

67. 在 Mark-6 型曲柄箱油雾浓度监视报警系统中,各油雾浓度探测器内的信息是以_____形式存储。
   A. 模拟量   B. 数字量
   C. 大部分为数字量,少部分为模拟量   D. 小部分为数字量,大部分为模拟量

68. Mark-6 型曲轴箱油雾浓度监视报警系统的控制单元电源指示灯不亮,显示器无显示,常常是因为_____。
   A. 控制单元没有 200 V 供电   B. 控制单元没有 ±24 V AC 供电
   C. 控制单元没有 24 V DC 供电   D. 控制单元没有 ±12 V DC 供电

69. 在 Mark-6 OMD 型曲柄箱油雾浓度监视与报警系统中,如果要更换传感器,首先应_____。
   A. 将传感器隔离   B. 拆除传感器电缆
   C. 拆下传感器   D. 关闭电源、拆除电缆

70. 在 Mark-6 OMD 型曲柄箱油雾浓度监视与报警系统中,更换传感器后,使其投入工作的顺序是_____。
   A. 接通电源—解除隔离状态—启动程序进行初始化
   B. 解除隔离状态—接通电源—启动程序进行初始化
   C. 接通电源—启动程序进行初始化—解除隔离状态
   D. 解除隔离状态—启动程序进行初始化—接通电源

71. 在 Mark-6 型曲柄箱油雾浓度监视报警系统中,用户级别能够进行的操作是_____。
   A. 查询功能   B. 报警设定功能
   C. 系统设定功能   D. 对历史记录的复位功能

72. 在 Mark-6 型曲柄箱油雾浓度监视报警系统中,如果传感器的黄色指示灯亮,则表示_____。
   A. 传感器工作正常   B. 传感器故障
   C. 传感器正在接受信息   D. 传感器正在发送信息

73. Mark-6 型曲轴箱油雾浓度监视报警系统的探头绿色指示灯不亮,常常是因为_____。
   A. 探头内保险丝熔断   B. 接线箱保险丝熔断

C. 探头内光源故障　　　　　　　　　D. 探头内风机故障

74. 在 Mark-6 OMD 型曲柄箱油雾浓度监视与报警系统传感器上,如果红色指示灯亮,则表示传感器处在_____。
    A. 正常监视状态　　B. 报警状态　　C. 故障状态　　D. 通信状态

75. 在 Mark-6 OMD 型曲柄箱油雾浓度监视与报警系统传感器上,如果绿色指示灯亮,则表示传感器处在_____。
    A. 正常监视状态　　B. 报警状态　　C. 故障状态　　D. 通信状态

76. 在 Mark-6 型曲柄箱油雾浓度监视报警系统中,如果对整台柴油机的探头进行保养,首先应该_____。
    A. 关闭电源
    B. 拆下探头电缆
    C. 关闭电源,按说明书要求对该机进行隔离
    D. A + B

77. 在 Mark-6 型曲柄箱油雾浓度监视报警系统中,每个传感器有_____根 CAN 总线通信线。
    A. 2　　B. 3　　C. 4　　D. 5

78. Mark-6 型曲轴箱油雾浓度监视报警系统的显示器上无法显示的是_____。
    A. 通信故障 COMMS FAULT　　　　B. 接线箱保险丝熔断 FUSE FAULT
    C. LED 故障 LED FAULT　　　　　 D. 探头故障 DETECTOR FAULT

79. 在 Mark-6 OMD 型曲柄箱油雾浓度监视与报警系统传感器上,如果淡黄色指示灯亮,则表示传感器处在_____。
    A. 正常监视状态　　B. 报警状态　　C. 故障状态　　D. 通信状态

80. 在 Mark-6 OMD 型曲柄箱油雾浓度监视与报警系统传感器上,如果绿色指示灯不亮,则表示_____。
    A. 电源故障　　B. 指示灯故障　　C. 传感器故障　　D. 通信故障

81. 在 Mark-6 OMD 型曲柄箱油雾浓度监视与报警系统显示器上,如果显示 COMMS FAULT,则表示_____。
    A. LED 故障　　B. 风机故障　　C. 探头供电不正常　　D. 通信接受错误

82. 在 Mark-6 型曲柄箱油雾浓度监视报警系统中,探头使用_____年后应该返回授权代理商进行全面检修。
    A. 2　　B. 3　　C. 4　　D. 5

83. 在 Mark-6 型曲柄箱油雾浓度监视报警系统中,如果探头的地址码设置错误,则显示器上显示_____。
    A. COMMS FAULT　　　　　　　　　B. FAN FAULT
    C. DETECTOR FAULT　　　　　　　　D. LED FAULT

84. 在 Mark-6 型曲柄箱油雾浓度监视报警系统中,在进行探头的报警测试时,如果探头报警正常,其状态指示灯的变化应该是_____。
    A. 保持灭　　B. 保持绿色　　C. 保持红色　　D. 由绿色变成红色

85. Mark-6 型曲轴箱油雾浓度监视报警系统的显示器上不能显示的是_____。

A. 传感器自身故障 PASSIVE FAULT B. 传感器内部风机故障 FAN FAULT
C. LED 故障 LED FAULT D. 错误的偏差报警 FALSE DEVIATION ALARM

86. 在 Mark-6 OMD 型曲柄箱油雾浓度监视与报警系统显示器上，如果显示 COMMS FAULT，则表示_____。
   A. LED 故障 B. 风机故障
   C. 探头地址码设置错误 D. 通信接受错误

87. 在 Mark-6 OMD 型曲柄箱油雾浓度监视与报警系统显示器上，如果显示 DETECTOR FAULT，则表示_____。
   A. 探头风机故障 B. 探头电源故障
   C. 探头导光管损坏 D. 探头地址码设置错误

88. 在 Mark-6 型曲柄箱油雾浓度监视报警系统中，如果内部风机故障，则显示器上显示_____。
   A. COMMS FAULT B. FAN FAULT
   C. DETECTOR FAULT D. LED FAULT

89. 在 Mark-6 型曲柄箱油雾浓度监视报警系统中，如果导光管损坏，则显示器上显示_____。
   A. COMMS FAULT B. FAN FAULT
   C. DETECTOR FAULT D. LED FAULT

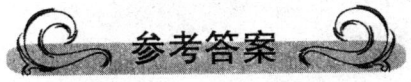

参考答案

1. D	2. D	3. D	4. B	5. D	6. D	7. A	8. C	9. D	10. D
11. D	12. C	13. A	14. A	15. B	16. C	17. C	18. B	19. C	20. A
21. C	22. C	23. D	24. A	25. B	26. C	27. C	28. C	29. A	30. B
31. A	32. A	33. B	34. B	35. C	36. B	37. B	38. C	39. B	40. D
41. B	42. D	43. B	44. B	45. A	46. B	47. C	48. D	49. A	50. D
51. C	52. B	53. C	54. C	55. A	56. C	57. B	58. B	59. D	60. B
61. A	62. B	63. B	64. C	65. A	66. A	67. B	68. C	69. A	70. A
71. A	72. B	73. B	74. B	75. A	76. B	77. C	78. B	79. B	80. A
81. C	82. D	83. A	84. D	85. A	86. C	87. C	88. B	89. C	

第 11 章
船舶火灾自动报警系统

第 1 节 火灾自动报警系统的基本类别及基本功能
（适用对象：8401,8402,8403,8404）

1. _____监测环境的有关物理量,将其转换成与该物理量对应电信号,并传递给报警控制器。
   A. 区域报警屏　　　　B. 控制单元　　　　C. 探测器　　　　D. 联动控制器
2. 按照火灾探测器及其相应的系统特点,通常用于典型火灾报警系统的探测器为_____。
   A. 开关量火灾探测器　　　　　　　　B. 模拟量火灾探测器
   C. 智能化火灾探测器　　　　　　　　D. 混合量火灾探测器
3. 船舶上火灾自动报警系统中央控制单元的主要作用是_____。
   A. 接受火灾信号,经过处理后给出声、光火警报警信号,并显示出火警的部位
   B. 接受火灾信号,给出声、光火警报警信号,并发出停止火灾区域运转设备的命令
   C. 接受人工按钮报警信号,给出声、光火警报警信号,并显示出火警的部位
   D. 接受火灾信号,经过处理后给出声、光火警报警信号,并发出主机降速的命令
4. 船舶火灾报警控制器接到火警信号后,_____。
   A. 进行声光报警,显示报警区域或位置,发出联动控制信号
   B. 进行声光报警,发出联动控制信号
   C. 进行声光报警
   D. 进行声光报警,显示报警区域或位置
5. 报警器是自动探火及报警系统中的输入/输出控制设备,是整个系统的心脏。其输入端连接_____;输出端连接_____。
   A. 机舱所有的传感器及变送装置/各警铃、区域火情指示灯等
   B. 各火警探测器、手动报警按钮/各警铃、区域火情指示灯等
   C. 各警铃、区域火情指示灯等/各火警探测器、手动报警按钮
   D. 各警铃、区域火情指示灯等/机舱所有的传感器及变送装置
6. 分路式火灾自动报警系统的每个探测分路最末一个探测器内接一个_____。
   A. 终端电容　　　　B. 终端电阻　　　　C. 终端线圈　　　　D. A 或 B
7. 总线型火警监控系统拥有智能型火警探测器,这种探测器内的核心部件是_____。

A. 开关量传感器　　　B. 数字量传感器　　　C. 微处理器　　　D. 双通道并行

8. 分路式主机多为模块式结构,其基本模块包括_____。
　　A. 继电器单元　　　B. 中央单元　　　C. 通用报警单元　　　D. 开关量单元

9. 火灾报警系统能将火灾初期燃烧产生的烟雾、热量和光辐射等物理量通过_____变换成_____信号,传输到火灾报警控制器,发出声光报警信号并指示火警位置。
　　A. 火灾探测器/弱电
　　B. 火灾探测器/强电
　　C. 火灾报警器/弱电
　　D. 火灾报警器/强电

10. 分路式火灾自动报警系统主机多为模块式结构,其基本模块包括_____。
　　A. 继电器单元　　　B. 通用报警单元　　　C. 分路单元　　　D. 开关量单元

11. 报警器是自动探火及报警系统中的输入/输出控制设备,其每一路输入一般是_____。
　　A. 数个不同型号的火警探测器串联
　　B. 数个不同型号的火警探测器并联
　　C. 一个火警探测器
　　D. 数个同型号的火警探测器

12. 火灾报警系统中,_____能将火灾初期燃烧产生的烟雾、热量和光辐射等物理量变换成电信号。
　　A. 火灾探测器
　　B. 监控摄像头
　　C. 火灾报警控制器
　　D. 火灾警报装置

13. 船舶火警系统中使用的玻璃报警器属于_____。
　　A. 定温式温度探测器
　　B. 差温式温度探测器
　　C. 感烟探测器
　　D. 手动报警装置

14. 根据自动探测器或手动按钮从监护现场发来的火灾信号,火警报警系统发出与其他任何报警音响或信号铃声不同的_____和_____报警信号。
　　A. 间断铃声/红闪光
　　B. 蜂鸣器声/黄光
　　C. 高音电笛声/红闪光
　　D. 连续铃声/蓝光

15. 分路式火灾自动报警系统主机多为模块式结构,其基本模块包括_____。
　　A. 继电器单元　　　B. 通用报警单元　　　C. 开关量单元　　　D. 报警控制单元

16. 在总线型火警监控系统中,下列说法正确的是_____。
　　A. 每个智能传感器需要有一个地址,多个普通开关量传感器可使用一个地址
　　B. 每个普通开关量传感器需要有一个地址,多个智能传感器可使用一个地址
　　C. 每个普通开关量传感器和智能传感器都需要一个地址
　　D. 多个智能传感器和普通开关量传感器都可使用一个地址

17. 分路式火灾自动报警系统主机多为模块式结构,其基本模块包括_____。
　　A. 电源单元　　　B. 通用报警单元　　　C. 开关量单元　　　D. 继电器单元

18. 火警(消防)报警系统本身故障的声、光报警信号是_____。
　　A. 间断铃声,红闪光
　　B. 蜂鸣器声,黄光
　　C. 高音电笛声,红闪光
　　D. 连续铃声,蓝光

19. 当系统发生断线故障的同时又有火警发生,则火灾报警系统自动执行_____报警。
　　A. 后发生的后　　　B. 先发生的先　　　C. 故障未除不　　　D. 火灾优先

20. 火灾自动报警系统的工作电压一般为_____。

A. 24 V DC　　　　B. 36 V DC　　　　C. 110 V AC　　　　D. 220 V AC

21. 总线型火警监控系统中,探测器和其他模块采用_____编码,通过_____与控制器实现信号传送。

　　A. 总线/地址　　B. 数字量/总线　　C. 地址/总线　　D. 开关量/地址

22. 火灾报警系统能将火灾初期燃烧产生的烟雾、热量和光辐射等物理量通过_____变换成_____信号,传输到火灾报警控制器,发出声光报警信号并指示火警位置。

　　A. 火灾探测器/弱电　　　　　　B. 火灾探测器/强电
　　C. 火灾报警器/弱电　　　　　　D. 火灾报警器/强电

23. 普通型火警监控系统的探测器报警形式为_____量,灵敏度由系统_____决定。

　　A. 开关/硬件　　B. 数字/软件　　C. 开关/软件　　D. 数字/硬件

24. 总线控制的环路式火灾自动报警系统的智能传感器内部主要包括_____。

　　A. 微处理器　　B. 存储器　　C. 地址译码器　　D. 并行接口

25. 船舶火灾报警控制器接到火警按钮按下的火警信号后,较为全面的动作是_____。

　　A. 进行声光报警,显示报警区域位置,发出联动控制信号
　　B. 进行声光报警,发出全船消防演习报警
　　C. 进行声光报警,信号只送到集控室报警
　　D. 进行声光报警,信号送集控室、轮机长和船长房间

26. 总线控制的环路式火灾自动报警系统的智能传感器内部主要包括_____。

　　A. 存储器　　B. A/D 转换器　　C. 地址译码器　　D. 并行接口

27. 总线型火警监控系统_____进行现场编程,_____区分故障类型。

　　A. 能/不能　　B. 不能/能　　C. 能/能　　D. 不能/不能

28. 总线控制的环路式火灾自动报警系统的智能传感器内部主要包括_____。

　　A. 存储器　　B. D/A 转换器　　C. 地址译码器　　D. 串行接口

29. 全船有很多条火警探测器分路,每一分路都有一组探测器,既有探测火警的功能又有检测该分路断线故障的功能,被安装在每一回路的_____位置。

　　A. 中间　　B. 终端　　C. 始端　　D. 任意

30. 总线型火警监控系统中,探测器和其他模块采用_____编码,通过_____与控制器实现信号传送。

　　A. 总线/地址　　B. 开关量/总线　　C. 地址/总线　　D. 开关量/地址

31. 总线控制的环路式火灾自动报警系统的组成,主要包括_____。

　　A. 终端电阻　　B. 通用报警单元　　C. 分路单元　　D. 中央单元

32. 火灾报警系统中,_____能进行火灾具体情况的监视。

　　A. 监控摄像头　　B. 火灾探测器　　C. 火灾报警控制器　　D. 火灾警报装置

33. 总线控制的环路式火灾自动报警系统的组成,主要包括_____。

　　A. 操作单元　　B. 通用报警单元　　C. 分路单元　　D. 终端电阻

34. 在离子感烟式火警探测器发火灾报警后,能让它继续监视火警的方法是_____。

　　A. 无须采取措施　　　　　　　B. 进行火警确认
　　C. 把内外电离室之间的分压点接地　　D. 切断电源再接通

35. 总线控制的环路式火灾自动报警系统的组成,主要包括_____。
    A. 通用报警单元   B. 探测环路   C. 分路单元   D. 终端电阻
36. 总线型火警监控系统的探测器报警形式为_____,灵敏度由系统_____决定。
    A. 开关量/硬件   B. 数字量/软件   C. 开关量/软件   D. 数字量/硬件
37. 在总线控制的环路式火灾自动报警系统中,在探测环路中通过_____可连接普通开关量型的火灾探测器。
    A. 通用报警单元   B. 地址单元   C. 分路单元   D. 通信接口板
38. 船舶火灾报警控制器接到火警信号后,_____。
    A. 进行声光报警,显示报警区域或位置,发出联动控制信号
    B. 进行声光报警,显示报警区域或位置
    C. 进行声光报警
    D. 进行声光报警,发出联动控制信号
39. 在总线控制的环路式火灾自动报警系统中,中央单元为模块式结构,其组成部分包括_____。
    A. 报警处理板   B. 智能探测器   C. 短路隔离器   D. 开关量探测器
40. 火灾报警系统主要组成包括_____两大部分。
    A. 火灾报警喇叭和指示灯   B. 火灾报警喇叭和火灾探测器
    C. 火灾报警中央装置和报警指示灯   D. 火灾报警中央装置和火灾探测器
41. 船舶火警报警系统的报警器(消防报警监视装置)设在_____。
    A. 机舱   B. 船长室   C. 轮机长室   D. 驾驶台
42. 在总线控制的环路式火灾自动报警系统中,中央单元为模块式结构,其组成部分包括_____。
    A. 短路隔离器   B. 智能探测器   C. 探测环路接口板   D. 开关量探测器
43. 总线型火警监控系统_____进行现场编程,_____区分故障类型。
    A. 能/不能   B. 能/能   C. 不能/能   D. 不能/不能
44. 当船舶火警系统报警后,火警灯应_____并接通电铃;按下消声按钮后,火警灯_____。
    A. 闪亮/熄灭   B. 常亮/熄灭   C. 闪亮/常亮   D. 常亮/闪亮
45. 在总线控制的环路式火灾自动报警系统中,中央单元为模块式结构,其组成部分包括_____。
    A. 短路隔离器   B. 智能探测器   C. 继电器板   D. 开关量探测器
46. 根据火灾探测器的分布形式不同,火灾报警系统可分为_____两种。
    A. 热探测式和烟雾探测式   B. 分路式和环路式
    C. 温升式和恒温式   D. 感烟管式和离子感烟式
47. 在总线控制的环路式火灾自动报警系统中,中央单元为模块式结构,其组成部分包括_____。
    A. 电源单元   B. 智能探测器   C. 短路隔离器   D. 开关量探测器
48. 分路式火灾报警系统的状态与分路电流的大小紧密相关,下列说法正确的是_____。
    A. 系统正常时电流很小,火灾报警时电流很大,线路断线时电流为零

B. 系统正常时电流很大,火灾报警时电流为零,线路断线时电流很小
C. 系统正常时电流很小,火灾报警时电流为零,线路断线时电流很大
D. 系统正常时电流很大,火灾报警时电流很小,线路断线时电流为零

49. 在总线控制的环路式火灾自动报警系统中,关于探测器部位号的描述,正确的是_____。
   A. 一个探测器可占用一个部位号　　B. 数个探测器可占用一个部位号
   C. 每个探测环路占用一个部位号　　D. A + B

50. 火灾报警系统中,_____能将火灾初期燃烧产生的烟雾、热量和光辐射等物理量变换成电信号。
   A. 火灾探测器　　B. 监控摄像头　　C. 火灾报警控制器　D. 火灾警报装置

51. 在总线控制的环路式火灾自动报警系统中,设置短路隔离器的目的是_____。
   A. 防止编码地址击穿影响系统正常工作　　B. 防止连接导线系统正常工作
   C. 限制探测环路电流的大小　　D. A + B

52. 总线型火灾自动监控系统的中央单元包括_____。
   ①自动报警板;②报警处理板;③探测环路接口板;④继电器板;⑤通信接口板;⑥总线控制板。
   A. ②③④⑤　　B. ③④⑤⑥　　C. ①②③④　　D. ①④⑤⑥

53. 总线型火灾自动监控系统中探测环路接口板的作用是_____。
   A. 中央单元与探测环路通信
   B. 控制单元与探测环路传输数据
   C. 中央单元与探测环路中的探测器通信
   D. 控制单元与探测环路通信

54. 总线型火警监控系统的智能型火警探测器一般具有_____通信功能。
   A. 单通道串行　　B. 双通道串行　　C. 单通道并行　　D. 双通道并行

55. 消防报警系统和机舱组合式报警系统,二者_____。
   A. 使用同一个报警音响设备　　B. 使用同一种类报警音响设备
   C. 分别使用不同种类报警音响设备　　D. 报警音响设备可以互换使用

56. 船舶上火灾自动报警系统的基本功能包括_____。
   ①对火警探测器进行控制;②对报警指示设备的输入输出线路进行监控;③火警与故障信号有记忆功能;④满足船用环境条件试验要求;⑤对误报警的自动取消;⑥火警发生时给出声、光信号,并指示出火警发生的部位。
   A. ①③⑤⑥　　B. ①②④⑤　　C. ②③④⑤　　D. ②③④⑥

57. 船舶上火灾自动报警系统根据安装区域和探测介质的不同,在船舶中主要分为_____。
   ①用于舱室的火灾自动报警系统;②用于散货舱的火灾自动报警系统;③用于干货舱的火灾自动报警系统;④用于油轮的火灾自动报警系统;⑤可燃气体探测系统;⑥用于客轮的火灾自动报警系统。
   A. ③④⑥　　B. ②④⑥　　C. ①③⑤　　D. ①②⑤

参考答案

1. C	2. D	3. A	4. A	5. B	6. B	7. C	8. B	9. A	10. C
11. D	12. A	13. D	14. A	15. D	16. A	17. A	18. B	19. D	20. A
21. C	22. A	23. A	24. A	25. D	26. B	27. A	28. D	29. A	30. B
31. D	32. A	33. A	34. D	35. B	36. A	37. B	38. A	39. A	40. D
41. D	42. C	43. A	44. C	45. B	46. B	47. A	48. A	49. D	50. A
51. D	52. A	53. C	54. B	55. C	56. D	57. C			

第 2 节　火灾探测方法及探测器
（适用对象：8401,8402,8403,8404）

1. 在那些经常存在大量粉尘、油雾、水蒸气的场所,一般使用_____才比较合适。
   A. 感温式火灾探测器　　　　　　　　B. 感烟式火灾探测器
   C. 光电式火灾探测器　　　　　　　　D. 感湿式火灾探测器

2. 下列_____不属于感烟式火灾探测器。
   A. 离子感烟型　　　　　　　　　　　B. 激光感烟型
   C. 光电感烟型　　　　　　　　　　　D. 电势感烟型

3. 目前在火灾报警系统中,_____不属于火灾探测器通常采用接线方式。
   A. 二线制　　　　B. 三线制　　　　C. 四线制　　　　D. 五线制

4. 一般来说,对于火灾初期有阴燃阶段、易产生大量烟和少量热、很少或没有火焰的场合,应选用_____。
   A. 感温探测器　　B. 感烟探测器　　C. 火焰探测器　　D. 光电探测器

5. 下面_____不属于抽烟式自动探火及报警系统的组成。
   A. 抽风机及抽风管道　　　　　　　　B. 感烟探测器
   C. 火灾的显示和警报设备　　　　　　D. 压载水位显示装置

6. 下面_____不属于气敏半导体元件的特点。
   A. 具有较高的灵敏率　　　　　　　　B. 制造元件的原材料丰富
   C. 适用范围广　　　　　　　　　　　D. 检验电路复杂

7. 气敏半导体元件,若周围的空气中有敏感气体存在,半导体的电阻值就随气体浓度增高而_____。
   A. 不变　　　　　B. 变小　　　　　C. 变大　　　　　D. 无法判断

8. 对于火灾发展迅速、有强烈火焰辐射但发烟较少的场合,应选_____。
   A. 感温探测器　　B. 感烟探测器　　C. 火焰探测器　　D. 光电探测器

9. 下面_____不属于T系列气敏元件的特点。
   A. 在有毒恶劣环境中,仍具有高可靠性　B. 结构设计符合震动、坠落试验标准
   C. 在高浓度下电阻变化大　　　　　　D. 可探测低浓度的烃气

10. 下面_____不属于接触式探测器。
    A. 感温探测器　　　B. 感烟探测器　　　C. 气敏探测器　　　D. A + B + C

11. 散射光式光电感烟火灾探测原理,实质上是利用一套_____作为传感器。
    A. 光学系统　　　B. 热学系统　　　C. 电学系统　　　D. 以上都不是

12. 阈值是对所探测的火灾参数设定固定值,发生火情后,该参数逐渐_____,一旦达到阈值便发出一个阶跃开关量信号,并由此驱动报警系统。
    A. 不变　　　B. 变小　　　C. 变大　　　D. 无法判断

13. 火灾探测器是及时探测和传输与火灾有关的物理和化学现象的探测装置,下面_____不属于火灾探测器的组成。
    A. 火灾参数传感器　　　　　　B. 控制元件
    C. 探测信号处理单元　　　　　D. 火灾判断电路

14. 根据火灾前产生的烟雾浓度差异决定透光程度进行检测的火灾报警器称为_____火警探测器。
    A. 恒温式　　　B. 温升式　　　C. 感烟管式　　　D. 离子感烟式

15. 双源感烟式火灾探测器的基本工作原理是_____。
    A. 烟雾浓度不同,烟雾颗粒吸收被电离的空气离子数量不同
    B. 烟雾浓度不同,透光程度不同
    C. 烟雾浓度不同,烟雾颗粒吸收α射线数量不同
    D. 烟雾浓度不同,被加热的温度不同

16. 在机舱中,火警探测器常采用_____。
    A. 感烟管式的　　　　　　B. 离子感烟式或温升式的
    C. 恒温式的　　　　　　　D. 温升式的

17. 火灾探测器将探测到的烟雾转换成电信号发送到火灾报警控制中心进行报警和显示,这种探测器是_____。
    A. 定温式火灾探测器　　　　B. 差温式火灾探测器
    C. 离子式火灾探测器　　　　D. 气敏半导体火灾探测器

18. 采用镅241构成作为检测元件的火灾探测器是一种_____火灾检测器。
    A. 感光式　　　B. 感温式　　　C. 温升式　　　D. 感烟式

19. 离子感烟式火警探测器中,如果烟雾浓度越大,那么_____。
    A. 镅241发出的α射线越强　　　B. 烟雾被电离的离子数越多
    C. 空气被电离的离子数越少　　D. 烟雾吸收离子数越多

20. 火灾探测器将探测到的温度转换成电信号发送到火灾报警控制中心进行报警和显示,这种探测器是_____。
    A. 定温式火灾探测器　　　　B. 感烟管式火灾探测器
    C. 离子式火灾探测器　　　　D. 气敏半导体火灾探测器

21. 在离子感烟式火警探测器中,内外电离室各装一块镅241,则外电离室的作用是_____。
    A. 通气样,烟雾浓度增大,离子流减少,等效电阻增大
    B. 通气样,烟雾浓度增大,离子流增多,等效电阻增大

C. 通气样,烟雾浓度增大,离子流减少,等效电阻减小
D. 密封空气,烟雾浓度增大,离子流不变,等效电阻不变

22. 船舶火灾报警系统中的离子感烟式火警探测器一、二级放大电路分别采用_____。
    A. 晶体管、晶体管　　　　　　　　B. 场效应管、晶体管
    C. 晶体管、场效应管　　　　　　　D. 场效应管、场效应管

23. 在离子感烟式火警推测器测量电路中,一、二级放大电路分别采用_____。
    A. 晶体管、晶体管　　　　　　　　B. 场效应管、晶体管
    C. 晶体管、场效应管　　　　　　　D. 场效应管、场效应管

24. 火灾探测器将探测到的易燃气体转换成电信号发送到火灾报警控制中心进行报警和显示,这种探测器是_____。
    A. 定温式火灾探测器　　　　　　　B. 感烟管式火灾探测器
    C. 离子式火灾探测器　　　　　　　D. 气敏半导体火灾探测器

25. 在离子感烟式火警探测器中,已发火灾报警时,是_____部件使火灾报警继电器通电。
    A. 电压比较器　　　　　　　　　　B. 具有回差的斯密特电路
    C. 稳压电路和可控硅管　　　　　　D. 经与非门电路

26. 船员房间和公共场所中的火警探测器一般采用_____。
    A. 热探测式和感烟管式　　　　　　B. 感烟式和定温式
    C. 离子感烟式和定温式　　　　　　D. 温升式和恒温式

27. 利用透光原理制成的火灾探测器是_____。
    A. 定温式火灾探测器　　　　　　　B. 感烟管式火灾探测器
    C. 离子式火灾探测器　　　　　　　D. 气敏半导体火灾探测器

28. 在离子感烟式火警测器发火灾报警后,能让它继续监视火警的方法是_____。
    A. 火警消失后,自动再监视　　　　B. 发火灾报警后已确认火警
    C. 把内外电离室之间分压点接地　　D. 复位按钮按下切断测器回路电源

29. 利用可控硅控制继电器通电发出火灾报警信号的火灾探测器是_____。
    A. 定温式火灾探测器　　　　　　　B. 感烟管式火灾探测器
    C. 离子式火灾探测器　　　　　　　D. 气敏半导体火灾探测器

30. 在采用温升式火警探测器中,其报警定值一般每分钟升高_____℃时发出报警信号。
    A. 4　　　　　B. 5.5　　　　　C. 7　　　　　D. 10

31. 当有烟雾进入离子式火灾探测器的外电离室时,内外电离室等效电阻值的变化是_____。
    A. 内外电离室的等效电阻值都增加
    B. 内电离室的等效电阻值不变,外电离室的等效电阻值增加
    C. 内电离室的等效电阻值不变,外电离室的等效电阻值减小
    D. 内外电离室的等效电阻值都减小

32. 感烟式火警探测器有两种,一种是基于_____的原理,另一种是基于_____的原理。
    A. 烟雾浓度不同,透光程度不同/烟雾颗粒能吸收空气被电离的离子
    B. 烟雾导电随浓度变化/烟雾颗粒在磁场中磁化
    C. 烟雾透光性/烟雾吸收α射线

D. 烟雾顺磁性/烟雾逆磁性

33. 利用低熔点金属丝或双金属片制成的火灾探测器是_____。
    A. 定温式火灾探测器　　　　　　　　B. 感烟管式火灾探测器
    C. 离子式火灾探测器　　　　　　　　D. 气敏半导体火灾探测器

34. 由镅构成的火灾探测器是一种_____火灾检测器。
    A. 感温式　　　　B. 温升式　　　　C. 感烟式　　　　D. 感光式

35. 利用监测点温度升高变化率来探测火灾信号的火灾探测器是_____。
    A. 定温式火灾探测器　　　　　　　　B. 感烟管式火灾探测器
    C. 差温式火灾探测器　　　　　　　　D. 气敏半导体火灾探测器

36. 在采用离子效应火警探测传感器中,是否发报警信号取决于_____。
    A. 镅241能发射的α射线的强度　　　　B. 空气温差
    C. 内外电离室压差　　　　　　　　　D. 空气中的含烟浓度

37. 监测点的温度升高变化率超过每分钟_____度时,差温式火灾探测器发出火灾报警。
    A. 3.5　　　　B. 4.5　　　　C. 5.5　　　　D. 6.5

38. 船员住室中的火警探测器一般形式为_____式。
    A. 热探测　　　　B. 温升　　　　C. 感烟管　　　　D. 离子感烟

39. 有一种火灾探测器的输出信号与火灾状况(烟雾浓度变化、温度变化)呈线性关系,这种探测器是_____。
    A. 感烟式火灾探测器　　　　　　　　B. 感温式火灾探测器
    C. 气敏半导体火灾探测器　　　　　　D. 智能型火灾探测器

40. 感烟管式火警探测器,通常用于_____火警。
    A. 驾驶台　　　　B. 机舱　　　　C. 集控室　　　　D. 货舱

41. 有一种火灾探测器具备串行通信功能,这种探测器是_____。
    A. 感烟式火灾探测器　　　　　　　　B. 感温式火灾探测器
    C. 智能型火灾探测器　　　　　　　　D. 气敏半导体火灾探测器

42. 感烟管式火警探测器里,两个光电池所产生的电压差值随气样中烟雾浓度_____。
    A. 增大而减小　　B. 增大而增大　　C. 没有对应关系　　D. 呈指数对应关系

43. 有一种火灾探测器具备地址编码功能,这种探测器是_____。
    A. 感烟式火灾探测器　　　　　　　　B. 感温式火灾探测器
    C. 智能型火灾探测器　　　　　　　　D. 气敏半导体火灾探测器

44. 下列_____元件不是用于机舱火灾报警的。
    A. 光电池　　　　B. 热敏电阻　　　　C. 低熔点合金　　　　D. 镅241

45. 有一种火灾探测器的灵敏度和警戒值可以灵活设定,这种探测器是_____。
    A. 感烟式火灾探测器　　　　　　　　B. 感温式火灾探测器
    C. 智能型火灾探测器　　　　　　　　D. 气敏半导体火灾探测器

46. 感烟管式火警探测器的基本工作原理是烟雾浓度不同,火警探测器的_____不同。
    A. 烟雾遮光性　　B. 烟雾吸附性　　C. 烟雾散射性　　D. 烟雾电离性

47. 有一种火灾探测器具有自动故障监测功能,这种探测器是_____。

A. 感烟式火灾探测器　　　　　　　B. 感温式火灾探测器
C. 智能型火灾探测器　　　　　　　D. 气敏半导体火灾探测器

48. 离子感烟式火警探测器的基本工作原理是烟雾浓度不同，_____。
    A. 透光程度不同
    B. 烟雾颗粒吸收的 α 射线数量不同
    C. 烟雾颗粒吸收被电离的空气离子数量不同
    D. 被加热的温度不同

49. 利用势垒学说制成的火灾探测器是_____。
    A. 感烟式火灾探测器　　　　　　　B. 感温式火灾探测器
    C. 气敏半导体火灾探测器　　　　　D. 智能型火灾探测器

50. 在船舶范围内,光电池通常不能检测_____。
    A. 火警　　　　B. 油雾浓度　　　　C. 转速　　　　D. 盐度

51. N 型气敏半导体火灾探测器遇到敏感气体时,其电阻值的变化是_____。
    A. 减小　　　　B. 增加　　　　C. 不变　　　　D. 变化没有规律

52. 智能型火灾探测器具有多种特点,但是_____不是其特点。
    A. 能够按预报警、火灾发讯、联动警报三个阶段传送信号
    B. 具备通信功能
    C. 具有地址编码功能
    D. 具有防爆功能

53. 智能型火灾探测器具有多种特点,但是_____不是其特点。
    A. 灵敏度和警戒值可以灵活设定　　B. 具备无线通信功能
    C. 内配置高集成度的微型智能模块　D. 具有自动故障测试功能

54. P 型气敏半导体火灾探测器遇到敏感气体时,其电阻值的变化是_____。
    A. 减小　　　　B. 增加　　　　C. 不变　　　　D. 没有规律

55. 利用火灾前兆的热效应制成的火警探测器有恒温式和温升式两种,它们分别用于_____。
    A. 舱容小,舱容小　　　　　　　　B. 舱容小,舱容大
    C. 舱容大,舱容小　　　　　　　　D. 舱容大,舱容小

56. 船舶火警探测器常采用的型式有_____。
    ①光敏电阻式；②恒温式；③温升式；④压电晶体式；⑤感烟式；⑥热磁式。
    A. ①②③　　　B. ②③⑤　　　C. ④⑤⑥　　　D. ③④⑤

参考答案

1. A	2. D	3. D	4. B	5. D	6. D	7. B	8. C	9. C	10. D
11. A	12. C	13. B	14. C	15. A	16. B	17. D	18. D	19. D	20. A
21. A	22. B	23. B	24. D	25. C	26. B	27. D	28. D	29. C	30. D
31. B	32. 2A	33. A	34. C	35. D	36. D	37. D	38. D	39. D	40. D
41. C	42. B	43. C	44. B	45. C	46. A	47. C	48. C	49. C	50. D

51. A　52. D　53. B　54. B　55. A　56. B

第3节　火灾探测器的故障分析
（适用对象：8401,8402,8403,8404）

1. 火警系统使用中发生火警探测器回路线路故障报警,此时应_____。
   A. 查明故障探测器处并更换　　　　B. 查明线路故障处并修复
   C. 控制箱内另接一个终端电阻　　　D. 系统对该区域进行线路故障报警闭锁

2. 火警系统发生火警的火警探测器拆下后,火警系统复位后的反应是_____。
   A. 仍是原来的火警故障　　　　　　B. 原来火警回路的线路故障
   C. 该火警回路整条回路不能检测火警　D. 该火警系统不能检测火警

3. 定温火灾探测器一级灵敏度的动作温度是_____。
   A. 62 ℃　　　B. 70 ℃　　　C. 72 ℃　　　D. 78 ℃

4. 报警器是自动探火及报警系统中的输入/输出控制设备,其每一路输入一般是_____。
   A. 一个终端探测器　　　　　　　　B. 一个中间探测器
   C. 多个功能完全一致的探测器　　　D. 多个中间探测器和一个终端探测器

5. 火警报警器不可能在有_____时出现火警误报。
   A. 电气焊　　　　　　　　　　　　B. 小昆虫和蜘蛛网进入探测器
   C. 线路断开　　　　　　　　　　　D. 探测器拆装

6. 定温火灾探测器二级灵敏度的动作温度是_____。
   A. 62 ℃　　　B. 70 ℃　　　C. 72 ℃　　　D. 78 ℃

7. 火警系统发生火警的火警探测器拆下后,火警系统除出现火警回路的线路故障处,_____。
   A. 其他功能都正常　　　　　　　　B. 该火警探测器后面的探测器失效
   C. 该火警回路整条回路失效　　　　D. 该火警系统失效

8. 火警探测器发生火警误报警的原因可能是_____。
   ①直流24 V电源高达28 V;②电气焊作业;③水蒸气进入探测器内;④缺乏清洁;⑤房间吸烟过多;⑥终端电阻脱落。
   A. ①②③④⑤⑥　B. ②③④⑤　C. ①④⑤⑥　D. ①②③⑥

9. 定温火灾探测器三级灵敏度的动作温度是_____。
   A. 62 ℃　　　B. 70 ℃　　　C. 72 ℃　　　D. 78 ℃

10. 船舶消防通道旁装有多个破玻璃消防报警器,在打碎其玻璃时,它们的触点状态是_____。
    A. 串联断开　　B. 串联闭合　　C. 并联断开　　D. 并联闭合

11. 船舶火灾报警器中同一分路的中间探测器和终端探测器相比较,_____。
    A. 后者具有探测器线路自动监测并兼容中间探测器功能
    B. 多个功能完全一致
    C. 分别用于检测烟雾浓度、温度值
    D. 分别用于检测温度值、烟雾浓度

12. 感烟式火灾探测器的一级灵敏度表示单位长度的烟雾减光率达到_____时报警。

A. 10% B. 20% C. 30% D. 40%

13. 若将火灾报警器同一分路的中间探测器和终端探测器对调，_____。
    A. 报警器报警   B. 不能对整个分路进行自动检测其是否正常
    C. 完全可以   D. 探测器整定值发生变化

14. 感烟式火灾探测器的一级灵敏度表示单位长度的烟雾减光率达到_____时报警。
    A. 10% B. 20% C. 30% D. 40%

15. 离子感烟火警探测器进行火警功能试验后，应_____进行复位。
    A. 按火警探测器上的复位按钮   B. 按火警探测器附近的火警按钮
    C. 按驾驶室火警制板上的复位按钮   D. 在集控室的控制台上按故障复位按钮

16. 机舱发生火警误报警，应该可以通过_____找到火警误报的位置。
    A. 火警探测器上的报警指示灯   B. 火警探测器附近的火警指示灯
    C. 在驾驶室火警控制板上的火警区域指示 D. 在集控室控制台上的故障指示灯

17. 感烟式火灾探测器的三级灵敏度表示单位长度的烟雾减光率达到_____时报警。
    A. 10% B. 20% C. 30% D. 40%

18. 机舱发生火警误报警，离子式火警探测器因_____是常见的原因。
    A. 线路干扰   B. 镅241发射离子减少
    C. 油气污染检测室   D. 环境温度较高

19. 火灾探测器使用不当会产生误报警，导致误报警的主要因素包括_____。
    A. 烟雾的热降   B. 探测器灵敏度过低
    C. 通风装置使烟雾偏离   D. 吸烟

20. 机舱离子式火警探测器常发生火警误报警，常用的措施是_____。
    A. 更换线路   B. 更换探测器
    C. 清洁探测器   D. 安装在较低温度处

21. 火灾探测器使用不当会产生误报警，导致误报警的主要因素包括_____。
    A. 电气焊   B. 探测器灵敏度过低
    C. 通风装置使烟雾偏离   D. 烟雾的热降

22. 火警系统发生机舱火警报警，但是找不到发生火警的探头，则可能的原因是_____。
    A. 火警探测器发生火警误报后又恢复正常 B. 某火警按钮被按下
    C. 某火警探头没电源供电   D. 火警探测器回路终端电阻断开

23. 火灾探测器使用不当会产生误报警，导致误报警的主要因素包括_____。
    A. 水蒸气   B. 探测器灵敏度过低
    C. 通风装置使烟雾偏离   D. 烟雾的热降

24. 火警系统发生机舱火警报警，拆下更换的火警探测器的过程中，火警系统出现_____。
    A. 火警故障报警   B. 正常   C. 火警线路故障   D. 火警闭锁报警

25. 火灾探测器使用不当会产生误报警，导致误报警的主要因素包括_____。
    A. 通风装置使烟雾偏离   B. 探测器灵敏度过低
    C. 小昆虫和蜘蛛网   D. 烟雾的热降

26. 火警系统使用中发生火警探测器一直在误报警，但一时没有火警探测器可供更换，此时应

A. 保持该探测器安装在线路上,故障后不复位
B. 探测器从线路中拆下脱开后即可
C. 探测器从线路中拆下后,进出线人为接通
D. 火警系统对该区域进行闪锁报警

27. 火灾探测器使用不当会产生误报警,导致误报警的主要因素包括_____。
A. 通风装置使烟雾偏离　　　　　B. 探测器灵敏度过低
C. 积聚污染物过多　　　　　　　D. 烟雾的热降

参考答案

1. B　2. B　3. A　4. D　5. D　6. B　7. B　8. B　9. D　10. C
11. A　12. A　13. B　14. B　15. C　16. A　17. C　18. C　19. D　20. B
21. A　22. B　23. A　24. C　25. C　26. C　27. C

第4节　干货舱自动探火及报警系统
(适用对象:8401,8402,8403,8404)

1. 干货舱自动探火及报警系统比较多地采用了_____自动探火及报警系统。
A. 感温式　　　　B. 感烟式　　　　C. 感光式　　　　D. 定温式

2. 抽烟式自动探火及报警系统是船舶常用的大舱火灾报警系统,其_____套抽风机安装在_____。
A. 1/大舱口　　　B. 2/驾驶室上　　C. 3/机舱　　　　D. 4/大舱上部

3. 感烟管式火警探测器,通常用于_____火警。
A. 驾驶台　　　　B. 机舱　　　　　C. 集控室　　　　D. 货舱

4. 利用烟气粒子吸附被放射线电离的导电离子的多少检测_____的火警探测器称为_____探测器。
A. 烟气浓度/离子感光　　　　　B. 火焰光谱/离子感光
C. 烟气浓度/离子感烟　　　　　D. 烟气辐射温度/离子感温

5. 感烟管式火探测器是利用_____或_____来测定烟雾浓度的。
A. 烟雾遮光性/烟雾吸附性　　　B. 烟雾吸附性/烟雾散射性
C. 烟雾散射性/烟雾遮光性　　　D. 烟雾电离性/烟雾散射性

6. 船舶干货舱自动探火和报警系统多采用烟气管道_____探测器。
A. 感光　　　　　B. 光电感烟　　　C. 离子感光　　　D. 感温

7. 感烟管式火警探测器里,两个光电池所产生的电压差值随气样中烟雾浓度_____。
A. 增大而减小　　B. 增大而增大　　C. 没有对应关系　D. 呈指数对应关系

8. 大舱火灾报警系统,使用中发生火灾时,可以通过_____观察到是哪个大舱出现火警。
A. 报警装置上的火警报警指示灯　　　B. 大舱上的火警报警指示灯

C. 舱位选通指示位置　　　　　　　　D. 现场观察大舱火警

9. 抽烟式自动探火及报警系统的组成有_____。
①抽风机及抽风管道；②感烟火警探测器；③大舱火灾警报设备；④火灾舱位显示装置；⑤火灾舱位喷水装置；⑥CO_2 灭火控制。
A. ①②③④⑤⑥　　B. ①②③④　　C. ①②⑤⑥　　D. ③④⑤⑥

10. 抽烟式自动火灾报警系统是船舶常用的大舱火灾报警系统,使用中应避免_____。
A. 经常清洁光路　　　　　　　　B. 根据需要适当间断使用
C. 模拟烟雾测试　　　　　　　　D. 风机停止

11. 大舱火灾报警系统如图 11-1 所示,驾驶台天花板上有_____。
A. 控制箱　　B. 抽风机　　C. 舱位选通观察室　　D. 火警警报装置

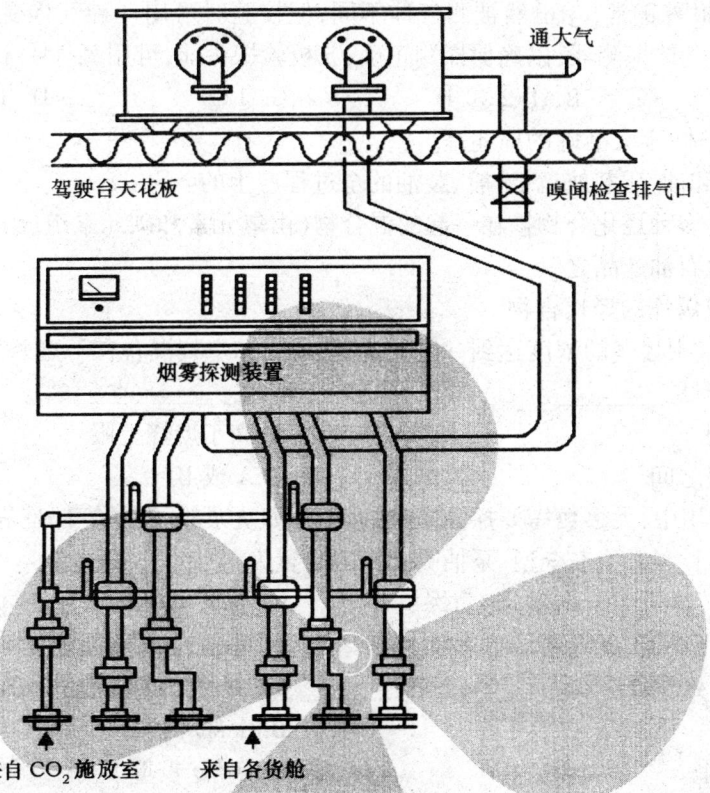

图 11-1

12. 大舱火灾报警系统如图 11-1 所示,可采用_____来模拟火灾。
A. 手动挡住光电池　　　　　　　B. 手动按下报警继电器
C. 吸口处接入烟雾　　　　　　　D. 抽风机停止

13. 大舱火灾报警系统如图 11-1 所示,可在_____来模拟火灾。
A. 第一层　　B. 第二层　　C. 第三层　　D. 第四层

参考答案

1. B 2. B 3. D 4. C 5. C 6. B 7. B 8. C 9. B 10. D
11. B 12. C 13. C

第5节　易燃气体探测系统（适用对象：8401，8402，8403，8404）

1. 可燃气体报警器使用中需要定期校验和日常保养，具体内容有_____。
   ①原则上要采用经计量认证与被检测气体相匹配的标准样气进行校验；②定期按动一次试验按钮，确保设备报警正常；③虽然被测气体不同，但校验时可用一种气样变换量程后来替代；④定期更换可燃气体探测器，以确保探测正确；⑤校验探头前，可用氧气吹干探头。
   A. ①②③④⑤　　　　B. ①②③④　　　　C. ①②　　　　D. ①③④

2. 关于船舶易燃气体，不太准确的描述是_____。
   A. 在装载航行、卸油、压载航运、洗舱、装油的全过程产生的
   B. 主要成分都是多种烃化合物掺在一起的混合物（由氢元素和碳元素组成）
   C. 是原油和普通石油产品之一
   D. 会产生燃烧或爆炸的烃化合物

3. 在油船上，当空气中烃气的浓度达到一定的范围，烃气和空气混合在一定条件下就会产生燃烧和爆炸，这个范围是_____。
   A. 低于燃烧下限　　　　　　　　　　B. 高于燃烧上限
   C. 在燃烧上下限之间　　　　　　　　D. A 或 B

4. 在油船的实际应用中，大多数需要探测防护的场所，如货泵舱、管隧等都是危险区域，要求探测装置的传感器是_____安全型，泵抽吸式探测装置为_____安全型。
   A. 防爆/本质　　　B. 防爆/防爆　　　C. 本质/防爆　　　D. 本质/本质

5. 对于滚装船、液化气船、消防船以及货船上某些舱室的可燃气体探测器的探头，应放置在有集聚可燃气体危险处所的空间_____，可使_____的可燃气体扩散进入探头。
   A. 顶部/雾化　　　　　　　　　　　　B. 中部/对流
   C. 任意部位/扩散　　　　　　　　　　D. 底部/较重

6. 在油船上，当空气中烃气的浓度达到一定的范围，烃气和空气混合在一定条件下就会产生燃烧和爆炸，这个范围的下限即燃烧下限是指_____。
   A. 烃气浓度已低到不足以维持和蔓延燃烧的程度
   B. 烃气浓度已高到不足以维持和蔓延燃烧的程度
   C. 烃气浓度很高，致使空气浓度低到不足以维持和蔓延燃烧、爆炸的程度
   D. 烃气浓度很高，致使空气浓度高到不足以维持和蔓延燃烧、爆炸的程度

7. 易燃气体探测报警系统主要包括_____。
   A. 测量单元和控制单元　　　　　　　B. 传感器和报警单元
   C. 传感器和防爆控制单元　　　　　　D. 测量单元和本质安全型报警单元

8. 在一种对多点(数十点)进行循环监测的易燃气体探测报警系统中,泵抽吸式装置_____。
   A. 连续抽取所有气样			B. 定时循环抽取每点气样
   C. 间断抽取各点气样			D. 连续抽取随机点气样

9. 在油船上,当空气中烃气的浓度达到一定的范围,烃气和空气混合在一定条件下就会产生燃烧和爆炸,这个范围的上限即燃烧上限是指_____。
   A. 烃气浓度已低到不足以维持和蔓延燃烧的程度
   B. 烃气浓度已高到不足以维持和蔓延燃烧的程度
   C. 烃气浓度很高,致使空气浓度低到不足以维持和蔓延燃烧、爆炸的程度
   D. 烃气浓度很高,致使空气浓度高到不足以维持和蔓延燃烧、爆炸的程度

10. 目前在易燃气体探测实际应用中,采用较多的是金属化物元件,又称_____。
    A. 气敏半导体		B. 催化灯丝法		C. 实验室测试法		D. MOSFET

11. 目前在易燃气体探测实际应用中,能够在线测量易燃气体的是_____。
    A. 气敏半导体		B. 分光光度计法		C. 红外线测试法		D. 化学示剂法

12. 在易燃气体探测报警系统中,关于气敏半导体元件空间保持恒温,下面论述错误的是_____。
    A. 保持对空气中氧可逆吸附所需要的温度
    B. 保持在清洁空气中半导体的电阻值不变
    C. 采用恒流源的办法给加热电阻丝供电
    D. 保持在清洁空气中半导体的电阻值可调

13. 气敏半导体,按其性质可分为N型和P型两大类,其中N型气敏半导体在遇到敏感气体时,其_____。
    A. 电压上升		B. 电流下降		C. 电容增加		D. 电阻下降

14. 在油船的实际应用中,大多数需要探测防护的场所如货泵舱、管道等都是危险区域,除配有用于一般场合的探头外,还有专门设计的_____。
    ①防爆安全探头;②本质安全型泵抽吸式探测装置;③隔爆型探头;④安全隔离栅。
    A. ③④		B. ①②		C. ②④		D. ①③

15. 在易燃气体探测报警系统中,关于气敏半导体元件对敏感气体的反应即等效电阻值随气体浓度的变化是_____。
    A. 线性关系		B. 指数关系		C. 正弦函数关系		D. 余弦函数关系

16. 一套监视测量设备对多个地点的易燃气体检测可以采用_____。
    A. 防爆安全探头				B. 隔爆型探头
    C. 本质安全型泵抽吸式探测装置		D. 安全隔离栅

17. 在易燃气体探测报警系统控制电路中,关于定时电路的论述错误的是_____。
    A. 为建立起正常工作环境温度的时间		B. 在设定时间内,防止误报警
    C. 在预热阶段切断输出信号			D. 在设定时间内等效电阻保持恒定

18. 采用一套本质安全型泵抽吸式探测装置对多个地点的易燃体检测时,需要确认检测过程中抽到的气样是被测点的气样,采用_____的方法。
    A. 预抽、延时采样、网速保护			B. 多个采样求平均

C. 每次与标准气样对比　　　　　　　　D. 风速自动调节

19. 在易燃气体探测报警系统中,关于"本质安全型泵抽吸式探测装置"的理解错误的是_____。
    A. 将泵箱置于安全区域
    B. 通过管道将危险区域内监测点的气体抽至泵箱内
    C. 测量后将危险气体送回原处或安全处排入大气
    D. 将泵箱置于监测点区域内

20. 可燃性气体检测仪产品很多,但安装时需要注意的问题是_____。
    ①周围不能有对仪表工作有影响的强电磁场;②应安装在工作人员易看到和易听到的地方,以便及时消除隐患;③被测气体的密度不同,室内探头的安装位置也应不同;④露天探头的安装可根据被测气体的密度而选择安装高度;⑤露天安装探头应安装在下风侧。
    A. ①②③④⑤　　　B. ①②③④　　　C. ①②③　　　D. ①②④⑤

参考答案

1. C　2. C　3. C　4. A　5. D　6. A　7. A　8. B　9. C　10. A
11. A　12. D　13. D　14. B　15. B　16. C　17. D　18. A　19. D　20. A

参考文献

[1] 林叶锦. 轮机自动化. 大连：大连海事大学出版社，2009.
[2] 初忠. 轮机自动化. 大连：大连海事大学出版社，2006.
[3] 李世臣，徐善林. 轮机自动化. 大连：大连海事大学出版社；北京：人民交通出版社，2008.
[4] 李世臣. 轮机自动化. 大连：大连海事大学出版社；北京：人民交通出版社，2008.